NACHKRIEGSDEUTSCHLAND 1945–1949

QUELLEN
ZUM POLITISCHEN DENKEN DER DEUTSCHEN
IM 19. UND 20. JAHRHUNDERT

FREIHERR VOM STEIN-GEDÄCHTNISAUSGABE

Begründet von Rudolf Buchner
und fortgeführt von Winfried Baumgart

Band X

NACHKRIEGSDEUTSCHLAND
1945–1949

Herausgegeben von

PETER BUCHER

WISSENSCHAFTLICHE BUCHGESELLSCHAFT
DARMSTADT

CIP-Titelaufnahme der Deutschen Bibliothek

Nachkriegsdeutschland: 1945–1949 / hrsg. von
Peter Bucher. – Darmstadt: Wiss. Buchges., 1990
(Quellen zum politischen Denken der Deutschen
im 19. und 20. Jahrhundert; Bd. 10)
ISBN 3-534-09082-9
NE: Bucher, Peter [Hrsg.]; GT

Bestellnummer 09082-9

Gedruckt auf säurefreiem und alterungsbeständigem Offsetpapier
Satz: Fotosatz Janß, Pfungstadt
Druck und Einband: Wissenschaftliche Buchgesellschaft, Darmstadt
Printed in Germany
Schrift: Linotype Garamond, 9/11

ISBN 3-534-09082-9

INHALT

VERZEICHNIS DER QUELLEN IN CHRONOLOGISCHER REIHENFOLGE

VERZEICHNIS DER QUELLEN NACH SACHTHEMATISCHEN GESICHTSPUNKTEN

I. Voraussetzungen der Neuordnung Deutschlands

7 (Erklärung des Rates der Evangelischen Kirchen) – 15 (Rudolf Pechel, Sagen, was ist) – 18 (Robert Haerdter, Plaidoyer für die Kriegsgefangenen) – 20 (Carl Klinkhammer, Die deutschen Katholiken und die Schuldfrage) – 27 (Alexander Mitscherlich, Schuld und Entschuldigung) – 32 (Ernst Schellenberg, Versorgung der Arbeitslosen) – 34 (P. Paul Sladek, Flüchtlingsnot und soziale Frage) – 36 (Karl Heinrich Knappstein, Die versäumte Revolution)

II. Gesellschaftliche Neuordnung Deutschlands

8 (Alfred Weber, Unsere Erfahrung und unsere Aufgabe) – 11 (Anton Ackermann, Gibt es einen besonderen deutschen Weg zum Sozialismus) – 14 (Adolf Süsterhenn, Freiheit und Recht) – 17 (Walter Dirks, Das Abendland und der Sozialismus) – 30 (Oswald von Nell-Breuning S. J., Sozialisierung) – 43 (Alexander Mitscherlich, Der Sozialismus und die Freiheit)

III. Politische Neuordnung Deutschlands

1 (Aufruf des Berliner Zentralausschusses der SPD) – 2 (Entwurf zu einem Programm der Christlichen Demokraten Deutschlands) – 3 (Walter Ulbricht, Rede) – 4 (Wilhelm Pieck, Der Weg zum Wiederaufbau Deutschlands) – 6 (Das Programm der Deutschen Zentrumspartei) – 9 (Beschlüsse der gemeinsamen Konferenz des Zentralkomitees der KPD und des Zentralausschusses der SPD) – 10 (Kurt Schumacher, Rede) – 12 (Programm der CDU der britischen Zone) – 13 (Konrad Adenauer, Rede) – 16 (Jakob Kaiser, Rede) – 23 (Die dreißig Punkte der Union) – 26 (Programmatische Erklärung des Zonenausschusses der CDU der britischen Zone, Ahlener Programm) – 42 (Heppenheimer Proklamation der FDP)

IV. Staatliche Neuordnung Deutschlands

24 (Herbert von Dirksen, Aufzeichnung über die Rückgliederung der deutschen Ostgebiete) – 28 (Otto Grotewohl, Um die Verfassung der deutschen Republik) – 29 (Adolf Arndt, Deutschlands rechtliche Lage) – 31 (Walter Menzel, Der Aufbau der Deutschen

V. Wirtschaftliche Neuordnung Deutschlands

QUELLEN- UND LITERATURVERZEICHNIS

a) Ungedruckte Quellen

Bundesarchiv

R 43	Reichskanzlei
Z 1	Länderrat des amerikanischen Besatzungsgebietes
Z 35	Deutsches Büro für Friedensfragen
B 118	Kommunistische Partei Deutschlands
Nachlaß	Blücher
	Brill
	Dietrich
	Heuß
	Kaiser
ZSg 1	Druckschriften von Parteien und Verbänden

Archiv des Deutschen Bundestages

Protokolle des Bayer. Vorbereitenden Verfassungs-Ausschusses

b) Gedruckte Quellen und Literatur

Abelshauser, Werner, Wirtschaft in Westdeutschland 1945–1948. Rekonstruktion und Wachstumsbedingungen in der amerikanischen und britischen Zone, Stuttgart 1975 (= Schriftenreihe der Vierteljahrshefte für Zeitgeschichte, Nr. 30).

Ackermann, Anton, Gibt es einen besonderen deutschen Weg zum Sozialismus?, in: Einheit, Monatsschrift zur Vorbereitung der Sozialistischen Einheitspartei (1946), H. 1, S. 22–32.

Ders., Über den einzig möglichen Weg zum Sozialismus, in: Neues Deutschland vom 24. 9. 1948.

[Adenauer, Konrad], Rede des Ersten Vorsitzenden der CDU für die britische Zone, Oberbürgermeister a. D. Dr. Konrad Adenauer, in der Aula der Kölner Universität am 24. März 1946, Bergisch-Gladbach [1946] (= Schriftenreihe der Christlich Demokratischen Union des Rheinlandes, H. 8).

Ders., Reden 1917–1967. Eine Auswahl, hrsg. von Hans-Peter Schwarz, Stuttgart 1975.

Agartz, Viktor, Aktuelle Fragen der Wirtschaftspolitik, Rede in der Universität Köln am 26. 7. 1946, Köln 1946.

Ders., Sozialistische Wirtschaftspolitik, Referat, gehalten auf dem Parteitag der SPD in Hannover am 9. 5. 1946, hrsg. von der SPD Groß-Hessen, Frankfurt a. M. [1946].

Akten zur Vorgeschichte der Bundesrepublik Deutschland 1945–1949, hrsg. von Bundesarchiv und Institut für Zeitgeschichte, 5 Bde., München und Wien 1976–1983.

Albers, Johannes, Die Aufgabe der Christlich Demokratischen Union im Leben des deutschen Volkes, Rede des Vorsitzenden der CDU Köln-Stadt und Land, gehalten in der Aula der Kölner Universität, Köln 1945 (= Schriftenreihe der Christlich Demokratischen Union des Rheinlandes, H. 2).

Albrecht, Gerhard, Bemerkungen zur Verfassungsfrage, in: Deutsche Rundschau 69 (1946), S. 104–107.

Ambrosius, Gerold, Die Durchsetzung der Sozialen Marktwirtschaft in Westdeutschland 1945–1949, Stuttgart 1977 (= Beiträge zur Wirtschafts- und Sozialgeschichte in Deutschland nach 1945, Bd. 1).

Amtsblatt des Kontrollrats in Deutschland.

Amtsblatt der Militärregierung Deutschland (Amerikanisches Kontrollgebiet).

Amtsblatt der Militärregierung Deutschland (Britisches Kontrollgebiet).

Aretin, Erwin Freiherr von, Und wieviel Kammern?, in: NZ Nr. 14 vom 18. 2. 1946.

Arndt, Adolf, Deutschlands rechtliche Lage, in: Die Wandlung 2 (1947), S. 106–116.

Ders., Die Krise des Rechts, in: Die Wandlung 3 (1948), S. 421–440.

Arnold, Franz Xaver, Zur christlichen Lösung der sozialen Frage, Stuttgart 1947.

Arnold, Karl, Der soziale und sittliche Geist in der Demokratie, Köln 1945 (= Schriftenreihe der CDU des Rheinlandes, H. 3).

Asmussen, Hans, Die Stuttgarter Erklärung, in: Die Wandlung 3 (1948), S. 17–27.

Bäumer, Gertrud, Der neue Weg der deutschen Frau, Stuttgart 1946.

Barth, Karl, Christengemeinde und Brüdergemeinde, Stuttgart 1946.

Baumgart, Winfried, Voraussetzungen und Wesen der rheinland-pfälzischen Verfassung, in: Helmut Klaas (Hrsg.), Die Entstehung der Verfassung für Rheinland-Pfalz. Eine Dokumentation, Boppard 1978 (= Veröffentlichungen der Kommission des Landtages für die Geschichte des Landes Rheinland-Pfalz, Bd. 1), S. 1–32.

Becker, Carl L., Die Welt von morgen. Eine Übersicht über die Probleme des Wiederaufbaus nach dem Kriege, New York 1944.

Beier, Gerhard, Der Demonstrations- und Generalstreik vom 12. November 1948. Im Zusammenhang mit der parlamentarischen Entwicklung Westdeutschlands, Frankfurt a. M. und Köln 1975 (= Theorie und Praxis der Gewerkschaften, Themenkreis Geschichte 2).

Ders., Das Lehrstück vom 1. und 2. Mai 1933, Frankfurt a. M. und Köln 1975 (= Theorie und Praxis der Gewerkschaften, Bd. 1).

Benz, Wolfgang (Hrsg.), „Bewegt von der Hoffnung aller Deutschen", Zur Geschichte des Grundgesetzes. Entwürfe und Diskussionen 1941–1949, München 1979.

Ders. u. a., Einheit der Nation. Diskussionen und Konzeptionen zur Deutschlandpolitik der großen Parteien seit 1945, Stuttgart-Bad Cannstatt 1978 (= Neuzeit im Aufbau, Bd. 3).

Ders., Föderalistische Politik der CDU/CSU. Die Verfassungsdiskussion im „Ellwanger Kreis" 1947/48, in: Vierteljahrshefte für Zeitgeschichte 25 (1977), S. 776–820.

Ders. (Hrsg.), Die Vertreibung der Deutschen aus dem Osten. Ursachen, Ereignisse, Folgen, Frankfurt a. M. 1985.

Ders., Von der Besatzungsherrschaft zur Bundesrepublik. Stationen einer Staatsgründung 1946–1949, Frankfurt a. M. 1984.

Berkenkopf, Paul, Zur deutschen Sozial- und Wirtschaftsordnung, in: Stimmen der Zeit 73 (1947), Bd. 141, S. 28–45.

Beutler, Bengt, Das Staatsbild in den Länderverfassungen seit 1945, Berlin 1973 (= Schriften zum öffentlichen Recht 221).

Böhm, Max Hildebert, Zur Problematik der Flüchtlingsexistenz, in: Der Bund 1 (1948/49), S. 3–24.

Boelcke, Willi A., Der Schwarz-Markt 1945–1948. Vom Überleben nach dem Kriege, Braunschweig 1986.

Böttcher, Karl Wilhelm, Die deutschen Flüchtlinge als europäisches Problem, in: Frankfurter Hefte 3 (1948), S. 601–614.

Borkenau, Franz, Mut am rechten Ort, in: Der Monat 1 (1948/49), H. 8/9, S. 60–64.

Brandt, Karl, Die Lösung des deutschen Ernährungsproblems, in: Die Wandlung 3 (1948), S. 390–401.

Braun, Otto, Aus nachgelassenen Schriften eines Frühvollendeten, Berlin 1921.

Brödner, Ernst, Europa und die deutsche Zukunft, in: Deutsche Rundschau 71 (1948), H. 7, S. 9–17.

Buchstab, Günter (Hrsg.), Verfolgung und Widerstand 1933–1945. Christliche Demokraten gegen Hitler, Düsseldorf 1986.

Bundes-Gesetzblatt des Norddeutschen Bundes.

Chamberlin, Brewster S., Todesmühlen. Ein früher Versuch zur Massen-„Umerziehung" im besetzten Deutschland 1945–1946, in: Vierteljahrshefte für Zeitgeschichte 29 (1981), S. 420–436.

Conze, Werner, Jakob Kaiser. Politiker zwischen Ost und West 1945–1949, Stuttgart, Berlin, Köln und Mainz 1969.

Deist, Heinrich, Das Ruhrstatut, in: Gesetz 75 und Ruhrstatut, Köln 1949, S. 54–70.

Deuerlein, Ernst, Die Einheit Deutschlands, Bd. 1: Die Erörterungen und Entscheidungen der Kriegs- und Nachkriegskonferenzen 1941–1949. Darstellung und Dokumente, Frankfurt a. M. und Berlin ²1961.

Dibelius, Otto, Volk, Staat, Wirtschaft aus christlichem Verantwortungsbewußtsein. Voller Wortlaut der Ansprache zum Kirchentag 1947, Berlin-Dahlem 1947.

Dimitroff, Georgi, Reichstagsbrandprozeß. Dokumente, Briefe und Aufzeichnungen, Berlin 1946.

Dirks, Walter, Das Abendland und der Sozialismus, in: Frankfurter Hefte 1 (1946), H. 4, S. 67–76.

Ders., Die geistige Aufgabe des deutschen Katholizismus, in: Ebd., S. 38–52.

Ders., Das Wort Sozialismus, in: Ebd., S. 628–643.

Ders., Die Zweite Republik. Zum Ziel und zum Weg der deutschen Demokratie, in: Ebd., S. 12–24.

Ders., Die Zweite Republik, Frankfurt a. M. 1947.

Dokumente und Materialien zur Geschichte der deutschen Arbeiterbewegung, hrsg. vom Zentralkomitee der SED, Reihe III, Bd. 1, Berlin (Ost) 1957.

Edinger, Lewis J., Kurt Schumacher. Persönlichkeit und politisches Verhalten, Köln und Opladen 1967.

Ehni, Hans Peter, Sozialistische Neubauforderung und Proklamation des „Dritten Weges". Richtungen sozialdemokratischer Wirtschaftspolitik 1945–1947, in: Archiv für Sozialgeschichte 13 (1973), S. 131–190.

Enders, Ulrich, Die Bodenreform in der amerikanischen Besatzungszone 1945 bis 1949 unter besonderer Berücksichtigung Bayerns, Ostfildern 1982.

Erhard, Ludwig, Freie Wirtschaft und Planwirtschaft. Gedanken über das Verhältnis von Wirtschaft und Staat, in: NZ Nr. 82 vom 14. 10. 1946.

Ders., Politischer Föderalismus und wirtschaftlicher Zentralismus. Aufgaben und Grenzen zentraler Verwaltungsstellen, in: NZ Nr. 79 vom 4. 10. 1946.

Eschenburg, Theodor, Jahre der Besatzung 1945–1949, Stuttgart 1983 (= Geschichte der Bundesrepublik Deutschland, Bd. 1).

Europa-Archiv, Zeitgeschichte, Zeitkritik, Verwaltung, Wirtschaftsaufbau, hrsg. von Wilhelm Cornides, Bd. 2, Frankfurt a. M. 1947.

Eynern, Gert von, Freiheit in der Planwirtschaft, in: Das sozialistische Jahrhundert 1 (1947), H. 7/8, S. 99–101.

Fischer, Heinz-Dietrich, Parteien und Presse in Deutschland seit 1945, Bremen 1971 (= Studien zur Publizistik, Bremer Reihe, Bd. 15).

Flechtheim, Ossip K. (Hrsg.), Dokumente zur parteipolitischen Entwicklung in Deutschland seit 1945, Bde. 2 und 3, Berlin 1963.

Focke, Franz, Sozialismus aus christlicher Verantwortung. Die Idee eines christlichen Sozialismus in der katholisch-sozialen Bewegung und in der CDU, Wuppertal 1978.

Foelz-Schroeter, Marie-Elise, Föderalistische Politik und nationale Repräsentation 1945–1947. Westdeutsche Landesregierungen, zonale Bürokratien und politische Parteien im Widerstreit, Stuttgart 1974 (= Studien zur Zeitgeschichte).

Friedrichs, Carl J., The Peace Settlement with Germany, in: The Annals of the American Academy of Political and Social Science 257 (1948), S. 119–141.

Frings, Joseph Kardinal (Hrsg.), Verantwortung und Mitverantwortung in der Wirtschaft. Was sagt die katholische Gesellschaftslehre über Mitwirkung und Mitbestimmung?, Köln 1949.

Führ, Christoph, Zur Schulpolitik der Weimarer Republik. Die Zusammenarbeit von Reich und Ländern im Reichsschulausschuß 1919–1923 und im Ausschuß für das Unterrichtswesen 1924–1933. Darstellung und Quellen, Weinheim, Berlin und Basel 1970.

Gehring, Hansjoerg, Amerikanische Literaturpolitik in Deutschland. Ein Aspekt des Re-Education-Programms, Stuttgart 1976 (= Schriftenreihe der Vierteljahrshefte für Zeitgeschichte, Nr. 32).

Geisthardt, Fritz, Flüchtlinge ohne Hoffnung?, in: Das sozialistische Jahrhundert 1 (1946/47), S. 133–135.

Gimbel, John, The Origins of the Marshall-Plan, Stanford/Califonia 1976.

Gniffke, Erich W., Jahre mit Ulbricht, Köln 1966.

Gradl, J[ohann] B[aptist], Anfang unter dem Sowjetstern. Die CDU 1945 –1948 in der sowjetischen Besatzungszone Deutschlands, Köln 1981.

Graml, Hermann, Die Alliierten und die Teilung Deutschlands. Konflikte und Entscheidungen 1941–1948, Frankfurt a. M. 1985.

Grotewohl, Otto, Um die Verfassung der deutschen Republik, in: Das neue Wort 2 (1947), S. 5–11.

Gurland, A. R. L., Die CDU/CSU. Ursprünge und Entwicklung bis 1953, hrsg. von Dieter Emig, Frankfurt a. M. 1980.

Haerdter, Robert, Plaidoyer für die Kriegsgefangenen, in: Die Gegenwart 1 (1946), H. 16/17, S. 9–12.

Halecki, Oskar, Der Begriff der osteuropäischen Geschichte, in: Zeitschrift für osteuropäische Geschichte 9 (1935), S. 8–15.

Hambro, Carl Joachim, Kreuzwege des Konflikts, Oslo 1945.

Hauth, Ulrich, Die Einheitspolitik von KPD und SED gegenüber der westdeutschen Sozialdemokratie (1945–1948), Frankfurt a. M. 1978 (= Europäische Hochschulschriften, Reihe III, Bd. 109).

Henke, Klaus-Dietmar, Politische Säuberung unter französischer Besatzung. Die Entnazifizierung in Württemberg-Hohenzollern, Stuttgartt 1981 (= Schriftenreihe der Vierteljahrshefte für Zeitgeschichte, Nr. 42).

Herbst, Ludolf (Hrsg.), Westdeutschland 1945–1955. Unterwerfung, Kontrolle, Integration, München 1986 (= Schriftenreihe der Vierteljahrshefte für Zeitgeschichte, Sondernummer).

Heuß, Theodor, Aufzeichnungen 1945–1947, hrsg. von Eberhard Pikart, Tübingen 1966 (= Veröffentlichungen des Theodor Heuß-Archivs).

Hilldring, John H., What is our purpose in Germany, in: The Annals of the American Academy of Political and Social Science 255 (1948), S. 77–83.

Hilpert, Werner, Besiegt – nicht befreit, in: Die Freiheit, Halbmonatsschrift für christliche Politik und Kultur 1 (1946), S. 3–6.

Ders., Der neue Sozialismus. Thesenentwurf der Landesleitung der CDU Groß-Hessen, in: Ebd., S. 12–14.

Hurwitz, Harold, Die Stunde Null der deutschen Presse. Die amerikanische Pressepolitik in Deutschland 1945–1949, Köln 1972.

Huster, Ernst-Ulrich, Die Politik der SPD 1945–1950, Frankfurt a. M. und New York 1978.

Jaspers, Karl, Hoffnung und Sorge, München 1965.

Ders., Die Schuldfrage, Heidelberg 1946.

Jostock, Paul, Das künftige Wirtschafts-Potential, in: Frankfurter Hefte 1 (1946), S. 71–80.

Ders., Das Proletariat, Die große soziale Wende unserer Zeit, Karlsruhe 1946 (= Karlsruher Hefte, Soziale Reihe, H. 2).

Jürcks, Franz J., Reserven der Demokratie?, in: NZ Nr. 8 vom 27. 1. 1947.

Juling, Peter, Programmatische Entwicklung der FDP 1946 bis 1969. Einführung und Dokumente, Meisenheim/Glan 1977 (= Studien zum politischen System der Bundesrepublik Deutschland, Bd. 19).

Kaden, Albrecht, Einheit oder Freiheit. Die Wiedergründung der SPD 1945/46, Hannover 1964.

Kaiser, Jakob, Wir haben Brücke zu sein. Reden, Äußerungen und Aufsätze zur Deutschlandpolitik, Köln 1988.

Keesing's Archiv der Gegenwart XV (1945) – XIX (1949).

Kelsen, Hans, The Legal Status of Germany according to the Declaration of Berlin, in: American Journal of International Law 39 (1945), S. 518–533.

Kempski, Jürgen von, Deutschland als Völkerrechtsproblem, in: Merkur 1 (1947), S. 188–199.

Ders., Krieg als Straftat, in: Ebda., S. 28–40.

Klessmann, Christoph, Die doppelte Staatsgründung. Deutsche Geschichte 1945–1955, Göttingen 1982.

Klinkhammer, Carl, Die deutschen Katholiken und die Schuldfrage, in: Neues Abendland 1 (1946), S. 12–16.

Knappstein, Karl Heinrich, Die Stunde der Sozialreform, in: Frankfurter Hefte 1 (1946), S. 1–3.

Ders., Die versäumte Revolution. Wird das Experiment der „Denazifizierung" gelingen?, in: Die Wandlung 2 (1947), S. 663–677.

Kogon, Eugen, Das Jahr der Entscheidungen, in: Frankfurter Hefte 3 (1948), S. 16–28.

Ders., Man braucht Deutschland – auch deutsche Soldaten?, in: Ebd. 4 (1949), S. 18–33.

Ders., Das Recht auf den politischen Irrtum, in: Ebd. 2 (1947), S. 641–655.

Ders., Die unvollendete Erneuerung. Deutschland im Kräftefeld 1945–1963. Politische und gesellschaftspolitische Aufsätze aus zwei Jahrzehnten, Frankfurt a. M. 1964.

Ders., Der Weg zu einem Sozialismus der Freiheit, in: Frankfurter Hefte 2 (1947), S. 877–896.

Krippendorff, Ekkehart, Die Liberal-Demokratische Partei Deutschlands in der Sowjetischen Besatzungszone 1945/48. Entwicklung, Struktur, Politik, Düsseldorf [1961] (= Beiträge zur Geschichte des Parlamentarismus und der politischen Parteien, Bd. 21).

Kritzer, Peter, Wilhelm Hoegner. Politische Biographie eines bayerischen Sozialdemokraten, München 1979.

Kroll, Gerhard, Christliche Union. Bamberger Denkschrift zur Schaffung einer politischen Einheitsfront aller Christen Deutschlands, Schwäbisch-Gmünd 1946.

Laforet, Georg, Christlicher Sozialismus und materialistische Geschichtsauffassung, in: Neues Abendland 2 (1947), S. 273–276.

Ders., Föderalismus und Gesellschaftsordnung, Augsburg 1947.

Ders., „Sozialisierung", in: Neues Abendland 2 (1947), S. 231–237.

Ders., Das „Volk" als Verfassungsgeber, in: Ebd. 1 (1946), H. 4, S. 1–4.

Lange, Max Gustav, Die FDP – Versuch einer Erneuerung des Liberalismus, in: Parteien in der Bundesrepublik. Studien zur Entwicklung der deutschen Parteien bis zur Bundestagswahl 1953, Stuttgart und Düsseldorf 1955 (= Schriften des Instituts für politische Wissenschaft, Bd. 6), S. 275–406.

Laun, Rudolf, Gegenwärtiges Völkerrecht, in: Die Zeit Nr. 44 vom 19. 12. 1946.

Lehmann, Albrecht, Gefangenschaft und Heimkehr. Deutsche Kriegsgefangene in der Sowjetunion, München 1986.

Leonhard, Wolfgang, Die Revolution entläßt ihre Kinder, Köln und Berlin 1955.

Ley, Richard, Föderalismusdiskussion innerhalb der CDU/CSU von 1945 bis zur Verabschiedung des Grundgesetzes, Mainz 1977.

Loening, Hellmuth, Rechtsgutachten über die Frage, ob das jetzige Land Thüringen

Rechtsnachfolger des früheren Landes und des Reiches ist (Auszug), in: Deutsche Rechts-Zeitschrift 1 (1946), S. 129–133.
Loesch, Karl C. von, Der polnische Volkscharakter, Berlin 1940 (= Schriften für Politik und Auslandskunde, H. 67/69).
Luedtke, Franz, Ein Jahrhundert Krieg zwischen Deutschland und Polen, Stuttgart 1941 (= Geschichtsfibeln für Wehrmacht und Volk, H. 3).
Merker, Paul, Die nächsten Schritte zur Lösung des Umsiedlerproblems, Berlin 1947.
Merkl, Peter H., Die Entstehung der Bundesrepublik Deutschland, Stuttgart 1965.
Meyn, Hermann, Die Deutsche Partei. Entwicklung und Problematik einer nationalkonservativen Rechtspartei nach 1945, Düsseldorf 1965 (= Beiträge zur Geschichte des Parlamentarismus und der politischen Parteien, Bd. 29).
Mintzel, Alf, Die CSU. Anatomie einer konservativen Partei 1945–1972, Opladen 1975 (= Schriften des Zentralinstituts für sozialwissenschaftliche Forschung der Freien Universität Berlin, Bd. 26).
Mitscherlich, Alexander, Politisch-publizistische Aufsätze, Bd. I, hrsg. von Herbert Wiegand, Frankfurt a. M. 1983 (= Gesammelte Schriften VI).
Ders., und Alfred Weber, Freier Sozialismus, Heidelberg 1946.
Ders., Schuld und Entschuldigung – Zum Auftakt der Verteidigung im Nürnberger Ärzteprozeß, in: NZ Nr. 11 vom 7. 2. 1947.
Moderow, Gustav, Zwei Jahre Aufbauarbeit in Deutschland, in: Neue Welt 2 (1947), H. 11, S. 61–67.
Möller, Hans (Hrsg.), Zur Vorgeschichte der Deutschen Mark. Die Währungsreformpläne 1945–1948, Tübingen 1961 (= Veröffentlichungen der Listgesellschaft, Bd. 22).
Moraw, Frank, Die Parole der „Einheit" und die Sozialdemokratie. Zur parteiorganisatorischen und gesellschaftspolitischen Orientierung der SPD in der Periode der Illegalität und in der ersten Phase der Nachkriegszeit 1933–1948, Bonn–Bad Godesberg 1973 (= Schriftenreihe des Forschungsinstituts der Friedrich-Ebert-Stiftung, Bd. 94).
Müller, Hans, Katholische Kirche und Nationalsozialismus. Dokumente 1930–1935, München 1963.
Müller, Werner, Die KPD und die „Einheit der Arbeiterklasse". Die Bemühungen der KPD und der SED um die Bildung einer „sozialistischen Einheitspartei" in den Westzonen Deutschlands 1945–1948, Frankfurt a. M. und New York 1979.
Müller-Armack, Alfred, Die Wirtschaftsordnung sozial gesehen, in: Ordo 1 (1948), S. 125–154.
Ders., Wirtschaftslenkung und Marktwirtschaft, Hamburg 1947.
Murner, Franz, Berlin und Bonn, in: Neues Abendland 3 (1948), S. 360–364.
Nadolny, Rudolf, Demokratie – aber welche?, in: Deutsche Rundschau 69 (1946), S. 193–198.
Nawiasky, Hans, Probleme einer deutschen Gesamtstaatsverfassung, in: Frankfurter Hefte 3 (1948), S. 216–227.
Nell-Breuning S. J., Oswald von, Bodenreform und Siedlung, in: Stimmen der Zeit 72 (1947), 140. Bd., S. 286–298.
Ders., Gemeineigentum, in: Neues Abendland 3 (1948), S. 116–220 und 181–184.
Ders., Kapitalismus und Sozialismus in katholischer Sicht, in: Frankfurter Hefte 2 (1947), S. 665–681.

Nell-Breuning S. J., Oswald von, Sozialisierung, in: Stimmen der Zeit 72 (1947), 139. Bd., S. 425–436.

Nettl, Peter, Die deutsche Sowjetzone bis heute. Politik, Wirtschaft, Gesellschaft, Frankfurt a. M. 1953.

Neuaufbau der deutschen Wirtschaft. Richtlinien der KPD zur Wirtschaftspolitik, Berlin 1946.

Niclauß, Karlheinz, Demokratiegründung in Westdeutschland. Die Entstehung der Bundesrepublik von 1945–1949, München 1974.

Niemöller, Martin, Die deutsche Schuld, Not und Hoffnung. Ansprache an die Vertreter der Bekennenden Kirche am 6. 1. 1946 in Frankfurt a. M., Zürich 1946.

Niethammer, Lutz, Entnazifizierung in Bayern. Säuberung und Rehabilitierung unter amerikanischer Besatzung, Frankfurt a. M. 1972.

Nölting, Erik, Die wirtschaftspolitischen Forderungen der Sozialdemokratie. Rede auf dem Parteitag in Nürnberg am 1. 7. 1947, in: Protokoll der Verhandlungen des Parteitages der SPD vom 29. Juni bis 2. Juli 1947 in Nürnberg, Hamburg [1947], S. 158–163.

Norwid, Stefan Tadeusz, Martyrium eines Volkes, Stockholm 1945.

Ott, Erich, Die Wirtschaftskonzeption der SPD nach 1945, Marburg 1978 (= Schriftenreihe für Sozialgeschichte und Arbeiterbewegung, Bd. 12).

Otto, Volker, Das Staatsverständnis des Parlamentarischen Rates. Ein Beitrag zur Entstehungsgeschichte des Grundgesetzes für die Bundesrepublik Deutschland, Düsseldorf 1971 (= Beiträge zur Geschichte des Parlamentarismus und der politischen Parteien, Bd. 42).

Overesch, Manfred, Gesamtdeutsche Illusion und westdeutsche Realität. Von den Vorbereitungen für einen deutschen Friedensvertrag zur Gründung des Auswärtigen Amts der Bundesrepublik Deutschland 1946–1949/51, Düsseldorf 1978.

Der Parlamentarische Rat 1948–1949. Akten und Protokolle, hrsg. vom Deutschen Bundestag und vom Bundesarchiv, bisher 4 Bde., Boppard 1975–1989.

Pechel, Rudolf, Sagen,was ist, in: Deutsche Rundschau 69 (1946), S. 1–8.

Piontkowitz, Herbert, Anfänge westdeutscher Außenpolitik 1946–1949. Das Deutsche Büro für Friedensfragen, Stuttgart 1978 (= Studien zur Zeitgeschichte, Bd. 12).

Preußische Gesetzsammlung.

Pribilla S. J., Max, Das Schweigen des deutschen Volkes, in: Stimmen der Zeit 72 (1946), Bd. 139, S. 15–33.

Pütz, Helmuth (Bearb.), Konrad Adenauer und die CDU der britischen Besatzungszone 1946–1949. Dokumente zur Gründungsgeschichte der CDU Deutschlands, hrsg. von der Konrad-Adenauer-Stiftung, Bonn 1975.

Puttkamer, Ellinor von, Revision des deutsch-polnischen Bündnisses?, in: Die Wandlung 3 (1948), S. 206–215.

Radbruch, Gustav, Die Erneuerung des Rechts, in: Die Wandlung 2 (1947), S. 8–16.

Reichsgesetzblatt.

Ruhl, Klaus-Jörg (Hrsg.), Neubeginn und Restauration. Dokumente zur Vorgeschichte der Bundesrepublik Deutschland 1945–1949, München [2]1984.

Sammlung der Länderratsgesetze, o. O. [1950].

Scheler, Max, Die Ursachen des Deutschenhasses, Leipzig 1917.

Schellenberg, Ernst, Versorgung der Arbeitslosen, in: Das sozialistische Jahrhundert 1 (1947), S. 263–266 und 301–303.

Schmidt, Eberhard, Die verhinderte Neuordnung 1945–1952. Zur Auseinandersetzung um die Demokratisierung der Wirtschaft in den westlichen Besatzungszonen und in der Bundesrepublik Deutschland, Frankfurt a. M. und Köln [6]1975 (= Theorie und Praxis der Gewerkschaften).

Schmidt, Ute, Die Deutsche Zentrums-Partei, in: Richard Stöss (Hrsg.), Parteien-Handbuch. Die Parteien der Bundesrepublik Deutschland 1945–1980, Opladen 1983 (= Schriften des Zentralinstituts für sozialwissenschaftliche Forschung der Freien Universität Berlin, Bd. 38), S. 1192–1242.

Schmollinger, Horst W., Die Deutsche Konservative Partei – Deutsche Rechtspartei, in: Ebd., S. 982–1024.

Schockenhoff, Volker, Wirtschaftsverfassung und Grundgesetz. Die Auseinandersetzungen in den Verfassungsberatungen 1945–1949, Frankfurt a. M. 1986.

Schröder, Karsten, Die FDP in der britischen Besatzungszone 1946–1948. Ein Beitrag zur Organisationsstruktur der Liberalen im Nachkriegsdeutschland, Düsseldorf 1985 (= Beiträge zur Geschichte des Parlamentarismus und der politischen Parteien, Bd. 77).

Schütz, Klaus, Die Sozialdemokratie im Nachkriegsdeutschland, in: Parteien in der Bundesrepublik. Studien zur Entwicklung der deutschen Parteien bis zur Bundestagswahl 1953, Stuttgart und Düsseldorf 1955 (= Schriften des Instituts für politische Wissenschaft, Bd. 6), S. 157–274.

Schullze, Erich (Hrsg.), Gesetz zur Befreiung von Nationalsozialismus und Militarismus vom 5. März 1946, München [2]1947.

Schultheß' Europäischer Geschichtskalender 73 (1932).

Schulz, Gerhard, Die CDU. Merkmale ihres Aufbaus, in: Parteien in der Bundesrepublik. Studien zur Entwicklung der deutschen Parteien bis zur Bundestagswahl 1953, Stuttgart und Düsseldorf 1955 (= Schriften des Instituts für politische Wissenschaft, Bd. 6), S. 3–156.

Schulz, Klaus-Peter, Auftakt zum Kalten Krieg. Der Freiheitskampf der SPD in Berlin 1945/46, Berlin 1965.

Ders., Sozialismus und Gegenwart, in: Deutsche Rundschau 69 (1946), S. 123–136.

Schuster S. J., Johann B., Kollektivschuld, in: Stimmen der Zeit 72 (1946), Bd. 139, S. 101–117.

Schwarz, Hans-Peter, Adenauer. Der Aufstieg 1876–1952, Stuttgart 1986.

Ders., Vom Reich zur Bundesrepublik. Deutschland im Widerstreit der außenpolitischen Konzeptionen in den Jahren der Besatzungsherrschaft 1945–1949, Neuwied und Berlin 1966 (= Politica, Bd. 38).

Schwering, Leo, Frühgeschichte der Christlich-Demokratischen Union, Recklinghausen 1963.

Semler, Johannes, Wirtschaftslage und Wirtschaftsgestaltung. Vortrag vor Vertretern der bayerischen Wirtschaft, Würzburg [1946] (= Fragen der Zeit. Schriftenreihe der Christlich-Sozialen Union in Bayern, H. 1).

Sitzungsberichte des Preußischen Landtages, 3. Wahlperiode, 6. Bd., Berlin 1929.

Sladek, P. Paul, Kirche, Flüchtlingsnot und soziale Frage, in: Frankfurter Hefte 2 (1947), S. 1005–1016.

Smith, Arthur L., Heimkehr aus dem Zweiten Weltkrieg. Die Entlassung der deutschen Kriegsgefangenen, Stuttgart 1985 (= Schriftenreihe der Vierteljahrshefte für Zeitgeschichte, Nr. 52).

Sörgel, Werner, Konsensus und Interessen. Eine Studie zur Entstehung des Grundgesetzes für die Bundesrepublik Deutschland, Stuttgart 1969 (= Frankfurter Studien zur Wissenschaft von der Politik, Bd. V).

Speidel, Hans, Aus unserer Zeit. Erinnerungen, Berlin, Frankfurt a. M. und Wien 1977.

Stegerwald, Adam, Wo stehen wir?, Würzburg 1945.

Ders., Wohin gehen wir?, Würzburg 1946.

Stolper, Gustav, Die deutsche Wirklichkeit. Ein Beitrag zum künftigen Frieden Europas, Hamburg 1948.

Süsterhenn, Adolf, Freiheit und Recht, in: Rheinischer Merkur Nr. 9 vom 12. 4. 1946.

Texte zur katholischen Soziallehre. Die sozialen Rundschreiben der Päpste und andere kirchliche Dokumente, Kevelaer [5]1982.

Thielicke, Helmut, Kirche und Öffentlichkeit. Zur Grundlegung einer lutherischen Kulturethik, Tübingen 1947 (= Forschungen der Evangelischen Akademie, Bd. 1).

Trittel, Günter J., Die Bodenreform in der Britischen Zone 1945–1949, Stuttgart 1975 (= Schriftenreihe der Vierteljahrshefte für Zeitgeschichte, Nr. 31).

Uertz, Rudolf, Christentum und Sozialismus in der frühen CDU. Grundlagen und Wirkungen der christlich-sozialen Ideen in der Union 1945–1949, Stuttgart 1981 (= Schriftenreihe der Vierteljahrshefte für Zeitgeschichte, Nr. 43).

Uhl, Bernd, Die Idee des christlichen Sozialismus in Deutschland 1945–1947, Mainz 1975.

Ulbricht, Walter, Zur Geschichte der deutschen Arbeiterbewegung. Aus Reden und Aufsätzen, Bd. 2: 1933–1946, Berlin (Ost) 1953.

Unger, Ilse, Die Bayernpartei. Geschichte und Struktur 1945–1957, Stuttgart 1979 (= Studien zur Zeitgeschichte, Bd. 16).

Ursachen und Folgen. Vom deutschen Zusammenbruch 1918 und 1945 bis zur staatlichen Neuordnung Deutschlands in der Gegenwart, Bde. 23 und 24, Berlin [1977].

Veit, Hermann, Grundsätze sozialdemokratischer Wirtschaftspolitik, Hannover [1948].

Verhandlungen des Württemberg-Badischen Landtags, Wahlperiode 1946–1950, Protokoll-Bd. 1, Stuttgart 1950.

Verordnungs- und Nachrichtenblatt der Evangelischen Kirche in Deutschland.

Vogel, Walter, Westdeutschland 1945–1950. Der Aufbau von Verfassungs- und Verwaltungseinrichtungen in den Ländern der drei westlichen Besatzungszonen, 3 Bde., Boppard 1956–1983 (= Schriften des Bundesarchivs 2, 12, 32).

Weber, Alfred, Sozialisierung zugleich als Friedenssicherung, Heidelberg 1947.

Ders., Unsere Erfahrung und unsere Aufgabe, in: Die Wandlung 1 (1945/46), S. 50–64.

Weber, Hermann, Von der SBZ zur DDR 1945–1968, Hannover 1968.

Welty, Eberhard, Christlicher Sozialismus, in: Die neue Ordnung 1 (1946/47), S. 39–70.

Ders., Die Entscheidung in die Zukunft. Grundsätze und Hinweise zur Neuordnung im deutschen Lebensraum, Heidelberg 1946.

Ders., Freiheit oder Bindung des wirtschaftlichen Tuns, in: Die neue Ordnung 1 (1946/47), S. 321–331.

Ders., Soziale Bindungen der menschlichen Freiheit, in: Ebd., S. 518–539.

Wieck, Hans-Georg, Christliche und Freie Demokraten in Hessen, Rheinland-Pfalz, Baden und Württemberg 1945/46, Düsseldorf 1958 (= Beiträge zur Geschichte des Parlamentarismus und der politischen Parteien, Bd. 10).

Woller, Hans, Die Loritz-Partei. Geschichte, Struktur und Politik der Wirtschaftlichen Aufbau-Vereinigung (WAV) 1945–1955, Stuttgart 1982 (= Studien zur Zeitgeschichte, Bd. 19).

Zimmermann, Karl, Erste Reichstagung der Christlich Demokratischen Union in Godesberg am 14., 15. und 16. Dezember 1945, Köln [1946] (= Schriftenreihe der CDU des Rheinlandes, H. 5).

Zinn, Georg August, Das staatsrechtliche Problem Deutschland, in: Zum Aufbau des Rechtslebens, Heidelberg 1947, S. 9–26.

Zonenbeirat für die Britische Besatzungszone. Der Zonenbeirat zur Verfassungspolitik. Hamburg 1948.

Zorn, Rudolf, Soziale Neuordnung als sozialistische Gegenwartsaufgabe. Rede auf dem Parteitag der SPD in Düsseldorf, in: Protokoll der Verhandlungen des Parteitages der Sozialdemokratischen Partei Deutschlands vom 11. bis 14. Dezember 1948 in Düsseldorf, Hamburg [1948], S. 138–159.

ABKÜRZUNGEN

ABl	Amtsblatt
ADGB	Allgemeiner Deutscher Gewerkschaftsbund
AVBRD	Akten zur Vorgeschichte der Bundesrepublik Deutschland
BGBl	Bundesgesetzblatt
DVdI	Deutsche Verwaltung des Innern
ECA	Economic Cooperation Administration
GS	Gesetzsammlung
HLKO	Haager Landkriegsordnung
LRGS	Sammlung der Länderratsgesetze
MilReg	Militärregierung
NKWD	Sowjetisches Volkskommissariat für innere Angelegenheiten
NL	Nachlaß
NZ	Neue Zeitung
OEEC	Organisation for European Economic Cooperation
PrGS	Preußische Gesetzsammlung
RGBl	Reichsgesetzblatt
SBZ	Sowjetische Besatzungszone
SMA	Sowjetische Militäradministration
VO	Verordnung
WRV	Weimarer Reichsverfassung

EINLEITUNG

1

Nur wenige Ereignisse in der neueren deutschen Geschichte haben einen solch tiefgreifenden, alle Bereiche des menschlichen Lebens umfassenden Wandel verursacht, wie ihn die Kapitulation der deutschen Wehrmacht am 7./9. Mai 1945 auslöste [1]. Gewiß leiteten ihn die Siegermächte ein, deren Handeln anfangs von einem gemeinsamen Ziel geprägt war: Beseitigung von Nationalsozialismus und Militarismus und Übernahme der gesamten Gewalt in Deutschland, was auch immer sie darunter verstanden wissen wollten. Es bedurfte indessen nicht des Zwanges von außen, um die Deutschen zu überzeugen, daß ein Neuaufbau des politischen, wirtschaftlichen, sozialen Lebens unerläßlich war [2] – hatten doch schon vor dem Ende des Zweiten Weltkrieges Flüchtlinge und Emigranten im Ausland ebenso wie Angehörige des Widerstandes im Innern entsprechende Überlegungen angestellt, ohne daß es zu einem Zusammengehen der Gruppen und zu einer Koordinierung ihrer Vorstellungen hatte kommen können: Zu unterschiedlich waren die Voraussetzungen, unter denen sie entstanden, und die Ziele, die sie verfolgten [3].

Als Hitler und die übrigen nationalsozialistischen Führer entweder Selbstmord verübt hatten oder sich in alliiertem Gewahrsam befanden, als das Reich verwüstet und zerstört war und die Wehrmacht bedingungslos kapituliert hatte, da zeigte es sich, daß die Zeit für diese Neuordnung, bestimmt und verantwortet von den Deutschen selbst, noch nicht reif war. Das lag einmal daran, daß die Alliierten, ungeachtet der Hoffnungen und Wünsche zahlreicher Deutscher, nicht bereit waren, einen Teil ihrer Macht zugunsten der Besiegten aufzugeben [4]. Hinzu kam, daß die große Mehrheit des deutschen Volkes, bedingt durch Armut und Arbeitslosigkeit [5], durch Flucht und Vertrei-

[1] Vgl. hierzu die Sammelbände von Herbst, Westdeutschland, 1986, und Ruhl, Neubeginn, 1984.

[2] Vgl. z. B. Franz Xaver Arnold, S. 19–28; Bäumer, S. 42–46; Dirks, Aufgabe, S. 38–52; Jostock, Proletariat, S. 57–63.

[3] Moraw, S. 31–60; Buchstab, S. 118–259.

[4] Dok. 15. Vgl. auch Kogon, Gericht, S. 25–37; Hilpert, Besiegt, S. 3–6.

[5] Dok. 32. Vgl. Brandt, S. 390–401; Benz, Besatzungsherrschaft, S. 11–18; Boelcke, S. 33–74; Eschenburg, S. 61–64; Klessmann, S. 39–65.

bung[6], durch Kriegsgefangenschaft[7], aber auch durch die Entnazifizierung[8], weder willens noch in der Lage war, in grundlegende Erörterungen über die Zukunft des Reiches einzutreten, wozu auch der Schock beitrug, den das Bekanntwerden des tatsächlichen Ausmaßes der nationalsozialistischen Untaten in der Öffentlichkeit auslöste[9]. Darüber hinaus verhinderte der allgemeine Mangel an publizistischen Kommunikationsmitteln, daß die Ideen, die hauptsächlich Politiker, Publizisten und Gelehrte entwickelten, verbreitet und diskutiert wurden[10]. Insofern entstanden zwar – trotz mannigfacher Beschränkungen – schon frühzeitig Pläne zum Neuaufbau des öffentlichen Lebens, denen aber zunächst die Ausstrahlung und Wirkung in größerem Raum versagt blieb, soweit sie nicht von einer Besatzungsmacht ausdrücklich angeordnet wurden. Allen diesen Plänen war gemeinsam, daß sie auf der Anerkennung der Schuld aufbauten, die das deutsche Volk wegen der nationalsozialistischen Verbrechen auf sich geladen hatte, unabhängig davon, in welcher Form und in welchem Umfange man den einzelnen hierfür verantwortlich machte[11]. Sie verkündeten Programme zur Überwindung der materiellen Not, beließen es aber, was den Neuaufbau Deutschlands betrifft, bei grundsätzlichen Erklärungen.

2

Die Programme waren geprägt von dem allgemeinen „sozialistischen Zug der Zeit“[12], der, nach dem Ende der nationalsozialistischen Zwangsherrschaft und von dieser und ihren Folgen beeinflußt, auch in Deutschland wirksam wurde. Es ging dabei um die Frage, ob die mit dem Schlagwort „kapitalistisch“ gekennzeichnete traditionelle Gesellschaftsform in Deutschland ihre Daseinsberechtigung verloren habe und was gegebenenfalls an ihre Stelle zu setzen sei. Daß sich der „Kapitalismus“ überlebt habe, stand für viele fest,

[6] Dok. 34. Vgl. Merker, S. 7–12; Böhm, S. 3–24; Böttcher, S. 601–614. Dazu Benz, Vertreibung, 1985.

[7] Dok. 18. Vgl. Jürcks in NZ vom 27. 1. 1947; Kempski, S. 28–40; Erich Kaufmann, Die Freilassung und Heimschaffung der Kriegsgefangenen in völkerrechtlicher Bedeutung: Bundesarchiv, Z 35/373; Lehmann, S. 38–124; Smith, S. 33–60.

[8] Dok. 36. Vgl. Kogon, Recht, S. 641–655; dazu Niethammer, S. 538–652; Henke, S. 56–79.

[9] Vgl. z. B. den Film ›Die Todesmühlen‹: Bundesarchiv-Filmarchiv, Mag. Nr. 1916; dazu Chamberlin, S. 431–436.

[10] Hurwitz, S. 129; Eschenburg, S. 155.

[11] Dok. 7, 8, 20 und 27. Vgl. auch Asmussen, S. 17–27; Niemöller, S. 6–15; Pribilla, S. 15–33; Schuster, S. 101–117.

[12] So Jakob Kaiser, zitiert nach Ambrosius, S. 99.

und verbreitet war auch die Auffassung, daß die Zukunft des deutschen Volkes in einem „Sozialismus" läge, der nicht nur den wirtschaftlichen, sondern auch den politischen, staatlichen und gesellschaftlichen Sektor umfassen und in einer Neubestimmung des Individuums innerhalb der Gemeinschaft münden müsse [13]. Umkämpft war dagegen von Anbeginn an, mit welchen Inhalten jener Sozialismus anzufüllen sei.

Ausgehend von einem antimarxistischen und antiliberalen christlichen Naturrechtsdenken und unter Berufung auf die kirchenamtlichen Verlautbarungen, insbesondere die Enzykliken ›Rerum novarum‹ Leos XIII. vom 15. Mai 1891 und ›Quadragesimo anno‹ Pius' XI. vom 15. Mai 1931 sowie die Ansprache Pius' XII. an die Delegierten der italienischen christlichen Arbeitervereine am 11. März 1945 [14], trat der christliche Sozialismus, wie ihn vor allem der der Walberberger Bewegung angehörende Dominikanerpater Eberhard Welty formulierte, für eine „Staatsgemeinschaft" ein, die demokratisch ausgerichtet war und die Grundrechte des einzelnen als dem Ebenbild Gottes innerhalb der sichtbaren Schöpfungsordnung sicherte, aber den Staat als Teil einer „christlichen Gesamtlebensordnung" gleichwohl mit einer weitgehenden Machtfülle gegenüber dem Individuum ausstattete. Grundlage des gesellschaftlichen Lebens war das Gemeinwohl des Volkes, das bestimmt wurde durch Gerechtigkeit und Eintracht. Es zu regeln, wurde als Aufgabe und Pflicht des Staates angesehen. Im wirtschaftlichen Bereich bedeutete dies die Zustimmung der christlichen Sozialisten zum Sondereigentum des einzelnen, das aber nicht in beliebiger Menge angesammelt und allein zu persönlichen Zwecken genutzt werden dürfe, sondern vorrangig der Deckung der persönlichen Lebensbedürfnisse zu dienen habe [15].

Eine planmäßig organisierte, aber dezentralisierte Wirtschaft zugunsten des Gemeinwohls erstrebten auch die christlichen Sozialisten der Freiheit, repräsentiert vor allem von Walter Dirks, Eugen Kogon, Karl Heinrich Knappstein und den Frankfurter Heften. Sie verurteilten den Erwerb von privatem Eigentum besonders dann als dem Christentum widersprechend, wenn er der Vorrangstellung einzelner gegenüber der Gemeinschaft dienen sollte. Es ging ihnen um die Würde und Freiheit des Individuums, die sie in einer abendländisch-christlichen Ideen verpflichteten „sozialistischen Republik" (Walter Dirks) als Teil einer Konföderation der europäischen Völker verwirklicht wissen wollten. Das Ziel sozialistischer Politik sahen auch sie in der Bedarfs-

[13] Vgl. z. B. Klaus-Peter Schulz, Sozialismus, S. 123–136; Niclauß, S. 46–47.

[14] Texte zur katholischen Soziallehre, S. 31–67, 91–148 und 183–189.

[15] Vgl. Welty, Christlicher Sozialismus, passim; ders., Entscheidung, passim; ders., Freiheit, S. 321–331; ders., Bindungen, S. 518–539. Dazu ausführlich Uhl, S. 61–78, und Focke, S. 181–185.

deckung des Volkes, die zu erreichen sei durch eine Neuregelung der Besitzverhältnisse, durch Mitbestimmung in privaten Einzelunternehmen wie in großen Wirtschaftszusammenhängen und durch Planung. Die Wirtschaft sollte von „Leistungsgemeinschaften“ oder „berufsständischen Körperschaften“ gelenkt werden, was die Forderung nach Einführung der „Wirtschaftsdemokratie“ bedeutete, während es dem Staat oblag, die allgemeinen politischen Rahmenbedingungen vorzugeben, sich aber nicht in deren Ausführung einzuschalten[16].

In diesem Zusammenhang ist auch Oswald von Nell-Breuning S. J. zu nennen, der, privates Eigentum grundsätzlich bejahend, gleichwohl eine unter bestimmten Voraussetzungen gar entschädigungslose Enteignung zugunsten des Gemeinwohls befürwortete. Er erstrebte eine „Demokratisierung der Wirtschaft“. Unternehmen, die in öffentliche Hand überführt würden, sollten nicht von staatlichen Organen verwaltet werden, sondern bevorzugt von „berufsständischen Körperschaften“. In ihnen wie überhaupt in allen größeren Betrieben wäre den Arbeitern Mitbestimmung bei der Leitung und Teilhabe am Ertrag zuzubilligen, um die vorherrschende Trennung von Produktionsmitteln und Arbeit zu überwinden[17].

Für Alfred Weber und Alexander Mitscherlich bedeutete „Freier Sozialismus“ die Beseitigung aller Einflüsse, die das Kapital auszuüben vermochte, mit dem Ziel, politische, ökonomische und soziale Freiheit für den einzelnen wie für die Gemeinschaft zu erlangen. Einen zentralisierten und bürokratisierten Staatssozialismus lehnten sie ausdrücklich ab. Insofern kam auch für sie nur die Verstaatlichung einiger weniger Wirtschaftszweige und Industriebetriebe in Betracht; die Überwachung sollte durch gerichtliche Instanzen („Wirtschaftssenate“) ausgeübt werden. Darüber hinaus strebten sie eine umfassende Kontrolle der wirtschaftlichen Entwicklung Deutschlands durch die europäischen Völker an, mit denen die Deutschen in einer weitreichenden Konföderation leben würden[18].

Alle diese Perspektiven stimmten darin überein, daß sie in gewissem Maße die methodischen Grundlagen anerkannten, die Karl Marx mit dem wissenschaftlichen Sozialismus geschaffen hatte, daß sie aber seine Schlußfolgerungen mit Entschiedenheit ablehnten. Die Verbreitung speziell marxistischer Ideen blieb ausschließlich kommunistischen Ideologen vorbehalten, die in

[16] Dok. 17. Vgl. auch Dirks, Zweite Republik, in: Frankfurter Hefte 1 (1946) S. 12–24; ders., Wort Sozialismus, S. 628–643; Kogon, Sozialismus, S. 877–896; Knappstein, Sozialreform, S. 1–3. Dazu Uhl, S. 113–116, und Focke, S. 204–209.

[17] Dok. 30. Vgl. Nell-Breuning, Kapitalismus, S. 665–681; ders., Gemeineigentum, S. 116–120 und 181–184.

[18] Dok. 43. Vgl. Alfred Weber, Sozialisierung, S. 15–21; ders. und Alexander Mitscherlich, Sozialismus, S. 39–94. Dazu Ehni, S. 138–144.

enger Anlehnung an die KPD wirkten. Sie setzten voraus, daß die Arbeiter als die ausgebeutete Schicht im Laufe der Generationen ein klar begriffenes Klassenbewußtsein erzeugt hätten, das sie zu solidarischem Handeln befähigte. Insofern erkannten sie einen Wandel des menschlichen Kollektivs von einer ökonomisch ausgebeuteten, politisch bedeutungslosen Masse zu einer geschichtsbildenden und gestaltenden Macht, dazu ausersehen, eine sozialistische, von jeder Ausbeutung befreite, klassenlose Gesellschaft zu errichten. Das Ziel, der Aufbau des Sozialismus im Sinne von Marx, Engels, Lenin und Stalin, war nicht zweifelhaft und identisch mit dem sowjetischen Vorbild. Über den einzuschlagenden Weg gab es dagegen bei den deutschen kommunistischen Ideologen andere Vorstellungen. Da für sie aus politischen und sozialen Gründen ein revolutionärer Klassenkampf, wie ihn die russische Oktoberrevolution von 1917 darstellt, in Deutschland nicht in Frage kam, betrieben sie die Errichtung einer scheinbar parlamentarisch-demokratischen Republik, in der die Arbeiterklasse zunächst die vorherrschende, dann die alleinige Macht ausüben sollte, um, als Vorstufe des Sozialismus, die Produktionsmittel zu vergesellschaften und einen zentralistisch ausgerichteten Einheitsstaat mit sozialistischer Planwirtschaft zu schaffen. Bedingung hierfür war allerdings die Einheit der Arbeiterklasse, die denn auch die erste und hauptsächliche Forderung der Marxisten nach der Kapitulation von 1945 bildete und die im Zusammenschluß von SPD und KPD zur SED in der Sowjetischen Besatzungszone einen symbolhaften Ausdruck fand. Erörtert wurde der „besondere deutsche Weg zum Sozialismus“ von den deutschen Kommunisten bis in das Jahr 1948[19]. Nach der Jugoslawienkrise und dem Bruch Titos mit der UdSSR galten die sowjetischen Verhältnisse auch für die deutschen Kommunisten als richtungweisend und verbindlich[20].

Verhältnismäßig klein war der Kreis derer – etwa Adolf Süsterhenn oder Georg Laforet –, die vor einer „Sozialisierung“ warnten, gleichgültig, ob sie in christlichem, freiheitlichem oder kommunistischem Rahmen erfolgen sollte. Sie befürchteten, daß mit ihr die Beseitigung von privatem Eigentum und privaten Produktionsmitteln unausweichlich verbunden sei und notwendigerweise zu einer umfassenden Verstaatlichung und damit zu einem „totalen“ Staat führen müsse. Obwohl ein solches Staatswesen die Merkmale eines kommunistischen Systems besaß, sprachen sie ihm gleichzeitig wesentliche Inhalte einer kapitalistischen Ordnung zu, denn eine verstaatlichte Wirtschaft sei gleichbedeutend mit einer kapitalistischen. Sie erkannten zwar an, daß das nach dem Zweiten Weltkrieg in Deutschland entstandene soziale Gefüge, ins-

[19] Dok. 11. Dazu Leonhard, S. 276–279; Hauth, S. 66–68.

[20] Vgl. Ackermann, Über den einzig möglichen Weg, auszugsweise abgedruckt bei Flechtheim III, S. 356–366; Gniffke, S. 340–342; Leonhard, S. 341.

besondere die Eigentumsverfassung und die darauf beruhende Produktionsweise, erhebliche Ungerechtigkeiten in sich barg und deshalb erneuerungsbedürftig war. Aber eine Lösung kam für sie nur in der Form in Betracht, daß die einzuleitenden Maßnahmen von den Prinzipien des christlichen Naturrechts und der Subsidiarität bestimmt sein müßten, die unveränderliche Rechte und eine unverrückbare Verantwortung des Individuums betonten, während der Gemeinschaft die Funktion zugedacht war, diese vorgegebenen Rechte und Pflichten der Einzelperson zu gewährleisten und zu sichern. Auch wenn der Staat den Neuaufbau der Gesellschaft vollzog oder lenkte, war er an diese Prinzipien und die durch sie gezogenen Grenzen gebunden. Dies bedeutete einmal, daß eine wie auch immer geartete Sozialisierung nicht in Frage kommen konnte. Zudem war die Anerkennung dieser Grundsätze gleichbedeutend mit der Entscheidung über die künftige Staatsform: Subsidiarität war untrennbar mit Demokratie und Föderalismus verbunden [21].

Allerdings mußten alle diese Überlegungen, ohne Rücksicht auf ihre Schlußfolgerungen, einfluß- und bedeutungslos bleiben, denn die politische, staatliche und wirtschaftliche Neuordnung Deutschlands nach dem Zweiten Weltkrieg wurde nicht von Diskussionen um ihre theoretischen Grundlagen geprägt, sondern von den um Macht ringenden politischen Parteien.

3

Schon am 10. Juni 1945 befahl die sowjetische Militärverwaltung, in ihrem Besatzungsgebiet politische Parteien zu bilden [22], genehmigte die Aufrufe der KPD vom 11. Juni 1945 [23], der SPD vom 15. Juni 1945 [24], der CDUD vom 26. Juni 1945 [25] und der LDP vom 5. Juli 1945 [26] und gestattete diesen Parteien obendrein, mit eigenen Flugschriften und Tageszeitungen für ihre Ziele zu werben [27], selbstverständlich nur, solange sie sich in dem von der SMA vorgegebenen, mit der Bezeichnung „antifaschistisch-demokratisch“ vage, wenn nicht gar irreführend umschriebenen Rahmen bewegten [28]. Damit kam sie nicht nur den westlichen Militärregierungen zuvor, welche die Demokratisie-

[21] Dok. 14. Vgl. Laforet, Sozialismus, S. 273–276; ders., „Sozialisierung“, S. 231–233. Dazu Baumgart, S. 24–33; Schwarz, Vom Reich, S. 413–422; Merkl, S. 37–44.

[22] Abgedruckt in Ursachen und Folgen XXIV, S. 254–255.

[23] Abgedruckt bei Flechtheim III, S. 313–319.

[24] Dok. 1.

[25] Abgedruckt bei Flechtheim II, S. 27–30.

[26] Ebd. S. 269–271.

[27] Fischer, S. 74–84.

[28] Moraw, S. 80–92.

rung des deutschen Volkes vorrangig auf politisch-pädagogischem Wege[29], auch durch Zeitungen und Zeitschriften[30] erreichen wollten und deshalb die Gründung von politischen Parteien und den Aufbau einer speziellen Parteipresse in ihren Zonen erst später erlaubten. Mit der Zulassung von politischen Parteien traf sie vielmehr auch eine Vorentscheidung über die Gestaltung des politischen Lebens, das sie in ihrem Machtbereich zu begründen gedachte – eine Maßnahme, die sich nicht zuletzt wegen des Anspruchs der von ihr genehmigten Parteien, das gesamte Reich zu vertreten[31], auch auf die übrigen Zonen auswirken mußte. Es waren vier unterschiedlich ausgerichtete, nur durch eine „Einheitsfront" verklammerte Parteien, die sie zum Träger des politischen Handelns einsetzte[32], ungeachtet aller Bedenken, die auch Kommunisten gegen die bloße Restaurierung des nach ihrer Ansicht überlebten Weimarer Parteiensystems erhoben[33]. Freilich erlangten ähnliche Überlegungen auch in den Westzonen keine entscheidende Bedeutung[34].

Daß die sowjetische Besatzungsmacht von Anfang an nicht willens war, in ihrer Zone ein Parteiensystem nach freiheitlich-demokratischem Muster zu gestatten, wurde offenkundig, als es den Kommunisten nicht gelang, die Massen hinter sich zu bringen, die sich vielmehr großenteils der SPD zuwandten[35]. Hatten unmittelbar nach Kriegsende 1945 die Kommunisten die ihnen von Sozialdemokraten in Berlin angebotene Aktionseinheit noch brüsk abgelehnt und auf der Fortsetzung des seit Jahrzehnten praktizierten, auch durch den Nationalsozialismus nicht unterbrochenen Eigenlebens der KPD beharrt[36], so ergriffen sie im Sommer 1945 selbst die Initiative und bereiteten, gemeinsam mit der sowjetischen Besatzungsmacht, den Zusammenschluß unter ihrer Führung vor[37], den die „Sechziger-Konferenz" aus Vertretern von SPD und KPD am 20./21. Dezember 1945 befürwortete und der am 21. April

[29] Zur Re-education vgl. z. B. Gehring, S. 36–73.

[30] Fischer, S. 33–35.

[31] Vgl. etwa Conze, S. 20–21; Schwarz, Vom Reich, S. 241–244; Gerhard Schulz, CDU, S. 54–44; Schütz, SPD, S. 164–169.

[32] ›Einheitsfront der antifaschistisch-demokratischen Parteien‹ vom 14. 7. 1945: Abgedruckt in Ursachen und Folgen XXIV, S. 277–278.

[33] Vgl. z. B. das Manifest der demokratischen Sozialisten des ehemaligen Konzentrationslagers Buchenwald ›Bund demokratischer Sozialisten. Für Freiheit, Frieden, Sozialismus‹: Bundesarchiv, NL Brill 10; dazu Overesch, S. 136–138.

[34] Vgl. z. B. den Schriftwechsel zwischen Max Hildebert Böhm und Theodor Heuß vom 18. 8. 1947 und 19. 1. 1948: Bundesarchiv, NL Böhm 4; Stegerwald, Wo stehen wir, S. 22; ders., Wohin gehen wir, S. 5; Niclauß, S. 90–91.

[35] Vgl. Schwarz, Vom Reich, S. 245–246; Moraw, S. 94–96; Nettl, S. 38–42.

[36] Dok. 3. Vgl. auch Hauth, S. 44, und Huster, S. 20.

[37] Dok. 4.

1946, gegen den Widerstand der SPD in den Berliner Westsektoren und in den westlichen Besatzungszonen, zur Sozialistischen Einheitspartei erfolgte[38].

Obwohl CDUD und LDP in der Sowjetischen Besatzungszone ihre organisatorische Eigenständigkeit beibehielten, gerieten sie in immer stärkere Abhängigkeit von SED und SMAD, die sich nicht scheute, direkt in personelle Besetzung und programmatische Ausrichtung der beiden Parteien einzugreifen[39].

In den westlichen Besatzungszonen begannen unmittelbar nach Kriegsende einzelne, meist schon vor der Machtergreifung Hitlers tätige Politiker, den Aufbau politischer Parteien anzubahnen, wobei man auch Neugründungen erwog, etwa durch die Verschmelzung bislang verfeindeter „Bruderparteien“ oder durch die Sammlung von Anhängern 1933 untergegangener Parteien in neuen großen Volksparteien, grundsätzlich aber, ebenso wie in der sowjetischen Zone, an dem in Deutschland herkömmlichen Parteiensystem festhielt. Als der amerikanische Militärgouverneur ab 27. August 1945, der britische ab 15. September 1945 und der französische ab 13. Dezember 1945 den Deutschen die politische Tätigkeit offiziell auf lokaler und Kreisebene erlaubten, waren die mehr oder minder im Verborgenen für die Gründung von politischen Parteien getroffenen Vorkehrungen bereits so weit gediehen, daß eine andere Form politischen Handelns als die bis 1933 praktizierte nicht mehr in Frage kommen konnte.

Gleichgültig, in welcher der drei westlichen Besatzungszonen sich politische Parteien bildeten: der Vielzahl ihrer Namen entsprach eine Mannigfaltigkeit der Programme. Dies trifft auch dann zu, wenn sich Parteien auf überregionaler Ebene zu organisieren vermochten, sei es in Ländern oder in Besatzungszonen oder gar über die Grenzen einzelner Zonen hinausgehend. Ein hervorragendes Beispiel bietet die Geschichte der CDU/CSU. Ihre Gründer hatten zunächst zu klären, ob es nach den Erfahrungen besonders am Ende der Weimarer Republik überhaupt gerechtfertigt war, die konfessionsgebundene Deutsche Zentrumspartei bzw. Bayerische Volkspartei wiederzugründen, oder ob der Aufbau einer neuen Sammlungspartei vorzuziehen sei, die überkonfessionell und allein dem Christentum verpflichtet sein müsse[40]. Man hat den zweiten Weg beschritten und die Christlich-Demokratische Union, in Bayern die Christlich-Soziale Union ins Leben gerufen[41], ohne damit jedoch die Wiedererstehung des Zentrums verhindern zu können[42], das allerdings

[38] Dok. 9. Dazu Moraw, S. 129–156; Kaden, S. 233–256; Klaus-Peter Schulz, Freiheitskampf, S. 234–243.

[39] Conze, S. 201–228; Krippendorff, S. 33–43.

[40] Wieck, passim; Schwering, S. 49–70.

[41] Dok. 23. Vgl. dazu Mintzel, S. 90–120.

[42] Dok. 6. Zur Geschichte des Zentrums nach 1945 vgl. Ute Schmidt, S. 1202–1212.

um so bedeutungsloser wurde, je mehr sich die politische Gewalt auf einige wenige Parteien konzentrierte. Indessen konnte noch keine Rede von einem gemeinsamen Programm der Christlichen Demokraten sein. Zwar einigten sie sich auf dem 1. Reichstreffen in Bad Godesberg vom 14.–16. Dezember 1945 auf einen für alle gültigen Namen – die bayerische Abweichung kann in diesem Zusammenhang unberücksichtigt bleiben – und auf eine koordinierende zentrale Geschäftsstelle in Frankfurt a. M.[43], doch noch im Oktober 1947 beklagte sich Bruno Dörpinghaus über die Existenz von „faktisch vier Unionen, wenn nicht gar von fünf"[44], welche die Abgabe programmatischer Erklärungen für die gesamte CDU/CSU unmöglich machten[45]. Meinungsunterschiede gab es etwa über das Verhältnis Elternrecht – Schule – Staat, über die Stellung Deutschlands zwischen Ost und West oder über die Gestaltung der Gesamtstaatsverfassung, vor allem aber über die wirtschafts- und gesellschaftspolitische Konzeption: Sollte die CDU/CSU einen „Sozialismus aus christlicher Verantwortung" anstreben, der sich vorrangig an Gemeinwohl, Bedarfsdeckung und Lenkung der Wirtschaft durch Staat oder Selbstverwaltungskörperschaften orientierte, wie es etwa der Berliner Aufruf an das Deutsche Volk vom 15. Juni 1945, die Kölner Leitsätze von Ende Juni 1945, das wichtigste programmatische Dokument der Gründungszeit[46], oder die Frankfurter Leitsätze vom September 1945[47] forderten, oder hatte es darum zu gehen, die Rechte und Freiheiten des einzelnen, unter Beachtung des Gemeinwohles, zu sichern und zu vermehren, während dem Staat nur eine subsidiäre Rolle zugedacht war? Die vielfältigen Programme, welche die verschiedenartigsten Gremien innerhalb von CDU/CSU zwischen 1945 und 1949 verabschiedeten, machen diese Spannungen ebenso deutlich wie die Auseinandersetzungen zwischen den Exponenten der beiden hauptsächlichen Richtungen, Konrad Adenauer und Jakob Kaiser, wobei sich die eher gemäßigt bürgerlich-konservative, von Adenauer vertreten, allmählich durchsetzte[48].

Große Mühen bereitete es auch den Liberalen, ihre teils traditionell liberaldemokratischen und föderalistischen, teils freiheitlich-bürgerlichen, antiklerikalen, antisozialistischen und dem Zentralismus zuneigenden, teils aber auch

[43] Zimmermann, S. 124. Vgl. auch Conze, S. 42–45; Gerhard Schulz, CDU, S. 56–57; Gurland, S. 83–88.

[44] Zitiert nach Sörgel, S. 79.

[45] Vgl. Gurland, S. 95–170.

[46] Dok. 2.

[47] Abgedruckt bei Flechtheim II, S. 36–45.

[48] Dok. 13 und 16. Ausführlich Conze, S. 110–132; Schwarz, Vom Reich, S. 299–315; ders., Adenauer, S. 522–532; Gerhard Schulz, CDU, S. 84–92; Focke, S. 227–270.

mehr konservativen Landesverbände in der Heppenheimer Proklamation vom 12. Dezember 1948 zu einem gemeinsamen Programm zu verpflichten[49].

Selbst die Sozialdemokraten bedurften der Autorität ihres schon frühzeitig unumstrittenen Parteiführers Kurt Schumacher[50], um die einheitliche programmatische Ausrichtung der Partei im Sinne des demokratischen Sozialismus zu erreichen, die vor allem durch die auf das Reich bezogenen Ansprüche der Berliner SPD[51], dann durch die Zwangsvereinigung von SPD und KPD in der Sowjetischen Besatzungszone in Frage gestellt worden war. Überhaupt erwies sich die Forderung nach politischer und organisatorischer Einheit der Arbeiterklasse, die auch in den westlichen Besatzungszonen zahlreiche Befürworter fand, als der eigentliche innerparteiliche Konfliktstoff der SPD nach ihrer Wiedergründung im Frühsommer 1945[52]. Daß es Schumacher gelang, seine Konzeption von der Eigenständigkeit der Partei, vor allem gegenüber den Kommunisten, noch vor der Reichskonferenz von Wennigsen (5.–7. Oktober 1945) durchzusetzen, macht die innere Geschlossenheit der Partei unter seiner Führung schlaglichtartig deutlich. Auch gelegentliche Auseinandersetzungen, die beispielsweise zwischen Schumacher und sozialdemokratischen Landespolitikern über den Inhalt der Verfassung des Gesamtstaates und das damit verbundene Zentralimus-Föderalismus-Problem entstanden[53], vermochten daran nichts zu ändern.

Außer den großen politischen Parteien, welche die Geschichte der späteren Bundesrepublik Deutschland nachhaltig prägten, entstanden mehrere kleinere, die an den historischen Vorgängen Anteil hatten, ohne daß es ihnen freilich gelang, auf Dauer zu bestehen. Zu ihnen zählten neben der schon genannten Deutschen Zentrumspartei insbesondere die föderalistische, streng antisozialistische Niedersächsische Landespartei, die 1947 ihren regionalen Charakter aufgab und sich zur Deutschen Partei erweiterte[54], die Wirtschaftliche Aufbauvereinigung, die sich als Vertretung der Heimatvertriebenen profilieren wollte[55], oder die Bayernpartei, die ein souveränes Bayern in einem deutschen

[49] Dok. 42. Vgl. auch die Rede von Theodor Heuß am 12. 12. 1948 in Heppenheim: Bundesarchiv, NL Blücher 242. Dazu Juling, S. 10–18; Lange, S. 282–310.

[50] Dok. 10. Zum Führungsanspruch Berlin–London–Hannover vgl. Schütz, S. 159–162.

[51] Dok. 1. Dazu Schütz, S. 164–199.

[52] Vgl. z. B. die Berichte über die Tätigkeit der Arbeitsausschüsse von SPD und KPD: Bundesarchiv, B 118/66. Dazu Kaden, S. 51–66 und 155–160; Edinger, S. 147; Hauth, S. 45–51; Huster, S. 19.

[53] Edinger, S. 184–198; Sörgel, S. 63; Kritzer, S. 198–270; Niclauß, S. 57–58.

[54] Vgl. Meyn, S. 7–22.

[55] Vgl. Woller, S. 22–49.

Staatenbund erstrebte[56], schließlich die extremen Parteien KPD, die sich anfangs den Anschein einer eigenständigen demokratischen und nationalen Partei zu geben suchte, bevor sie sich 1948 der SED bzw. KPdSU anglich[57], und Deutsche Rechtspartei, eine Vorläuferin der späteren rechtsradikalen Sozialistischen Reichspartei, die vom Bundesverfassungsgericht 1952 verboten wurde[58].

4

Als sich das Chaos der ersten Nachkriegszeit zwar nicht aufzulösen, aber in gewisser Weise zu normalisieren begann, als die Besatzungsmächte Bereiche festlegten, in denen sich die Deutschen unter alliierter Kontrolle frei und eigenständig politisch betätigen konnten, und als sie gleichzeitig Möglichkeiten publizistischer Kommunikation schufen, da begannen die Diskussionen um die staatliche Neugestaltung Deutschlands, welche die Jahre bis zur Gründung der Bundesrepublik Deutschland bzw. der Deutschen Demokratischen Republik kennzeichnen[59]. Zunächst beschränkt auf die einzelnen Besatzungszonen, gingen sie bald, teils mit Wissen der jeweiligen Besatzungsmacht, teils ohne, über die Zonengrenzen hinweg und machten offenkundig, was die Deutschen, gleich welchem politischen Lager sie zuneigten, am stärksten bewegte: die Wiederherstellung der Einheit Deutschlands, die Wiedervereinigung der vier Besatzungszonen, aber auch die Rückgliederung der Saar und der abgetrennten Ostgebiete; sie zeigten aber auch die Zerstrittenheit der Deutschen über die Frage, wie dies zu erreichen sei[60]. Ob parteipolitisch gebundene Verlautbarung oder unabhängige Meinungsäußerung – die Forderung nach Einheit war fester Bestandteil jedes Programms, das die politische, staatliche und wirtschaftliche Zukunft Deutschlands behandelte. Solange sich jedoch die Alliierten nicht auf die Bildung eines deutschen Zentralstaates verständigten, ja, bedingt durch französische, dann offen durch sowjetische Blockierungen, noch nicht einmal die im Potsdamer Abkommen vorgesehene Wirtschaftseinheit zustande brachten[61], besaß sie nur deklamatorischen Cha-

[56] Vgl. Unger, S. 31–39.

[57] Werner Müller, S. 21–127.

[58] Schmollinger, S. 988–1001.

[59] Vgl. z. B. Schwarz, Vom Reich, S. 299–314; Foelz-Schroeter, S. 20–27; Niclauß, passim; Sörgel, passim.

[60] Dok. 24. Dazu Benz, Einheit, S. 31–35 und 77–92; Foelz-Schroeter, S. 149–151; Schwarz, Vom Reich, S. 304–309 u. ö.; Sörgel, S. 19–38; Overesch, S. 113–150.

[61] Deuerlein, S. 136–144 u. ö.; Benz, Besatzungsherrschaft, S. 35–40; Graml, S. 102–109.

rakter, zumal sie von Deutschen ausging. Erst als die Regierungen der Vereinigten Staaten von Amerika, Großbritanniens und – zögernd – Frankreichs ihre Besatzungszonen zur Grundlage eines „Weststaates" erklärten und den deutschen Länderregierungen und politischen Parteien ein letztlich entscheidendes Mitspracherecht beim Aufbau des zentralen Staates einräumten[62], verloren solche Erklärungen ihre Unverbindlichkeit und wurden zu Aussagen über konkrete politische Ziele, deren Verwirklichung das Schicksal des neuen Staates mitbeeinflussen mußte.

Besonders deutlich wurde diese Entwicklung bei der Gestaltung der Verfassung des geplanten westdeutschen Gesamtstaates. Beim Zusammentritt des Parlamentarischen Rates am 1. September 1948 in Bonn herrschte an Ideen, Denkmodellen und ausgearbeiteten Entwürfen kein Mangel[63], auch wenn ihm als offizielle Beratungsunterlagen nur wenige Dokumente, namentlich der Bericht über den Verfassungskonvent auf Herrenchiemsee[64], die Vorschläge des Ellwanger Kreises der CDU/CSU[65], der ›Zweite Menzel-Entwurf‹ der SPD[66] und die Denkschrift ›Der Zonenbeirat zur Verfassungspolitik‹[67] vorlagen. Schon bald nach Kriegsende 1945 waren erste deutsche Verfassungsvorschläge in die Öffentlichkeit gelangt, obwohl es keine alliierten Aufträge gab und die Zukunft des Deutschen Reiches im ungewissen lag[68]. Es waren Einzelpersonen, Organisationen und amtliche Stellen gleichermaßen, die versuchten, Einfluß auf den Neuaufbau des Gesamtstaates zu erlangen, indem sie eigene Stellungnahmen zu Verfassungsproblemen mündlich und schriftlich verbreiteten, mehr oder weniger ausgerichtet auf die deutschlandpolitische Konzeption der jeweiligen Besatzungsmacht[69]. Vermochten aus den schon dargelegten Gründen im Jahre 1945 und in der ersten Hälfte von 1946 nur vereinzelte Stimmen eine breitere Öffentlichkeit zu erreichen, so bewirkten die Verbesserung der technischen Kommunikationsmöglichkeiten, die Beratungen über die Länderverfassungen, die auf die Berücksichtigung einer späteren Reichs- oder Bundesverfassung nicht verzichten konnten[70],

[62] Vgl. Parl. Rat, Bd. 1, S. XX–XXXIII; Graml, S. 195–214.

[63] Otto, S. 39–40.

[64] Parl. Rat, Bd. 2, S. 504–630.

[65] Abgedruckt bei Benz, Hoffnung, S. 333–347.

[66] Ebd. S. 391–410.

[67] Zonenbeirat für die Britische Besatzungszone. Der Zonenbeirat zur Verfassungspolitik, Hamburg 1948.

[68] Bundesarchiv, Z 35/179. Vgl. auch Glum im Tagesspiegel: Merkl, S. 37; Aretin in NZ vom 18. 2. 1946; Nadolny, S. 193–198; Albrecht, S. 104–107; Laforet, „Volk", S. 1–4. Dazu Piontkowitz, S. 142–146.

[69] Graml, S. 123–124, 190–192 u. ö.

[70] Schockenhoff, S. 125–132; Beutler, S. 13, Anm. 1.

und vertrauliche Anregungen und offizielle Aufträge der Militärregierungen, daß sich die Verfassungsdiskussion auch in bezug auf einen Zentralstaat über alle Besatzungszonen ausdehnte und die gesamte Publizistik erfaßte. Allerdings war schon die staatsrechtliche Stellung umstritten, auf der das neue zentrale Staatswesen und seine Verfassung errichtet werden sollten, die Frage nämlich, ob das Deutsche Reich durch die bedingungslose Kapitulation der Wehrmacht am 7. bzw. 9. Mai 1945 untergegangen oder suspendiert worden sei. Obwohl Politiker und Juristen sie ausgiebig erörterten[71], blieb sie für die eigentlichen Verfassungsberatungen letztlich ohne Belang.

Unterschiedliche Auffassungen bestanden auch über den inneren Aufbau des Gesamtstaates, speziell über das Verhältnis zwischen Zentralgewalt und Ländergewalten: Sollte der neue Staat ein Einheitsstaat, ein Bundesstaat oder ein Staatenbund sein? Befürworter und Gegner einer jeden Staatsform gab es in allen vier Besatzungszonen, unabhängig von landsmannschaftlicher oder parteipolitischer Herkunft. Insoweit besaßen auch die in den Parteizentralen erarbeiteten Verfassungsentwürfe zunächst nur eine begrenzte Bedeutung, es sei denn, daß eine Besatzungsmacht eine freie Diskussion über einen Vorschlag verhinderte, wie dies offensichtlich bei dem vom Parteivorstand der SED im November 1946 verabschiedeten, konsequent auf einen Einheitsstaat bezogenen ›Entwurf einer Verfassung für die Deutsche Demokratische Republik‹ der Fall war, der ein nur durch Volksentscheid eingeschränktes Einkammerparlament vorsah[72]. Mit ihm schuf die SED schon frühzeitig eine Grundlage für die Konstituierung eines deutschen Zentralstaates[73].

Die Mehrheit der SPD in den westlichen Besatzungszonen vertrat in ihren Verfassungsentwürfen einen „relativen Zentralismus“: Sie erkannte den bundesstaatlichen Charakter der Verfassung an, doch sollte der Bund gleichzeitig die Gesetzgebungskompetenz in den wirtschaftspolitisch entscheidenden Fragen erhalten und das Mitwirkungsrecht der Länder auf ein aufschiebendes Veto beschränkt bleiben[74]. Eine innerparteiliche Minderheit befürwortete einen weitergehenden Föderalismus. Die Mehrheit von CDU/CSU sprach sich ebenfalls für einen Bundesstaat aus. Die norddeutschen CDU-Vertreter, allen voran Konrad Adenauer, wollten aber die Ausgewogenheit der Verfassung durch ein gesichertes Gleichgewicht der zentralen Einrichtungen und erst in zweiter Linie durch eine föderative Machtaufteilung erreichen[75], die

[71] Dok. 29. Vgl. auch Kempski, Völkerrechtsproblem, S. 188–199; Parl. Rat, Bd. 2, S. LXIX–LXX.

[72] Dok. 28. Der Entwurf ist abgedruckt bei Benz, Hoffnung, S. 449–472.

[73] Hermann Weber, DDR, S. 160–173.

[74] Dok. 31. Vgl. Sörgel, S. 56–73.

[75] Dok. 13.

süddeutschen hingegen, die sich im Ellwanger Kreis vereinigt hatten[76], die Länder als das eigentlich entscheidende Organ in der Bundesrepublik verwirklicht wissen[77].

Mit den Frankfurter Dokumenten, den westdeutschen Ministerpräsidenten am 1. Juli 1948 überreicht[78], setzten die drei westlichen Militärgouverneure schließlich die Grundsätze fest, die den Rahmen für die verfassungsrechtliche Ordnung des von ihnen propagierten „Weststaates" bildeten. Die wegen ihres provisorischen Charakters später „Parlamentarischer Rat" genannte verfassunggebende Versammlung, aus Abgeordneten der Landtage bestehend, sollte eine Verfassung ausarbeiten, „die für die beteiligten Länder eine Regierungsform des föderalistischen Typs schafft, die am besten geeignet ist, die gegenwärtig zerrissene deutsche Einheit schließlich wiederherzustellen, und die Rechte der beteiligten Länder schützt, eine angemessene Zentralinstanz schafft und die Garantien der individuellen Rechte und Freiheiten enthält"[79]. Die Vorgaben der Alliierten wurden frei erörtert, in gewisser Weise auch modifiziert, jedoch im Grunde nicht verändert und bildeten somit den Ausgangspunkt für die Gründung der Bundesrepublik Deutschland. Ihre Verfassung, das Grundgesetz, betonte den Schutz der Grundrechte, deren Mißbrauch sie aber, im Hinblick auf die Erfahrungen mit der Weimarer Reichsverfassung, verhinderte; sie regelte das Bund-Länder-Verhältnis, wobei der Bundesrat insbesondere auf den Gebieten der Steuergesetzgebung, des Gesetzgebungsnotstandes und der sog. „Legalitätsreserve" weitreichende Befugnisse erhielt; zudem schuf sie neben einem starken Parlament eine starke Regierung, der durch die Einführung eines konstruktiven Mißtrauensvotums eine kontinuierliche Tätigkeit gesichert war. Die historische und politikwissenschaftliche Forschung hat die Entwicklung nachgezeichnet, an deren Ende ein Staat stand, der zwar als Provisorium gedacht war, jedoch alle Merkmale eines Staates, wenn auch noch mit eingeschränkter Souveränität, aufwies[80]. Er sollte in politischer und ökonomischer Hinsicht in die Gemeinschaft der Völker Westeuropas und der USA integriert werden[81], ungeachtet aller Versuche, Deutschland zwischen den Blöcken zu neutralisieren, um eine Wiedervereinigung der sowjetischen mit den drei westlichen Besatzungszonen zu erreichen[82].

[76] Benz, Föderalistische Politik, S. 776–820; Parl. Rat, Bd. 2, S. XL–XLV.

[77] Dok. 38. Vgl. auch Sörgel, S. 73–88; Ley, S. 54–68.

[78] Abgedruckt in Parl. Rat, Bd. 1, S. 30–36.

[79] Ebd., S. 32.

[80] Otto, S. 56–59; Sörgel, S. 89–94; Benz, Besatzungsherrschaft, S. 160–235; Niclauß, S. 139–146.

[81] Schwarz, Vom Reich, S. 393–479.

[82] Dok. 46. Vgl. Schwarz, Vom Reich, S. 347–389.

5

Untrennbar verflochten mit der politischen, gesellschaftlichen und staatlichen Neuordnung war die Neuorientierung der Wirtschaft. Es war unstrittig, daß ein bloßes Anknüpfen an die ökonomischen Verhältnisse vor der nationalsozialistischen Machtergreifung nicht in Frage kommen konnte, da einerseits der technische Fortschritt der jüngsten Zeit den Charakter der Arbeit und damit auch das Wesen des Menschen verändert, andererseits der Nationalsozialismus die Unhaltbarkeit des bestehenden Wirtschaftssystems erwiesen und zudem das militärische und politische Geschehen besonders während und nach dem Zweiten Weltkrieg die Besitzverhältnisse grundlegend gewandelt hatte. Ebenso einig war man sich in allen Lagern, daß dem Staat angesichts der allgemein herrschenden Not das Recht zugebilligt werden müsse, in die privaten Vermögensverhältnisse des einzelnen einzugreifen, um die drängenden Probleme der Flüchtlinge, Kriegsgefangenen und Heimkehrer, der Wiedergutmachung, der Arbeitslosigkeit und der Reparationen zu bewältigen. Weit verbreitet war die Erkenntnis, daß Trusts, Kartelle und Monopole aufgelöst, eine Währungsreform [83] und eine Bodenreform [84] durchgeführt und alle nationalsozialistischen Einflüsse aus der Wirtschaft ausgeschaltet werden müßten. Auch über die ökonomischen Erfordernisse der Gegenwart gab es kaum unterschiedliche Meinungen: Daß vorrangig die Ernährung der Bevölkerung sicherzustellen und die Produktion, trotz aller Schwierigkeiten, unbedingt wiederzubeleben sei, unterlag keinem Zweifel [85]. Indessen wurde bald offenbar, daß sich das scheinbar weitreichende Einvernehmen nur auf die aktuelle Situation bezog, während über den Inhalt der künftigen Wirtschaftsverfassung erhebliche Differenzen bestanden, vor allem, was die dem Staate zugedachte Rolle betraf.

Da für die Kommunisten die Zeit für eine Verwirklichung des Sozialismus in Deutschland noch nicht reif war, sahen sie auch von einer Sozialisierung im ökonomischen Bereich ab und beschränkten sich darauf, den Aufbau der Wirtschaft in einer neuen demokratischen Ordnung zu verlangen. Voraussetzung war die Einheit der Arbeiterklasse, die auch Kleingewerbetreibende, Mittelständler und Bauern umfaßte, soweit sie die führende Stellung der Arbeiter in der Gesellschaft anerkannten. Grundlage des Systems war eine auf die Bedarfsdeckung ausgerichtete Planung und Steuerung, die allein dem Staat und seinen Organen auf zentraler, Landes- und kommunaler Ebene obliegen sollte, während die Wirtschaft deren Beschlüsse auszuführen und umzusetzen

[83] Benz, Besatzungsherrschaft, S. 127–155; Gimbel, S. 247–266; Möller, S. 3–19.
[84] Dok. 5 und 33. Dazu Enders, S. 21–58; Trittel, S. 19–24 u. ö.
[85] Abelshauser, S. 132–138.

hatte. Angesichts des Mangels an Rohstoffen kam der gleichzeitig verkündeten Absicht, Eigeninitiative zu wahren und – nach Erfüllung des Plansolls – eine Produktion für den freien Markt zu gestatten, von vornherein nur geringe Bedeutung zu. Träger der neuen Ordnung waren die Gewerkschaften, deren Mitbestimmung in allen betrieblichen Fragen vorgesehen war. Gemeinsam mit den Wirtschaftsabteilungen der staatlichen Verwaltungen sollten sie Arbeitsausschüsse bilden, um die „Verschmelzung der administrativen Verwaltungsarbeit mit dem Produktionseinfluß der Gewerkschaften“ [86] herbeizuführen. Für Unternehmer war in dieser Wirtschaftsordnung kein Platz. In der SBZ wurden sie ausnahmslos zu Kriegs- und Naziverbrechern erklärt und enteignet, ihre Betriebe in das „Eigentum des Volkes“ überführt. An die Stelle der aufgelösten Unternehmervereinigungen traten Industrie- und Handelskammern bzw. Handwerkskammern, die sich aus Vertretern der Gewerkschaften, der Verwaltungen und der Betriebe zusammensetzten und ausschließlich die staatlichen Wirtschaftsorgane beratende Funktionen wahrnahmen [87]. Insoweit strebten die Kommunisten eine staatliche Planwirtschaft an, die um so ausgeprägter sein mußte, je zentralistischer der Staat organisiert war [88]. Während sie jedoch in den drei westlichen Besatzungszonen keine Aussicht hatte, realisiert zu werden, wurde sie in der sowjetischen Zone mit Hilfe der sowjetischen Militärregierung konsequent durchgeführt [89].

Obwohl wesentliche Teile ihrer frühen Konzeption mit diesen Vorstellungen identisch waren, lehnten die Sozialdemokraten von Anfang an die kommunistische Wirtschaftsform als „zentralistischen diktatorischen Staatskapitalismus“ ab [90]. Allerdings gingen auch sie von dem Grundsatz aus, daß Wirtschaft und Staat untrennbar miteinander verbunden seien. Hatte der Untergang des totalitären nationalsozialistischen Staates den Zerfall des kapitalistischen Wirtschaftssystems bewirkt, so mußte ein auf die Massen gegründeter demokratischer Staat zwangsläufig zu einer sozialistischen Wirtschafts-

[86] Neuaufbau der deutschen Wirtschaft. Richtlinien der KPD zur Wirtschaftspolitik, Berlin 1946, S. 24.

[87] Bruno Leuschner, Neuaufbau der deutschen Wirtschaft. Referat auf der Tagung des Ausschusses für Wirtschaftsfragen beim ZK der KPD am 29. 11. 1945: Bundesarchiv, ZSg 1–65/30; Neuaufbau der deutschen Wirtschaft (Anm. 86); Unser Standpunkt in der Sozialisierungsdebatte, in: Wirtschaftspolitisches Mitteilungsblatt der Wirtschaftskommission der Kommunistischen Partei, Landesbezirk Bayern, Nr. 2 vom 15. 2. 1947; Rudi Wascher, Der Betrieb. Rede auf dem Landesparteitag der KPD Nordrhein-Westfalen am 5. 5. 1947 in Solingen: Bundesarchiv, ZSg 1–65/31.

[88] Niclauß, S. 43–44.

[89] Moderow, S. 61–67.

[90] So Kurt Schumacher, Grundsätze sozialistischer Politik. Rede auf dem Parteitag der SPD am 9. 5. 1946 in Hannover: Bundesarchiv, ZSg 1–90/49.

ordnung führen, deren Vorstufe, als Planwirtschaft zwischen Kapitalismus und Sozialismus stehend, die Wirtschaftsdemokratie war. Sie suchte einen Rückfall in den Kapitalismus auszuschließen und die Verwirklichung des Sozialismus voranzutreiben, indem sie umfangreiche Verstaatlichungen propagierte und sich nur auf die Organisationen der Arbeiter und einen hauptsächlich von Arbeitern getragenen Staat stützte, dem allein sie Planungs- und Lenkungsfunktionen zuordnete. Dies galt auch für die als nicht sozialisierungsreif angesehenen Handwerks-, Handels- und Landwirtschaftsbetriebe, deren Vertretungen jedoch nur beratende Aufgaben haben sollten[91]. Nachdem innerhalb der SPD schon frühzeitig Zweifel an der Erreichbarkeit dieser Ziele geäußert wurden, veranlaßte die Gründung der SED die Sozialdemokraten in den Westzonen, sich auch im ökonomischen Bereich schärfer von den kommunistischen Programmen abzugrenzen. Erkennbar wurde dieser Wandel, als der Wirtschaftspolitische Ausschuß beim Parteivorstand der SPD im November 1946 seine ›Grundgedanken eines sozialistischen Wirtschaftsprogramms. Wege und Ziele sozialdemokratischer Wirtschaftspolitik‹ vorlegte[92]. So „unklar" diese Konzeption auch formuliert war[93], so stellte sie eindeutig fest, daß die Verstaatlichung nicht der einzige Weg zur Sozialisierung sei und daß marktwirtschaftliche Formen durchaus zu vertreten wären, soweit sie sich in dem von der Planung festgelegten Rahmen hielten. Damit relativierte die Sozialdemokratie ihre früheren Aussagen zur zentralen staatlichen Planwirtschaft und leitete einen „Dritten Weg" ein[94], auch wenn sie zunächst noch auf dem Grundsatz beharrte, daß über Umfang, Richtung und Verteilung der Produktion ausschließlich der Staat zu bestimmen habe[95]. Je deutlicher es sich jedoch abzeichnete, daß es der SPD nicht gelingen würde, das künftige deutsche Staatswesen nach ihren Vorstellungen zu gestalten, und je breitere Zustimmung die Idee der freien Marktwirtschaft in der Öffentlichkeit fand, um so intensiver bemühten sich die sozialdemokratischen Ökonomen, die Prinzipien der Planwirtschaft und der Marktwirtschaft in Einklang zu bringen. So beschränkten sie die Sozialisierungspläne auf die Grundstoffindustrie, verhießen ein größeres Maß an wirtschaftlicher Freiheit und eine Steigerung der privaten Unternehmerinitiative in einem Generallenkungsplan oder befürworteten den Abbau der Zwangsvorschriften für die Verbrauchsregelung, wenn

[91] Leitsätze zum Wirtschaftsprogramm der SPD von 1945, als ›Entwurf Schumacher‹ abgedruckt bei Flechtheim III, S. 9–13; Agartz, Fragen, 1946; ders., Wirtschaftspolitik, 1946. Dazu Ott, S. 80–90; Schütz, SPD, S. 167–169; Niclauß, S. 29–42; Huster, S. 35–41.

[92] Dok. 21. Dazu Ott, S. 107–116.

[93] Ott, S. 111.

[94] Ehni, S. 144–150.

[95] Nölting, S. 158–163; Huster, S. 92–95.

nur die Ergebnisse der Marktforschung entsprechend umgesetzt würden[96]. Als die Währungsreform durchgeführt, Westdeutschland in den Marshallplan einbezogen und die Entscheidung für die soziale Marktwirtschaft gefallen war, wandten sich die Sozialdemokraten endgültig von den umfassenden Verstaatlichungstendenzen der frühen Nachkriegsjahre ab. Sie schrieben dem Staat im wirtschaftlichen Gefüge nur noch die Aufgabe zu, Rahmenrichtlinien für die Planung – gemeinsam mit Arbeitgebern und Arbeitnehmern in paritätisch zusammengesetzten Körperschaften – festzulegen, ihre Einhaltung zu überwachen und vorzugsweise indirekt lenkend einzugreifen, wenn die Prinzipien des Marktes versagten. Es war eine regulierte Marktwirtschaft, d. h. eine Wirtschaft zwischen organisiertem Angebot und freier Nachfrage, die drei grundsätzliche Ziele verfolgte: Sie sollte die Bedarfsdeckung sichern, für eine gerechte Verteilung des Sozialprodukts sorgen und die Ausbeutung des Arbeiters durch kapitalistischen Expansionsdrang verhindern[97].

Die wirtschaftspolitischen Vorstellungen der Gewerkschaften in Westdeutschland lehnten sich eng an die sozialdemokratischen an, legten aber den Schwerpunkt auf die paritätische Mitbestimmung in Wirtschaft und Betrieb[98].

Mannigfaltig wie ihre politischen und sozialen Ideen waren auch die programmatischen Äußerungen der in der CDU/CSU organisierten Politiker zur ökonomischen Zukunft Deutschlands; sie reichten von ausgeprägten Vergesellschaftungstendenzen[99] bis zu berufsständischen Ordnungen mit starker Betonung des Privateigentums[100]. Soweit die Gründer der lokalen und regionalen Parteiverbände überhaupt grundsätzliche wirtschaftspolitische Aussagen machten, trugen sie dem sozialistischen Zeitgeist Rechnung, indem sie zwar vor allem mittleres und kleineres Eigentum, damit auch Handwerk, Handel und Landwirtschaft fördern wollten, aber von einer Synthese zwischen Persönlichkeit und planmäßiger Lenkung ausgingen und insofern Enteignungen von Sondereigentum, die Vergesellschaftung von Grundstoffindustrien und als Ziel die Bedarfsdeckung befürworteten[101]. Als Adenauer die Führung der CDU in der britischen Zone übernahm, leitete er im wirtschaftspolitischen Bereich einen Kurs ein, der die Freiheit des einzelnen immer stärker betonte und der Macht des Staates immer engere Grenzen setzte. Er setzte sich für die Gründung von Selbstverwaltungskörperschaften ein, sofern

[96] Vgl. z. B. Eynern, S. 99–101.

[97] Veit, Wirtschaftspolitik, 1948; Zorn, S. 138–159.

[98] Dok. 25. Vgl. auch Eberhard Schmidt, S. 68–87.

[99] Vgl. z. B. die Entschließung auf dem Parteitag der CDU Berlins und der SBZ vom 15.–17. 6. 1946, abgedruckt bei Flechtheim III, S. 398–399.

[100] Kroll, S. 26–28.

[101] Albers, S. 9–11; Karl Arnold, S. 22–24; Hilpert, Sozialismus, S. 12–14; Semler, S. 18–24.

Unternehmen in die öffentliche Hand überführt werden müßten, suchte aber gleichzeitig „rechtmäßig erworbenes Eigentum, mit dem politischer Mißbrauch nicht getrieben wurde“ [102], vor jedem Zugriff zu sichern. Dies gilt sowohl für das Programm von Neheim-Hüsten vom 1. März 1946 und für die Leitsätze für die Wirtschafts- und Sozialpolitik vom 26. August 1946 als auch für das Ahlener Programm vom 3. Februar 1947, die von Adenauer maßgeblich beeinflußt wurden und deren Sozialisierungs- und Lenkungsbestimmungen ausdrücklich entweder als gegenwärtig nicht relevant oder als aktuelle Notstandsmaßnahme von befristeter Dauer bewertet wurden. Eine wie auch immer geartete Verstaatlichung wurde einhellig abgelehnt [103]. Adenauer konnte seine wirtschaftspolitischen Vorstellungen gegen alle innerparteilichen Widerstände durchsetzen, die vor allem von den Berliner Christlichen Demokraten unter Jakob Kaiser und Ernst Lemmer, aber auch von westdeutschen Politikern wie Karl Arnold und Johannes Albers ausgingen [104]. Dabei kam ihm eine Entwicklung zugute, die mit den Namen Alfred Müller-Armack und Ludwig Erhard verbunden ist und die als „Soziale Marktwirtschaft“ in die Geschichte Nachkriegsdeutschlands eingegangen ist.

Die katastrophale Wirtschafts- und Ernährungssituation Ende 1946/Anfang 1947 [105], die keinerlei Aussicht auf grundlegende Besserung zu versprechen schien, ließ bei Politikern und Wirtschaftswissenschaftlern Zweifel entstehen, ob die bislang verfolgte Wirtschaftspolitik den Erfordernissen würde genügen können [106]. Da eine unvermittelte Abkehr von der Planwirtschaft zugunsten einer freieren Marktwirtschaft, die vornehmlich auf Wettbewerb, Privatinitiative und freiem Unternehmertum beruhte, besonders aus politischen Gründen nicht in Frage kam, ging es zunächst darum, ihre Festlegung als endgültige Wirtschaftsverfassung Deutschlands zu verhindern und die Einflüsse der SPD

[102] So das Ahlener Programm: Dok. 26.

[103] Dok. 12, 19 und 26. Dazu die Rede Adenauers am 24. 8. 1946 in Essen: Bundesarchiv, NL Kaiser 57; und am 14. 8. 1947 auf dem 1. Parteitag der CDU Nordrhein-Westfalen: Pütz, S. 334–337. Dazu auch Ambrosius, S. 96–107; Focke, S. 227–260.

[104] Vgl. die von der CDU Berlin im Mai 1947 herausgegebenen Druckschriften ›Unser Sozialismus. Die Frage der Zeit‹ und ›Unsere Demokratie. Die Politik der Zeit‹: Bundesarchiv, ZSg 1–17/1; dazu die Reden von Johannes Albers, Die christliche Arbeitnehmerschaft der CDU, und von Karl Arnold, Die soziale und politische Situation und die Aufgaben der christlichen Arbeitnehmerschaft, gehalten auf der Tagung der Sozialausschüsse der britischen Zone am 21. und 22. 2. 1947 in Herne/Westfalen: Bundesarchiv, ZSg 1–154/1.

[105] Abelshauser, S. 35–41.

[106] Vgl. Erhard in NZ vom 4. 10. 1946 und in NZ vom 14. 10. 1946; Müller-Armack, Wirtschaftslenkung, passim; ders., Wirtschaftsordnung, S. 125–154; Benz, Besatzungsherrschaft, S. 122–127.

und auch der Anhänger einer Lenkungswirtschaft in den eigenen Reihen allmählich zurückzudrängen, wozu die Machtverteilung im Wirtschaftsrat erheblich beitrug[107]. Die Wahl Ludwig Erhards zum Direktor des Verwaltungsamtes für Wirtschaft am 2. März 1948, ein Zugeständnis von CDU/CSU an die FDP, bedeutete den völligen Bruch mit allen sozialistischen Wirtschaftstendenzen. Die seit Kriegsende 1945 geforderte Währungsreform und die Einbeziehung Westdeutschlands in den Marshallplan waren die Voraussetzungen einer neuen Wirtschaftspolitik, die im wesentlichen zwei Ziele hatte: Sie suchte einerseits die Produktion der Grundstoff- und Industriegüter zu verringern und statt dessen die Herstellung von Konsumgütern zu intensivieren; andererseits war sie bestrebt, die wirtschaftliche Verwaltungsbürokratie zu vereinfachen, das System staatlicher Lenkung allmählich zu ersetzen durch Instrumente freien Wettbewerbs und somit die Bewirtschaftung phasenweise abzubauen[108]. Obwohl vor allem SPD und Gewerkschaften die Wirtschaftspolitik Erhards teilweise erbittert bekämpften[109] – auch die christlichen Kirchen, die weiterhin für Bedarfsdeckung und Planung eintraten[110], schlossen sich ihr nur zögernd an –, konnte sie in den drei westlichen Besatzungszonen verwirklicht werden und bildete, formuliert in den Düsseldorfer Leitsätzen vom 15. Juli 1949[111], das Programm der CDU/CSU für die Bundestagswahl von 1949.

Dabei waren neben den wirtschaftspolitischen Vereinigungen, die den Unternehmern nahestanden[112], die Liberalen jene politische Kraft, die seit Kriegsende 1945, ungeachtet aller innerparteilichen Differenzen, in ihren zahlreichen Konzeptionen übereinstimmend für eine freie Marktwirtschaft eintraten, jede Sozialisierung ablehnten und eine gewisse staatliche Lenkung nur in Notzeiten gelten ließen[113], wobei das Anfang Januar 1948 auf Wangerooge beschlossene Wirtschaftsprogramm der FDP für die britische Zone das letztgenannte Zugeständnis an eine Planwirtschaft nicht mehr enthielt[114].

[107] Ausführlich Ambrosius, S. 70–142.

[108] Dok. 45. Dazu Ambrosius, S. 154–196.

[109] Beier, Demonstrations- und Generalstreik, S. 34–45; Ott, S. 189–196; Huster, S. 109–111.

[110] Vgl. z. B. Frings, S. 45–47; Berkenkopf, S. 28–45; Jostock, Wirtschafts-Potential, S. 71–80.

[111] Abgedruckt bei Flechtheim II, S. 58–76.

[112] Dok. 35.

[113] Vgl. z. B. den Vortrag von Franz Blücher am 23. 11. 1946 in Hannover: Bundesarchiv, NL Blücher 154, und von Theodor Heuß am 19. 3. 1947: Verh. des Württ.-Bad. Landtags. Wahlperiode 1946–1950, Protokoll-Bd. 1; Schröder, S. 156–184; Wortlaut der FDP-Programme bei Juling, S. 69–86.

[114] Dok. 37.

6

Die historische und politikwissenschaftliche Forschung hat diese Vorgänge eingehend nachgezeichnet. Während Hans-Peter Schwarz im Jahre 1966 in seinem Buch ›Vom Reich zur Bundesrepublik‹ das mangelnde Interesse der Historie an den Nachkriegsereignissen bedauerte[115], ist vor allem in jüngster Zeit eine Vielzahl von Arbeiten erschienen, die als Einzelstudien, Darstellungen über den gesamten Zeitraum[116] oder Aktenpublikationen[117] die Jahre 1945–1949 behandeln. Auf ihnen baut die vorliegende Edition auf. Die Einrichtung der Dokumente erfolgte nach den Richtlinien, die in der Reihe bislang angewandt wurden. Darüber hinaus war der Herausgeber bemüht, dem Abdruck der Dokumente Erstveröffentlichungen zugrunde zu legen. Spätere Druckorte sind – gegebenenfalls in Auswahl – aufgeführt. In einigen Fällen wurde auf unveröffentlichte Materialien zurückgegriffen. Sie stammen aus dem Bundesarchiv Koblenz.

[115] Schwarz, Vom Reich, S. XXXI.

[116] Zuletzt Eschenburg, Jahre der Besatzung, 1983; Benz, Besatzungsherrschaft, 1984.

[117] Zuletzt Akten zur Vorgeschichte der Bundesrepublik Deutschland, 5 Bde., 1976–1981; Der Parlamentarische Rat, bisher 4 Bde., 1975–1989.

1. Aufruf des Berliner Zentralausschusses der SPD

Nach dem totalen Zusammenbruch muß sich die deutsche Arbeiterklasse vereinigen und eine antifaschistisch-demokratische Republik mit sozialistischem Wirtschaftssystem aufbauen. Deshalb fordert die SPD vor allem die Sicherung der Lebensnotwendigkeiten des einzelnen, den Wiederaufbau der Wirtschaft mit Verstaatlichung bestimmter Wirtschaftszweige sowie die Neuordnung des Kultur-, Sozial- und Rechtslebens.

Bundesarchiv, NL Kaiser 71 (Flugblatt).
Druck u. a.: Flechtheim III, S. 1–4.

Berlin, 15. Juni 1945

Arbeiter, Bauern und Bürger! Männer und Frauen! Deutsche Jugend!

Der Nazifaschismus ist in einen grausigen Abgrund der Vernichtung versunken! Er hat das deutsche Volk in tiefster seelischer Qual, in einer unvorstellbaren Not zurückgelassen! Das Gefühl für Rechtlichkeit ist gelähmt! Die nackte Not grinst dem Volke aus den Ruinen vernichteter Wohnungen und geborstener Fabriken entgegen. Hitlers Cäsarenwahnsinn ist durch die siegreichen verbündeten Armeen ausgemerzt und damit die militaristische Raubgier des deutschen Imperialismus für alle Zeiten vernichtet.

Das deutsche Volk muß die Kosten der faschistischen Hochstapelei bezahlen! Ehrlose Hasardeure und wahnwitzige Machtpolitikaster haben den Namen des deutschen Volkes in der ganzen Welt geschändet und entehrt.

Schweigend und voll Ergriffenheit senken wir unsere Fahnen vor unserem Johannes Stelling, Rudolf Breitscheid, Julius Leber, Wilhelm Leuschner und vor den tausendfachen Opfern aus allen Parteien, Konfessionen und Gesellschaftsschichten des deutschen Volkes, die der blutgierige Faschismus verschlungen hat. Aber all diese Opfer an Gesundheit und Blut, Hab und Gut in der illegalen Arbeit haben es leider nicht vermocht, die satanische Organisation der Unterdrückung zu beseitigen.

Das deutsche Volk wird nicht verzweifeln! Sein Lebenswille wird stärker sein als sein Unglück! Mit seinen letzten Kräften wird es sich aufraffen, denn es will, wird und muß weiterleben!

Die Geschichte erteilt dem deutschen Volk die eherne Lehre, sich auf seinem dornenvollen Opfergang, trotz Hunger und Elend, durch unermüdliche

Arbeit und eisernen Willen die Achtung aller friedlichen, freiheitliebenden Völker zu erwerben.

Niemals und von niemandem soll das deutsche Volk je wieder als vertrauensseliges Opfer gewissenloser politischer Abenteurer mißbraucht werden. Der politische Weg des deutschen Volkes in eine bessere Zukunft ist damit klar vorgezeichnet: Demokratie in Staat und Gemeinde, Sozialismus in Wirtschaft und Gesellschaft!

Wir sind bereit und entschlossen, hierbei mit allen gleichgesinnten Menschen und Parteien zusammen zu arbeiten. Wir begrüßen daher auf das wärmste den Aufruf des Zentral-Komitees der Kommunistischen Partei Deutschlands vom 11. Juni 1945, der zutreffend davon ausgeht, daß der Weg für den Neubau Deutschlands von den gegenwärtigen Entwicklungsbedingungen Deutschlands abhängig ist und daß die entscheidenden Interessen des deutschen Volkes in der gegenwärtigen Lage die Aufrichtung eines antifaschistischen demokratischen Regimes und einer parlamentarisch-demokratischen Republik mit allen demokratischen Rechten und Freiheiten für das Volk erfordern.

In dieser entscheidenden Stunde ist es wiederum die geschichtliche Aufgabe der deutschen Arbeiterklasse, Trägerin des Staatsgedankens zu sein: einer neuen antifaschistisch-demokratischen Republik!

Jedes eigensüchtige Parteiengezänk, wie es das politische Schlachtfeld der Weimarer Republik erfüllte, muß im Keime erstickt werden. In einer antifaschistisch-demokratischen Republik können demokratische Freiheiten nur denen gewährt werden, die sie vorbehaltlos anerkennen. Demokratische Freiheiten sind aber denen zu versagen, die sie nur nutzen wollen, um die Demokratie zu schmähen und zu zerschlagen.

Das elementarste Lebensgesetz des neuen Staates verlangt die völlige Beseitigung aller Reste der faschistischen Gewaltherrschaft. Ebenso muß der Militarismus aus den Köpfen und Herzen getilgt werden. Die durch den Faschismus geistig entwurzelte Jugend muß wieder zu freien und kritisch denkenden Menschen erzogen werden.

Der neue Staat muß wieder gutmachen, was an den Opfern des Faschismus gesündigt wurde, er muß wieder gutmachen, was faschistische Raubgier an den Völkern Europas verbrochen hat. Dieser Staat muß zuerst und vor allem dem deutschen Volk die wirtschaftliche und moralische Kraft geben, diese übermenschliche Aufgabe zu erfüllen.

Deshalb fordert die Sozialdemokratische Partei Deutschlands:

1. Restlose Vernichtung aller Spuren des Hitlerregimes in Gesetzgebung, Rechtsprechung und Verwaltung. Einen sauberen Staat der Rechtlichkeit und Gerechtigkeit. Haftpflicht der Mitglieder der NSDAP und ihrer Gliederungen für die durch das Naziregime verursachten Schäden.

2. Sicherung der Ernährung. Bereitstellung von Arbeitskräften und genossenschaftlicher Zusammenschluß in der Landwirtschaft. Verbreiterung der Fettgrundlage durch Einfuhr von Rohstoffen, Futtermitteln und Vieh. Förderung der Verbrauchergenossenschaften und Neuregelung des Kleinhandels.
3. Sicherung des lebensnotwendigen Bedarfs der breiten Volksmassen an Wohnung, Kleidung und Heizung mit Hilfe der kommunalen Selbstverwaltung.
4. Wiederaufbau der Wirtschaft unter Mitwirkung der kommunalen Selbstverwaltung und der Gewerkschaften. Beschleunigte Wiederherstellung der Verkehrsmittel. Beschaffung von Rohstoffen. Beseitigung aller Hemmungen der privaten Unternehmerinitiative unter Wahrung der sozialen Interessen. Beseitigung der nazistischen Überorganisation in der Wirtschaft. Klarer und einfacher Neuaufbau ehrenamtlich verwalteter Wirtschaftsverbände. Neuaufbau des Geldwesens. Sicherung der Währung. Kommunale Kredite für Industrie, Handwerk und Handel. Belebung des bargeldlosen Zahlungsverkehrs. Vereinigung des Steuerwesens durch straffste Zusammenarbeit der Steuerarten. Stärkere Berücksichtigung der sozialen Lage bei der Bemessung der Steuern.
5. Volkstümlicher Kulturaufbau. Erziehung der Jugend im demokratischen, sozialistischen Geiste. Förderung von Kunst und Wissenschaft.
6. Neuregelung des Sozialrechtes. Freiheitliche und demokratische Gestaltung des Arbeitsrechtes. Einbau der Betriebsräte in die Wirtschaft. Mitwirkung der Gewerkschaften und Verbrauchergenossenschaften bei den Organisationen der Wirtschaft. Ausbau der Sozialversicherung zur Sozialversorgung für Kranke, Wöchnerinnen und Mütter, Invalide und Unfallverletzte, Witwen, Waisen, Kriegsversehrte und Arbeitslose. Einbeziehung aller arbeitenden Menschen in die Sozialversorgung.
7. Förderung der Wohnungsfürsorge und des Siedlungswesens. Kommunale Wohnungsaufsicht. Anpassung der Mieten und Hypotheken an die durch die Kriegsfolge geschaffene Wirtschaftslage. Aufteilung des Großgrundbesitzes zur Beschaffung von Grund und Boden für umsiedlungsbereite Großstädter. Verpflanzung von mittel- und kleinindustriellen Betrieben in wirtschaftlich günstig gelegene Landbezirke.
8. Verstaatlichung der Banken, Versicherungsunternehmungen und der Bodenschätze. Verstaatlichung der Bergwerke und der Energiewirtschaft. Erfassung des Großgrundbesitzes und der lebensfähigen Großindustrie und aller Kriegsgewinne für die Zwecke des Wiederaufbaus. Beseitigung des arbeitslosen Einkommens aus Grund und Boden und Mietshäusern. Scharfe Begrenzung der Verzinsung aus mobilem Kapital. Verpflichtung der Unternehmer zur treuhänderischen Leitung der ihnen von der deutschen

Volkswirtschaft anvertrauten Betriebe. Beschränkung des Erbrechtes auf die unmittelbaren Verwandten.

9. Anpassung des Rechtes an die antifaschistisch-demokratische Staatsauffassung. Staatlicher Schutz der Person. Freiheit der Meinungsäußerung in Wort, Bild und Schrift unter Wahrung der Interessen des Staates und der Achtung des einzelnen Staatsbürgers. Gesinnungsfreiheit und Religionsfreiheit. Strafrechtlicher Schutz gegen Rassenverhetzung.

Unser armes und gequältes Volk muß durch die Schuld Hitlers durch unsägliches Elend und ein tiefes Tal des Leides gehen! Wir wollen mithelfen, es wieder emporzuführen zu den Höhen einer menschenwürdigen Kultur, zu der Freundschaft mit allen Völkern der Welt.

Wir wollen vor allem den Kampf um die Neugestaltung auf dem Boden der organisatorischen Einheit der deutschen Arbeiterklasse führen! Wir sehen darin eine moralische Wiedergutmachung politischer Fehler der Vergangenheit, um der jungen Generation eine einheitliche politische Kampforganisation in die Hand zu geben. Die Fahne der Einheit muß als leuchtendes Symbol in der politischen Aktion des werktätigen Volkes vorangetragen werden! Wir bieten unsere Bruderhand allen, deren Losung ist: Kampf gegen den Faschismus, für die Freiheit des Volkes, für Demokratie, für Sozialismus!

Darum rufen wir alle unsere Freunde, Genossinnen und Genossen in Stadt und Land auf, mit der alten Hingabe und neuem Mut sofort mit dem Aufbau der Organisation zu beginnen.

Vorwärts! An die Arbeit!

[Unterschriften]

2. Entwurf zu einem Programm der Christlichen Demokraten Deutschlands – vorgelegt von den Christlichen Demokraten Kölns [1]

Große Teile des deutschen Volkes tragen die Schuld am Aufkommen des Nationalsozialismus und am totalen Zusammenbruch. Deutschland muß wieder aufgebaut werden auf der Grundlage von christlichem Sozialismus, freiheitlichen Grundrechten, Föderalismus, Gemeinwohl und Privatinitiative.

Bundesarchiv, ZSg 1–17/4 (maschinenschriftliche Vervielfältigung). – Druck u. a.: Flechtheim II, S. 30–33.

Walberberg, [Ende] Juni 1945

Ein Ruf zur Sammlung des deutschen Volkes

Der Nationalsozialismus hat Deutschland in ein Unglück gestürzt, das in seiner langen Geschichte ohne Beispiel ist. Er bedeckte die deutschen Namen vor aller Welt mit Schmach und Schande. Nie wäre dies alles über uns gekommen, wenn nicht weite Kreise unseres Volkes von einem habgierigen Materialismus sich hätten leiten lassen. So erlagen allzuviele der nationalsozialistischen Demagogie, die jedem Deutschen ein Paradies auf Erden versprach. Ohne eigenen sittlichen Halt verfielen sie dem Rassenhochmut und einem nationalistischen Machtrausch. Mit dem Größenwahnsinn des Nationalsozialismus verband sich die ehrgeizige Herrschsucht des Militarismus und der großkapitalistischen Rüstungsmagnaten. Am Ende stand der Krieg, der uns alle ins Verderben stürzte. Was uns in dieser Stunde der Not allein noch retten kann, ist eine ehrliche Besinnung auf die christlichen und abendländischen Lebenswerte, die einst das deutsche Volk beherrschten und es groß und angesehen machten unter den Völkern Europas. Darum fort mit Diktatur und Tyrannei, Herrenmenschentum und Militarismus! Ein freies Volk soll wiedererstehen, dessen Grundgesetz die Achtung menschlicher Würde ist. Ein neues Deutschland soll geschaffen werden, das auf Recht und Frieden gegründet ist. Unsere Jugend soll wieder lernen, daß nicht Macht, sondern Geist die Ehre Deutschlands vor der Welt ausmacht. Wahrheit, Ehrlichkeit und Treue zum gegebenen Wort soll unser öffentliches Leben leiten. Lüge, Verstellung und Heuchelei, diese Pest des Hitlerismus, sollen niemals wiederkehren. Soziale Gerechtigkeit und soziale Liebe sollen eine neue Volksgemeinschaft beschirmen, die die gottgegebene Freiheit des Einzelnen und die Ansprüche der Gemeinschaft mit den Forderungen des Gemeinwohls zu verbinden weiß. So vertreten wir einen

[1] Diese „Kölner Leitsätze" wurden von einer auf der Gründungsversammlung der Kölner CDU am 17. 6. 1945 eingesetzten Programmkommission beschlossen.

wahren christlichen Sozialismus, der nichts gemein hat mit falschen kollektivistischen Zielsetzungen, die dem Wesen des Menschen von Grund aus widersprechen. Unser fester Wille aber ist es, eine soziale Ordnung aufzurichten, die der demokratischen Überlieferung der deutschen Vergangenheit ebenso entspricht wie der Weite und dem Geiste des christlichen Naturrechts. Im Glauben an den lebendigen Gott beugen wir uns vor seinen Geboten, den wahren und einzigen Stützen sozialer Ordnung und Gemeinschaft. Zu Beginn des schweren Werkes gedenken wir der Toten auf den Schlachtfeldern des Krieges und unter den Ruinen unserer Städte und Dörfer. In Ehrfurcht neigen wir uns vor den Blutzeugen des christlichen Glaubens und der bürgerlichen Freiheit, die dem Nationalsozialismus zum Opfer fielen. Im Geiste dieser Toten sind wir fest entschlossen, dem deutschen Volke im Rahmen des Reiches mit all unseren Kräften zu dienen. Darum haben wir Christliche Demokraten Deutschlands uns zusammengefunden und folgende Leitsätze für den Wiederaufbau unseres Vaterlandes beschlossen.

1. Die geistige Würde des Menschen wird anerkannt. Der Mensch wird gewertet als selbstverantwortliche Person, nicht als bloßer Teil der Gemeinschaft.
2. Die Familie ist die Grundlage der sozialen Lebensordnung. Ihr Lebensraum ist heilig. Von Natur aus hat sie ihre eigenen Rechte, die unter dem besonderen Schutz des Staates stehen.
3. Die Gerechtigkeit ist das Fundament des Staates. Der Rechtsstaat wird wieder hergestellt. Die Gerichtsbarkeit ist unabhängig und frei. Ihr einziger Leitstern ist das Gesetz, vor dem alle gleich sind.
4. Jeder Deutsche hat das Recht, seine Meinung in Wort und Schrift im Rahmen der bestehenden Gesetze frei zu äußern. Die Vereins- und Versammlungsfreiheit wird gewährleistet.
5. Alle religiösen Bekenntnisse sind frei in ihrer öffentlichen Betätigung.
6. Das natürliche Recht der Eltern auf die Erziehung ihrer Kinder ist die Grundlage der Schule. Diese gewährleistet die Bekenntnisschule für alle vom Staate anerkannten Religionsgemeinschaften wie auch die christliche Gemeinschaftsschule mit konfessionellem Religionsunterricht als ordentlichem Lehrfach.
7. Das kulturelle Schaffen muß frei vom staatlichen Zwang sein. Seine Grundlage ist die deutsche christliche und abendländische Überlieferung. Jede Art von Rassenkult wird ausgeschaltet. Die geistig Schaffenden sollen wieder die Achtung genießen, die ihrem schöpferischen Können gebührt.
8. Der Zentralismus wird als undeutsch abgelehnt. Deutschland gliedert sich in selbständige freie Länder. Ihr Zusammenschluß erfolgt in der Form des freien republikanischen Bundes.
9. Die überlieferte deutsche Selbstverwaltung der Gemeinden und provin-

zialen Verbände wird wieder hergestellt. Die Staatsverwaltung ist zu vereinfachen.

10. Das Recht auf Eigentum wird gewährleistet. Die Eigentumsverhältnisse werden nach dem Grundsatz der sozialen Gerechtigkeit und den Erfordernissen des Gemeinwohls geordnet. Durch gerechten Güterausgleich und soziale Lohngestaltung soll es dem Nichtbesitzenden ermöglicht werden, zu Eigentum zu kommen. Das Gemeineigentum darf soweit erweitert werden, wie das Allgemeinwohl es erfordert. Post und Eisenbahn, Kohlenbergbau und Energieerzeugung sind grundsätzlich Angelegenheiten des öffentlichen Dienstes. Das Bank- und Versicherungswesen unterliegt der staatlichen Kontrolle.
11. Das Ziel der Wirtschaft ist die Bedarfsdeckung des Volkes auf der Grundlage einer freien körperschaftlichen Selbstverwaltung. Die Vorherrschaft des Großkapitals, der privaten Monopole und Konzerne wird gebrochen. Privatinitiative und Eigenverantwortlichkeit werden erhalten. Mittel- und Kleinbetriebe werden gefördert und vermehrt.
12. Die menschliche Arbeit wird gewertet als sittliche Leistung, nicht aber als bloße Ware. Im Zuge einer großangelegten Arbeitsbeschaffung ist die Beteiligung aller Arbeitswilligen am Aufbau des deutschen Lebensraumes zu ermöglichen. Die Lohn- und Arbeitsbedingungen werden tariflich geregelt. Der erwachsene, arbeitende Mensch hat Anspruch auf einen Lohn, der ihm die Gründung und Erhaltung einer Familie ermöglicht. Die Leistungen der Sozialversicherung bleiben erhalten. Der Aufbau der Gewerkschaften und der sonstigen Berufsvertretungen ist zu sichern.
13. Ein kräftiger Bauernstand ist das Fundament eines gesunden Volkslebens. Durch planmäßige Pflege aller Zweige der Landwirtschaft ist die Erzeugung zu heben und die Ernährung unseres Volkes zu sichern. Durch eine großzügige Innensiedlung ist die Zahl der selbständigen Bauernhöfe und landwirtschaftlichen Kleinbetriebe zu vermehren.
14. Das Handwerk ist ein selbständiger und gleichberechtigter Berufsstand neben Industrie, Landwirtschaft und Handel. Das handwerkliche Genossenschaftswesen wird gefördert. Die handwerkliche Selbstverwaltung bleibt erhalten.
15. Die nach der Katastrophe des Hitlerregimes in besonderem Ausmaß wachsenden Lasten sind nach sozialen Gesichtspunkten gerecht zu verteilen. Die Kriegsschäden sind als gemeinsame Last auf das ganze Volk umzulegen. Ihre Regulierung darf nur nach Maßgabe des Vermögens und des Einkommens des einzelnen erfolgen. Die für den Krieg und seine Verlängerung Verantwortlichen sind von der Entschädigung auszuschließen. Die Gewinne der nationalsozialistischen Konjunkturzeit und die Kriegsgewinne sind durch besondere Steuer zu erfassen.

16. Die zerstörten Städte und Dörfer werden wieder aufgebaut. Der vorhandene Wohnraum wird bewirtschaftet. Durch ein großzügiges Bauprogramm wird neuer Wohnraum geschaffen. Die Großstädte werden durch Anlage gesunder Außensiedlungen aufgelockert. Das Eigenheim wird gefördert. Unzulängliche Behelfsheime sind zu vermeiden.
17. Alle Formen des öffentlichen Gemeinschaftslebens kommen aus der Demokratie. Ein Mißbrauch der Demokratie, vor allem zu nichtdemokratischen Zwecken, wird nicht geduldet. Der Staat stützt sich und seine Einrichtungen mit allen ihm zur Verfügung stehenden Mitteln.
18. Das Parlament ist aufgrund des allgemeinen, gleichen, geheimen und direkten Wahlrechts zu wählen.
19. Das öffentliche Leben und die gesamte Wirtschaft sind von unzuverlässigen Elementen zu säubern. Ein zuverlässiges und staatstreues Berufsbeamtentum wird wieder hergestellt.
20. Die Grundlage der deutschen Außenpolitik ist die Achtung fremden Volkstums und die treue Innehaltung der Verträge. Es muß Gemeingut des ganzen Volkes werden, daß die Politik der Gewalt und des Krieges nicht nur eine Versündigung am eigenen Vaterland, sondern auch ein Verbrechen an der Menschheit ist. Deutschland muß führend sein in der Verwirklichung der Sehnsucht der Völker nach einem ewigen Frieden.

3. Walter Ulbricht, Rede[2]

Der Zweite Weltkrieg bewies die Überlegenheit der sowjetischen Gesellschaftsordnung gegenüber dem Nationalsozialismus, für dessen Verbrechen das deutsche Volk mitverantwortlich ist. Folgen des nationalsozialistischen Terrorsystems sind vor allem die militärische und ökonomische Entwaffnung Deutschlands und die Abtrennung der Gebiete östlich von Oder und Neiße. Die Zukunft Deutschlands liegt in einer antifaschistischen demokratischen Ordnung, an deren Aufbau die KPD als nationale Partei maßgeblich beteiligt ist.

Einheitsfront der antifaschistisch-demokratischen Parteien, Berlin 1945, S. 15–32: Bundesarchiv, ZSg 1–65/29. – Druck: Ulbricht, Arbeiterbewegung, Bd. II, S. 425–448.

Berlin, 25. Juni 1945

Die deutsche Armee, die ausgezogen war, die Welt zu erobern, wurde auf dem Boden Berlins endgültig von der Roten Armee zerschlagen. Einen Trümmerhaufen hat die Hitlerclique hinterlassen. Wer kann heute noch daran

[2] Gehalten auf der ersten Funktionärskonferenz der KPD Groß-Berlins.

zweifeln, daß die Naziführer die gewissenlosesten Feinde der Nation waren? Millionen Deutsche haben sich für die Welteroberungspläne des Nazismus geopfert. Auf ihren Gräbern müßten die Worte stehen: Gefallen für die Raubinteressen der deutschen Naziführer, der Rüstungsindustriellen und Bankherren!

Kein Deutscher, der Hitler gewählt hat oder später Hitler gefolgt ist, kann sagen, der Nazismus habe etwas anderes getan, als er versprochen hatte. Hitler hat schon in seinem Buch ›Mein Kampf‹ zwei Grundsätze entwickelt:

1. Übergang von der Handelspolitik der Vergangenheit zur Bodenpolitik der Zukunft, besonders durch Gewinnung von Boden im Osten, d. h. an Stelle friedlicher Wirtschaftsbeziehungen den Krieg.
2. Beseitigung aller demokratischen Volksrechte und Einführung des Führerprinzips, d. h. Verwandlung Deutschlands in ein Militärzuchthaus.

Und dieses Programm hat der Nazismus durchgeführt bis zur nationalen Katastrophe Deutschlands. Im Aufruf der KPD vom 11. Juni 1945 wird dazu gesagt: „Das größte und verhängnisvollste Kriegsverbrechen Hitlers aber war der heimtückische, wortbrüchige Überfall auf die Sowjetunion, die nie einen Krieg mit Deutschland gewollt hat, aber seit 1917 dem deutschen Volk zahlreiche Beweise ehrlicher Freundschaft erbracht hat."

Mit tiefer Trauer müssen wir feststellen, daß sich die große Mehrheit des deutschen Volkes als Werkzeug der Naziführer und Rüstungsindustriellen gebrauchen ließ. Hitler konnte sechs Jahre sein Kriegsverbrechen durchführen, weil im deutschen Volke die ideologischen Abwehrkräfte gegen die imperialistische, militaristische Ideologie nur ungenügend vorhanden waren, weil das Gift der Raubideologie und der militärische Kadavergehorsam tief im Volke stecken.

Warum war die Niederlage Deutschlands unvermeidlich?

Viele Deutsche bedauern heute noch, daß der Krieg verloren wurde. Sie suchen die Ursachen in einzelnen Fehlern der militärischen Führung. Aber Deutschland wurde nicht deshalb militärisch geschlagen, weil einzelne deutsche militärische Führer Fehler begingen, sondern weil der Weg der imperialistischen Eroberung, der Weg des Rassenhasses und des Vernichtungskrieges gegen andere Völker in jedem Fall zur Katastrophe Deutschlands führen mußte. Wie konnte ein Krieg gegen die mächtige Sowjetunion, gegen das Land mit der fortgeschrittensten demokratischen Ordnung, wie konnte ein Krieg gegen alle demokratischen Völker anders enden als mit der Katastrophe Deutschlands? Ein Land wie Hitlerdeutschland, das den Haß gegen andere Völker, das die Ausrottung anderer Völker auf sein Banner geschrieben hatte, mußte unvermeidlich das Bündnis aller Völker gegen den gemeinsamen Feind hervorrufen.

Die große Freundschaft der Völker, wie sie in der Sowjetunion besteht, und das Bündnis der demokratischen Staaten haben über die mittelalterliche Rassentheorie des Nazismus gesiegt.

Der Heroismus der Völker, die ihre Heimat verteidigten, hat über die deutschen Armeen gesiegt, die das Gesetz des Dschungels in Europa durchsetzen wollten.

Die Sowjetdemokratie und die Demokratie der gegen Hitler verbündeten Staaten haben sich als stärker erwiesen als die Sklavenhaltung des Hitlerstaates.

So konnte Marschall Stalin in seiner Rede am 9. Mai 1945 die historische Rolle des Sowjetvolkes wie folgt charakterisieren[3]: „Heute erkennen alle an, daß das Sowjetvolk durch seinen aufopfernden Kampf die Zivilisation Europas vor den faschistischen Pogromhelden gerettet hat. Darin besteht das große Verdienst des Sowjetvolkes vor der Geschichte der Menschheit."

Nachdem das deutsche Volk durch die Siege der Roten Armee selbst erlebt hat, daß die ganze Goebbelspropaganda über Sowjetrußland Lug und Trug war, ist es höchste Zeit, daß sich jeder Deutsche Klarheit darüber verschafft, welche innere Ordnung dem Sowjetvolk solche Riesenkräfte gab.

Worauf beruht die siegreiche Kraft der Sowjetunion über den deutschen Faschismus?

Erstens: Das Sowjetvolk und seine Rote Armee führten einen vaterländischen Freiheitskrieg, während Hitlerdeutschland einen imperialistischen Eroberungskrieg führte.

Zweitens: In der Sowjetunion besteht die Demokratie der Werktätigen, während in Deutschland die „höhere Rasse" der Naziführer und Rüstungsindustriellen herrscht. Dieser Krieg hat die Überlegenheit der Sowjetdemokratie über die Nazityrannei erwiesen. Damit wurde aber auch vor allen Völkern der Kampf der russischen Arbeiterklasse gerechtfertigt, der 1917 zum Sieg des werktätigen Volkes geführt hatte. Durch den Sieg der großen sozialistischen Oktoberrevolution im Jahre 1917 schufen sich die Völker der Sowjetunion jene Staatsmacht, die sich als fähig erwies, die europäische Kultur vor dem Faschismus zu retten. Nur unter den Bedingungen der Sowjetdemokratie war eine solche Einheit und Geschlossenheit des Volkes und eine so gewaltige Entfaltung aller Volkskräfte für die Niederringung des Faschismus möglich.

Drittens: In der Sowjetunion besteht die Freundschaft aller Nationen, und es wird der Kampf geführt gegen alle rassenmäßigen oder nationalen Vorur-

[3] Ausschnitt der Rundfunkansprache in Keesing's Archiv der Gegenwart XV (1945), S. 221 C.

teile. In Hitlerdeutschland dagegen herrschten die Ideologie des Rassenhasses und die Lehre von der Vernichtung anderer Rassen und Völker. Der Krieg hat erwiesen, daß die Sowjetideologie von der Freundschaft der Völker über die barbarische Rassenideologie des Nazismus gesiegt hat.

Viertens: In der Sowjetunion ermöglichte die sozialistische Planwirtschaft die systematische Ausnutzung aller ökonomischen Kräfte und Reserven des Landes, den vollen Einsatz aller Volkskräfte, die Entfaltung des größten Arbeitsenthusiasmus im Kampfe gegen den Angreifer, gegen den barbarischen Nazismus. Die Sowjetintelligenz erwies ihre Fähigkeit, dem Sowjetvolke die besten Waffen zu liefern, und schlug damit die Überheblichkeit der deutschen Wirtschaftsführer, die sich eingebildet hatten, das Monopol auf eine höhere Technik zu besitzen. Die wirtschaftliche Grundlage des Sowjetstaates hat sich als unvergleichlich lebensfähiger erwiesen als die Wirtschaft Hitlerdeutschlands und seiner Verbündeten.

So hat sich in diesem Kriege, der von den Naziführern, Rüstungsindustriellen und Bankiers vom Zaune gebrochen wurde, erwiesen, daß die Sowjetunion politisch, ökonomisch und militärisch der fortschrittlichste Staat ist, der sich als fähig erwies, den Vormarsch des deutschen Faschismus aufzuhalten und die militärischen Hauptkräfte Hitlerdeutschlands zu schlagen.

Die Kriegsschuld Deutschlands und die Mitverantwortung des deutschen Volkes

Hitlers Niederlage war unvermeidlich. Die Niederlage Hitlers hätte jedoch zu einem großen historischen Sieg unseres deutschen Volkes werden können, wenn es verstanden hätte, die militärische Schwächung des Hitlerregimes auszunutzen und aus eigener Kraft das Naziregime zu stürzen. Die Tragödie des deutschen Volkes besteht darin, daß es einer Bande von Verbrechern gehorcht hat. Das ist das furchtbarste! Die Erkenntnis dieser Schuld ist die Voraussetzung dafür, daß unser Volk endgültig mit dem reaktionären Vergangenen bricht und entschlossen einen neuen Weg geht.

Die Mitverantwortung unseres Volkes besteht darin, daß es zugelassen hat, daß die eroberungssüchtigsten, raubgierigsten Kräfte in Deutschland, die Nazibürokratie und die großen Rüstungsindustriellen, die volle Staatsmacht in ihre Hände nehmen konnten.

Die Mitverantwortung unseres Volkes besteht darin, daß es die Haßpropaganda gegen das französische, polnische, russische und englische Volk zugelassen und der Hitlerclique erlaubt hat, alle Verträge zu brechen und auch den sowjetisch-deutschen Vertrag zu zerreißen.

Die Mitverantwortung unseres Volkes besteht darin, daß es sich leichtgläubig betrügen ließ, daß der alte preußische Geist der Untertänigkeit und des Kadavergehorsams große Massen beherrschte, so daß diese Massen den Befehlen einer Bande von Kriegsverbrechern gehorchten.

Die Mitverantwortung besteht darin, daß die Mehrheit unseres Volkes während der zeitweiligen Siege Hitlers der Hitlerregierung Beifall zollte und sich einbildete, den anderen Völkern überlegen zu sein.

Niemand kann sagen, daß der Weg zum Faschismus unvermeidlich gewesen sei. Nach dem ersten Weltkrieg wäre es nicht schwer gewesen, die Macht des deutschen Imperialismus zu zerbrechen und durch eine wirklich demokratische Ordnung ein für allemal die Herrschaft des preußischen Militarismus, der Rüstungsindustriellen und ihrer Handlanger zu vernichten. Im Aufruf der Kommunistischen Partei Deutschlands wird daher treffend gesagt: „Nach all dem Leid und Unglück, der Schmach und Schande, nach der dunkelsten Ära deutscher Geschichte, heute, am Ende des ‚Dritten Reiches', wird uns auch der sozialdemokratische Arbeiter recht geben, daß sich die faschistische Pest in Deutschland nur ausbreiten konnte, weil 1918 die Kriegsschuldigen und Kriegsverbrecher ungestraft blieben, weil nicht der Kampf um eine wirkliche Demokratie geführt wurde, weil die Weimarer Republik der Reaktion freies Spiel gewährte, weil die Antisowjethetze einiger demokratischer Führer Hitler den Weg ebnete und die Ablehnung der antifaschistischen Einheit die Kraft des Volkes lähmte."

Noch im Jahre 1932 konnte durch die Kampfeinheit der Arbeiter und des ganzen schaffenden Volkes der Machtantritt des Hitlerismus verhindert werden. Es wäre zum Schaden unserer eigenen Nation, wenn wir nicht den Mut aufbringen würden, anzuerkennen, daß die deutsche Arbeiterklasse und das schaffende Volk geschichtlich versagt haben. Und dieses Versagen ist um so furchtbarer, weil es ermöglichte, daß der deutsche Faschismus seit 1933 systematisch die Vernichtung der fortschrittlichsten Kräfte in Deutschland betreiben konnte, daß der Nazismus in Gaswagen und Todesöfen systematisch die Ausrottung der Gegner des deutschen faschistischen Imperialismus durchführte. Niemand kann heute bestreiten, daß der Hitlerismus Deutschland zu einem Sklavenstaat gemacht und damit unser Land in den Augen aller Völker mit tiefster Schande bedeckt hat.

Das bankrotte, geschichtlich zum Untergang verurteilte Naziregime wütete wie ein Wahnsinniger gegen alle fortschrittlichen Kräfte des schaffenden Volkes. Die Nazibonzen und Rüstungsindustriellen fürchteten mit Recht die fortschrittlichen Kräfte, die im heroischen Kampf gegen den Hitlerfaschismus gestählt wurden und die geschichtlich dazu berufen sind, die Zukunft Deutschlands zu sichern.

Wer heute versuchen würde, die Kriegsschuld Hitlerdeutschlands zu leugnen, der würde gegen das Interesse der Nation handeln, denn die Erkenntnis der Kriegsschuld ist die Voraussetzung für die gründliche Ausrottung des Nazismus, für die Vernichtung der nazistischen Kriegsideologie, für die Überwindung des preußischen Kasernenhofgeistes, für den entschiedenen Kampf gegen die nazistische Rassenideologie und jede Form der Rassenüberheblichkeit.

Erst wenn unser Volk von tiefer Scham erfaßt ist über die Verbrechen des Hitlerismus, erst wenn es von tiefer Scham erfaßt ist darüber, daß es diese barbarischen Verbrechen zugelassen hat, erst dann wird es die innere Kraft aufbringen, einen neuen, einen demokratischen, einen fortschrittlichen Weg zu gehen, der allein die Zukunft der Nation sichern kann.

Sorgen wir dafür, daß unser deutsches Volk endlich nach der Niederlage von zwei Weltkriegen die geschichtliche Lehre zieht:

Nicht durch Raubkrieg, nicht durch Rassenhaß, sondern nur durch ernste Arbeit und friedliche Beziehungen zur Sowjetunion und zu den anderen Völkern kann das deutsche Volk zu einem glücklichen Leben kommen.

Die Grundlage dafür ist eine antifaschistische demokratische Ordnung in Deutschland selbst.

Die Folgen des Eroberungskrieges des deutschen Imperialismus

Die Tatsache, daß in der deutschen Arbeiterklasse und in unserem Volk die Widerstandskräfte gegen den barbarischen Nazismus zu schwach waren und deshalb die Vernichtung des Nazismus mit den militärischen Kräften der Sowjetunion und der Alliierten erfolgen mußte, hat zur Besetzung Deutschlands geführt. Wir Kommunisten haben alles, was in unseren Kräften stand, getan, damit mit den eigenen Kräften der deutschen Antifaschisten, mit den Kräften des eigenen Volkes der Nazismus vernichtet wird. Das ist nicht gelungen. Wenn wir heute in Deutschland den Beginn einer demokratischen Entwicklung zu verzeichnen haben, so haben wir das vor allem der heroischen Roten Armee und ihrem Oberkommandierenden, Generalissimus Stalin, zu verdanken. Die Tatsache, daß die deutschen Arbeiter und Werktätigen nicht aus eigener Kraft den Feind der deutschen Nation, den Nazismus, beseitigen konnten, hat eine Reihe schwerwiegender Folgen gezeitigt.

Die erste Folge ist die militärische und ökonomische Entwaffnung Deutschlands. Über die militärische Entwaffnung brauche ich nicht weiter zu sprechen, denn es ist selbstverständlich, daß nach zwei Weltkriegen die anderen Völker und auch das deutsche Volk daran interessiert sind, den militaristischen und imperialistischen Kräften in Deutschland keine Möglichkeit zu lassen, ein drittes Mal ihre Verbrechen zu wiederholen. Schwerer fühlbar ist die Wiedergutmachung des von den deutschen Truppen in den anderen Ländern Zerstörten. Erst in Verbindung mit dem Ersatz der industriellen Einrichtungen, die deutsche Truppen in den anderen Ländern zerstört haben, wird vielen Deutschen die Größe der Verbrechen der Hitlerarmee bewußt.

Viele deutsche Rüstungsindustrielle treten jetzt in der Toga von Friedensengeln auf. Sie entdecken plötzlich, welche schönen Gebrauchsgüter sie herstellen könnten, und wollen vergessen machen, daß sie bis gestern Tanks und Geschütze hergestellt haben zur Zerstörung des Hauses und der Industrien anderer Völker. Nachdem Hitlerdeutschland sechs Jahre Krieg geführt hat, haben zweifellos die anderen Völker das Recht, wenigstens einen Ersatz des Zerstörten aus deutschen Betrieben zu erhalten. Wir haben keinen Grund, den Herren Krupp, Flick, Vögler, Hugenberg und Kompanie nachzutrauern, die jetzt ihre Konzernbetriebe verlieren. Diesen Herren mußte die materielle Basis genommen werden, die es ihnen früher ermöglichte, den Nazismus zu finanzieren und Deutschland in die Kriegskatastrophe zu führen. Möge unser Volk durch seinen ehrlichen Willen zur Wiedergutmachung allen Völkern beweisen, daß es niemals wieder den Weg imperialistischer Eroberung gehen will.

Eine weitere schwere Folge des verbrecherischen Hitlerkrieges ist die Abtrennung der Gebiete östlich der Oder und der Görlitzer Neiße. Kein Volk wäre auf den Gedanken gekommen, die Abtrennung dieser Gebiete zu fordern, wenn unser deutsches Volk selbst die Kraft aufgebracht hätte, in diesen Gebieten eine demokratische Ordnung zu schaffen, die Macht der ostelbischen Junker zu brechen und damit zu verhindern, daß diese Gebiete wiederum zur Basis des Kriegsaufmarsches werden. Kein Deutscher kann bestreiten, daß das schaffende Volk 1918 die Möglichkeit gehabt hätte, in den deutschen Ostgebieten ein für allemal die Basis des preußischen Militarismus zu vernichten. So wie Polen bereit war, im Jahre 1848 sich mit einem demokratischen Deutschland über die Grenzen zu verständigen, so wäre es auch nach 1918 dazu bereit gewesen. Aber in Deutschland blieben Stinnes und Hindenburg an der Macht, die die alte preußische Politik des Hasses gegen Polen fortführten und die Antisowjethetze betrieben. Unter den Weimarer Koalitionsregierungen konnte der deutsche Imperialismus wieder erstarken. Ebert ließ die reaktionären Militärformen bestehen, Seeckt organisierte das Kaderheer mit der alten Ideologie, Stresemann betrieb in Locarno die Blockbildung gegen die Sowjetunion, und Brüning führte den Kampf gegen die antifaschistische Front und ließ die Nazis gewähren. So konnte die Hitlerpartei, die Kriegspartei der deutschen Rüstungsindustriellen zur Macht kommen und Deutschland in den zweiten Weltkrieg führen.

Aus der Zange Ostpreußen-Oberschlesien heraus erfolgte der Kriegsaufmarsch gegen Polen und Sowjetrußland. Der Nazismus, der ausgezogen war, ein Weltreich zu erobern, hat es nicht nur fertiggebracht, das Haus anderer

Völker zu verwüsten und die eigene Heimat zu zerstören, sondern er hat obendrein die Gebiete östlich der Oder verspielt. Einst verglich Goebbels die deutsche Politik mit einem Lotteriespiel, in dem der höchste Einsatz hohen Gewinn bringe. Hitler hat das Schicksal der ganzen Nation aufs Spiel gesetzt und dabei Teile Deutschlands verspielt.

Es wäre ein verhängnisvoller Irrweg, etwa zu versuchen, wie das einige frühere Deutschnationale und Volksparteiler wollen, den Weg von Seeckt und Stresemann zu wiederholen. Das wäre der Weg, der nur zur völligen Auslöschung Deutschlands führen könnte. So schmerzlich es ist, so können wir es den anderen Völkern doch nicht verdenken, daß sie sich jetzt Sicherheiten verschaffen, nachdem unser Volk nicht imstande war, im eigenen Land die notwendigen Sicherheiten gegen die Kräfte des preußischen Militarismus und gegen die reaktionären Vertreter des „Dranges nach dem Osten“ zu treffen. Es ist der Gang der geschichtlichen Entwicklung, daß am Ende eines Krieges zwischen fortschrittlichen und reaktionären Staaten die Macht der demokratischen fortschrittlichen Staaten gestärkt und der reaktionären Staaten geschwächt wird. Jeder nationalbewußte Deutsche muß in dieser schweren Krise unseres Vaterlandes mutig die geschichtlichen Lehren ziehen und bemüht sein, ein neues Verhältnis zu den anderen Völkern, vor allem zu dem neuen demokratischen Polen, herbeizuführen. Die preußischen Junker wie die Pilsudskiclique hatten ein Interesse an Gegensätzen zwischen den beiden Völkern und an der Schürung des Hasses gegen die Sowjetunion. Nachdem in Deutschland der Nazismus vernichtet ist und die Herrschaft der preußischen Großgrundbesitzer ein Ende gefunden hat und nachdem ein neues Polen entstanden ist, das zum erstenmal in seiner Geschichte die nationale Einigung auf demokratischer Grundlage durchführt, sind alle Bedingungen für ein neues Verhältnis zwischen dem deutschen und dem polnischen Volk gegeben. Wir Antifaschisten sollen uns stets bewußt sein, daß der traditionelle Polenhaß, wie er von der preußischen Reaktion seit Jahrhunderten geschürt wurde, der Vorläufer jenes Rassenhasses und jener Raubideologie war, die unser Volk in den Augen der ganzen Welt mit tiefster Schande bedeckt hat. Daher ist es unsere erste Pflicht, allen Tendenzen und Stimmungen des Hasses gegen das polnische Volk in unseren eigenen Reihen ein Ende zu bereiten. Dann wird auch im Zusammenhang mit der Vernarbung der Wunden des Krieges ein wirklich freundschaftliches Verhältnis zwischen unserem deutschen Volk und dem polnischen Volk erwachsen.

Manche Deutsche behaupten, daß unser Volk im Rahmen der jetzigen enger gezogenen Grenzen nicht leben könne. Das ist das alte Argument, mit dem Hitler den Krieg vorbereitet hat. Die Verderblichkeit der Auffassung, daß das Lebensniveau des Volkes von der Zahl der Quadratkilometer Boden abhänge, wurde gerade in diesem Kriege erwiesen. Durch Hitlers Eroberungskrieg hatte Deutschland seine Bodenfläche von 500000 Quadratkilometer auf fünf Millionen Quadratkilometer vergrößert. Aber gerade daraus erwuchs die Katastrophe für das Land, und im Ergebnis dieses Eroberungsfeldzuges hat Hitler die Gebiete östlich der Oder und Neiße für immer verspielt.

Daß nicht die Zahl der Quadratkilometer für die Lebenshaltung eines Volkes maßgebend ist, das zeigen solche Länder wie die Schweiz, Schweden und andere, denen es an vielen Produkten mangelt, die sie jedoch durch friedliche Handelsbeziehungen mit anderen Völkern jederzeit erhalten können. Dagegen im großen Rußland litt bis 1917 das Volk bitterste Not, obwohl genügend Raum vorhanden war. Erst als in Sowjetrußland eine wirklich demokratische Ordnung errichtet wurde und das Volk zu bestimmen hatte, gelang es, die Not und das Elend zu überwinden. Das beweist, daß nicht die Zahl der Quadratkilometer, sondern die innere Ordnung und das Verhältnis zu den anderen Völkern den Lebensstandard eines Volkes bestimmen.

Ziehen wir daraus die Lehre, daß das Lebensniveau unseres Volkes davon abhängig ist, daß es nie wieder zuläßt, daß die Kräfte des Volkes und das Volksvermögen für imperialistische Eroberungen vergeudet werden und daß eine solche demokratische Ordnung im Innern errichtet wird, die ein friedliches Zusammenleben mit den anderen Völkern ermöglicht. Das heißt, die erste Aufgabe ist, den Nazismus und den preußischen Militarismus zu vernichten und nicht zuzulassen, daß sich die reaktionären Militaristen irgendwie tarnen können.

Unser Verhältnis zu den Besatzungsbehörden

Alle fortschrittlichen nationalbewußten Kräfte sind den Alliierten dankbar für die militärische Vernichtung des Nazismus. Es gibt jedoch in Deutschland noch viele faschistische und andere reaktionäre Kräfte, die durch Verbreitung von Gerüchten über Meinungsverschiedenheiten zwischen den Alliierten die Herbeiführung normaler Beziehungen zu den Besatzungsbehörden verhindern wollen. Wer dieses Treiben unterstützt, wiederholt damit jene Politik, wie sie Stinnes, Ebert und Stresemann nach 1918 getrieben haben, die mit Hilfe eines Spieles zwischen der Sowjetunion, Frankreich und England den deutschen Imperialismus wieder aufbauten. Wir deutschen Antifaschisten, die von tiefer Sorge erfüllt sind um das Schicksal der Nation, haben nur ein Interesse, das ist die Mithilfe bei der Sicherung des Friedens. Deshalb sind wir als Deutsche unmittelbar an der Erhaltung und Festigung der Zusammenarbeit der Alliierten interessiert. Den Leuten, die immer wieder von Meinungsverschiedenheiten schwätzen, sagen wir offen:

Die bisherigen Tatsachen lehren, daß durch die Einheit der Verbündeten der Hitlerismus vernichtet wurde. Wir sind überzeugt, daß ebenso, wie die Beschlüsse von Teheran und Jalta, die zur militärischen Vernichtung des Hitlerismus führten, auch die künftigen Beschlüsse der Alliierten zur Sicherung des Friedens durchgeführt werden. Die neue Situation nach der Herbeiführung des Friedens stellt selbstverständlich neue Aufgaben, die einer Klärung bedürfen und über die letzten Endes die Verständigung erfolgen wird. In Deutschland gibt es viele neue Probleme. Neue demokratische Kräfte wachsen im Lande. Wir sind überzeugt, daß die Alliierten auf Grund der Entwicklung der volksdemokratischen Bewegung in Deutschland selbst auch zu neuen Entschließungen kommen werden, denn die Förderung dieser antifaschistischen demokratischen Entwicklung ist der beste Boden für die Beseitigung der Reste des Nazismus und für die Herbeiführung eines loyalen Verhältnisses der deutschen Bevölkerung zur Besatzung. Deshalb sehen wir deutschen Antifaschisten unsere Aufgabe darin, in unserem Volk den Willen und die Hoffnung auf eine feste Zusammenarbeit der Alliierten im Frieden zu stärken und damit zum Ausdruck zu bringen, daß wir wirklich ein neues, friedliches und freundschaftliches Verhältnis zu den anderen Völkern wollen.

Die grundlegende politische Orientierung: Antifaschistisch-demokratische Republik

Der Nazismus hat das deutsche Volk weit zurückgeworfen. Er hat Ruinen und Trümmer, geistige Verwirrung und moralische Verderbnis zurückgelassen. Er konnte das nur durch Anknüpfung an die Tradition des preußischen Militarismus und an die Ideologie des Herrenmenschentums, der preußischen Junker und der großen Rüstungsindustriellen.

Es wäre eine Selbsttäuschung zu glauben, daß Hitler seine barbarische Kriegspolitik nur mit Hilfe des grausamsten Terrors gegen das eigene Volk durchführen konnte. Wer sich daran erinnert, mit welcher Begeisterung die Mehrheit des deutschen Volkes Hitler zujubelte, als die deutschen Armeen vor Moskau standen, der wird nicht bestreiten können, daß die imperialistische und militaristische Ideologie tief in unserem Volk sitzt und daß selbst diejenigen, die von banger Sorge um die Zukunft Deutschlands erfüllt waren, nicht die Kraft aufbrachten, gegen den Strom zu schwimmen. Wenn also die Wiederholung solcher Verbrechen verhindert werden soll, dann müssen wir Deutschen selbst einen Schlußstrich unter das Vergangene ziehen. Heute kann jeder Deutsche sehen, welche verhängnisvollen Folgen es hatte, daß unser Volk nicht einmal seine bürgerlich-demokratische Revolution im Jahre 1848 zu vollenden vermochte. Wie verhängnisvoll hat es sich ausgewirkt, daß die Einigung des Reiches nicht durch den demokratischen Willen des Volkes, sondern im Jahre 1871 unter dem Kommando der preußischen Junker erfolgte.

Selbst nach der Niederlage im ersten Weltkrieg verstand das deutsche Volk nicht, daß die Vernichtung der Herrschaft der Großgrundbesitzer und Militaristen im nationalen Interesse lag.

Aus diesen Gründen ist unsere grundlegende Orientierung in der gegenwärtigen Situation – die Vollendung der bürgerlich-demokratischen Revolution, die im Jahre 1848 begonnen hatte. Das heißt, die Junker, Fürsten und Großgrundbesitzer sollen enteignet und Deutschland von der Ideologie des preußischen Militarismus gereinigt werden. Die aktiven Nazis, die Deutschland in ein Militärzuchthaus verwandelt hatten, die die Tradition des deutschen Militarismus zum barbarischsten Vernichtungsfeldzug gegen die anderen Völker gesteigert hatten, müssen vor den deutschen Gerichten hart abgeurteilt werden. Die großindustriellen Kriegsverbrecher aber werden von den Gerichten der alliierten Mächte für ihre politische, moralische und materielle Schuld am Kriege und für ihre Verbrechen ihre Strafe erhalten.

Warum antifaschistisch-demokratische Ordnung?

Im Aufruf der Kommunistischen Partei wird gesagt, daß die entscheidenden Interessen des deutschen Volkes „den Weg der Aufrichtung eines antifaschistischen, demokratischen Regimes, einer parlamentarisch-demokratischen Republik mit allen demokratischen Rechten und Freiheiten für das Volk" vorschreiben.

Dieser Weg der Demokratisierung Deutschlands liegt im nationalen Interesse und im unmittelbaren Lebensinteresse der Arbeiterschaft, denn eine solche demokratisch-parlamentarische Ordnung gibt der Arbeiterschaft die Möglichkeit, sich nach langer Zersplitterung zu einigen und damit die Garantie zu schaffen für die künftige Einigung unseres Volkes. Eine demokratische Ordnung ermöglicht die völlige Vernichtung des Nazismus und das Wachsen der fortschrittlichen Kräfte. Sie ist der Boden, auf dem sich ein fester Block der antifaschistischen demokratischen Parteien bilden kann.

Eine demokratische Ordnung ermöglicht den antifaschistischen Kräften, sich die notwendigen Erfahrungen in der Verwaltung der Städte, Gemeinden und in der Wirtschaft anzueignen.

Eine demokratische Ordnung gab die Möglichkeit, alle antifaschistisch-demokratischen Kräfte in allen Teilen des Reiches zu entwickeln, und trägt dazu bei, die nationale Einheit zu erhalten und zu sichern.

Manche Arbeiter wollen sofort den Sozialismus errichten. Aber wie soll das angesichts der ideologischen Verwüstung, die bis tief in die Reihen der Arbeiterklasse geht, geschehen? Wie soll das möglich sein, nachdem die Arbeiterschaft mehr als ein Jahrzehnt zersplittert war und eine große einheitliche

Partei des werktätigen Volkes erst in der Entwicklung begriffen ist? Wie soll das möglich sein, ohne daß sich die Werktätigen im konsequenten Kampf um die Demokratie einigen und sich in ihren Organisationen wie in der Tätigkeit im Wirtschaftsleben die notwendigen Erfahrungen erwerben? Wenn wir deutsche Kommunisten als die entschiedensten Kämpfer um die Demokratie handeln, so geschieht es nicht aus irgendwelchen momentanen Zweckmäßigkeitsgründen, sondern in Anwendung der tiefen theoretischen Erkenntnis, die uns Marx, Engels, Lenin und Stalin gelehrt haben. Ich bitte Sie nachzulesen, was Lenin in seinem richtunggebenden Werk ›Zwei Taktiken in der demokratischen Revolution‹ schrieb und was er in seinem Buch ›Was tun?‹ zu diesen Fragen gesagt hat. In seinem Buch ›Was tun?‹ schrieb Lenin in dem Abschnitt ›Die Arbeiterklasse als Vorkämpfer der Demokratie‹ wörtlich: „Wir alle müssen es auch verstehen, Versammlungen von Vertretern aller Bevölkerungsklassen zu veranstalten, die einen Demokraten hören wollen. Denn der ist kein Sozialdemokrat, der in der Praxis vergißt, daß die Kommunisten überall jede revolutionäre Bewegung unterstützen (Aus dem ›Kommunistischen Manifest‹), daß wir daher verpflichtet sind, vor dem ganzen Volke die allgemein demokratischen Aufgaben darzulegen und hervorzuheben, ohne auch nur einen Augenblick lang unsere sozialistische Überzeugung zu verheimlichen. Der ist kein Sozialdemokrat, der in der Praxis seine Pflicht vergißt, in der Aufrollung, Zuspitzung und Lösung jeder allgemein demokratischen Frage allen voranzugehen." (Lenin, Was tun?, Seite 97, Ausgabe 1941.)

Es wäre auch falsch, zu denken, daß die Entwicklung in allen Ländern gleichmäßig verläuft. Wir müssen in Deutschland den Weg gehen, der den Entwicklungsbedingungen in Deutschland entspricht, und das wird nicht genau der gleiche Weg sein wie in anderen Ländern.

Wir halten es auch für falsch, bestimmte Maßnahmen der kommunalen Wirtschaftsführung als Sozialismus zu deklarieren, wie es einige sozialdemokratische Genossen tun. Das klingt zwar sehr radikal, würde aber nur das sozialistische Ideal diskreditieren. Wir haben die Demagogie des Kriegssozialismus, der von einigen sozialdemokratischen Führern im ersten Weltkrieg verbreitet wurde, kennengelernt. Wir erinnern uns an die Märchen über Sozialismus, die die sozialdemokratische Preußenregierung einst verbreitete, und wir wollen nicht vergessen, mit welcher Demagogie über Sozialismus die Hitlerbande das Volk betrog. Es wird höchste Zeit, ernsthaft mit allen Manövern, mit allen Versuchen, kapitalistische Einrichtungen als Sozialismus darzustellen, Schluß zu machen und die Arbeiterklasse und das schaffende Volk den wissenschaftlichen Sozialismus, wie ihn Marx, Engels, Lenin und Stalin entwickelt haben, zu lehren.

Angestrengte Arbeit zum Aufbau einer demokratischen Ordnung

Unser Volk kann aus der Katastrophe des Hitlerkrieges nur herauskommen, wenn es angestrengt arbeitet und alle seine Kraft einsetzt zum Aufbau einer demokratischen Ordnung. Dazu ist notwendig, daß sich die fortgeschrittensten, antifaschistischen demokratischen Kräfte, die in den antifaschistischen Parteien organisiert sind, über die großen Aufgaben, die unser Volk zu erfüllen hat, verständigen und ein gemeinsames Aktionsprogramm des Aufbaues beschließen. Ein Schritt vorwärts auf diesem Wege ist die Vereinbarung zwischen den Vertretern des Zentralkomitees der KPD und des Zentralausschusses der SPD[4]. Diese Vereinbarung ist der Ausdruck des ernsten Willens, ein neues vertrauensvolles Verhältnis zwischen der Kommunistischen und der Sozialdemokratischen Partei zu schaffen. Es handelt sich also nicht nur um gute Beziehungen zwischen den Funktionären, sondern auch zwischen beiden Organisationen im ganzen Reich von Frankfurt a. d. Oder bis zum Ruhrgebiet und von Mecklenburg bis Württemberg. Von den Vertretern des Zentralausschusses der SPD wurde die Meinung geäußert, daß möglichst bald der Zusammenschluß der Kommunistischen und der Sozialdemokratischen Partei zu einer einheitlichen Partei des werktätigen Volkes herbeigeführt werden sollte. Wir haben dazu erklärt, daß wir überzeugt sind, daß durch die getroffene Vereinbarung und durch die Zusammenarbeit beider Organisationen die Voraussetzungen für die Vereinigung geschaffen werden.

Die Voraussetzung für eine einheitliche Partei des werktätigen Volkes neuen Typus ist jedoch nicht nur die Herbeiführung einer engen Aktionsgemeinschaft, sondern auch die wissenschaftliche Erkenntnis der fortgeschrittensten Kräfte der Arbeiterklasse und des werktätigen Volkes über den Sozialismus in der Sowjetunion und über die Weltanschauung des Marxismus-Leninismus.

Wir dürfen nicht übersehen, daß in den 12½ Jahren faschistischer Herrschaft das Klassenbewußtsein der Arbeiter weitgehend verschüttet wurde, daß die Arbeiter keine Möglichkeit hatten, sich theoretisch weiterzuschulen und daß ihnen die Weiterentwicklung der wissenschaftlichen Theorie des Marxismus und Leninismus größtenteils unbekannt ist. Wir begrüßen es deshalb, daß in der Vereinbarung zwischen dem Zentralausschuß der SPD und dem Zentralkomitee der KPD gemeinsame Beratungen zur Klärung ideologischer Fragen vorgesehen sind.

Wir dürfen auch nicht übersehen, daß die Schaffung einer einheitlichen Partei des werktätigen Volkes nicht nur die Frage der Arbeiter, sondern auch eine Frage der Gewinnung der Vertreter der fortschrittlichen Intelligenz und der antifaschistischen Bauern ist. Auch sie sollen ihr Wort mitsprechen.

[4] Gründung des Gemeinsamen Arbeitsausschusses am 19. 6. 1945.

Warum Block der antifaschistisch-demokratischen Parteien?

Über die Einheitsfront der Arbeiter hinaus wollen wir die Einheitsfront aller antifaschistisch-demokratischen Kräfte, den Block der antifaschistischen demokratischen Parteien. Die Voraussetzungen für die Schaffung eines solchen Blockes sind durch die tiefgehenden Veränderungen, die sich in Deutschland vollzogen haben, gegeben. Welches sind die Veränderungen?

Erstens: Millionen erkennen jetzt, daß der alte imperialistische Weg gegen die Interessen der Nation gerichtet ist. Deshalb sind sie gewillt, mit vereinten Kräften den Nazismus und den Militarismus, diese Feinde der Nation, zu vernichten.

Zweitens: Durch Hitlers totalen Krieg sind tiefe soziale Veränderungen erfolgt. Männer aus bürgerlichen Kreisen sind aus ihren gewohnten Lebensbahnen herausgeworfen worden.

Drittens: Die Männer aus allen Schichten des Volkes, die in den Zuchthäusern und Konzentrationslagern gemeinsam gelitten haben, sind Freunde geworden und werden auch jetzt weiter zusammenhalten und gemeinsam wirken.

Viertens: Die alten Parteiführungen der Weimarer Koalition sind bankrott. Die Deutschnationalen und die Deutsche Volkpartei waren die Hauptkräfte, die in der Weimarer Republik die Wiedererstehung des deutschen Imperialismus betrieben haben. Die Deutschnationalen haben Hitler zur Macht verholfen, und die Herren Rüstungsindustriellen, Mitglieder der Deutschen Volkspartei, leisteten dabei Handlangerdienste. Brüning löste die Zentrumspartei selbst auf, um, wie er sagte, den Mitgliedern die Möglichkeit zu geben, unter dem neuen Regime mitzuarbeiten. Die früheren sozialdemokratischen Führer stimmten im Mai der Außenpolitik Hitlers zu. Und Herr Leipart – der Vorsitzende des Allgemeinen Deutschen Gewerkschaftsbundes – beging 1933 die größte Untat, als er die Arbeiter aufforderte, am Nazi-Aufmarsch des 1. Mai unter den blutigen Fahnen Hitlers teilzunehmen[5].

Fünftens: Die Männer, die gegen den Faschismus gekämpft haben und die heute an der Spitze der antifaschistischen Parteien stehen, haben sich zu einem neuen Verhältnis zur Sowjetunion und den anderen demokratischen Völkern durchgerungen. Das ist eine wichtige Voraussetzung für die Zusammenarbeit.

Wenn wir Kommunisten für den Block der antifaschistischen Parteien sind, so setzen wir konsequent jene Politik fort, die der große Volkstribun Georgi Dimitroff vor dem Leipziger Gericht vertrat[6] und die er in seinen späteren Reden und Aufsätzen näher erläuterte. Wenn es seit 1935 zur Zusammenarbeit

[5] Vgl. Beier, Lehrstück, S. 38.
[6] Dimitroff, Reichstagsbrandprozeß, S. 98–154.

der verschiedenen antifaschistischen Kräfte in Deutschland kam, so hat Georgi Dimitroff durch sein mutiges Auftreten vor dem Leipziger Gericht Großes dazu beigetragen.

Die Partei des Aufbaues, die Partei des Volkes

Die Kommunistische Partei ist eine wahrhaft nationale Partei, denn sie kämpft um die Beseitigung der Ursachen des Unglücks der Nation. Unsere Partei ist die Partei des Volkes, denn sie ist die Partei des Aufbaues. Unser Aktionsprogramm zeigt dem Volk den Weg zu einer besseren Zukunft.

Die Kommunistische Partei ist die Partei des Volkes, denn wir sagen im Aktionsprogramm, was getan werden muß, damit das normale Leben der Bevölkerung wieder in Gang kommt, damit das Volk Brot hat und damit es mit den zum Leben notwendigen Waren versorgt wird.

Die Kommunistische Partei ist die Partei der Einigung des werktätigen Volkes. Das Aktionsprogramm unserer Partei hilft den Werktätigen, sich auf einer gemeinsamen Grundlage zusammenzuschließen und überall einen starken Block der antifaschistischen demokratischen Parteien zur demokratischen Erneuerung Deutschlands zu schaffen.

Unsere Partei ist die Partei des Friedens, denn sie hat seit ihrer Gründung für das friedliche Zusammenleben und für die Freundschaft mit den anderen Völkern gekämpft und besonders für die Freundschaft mit dem großen Sowjetvolk, dem wir zu tiefem Dank verpflichtet sind.

Unsere Partei ist die Partei des Volkes, denn sie ist die einzige Partei, die von einer fortschrittlichen wissenschaftlichen Theorie geleitet ist. Auf Grund der Theorie des Marxismus-Leninismus war unsere Partei imstande, den Lauf der Ereignisse vorauszusehen, unser Volk rechtzeitig zum Kampf gegen die nazistische Kriegspolitik aufzurufen, und sie ist imstande, den Weg der künftigen Entwicklung zu erkennen.

Es ist schwer, die großen Aufgaben, die vor unserer Partei stehen, zu erfüllen ohne den geliebten Führer unserer Partei, ohne den Führer des werktätigen Volkes, unseren Ernst Thälmann. Und doch müssen und werden wir mit vereinter Kraft die Aufgabe erfüllen.

Die vordringlichste Aufgabe ist die Schaffung von Parteileitungen aus den besten antifaschistischen Kämpfern und die Schaffung eines starken Funktionärskörpers aus alten sowie aus jüngeren antifaschistischen Genossen.

Unserer Partei, der Partei des werktätigen Volkes, sollen alle ehrlichen Kämpfer gegen den Faschismus angehören. Die alten Parteigenossen, die schon vor 1933 unter größten Opfern gegen Faschismus und Reaktion kämpften, sollen Schulter an Schulter zusammenarbeiten mit den Genossen, die sich im illegalen Kampf bewährt haben, die in Kommunalverwaltungen, in Gewerkschaften und anderen Institutionen tätig sind und jetzt in die Partei aufgenommen werden können. Bei der Aufnahme in die Partei darf es keine Rolle spielen, ob die betreffenden Antifaschisten katholischen, evangelischen oder jüdischen Religionsgemeinschaften angehören.

In manchen Orten sind bisher nur wenige neue Parteimitglieder aufgenommen worden. Das ist ein ernster Fehler. Wie kann die Kommunistische Partei ihre historische Aufgabe erfüllen, wenn nicht die besten Männer und Frauen aus allen Schichten des schaffenden Volkes, wenn nicht die antifaschistischen Funktionäre der Gewerkschaften und der kommunalen Verwaltungsorgane ihr angehören? Manche Parteileitungen stellen unzulässige Vorbedingungen für die Aufnahme in die Partei. Wer kann erwarten, daß die ehrlichen Antifaschisten nach 12½ Jahren faschistischer Diktatur geschulte Marxisten-Leninisten sein können? Auch die alten Parteimitglieder sind das noch nicht. Die Besonderheit der gegenwärtigen Lage besteht darin, daß in den Parteiorganisationen in der Mehrheit Mitglieder sein werden, die vor 1933 nicht der KPD angehörten, sondern irgendwelchen antifaschistischen Massenorganisationen, den Gewerkschaften, der Sozialdemokratie, Jugendorganisationen oder aber Mitglieder, die erst während des Hitlerregimes aktiv wurden. Aufgabe der Parteiorganisation ist es, den alten und den neuen Mitgliedern zu helfen und sie so zu schulen, daß sie gute Kommunisten werden.

Was sind die nächsten Aufgaben?

Die vordringlichste Aufgabe ist es, dem Volke unser Aktionsprogramm zu erklären und alle Volkskräfte zu entfalten für die Erfüllung der gewaltigen Aufgaben des Aufbaues und der Neugeburt unseres Volkes. Dazu ist notwendig, daß jeder Genosse mithilft, die weiteste Verbreitung unserer Parteizeitung, der „Deutschen Volkszeitung", zu organisieren.

Wir müssen uns jetzt Rechenschaft geben, auf welche nächsten Aufgaben die Kräfte der Antifaschisten konzentriert werden müssen. Wir sehen in der jetzigen Situation vier vordringliche Aufgaben:

1. Alle Kräfte einsetzen zur Sicherung der Einbringung der Ernte und der Herbstaussaat.

Von der Lösung dieser Aufgabe hängt die Versorgung der Bevölkerung ab. Die Ernte ohne Verlust einbringen, die ganze Initiative der Landbevölkerung für die Erfüllung dieser Aufgabe zur Entfaltung bringen, das setzt voraus, daß wir den Bauern und den Landarbeitern durch die Tat beweisen, daß eine neue Zeit begonnen hat. Wir Kommunisten sagen den Bauern, daß es mit der alten Nazizwangswirtschaft zu Ende sein muß. Der Bauer soll wieder auf seinem

Hof bestimmen. Der Bauer soll vor der Ernte wissen, welche Mengen landwirtschaftlicher Produkte er abzuliefern hat, um die Ernährung des Volkes und der Besatzungstruppen sicherzustellen, und daß er über die übrigen Erzeugnisse seiner Arbeit frei verfügen kann. Der Bauer hat jetzt das Recht, nach Erfüllung seiner Ablieferungspflicht die ihm verbleibenden Produkte frei auf dem Markt zu verkaufen, und zwar zu freien Preisen und nicht zu den alten Zwangspreisen. Wir sind überzeugt, daß diese neue Ordnung den Bauer veranlassen wird, die Ernte ohne Verlust einzubringen und soviel wie möglich zu erzeugen. Der Arbeiter wird dabei den Vorteil haben, daß mehr landwirtschaftliche Produkte auf den Markt kommen. Wenn der Arbeiter dem Bauer bei der Reparatur und Erzeugung landwirtschaftlicher Geräte hilft, wenn die Betriebe in den Städten mehr Waren erzeugen als bisher, dann wird sich ein geregelter Güteraustausch zwischen Stadt und Land entwickeln. Der Arbeiter in der Stadt wird zu essen haben, und der Bauer wird mit den notwendigen Waren versorgt werden.

Ohne Verzögerung ist auch mit der Enteignung der Großgrundbesitzer und der Zuteilung des Bodens an die von Hitler zugrunde gerichteten Bauern, an landarme Bauern, Landarbeiter sowie an solche aus anderen Gebieten evakuierte Bauern zu beginnen, die keine Nazis gewesen sind. Die Bauern und Landarbeiter in den einzelnen Orten, wo große Güter bestehen, sollen unter Vorsitz des Gemeindevorstehers Kommissionen bilden zur Ausarbeitung der Vorschläge für die Landzuteilung. Die Vorschläge sollen in Dorfversammlungen beschlossen und der Kreis- und Provinzialverwaltung zur Bestätigung vorgelegt werden. Eine Anzahl großer Güter müssen selbstverständlich als Saatgutbetriebe und Musterwirtschaften im Auftrage der Provinzial- und Kreisverwaltungen weitergeführt werden. So wird Punkt 7 unseres Aktionsprogramms durchgeführt, in dem es heißt: „Liquidierung des Großgrundbesitzes, der großen Güter der Junker, Grafen und Fürsten und Übergabe ihres ganzen Grund und Bodens sowie des lebenden und toten Inventars an die Provinzial- bzw. Landesverwaltungen zur Zuteilung an die durch den Krieg ruinierten und besitzlos gewordenen Bauern. Es ist selbstverständlich, daß diese Maßnahmen in keiner Weise den Grundbesitz und die Wirtschaft der Großbauern berühren werden."

2. Wiederingangsetzung der Betriebe.

Vor allem sind die Betriebe der Fertigindustrie und Bauindustrie, die nicht Rüstungsbetriebe waren und nicht für die Wiedergutmachung vorgesehen sind, in Gang zu bringen. Betriebe, die Werkzeuge und Maschinen für die Landwirtschaft und für das Baugewerbe herstellen, sollen sofort die Arbeit aufnehmen. Ebenso ist es notwendig, daß die Betriebe wieder arbeiten, die Bedarfsgegenstände für die Bevölkerung erzeugen. Die Ingangsetzung all dieser Betriebe hängt wesentlich ab von der Findigkeit der Ingenieure und Fachleute sowie der Gewerkschaftsfunktionäre, die jede Möglichkeit ausnützen müssen, um Rohstoffe für diese Betriebe zu beschaffen bzw. die Betriebe auf die Verwendung solcher Rohstoffe umzustellen, die beschafft werden können. Es ist notwendig, daß in jeder Stadt und in jedem Kreis, für jede Provinz und jedes Land ein Plan aller Versorgungsbetriebe ausgearbeitet wird, die in Gang zu setzen bzw. von den Verwaltungsorganen der Stadt, des Kreises, der Provinz oder des Landes besonders zu unterstützen und zu kontrollieren sind. In dem Plan muß auch vorgesehen werden, welchen Betrieben eventuell Hilfe durch die Provinzial- oder Stadtverwaltung geleistet werden muß, um die Rohstoffbeschaffung aus anderen Gebieten sicherzustellen.

3. Aktive Mithilfe beim Neuaufbau freier Gewerkschaften sowie bei der Schaffung von Jugendausschüssen.

Die Gewerkschaften sind wichtige Organe beim Wiederaufbau Deutschlands. Ohne einheitliche freie Gewerkschaften ist der Aufbau nicht möglich. Diese Gewerkschaften sollen ein starker Rückhalt sein für die Einigung der Arbeiterschaft. Wir sprechen von der Schaffung freier Gewerkschaften, weil sie frei sein sollen vom Nazigeist und von jener Kapitulationspolitik, wie sie Leipart durchführte. Es sollen Gewerkschaften sein der freiwilligen Vereinigung der Arbeiter und Angestellten in einer einheitlichen Organisation, ungeachtet der religiösen Denkweise des einzelnen. Die Gewerkschaften sollen frei sein vom Ungeist des Hasses gegen andere Völker, sie sollen erfüllt sein vom Willen zur Freundschaft mit der Sowjetunion und mit den anderen demokratischen Völkern.

Ziehen wir aus der Tatsache, daß die deutsche Arbeiterklasse historisch versagt hat, die Lehre, daß ein neuer Geist die freien Gewerkschaften erfüllen muß. Der Geist des Bürokratismus und der Nachgiebigkeit, der zum schwärzesten Tag in der Geschichte der deutschen Arbeiterbewegung, dem 1. Mai 1933, führte, zu jenem Tag, an dem der Bundesvorstand des ADGB die Gewerkschaftsmitglieder aufforderte, unter dem Hakenkreuzbanner des Nazismus zu marschieren. Der Aufmarsch am 1. Mai 1933, das war der erste Aufmarsch zum Krieg. Nur wenn die deutsche Arbeiterklasse und die Gewerkschaftler die Ursache des Zusammenbruchs der deutschen Gewerkschaften erkennen und verstehen, nur wenn die Gewerkschaftsfunktionäre die Arbeiter im Geiste der Erkenntnis ihrer sozialen Lage, im Geiste des Klassenbewußtseins erziehen, werden sie ihre geschichtliche Aufgabe beim Aufbau eines demokratischen Deutschlands erfüllen können. Die innere Demokratie in den Gewerkschaften, die Schaffung eines neuen Verhältnisses zwischen Gewerkschaftsmitgliedern und Gewerkschaftsführung, ist eine wichtige Garantie dafür, daß der neue Weg gegangen wird.

Während die Gewerkschaften vor 1933 unter sozialdemokratischer Führung standen, müssen die neuen Gewerkschaftsorganisationen zu einheitlichen freien Gewerkschaften werden. Die Schaffung des Gewerkschaftsausschusses von Groß-Berlin, die vertrauensvolle Zusammenarbeit der Anhänger verschiedener früherer Gewerkschaftsströmungen mögen in allen Orten als Beispiel dienen für die Schaffung einheitlicher freiheitlicher Gewerkschaftsorganisationen.

Besonders wichtig ist auch die Schaffung von Jugendausschüssen. Wohl hat die deutsche Jugend nichts anderes gehört als den Ungeist der Nazipropaganda. Aber auch in der deutschen Jugend gibt es Kräfte, die am antifaschistischen Kampf teilgenommen haben. Und selbst manche Mitglieder der Hitlerjugend haben in der letzten Zeit der Hitlerherrschaft ihrer Opposition gegen die Naziführer Ausdruck gegeben. Wir haben das Vertrauen zur deutschen Jugend, daß sie mit Hilfe der erfahrenen Antifaschisten aus der Katastrophe, in die Hitler Deutschland getrieben hat, lernen wird. Deshalb begrüßen wir die Beschlüsse verschiedener Stadt- und Gemeindeverwaltungen, die bei den Besatzungsbehörden um die Genehmigung von Jugendausschüssen nachgesucht haben. Möge es den Jugendausschüssen gelingen, die deutsche Jugend zu ehrlich denkenden Menschen zu erziehen, die mit jugendlicher Begeisterung mitarbeiten an der Säuberung vom nazistischen Unrat und am Aufbau einer sauberen antifaschistischen demokratischen Ordnung. Wir denken, daß den Jugendausschüssen in der Hauptsache Jugendliche angehören sollen. Denn die Masse der Jugend wird nur antifaschistisch fortschrittlich denken lernen, wenn antifaschistische Jugendliche selbst die Führung in den Händen haben und lernen, mit eigener Kraft die Aufgaben zu lösen. Pflicht der Erwachsenen ist es, der Jugend überall und immer zu helfen und einen erfahrenen Antifaschisten in jeden Jugendausschuß zu entsenden, der den Jugendlichen mit seinen Erfahrungen beisteht. Wir verzichten auf die Schaffung eines kommunistischen Jugendverbandes, denn wir wollen, daß eine einheitliche freie Jugendbewegung entsteht.

4. Hineintragung des neuen demokratischen Geistes in die Verwaltungsorgane.

Heute sind in den Gemeinde-, Kreis- und Provinzialverwaltungen neue Männer der antifaschistischen Bewegung neben früheren Beamten tätig, die keine Nazis waren. Auf den führenden Funktionen dürfen nur solche Männer und Frauen unseres Volkes stehen, die sich im Kampf gegen das Hitlersystem bewährt haben. Von Leuten, die sich während der Hitlerherrschaft passiv verhielten, kann man nicht erwarten, daß sie jetzt die Kraft finden, unserem Volk aus der Katastrophe herauszuhelfen.

Viele Antifaschisten hatten in den letzten zehn Jahren keine Möglichkeit, sich zu schulen. Andererseits fehlen den früheren Beamten, die große Sachkenntnis haben, oftmals die einfachsten antifaschistischen Erkenntnisse. Alle müssen daher jetzt lernen, im neuen Geist und mit neuen Methoden die demokratische Verwaltung aufzubauen. Jeder Mitarbeiter in den Verwaltungsorganen muß fähig sein, mitzuhelfen bei der Vernichtung des Faschismus und seiner ideologischen Grundlagen. Er muß imstande sein, der Bevölkerung die Maßnahmen der Stadt- oder Gemeindeverwaltung zu erklären. Dazu ist notwendig, daß die erfahrenen Antifaschisten dahin wirken, daß für die Mitarbeiter der städtischen und Gemeindeverwaltungen Vorträge und Kurse stattfinden und daß insbesondere mit Vorträgen für die Volksschullehrer begonnen wird.

Manche Mitarbeiter der Gemeindeverwaltung ersticken förmlich in den kleinen Tagesfragen und nehmen sich nicht die Zeit zu ihrer eigenen geistigen Weiterbildung. Manche hören auch noch nicht genügend auf die Meinung der Kritik der Volksmassen. Wir dürfen nicht in die Fehler der Parteien der Weimarer Republik verfallen, die selbstzufrieden ihre Tagesarbeit durchführten. Sauberkeit und eine fortschrittliche Ordnung können in Stadt und Land nur einkehren, wenn sich die Mitarbeiter der Verwaltungsorgane selbstkritischer zu ihrer eigenen Arbeit verhalten, wenn sie eng mit den Volksmassen verbunden sind und wenn sie die Kontrolle durch die Volksmassen anerkennen. Die Mitarbeiter der Verwaltung müssen spüren, daß sie unter der Kontrolle der Volksmassen stehen und daß das schaffende Volk das Recht und die Pflicht hat, in Versammlungen und in der Presse zu den wichtigsten Fragen des Lebens und der Verwaltung seine Meinung zu äußern. Um die Arbeit der Mitarbeiter der Verwaltungen zu verbessern, ist es an der Zeit, daß die Volksbildungsabteilungen Vorträge und Kurse organisieren, an denen alle Mitarbeiter teilnehmen sollen.

Bei der Durchführung der genannten Aufgaben sollen sich alle Antifaschisten streng an die Verordnungen der Besatzungsbehörden halten. Es dürfen keine Maßnahmen durchgeführt werden, die nicht vorher von der Besatzungsbehörde genehmigt worden sind. Die Antifaschisten mögen dabei der Bevölkerung mit gutem Beispiel vorangehen. Mit Dankbarkeit müssen wir feststellen, daß die Besatzungsorgane der Bevölkerung weitgehende Möglichkeiten zur Selbstverwaltung gewährt und sogar die Schaffung antifaschistischer demokratischer Parteien erlaubt haben. Beweisen wir durch die Tat, daß das schaffende deutsche Volk gelernt hat und lernt, eine demokratische Ordnung zu schaffen, und beweisen wir durch das Verhalten gegenüber den Besatzungsbehörden, daß die alten Fehler unseres Volkes nicht fortgesetzt werden, daß wir einen Schlußstrich gezogen haben unter die Vergangenheit und wirklich neu beginnen wollen.

Ich schließe mit dem Wort des Aufrufs der Kommunistischen Partei: „Ein neues Blatt in der Geschichte des deutschen Volkes wird aufgeschlagen. Aus den Lehren des Niederbruchs Deutschlands bahnen sich im Volke neue Erkenntnisse den Weg. Wir erklären: Feste Einheit, entschlossener Kampf und beharrliche Arbeit bilden die Garantien des Erfolges unserer gerechten Sache! Fester den Tritt gefaßt! Höher das Haupt erhoben! Mit aller Kraft ans Werk! Dann wird aus Not und Tod, Ruinen und Schmach die Freiheit des Volkes und ein neues würdiges Leben erstehen.“

4. Wilhelm Pieck, Der Weg zum Wiederaufbau Deutschlands, Rede[7], Auszug

Voraussetzungen für den Wiederaufbau Deutschlands sind Wiedergutmachung, Beseitigung des Nationalsozialismus, demokratische Erneuerung auf sozialistischer Grundlage, Zusammenarbeit mit den Besatzungsmächten, speziell der sowjetischen, und Verschmelzung von KPD und SPD.

Bundesarchiv, ZSg 1–65/29 (Flugschrift).

Berlin, 19. Juli 1945

Ich danke Ihnen recht herzlich für Ihre Begrüßung, die ich ebenso herzlich erwidere, und für die Begrüßungsworte des Genossen Geschke, denen ich nur anfügen will, das, was ich geworden bin, wurde ich durch die deutsche Arbeiterbewegung, durch die KPD. Ich grüße vor allem die tapferen Kämpfer im deutschen Volke, die nie vor der Hitlerbande kapitulierten und unter Einsatz ihres Lebens den Kampf für die Vernichtung dieser Verbrecher und Feinde unseres Volkes führten. Meinen tiefempfundenen Gruß allen denen, die noch lebend den Klauen dieser Bluthunde entronnen sind und sich wieder in den Kampfreihen unseres Volkes befinden, um ein neues Deutschland schaffen zu helfen. Mit größter Ehrfurcht gedenke ich all der Männer und Frauen, die wegen ihrer antifaschistischen Gesinnung und ihres Kampfes gegen die Hitlerbarbareien von den Nazibanditen ermordet wurden. Die Zahl dieser Opfer des Faschismus ist Legion. Hunderttausende der Besten unseres Volkes aus allen seinen politischen und weltanschaulichen Lagern wurden erschlagen und zu Tode gequält. Ich nenne nur wenige mit ihrem Namen: an erster Stelle den Führer unserer Partei, Ernst Thälmann, den Bergarbeiterführer Husemann, den Ministerialrat und Katholik Klausener, den sozialdemokratischen Reichstagsabgeordneten Breitscheid, den General Schleicher, den Sozialdemokraten Leuschner und den Schriftsteller Ossietzky. Unser Volk wird ihnen allen ein weithin sichtbares Denkmal durch die Schaffung eines neuen demokratischen Deutschland errichten. Sie haben sich zu Ehren der Genannten und aller ermordeten Helden des antifaschistischen Kampfes von den Plätzen erhoben, ich danke Ihnen.

Wir wollen uns alle nach besten Kräften bemühen, unser Volk von der nazi-

[7] Erste öffentliche Rede Piecks nach seiner Rückkehr aus der Emigration.

stischen Seuche zu befreien, um ihm wieder die Achtung und die Freundschaft der anderen Völker zu verschaffen. Zu diesem Werke wollen wir alle unsere Kräfte vereinen und jede Zwietracht und jedes Parteigezänk aus den Reihen unseres Volkes verbannen.

Groß ist meine Freude, daß ich wieder die Möglichkeit habe, vor Ihnen zu der Berliner Bevölkerung sprechen zu können. Mehr als zwölf Jahre sind vergangen, daß ich das letztemal die Gelegenheit dazu hatte. Es war am 24. Februar 1933, drei Tage vor der berüchtigten Reichstagsbrandstiftung durch die Hitlerbande, als ich in einer von der KPD einberufenen Massenkundgebung im Sportpalast das werktätige Volk Berlins und ganz Deutschlands vor den Nazi-Provokationen warnte und zur Einheit für den Kampf gegen den Faschismus und Militarismus aufrief und voraussagte, daß die Hitlerbande dem deutschen Volke Krieg und Verderben bringen werde. Meine Voraussage hat sich nur zu sehr bestätigt.

Städte und Menschen wurden zu Ruinen

Was hat Hitler in den zwölf Jahren der Nazidiktatur aus unserem Deutschland, aus unserem Berlin gemacht? Als ich bei meiner Ankunft in Berlin zum erstenmal durch die Stadt fuhr und die Trümmerstätten sah, krampfte sich mir das Herz zusammen. In der Tat, Berlin ist, wie Hitler vorausgesagt hatte, nicht mehr wiederzuerkennen. Er hat Berlin total zugrunde gerichtet. Und so steht es mit dem ganzen Deutschland, mit seinen Städten und Dörfern, mit seinen Feldern und Wäldern, und, was noch schlimmer ist, mit seinen Menschen und seiner Jugend, seiner Ehre und seinem Ansehen gegenüber den anderen Völkern der Welt. Auch die Menschen sind zu einem großen Teil zur Ruine geworden. Millionen unserer besten Arbeitskräfte wurden vernichtet, liegen begraben auf den Schlachtfeldern in allen Ländern. Millionen von Familien wurden zerstört, Millionen von Frauen haben ihre Männer, ihre Söhne verloren, Millionen von Kindern wurden zu Waisen, und unsere Jugend wurde in ihrer Seele und ihren Hirnen durch den Hitlerismus verseucht und dem Elternhaus entfremdet. So hat das deutsche Volk durch Hitler nahezu alles verloren, was das Leben lebenswert macht, vor allem seine Ehre und seine Achtung. Aber Freunde, Genossen, wir dürfen das deutsche Volk sich nicht der Verzweiflung, nicht dem Lebensüberdruß hingeben lassen, sondern wir müssen neues Leben aus den Ruinen von Städten und Menschen erstehen lassen. Dafür wollen wir Kommunisten, die KPD, uns mit aller Kraft einsetzen. So wie wir vor und unter Hitler, vor und während seines Kriegsverbrechens unser Volk warnten und zum Sturz der Hitlerbande aufriefen, so rufen wir jetzt nach diesem grausigen Ende der Hitlermacht und der Katastrophe unseres Volkes auf, sich zu dem gemeinsamen Werke seiner Neugeburt, zur Schaffung eines neuen Deutschlands zu vereinigen.

Es gilt auszurotten das Nazigift aus den Hirnen und Herzen unseres Volkes, es gilt unschädlich zu machen alle die Feinde, die im Inneren unseres Landes unser Volk in diese Katastrophe getrieben haben.

Unsere Hauptaufgabe: Unserem Volke helfen, aus seiner Not herauszukommen

Wir Kommunisten sehen unsere Hauptaufgabe in dieser schweren Zeit darin, unserem Volke zu helfen, aus seiner Not herauszukommen und den Wiederaufbau seines Landes mit allen Kräften zu fördern. Wir reichen um dieser Aufgaben und dieses Werkes willen allen die Hand zum Bunde, die mit uns das gleiche Ziel verfolgen. Wir können schon einen guten Anfangserfolg verbuchen. Obwohl erst zweieinhalb Monate seit Kriegsende verflossen sind und erst fünf Wochen nach dem Erlaß des Obersten Chefs der sowjetischen Militäradministration, Marschall Shukow, auf Zulassung antifaschistischer Parteien und der freien Gewerkschaften, war es in dieser kurzen Zeit möglich, zwischen den geschaffenen vier antifaschistisch-demokratischen Parteien, der Kommunistischen Partei, der Sozialdemokratischen Partei, der Liberal-Demokratischen Partei und der Christlich-Demokratischen Union eine Einheitsfront herzustellen. Ohne diesen Entschluß in seiner Auswirkung auf die Volksmassen zu überschätzen, weil dazu noch sehr viel Arbeit notwendig ist, so gibt doch dieser einheitliche Wille für die Zusammenarbeit eine Garantie für ihren Erfolg. Jedenfalls ist bei uns Kommunisten der feste Wille vorhanden, alles an den Erfolg dieser Arbeit zu setzen, unser Volk aus dem Chaos herauszuführen, in das es durch Hitler gestürzt wurde.

Die Pflicht zur Wiedergutmachung

Wir gehen an diese Arbeit mit dem heiligen Ernst und der vollen Verantwortung, wie es die schwere Lage des deutschen Volkes erfordert. Wir halten es für unsere Pflicht, unserem Volke den ganzen Ernst der Lage zum Bewußtsein zu bringen und es nicht darüber hinwegzutäuschen. Wir müssen unserem Volke klarmachen, daß es eine sehr schwere Rechnung zu begleichen hat, die ihm von den anderen Völkern vorgelegt wird, die von der Hitlerarmee überfallen und deren Länder ausgeraubt und zerstört wurden, daß unser Volk also auch die Pflicht zur Wiedergutmachung hat. Die beiden vor uns stehenden Aufgaben, die Wiedergutmachung und der Wiederaufbau unseres Landes, sind nicht voneinander zu trennen. Wer das versuchen wollte, würde unserem Volke nicht dienen, sondern ihm schaden und es einen falschen Weg führen. Im engsten Zusammenhange damit steht die Frage nach der Kriegsschuld, durch wessen Schuld dieser Krieg mit all seinen schrecklichen Folgen herbeigeführt wurde. Diese Frage steht mit allem Ernst vor unserem Volke, weil es von den anderen Völkern beschuldigt wird, die Hitlerbande bei ihrem Kriege unterstützt und an ihrem Verbrechen teilgenommen zu haben. Hitler hat durch seine Propaganda unausgesetzt der Welt eingeredet, daß er den Krieg im Auftrage des deutschen Volkes führe, daß volle Einigkeit zwischen ihm und dem deutschen Volke bestehe, daß es darum geht, dem deutschen Volke Lebensraum zu verschaffen und die Herrschaft über Europa, wenn nicht gar über die ganze Welt zu erlangen. Tatsächlich wurde diese Behauptung Hitlers nicht vom deutschen Volke durch sein Verhalten entkräftet, und so wurde ihm von Hitler die Verantwortung für seine Kriegsverbrechen auferlegt. Das sollten wir Deutsche uns immer vor Augen führen und verstehen, wenn uns die Völker der anderen Länder Haß und Verachtung entgegenbringen. Es würde für das deutsche Volk nur schädlich sein, wollte es die Schuld Deutschlands an diesem Krieg bestreiten. Dazu liegen die Tatsachen der Kriegsvorbereitung und der Kriegsprovokationen durch Hitler klar zu Tage. Das wird auch von der Mehrheit unseres Volkes nicht bestritten. Anders liegt es bei der Frage der Mitschuld und Mitverantwortung unseres Volkes und der damit verbundenen Pflicht zur Wiedergutmachung. Hier treten viele Stimmen auf, die dahin gehen, über diese Mitschuld und Mitverantwortung besser nicht zu sprechen, weil damit das deutsche Volk noch mehr belastet würde. Wir Kommunisten halten eine solche Auffassung für falsch und schädlich, weil sie dem deutschen Volke den Ausweg aus seiner schweren Lage versperrt. Ohne diese Erkenntnis über seine Mitschuld und Mitverantwortung wird unser Volk nicht die ernsten Lehren aus dieser Katastrophe ziehen, wird es sich die Erkenntnis von der Notwendigkeit der Wiedergutmachung erschweren, wird es die gleichen Fehler wie 1918 wiederholen, wird es sich nicht befreien von der verhängnisvollen Ideologie des preußischen Militarismus, des räuberischen Imperialismus und der Hetze gegen die anderen Völker, wird es nicht den Ausweg zu einem neuen demokratischen Deutschland finden und sich nicht den Platz in der Gemeinschaft der anderen Völker erobern. Das alles hängt von dieser Erkenntnis ab. Darum steht die Frage so ernst. Wir wollen durch diese Feststellung dem deutschen Volke helfen, die richtigen Schlußfolgerungen aus dieser Katastrophe zu ziehen, und verhindern, daß das deutsche Volk nie wieder zu einem Krieg gegen andere Völker mißbraucht werden kann.

Ausrottung des Nazismus und strenge Bestrafung aller Kriegsverbrecher

Dazu gehört vor allem, daß wir ernstlich darangehen, auf den Schulen und Universitäten und im Leben unseres Volkes eine gründliche Ausrottung der Naziideologie aus den Hirnen der Menschen durchzuführen, die basiert auf der Ideologie des reaktionären Preußentums, des Militarismus, des räuberischen Imperialismus. Wir müssen alles daransetzen, die deutsche Überheblichkeit gegenüber anderen Völkern aus unserem Volke herauszubringen und unser Volk zu befreien von der Unterwürfigkeit und Knechtseligkeit gegenüber den eigenen Herren, diesen verfluchten Kadavergehorsam, der das menschliche Gefühl im Menschen erstickt und ihn zu einer willenlosen Maschine übergeordneter Instanzen macht.

Die weitere Aufgabe ist die strengste Bestrafung aller Kriegsverbrecher. Wir sollen uns nicht darauf verlassen, daß diese Bestrafung durch die alliierten Mächte erfolgen wird. Die großen Kriegsverbrecher werden vor die interalliierten Gerichte gebracht werden, aber dem deutschen Volke bleibt noch genug zu tun übrig, um alle diese Halunken unschädlich zu machen, die sich am deutschen Volke vergangen haben, die in den Gefängnissen und Konzentrationslagern die Kämpfer für Freiheit und Recht zu Tode gemartert und ermordet haben. Die zu ihrer Aburteilung eingesetzten Volksgerichte werden auch dazu beitragen, dem deutschen Volke wieder Ansehen und Achtung vor den anderen Völkern zu finden. Wir wollen keine blindwütige Rache, aber wir wollen die Wiederherstellung der Ehre des deutschen Volkes. Es gilt auch jene Kräfte zur Verantwortung zu ziehen und zu entmachten, die die Drahtzieher der Aufrichtung des Hitlerfaschismus und seines Krieges gewesen sind, die großen Trustkapitalisten und Junker. Ihnen muß jede Möglichkeit genommen werden, jemals wieder über die deutsche Industrie und über das deutsche Volk zu bestimmen. Weiter gilt es, eine gründliche Säuberung aller Amtsstellen und Betriebe von den Nazis vorzunehmen. Es darf kein aktives Mitglied der Nazipartei auf irgendeinem Vertrauensposten bleiben. Heute sitzen noch viel zu viele dieser Elemente auf solchen Posten. Wir werden unser deutsches Haus sehr gründlich von diesem nazistischen Unrat und Ungeziefer säubern. Selbstverständlich werden wir dabei unterscheiden zwischen denen, die die große Schuld an dem Unglück unseres Volkes tragen, und denen, die unter dem Druck der Nazis zwangsläufig Mitglieder der Nazipartei wurden, wenn wir es auch in keiner Weise billigen, daß sie diesem Druck nachgegeben haben. Wir werden ihnen die Möglichkeit geben, sich innerhalb des Kampfes unseres Volkes für ein demokratisches Deutschland zu bewähren. Aber sie müssen sich damit abfinden, daß wir ihnen als ehemalige Mitglieder der Nazipartei so lange mit Mißtrauen entgegentreten, bis wir die volle Gewähr für ihre Zuverlässigkeit haben.

Demokratische Erneuerung

Wir brauchen frische, saubere Luft in unserem Hause, das das neue Deutschland sein soll. Deshalb müssen wir alles daransetzen, die Herzen und Hirne unseres Volkes mit freiheitlichem, demokratischem Geist zu erfüllen, mit dem Geiste einer kämpferischen, aufbauenden Demokratie. Das soll nicht die impotente Demokratie sein, die wir in der Weimar-Republik kennenlernten, die nicht die Rechte des deutschen Volkes stärkte, sondern wo diese Demokratie von allen reaktionären Elementen für ihre volksfeindlichen Ziele ausgenutzt wurde und an deren Ende die Hitlerherrschaft stand. Wir wollen eine Demokratie, in der die Rechte des werktätigen Volkes ständig erweitert und ihm der entscheidende Einfluß auf die Innen- und Außenpolitik des Landes gesichert ist. Wir wissen, daß es noch ein weiter Weg ist, bis das deutsche Volk reif wird für die große Idee des Sozialismus, daß es sich erst gründlich befreien muß von der reaktionären Ideologie seiner ganzen Vergangenheit und daß es in seiner Gemeinschaft verstehen muß, die Voraussetzungen für die Verwirklichung des Sozialismus zu schaffen. Wir verzichten nicht auf den Sozialismus, wenn wir heute die Forderung nach der demokratischen Erneuerung stellen. Wenn diese Erneuerung getragen wird von der inneren Erkenntnis unseres Volkes, wenn jeder an sich selber ernsthaft arbeitet, dann wird damit auch die Voraussetzung für ein sozialistisches Deutschland geschaffen werden.

Die Kommunistische Partei hat sich zur Aufgabe gestellt, durch ihre Arbeit und durch ihre Organisation jedem einzelnen diese innere Umwandlung zu erleichtern. Wir werden das tun durch unsere Zeitungen, durch unsere Schulungsarbeit, durch unsere Werbearbeit für den Eintritt in die KPD. Wir wollen in diesem Geiste Alte und Junge vereinen in dieser großen Kampforganisation. Wir wollen eine wirkliche Befreiung des deutschen Volkes aus seiner verhängnisvollen Vergangenheit. Wir wollen, daß die anderen Völker in dieser Wandlung die Garantie sehen, daß sie nicht wieder vom deutschen Volke überfallen werden. Unser Volk muß sehr wohl verstehen, warum ihm die anderen Völker mit Haß und Verachtung gegenübertreten. Während im ersten Weltkrieg immerhin noch größere Teile des deutschen Volkes offen gegen dieses Verbrechen des deutschen Imperialismus auftraten, die oppositionelle Stimme der Arbeiterbewegung, vornehmlich die Stimme Karl Liebknechts, in der Welt zu hören war, so hat es der Hitlerfaschismus mit seinem Terror und seiner sozialen Demagogie fertiggebracht, die Stimme des Volkes zu ersticken und das ganze Volk in seiner Gesamtheit mit der Verantwortung für den Hitlerkrieg zu belasten. Es ist glücklicherweise nicht so, daß das ganze deutsche Volk bis auf den letzten Mann dem Hitlerismus verfallen war. Zu seinen Widersachern gehören die Tausende, die in den Gefängnissen und Konzentrationslagern zu Tode gequält, die auf die Schafotts geschleppt wurden, die

Hunderttausende, die den schwersten Verfolgungen durch die Nazibande ausgesetzt waren. Leider waren alle diese Kräfte zu schwach, um die Schande dem deutschen Volke zu ersparen, daß es in seiner Gesamtheit zum Werkzeug dieser Kriegsverbrecher wurde. Um so ernster steht jetzt unsere Aufgabe. Je schneller es uns gelingt, die innere Wandlung im deutschen Volke herbeizuführen, um so schneller wird unser Volk seine Freiheit erlangen, selbst über sein inneres Regime zu bestimmen, um so eher wird die militärische Besetzung des Landes überflüssig werden, die der Sicherung der Wiedergutmachung und der Ausrottung der nazistischen Elemente dient.

Sicherung des Friedens

Wenn wir Kommunisten die Frage der inneren Wandlung unseres Volkes mit solchem Ernst stellen, so deshalb, weil wir wollen, daß es keiner Kraft mehr in Deutschland gelingt, unser Volk gegen andere Völker aufzuhetzen und in den Krieg zu treiben. Dazu muß unser Volk begreifen, was mit ihm von den Trustkapitalisten und Junkern und der Nazibande gespielt wurde, wie es sich hat betrügen lassen. Das wird heute noch von vielen nicht begriffen. Und sie denken, daß mit dem Ende des Krieges schon alles erledigt sei und daß die Schuld an den Mißhelligkeiten und Schwierigkeiten und der Not nicht beim deutschen Volke, sondern bei den Besatzungsbehörden liegt. Es wird sehr schnell vergessen, daß sich unser Volk hat sechs Jahre von der Hitlerbande für ihren Krieg gebrauchen lassen, daß dieses grauenvolle Elend durch diesen Krieg verursacht und daß das Ende des Krieges erst durch die Waffen der anderen Völker erzwungen werden mußte. Man hört in diesen Wochen sehr viele Klagen über Maßnahmen der unteren Besatzungsbehörden und das Verhalten der Besatzungstruppen. Es scheint fast so, als ob das Leben unseres Volkes und die Gespräche in der Bevölkerung schon nicht mehr von der Erinnerung an das grauenvolle Verbrechen berührt wird, das die Hitlerbande am deutschen Volke verübte, daß sie den Krieg nach Deutschland hereinschleppte und alles zugrunde richtete, daß alles, was sich heute nach dem Kriege im deutschen Volke an Schwierigkeiten zeigt, nicht der Hitlerbande, sondern den Besatzungsbehörden zugeschrieben wird. Ich will an diesen Klagen trotzdem nicht vorübergehen, zumal ich die Gewißheit habe, daß von den Besatzungsbehörden nicht eine Politik der Rache betrieben wird, obwohl das deutsche Volk einen großen Teil von Mitschuld und Mitverantwortung an dem Hitlerkriege und seiner Barbarei trägt.

In den Straßen Berlins sind auf Plakaten die Worte des Generalissimus Stalin zu lesen, daß es nicht um die Vernichtung des deutschen Volkes und des deutschen Staates, sondern um die Vernichtung der Hitlerbande und um die Sicherung des Friedens geht. Die Maßnahmen der sowjetischen Besatzungsbehörden entsprechen durchaus diesen Worten Stalins, sie sind offensichtlich von dem Bestreben erfüllt, möglichst bald wieder das normale Leben in Gang zu bringen, das deutsche Volk vor der Hungerkatastrophe zu bewahren, die Hitler heraufbeschworen hat, Arbeit und Existenz den werktätigen Massen zu sichern und dem deutschen Volke den vollen Anteil an der Organisierung und Arbeit der Selbstverwaltungsorgane in Gemeinde, Kreis und Provinz zu sichern. Vor allem aber ist es auch der politisch weitsichtige und großmütige Befehl des Marschalls Shukow, der dem deutschen Volke in der sowjetischen Besatzungszone das Recht auf Schaffung und Tätigkeit antifaschistischer Parteien und der freien Gewerkschaften eingeräumt hat. Ich denke, diese Maßnahmen zeigen zur Genüge, von welchem Geist die sowjetische Besatzung getragen ist, daß dem deutschen Volke die Möglichkeit geboten wird, seine innere geistige Umstellung zur Demokratie und die Sicherung seiner materiellen Existenzbasis zu vollziehen.

Heran an den Wiederaufbau der Wirtschaft

Die Ingangsetzung der Wirtschaft hängt nicht davon ab, daß die großen Kriegsbetriebe lahmgelegt und Teile von Industriewerken für die Zwecke der Wiedergutmachung abmontiert werden – was ein Teil der Wiedergutmachung ist –, sondern es geht darum, daß die Unternehmer mittlerer und kleinerer Betriebe die Produktion für die Versorgung der Bevölkerung und für die Zwecke der Landwirtschaft schnellstens aufnehmen. Das geschieht bisher von einem großen Teil der Unternehmer noch nicht, obwohl sie über die dazu erforderlichen Mittel verfügen. Ich lasse es dahingestellt, welche Beweggründe sie dafür haben, aber es ist kein Zweifel, daß dabei auch Sabotage der Ingangsetzung der Wirtschaft vorliegt. Ich weiß, daß von der Besatzungsbehörde alles getan wird, um die Inbetriebsetzung zu fördern und jede Störung zu verhindern. Es sind eine große Reihe von Maßnahmen eingeleitet, die Wirtschaft in größtmöglichem Umfang in Gang zu bringen und ihr volle Unterstützung zu gewähren. Die deutschen Arbeiter werden Arbeit und Lohn unter günstigen Bedingungen auf Grund dieser Maßnahmen der Besatzungsbehörden und der Arbeit der Gewerkschaften finden. Ich fordere deshalb von dieser Stelle alle Unternehmer und Arbeiter auf, diese Maßnahmen der Besatzungsbehörden zu unterstützen und für ihre Durchführung Sorge zu tragen. Diese großzügige Sorge der Besatzungsbehörden für das Leben und die Existenz des deutschen Volkes zeigt sich auch bei ihren Maßnahmen, die volle Einbringung der Ernte zu sichern, insbesondere des Brotgetreides, der Kartoffeln und der sonstigen landwirtschaftlichen Produkte. Die Dörfer und Landbezirke sind zu einem großen Teil auf Grund der infamen Goebbelshetze gegen die Rote Armee verlassen. Obwohl ein großer Teil der Bevölkerung wieder zurückgekehrt ist, fehlt es doch an Arbeitskräften auf den Feldern und auch an landwirtschaftlichen Geräten. Hier steht die große Aufgabe der städtischen Bevölkerung, insbesondere der Arbeiterschaft, helfend einzugreifen und durch intensive Arbeit die Einbringung der Ernte zu sichern und gleichzeitig ein freundschaftliches Verhältnis zu der bäuerlichen Bevölkerung zu schaffen. Es sind den Bauern von den Besatzungsbehörden günstige Bedingungen für die Verwertung der Ernte gestellt, daß sie einen Teil der Ernte für sich selbst behalten und im freien Handel verkaufen können. So wird auch auf diesem Gebiete der Ernährung unseres Volkes von den Besatzungsbehörden alles getan, um unserem Volk zu helfen. Trotzdem möchte ich nicht verhehlen, daß es mit der Ernährung unseres Volkes für den kommenden Winter sehr ernst aussieht. Hitler hat mit seinem Kriege zu viel zerstört, als daß in so kurzer Zeit die Notstände behoben werden könnten.

Engstes Einvernehmen mit den Besatzungsbehörden

Unser Volk wird aber nur durch engstes, vertrauensvollstes Zusammenarbeiten mit den Besatzungsbehörden seine Not lindern können. Unser Volk würde sich selbst den größten Schaden zufügen, wenn es zulassen würde, daß feindliche Elemente oder Unverstand die Notlage benutzen, um eine Panik zu erzeugen und die Schuld für diese Not den Besatzungsbehörden zuzuschieben. Wir müssen immer wieder daran denken, daß erst zweieinhalb Monate nach Kriegsende vergangen sind und was schon alles in dieser kurzen Zeit zur Linderung der Not des Volkes geschehen ist. Wir dürfen auch nicht vergessen, daß Hitler sechs Jahre lang die Nachbarländer ausraubte und verwüstete und unerhörte Greueltaten, besonders an der Bevölkerung der Sowjetunion, verübte. Können wir annehmen, daß diese Völker das alles mit einem Schlage vergessen, nachdem die Hitlermacht, besonders durch das Sowjetvolk und seine Rote Armee, zerschlagen wurde, nein, das können wir nicht annehmen, sondern dazu müssen wir uns erst wieder die Achtung und Freundschaft der Völker durch unsere eigene Arbeit und innere Umwandlung erwerben. So traurig es für den einzelnen Menschen ist, dem in dieser Zeit des Übergangs vom Kriege zum Frieden ein Leid, gleichviel in welcher Form, geschieht, so sollen wir immer an das unermeßliche Leid denken, das von der Hitlerbande den Angehörigen der anderen Länder zugefügt worden ist. Trotzdem haben wir die Gewißheit, daß die Besatzungsbehörden ernstlich bestrebt sind, diese Auswirkungen des Krieges abzustellen und normale Verhältnisse zwischen der Besatzungstruppe und der Bevölkerung zu schaffen. Ich möchte an unsere

Berliner Bevölkerung die Aufforderung richten, auch von sich aus daran mitzuarbeiten und sich nicht durch Panikmacherei den Blick und den Sinn trüben zu lassen für das, was unter Hitler war, und für das, was jetzt nach seiner Vernichtung zum Nutzen unseres ganzen Volkes geschieht. Halten wir uns immer vor Augen, daß wir es vor allem der großen Kraft des Sowjetvolkes und seiner Roten Armee und vor allem der weisen Führung des Generalissimus Stalin zu danken haben, daß der Krieg zu Ende ist und wir von der Hitlerbarbarei befreit wurden. Diese gewaltige Kraft vermochte das Sowjetvolk auf Grund seiner sozialistischen Wirtschaftsordnung, der engsten Verbundenheit und Gemeinschaft zwischen Regierung, Armee und des Sowjetvolkes zu entfalten. Im Zusammenwirken mit den Völkern Großbritanniens und den USA wurde das gewaltige Bündnis der drei großen Nationen geschaffen. Auf dieses Bündnis der drei großen Nationen, das in diesen Tagen bei den Beratungen der drei großen Staatsmänner in Potsdam eine weitere Erhärtung in der Durchführung der Nachkriegsprobleme finden wird, müssen auch wir Deutsche unsere Hoffnung in die Neugestaltung der europäischen Verhältnisse und die Zukunft Deutschlands setzen.

Großer Drang zur Einheit

Um das Vertrauen wiederzugewinnen, den Platz unter diesen Völkern als ein gleichberechtigtes Volk einzunehmen, dazu wollen wir Kommunisten mit den drei anderen antifaschistischen Parteien und Gewerkschaften die Voraussetzungen schaffen. In dem Aufruf, den das Zentralkomitee der KPD am 11. Juni veröffentlichte, ist der Weg zu diesem Ziele gezeigt, der Weg zum Wiederaufbau Deutschlands, die Aufrichtung eines antifaschistisch-demokratischen Regimes, einer parlamentarisch-demokratischen Republik mit allen demokratischen Rechten und Freiheiten für das Volk. Wir Kommunisten sind der Überzeugung, daß wir auf dem Wege der engsten Zusammenarbeit mit der Sozialdemokratischen Partei zur Durchführung dieser Aufgabe auch den Weg vorbereiten für die Verschmelzung dieser beiden Parteien zu einer einheitlichen Partei des werktätigen Volkes und damit die große Kraft zur Führung der demokratischen Bewegung, zur Schaffung des großen Bündnisses der Arbeiter, Bauern, Wissenschaftler und Künstler herbeiführen werden. Wir wissen, daß der Drang zu dieser Einheit besonders in der Arbeiterklasse sehr groß ist. Wenn heute die Stunde zur Schaffung dieser Einheitspartei noch nicht gekommen ist, so deshalb, weil sich auch in der Arbeiterklasse noch erst eine große geistige Umwandlung vollziehen muß, um ein festes Fundament für diese Einheitspartei zu schaffen. Die verhängnisvolle Spaltung in der Arbeiterklasse wird und muß beseitigt werden. Sorgen wir dafür, daß die einheitliche Arbeiterpartei zur Führung der demokratischen Erneuerung Deutschlands und seinem Wiederaufbau als das große Ergebnis dieser Wandlung des deutschen Volkes zustande kommt! Diesem Ziele dient die auch schon von mir erwähnte Bildung der Schaffung einer Einheitsfront der antifaschistisch-demokratischen Parteien und ihrer Zusammenarbeit.

So gehen wir Kommunisten mit Optimismus an die unserem Volke gestellten Aufgaben, an den Wiederaufbau Deutschlands und seiner geistigen Neugeburt heran. Trotz aller Schwierigkeiten lassen wir uns diesen Optimismus nicht nehmen. Wir haben das Vertrauen zu unserem Volke, daß es lernen wird aus seinen Erfahrungen in der Vergangenheit, besonders in den zwölf Jahren der Hitlerdiktatur und dem Hitlerkriege. Wir Kommunisten verfolgen keine Sonderinteressen, sondern unsere ganze Arbeit dient dem Wohle unseres deutschen Volkes. Das ist in dem Aufruf des Zentralkomitees der KPD niedergelegt. Wir wollen ein neues demokratisches Deutschland im Bunde mit allen anderen demokratischen Völkern, insbesondere mit dem großen Sowjetvolke, das uns ein Vorbild ist in der Gestaltung der Einheit und des Wohlstandes eines Volkes. Wir rufen allen Kämpfern zu, tretet ein in die Kommunistische Partei Deutschlands und helft mit, in unserem Volke alle Kräfte zu mobilisieren und zu vereinen, die mit uns dieses Ziel erstreben.

5. Edwin Hoernle, Bodenreform. Eine Wende in der deutschen Geschichte, Rede[8], Auszug

Die Bodenreform ist notwendig, um das Volk demokratisch zu erneuern und seine Ernährung zu sichern. Sie besteht in der entschädigungslosen Enteignung des Großgrundbesitzes und der Errichtung kleinerer Bauernhöfe für Kleinbauern, Landarbeiter und Flüchtlinge.

Bundesarchiv, ZSg 1–65/29 (Flugschrift).

Berlin, 19. September 1945

Der politische Sinn der Bodenreform

Es ist nicht das erstemal, daß das deutsche Volk den Kampf gegen diese preußische Junkerkaste aufgenommen hat. Aber alle bisherigen Versuche mußten scheitern, weil sie halbe Versuche waren, weil man zurückschreckte vor einem entscheidenden Durchgreifen.

[8] Gehalten auf einer Massenversammlung der KPD mit einer Einführung von Wilhelm Pieck.

Das ist der politische Sinn dieser Bodenreform. Diese Bodenreform ist viel mehr als eine Standesangelegenheit der deutschen Bauern und Landarbeiter. Die heutige Bodenreform ist eine Frage der nationalen Existenz unseres Volkes. Denn wer war dieses preußische Junkertum? Wer waren diese Großagrarier, diese Fürsten und Barone? Sie waren der Hort, sie waren die Brutstätte der politischen Reaktion in Deutschland. Alle Kämpfe des deutschen Volkes um seine Freiheit, alle Versuche der deutschen Arbeiterklasse, ihre Rechte als Klasse durchzusetzen, alles das stieß immer wieder auf den geschlossenen Widerstand dieser Junkerklasse, die sozusagen das Schwert der Reaktion in Deutschland war. Die reaktionären Staatsmänner, Offiziere, Richter, Diplomaten und Bürokraten in Deutschland – wer waren sie? Wir brauchen nur ihre Namen zu lesen: Fürsten, Grafen, Barone, preußische Junker.

Indem wir das Eigentum dieser Großagrarier beschlagnahmen, und zwar entschädigungslos beschlagnahmen, indem wir es an die Massen der Landarbeiter, kleinen Bauern und Pächter, an Hunderttausende Flüchtlinge, die heute als Opfer des Hitlerkrieges auf der Straße stehen, gerecht aufteilen, schaffen wir eine Garantie, daß die Macht der Junker in Deutschland nie wiederkehren wird!

[Abriß der deutschen Geschichte vom 17.–20. Jh.]

Demokratische Bodenreform sichert die Ernährung des Volkes

Werte Anwesende! Die demokratische Bodenreform ist aber auch ein wichtiges Mittel, um in der gegenwärtigen Zeit der großen Not die Ernährung des deutschen Volkes auf eine gesicherte Basis zu stellen! Hier möchte ich kurz auf einen Punkt zu sprechen kommen, der sicher manchem unserer Berliner besonders aufklärungsbedürftig erscheint. Damit gehen nämlich die Feinde der Bodenreform heute überall krebsen. Sie sagen, Bodenreform? Eine gute Sache, eine schöne Sache! Die Aufteilung des Landes an die Bauern? Eine sehr gute Sache. Sie sind alle dafür, aber – und nun kommt das aber! – nur im gegenwärtigen Augenblick nicht! Nur nicht in einer Zeit, wo die Ernährungskrise uns allen auf den Nägeln brennt; da darf man doch nicht an den bisherigen bestehenden Besitzverhältnissen rütteln, da muß man versuchen, so schnell wie möglich wieder die Produktion in Gang zu bringen, und nachher, wenn wir später einmal genug Brot im Lande haben, dann sind auch wir für die Bodenreform. Mit diesem Argument wird heute viel Propaganda gemacht, damit sucht man abzuschrecken vor der großen Aufgabe. Darum möchte ich darauf etwas näher hier eingehen.

Antwort an die Kritiker

Zunächst frage ich Sie, werte Anwesende, waren etwa die bisherigen Großagrarier eine Garantie für die Ernährung des deutschen Volkes? Haben wir nicht folgendes erlebt: Solange die Herren Großagrarier von Hitler Staatszuschüsse bekamen, solange sie mit Hilfe von solchen Aktionen wie die Osthilfe oder die Schuldenregelung vom Reich unterstützt wurden, solange sie durch den Hitlerkrieg maßlose Profite einstecken konnten, solange saßen sie auf ihren Gütern, und solange, nur solange waren sie angeblich die vorbildlichen Landwirte. Im Augenblick jedoch, als der Hitlerkrieg verloren war, im Augenblick, wo die Rote Armee einmarschierte, als sie nicht mehr verdienen konnten, welche Herrschaften waren es da, die alles im Stich gelassen haben, die sofort von ihren Gütern geflüchtet sind? Das waren ja die Herren Großagrarier! Mit keinem Gedanken haben sie an die Ernährung der Berliner Bevölkerung gedacht. Garantie für unsere Ernährung! Welcher Wahn! Die lag den Großagrariern so fern wie der Mond.

Doch schauen wir etwas weiter zurück in die Geschichte. Man behauptet, der Großbetrieb könne den Massen eine viel gesichertere Ernährungsbasis geben als der kleine Bauer, und darum müßten die Großagrarier zwar einen Teil ihrer Güter abgeben, um den Flüchtlingen zu helfen, man müsse ihnen aber mindestens ein ausreichendes Restgut lassen, sagen wir 100 oder 200 Hektar. Doch, es sollen die Tatsachen sprechen!

Gehen wir 50 Jahre zurück! Die Kohlen- und Eisenbarone bilden den Stahlverein und das Kohlensyndikat – die Großagrarier erhalten ihre Hochschutzzölle. Hat nicht das deutsche Volk seit mehr als 40 Jahren in Form dieser Hochschutzzölle Jahr für Jahr Hunderte von Millionen, ja Milliarden von seinen Arbeitslöhnen diesen Großagrariern in den Rachen werfen müssen? Wer kennt nicht den ewigen Schrei von der notleidenden Landwirtschaft? Nicht die Bauern haben geschrien, am lautesten schrien die dicken Großagrarier. Wo immer es vom Staat etwas zu erben gab, da waren sie auf dem Posten und haben geschrien: im Reichstag, im Landtag, in allen Versammlungen. Wo immer sie einen Hörer fanden, da schrien sie von der notleidenden Landwirtschaft, von den notleidenden Großagrariern. Sie verlangten, daß das Brot teurer werde, das Fleisch, die Eier, die Milch, die Kartoffeln. Sie nahmen dem Proletarierkinde damit die Milch vom Munde, dem Arbeiter die Butter vom Tisch.

Aus diesen Hungertributen des deutschen Arbeiters haben sie ihre schönen Schlösser gebaut und ihr Herrenleben auf ihren großen Gütern geführt. Wahrlich! Nicht sie haben das deutsche Volk ernährt, sondern das deutsche Volk ernährte die Großagrarier!

Werte Anwesende! Die schlimmste Zuschußwirtschaft, die wir in Deutschland gehabt haben, die wir schon im alten Kaiserreich hatten, die nachher in der Weimarer Koalition und erst recht unter Hitler ihre Fortsetzung fand, das war die Zuschußwirtschaft an die Herren Großagrarier, deren Güter immer wieder auf Kosten des deutschen Volkes saniert wurden. Aber nun kommen die gelehrten und ungelehrten, die heimlichen und unheimlichen Gegner der Bodenreform und sagen: Ja, richtig, sollen sie verschwinden, die Großagrarier, aber sollte man dann nicht an ihrer Stelle wenigstens Großbauernwirtschaften schaffen? Was ihr in der Bodenreform macht, sind viel zu kleine Bauernstellen!

Gesunde Bauernhöfe – die Grundlage unserer Landwirtschaft

Man muß auf diese Frage eine ernste Antwort geben. Ich gebe zu: Die Bauernstellen, die wir heute schaffen, sind nicht groß. In dem Gesetz über die Bodenreform heißt es, daß im Durchschnitt 5 ha und bei entsprechend schlechterem Boden bis 8 ha oder 10 ha gegeben werden sollen[9]. Das sind allerdings kleine, sehr kleine Bauernstellen! Und nun schlagen unsere Kritiker die Hände zusammen und jammern: Das ist ja viel zu klein, davon kann doch eine Bauernfamilie nicht leben, geschweige denn auch noch für die Stadtbevölkerung Ware abliefern. Eine Bodenreform mit so kleinen Bauernstellen wird weder den Bauern ernähren noch dem Arbeiter Brot schaffen.

Es ist doch eine sonderbare Sache mit diesen Herren Kritikern und ihrer angeblichen Wissenschaft! Es gab eine Zeit, da war die Bauernsiedlung große Mode in der deutschen Agrarwissenschaft. Es erschienen mehr oder weniger dicke Bücher, die die Leistungsfähigkeit der Siedlerstellen beweisen sollten und auch tatsächlich bewiesen haben. Ich werde Ihnen gleich einige Zahlen aus einem solchen Buche geben. Heute aber, wo wir mit der Bauernsiedlung wirklich Ernst machen, wo wir das im großen mutig durchführen, was unsere Siedlungssachverständigen gestern im kleinen nachwiesen, heute haben dieselben Leute unendliche Bauchschmerzen. Wie sieht es also aus mit der Leistungsfähigkeit der Kleinbauernstellen? Zunächst einmal vom Standpunkt des Stadtmenschen, des Konsumenten der landwirtschaftlichen Produkte. Ich habe gestern abend in einem bekannten Buche eines wissenschaftlichen Mitarbeiters am Deutschen Forschungsinstitut für Agrar- und Siedlungswesen nachgeblättert. In diesem Buche werden über 100 ostdeutsche Junkerbetriebe mit durchschnittlich 200 bis 500 ha Nutzfläche mit 20 Kleinsiedlergemeinden verglichen, in denen die meisten Bauern unter 10, viele unter 5 ha haben. Und

[9] Texte der Bodenreformverordnungen, die zwischen dem 2. und 12. 9. 1945 in den 5 Ländern der SBZ verkündet wurden, in Ursachen und Folgen XXIII, S. 115–118.

was bewies der Vergleich? Erstens, daß in den Kleinbetrieben mit 2 bis 5 ha fast fünfmal soviel Menschen und in den Bauernbetrieben mit 5 bis 10 ha rund dreimal soviel Menschen ernährt werden als auf derselben Fläche im Junkerbetriebe. Es ist eine alte Erscheinung: Der Junkerbetrieb macht die Gegend menschenarm, der Bauernbetrieb die Gegend menschenreich.

Guter Boden für die Bauern!

Es ist auch nicht wahr, daß die Bauernwirtschaft weniger Nahrungsmittel auf den Markt bringt als der Großbetrieb. Auch dafür gibt der erwähnte Vergleich sehr eindrucksvolle Zahlen. Überall: an Rindvieh, Schweinen, Milch, Getreide, brachten, auf je 100 ha umgerechnet, die kleinen und mittleren Bauernbetriebe mehr, ja teilweise viel mehr auf den Markt als die Großbetriebe. Nur im Kartoffelverkauf blieben die Kleinbetriebe hinter den Betrieben der Großagrarier zurück, wie im Verkauf von Heu und Stroh. Es ist richtig, daß die Ernten im Kleinbetrieb mitunter hinter den Ernten im Großbetrieb bisher zurückstanden. Aber daran war weder der Kleinbetrieb noch der Kleinbauer schuld. Daran war die Tatsache schuld, daß überall – schauen Sie sich nur einmal in der Mark Brandenburg um – der kleine Bauer den schlechten Boden, der Junker den guten Boden hatte. Nun, wir werden jetzt dafür sorgen, daß jetzt auch der Bauer den guten Boden bekommt, und ich wette 2 gegen 1 – der kleine Bauer wird keine schlechteren Ernten haben als der Junker vordem.

Vielleicht wird man aber sagen: Ja, das mag bei Getreide und Kartoffeln stimmen, aber ist es nicht eine Tatsache, daß die Kühe der Gutsherren viel höhere Erträge brachten als die Kühe der kleinen Bauern? Ich antworte darauf: Ja, das ist unbestreitbar. Aber das gilt eben nur für die Vergangenheit. Die Kuh des Herrn Gutsbesitzers war eben viel besser gefüttert als die Kuh des Kleinbauern. Und trotzdem wurde, wie die Statistik beweist, in den Kleinbauernbetrieben durchschnittlich, auf die Flächeneinheit des Bodens gerechnet, fast um 50 v. H. mehr Milch produziert als in den Großbetrieben. Auch an Schweinen produzierte der Kleinbauer durchschnittlich um ein Drittel mehr als der große Nachbar, wenn wir die Produktion auf den Hektar benutzte Landfläche umrechnen. Der Bauer ist eben fleißiger als der gnädige Herr Gutsbesitzer. Er produziert nicht nur Korn und Kartoffeln, er setzt diese Produkte gleich noch um in Fleisch, Fett, Butter und Milch.

Ja, aber gerade das ist der Fehler heute, rufen unsere Kritiker! Heute, wo der Hunger an unsere Türen in Deutschland klopft, sind Schweinemast und reichliche Milchviehhaltung geradezu ein Luxus. Seien Sie unbesorgt, meine Herren Kritiker! Sie und Herr Hitler und seine Großagrarier haben dafür gesorgt, daß noch auf Jahre hinaus wir in Deutschland wahrhaftig keinen

Überfluß haben werden, weder an Milchvieh noch an Schweinen. Wir werden umgekehrt alles mögliche tun müssen, um den Viehbestand wieder in die Höhe zu bringen. Die Rinder brauchen wir ja nicht nur um der Milch und des Fleisches willen, sondern auch wegen des Stallmistes. Der Bauer weiß nur zu gut, daß ohne genügend Stallmist auch der beste künstliche Dünger keine Vollernten schaffen kann.

Nein! Die Lösung unserer Ernährungskrise liegt nicht darin, daß wir Deutsche nun alle Vegetarier werden, sondern darin, daß wir dem Bauern helfen, seine kleine Bauernwirtschaft so gut und so gründlich zu bewirtschaften, wie das immer nur möglich ist. Und selbst wenn die kleine Bauernwirtschaft hier und dort weniger Produkte auf den Markt bringen sollte als der Großbetrieb vorher es tat, dann wollen wir immer noch das eine bedenken: Es ist schließlich vom Standpunkt der Volksernährung gesehen dieselbe Sache, ob ich die Menschen in großen Städten zusammenballe und sie vom Lande her füttere, oder ob ein Teil unseres Volkes gleich draußen auf dem Lande bleibt und an Ort und Stelle von seiner Hände Arbeit lebt.

Den Opfern der Kriegspolitik der Hitlerbande, den Flüchtlingsmassen, muß geholfen werden

Unter den heutigen Umständen, bei dem Ruin unserer Industrie, bei den ruinierten Transportverhältnissen, ist das letztere sogar das weit bessere. Hunderttausende deutscher Volksangehöriger irren heute als Bettler mit ihren Familien auf der Landstraße. Sie sind Opfer der Kriegspolitik der Hitlerbande, die dieses Massenelend verschuldete. Sollen wir etwa diese Flüchtlingsmassen in ihrem Elend langsam verhungern lassen? Oder sind wir nicht dazu verpflichtet, dafür zu sorgen, daß sie mit ihrer Hände Arbeit sich auf dem Lande ein Auskommen schaffen?

Gewiß, unsere Bodenreform wird allen diesen Menschen kein leichtes Leben schenken. Wir versprechen den deutschen Kleinbauern, den Landarbeitern und Flüchtlingen kein wohlhabendes, sorgenfreies Leben auf ihren neuen Bauernstellen. Nur harte Arbeit, nur zähes Mühen wird sie dort durchbringen. Aber wer ist heute noch wohlhabend in Deutschland? Ich spreche vom werktätigen Volk. Wer unter uns heute noch Arbeit und Brot hat, der ist nach den heutigen Begriffen schon „wohlhabend".

Doch abgesehen davon: Alle Tatsachen der Vergangenheit beweisen, daß die Bauernwirtschaft, wenn eine gesunde demokratische Politik gemacht wird, sehr wohl ihren Mann ernähren kann. Die heimlichen und offenen Gegner der Bodenreform sagen, der Bauer sei doch technisch rückständig. Auf einer kleinen Bauernwirtschaft könne man doch nicht die großen modernen Maschinen anwenden. Der Bauer könne doch gar nicht den Boden so gründlich bearbeiten und die Wirtschaft so rationell führen wie ein gut geleiteter Großbetrieb. Und es gibt unter ihnen solche, die sich Marxisten nennen und erklären, man hätte den Junkern den Boden zwar nehmen, aber nicht unter die Bauern aufteilen sollen. Wir hätten Staatsgüter machen sollen oder zum mindesten große, genossenschaftlich verwaltete Güter. Diese Leute sind alles andere, nur keine Marxisten. Sie wollen Wirtschaftspolitik in der blauen Luft machen! Sie wollen nicht begreifen, daß es heute darauf ankommt, den alten Traum jedes deutschen Kleinbauern und Landarbeiters endlich zu erfüllen, den Traum vom eigenen kleinen Bauerngut, vom sicheren, schuldenfreien Besitz einer eigenen Scholle. Jahrhundertelang haben die deutschen Landarbeiter und Bauern diesen Traum geträumt. Tag und Nacht haben sie davon geträumt. Jeder Blick auf das große Gut des Junkers sagte ihnen: Dieser Boden gehört von Rechts wegen dir! Heute ist der Traum erfüllt. Heute macht das neue demokratische Deutschland sie zu Eigentümern des Bodens, auf dem sie bisher als Lohnsklaven und ausgewucherte Kleinpächter schufteten. Das ist ein gewaltiger Schritt vorwärts. Diese Menschen sind mit dem demokratischen Deutschland verbunden, solange sie leben.

Moderne Technik und demokratische Bodenreform

Was aber die Anwendung der modernen Technik in ihrer Wirtschaft anbelangt – wer hindert uns Arbeiter daran, den Bauern zu helfen, neue, gemeinschaftliche Formen der Arbeit zu finden, die ihnen die Anwendung auch von großen Maschinen, von modernen Schleppern, Drill- und Erntemaschinen ermöglichen? Es liegt an uns Arbeitern, in welchem Maße wir den Bauern mit Rat und Tat beistehen wollen, damit sie den Weg finden, auch große Maschinen anzuwenden. Ja, hätten wir nur schon große Maschinen für unsere Landwirtschaft! Unsere Bauern würden schon Wege finden, um sie gemeinschaftlich anzuwenden. Wir haben die noch gar nicht! Soweit wir sie haben, so sehen die Verordnungen über die Bodenreform ja bereits ihre Anwendung vor. Ich will das kurz erläutern. Wir haben den Bauern den Vorschlag gemacht, auf jedem Gut, das aufgeteilt wird, ein „Komitee für gegenseitige Hilfe“ zu bilden, das eine Ausleihstelle errichtet für die vorhandenen Schlepper und Arbeitsmaschinen. Solche Bauernkomitees für gegenseitige Hilfe haben eine große Zukunft vor sich. Sie werden ganz neue Formen gemeinschaftlicher Arbeit der Bauern, gegenseitiger Hilfe auf dem Lande entwickeln. Sie werden es ermöglichen, Elektrizität, Dieselmotore, Schlepper und Arbeitsmaschinen in großem Maßstabe in der Landwirtschaft anzuwenden. An uns Arbeitern in der Stadt aber wird es liegen, es wird die Aufgabe unserer Industriearbeiter sein, dafür zu sorgen, daß die Produktion von landwirtschaftlichen Geräten und Maschinen so schnell wie möglich in Gang kommt. Wir müssen dafür sorgen, daß der Bauer nun auch wirklich das an Produktionsmitteln bekommt, was er nötig hat, um unser Brot zu schaffen!

Ich hatte vorhin erwähnt, die Bodenreform ist eine demokratische Bodenreform. Zur Demokratie gehören zwei Dinge:

Erstens: Die Bauern führen ihre Bodenreform – und das ist das Neue in dem Gesetz über die Bodenreform – selbst durch. Überall in den Gemeinden sind die von den Bauern selbst öffentlich gewählten Bodenkommissionen tätig, und diese Bodenkommissionen stellen fest: Dieses und jenes Gut kann und muß aufgeteilt werden. Sie selbst stellen die Listen der entsprechenden Leute fest, die fähig und würdig sind, angesiedelt zu werden. Die Bauernschaft selbst also ist es, die in Bewegung gerät und ihre Sache selbst durchführt mit ihren eigenen Organen. Das gab es noch niemals in Deutschland! Noch niemals in Deutschland hat man versucht, die Massen der Bauernschaft selbst zu mobilisieren und die Bauern zu Vollstreckern ihrer eigenen Interessen zu machen. Die Bauern erleben hier zum ersten Male greifbar deutlich: Das ist Demokratie!

Zweitens: Zur demokratischen Bodenreform gehört, daß diese Reform nicht eine Angelegenheit allein der Bauern draußen auf dem Lande, sondern daß sie eine Angelegenheit des ganzen Volkes ist. Das ganze Volk ist interessiert daran, daß die Junkerklasse, daß der preußische Militarismus in Deutschland verschwindet. Das ganze Volk ist interessiert daran, daß auf dem Lande draußen nicht einige hundert oder paar tausend Großagrarier nach ihren Privatinteressen die Frage der Brotversorgung des deutschen Volkes regulieren. Der Boden des deutschen Volkes gehört in die Hand derer, die den Brotkorb füllen, und wir, die Arbeiter, geben den Bauern die Instrumente, mit denen sie den Brotkorb füllen können. Ich unterstreiche nochmals: Diese Bodenreform ist nicht eine Frage irgendeines besonderen Berufsstandes in Deutschland, nicht eine Frage, die draußen auf dem Lande allein entschieden wird. Die Bodenreform wird entschieden genau so in Berlin wie im Havelland, von den Arbeitern in den Industriegebieten genau so wie von den Landarbeitern und Bauern draußen in den Gemeinden.

Ich möchte jetzt noch auf einen weiteren Punkt aufmerksam machen. Bis heute war Deutschland in zwei Zonen geteilt: In West- und Süddeutschland einerseits, das verhältnismäßig fortgeschritten war – eine entwickelte Industrie, ein entwickeltes Gewerbe und Verkehrsleben besaß, auch ein entwickeltes Geistesleben hatte –, und in Ostdeutschland. Dieses andere Deutschland, das östliche Deutschland, ist um Jahrhunderte hinter West- und Süddeutschland zurückgeblieben. Dieses Ostdeutschland ist der am dünnsten bevölkerte Teil Deutschlands, verkehrsarm, städtearm, kulturarm, in allem rückständig und reaktionär, eben die Domäne der Junker und Großagrarier. Wir Berliner erinnern uns sehr gut daran, wie in jedem Herbst nach Abschluß der Hackfruchternte Scharen von Landarbeitern mit Weib und Kindern aus den Ostprovinzen nach Berlin strömten, um den Winter hier im Obdachlosenasyl zu verbringen. Das war Junkerkultur! Das wird ebenfalls aufhören. Ostdeutschland gewinnt wirtschaftlich und kulturell durch die Bodenreform endlich Anschluß an das übrige Deutschland. Dies aber bedeutet: Die Bodenreform ist ein entscheidender Schritt zur endgültigen, wirklichen, wirtschaftlichen und geistigen Einheit der deutschen Nation. Das ist eine wichtige Seite und Wirkung der Bodenreform.

Warum entschädigungslose Enteignung

Aber die Feinde der Bodenreform haben noch eine Waffe, die sie gegen uns zücken, sie sagen folgendes: Ja, man soll den Großagrarier enteignen, aber ja nicht entschädigungslos. Das verstoße gegen das Prinzip der bürgerlichen Gesellschaftsordnung, das verstoße gegen das heilige Prinzip des Privateigentums. Ich möchte diesen falschen Freunden der Bodenreform nur eine Frage vorlegen: Wer hat das Prinzip des Privateigentums gebrochen? Die Fürsten und Junker, als sie den Boden den Bauern raubten, oder wir Demokraten, die den Boden den Bauern zurückgeben? Wir sollen das Prinzip des Privateigentums unterhöhlen? Aber wir sind es doch, die hunderttausend neuer kleiner Privateigentümer auf dem Lande neu ins Leben rufen! Da sage jemand, diese Bodenreform widerspreche dem Prinzip des Privateigentums! Ja, sie widerspricht allerdings dem Prinzip des großagrarischen Raubeigentums. Das Bodenmonopol der Großagrarier wird restlos aufgehoben, das stimmt! Dafür aber schaffen wir ehrliches, schaffendes, nützliches Arbeitseigentum für Hunderttausende.

Aber wir können die Frage auch noch anders beantworten. Nämlich so: Zu jeder Entschädigung gehört jemand, der die Entschädigung bezahlt. Es gibt nur zwei Möglichkeiten in diesem Falle: Entweder bezahlt die Entschädigung der Bauer, der kleine Landarbeiter, der Flüchtling, der jetzt den Boden bekommt, oder es zahlt die Entschädigung – die in die Milliarden gehen wird – das deutsche Volk. Der kleine Bauer, bettelarme Flüchtlinge, der besitzlose Landarbeiter, dieser kleine abgeschuftete Pächter, wer wagt es zu verantworten, daß diese kleinen abgearbeiteten Leute, wenn sie jetzt ein Stück Land bekommen, gezwungen werden, nun aus ihrer Hände Arbeit auf Jahrzehnte hinaus Schuldzinsen an die müßig lebenden ehemaligen Großagrarier zu bezahlen? – Kein ehrlicher Demokrat und Deutscher kann das verantworten!

Das Bauerntum, das jetzt die Bodenreform neu schafft, muß überall ein schuldenfreies Bauerntum sein. Denn nur auf schuldenfreiem Boden wird sich der Bauer in dem demokratischen Deutschland wohl fühlen, und nur auf schuldenfreiem Boden wird er imstande sein, Brot für die Bevölkerung zu schaffen.

Es käme die zweite Möglichkeit in Betracht. Soll also das deutsche Volk die Entschädigung zahlen? Das deutsche Volk, das heute restlos durch den Raubkrieg Hitlers enteignet worden ist, durch das Naziregime in die größte Katastrophe seiner Geschichte hineingestürzt wurde? Wir brauchen uns in Berlin nur umzuschauen, nur die Ruinen zu betrachten, wir brauchen nur zu schauen in unsere Kisten und Kasten zu Hause, und wir werden feststellen: Nein, das deutsche Volk ist nicht imstande, die Herren Junker und Großagrarier für den Boden zu „entschädigen!" Keinen Pfennig werden die Großagrarier für ihren Boden bekommen!

Und ich frage Sie: Wer entschädigt die Opfer des Faschismus? Wer entschädigt sie für die 10 Jahre Konzentrationslager? Wer entschädigt die Opfer des Faschismus, die von Hitlerbanditen hingeschlachtet und gemordet wurden? Wer entschädigt die Millionen Opfer des Hitlerkrieges? In einer solchen Situation und in einer solchen Zeit von einer Entschädigung der Großagrarier zu sprechen, ist ein Verrat an den Interessen des deutschen Volkes!

Ich möchte zum Schluß noch einmal zusammenfassen: Die Bodenreform, die jetzt durchgeführt wird, ist eine historische Wende im Leben des deutschen Volkes. Wir reißen mit dieser Bodenreform die wirtschaftlichen und sozialen Wurzeln jenes preußischen Militarismus aus, der soviel Unheil über das deutsche Volk und die Welt gebracht hat. Wir schaffen im deutschen Volke die Grundlage für ein freies Bauerntum, das die Ernährung des deutschen Volkes sichern wird und um so besser sichern wird, je mehr die deutsche Arbeiterklasse es versteht, daß sie diesen Bauern helfen muß, und zwar nicht nur, indem sie Produktionsmittel und Bedarfsartikel für die Bauern schafft, sondern diese auch zu Preisen liefert, die der Bauer bezahlen kann. Denn nur mit billig gelieferten Bedarfsartikeln wird der Bauer imstande sein, auch billiges Brot für die Arbeiter zu schaffen! Eins hängt vom anderen ab. Schaffen wir billige Produktionsmittel für den Bauern, so wird er auch billiges Brot schaffen. Zur Bodenreform gehört daher gleichsam als Bruder der entschlossene Kampf der Arbeiter gegen die großkapitalistischen Konzerne, Syndikate, Truste und sonstigen Ausbeutermonopole, die den Bauern ebenso auswuchern wie den Arbeiter.

Arbeiter und Bauern gehören zusammen!

Das Bündnis von Stadt und Land, das Bündnis der Arbeiter und Kleinbauern, das wird das soziale Fundament sein, auf dem das neue demokratische Deutschland entsteht.

Unsere Aufgabe in diesem Augenblick ist es, alle Kräfte daranzusetzen, um die deutschen Bauern und die Landarbeitermassen draußen auf die gewaltige Bedeutung dieses Umschwunges hinzuweisen und ihnen bei der Durchführung dieses Umschwunges praktisch zu helfen. Unsere Aufgabe ist es ferner, die Arbeiterschaft darauf hinzuweisen, daß sie von sich aus dem Bauern alle nur mögliche Hilfe leisten muß, damit dieses gewaltige Werk der Bodenreform einen vollen Erfolg habe! Dieses Werk der demokratischen Bodenreform schafft die Grundlage für ein wirkliches Verstehen und Zusammengehen zwischen Arbeiter und Bauern, sie schafft die Grundlage für eine friedliche Entwicklung Deutschlands und sie schafft eine wesentliche Grundlage für die Möglichkeit, daß Deutschland bald wieder eingereiht werden kann in die Gemeinschaft der friedlichen, fortschrittlichen und demokratischen Völker!

6. Das Programm der Deutschen Zentrumspartei [10], Auszug

Ziele sind der Aufbau eines Bundesstaates auf der Grundlage des Naturrechts und der christlich-abendländischen Kultur; Überführung einzelner Wirtschaftszweige in Gemeinbesitz, Förderung des Privateigentums; Wiedergutmachung des nationalsozialistischen Unrechts.

Bundesarchiv, ZSg 1–108/17 (Flugschrift). –
Druck u. a.: Flechtheim II, S. 244–245.

Soest, 14. Oktober 1945

Das Zentrum war und ist die sozial-fortschrittliche Partei des deutschen Volkes auf überkonfessioneller und demokratischer Grundlage.

Wahrheit, Recht und Freiheit, die ewigen Gesetze des Naturrechts und die tragenden Ideen der christlich-abendländischen Kultur sind die Triebkräfte und Wegweiser seines politischen Strebens.

Freiheit und Würde der menschlichen Persönlichkeit sind Grundsteine der Gesellschaft und des Staates. Der totale Staat wird schärfstens abgelehnt. Das Zentrum ist Hüter des Reichsgedankens auf föderativer Grundlage. Es achtet die Rechte und das Eigenleben der Länder und die Eigenart der deutschen Stämme in Kultur und Religion.

Getreu seiner großen sozialen Tradition will das Zentrum unter Ablehnung eines revolutionären Klassenkampfes bei gerechtem Ausgleich der Lebensinteressen aller Volksschichten durch Neu- und Umgestaltung der Wirtschaftsordnung die Hebung der materiellen Lage des werktätigen Volkes in Stadt und Land.

[10] Beschlossen auf der Gründungsversammlung.

Um in der schweren politischen und materiellen Notlage unseres Volkes, die gebieterisch die Zusammenfassung aller aufbauwilligen Kräfte verlangt, eine unheilvolle Aufspaltung und Entzweiung unseres Volkes zu verhüten, will das Zentrum die Partei der schöpferischen Mitte und des sozialen Ausgleichs sein.

Das Zentrum ist das Lager der deutschen Volksgemeinschaft. Es ruft in seine Reihen alle, die mit ihm den harten Weg des Wiederaufbaues eines in Wahrheit demokratischen und sozialen Deutschlands gehen wollen. Es verwehrt seine Reihen all jenen, die aus Abneigung gegen Demokratie und sozialen Fortschritt den Untergang der ersten deutschen Republik bewirkt und dem Nationalsozialismus die Steigbügel gehalten haben.

Das Zentrum will nicht zurück zu Weimar, sondern strebt darüber hinaus und reicht seine Hand all denen, die mit ihm die zerstörte Weimarer Republik geehrt und gehütet haben. Der deutschen Jugend öffnet es die Tore zur verantwortungsfreudigen Mitgestaltung einer neuen Volks- und Staatsordnung.

Arbeitsziele

1. Republikanische Staatsform und Reichseinheit auf sinnvoller bundesstaatlicher Grundlage. Ausbau der Selbstverwaltung in Gemeinden, Provinzen und Ländern. Bereitschaft für die europäische Föderation.
2. Durchdringung des ganzen öffentlichen Lebens und der Wirtschaft mit wahrhaft demokratischem und sozialem Geist. Eine soziale Wirtschaftsordnung, die der Wohlfahrt aller Volksschichten dient.
3. Eine Reichsverfassung, die den Feinden der Demokratie keine Handhabe bietet, den republikanischen Staatsbau zu unterwühlen.
4. Freiheit und Sicherung der religiösen Bekenntnisse. Regelung der Schulfragen gemäß dem Willen der Eltern, insbesondere Förderung der Bekenntnisschulen. Verwerfung jeglichen geistigen und religiösen Zwanges gegenüber irgendeinem Volksteil.
5. Schutz von Familie und Ehe als Keimzelle des Volkes. Steuerliche und wohnpolitische Begünstigung der kinderreichen Familien. Förderung von Eigenheimen und Familiensiedlungen.
6. Auflösung der großkapitalistischen Trust-, Kartell- und Monopolbildungen. Überführung einzelner Wirtschaftszweige wie Bergbau-, Eisen- und Hüttenindustrie, Energieversorgung, Verkehrs- und Versicherungswesen und Großbanken in Gemeinbesitz. Das Recht auf Privateigentum im Dienste des Gemeinwohls bleibt unbestritten. Daher Förderung der privaten Unternehmerinitiative.
7. Die Erhaltung eines leistungsfähigen gewerblichen Mittelstandes ist not-

wendig für ein gesundes, ausgeglichenes Wirtschaftsleben. Handwerkliche Betriebe sind zu entwickeln und zu fördern.

8. Die Schaffung gesunder bäuerlicher Klein- und Mittelbetriebe wird gefördert, weil ein starkes Bauerntum die Kraftquelle jeder Nation ist. Neuschaffung selbständiger bäuerlicher Existenzen für Landarbeiter, Kleinbauern und Ostflüchtlinge durch Aufteilung der Latifundien.
9. Erhaltung des Berufsbeamtentums, das dem Volke, nicht einer Partei dient und durch hohes Berufsethos vorbildlich wirkt.
10. Gerechter Ausgleich der Schäden aller Opfer der nationalsozialistischen Willkürherrschaft und des von ihr heraufbeschworenen Krieges.

7. Erklärung des Rates der Evangelischen Kirche in Deutschland gegenüber den Vertretern des Ökumenischen Rates der Kirchen [11]

Im Bewußtsein der Mitschuld an den nationalsozialistischen Verbrechen bittet die EKD um Vergebung und Hilfe bei neuem Anfang.

Verordnungs- und Nachrichtenblatt der Evangelischen Kirche in Deutschland, Januar (1946), H. 1. – Druck u. a.: Ursachen und Folgen XXIII, S. 307–308.

Stuttgart, 18. Oktober 1945

Der Rat der Evangelischen Kirche in Deutschland begrüßt bei seiner Sitzung am 18. und 19. Oktober 1945 in Stuttgart Vertreter des ökumenischen Rates der Kirchen. Wir sind für diesen Besuch um so dankbarer, als wir uns mit unserem Volk nicht nur in einer großen Gemeinschaft der Leiden wissen, sondern auch in einer Solidarität der Schuld. Mit großem Schmerz sagen wir: Durch uns ist unendliches Leid über viele Völker und Länder gebracht worden. Was wir unsern Gemeinden oft bezeugt haben, das sprechen wir jetzt im Namen der ganzen Kirche aus: Wohl haben wir lange Jahre hindurch im Namen Jesu Christi gegen den Geist gekämpft, der im nationalsozialistischen Gewaltregiment seinen furchtbaren Ausdruck gefunden hat; aber wir klagen uns an, daß wir nicht mutiger bekannt, nicht treuer gebetet, nicht fröhlicher geglaubt und nicht brennender geliebt haben.

Nun soll in unseren Kirchen ein neuer Anfang gemacht werden. Gegründet auf die Heilige Schrift, mit ganzem Ernst ausgerichtet auf den alleinigen Herrn der Kirche gehen sie daran, sich von glaubensfremden Einflüssen zu

[11] Abgegeben auf der Sitzung des Rates der Evangelischen Kirche in Deutschland am 18./19. 10. 1945.

reinigen und sich selber zu ordnen. Wir hoffen zu dem Gott der Gnade und Barmherzigkeit, daß er unsere Kirchen als sein Werkzeug brauchen und ihnen Vollmacht geben wird, sein Wort zu verkündigen und seinem Willen Gehorsam zu schaffen bei uns selbst und bei unserem ganzen Volk.

Daß wir uns bei diesem neuen Anfang mit den anderen Kirchen der ökumenischen Gemeinschaft herzlich verbunden wissen dürfen, erfüllt uns mit tiefer Freude. Wir hoffen zu Gott, daß durch den gemeinsamen Dienst der Kirchen dem Geist der Gewalt und der Vergeltung, der heute von neuem mächtig werden will, in aller Welt gesteuert werde und der Geist des Friedens und der Liebe zur Herrschaft komme, in dem allein die gequälte Menschheit Genesung finden kann.

So bitten wir in einer Stunde, in der die ganze Welt einen neuen Anfang braucht: Veni creator spiritus!

[Unterschriften]

8. Alfred Weber, Unsere Erfahrung und unsere Aufgabe, Aufsatz, Auszug[a]

Der Mensch ist zur Freiheit geboren, aber durch dämonische Mächte hat er sie im Nationalsozialismus verloren und ist zu einem willenlosen Teil einer unfreien Masse geworden. Deshalb muß der einzelne in der Masse zu einem freien Menschen erzogen werden.

Die Wandlung 1 (1945/46), S. 50–64.

November 1945

Ich spreche dabei als bloßer Interpret und als Zwischenperson und im Grunde nur zu diesen jung Gebliebenen oder Jüngeren von heute, zu denjenigen von ihnen, die das, wovon ich rede, substantiell miterfahren haben, oder die, aufmerksam gemacht, bereit und fähig sind, ihre äußere Miterfahrung in eine in ihre seelische Tiefe greifende, und das heißt stets – das ist das Anliegen, das ich vertrete – in Wahrheit in eine transzendente zu übersetzen und denkend dann zu klären. Bereit und fähig auch daraus rücksichtslos die Konsequenzen, von allem die persönlichen, zu ziehen. Ich spreche im übrigen dabei im ganzen nicht zu den bewußt Solitären dieser Jugend, die gewiß sehr wertvoll sind, die aber für die geradezu ungeheure Aufgabe, die Bildungsaufgabe, die vor uns liegt und in den zu ziehenden Konsequenzen beschlossen ist, vorerst kaum in Betracht kommen werden. Mögen sie als hochgeschätzte Paradiesvögel für ein anderes Zeitalter bewahrt sein!

Ich weiß nicht, ein wie großer Teil der jung Gebliebenen und der Jugend

[a] Ohne Anmerkungen des Verfassers.

und ob überhaupt, durchschnittlich betrachtet, die jüngere Generation, die im ersten Weltkrieg aufgewachsen ist, die in der Zwischenperiode seit 1919 sich flau fühlte, und über die dann die Ereignisse seit etwa 1930/33 wie eine neue Welt hereinbrachen – vielleicht als erste eigentliche Welt –, das erfahren hat, wovon ich spreche, und daher die Konsequenzen zu ziehen bereit ist, die ich daraus ziehe. Anfängliche Wahrnehmungen, die ich 1933 machte, waren damals nicht sehr ermutigend. Erfahrungen aus der noch jüngeren, inzwischen aufgewachsenen Generation sind überwiegend unbestimmt. Aber Abgeschnittensein und Unmöglichkeit geradliniger gegenseitiger Mitteilung während des Terror-Regiments, aus dem wir kommen, mögen gewisse Habituierungen oder gewisse Kupierungen jeder Vertiefung, jeder wenigstens, aus der sich praktische Konsequenzen ergeben konnten, und jene gewisse, im Grunde schmähliche Atmosphäre geschaffen haben des: „Es ist nun einmal so, soll ich so geschmacklos sein, mich dagegen aufzulehnen?“ – jene Atmosphäre, die ich als sehr verbreitet vermute, und die den so sich Stellenden vielleicht doch nicht voll zugerechnet werden kann. Hat überhaupt die Masse auch der geistig jüngeren Generation und Jugend, wenn wir von den glorreichen Ausnahmen und Opfern absehen, die wir kennen – hat ihre Masse dieses Terror-Regiment als dasjenige empfunden, was es war, und als was es jede frühere Generation unserer Geschichte gefühlt haben würde, als eine Schmach, die die eigene Würde zerstört? Ich weiß es nicht. Gleichviel, ich will versuchen, das auszusprechen, was sich mir als ein Universelles in großer Dichte der Erfahrung aufgedrängt hat. Und ich will es so einfach sagen wie möglich.

Zunächst: Nicht Zerbrechen von Vorurteilen und Ersetztwerden durch etwas Echtes, nicht Abgelaufensein von entleerten Ideen, die auch praktisch das Dasein nicht mehr bewältigen konnten, und Aufsteigen von neuen Gehalten, die sie weggeräumt hätten, nicht Zerstörung einer in Wahrheit toten Welt durch eine neue lebendige war der Kern dessen, was seit 1933 geschah. Das alles war nur die Fassade. Das zeigt schon der heutige Nullpunkt.

Nie wäre es zu diesem Nullpunkt gekommen, wäre nicht seit etwa 1880 jener dem bisherigen Geist des Abendlandes entgegengesetzte Geist in die Höhe gekommen, jene Absage an die frühere Tiefe des Abendlandes, dessen angeblich den Nihilismus überwindender, in Wahrheit vornehmster nihilistischer Höhepunkt der späte Popular-Nietzsche wurde – jenes in Wahrheit Antigeistige, das sich neben der vornehmen Libertinage des Geistigen und jener brutalen Libertinage der Macht in den immer höhere Wellen schlagenden Naturalismen, in jenen Imperialismen und Nationalismen austobte. Der mit Blut und Gemeinheit in die Geschichte eingegangene Rassegedanke mit seinem Vererbungs-Einmaleins, das grotesk über den heute wie früher noch gänzlich ungelüfteten Schleier der Vererbung gelegt ward, ist nur der demagogisch breit gewalzte, ödeste und flachste Gipfel, die glücklich vom Abendland nach allen Absagen an Tiefe erstiegene Höhe, auf der in Wahrheit nur noch Fratzen tanzen, wo ehemals freilich undurchsichtiges, aber unberechenbar reiches geistiges Wachstum war, – ein Kehraus, weiter nichts.

Es handelt sich hier nicht um die äußeren Daten. Wer lernen will, was ein totales, bis zur Kontrolle der letzten Lebensfasern in modernster engmaschiger Zellenorganisation, unter völliger Versklavung der Bevölkerung durchgebildetes Terror-Regime leisten kann mit geschickter Ausnutzung der primitivsten Instinkte, erfahren in der Massenpsychologie und in der Wahl der Mittel ohne jede Hemmung – was es leisten kann, wenn es einer allerdings lammsgeduldigen und denkträgen, Ordnung liebenden und an Ordnung gewöhnten Bevölkerung Ordnung und Brot gibt, Brot, von dem diese Bevölkerung nicht ahnt, daß es im wesentlichen nur durch fieberhafte Kriegsvorbereitung vom ersten Tag an, also gewissermaßen nur als Kriegsvorspeise geboten werden konnte: der mag sich mit der ersten Periode dieses Regimes recht eingehend befassen. Und wer lernen will, wie man in geschickter Weise dann die Katze aus dem Sack läßt, um unter Bruch feierlich gegebener Versprechungen einen Expansionskrieg vom Zaun zu brechen, für den die Leitenden sich in der Ausrüstung und der militärischen Leistungskraft überlegen fühlten, einen Krieg, der nur als Weltkrieg enden konnte, – wer sehen will, wie man diesen Krieg dann tatsächlich in einem Rausche grenzenloser Expansion sich auswachsen zu lassen vermag, mit Brutalitäten ohnegleichen, – wer lernen will, wie man dann wieder die einzigartigen militärischen Qualitäten des eigenen Volkes in eine seelische Zwangslage hineinpressen kann derart, daß es sich für die Interessen einer von den breiten Massen nicht gewollten und schließlich klar als feindlich empfundenen Regierungs-Clique bis zum Weißbluten und bis zur Zerstörung beinahe des letzten Restes der eigenen Existenz hingeben mußte: der mag die zweite Phase dieses Regimes, soweit sie ihm die für ihre Geheimgeschichte nötigen Urkunden übriggelassen hat, recht sorgfältig studieren.

Hier handelt es sich um die seelisch-geistige Welt, die in diese Vorgänge eingeschlossen oder in ihnen aufgebrochen ist. Und da ist festzustellen: Es waren sicher persönliche Spontaneitäts-Faktoren, die aus Bedingungen, die vorlagen, die verschiedenen Möglichkeiten benutzend, die erste wie die zweite dieser uns heute umgebenden, immer furchtbarer gewordenen Wirklichkeit heraufgeführt haben. Aber so sehr deren Träger sich selber als Urheber von allem immer bewußt ins Rampenlicht zu stellen wußten, so deutlich haben wir, sollte ich meinen, alle noch etwas anderes gefühlt, das am Werke war.

Man drückt dies gern so aus: diese persönliche Initiative, die schließlich alles herbeigeführt hat, fiel auf sehr fruchtbaren Boden, der in diesem und jenem bestand. Aber damit sind nur die schon erwähnten soziologischen Bedingungen als das Zweite notiert. Es war aber mehr da. Es wuchsen scheinbar Kräfte aus dem Boden: machthungrige, verschlagene Handlungsgiganten, die man vorher nicht gekannt hatte, schienen wie aus gesäten Drachenzähnen zu erstehen. Und eine vorher unvorstellbare innere Bereitschaft war in den breiten Mittelschichten der Bevölkerung da, von deren, man kann wohl sagen: Begeisterung diese Kräfte anfangs getragen wurden. Etwas unbestimmbar Objektives brach aus, das wie eine allgemeine seelische Welle bisher für selbstverständlich Gehaltenes und unerschütterlich Erworbenes wegspülte. Eine verdeckt und angekettet gewesene kollektive überpersönliche Macht war plötzlich aus ihrem Gefängnis gebrochen. Sie war losgelassen, sie wurde aufgepeitscht mit allen Mitteln und überflutete, praktisch gesehen, tatsächlich Alles.

Man kann das natürlich kollektiv-psychologisch oder individual-psychologisch zu deuten suchen, indem man es mit Suggestionskraft und mit allen möglichen Bedingungen und Voraussetzungen derselben in Verbindung bringt.

Das eigentliche Wesen des Vorgangs erfaßt man damit nicht. Daß sich vorher ruhige, vielleicht nicht sehr urteilsfähige, harmlose Leute plötzlich in kaltschnäuzige Schreier verwandelten, die sich nicht nur einem Haß-Begeisterungstaumel hingaben, nein, auch in realistisch-zynischer Überlegung nach dem Vollzug ihrer Haß-Instinkte suchten, schließlich Mord und blutige Beraubung und Verfolgung mitmachten, – daß bis dahin rechtliche Leute jede, auch die gemeinste Lüge und Gewalttat richtig fanden, wenn sie nicht in begeistertem Jubel dabei sogar jauchzten, daß sie zugleich nüchtern abgewogene organisatorische Maßregeln selbst erfanden für die brutale Vergewaltigung anderer und ein bis in den letzten Tiefengrund so durchtränktes, so verlogenes Handeln nicht nur bejahten, sondern in Intrigen, Denunziation und Verleumdung ihm selber eine praktisch gar nicht notwendige Unterstützung brachten, ohne das Gefühl der eigenen Gemeinheit zu erleben, das ist damit nicht zu erklären. Daß Leute, die vorher gewiß keine Zivilhelden waren, es aber doch für unnatürlich angesehen hätten, sich vor jemand anderem auf dem Bauche zu wälzen, dies nicht nur mittaten, sondern auch dazu übergingen, wenn möglich jeden zu verdächtigen, der diese Orgie des Servilismus für schamlos ansah und nicht mitmachen wollte, und auch das wieder nicht in irgendeiner Rage, sondern mit raffinierter kühler Überlegung die Andersdenkenden, sehr oft die eigenen Verwandten ans Messer liefernd – all solches nicht nur vereinzelt, sondern geradezu Ausdruck eines typisch gewordenen Handelns –: dies Sichausbreiten unbeschreiblicher Niedrigkeit mit jener schon erwähnten plötzlichen Bereitschaft, die extremsten Brutalitäten und Gemeinheiten ruhig mit anzusehen, wenn nicht mitzumachen, und wie vieles Andere, von mir hier nicht Ausbreitbare, was als vorher für unmöglich gehaltene Massenerscheinung auftrat, war keine einfache Folge von Massensuggestion. Es war das Hervorbrechen gewiß psychologisch stimulierbarer, gewiß unter besonderen Bedingungen geweckter, aber aus größeren als psychologisch auslotbaren Tiefen kommender Kräfte. Es war wie eine plötzliche Verfinsterung, die eintrat, in der man den unheimlichen Flügelschlag der Mächte spürte, von deren Wirkungen man in den Geschichtsbüchern als von dem Auftreten von seelischen Massenepidemien gelesen hatte, die man aber niemals als wirklich, geschweige denn im eigenen Volkskörper möglich realisiert hatte. Der Flügelschlag dunkel dämonischer Mächte; es gibt keinen anderen Ausdruck, um ihre überpersönliche und zugleich transzendente Art zu bezeichnen.

Denn es waren nicht nur lange Zeit zurückgedrängt und durch Erziehung zugedeckt gewesene elementare primitive Roheitsmächte, die plötzlich wieder hervorbrachen, Mächte also, die man gewissermaßen als Verbindungsglied mit dem Raubtier in unser aller Untergrund als vorhanden annehmen muß. Dazu waren sie viel zu sehr in einem auf den Menschen zu beschränkenden negativen Sinn seelisch qualifiziert, viel zu sehr, um diese Qualifikation auszudrücken, gemein. – Daß „übers Niederträchtige niemand sich beklage, denn es ist das Mächtige, was man Dir auch sage“, schreibt bekanntlich Goethe. Aber er, der es gesagt hat, wußte auch vom Dämonischen, wenn er es auch an der bekannten Stelle nicht unmittelbar damit in Verbindung gebracht hat. – Wir haben das unheimlich innerlich Komplexe dieser Mächte erlebt. Wir haben gesehen, wie sie es verstanden, sich mit berechtigten und zu bejahenden Lebensforderungen so durcheinanderzuschlingen und in bedrückender Weise ein Ganzes zustandezubringen, das man verabscheuen und dessen man sich schämen mußte, während man gleichzeitig zu gewissen mit ihm verschwisterten Lebensforderungen wenigstens anfänglich und grundsätzlich ja sagen mußte. Wir haben die persönliche Inkarnation von alldem über uns gehabt, die jenes erschütternde Doppelantlitz von Niederträchtigem und Berechtigtem trug, und die vor allem vermöge der Wirkung dieser Verflechtung die Welt in diese ihre bisher fürchterlichste Katastrophe gestürzt hat. Wir haben all das wissend und wahrnehmend durchgelitten. Sollten wir flach genug sein, das, was in all dem an Tieferem liegt, die früher einmal wohl gekannte Schicht des Transzendenten und Metaphysischen, von der hier nur eine ihrer vielen Seiten sich vor unseren Augen für eine gewisse Zeit zum Herrn des Daseins gemacht hat, nicht zu bemerken? Und wenn wir diese Schicht erfassen, wenn auch zunächst nur von diesem Ausgangspunkt her ergreifen, – ist das nicht jenes universelle Daseinserlebnis, das unsere Wiederanknüpfung an frühere Zeiten, hinweg über einen tiefen nihilistischen Abgrund, gestattet?

Diese Anknüpfung und die aus ihr folgende Orientierung ist keine moralische, sie ist eine transzendente. Sie ist zugleich nicht privat, sie ist vielmehr, da im Ergreifen objektiver Mächte begründet, soweit der Kreis der Erfahrenden reicht, allgemeinverbindend. Sie ist nicht bequem, da sie uns vom Ursprung an vor Entscheidungen stellt und für jeden weiteren Tag solche Entscheidungen von uns verlangt. Und sie ist verbunden mit dem Ergreifen und der inneren Realisierung von wohl noch tieferen Schichten des Transzendenten, jenen nämlich, die wir schon einmal, im achtzehnten Jahrhundert, wenn auch zumeist in dogmatischer Verzerrung oder zu großer Vereinfachung in bewußter Weise unser eigen nannten.

Nicht irgendeine Dämonologie soll hier zur Aufdeckung und Erfassung gebracht werden. Das dunkel Dämonische, dessen Wirken wir wohl alle gespürt haben, gibt uns gewissermaßen nur den Zipfel in die Hand, von dem her wir für uns selbst den Vorhang wegzuziehen vermögen, vor einer alles im Dasein Auftretende umfassenden, alles gliedernden, allgegenwärtigen Welt der hinter der Erscheinungswelt gewissermaßen uns zunächst liegenden metaphysischen Mächte.

Diese Welt in irgendeiner systematischen Gliederung wiederzugeben, ist ebenso unmöglich, wie es unmöglich ist, sie in einer widerspruchslosen Einheitlichkeit zu erfahren und diese Erfahrung ohne logische Widersprüche zu wiederholen. Denn sie ist metalogisch. Was von ihr an Allgemeinem, möglichst von jeder Emotion getrennt, mit der ihre ursprüngliche Erfahrung ja letztlich stets geschieht, gesagt werden kann, vermag nur fragmentarischer Hinweis zu sein. Hier aber haben wir mehr erzählend und gewissermaßen appellativ fortfahrend weiterhin zu fragen.

Wird heute noch jemand wagen zu behaupten, daß wir die Errungenschaften des achtzehnten Jahrhunderts, universelle aktive Menschlichkeit und Freiheit, die wir verleugnet haben, verlieren dürfen? Es handelt sich nicht um die damalige Einkleidung derselben, sondern um die Substanz. Ist der Mensch, die Menschheit in der ihr mitgegebenen „Artbestimmtheit" aus einer gemeinsamen transzendenten Schicht erwachsen, wie es sich als Erfahrungskern unspekulativ aus der damaligen Sicht ohne weiteres ergab? Oder ist sie es nicht? Ist sie als Gesamtheit zwar nicht ein Allwesen, wie man in schöner Metaphorik gesagt hat, aber derart allverbunden, daß nur aus dieser letztlich allein transzendent verstehbaren Allverbundenheit ursprünglich generelle Anteilnahme wie alle ihre Verdichtungen zu dem, was wir Freundschaft, Verehrung, Liebe und dergleichen nennen, überhaupt irgendwie sich begreifen lassen, verstehen lassen als überindividuelle, ursprüngliche Verbundenheiten, die in der Realität mannigfachste Krönungen und reiche Ausformung erhalten, die aber inhärent da sind und in Wahrheit nur gewissermaßen in ihrem Dasein in uns entdeckt werden, wie das Christentum es für die universellste Verbundenheit, die allgemein menschliche Sympathie-Kohärenz getan hat; – Hintergrunds-Wesenheiten und Mächte, die nur zum Bewußtsein gebracht zu werden brauchen, um wie ein immer fließend vorhandenes Grundwasser zu wirken und als nun bewußt gewordene Selbstverständlichkeiten unser Handeln mit zu regulieren? Als Selbstverständlichkeiten! Denn es ist nichts künstlich in uns Hineingetanes oder Andoziertes, wenn dies so geweckte Realisieren menschlicher Verbundenheit in uns wirklich echt, das heißt durch unmittelbaren Durchbruch aufgestoßen oder von selbst quellend geworden ist. Es ist da als ein Teil von uns selbst, genauer: als Mituntergrund unseres Wesens und von da aus wirksam und lebendig.

Wir haben erfahren, wie diese gesamte transzendente Wesensschicht weithin verschüttet, wie sie von einer kahlen Steinwüste von Brutalität und kalter, niedriger Gemeinheit so verdeckt werden kann, daß man nicht glauben sollte, daß in den gleichen Menschen der positiv gemeinmenschliche Wesensuntergrund doch vorhanden ist, und daß sie trotz allem aus der gleichen allverbundenen transzendenten Schicht gewachsen sind. Es ist trotzdem so. Die Menschen sind vielschichtig. Man kann sie nur begreifen, wenn man dies vor allem weiß und daraus die nötigen Konsequenzen zieht. Man muß diese Konsequenzen ziehen in einer Vorstellung von dominanten und rezessiven Anlagemächten, die den Menschen aufbauen und wechselnd in ihm wirksam werden können, worauf noch zurückzukommen ist.

Zunächst weiter: Dasselbe achtzehnte Jahrhundert wußte, daß der Mensch als solcher aus seinem transzendenten Wesen zur Freiheit geboren ist. Und auch jeder heutige breiter sehende, den Menschen in das Gesamtleben und den Kosmos gedanklich und vorstellungsmäßig einfügende Naturwissenschaftler und Biologe kann die geistige Besonderheit des Menschen, seine eigentümliche Stellung im Gesamtlebendigen nur dadurch definieren, daß er in ihm die zur Freiheit geborene Art erblickt und dies darlegt. Wir erörtern hier nicht, was philosophisch oder erkenntnistheoretisch unter dieser mitgegebenen Freiheit zu verstehen ist. Tatsache ist: der Mensch, er allein unter allen Arten, schafft in wechselnden Entschlüssen über die natürlichen hinaus seine künstlichen, von ihm selbst frei gestalteten Existenzbedingungen. Er schafft sie aus seiner Freiheit. Er hat daher, nur er, eine Zivilisationsentwicklung und eine wechselnd von ihm selbst hervorgerufene Geschichte. – Hatten also die großen poetisch inspirierten Seher des achtzehnten Jahrhunderts unrecht, wenn sie aus ihrer in Wahrheit transzendent beflügelten Natur- und Geschichtsinterpretation die besondere Bestimmung des Menschen in seiner zur Menschlichkeit gewandten Selbstfortbildung durch Freiheit sahen? Oder hatte der anscheinend nüchterne Kant unrecht, wenn er sagte, von der Unmündigkeit, das heißt dem Ungebrauch der Freiheit, zur Mündigkeit, das heißt zu ihrem selbstkontrollierten Gebrauch zu kommen, das sei das Ziel? Ich glaube nicht. Beide Gruppen sahen wissend in die Tiefe, welches auch die Schleier des Gedankens waren, in den sie das unmittelbar Erfahrene hüllten.

Ich glaube nur, daß beide, die poetischen Seher wie die Philosophen, das Problem des Sich-selbst-fortbildens des Menschen durch Freiheit noch nicht in seiner vollen Schwere erblickten, noch gar nicht derart erblicken konnten.

Dieses Problem der Heranbildung des Menschen zur Selbstfortbildung durch Freiheit und Selbstregierung in Freiheit tritt in seinem Gewicht und seiner Schwere erst auf bei seinem Eingetauchtwerden in die Massenfreiheit. Wie weit verbreitet und anscheinend durch die Ereignisse wohlbegründet ist das Urteil über die Unfähigkeit der Massen zur Freiheit und Selbstbestimmung heute! Berühmt gewordene Bücher wie das Le Bons, und sich haufenweise aufdrängende Erfahrungen – von unseren letzten in Deutschland will ich gar nicht sprechen – unterbauen oder bestätigen, scheint es, diese Einstellung. Und doch: alle Suggestibilität, alles Aufbrechen von dämonischen Allgemeinmächten in den Massen, die jede Selbstgestaltung und Selbstkontrolle ausschließen, samt der gegenüber komplizierten Tatbeständen unentrinnbar weitgehendst bestehenden Urteils-Inkompetenz der Massen in Betracht gezogen, – als allgemeines ist dieses negative Urteil ein Vorurteil. Es kommt gewiß auf Temperament, es kommt auf Tradition, es kommt auf das Vorhandensein einer von der Masse gefühlsmäßig akzeptierten, die Verhältnisse übersehenden und die Massenstimmungen richtig einstellenden und abtönenden Führerschicht, also einer die beiden Aufgaben der psychologischen Massenführung und der sachlichen Beherrschung der Situation gleichzeitig gewachsenen Auslese und auf Persönlichkeiten an, die aus dieser Auslese in schwierigen Augenblicken hervorgehen, dafür, ob die Überwindung der unentrinnbaren Massenmankos in gefährlichen Momenten gelingt oder nicht. Das Wichtigste und Entscheidende ist aber – mit größter Schärfe muß das gegenüber allen verbreiteten generellen Vorurteilen ausgesprochen werden – die durchschnittliche Charakterqualität der Masse, das heißt ihrer Einzelmenschen.

Was heißt hier Charakter-Qualität? Antwort: Der unbeugsame Wille zum eigenen Urteil und die Festigkeit, auch gegenüber eigenen Nachteilen danach zu handeln.

Wir haben in Deutschland erfahren, was das Fehlen von beiden bedeutet. Wir haben erlebt, wie der einst in der stadtbürgerlichen Zeit, auf der die deutsche Revolutionsbewegung und Reformation des sechzehnten Jahrhunderts ruhte, hartnäckig selbstbewußte und ebenso hartnäckig nach eignem Urteil strebende Deutsche, jener Deutsche, der durch die lange Zeit des Obrigkeitsstaates schon domestiziert war, immerhin aber noch genuine Regungen der alten Art bis in die Revolution von 1848 hinein entwickelte, wie dieser Deutsche durch die Dressur der dreijährigen Dienstzeit, den preußischen Kadaver-Gehorsam und Ähnliches so deformiert ward, daß er das wahrhaftig kaum zu irgendeiner spontanen Freiheitsregung, geschweige ihrer Durchführung fähige, lammfromme Ordnungstier von heute wurde. Er war dies einmal ganz und gar nicht, sondern was Behauptung der Selbstbestimmung anlangt, ganz das Gegenteil.

Und es ist eine unzulässige Blickverengerung, von hier oder von dem gern herangezogenen Rußland, das sich übrigens vielleicht in einer sehr grundlegenden Wandlung befinden könnte, oder von den Massensuggestions-Erfahrungen, die man in einem Temperamentslande mit zerstörter Führerschicht wie Frankreich machen kann, generell zu schließen. Wer einen englischen Kriegsroman dieses Krieges, der die englische Arbeiterpsychologie behandelt, gelesen hat, oder wer Ahnung von den Einstellungen und selbstverständlichen inneren Existenzvoraussetzungen eines Nordamerikaners – auch eines angeblich gänzlich schematisierten aus der Masse – hat, der weiß, wie ungeheuer er bei diesem Urteil daneben greifen würde (womit noch gar nichts gegen etwa vorhandene Ungehobeltheit, ja eventuell auch Roheit ausgesagt ist). Self-control und Self-government, – wer nicht weiß, daß das nicht Schlagwörter, sondern aus der Charakterform wachsende angelsächsische Grundtatsachen sind, der kann den gesamten diesmaligen Krieg nicht voll begreifen und der soll daher mit seinem Urteil daheim bleiben. Er soll aber auch keine generellen Behauptungen über die Unfähigkeit der Massen zur Freiheit aufstellen. Er soll jedenfalls denen nicht im Wege stehen, die sehen: Freiheitliche Massenregierung ist vor allem Frage der Charakterformung und Urteilsbildung; sie hat zur weiteren Voraussetzung eine entsprechende Auslesegestaltung. Erleichtert wird sie durch alte Tradition und gewiß durch ein von Stimmungen nicht allzu abhängiges Temperament. – Manche – nicht nur Vertreter eines hochmütigen Pathos der Distanz – stellen sich auf den Standpunkt: „Laßt die Masse, laßt sie, wie sie ist. Wo sie in ihrer historischen Gewordenheit unberührt ist, soll man sie nicht aufrühren, es handelt sich darum, auf die wenigen praktisch oder geistig Leitenden zu wirken." Darauf ist zu sagen: Niemand denkt daran oder sollte daran denken, Gebiete, in denen auch noch heute widerstandsfähige, von der abendländischen Bewußtseinsstufe trotz allen zivilisatorischen, wirtschaftlichen und politischen Einflüssen nicht aufgelöste Gesamtkulturen da sind, Hochkulturen, die den Menschen als Glied des Daseins in dieses gänzlich anders einstellen als die abendländische, nicht nämlich als einen zu einem unverlierbaren Ich zu erweckenden, sondern ganz in kosmische Verbundenheit verstrickten – Kulturen wie die frühere chinesische – oder als ein metakosmisch in seinen höchsten Höhen zur Selbstauflösung bestimmtes Etwas – wie es die indische Lehre meint –: niemand sollte daran denken, hier europäische praktische Freiheitsforderungen ausdrücklich zu missionieren; so unentrinnbar es freilich ist, für Minimalforderungen der Humanität, die allgemein verbinden, auch hier einzutreten, genau so wie bei den Primitiven. – Es kann sehr gut sein, und es ist sogar wahrscheinlich, daß andere große, seelisch-geistig und bewußtseinsmäßig anders aufgebaute Geschichtskörper das transzendente Wesen des Menschen anders fassen als wir Abendländer, – daher auch zu anderen Konsequenzen der Verwirklichung gelangen.

Aber sind etwa unsere abendländischen Massen unaufgerührt und befinden sie sich in anderen festen Formen einer Wesens-Transzendenz-Erfassung? Nein! Sie sind aus den einmal vorhanden gewesenen Transzendenz-Erfassungen des Abendlandes, die dogmatisch geformt bereits im Christentum vorlagen, um dann weitgehend innerlich säkularisiert zu werden, brutal hinausgeschleudert. Sie sind heimatlos gemacht und durcheinandergewürfelt worden; – man denke nur, was über alle bisherige kapitalistische Durcheinanderwürfelung hinausgehend, in Deutschland allein die letzten zwölf Jahre in dieser Art geleistet haben! – Sie sind materialisiert, – von den wenigen unberührt gebliebenen, kirchlich frommen Enklaven abgesehen. Sie sind systematisch jeder höheren Menschensicht beraubt worden, die über die möglichst exklusive rassische Fortpflanzung und eine angeblich alles entscheidende, aber nie vorhanden gewesene Volksgemeinschaft hinausreichte. Kurz, sie sind verherdet und erniedrigt worden.

Wollen wir sie in diesem Zustand lassen? Ja dürfen wir das?

Ich will hier allein zu den Geistigen reden. Wir, die Geistigen, wollen doch Freiheit, geistige Freiheit. Wir wissen genau: ohne sie ist unsere Spontaneität gebrochen, sind wir hilflos flatternde, in Käfigen gefangene Vögel, die nach Futter picken und sonst nichts, uns selbst entfremdet. Kann es aber heute geistige Freiheit geben anders als auf der Basis der politischen? Und ist politische Freiheit heute, wo durcheinandergewürfelte, aus allen Traditionen gelöste, materialisierte Masse wach ist und eifersüchtig auf ihre Rechte und ihr Zurgeltungkommen, – ist heute politische Freiheit als etwas anderes möglich denn als politische Massenfreiheit, und das heißt Massen-Selbstregierung? Ganz gewiß nicht.

Also Massen-Selbstregierung! Und das kann gar nichts anderes heißen, wie man es praktisch auch variiert, als: wenn und wo die Massen offensichtlich, ohne daß sie es selbst verschuldet haben, infolge der historischen Verhältnisse weitgehend inkompetent geblieben sind zur Selbstregierung, nicht etwa bloß wegen der Enge des sachlichen Horizonts, der die Grundlage ihrer Urteilsbildung darstellt, sondern, aus Defizienzen der charakterlichen Formung, – so muß eine Änderung von beiden, Änderung der Urteilsenge und der Charakterdefizienz angestrebt werden. Massenschulung, Schulung sowohl durch das Leben – man lernt das meiste am besten, wenn man genötigt ist, dauernd zu versuchen – und durch Umbau der Erziehung.

Und hier kommen wir alsbald nach einer kurzen Einschaltung zurück zu Früherem, was wir als die Möglichkeit der Menschen- und also auch der Massenformung und -umformung schon andeutend sagten. Zuvor: Auslese, nicht bloß solche zur politischen und praktischen Führung Qualifizierter, sondern überhaupt solche von seelisch und geistig sowie charakterlich Hochstehenden, die dann, halb unbewußt, ja stets Vorbilder werden können und auch werden, solche allgemeine, eine geistige Führung bringende Auslese ist selbstverständlich auf allen Gebieten und in aller Weise mindestens ebenso wichtig wie die Umformung der Massen. Es gibt daneben keine größere und übrigens mit der Massenumformung mehr verbundene Aufgabe als diese. Denn Folgendes ist deutlich. Es gibt Auslese und Elitebildung und muß Elitebildung geben zu geistig Solitären. Für diese, die man sich nicht als notwendig ganz Abgesonderte vorzustellen braucht, sondern normalerweise vielmehr als diejenigen Geistigen, von denen aus einer stets ursprünglichen Einsamkeitssphäre her von selbst ein befruchtender Regen sich ergießt und gerne aufgenommen wird, ohne daß die unentrinnbare Problematik auftritt, die mit Auslesebildung und Massenumformung in ihrem Verhältnis zueinander sonst zusammenhängt, – für diese Träger einer Wirkung rein aus ihrem Sein, aus der Ausstrahlung genuiner Eingebungen, Haltungen und Gewohnheiten, für diese geistig Solitären sind wohl gewisse Bildungsunterlagen und äußere Existenzmöglichkeiten wesentlich. Aber so außerordentlich wichtig das Durchgerettetwerden dieser Solitären ist, es hat in seiner inneren Konsistenz und seinen nächstliegenden und direkten Aufgaben mit der Überwindung dieser Katastrophe unmittelbar geistig nichts zu tun. – Anders beim anderen Teil der Auslese, der geradeaus praktisch und politisch im neuen Zeitalter führend werden soll. Ihm stellt diese Katastrophe, zum mindesten in Deutschland, eine ungeheure, geradezu die Aufgabe der Zeit: Wenn das deutsche Volk gerettet werden soll vor völligem Zusammensacken in dem wirtschaftlichen und politischen Ruin, der über es hereinbrechen muß, wenn es über das karge Brot hinaus ein Ziel sehen soll, weswegen es sich noch lohnt zu leben, so kann dies Ziel (um in ganz anderem Sinn mit Nietzsche zu reden) nur das Land seiner Kinder sein, das es bereiten hilft. Dieses Land seiner Kinder aber muß ein innerlich verwandeltes, ein zu seinen alten Tiefen zurückgekehrtes, aus ihnen das Dasein neu – sofern nicht die alten kirchlichen Traditionen tragen – ergreifendes Volk aufwachsen lassen. Nicht organisatorische Patent- und Einsatzmenschen, sondern ein Volk, das den transzendenten Sinn seines Daseins neu ergriffen hat, stolz darauf, zu leben für aus der Tiefe erfaßte und darum nicht schematisierte, sondern mannigfaltige bunte Menschlichkeit. In Verbundenheit zu leben aus transzendent fundierter, aber – was in Deutschland noch nie geschehen ist – von daher ins Praktische und Politische fortgeführter Freiheit.

Man redet oder redete so viel von Kultur und was man kulturell alles produzieren werde oder wolle. Soll man doch einmal davon schweigen. Zumal man durch dies Gerede und alle schönen Absichten keine Kulturleistungen vollbringt. Diese sind, wenn es an der Zeit ist, Geschenk des Himmels und der Zeit. Vom Menschen soll man reden und an ihn als Menschen denken, und auch in der Masse an den Einzelmenschen. Denn aus solchen ist auch diese aufgebaut.

Klar ist aber, und wie ein Tag und Nacht Erleuchtendes sollte man sich das einprägen, es vor Augen haben: Unsere Aufgabe ist die Umwandlung des deutschen Massenmenschen aus einem geduldig gehorsamen Massentier in einen Typus der Zusammenordnung charakterlich selbständiger, aufrechter, selbstbewußter, auf ihre Freiheitsrechte eifersüchtiger Menschen. Und diese Aufgabe ist, schafft eine darauf ausgerichtete, mit Bewußtsein intensiv eingreifende Erziehung die nötige Vorbereitung und wird dann Gelegenheit gegeben, in praktisch und politisch eigenbestimmtem Selbsthandeln sich zu betätigen, durchaus nicht unerfüllbar.

Es wird freilich äußerlich, wie die Dinge jetzt werden, weitgehend nicht von uns, sondern, nachdem wir in den Abgrund gestürzt sind, von anderen abhängen, ob und wie diese Gelegenheit uns geboten wird. Daß ohne sie das deutsche Volk in seiner Masse nicht „verwandelt", das heißt daß ohne sie nicht andere, in ihm vorhandene Anlagemächte dominant werden können als die heute im Vordergrund stehenden des bloßen Ordnungs- und Einsatzmenschen: dies aber sollten auch die vollständigsten Sieger über dieses unser Volk sich stets vor Augen halten. Nicht endlose Militärregierung und Besetzung, nicht Polizeimaßnahmen und politische Verknechtung, sondern nur mit intensiver Erziehung verbundenes Öffnen der Türen zu freier Selbstregierung – nichts anderes als dies kann diese Umwandlung bewirken und zur gesunden und haltbaren tellurischen Neueinfügung des deutschen Volkes führen. Man sollte drüben wissen: es gibt – welche Kontrolle man auch auf absehbare Zeit für nötig halten möge – keinen anderen Weg, dreierlei gleichzeitig zu erreichen: die eigene Sicherheit, die die Andern nur zu begreiflicherweise wünschen, die Beruhigung Europas und der Welt und eben jene, aus menschlichen und moralischen Gründen notwendige gesunde, nicht verkrampfte, deshalb auf die Dauer haltbare Einfügung eines großen alten Kulturvolks, das die Deutschen sind, in das neu zu schaffende tellurische Gesamt.

So könnte man in einer Zeit schließen, in der nicht, scheinbar alle innere Problematik überragend, die des äußeren Daseins wie ein fürchterliches Gespenst allgegenwärtig dastünde, in der nicht alles Reden über das Seelisch-Geistige und seine Ziele in einem verzweifelten Versacken oder haßerfüllten Auseinanderbrechen des eigenen Volkes zu verhallen drohte und dieses Volk erneut, wenn auch vielleicht in etwas anderer Art als früher, in den Abgrund gerissen zu werden in Gefahr wäre.

Man soll sich dieser Tatsache klar bewußt sein; und doch muß man zugleich wissen: ertragen kann das deutsche Volk die übermäßige Härte seiner Existenz, die als Folge dieser frivol über es gebrachten Katastrophe auf viele Jahre oder Jahrzehnte über ihm liegen wird, – abfinden kann es sich mit der auf lange hinaus nicht wiederherstellbaren Zerstörung seiner Heimat, mit seiner Armut und Bedrücktheit nach dem Verschwinden der wahrscheinlich wertvollsten seiner Männer und des weitaus größten Teils seiner männlichen jüngeren Generation, nach dem Ausradiertwerden der kostbarsten Denkmäler seiner Kultur und dem Verlust seiner gedruckten geistigen Reserven, – ertragen kann es sein nicht bloß politisches, sondern auch soziales und wirtschaftliches Elend und das Zusammenschrumpfen seiner menschlichen und seiner äußeren geistigen Möglichkeiten, überwinden kann es diese „Zerstörung von Karthago", die über sein Dasein dahingegangen ist, zusammen mit den Wiederaufbauverpflichtungen für andere Völker, die es für lange Zeit an einem großangelegten Versuch des eigenen Aufbaus hindern werden, nur dann, wenn es in seinen physischen und seelischen vitalen Restbeständen ein gemeinsames, nicht nur äußeres, sondern auch seelisch-geistiges Ziel hat. Es muß einen großen Impuls des Wollens haben, und der kann nur in einer großen Hoffnung liegen. Wir haben den geistigen Rahmen und, so gut es uns gegeben ist, Elemente des seelisch-geistigen Inhalts einer solchen Hoffnung darzutun versucht.

9. Beschlüsse der gemeinsamen Konferenz des Zentralkomitees der KPD und des Zentralausschusses der SPD mit den Vertretern der Bezirke[12], Auszug

Dank der sowjetischen Besatzungsmacht konnten in der SBZ zahlreiche Reformen durchgeführt werden. Um den Nationalsozialismus endgültig zu vernichten, ist die Verschmelzung von SPD und KPD zu einer Einheitspartei erforderlich. Sie soll auf demokratischen Prinzipien beruhen. Ein gemeinsames Wahlprogramm fordert volle demokratische Selbstverwaltung und Verbesserung der Lebensbedingungen.

Bundesarchiv, ZSg 1–92/1 (Flugschrift). – Druck u. a.: Dokumente und Materialien zur Geschichte der deutschen Arbeiterbewegung, Reihe III, Bd. 1, S. 346–353.

Berlin, 21. Dezember 1945

I

In Berücksichtigung der gegenwärtigen Lage des deutschen Volkes und der deutschen Arbeiterklasse, getragen von dem festen Willen, den Neuaufbau

[12] Vereinbart nach den Erörterungen auf der Konferenz der sog. „Sechziger" am 20./21. 12. 1945.

Deutschlands im Geiste der Demokratie und des Friedens konsequent durchzuführen, eine möglichst baldige Verbesserung der Lebenslage der breiten Massen zu erreichen und neue Angriffe der Reaktion entschieden zurückzuschlagen, wird von der gemeinsamen Konferenz des Zentralausschusses der SPD und des Zentralkomitees der KPD mit den Vertretern der Bezirke am 20. und 21. Dezember 1945 in Berlin folgende gemeinsame Entschließung gefaßt:

Es wird lebhaft begrüßt, daß die Wiedergeburt der politischen Freiheit in Deutschland nach dem Zusammenbruch des Hitlerregimes nicht unter dem verhängnisvollen Zeichen einer neuen Spaltung des schaffenden Volkes stand, sondern im hoffnungsfreudigen Zeichen der Zusammenarbeit zwischen den beiden Arbeiterparteien und der Einheitsfront der vier antifaschistisch-demokratischen Parteien. Die während des ersten Weltkrieges offen zutage getretene Spaltung ist in den seither vergangenen drei Jahrzehnten zum größten Verhängnis für die Arbeiterbewegung geworden. Die Spaltung im antifaschistischen Lager hat den Machtantritt des Faschismus ermöglicht. Getrennt wurden die verschiedenen Flügel der Arbeiterbewegung geschlagen, und gespalten ging sie in die Illegalität. Alle Opfer des Hitlerterrors und alle Leiden und Schrecken des Hitlerkrieges wären umsonst gewesen, wenn nicht die Lehren aus der Vergangenheit gezogen und die Aktionseinheit aller antifaschistisch-demokratischen Kräfte hergestellt worden wäre. Eine Fortdauer der Spaltung hätte unvermeidlich zur Folge gehabt, daß sich die positiven Kräfte des schaffenden Volkes in gegenseitigem Hader erschöpften, statt auf die rasche Überwindung der Not, des Hungers und des Chaos gerichtet zu sein. Dann würde es keine Sicherung des Friedens, keine demokratische Erneuerung Deutschlands, keine Festigung der Volksrechte und Freiheiten geben. Die reaktionären Mächte würden von neuem triumphieren. Grau wäre die Gegenwart, und die Zukunft Deutschlands würde in tiefem Dunkel liegen.

Die gemeinsame Konferenz beider Parteien spricht daher dem Zentralkomitee der KPD und dem Zentralausschuß der SPD ihre Billigung und Anerkennung aus, daß sie sofort nach der Genehmigung zur Bildung der Gewerkschaften und antifaschistisch-demokratischen Parteien durch den Befehl Marschall Shukows vom 10. Juni 1945 den neuen Weg der Einheit beschritten haben.

Die Bildung des Arbeitsausschusses der SPD und KPD und des Einheitsfrontausschusses der vier antifaschistisch-demokratischen Parteien sowie die im Rahmen der Aktionseinheit gefaßten Beschlüsse und durchgeführten Maßnahmen werden ausdrücklich gebilligt.

II

Die seither gemachten Erfahrungen haben die Richtigkeit der Politik der antifaschistisch-demokratischen Aktionseinheit voll bestätigt und die Lebensfähigkeit und Stärke der Einheitsbewegung voll erwiesen.

Vor allem haben diese Erfahrungen gezeigt, daß auftauchende Meinungsverschiedenheiten im Rahmen der Einheitsfront beider Arbeiterparteien immer einer Lösung zugeführt werden konnten, während ohne eine solche Zusammenarbeit und Verständigung die Gegensätze unvermeidlich gewachsen und immer mehr vertieft worden wären.

Nur dank der Aktionseinheit hat unser gemeinsamer Kampf trotz größter objektiver Hemmnisse und materieller Schwierigkeiten bereits in kurzer Zeit eine Reihe höchst bedeutsamer Erfolge erzielt.

Dank der Aktionseinheit ist es gelungen, den Aufbau neuer, demokratischer Selbstverwaltungen durchzuführen, diese zu festigen, ihre Arbeit allseitig zu entfalten und damit überhaupt die Grundlagen für die Existenz der Bevölkerung zu schaffen.

Dank der Aktionseinheit sind die neuen Verwaltungen und ihre Organe im Grundlegenden von den nazistischen Elementen gereinigt. Von oben bis unten sind neue Menschen herangezogen worden. Die deutschen Selbstverwaltungsorgane in der sowjetischen Besatzungszone sind auf neuer Grundlage aufgebaut und mit einem neuen demokratischen Geist erfüllt worden. Damit aber ist ein Ergebnis von wahrhaft historischer Bedeutung erreicht; denn eine solche demokratische Erneuerung des gesamten Verwaltungsapparates stand in Deutschland seit Jahrzehnten, ja seit einem Jahrhundert ungelöst auf der Tagesordnung.

Einen nicht geringeren Erfolg stellt die volle und rasche Durchführung der demokratischen Bodenreform dar, die ebenfalls nur dank der Aktionseinheit möglich war. Mit der demokratischen Bodenreform und der Aufteilung des Bodens der Junker ist dem reaktionären Militarismus die Basis entzogen und eine der Hauptbastionen der Reaktion niedergelegt, eine Hauptwurzel des Faschismus und imperialistischer Eroberungspolitik ausgerottet worden. Ein jahrhundertealter Traum der deutschen Bauern ging endlich in Erfüllung, und in den ehemals rückständigsten und reaktionärsten Gebieten wurde ein neues, demokratisches Dorf geboren.

Nur dank der antifaschistischen Aktionseinheit und besonders der engen Zusammenarbeit zwischen SPD und KPD konnten auch die ersten Quadersteine zum demokratischen Neuaufbau des deutschen Erziehungswesens gelegt werden. Die volle Durchführung der demokratischen Schulreform wird das reaktionäre Erbe im Erziehungswesen austilgen, die hitlerfaschistische Entartung beseitigen, den Bildungsverfall der letzten zwölf Jahre überwinden und die reaktionären Bildungsprivilegien liquidieren. Sie wird somit in der Tat die Brücke in eine neue und bessere Zukunft unseres Volkes sein.

Nicht minder sind die bereits erzielten Erfolge im Kampf gegen Not, Hunger, Kälte, Arbeitslosigkeit und Inflation nur auf das Wirken der antifaschistisch-demokratischen Aktionseinheit zurückzuführen.

Die erfolgreiche Ernteeinbringung und damit die Sicherung des Minimums der Volksernährung, die Abwendung der Gefahr einer furchtbaren Hungersnot war nur durch das Bündnis zwischen den Werktätigen der Stadt und des Dorfes, nur durch eine richtige gemeinsame Agrarpolitik und durch die breite Erntehilfe für die Bauern möglich.

Wo der Verkehr wieder läuft, die Schornsteine wieder rauchen, die Wohnungen wieder bewohnbar werden, wieder Gas und Strom geliefert wird und aus den Trümmern ein neues Leben entsteht, da ist es nur das Ergebnis gemeinsamer Arbeit und gemeinsamer Anstrengungen.

Am höchsten aber sind die errungenen demokratischen Rechte und Freiheiten für die Arbeiter und Werktätigen zu bewerten. Die Arbeiter und Angestellten haben sich feste Positionen erobert und ein weitgehendes demokratisches Mitbestimmungsrecht gesichert. Nie wäre das möglich gewesen ohne die Gewerkschaftseinheit und ohne die alltägliche Zusammenarbeit zwischen den Kommunisten und Sozialdemokraten und den anderen antifaschistischen Kräften.

Wenn sich unser Volk Schritt für Schritt über Schutt und Trümmer den Weg vorwärts bahnt, wenn es wieder aufwärts geht, so ist das nur das Ergebnis der antifaschistischen Aktionseinheit.

III

Aber der heimtückische und gefährliche Feind des Friedens und der Freiheit ist noch nicht vernichtet. Noch ist die Gefahr nicht gebannt, daß Reaktion und Faschismus früher oder später ihr Haupt wieder erheben. Die Erfahrungen nach dem ersten Weltkrieg lehren uns, daß der Feind nach dem ersten Schreck des vollen Bankrotts seiner Politik sich zunächst in die Mauselöcher verkriecht und sich „demokratisch“ tarnt, um den vernichtenden Schlägen der erwachenden Volksmassen zu entgehen und den geeigneten Moment abzuwarten, von neuem zur Offensive gegen die demokratischen Errungenschaften der Werktätigen überzugehen. Nur die Hauptkriegsverbrecher sitzen in Nürnberg vor dem Gericht der Vereinten Nationen auf der Anklagebank. Die Zahl ihrer aktiven Mitverbrecher aber ist groß, und ihnen ist das Handwerk noch nicht gelegt. Vor allem aber darf keinen Augenblick vergessen werden, daß der Hitlerfaschismus nichts anderes war als das Werkzeug des Monopolkapitals zur Niederschlagung aller fortschrittlichen und freiheitlichen Kräfte, zur Durchführung der verbrecherischen Kriegs- und Eroberungspläne des Finanzkapitals. In der Macht der Truste, Konzerne und Kartelle liegt die tiefste Wurzel des Faschismus und des imperialistischen Krieges. Hier steht die Hauptkraft der Reaktion, und solange diese Macht nicht gebrochen ist, solange ist die Gefahr einer reaktionären Restauration nicht gebannt, der Frieden, die neue demokratische Ordnung nicht endgültig gesichert.

Noch ist das Monopolkapital nicht vernichtet, noch hat es sogar zahlreiche Helfer und Verbündete.

Seine Helfer und Verbündeten sind alle jene Günstlinge des Hitlerregimes und der Hitlerpartei, die mit dem Untergang des „Dritten Reiches" ihre Pfründe verloren haben.

Seine Helfer und Verbündeten sind alle mit der Zerschlagung des Nazistaates ins Nichts geschleuderten asozialen Elemente aus den Reihen der faschistischen Terrororganisationen, die sich immer mehr in bloße Banditen und kriminelle Verbrecher verwandeln.

Seine Helfer und Verbündeten sind aber auch die Einflüsse und Traditionen des Militarismus, des wilden Chauvinismus, der Völker- und Rassenhetze, die in Deutschland so tief Wurzeln geschlagen hatten und beileibe noch nicht überwunden sind.

Wo aber ist die Kraft, die alle Gefahren für Frieden und Freiheit bannen und die dunklen Mächte der Reaktion, des Militarismus und Faschismus endgültig überwinden kann?

Diese Kraft kann nur die geeinte Arbeiterklasse im Bündnis mit der Bauernschaft und der schaffenden Intelligenz sein!

In der gegenwärtigen Lage, nachdem der Hitlerfaschismus durch sein Kriegsverbrechen und durch seine millionenfachen Missetaten gegen fremde Völker die nationale Einheit Deutschlands aufs Spiel gesetzt hat, kann nur die Einheit aller antifaschistischen und demokratischen Kräfte des Volkes, die Aktionseinheit über ganz Deutschland hinweg, die nationale deutsche Einheit verkörpern und tragen.

Die Einheitsfront der antifaschistisch-demokratischen Parteien wird aber nur dann stabil und von Dauer sein, wenn die Einheit der Arbeiterbewegung ihr festes Rückgrat bildet.

Die demokratische Republik wird nur dann als wirklich neue demokratische Ordnung errichtet werden, wenn die einige Arbeiterschaft ihr Hauptträger ist und sich gegenüber den bourgeoisen Kräften den gebührenden Einfluß sichert.

Der weitere Aufbau der Wirtschaft wird nur dann rasch vonstatten gehen, wenn die geeinte Arbeiterschaft alle reaktionären Sabotageversuche bricht und diese Sache in ihre eigenen Hände nimmt.

Der Frieden wird nur dann gesichert sein, wenn die konsequenteste Friedenskraft, nämlich die Arbeiterklasse im Bunde mit allen Schaffenden, das Schicksal der Nation meistert.

Keine dieser Aufgaben aber kann die Arbeiterklasse erfüllen, wenn sie nicht die Einheit ihrer eigenen Reihen immer fester und tiefer gestaltet!

IV

Die gemeinsame Konferenz ist auf Grund einer eingehenden Analyse der Lage und der Aufgaben zu dem Schluß gelangt, daß überall neue Schritte zur Entfaltung der antifaschistischen Aktionseinheit unternommen werden müssen.

Durch sachliche Aussprache – so wie sie hier auf dieser Konferenz gepflegt wurde – sollen alle noch existierenden Streitfragen im Geiste gegenseitiger Achtung und beiderseitigen Entgegenkommens geklärt werden. Die Organisationsleitungen werden Anweisungen an die Organisationen über die weitere Zusammenarbeit der Genossen in beiden Parteien geben.

In den Selbstverwaltungsorganen, auf dem Gebiet der Wirtschaft, in den Gewerkschaften und Betriebsräten, in Ämtern, Fabriken und Schulen sollen die Kommunisten und Sozialdemokraten noch viel enger und kameradschaftlicher als bisher zusammenarbeiten.

Diese gesteigerte Zusammenarbeit muß ihren Ausdruck auch darin finden, daß überall, wo Wahlen und Abstimmungen stattfinden, gemeinsame Wahlprogramme der beiden Arbeiterparteien aufgestellt werden. Die Genossen der Sozialdemokratischen Partei und der Kommunistischen Partei werden sich über die Besetzung der politischen Positionen innerhalb der Gemeindeverwaltungen auf der Grundlage der Gleichberechtigung kameradschaftlich verständigen.

Die Aufstellung gemeinsamer Wahlprogramme soll die Garantie bilden, daß der Wahlkampf nicht zu einem Kampf zwischen SPD und KPD wird, sondern als gemeinsamer Kampf der beiden Arbeiterparteien für eine Arbeitermehrheit geführt wird.

Ein gegenseitiger Kampf bei den Wahlen würde zu einem Frevel am schaffenden Volk werden, weil damit nichts anderes erreicht werden könnte, als daß die Reaktion die Oberhand gewinnen würde.

Die gemeinsame Konferenz der KPD und SPD fordert daher die örtlichen und bezirklichen Organisationen beider Parteien in ganz Deutschland auf, im Interesse der Gewinnung einer festen Arbeitermehrheit gemeinsame Wahlprogramme aufzustellen.

V

Die Erweiterung und Vertiefung der Aktionseinheit soll den Auftakt zur Verwirklichung der politischen und organisatorischen Einheit der Arbeiterbewegung, d. h. zur Verschmelzung der Sozialdemokratischen Partei Deutschlands und der Kommunistischen Partei Deutschlands zu einer einheitlichen Partei bilden.

Gegenwärtig, wo sich die beiden Arbeiterparteien zum gemeinsamen Handeln zusammengefunden haben und das Lebensinteresse des schaffenden deutschen Volkes auf das dringlichste die Weiterentwicklung der Einheit fordert, ist der historische Augenblick gekommen, die Lehre aus der gesamten Vergangenheit der Arbeiterbewegung zu ziehen und die Einheitspartei der Arbeiter vorzubereiten. Mit dem Übergang zum imperialistischen Zeitalter wurde die marxistische Bewegung immer mehr zerklüftet. Nun ist es genug des gegenseitigen Bekämpfens, genug des Haders und Bruderkampfes! Laßt uns die Hände reichen und gemeinsam die große Idee der Arbeitereinheit voll verwirklichen!

Was soll die neue, einheitliche Partei der sozialistischen Bewegung sein? Diese Frage steht vor uns! Die Konferenz hat zu ihrer Klärung eine Studienkommission gebildet, die sich aus je vier Genossen der beiden Parteien zusammensetzt.

Grundsätzlich soll im Programm dieser Partei im Minimum die Vollendung der demokratischen Erneuerung Deutschlands im Sinne des Aufbaues einer antifaschistisch-demokratischen parlamentarischen Republik mit gesetzlich gesicherten weitgehenden politischen, wirtschaftlichen und sozialen Rechten der Arbeiter und Werktätigen festgelegt werden; im Maximum soll das Programm die Verwirklichung des Sozialismus auf dem Wege der Ausübung der politischen Herrschaft der Arbeiterklasse im Sinne der Lehren des konsequenten Marxismus sein, wie sie im ›Kommunistischen Manifest‹, im Eisenacher Programm der deutschen Sozialdemokratie und in der Kritik von Marx und Engels zum Gothaer Programm festgelegt sind. Die Einheitspartei soll selbständig und unabhängig sein. Es ist ihre Aufgabe, ihre Politik und Taktik entsprechend den Interessen der deutschen Werktätigen und den speziellen Bedingungen in Deutschland zu entwickeln. Sowohl bei der Verwirklichung des Programm-Minimums als auch des Programm-Maximums soll sie, von den Besonderheiten der Entwicklung unseres Volkes ausgehend, einen eigenen Weg einschlagen. Die restlose Zerschlagung des alten staatlichen Machtapparates und die konsequente Weitertreibung der demokratischen Erneuerung Deutschlands kann auch besondere und neue Formen des Überganges zur politischen Herrschaft der Arbeiterklasse und zum Sozialismus schaffen.

Ihrer Rolle im täglichen Kampf und ihrer sozialen Zusammensetzung nach soll die Einheitspartei die Klassenpartei der Arbeiter, die Partei des schaffenden Volkes in allen seinen Schichten sein.

In ihrer inneren Verfassung soll die Partei auf dem Prinzip des demokratischen Bestimmungsrechts der Mitglieder und der freien Wahl der Parteileitungen beruhen, wobei einmal gefaßte Entscheidungen und Beschlüsse für alle ihre Mitglieder und Organisationen verbindlich sind.

Die Einheitspartei soll auf dem Boden der konsequenten Wahrung aller wirklich nationalen Interessen des deutschen Volkes stehen, was nur auf dem Wege der Rückführung unseres Volkes in die Gemeinschaft der friedliebenden Nationen möglich ist. In Wahrung der besten Traditionen der Arbeiterbewegung soll die Einheitspartei der Idee des proletarischen Internationalismus treu ergeben sein und in diesem Geist auf die Schaffung fester Beziehungen sowohl zur Arbeiterbewegung der bürgerlichen Länder wie zur Arbeiterbewegung der Sowjetunion hinarbeiten. Sie soll die Unterstützung der Arbeiterbewegung in anderen Ländern für ihren Kampf suchen, ebenso wie sie die Pflicht hat, die Sache des Friedens, der Demokratie, des Fortschritts und des Sozialismus, gleich in welchem Lande, auf das aktivste zu fördern und jedwede Äußerung des Chauvinismus, der Rassen- und Völkerhetze wie der Hetze gegen die Sowjetunion energisch zu bekämpfen.

Die Einheitspartei wird die Einheitsfront aller antifaschistisch-demokratischen Kräfte weiter stärken und sie wird die beste Garantie gegen eine neue Spaltung in den Reihen des schaffenden Volkes sein.

Die baldige Verwirklichung der politischen und organisatorischen Einheit der Arbeiterbewegung ist eine dringende nationale Notwendigkeit; denn wie jede Zerklüftung in unseren Reihen die Aufspaltung Deutschlands begünstigen müßte, so bedeutet jeder weitere Schritt zur Festigung der Arbeitereinheit die Stärkung der Einheit Deutschlands.

VI

Auch über den Weg zur Schaffung der Einheitspartei konnte nach lebhafter und kameradschaftlicher Aussprache weitgehende Übereinstimmung erzielt werden.

Der Weg zur Einheitspartei führt über den raschen weiteren Ausbau der Aktionseinheit. Im engsten Zusammenhang mit den täglichen Fragen und Aufgaben sollen alle Gruppen und Ortsorganisationen, Bezirks- und Landes- bzw. Provinzialleitungen eine gemeinsame und rege ideologische Aussprache pflegen, wobei besonders die in Punkt V der vorliegenden Entscheidung kurz dargelegten Hauptgesichtspunkte über das Wesen der Einheitspartei behandelt werden sollen.

Die bereits überall bestehenden Verbindungskomitees sollen in kurzer Frist durch die Schaffung gemeinsamer Ausschüsse (wie solcher für Wirtschaftsfragen, Sozialpolitik, Kultur- und Erziehungsfragen) ergänzt werden.

Die Schaffung einer gemeinsamen theoretischen Zeitschrift und des gemeinsamen Verlages ›Einheit‹ durch den Zentralausschuß der SPD und das Zentralkomitee der KPD soll der Anlaß sein, überall eine lebhafte gemeinsame Zirkel- und Schulungstätigkeit zu entfalten.

VII

Die gemeinsame Konferenz der SPD und KPD ist der festen Überzeugung, daß die Grundsätze der vorstehenden Entschließung den Interessen der Arbeiter und des schaffenden Volkes voll entsprechen. Die Verwirklichung dieser Grundsätze wird den demokratischen Neuaufbau Deutschlands, die Entfaltung des Wirtschaftslebens und die Behebung der gegenwärtigen Notlage breiter Bevölkerungskreise bedeutend beschleunigen.

Insbesondere erklären wir mit feierlichem Nachdruck, daß die Weiterentwicklung der Aktionseinheit zur politischen und organisatorischen Einheit der Arbeiterbewegung die sichere Garantie unseres Erfolges heute und in Zukunft sein wird. Die Morgenröte einer neuen Zeit bricht damit an!

[...]

Gemeinsames Auftreten der beiden Parteien bei den Gemeindewahlen

Vereinbarung der Konferenz des Zentralkomitees der KPD und des Zentralausschusses der SPD mit den Vertretern der Bezirke am 20. und 21. Dezember 1945 in Berlin

Nach zwölf Jahren brutalster Unterdrückung jeder freien politischen Willensäußerung wird das deutsche Volk in der amerikanischen Besatzungszone in einem Teile der Gemeinden zum ersten Male an die Wahlurne gerufen.

Die Wahlen finden zu einer Zeit statt, wo sich breite Schichten des deutschen Volkes noch nicht von dem verhängnisvollen Einfluß der Nazipropaganda erholt haben, wo sie noch nicht ganz begreifen, daß die Schwierigkeiten der ersten Friedenszeit ihre Ursache einzig und allein in der verbrecherischen Kriegspolitik der Hitlerbanditen haben. Die öffentlichen Ämter sind noch nicht völlig von nazistischen und militaristischen Elementen befreit. Die antifaschistisch-demokratischen Kräfte unseres Volkes haben noch nicht genügend Zeit gehabt, sich in demokratischen Parteien zu organisieren und die gesunden Kräfte unseres Volkes für den demokratischen Neuaufbau zu mobilisieren.

Angesichts dieser Lage müssen alle fortschrittlich und freiheitlich gesinnten Kräfte unseres Volkes, besonders die deutsche Arbeiterklasse, ihre Anstrengungen verzehnfachen und alle ihre Kräfte zu einer einzigen großen Kraft zusammenfassen, um diese Gemeindewahlen zu einem weithin sichtbaren, eindeutigen Bekenntnis zur Demokratie zu gestalten.

Es wäre ein neues nationales Unglück für unser Volk, wenn durch die Gemeindewahlen der Eindruck erweckt würde, daß es den verderblichen Weg der nazistischen Kriegspolitik noch nicht restlos verlassen hat. Es wäre ein neues nationales Unglück, wenn durch die Gemeindewahlen der Anschein erweckt würde, als ob unser Volk wieder wie vor Hitler die demokratische Wahlfreiheit nur zur inneren Selbstzerfleischung benutzt. Darum ist es das nationale Interesse unseres gesamten Volkes, die Gemeindewahlen zu einer wuchtigen Kundgebung unseres Volkes zu gestalten, in der es seinen Willen ausdrückt:

1. den Frieden zu sichern durch die restlose Ausmerzung des nazistischen und militaristischen Geistes aus dem öffentlichen Leben;
2. eine kämpferische Demokratie unter Wahrung der nationalen Einheit Deutschlands aufzubauen und damit zugleich eine neue, wahrhaft demokratische Gemeindeverfassung zu schaffen.

Um diese für die Zukunft unseres ganzen Volkes entscheidenden Ziele zu erreichen, muß jegliche Zersplitterung und gegenseitige Bekämpfung der antifaschistisch-demokratischen Kräfte in den Gemeindewahlen vermieden werden. Darum sollen sich die antifaschistisch-demokratischen Parteien in allen Gemeinden über die gemeinsame Führung der Wahlkampagne einigen. Es darf nicht zugelassen werden, daß Faschisten oder andere Reaktionäre den Wahlkampf dazu benutzen, Zwiespalt zwischen die antifaschistisch-demokratischen Parteien zu tragen. Den aktiven Nazis, die am Unglück unseres Volkes die Hauptschuld tragen, darf kein Wahlrecht gewährt werden. Vor allem muß verhindert werden, daß versteckte Nazis oder Reaktionäre in die neuen Gemeindevertretungen gewählt werden.

Deutschlands Zukunft beruht auf der Einigkeit der Arbeiterklasse. Um diese Einheit auszudrücken und zu festigen, werden daher die beiden Arbeiterparteien, die Sozialdemokratische Partei und die Kommunistische Partei, den Wahlkampf gemeinsam führen. Sie werden den werktätigen Massen unseres Volkes ein gemeinsames Wahlprogramm vorlegen, werden sich über die Besetzung der politischen Positionen innerhalb der Gemeindeverwaltungen auf der Grundlage der Gleichberechtigung verständigen. Zu diesem Zwecke werden gemeinsame Mitgliederversammlungen und Funktionärsitzungen der beiden Parteien abgehalten.

Die Gemeindewahlen sollen dem ganzen deutschen Volke zeigen, daß die deutschen Arbeiter aus der Vergangenheit gelernt und die verhängnisvolle Zersplitterung ihrer Kräfte überwunden haben.

Die Kandidaten der KPD und SPD verpflichten sich, neben den oben aufgezeigten politischen Zielen für die Durchführung folgender positiver Ziele einzutreten:

1. Säuberung der Gemeindeverwaltungen von allen Faschisten, volle demokratische Selbstverwaltung, Schaffung einer wahrhaft demokratischen Gemeindeverfassung.

2. Durchführung großzügiger Maßnahmen zur Instandsetzung der beschädigten Wohnungen und Schaffung von neuem Wohnraum für Umsiedler, Ausgebombte und sonstige Wohnungslose.

3. Sicherung der Ernährung durch Steigerung der landwirtschaftlichen Erzeugung, restlose Ausnutzung der noch brachliegenden Bodenflächen, Übergabe von Land an landarme und landlose Bauern und an Landarbeiter auf Kosten der Nazi- und Junkergüter. Großzügige Hilfe für die Bauern.

Aufhebung der Zwangsgesetze für die Landwirtschaft. Der Bauer soll freier Herr auf seinem Hofe sein. Festsetzung tragbarer Abgaben und Sicherung des freien Handels mit überschüssigen landwirtschaftlichen Produkten.

4. Übergabe aller Betriebe der Kriegsverbrecher sowie der aktiven Nazis an die demokratischen Selbstverwaltungen, soweit diese Betriebe nicht den Besatzungsbehörden unterstehen. Übergabe aller Betriebe, die lebenswichtigen öffentlichen Bedürfnissen dienen (Verkehrsbetriebe, Wasser-, Gas- und Elektrizitätswerke usw.), in die Hände der Gemeinden.

Verbesserung der Arbeitsbedingungen für die Arbeiter und Angestellten der kommunalen Unternehmungen. Gleicher Lohn bei gleicher Leistung für Frauen und Jugendliche. Vorbildlicher Arbeitsschutz in Kommunalbetrieben.

5. Gleichberechtigung der Frauen im Gemeindeleben. Heranziehung der Frauen in führende Stellungen. Bildung von antifaschistischen Frauenausschüssen bei den Gemeindeverwaltungen zur Wahrnahme der Interessen der Frauen und Eingliederung der Frauen in das Werk des Aufbaues.

6. Säuberung des deutschen Schulwesens von nazistischem und reaktionärem Geiste. Sicherung gleicher Aufstiegsmöglichkeiten für alle begabten Kinder, auch wenn sie minderbemittelte Eltern haben. Organisierung von Schulspeisungen und ärztliche Betreuung der Kinder.

7. Wirksamer Jugendschutz. Schaffung von antifaschistischen Jugendausschüssen bei den Gemeindevertretungen als Interessenvertretung der Jugend und zur Heranziehung der Jugend für den demokratischen Neuaufbau. Ausbau der Jugendfürsorge.

8. Schaffung einer einheitlichen Sozialversicherung für Sozialrentner, Invaliden, Kriegsbeschädigte, Waisenkinder und Kranke. Fürsorge für die Opfer des Faschismus, für Ausgebombte und Umsiedler. Ausbau des Gesundheits-

wesens. Wirksamer Schutz der Bevölkerung gegen Krankheiten und Seuchen; besonderer Schutz für die Mütter und Kinder.

9. Reformierung des Steuerwesens, Beseitigung aller untragbaren Steuern aus der Hitlerzeit, Sicherung der Gemeindefinanzen durch weitgehende Heranziehung der Reichen für die Gemeindeausgaben bei größter Schonung der Arbeiter, Angestellten, Beamten, kleinen Geschäftsleute und Handwerker.

10. Sparsamkeit und Sauberkeit in der Verwaltung. Größte Sparsamkeit auf allen Gebieten der Gemeindeverwaltung. Schutz der Währung vor Inflation. Rücksichtsloser Kampf gegen alle Unsauberkeit in der Verwaltung. Breiteste Kontrolle der Gemeindeverwaltungen durch die Gemeinde, regelmäßige öffentliche Berichterstattung. Demokratische Wahl der Gemeindevorsteher.

[Unterschriften]

10. Kurt Schumacher, Rede[13], Auszug

Die SPD lehnt eine Kollektivschuld ab, macht aber die bürgerlichen Parteien für das Aufkommen des Nationalsozialismus verantwortlich. Sie fordert einen gerechten sozialen Ausbau der Gesellschaft, die sozialistische Neugestaltung der Wirtschaft, den Aufbau der Demokratie und die Erhaltung des Deutschen Reiches in einem europäischen Rahmen. Sie sieht freie und unabhängige Parteien als Grundlage politischen Handelns an und lehnt deshalb eine Verschmelzung mit der KPD ab.

Bundesarchiv, ZSg 1–90/49 (Flugschrift).

Hamburg, 27. Januar 1946

Die Torheit und die Korruption einer Staatsführung bleiben in jedem modernen Massenstaate nicht ohne verhängnisvolle Rückwirkungen auf die geistige und seelische Situation der breiten Masse, und wenn in den Zeiten vor 1933 vielleicht nicht in jedem Falle und zu jeder Zeit die Klügsten und Stärksten die eigentliche Kraft dargestellt haben, daß nach 1933 in Deutschland die Dümmsten und Belastetsten geherrscht haben, steht außer aller Frage. (Lebhafter Beifall.)

Nun erhebt sich im Auslande die bange Frage: Haben denn die Deutschen den Willen, von ihren demokratischen Rechten Gebrauch zu machen, haben sie den Willen, ihr Schicksal zu gestalten, haben sie ein tiefinnerliches Interesse an der Politik? Und darauf hört man oft als Antwort Stimmen der Skepsis und der Verneinung.

In Deutschland haben alle die Kreise ein brennendes Interesse an der

[13] Gehalten auf dem Landesparteitag der SPD.

Politik, die die Feinde des Nazismus gewesen sind und heute noch sind. (Stürmischer Beifall.)

Und wenn heute jemand erklärt, daß die praktischen Dinge des täglichen Lebens sehr viel wichtiger seien, wenn heute jemand die Politik als unbeachtlich und nicht notwendig beiseite schieben will, dann sehen Sie sich diesen Jemand an: er hat etwas aus den Zeiten des Dritten Reiches zu verbergen!

In Deutschland ist die Lage so: eine unausgesprochene Solidarität der Nazi und der Reaktionäre untereinander besteht noch, und diese Solidarität in dem gegenseitigen Begünstigen ist so stark, daß man sagen kann, in Deutschland lebt heute der Nazi besser als der Durchschnitt (Zustimmung), und hinter diesem gesellschaftlichen Interesse, hinter dieser Solidarität steht unausgesprochen noch eine politische Solidarität. Diese Kreise können sich nicht mit dem Gedanken abfinden, daß die Zeiten für immer vorbei sein sollen. Sie hoffen auf Komplikationen, auf Schwierigkeiten, auf Spannungen innerhalb der Siegermächte, und deshalb sage ich von dieser Stelle: Jede Politik ist grundfalsch, die auf eine gewaltsame Lösung von Fragen hinausgeht, die zwischen den Siegermächten bestehen.

Es gibt keine kriegerische Befreiung Deutschlands, es gibt in einem solchen Falle nur die Ausradierung von Deutschland auf der Landkarte.

Darum, Genossinnen und Genossen, werden wir uns an unsere Aufgabe machen müssen, wenn wir die Fragen aus der Welt geschafft haben, die heute noch nicht aus der Welt geschafft sind. Dieses Volk braucht den Anschauungsunterricht, daß auf jede verbrecherische Handlung auch eine Sühne zu folgen hat, und es geht heute noch vielen Schuldigen viel zu gut, als daß die Unschuldigen sich mit diesem Zustande abfinden könnten. (Bravo!) Wir sind gern bereit, jemand zu neuem politischem Gestaltungswillen zu verhelfen, der nach neuen Erkenntnissen ringt, aber wir sind nicht bereit, uns die Opposition der unbelehrbaren Nazisten des vergangenen Systems gefallen zu lassen. Es ist heute doch so, daß gerade die Kreise, durch die Hitler zur Macht gekommen ist, dadurch, daß der Krieg an ihrem ökonomischen Fundus gnädig vorbeigegangen ist, einen außerordentlichen materiellen Zuwachs erfahren haben, während umgekehrt aber die Kreise, aus deren Reihen die stärkste Opposition gegen das Hitler-Reich gekommen ist, ökonomisch schwächer geworden sind und in der Gefahr der weiteren politischen Entmachtung stehen.

Nun stehen wir vor der komplizierten Frage: wie bringen wir diesem Volke bei, wo es nun eigentlich steht. Denn die meisten Deutschen wissen heute noch nicht, wie tief sie gefallen sind, ahnen noch nicht, daß sie heute immer noch in einer Periode des Stürzens sind, und keiner von uns weiß, welche Knochen des Volkes dabei brechen werden. (Sehr wahr!) In dieser Situation müssen wir bereits den Mut haben – und sollten alle Parteien den Mut haben – zu sagen, daß es kein Wiedereinsetzen in den früheren Stand in sozialer und ökonomischer Hinsicht gibt, sondern daß die, die ihr Vermögen durch den Krieg gerettet haben, zu einer Leistung des Ausgleichs herangezogen werden sollen. (Sehr richtig! Lebhafter Beifall.)

Der heutige Stand mit seinen sinnlosen und ungerechten Abständen und Zuckungen ist so, daß kein Volk der Welt so geduldig ist, um sich diesen Zustand auf die Dauer gefallen lassen zu können. Wir brauchen bei allen Worten, die wir an das Volk richten, eine Politik der absoluten Ehrlichkeit. Aber wir brauchen eine Politik dieser Ehrlichkeit auch gegenüber den Besatzungsmächten. Wir müssen innen und außen dasselbe sagen und dasselbe tun, und die Besatzungsmächte können es sich überlegen, welche Methoden sie lieber haben, die Methode der Kriecherei, wo dann dieselben Männer, die diese Methode anwenden, in ihrem engeren Kreise eine ganz andere Tonart des Nationalismus sprechen, oder die Methoden einer selbstbewußten, klaren, natürlichen Anständigkeit und Ehrlichkeit. (Sehr richtig! – Lebhafter Beifall.)

Heute ist die Situation so, daß keine Periode der deutschen Geschichte sich mit ihr vergleichen läßt in Anbetracht der zu lösenden Probleme. Die Lage ist heute schlimmer als nach dem Dreißigjährigen Kriege, und wir alle stehen vor der Frage: wollen wir Objekt des Geschehens sein oder wollen wir den Versuch machen, selbständig und gestaltend in die Formung der Gegenwart und Zukunft einzutreten. Nun ist es nicht mehr dasselbe Deutschland, das jetzt vielleicht einmal auf die demokratische Tour herumschwenken kann, nachdem die diktatorische Tour pleitegegangen ist; es ist auch nicht mehr dasselbe Deutschland in seinem Raume, in seiner Wirtschaftskraft, auch nicht mehr dasselbe Deutschland in seinen Menschen. Die Demokratie ist keine Frage der Opportunität und der Taktik. Die Demokratie ist die Frage nach der gestaltenden Methode und darüber hinaus nach dem kulturellen und gesellschaftlichen Prinzip.

Die Welt betrachtet uns mit großer Sorge. Die Welt fürchtet nichts so sehr als die Behauptung, Deutschland wäre demokratisch, bevor es wirklich demokratisch ist. Die Welt weiß, was sehr viele Deutsche noch nicht wissen: die Demokratie ist in Deutschland die letzte und die einmalige Chance, um Deutschland am Leben zu erhalten. (Beifall.) Entweder begreifen das die Deutschen, dann werden sie ein schweres Leben haben, aber sie werden ein Leben haben, das das Versprechen einer besseren Zukunft in sich trägt, oder die Deutschen begreifen es nicht, dann wird diese Nation abtreten. Die Welt kann ohne Deutschland leben. Allerdings möchte ich sagen: die Welt wird besser mit einem Deutschland leben, (Bravo!) das mit einer Politik der Demokratie, des Friedens und des Sozialismus der Welt einen wertvollen Beitrag zur Erhaltung des Friedens liefert. (Lebhafter Beifall.) Ein zerstörtes Deutschland wäre nämlich ein Herd der Fäulnis und der Zersetzung, eine Quelle der Beunruhigung und der Schwierigkeiten für die politische Entwicklung dieser Welt.

Die Sozialdemokraten sind in den Augen des Volkes der natürliche Gegenspieler zu dem zusammengebrochenen Diktaturgedanken der Nazi, und grundsätzlich möchte ich sagen: Mit der Nazidiktatur ist in Deutschland die Idee jeder Diktatur zusammengebrochen. (Lebhafter Beifall.) Wir ständen deshalb nicht vor der Frage, ob wir uns an dieser Verantwortung beteiligen wollen oder nicht. Das natürliche Verlangen des Volkes ginge auf diese Verantwortung. Aber wir stehen vor der Frage, ob wir Träger der Verantwortung in der Zukunft sein sollen, wenn andere Leute und andere Richtungen aus einer Geisteshaltung heraus, die gegen die Demokratie und den Sozialismus ist, diese Zukunft gestalten. Wir können Verantwortung nur für die Ideen und die Personen tragen, die wir aus unserem Willen und aus unserer Erkenntnis in den Vordergrund stellen. (Sehr gut!)

Darum geht es heute in der deutschen Politik. Mit einer gewissen Überspitzung möchte ich sagen: es geht in der deutschen Politik um die Frage, wer alles die Demokratie führen will, ohne Sozialdemokrat zu sein. (Sehr gut!) Die einzige Partei, die die große geschichtliche Rechtfertigung hat, daß die Prinzipien ihrer Politik als richtig und notwendig für die Gestaltung der deutschen Zukunft angesehen werden, wird dirigiert oder zu dirigieren versucht und wird umworben von allen möglichen Leuten, ob das nun die Bürokratie ist, oder die wirtschaftlichen Sachverständigen oder die bürgerlichen Parteien oder die Kommunisten sind. Alle sind sich einig in dem heißen Bemühen, die Demokratie zu führen.

Ich glaube, man kann gleich etwas zur Klärung der Lage beitragen, wenn man sagt: die Sozialdemokratie wird von den Sozialdemokraten geführt und von niemand anders. (Stürmischer Beifall.)

Die Sozialdemokratie als die stärkste Partei des deutschen Neubaues beansprucht nicht für sich ein Monopol der Herrschaft. Die Sozialdemokratie will eine Politik der Zusammenarbeit, und die Sozialdemokratie will diese Politik in loyaler und anständiger Form, aber die Sozialdemokratie kann nicht darauf verzichten, sich in einem Grundsatze zu den anderen Parteien in Deutschland in Gegensatz zu stellen, und dieser Grundsatz ist der: die Sozialdemokratie kann keine Politik des bloßen Wiederaufbaues machen, denn letzten Endes ist ja mit dem Nazismus auch das System zusammengebrochen, das den Nazismus als politischen Willensvollstrecker gebraucht hat: der Kapitalismus. (Sehr gut!) Die Sozialdemokratie lehnt die Idee des Wiederaufbaues ab, weil damit zu viel faules Holz und zu viel schlechte Steine in das Gebäude kämen. (Beifall.) Ich glaube, wir hätten den Schwamm bereits im Hause, bevor es überhaupt bezugsfertig wäre. (Heiterkeit.)

Die Sozialdemokratie bekennt sich grundsätzlich zu der Idee des Neubaues Deutschlands, und dieser Neubau Deutschlands kann nur mit den Methoden und auf der Grundlage eines völligen sozialen Strukturwandels in Deutschland erfolgen. Der Nazismus ist ja letzten Endes das Ergebnis eines Klassenkampfes von oben, und überhaupt ist die geistige politische Situation der letzten Jahrzehnte in Deutschland die gewesen, die die Politik des Klassenkampfes herausgebildet hat, den die Rechte praktisch geführt hat. Es ist die Klassenangst des Großbesitzers gewesen, die den Nazismus in den Sattel gesetzt hat, und dieser Großbesitz hat sein System hemmungslos durchführen können, und dieser Großbesitz und seine Träger in der Schwerindustrie sind es gewesen, die den zweiten Weltkrieg heraufbeschworen haben. Dieser Großbesitz ist jetzt mit samt seinen politischen Beauftragten des Dritten Reiches im Frühjahr 1945 zu Grabe gegangen, und wenn der Hochkapitalismus in Deutschland die Diktatur und den Krieg gebracht hat, dann muß es der Sozialismus der arbeitenden Masse sein, der den Deutschen den Frieden sichert. (Lebhafter Beifall.)

Das ist das Problem unserer Zeit, und an diesem Problem werden wir jetzt noch mehr oder weniger von allen anderen politischen und unpolitischen Faktoren in Deutschland gehindert.

Ich möchte, mit dem Gesicht zur englischen Militärregierung gewendet, das eine sagen: England ist das große Mutterland der Demokratie, aber in der historischen Entwicklung der Demokratie in England und den Möglichkeiten der Demokratie in Deutschland bestehen gewaltige Unterschiede. (Sehr richtig!) In England ist das Parlament vor dem Beamten dagewesen; es hat sie ernannt und geformt und, ob gern oder unwillig, wird jeder englische Beamte der natürliche Vollstrecker des durch das Volk repräsentierten Volkswillens sein. In Deutschland war der Beamte als Fürstendiener schon Jahrhunderte da, bevor das Parlament gekommen ist, und in Deutschland fühlt sich das Gros der Beamten nicht als Vollstrecker des Volkswillens, sondern als Bevormunder eines unmündigen Volkes. (Sehr richtig!)

Darum müssen wir der Welt sagen: Es gibt in Deutschland keine parteipolitische Neutralität der Beamten. Die Beamten, die die Neutralität von sich behaupten, sind Begünstiger der Nazi und der Reaktionäre (Stürmischer Beifall), und es gibt in Deutschland auch keine wirtschaftlichen Sachverständige, die objektiv im Interesse der Allgemeinheit tätig wären. Jedesmal, wenn der Kapitalismus in Deutschland in seinen Grundfesten erschüttert ist, kommen seine Exponenten und versichern die treue und willige Mitarbeit. Sie haben das nach 1918 auch getan und sich immer weiter in den Vordergrund gespielt, und es ist die Suprematie der Wirtschaft gewesen, die Deutschland die Reaktion und den Nazismus beschert hat. (Sehr gut!)

Wir haben heute das Bild, daß die politischen Parteien anfangen, auf der großen Bühne der Politik zu agieren, daß aber im Hintergrunde innerhalb der Wirtschaftsverbände die großen Industrien bereits wieder ihre Sonderpolitik machen. (Zuruf: Leider!) Darum ist in Deutschland die Frage nach dem Sozialismus nicht nur eine Frage der Ökonomie, sondern eine Frage der Menschlichkeit. Es ist in Deutschland die Frage nach dem Sozialismus auch eine Frage nach der Möglichkeit der Demokratie. In Deutschland ist erst dann die Demokratie gesichert, wenn es gelungen ist, die Produktionsmittel aus der Hand des großen Besitzes zu entprivatisieren und in die Hand der Allgemeinheit zu überführen. (Lebhafter Beifall.)

Ich möchte alle Politiker der Vereinten Nationen vor der Illusion warnen, als ob in Deutschland ein Nebeneinander von Kapitalismus und Demokratie möglich wäre. In Deutschland wird die Demokratie sozialistisch sein oder sie wird gar nicht sein. (Stürmischer Beifall.) Aber die Demokratie in Deutschland kann nur durch die Parteien kommen und nicht durch die Politik. Repräsentanten des deutschen Volkswillens auf dem Wege zu schaffen, daß man sich einen Querschnitt durch das wirtschaftliche und kulturelle Leben der Deutschen zu machen sucht, scheint für die erste Periode vor den Wahlen ein bequemes Mittel zu sein, um auf diese Art und Weise zu erkennen, welche Kräfte in Deutschland aktionsfähig sind. Aber dieser Schein trügt. Ein jedes politisches Machtmittel, das man anwendet, müßte vorher daraufhin untersucht werden, welche Konsequenzen es haben wird und welche Unterströmungen und Traditionen durch es berührt werden, und wenn wir heute in Hamburg, Hannover oder sonstwo Gruppen haben, in denen die Wissenschaft und die Geistlichkeit, Groß- und Kleinbesitzer, revolutionäre und gegenrevolutionäre Kanarienvogel- und Kaninchenzüchter (Heiterkeit) die Repräsentanten des Volkswillens zu sein scheinen, dann hat das in Deutschland eine sehr gefährliche Tradition. Es ist die Tradition der vordemokratischen oder der ständischen Ideen und des Ständestaates, es ist die Tradition, in der in Deutschland alle Reaktionäre zu Hause sind.

Das Ziel ist das politische Prinzip der arbeitenden Menschen. Das politische Prinzip der Besitzbürger ist die Verteilung der politischen Macht nach der Größe des Besitzes, und dieses zweite Prinzip scheint mir zur Zeit noch viel zu lebendig zu sein, und ich begrüße den Tag der Wahlen, an dem endlich einmal Klarheit geschaffen wird. (Lebhafter Beifall.) Ich begrüße ihn als den Tag der Erlösung von einer Politik der Hintertreppe, denn die Bürokratie in Deutschland glaubt nämlich, daß sie in diesem Prozesse der weltrevolutionären Umgestaltung gewissermaßen als Schaumkrone auf den großen Wellen der Weltrevolution in die Amtssessel hineingespritzt wird und dort sitzen bleibt. Aber die Bürokratie, und besonders dann, wenn sie sehr sachverständig und selbstbewußt tut, hat in Deutschland noch immer geirrt, genau so, wie die Leute in Deutschland geirrt haben, die nach einem langen Leben ohne Politik plötzlich eine führende Stellung in der Politik einnahmen. (Sehr richtig!)

Seien wir uns darüber klar, das ganze bürgerliche Parteienwesen ist mehr oder weniger an dem Aufkommen des Nazismus schuldig, denn die Rechtsteile dieses bürgerlichen Parteienwesens haben den Nazismus bewußt großgezogen, und der verständigere Teil der bürgerlichen Parteienwelt hat seine Ideen viel zu schwächlich vertreten, als daß er sie hätte durchsetzen können.

Aber wenn der große Besitz den Nazismus mit einem klassenpolitisch richtigen Riecher als den brutalsten Vertreter seiner Interessen angesehen hat, dann hat dieser klassenpolitische Riecher für die Rolle der Demokratie weiten Kreisen der deutschen Arbeiterklasse gefehlt. Wenn man von einem historischen Schuldanteil der deutschen Arbeiterklasse am Aufkommen des Nazismus sprechen will, dann trifft er den Teil und nur den Teil der deutschen Arbeiterklasse, der die klassenpolitische Rolle und Wichtigkeit der Demokratie nicht erkannt hat. Und wenn wir heute noch so oft das unsinnige Wort von der Gesamtschuld des deutschen Volkes hören, ein Wort, das wir nicht anerkennen, (lebhafter Beifall) dann mögen seine Verkünder ruhig von einer Schuld sprechen, aber jeweils und in jedem Falle nur von einer Schuld der Kreise, die ihnen persönlich entstammen und die sie repräsentieren, ob das nun ein früherer U-Boot-Kommandant in der Uniform eines geistlichen Herrn ist[14], (Stürmischer Beifall) oder ob es ein kommunistischer Parteisekretär ist. Sie alle mögen von einer Schuld, von ihrer Schuld sprechen, aber nicht versuchen, sich hinter unserem breiten Buckel zu verstecken. (Lebhafter Beifall.)

Es gibt heute keine deutsche Außenpolitik, es gibt nicht einmal eine Innenpolitik, die sehr viel mehr wäre als die Politik der einzelnen Siegermächte. Aber es gibt die entstehenden Parteien, und diese Parteien werden das Gesicht des deutschen Volkes und damit die Zukunft formen.

Wir sprachen hier in einem Kreise der Funktionäre und keine Politik der starken Worte, und wir sagen uns ruhig und ehrlich: das, was die Parteien heute Positives gestalten können, ist noch sehr wenig, aber das, was sie falsch machen und womit sie unsere ganze Zukunft zerstören können, ist bereits sehr viel, und an die Untersuchung dieser Probleme, vor die die Parteien gestellt sind, müssen wir heute gehen.

In Deutschland kann, wie gesagt, die Politik nur mit den Parteien und nur durch die Parteien geschehen. In Deutschland ist es ein Versuch, den bankerotten Kapitalismus und die Reaktion zu begraben, wenn außerparteiliche Momente eingeführt werden. Aber die Verleugnung der sozialistischen Ideen, um deren Durchsetzung es dabei geht, durch die Kommunisten ist eine außerordentliche Schwierigkeit für die deutsche proletarische Politik.

Diese Verleugnung der sozialistischen Idee mag etwas Vorübergehendes sein, aber die Zustände, die heute geschaffen werden, sind nicht vorübergehend. Heute gehen uns unwiederbringliche Chancen und uneinholbare Zeit verloren, heute ist die Situation nach dieser Richtung sehr viel gefährlicher als

[14] D. i. Martin Niemöller.

nach 1918. Deshalb ein Wort zu unserer grundsätzlichen Einstellung zur Kommunistischen Partei.

Genosse Meitmann sagte bereits, daß die Kommunistische Partei heute für die deutsche Politik etwas Überflüssiges sei, und wenn Sie diesen Gedanken konsequent durchdenken und versuchen, in der großen politischen parlamentarischen Gruppierung den Kommunisten einen Platz anzuweisen, dann wird sich sicher eine ganze Generation von Studenten den Doktorhut mit der Frage erwerben können: Steht die Kommunistische Partei rechts oder links von der Sozialdemokratie? (Sehr gut!)

Ich glaube, daß die Kommunistische Partei sehr weit rechts von der Sozialdemokratischen Partei steht (Bravo!) und daß die Dinge, wie sie sich jetzt zwischen den Kommunisten und uns abspielen, in Wirklichkeit gar keine Dinge sind, die mit deutschen Taktiken oder mit den augenblicklichen deutschen Verhältnissen allein zu erklären sind, und ich möchte Sie bei der Beantwortung dieser Frage davor warnen, diese Probleme anders als international zu durchdenken.

Das, was jetzt aus dem Osten als Wille zur Vereinigung zu uns herüberstrahlt, ist kein Wille zur Vereinigung, sondern ein außerordentlich brutaler Versuch der Eroberung der Sozialdemokratischen Partei durch die kommunistische Führung. (Lebhafte Zustimmung.) Es ist auch hier wieder das dauernde Bemühen, der demokratischen Anhängerschaft eine andere Führung zu geben. Und nun stehen wir bei diesem Versuche vor der Tatsache, daß sämtliche prinzipiellen, taktischen und historischen Differenzen zwischen den beiden Parteien ungeklärt geblieben sind und trotzdem dieser Versuch gemacht wird. Da sage ich aus der ganzen Kenntnis der Tatsachen: die sozialdemokratische Mitgliedschaft unserer Parteien in der östlichen Zone ist zu 90 v. H. gegen diese Zwangsehe mit der KPD. (Stürmischer Beifall.)

Es handelt sich hier um ein außenpolitisches Problem, um ein Bündel von außenpolitischen Problemen von größter Tragweite und Wichtigkeit. Was wir in Deutschland auf diesem Gebiete und auf allen anderen Gebieten erleben, ist nicht eine aus den inneren deutschen Verhältnissen entstandene Schwierigkeit, sondern die Konsequenz der Tatsache, daß die Politik der Vereinten Nationen keinen gemeinsamen Generalnenner gegenüber Deutschland hat. Es sind die Probleme der Siegermächte untereinander, die zum Austrage kommen, und wir sind nicht in der Lage und nicht willens, uns für eine Siegermacht gegen alle anderen zu entscheiden. Es wäre ein Verbrechen von außerordentlichem Ausmaße. Wir sind gegen jede Politik der Hegemonie und der Vorherrschaft. Wir sind für eine Politik des Ausgleiches und des Gleichgewichts in Europa und in der Welt. (Lebhafter Beifall.) Aus der Anerkennung der Notwendigkeit der internationalen Regelung auch dieses Problems ist ja unsere Stellungnahme gegeben, und ich kann wohl mit einem berechtigten Stolz für die Sozialdemokratie der drei westlichen Zonen sagen, daß sie diese Entwicklung vorausgesehen hat, und wenn wir in Wennigsen am 5. Oktober 1945 auf unserer Konferenz die Kompetenzverteilung nicht so vorgenommen hätten, wie wir das getan haben, könnten wir heute gar nicht mehr über die Möglichkeit diskutieren und uns frei nach eigenem Willen entscheiden. Darum sage ich das eine:

Überall in der Welt sind jetzt die Bemühungen um eine Einigung gescheitert, nicht aus dem bösen Willen der Beteiligten und nicht deshalb, weil irgendwelche untergeordneten landespolitisch bedingten Schwierigkeiten das Werk der Einigung unmöglich gemacht hätten, sondern sie sind gescheitert, weil gewaltige außenpolitische Realitäten hinter diesen Dingen stehen, und sie mußten scheitern, obwohl in allen Ländern der Welt die Spannung nicht so groß war wie in Deutschland und die historischen Konsequenzen nicht so tragisch waren wie in Deutschland. Wir müssen in Übereinstimmung mit der gesamten Arbeiterinternationale entscheiden, und diese internationalen Momente – seien sie auf das deutsche staatliche Geschehen bezüglich, da Deutschland heute politisch kein einheitliches Reich ist, sondern in verschiedene Besatzungszonen mit verschiedenen Voraussetzungen der Verwaltung verfällt, sei es deshalb, weil wir der Politik der Zweiten Internationale unlöslich verhaftet sind – diese Entscheidungen gehen letzten Endes um eins: die großen unverzichtbaren Güter der Menschheit. Für die europäische Arbeiterklasse ist die Idee der Freiheit des Erkennens und der Freiheit der Kritik ein immanenter Bestandteil des Sozialismus, und auf diese Freiheit des Erkennens und auf diese Freiheit der Kritik werden wir und wollen wir nicht verzichten, dann würden wir auf den europäischen Sozialismus verzichten. Diese unverzichtbaren Ideen, diese Unabhängigkeit in der Entscheidung, in der Kritik ist das letzte geistes- und kulturgeschichtlich bedeutsame Moment bei der Auseinandersetzung über diese Frage.

Unsere Auffassung gestattet uns nicht, auf jeden Versuch, unsere Partei zu erobern, anders zu antworten als mit Nein. Und dieses Nein hat den Genossen in der östlichen Zone die Möglichkeit der Erleichterung gegeben, die wir zu geben imstande waren, und dieses Nein hat sich bei den Wahlen in Hessen am Sonntag[15] im amerikanischen Gebiete sehr bewahrheitet und als sehr notwendig erwiesen. Ohne dieses Nein hätten wahrscheinlich die Sozialdemokraten und die Kommunisten zusammen weit weniger Stimmen erhalten als die Sozialdemokratie allein.

Wir können darum nicht mit den Kommunisten zu einer Linie kommen. Wie im Sachlichen, so ist auch im Politischen ein Abstand bemerkbar. Und wer die gesamte deutsche und internationale Arbeiterbewegung kennt, muß

[15] Kommunalwahlen in Hessen am 20. 1. 1946: SPD 44,6 %, CDU 31,0 %, KPD 5,7 %, LDP 2,2 %, Splitterparteien und Parteilose 16 % (NZ Nr. 7 vom 25. 1. 1946).

sich auch darüber im klaren sein, daß diese Dinge wieder mit dem Mittel der Täuschungs- und Ablenkungsideologie bearbeitet werden. Hüten wir uns, das zu verkennen. Wir haben vielleicht als Politiker viel zu große Neigung zu einer Diäternährung. (Heiterkeit.) Es ist nicht wahr, daß wir bolschewistische Hetze betreiben. Es ist bloß wahr, daß unser Wille, unabhängig zu bleiben, uns diesen Vorwurf einbringt, und wenn kürzlich einmal ein führender Mann des kommunistischen Zentralkomitees erklärt hat: was wir brauchen, das sind enge normale Beziehungen zur Sowjetunion, so ist das gerade das, was wir wollen. Wenn wir uns auch auf Umwegen nicht in Abhängigkeit bringen lassen wollen, dann erklären wir nach der grundsätzlichen Seite hin abschließend: für uns gibt es keinen Sozialismus ohne Demokratie, für uns gibt es aber auch keinen Sozialismus ohne Menschlichkeit.

Verstehen Sie dieses Wort richtig und lassen Sie das in Ihrem Herzen tönen: Europa will europäisch bleiben, es will mit allen andern friedlich zusammen arbeiten. Wir sind nicht russisch und nicht englisch und nicht französisch und nicht amerikanisch, wir sind die Vertreter des arbeitenden Volkes in Deutschland und damit die Vertreter der ganzen deutschen Nation. (Lebhafter Beifall.) Wir sind bereit, mit allen internationalen Faktoren zusammen zu arbeiten, die uns helfen wollen, wir sind aber nicht bereit, uns von einem internationalen Faktor ausnutzen lassen zu wollen, und wenn ich diese Worte zu Ihnen spreche, dann spreche ich sie nicht nur deshalb, weil wir gute Deutsche sind, sondern auch, weil wir ebensogute internationale Sozialisten sind. (Beifall.) Für uns gibt es kein deutsches Problem, das nicht zur gleichen Zeit auch ein europäisches Problem wäre. Wir wollen kein neues nationalistisches Deutschland, aber wir wollen ein freies und geachtetes gleichberechtigtes deutsches Volk im Rahmen der europäischen Notwendigkeiten.

Wir erkennen deshalb alle Ideologien der Vernebelung und der Ablenkung nicht an. Unsere Heimat ist nicht das sagenhafte Vaterland, von dem Bucharin einmal gesagt hat, daß in ihm sich noch einmal die Interessen des Proletariats der ganzen Welt konzentrieren würden! Unser geistiges Interesse, das die Interessen des Proletariats der ganzen Welt umspannt, ist die sozialistische Arbeiterinternationale, und in dieser erleben wir heute das Durchbrechen der Vernunft und der Menschlichkeit. Wir erleben das bei den europäischen und amerikanischen Gewerkschaften, wir sehen das bei der Labour Party und bei den französischen Sozialisten. Ein Wort der Achtung vor den französischen Sozialisten und eine Verbeugung vor Léon Blum. (Lebhafter Beifall.)

In Deutschland, diesem Lande, in dem Millionen deutscher und anderer europäischer Juden hingemordet worden sind, hat sich in meinem Zimmer in Hannover etwas abgespielt, was mich so erschüttert hat wie noch nichts in diesen schweren Monaten. Da sind zwei Vertreter des sozialistischen jüdischen Bundes – Sie kennen ihn wohl aus dem Osten – zu mir gekommen und haben mir Dokumente vorgelegt, aus denen hervorgeht, daß dieser jüdische Bund in Paris und in der Zweiten Internationale am nachdrücklichsten für die deutsche Sozialdemokratie und das deutsche Volk eingetreten ist. (Stürmischer Beifall.) Ich habe den beiden Kameraden gesagt: Wir verstehen uns schon. Ihr wart einmal im Ghetto und habt nicht den Mut verloren, jetzt sind wir im Ghetto, aber wir werden den Mut auch nicht verlieren, und wenn ihr uns helfen wollt, werden wir diese Schwierigkeiten zusammen überwinden. Denn das müßt ihr auch wissen: das Hitler-Reich hat nicht allein das deutsche Volk wahnsinnig gemacht, es hat die Vernunft in der Welt auch weitgehend getötet, und wenn wir stolz darauf sein können, daß die Parteien der sozialistischen Internationale den Mut finden, für uns einzutreten und mit uns zu kämpfen, dann muß ich um so mehr bedauern, daß die Parteien der verstorbenen Dritten Internationale reine Haß- und Revancheparteien gegenüber Deutschland haben. (Pfui!) Vielleicht hat niemand besser die Situation erkannt als unser verehrter großer Freund Léon Blum, als er formulierte: Die französischen Sozialisten, das sind französische Patrioten und internationale Sozialisten, und die französischen Kommunisten sind französische Nationalisten und russische Patrioten. Wir sind die Patrioten keines fremden Landes. Wir haben eine große Aufgabe auf uns genommen, und die ist, unserm verirrten Volke treu zu sein und der Welt ein so geändertes und wertvolles deutsches Volk zur Mitarbeit anzubieten. Wir haben dabei das schwere Erlebnis auf uns zu nehmen, eigentlich keinen Freund in Deutschland zu haben. Wir sehen, daß die Politik der Täuschungsideologie und der Vernebelungsmanöver die ganzen bürgerlichen Parteiensysteme umfaßt.

Darum geht es heute in Deutschland bei den inneren Fragen um die Frage, eine Wirtschaft zu schaffen, die sozialistisch ist und die planwirtschaftlich und versorgungsmäßig und nicht unternehmerprofitwirtschaftlich gelenkt wird. Der Sozialismus ist heute ein Zwang.

Es hat einmal eine Periode in der Vergangenheit gegeben, vor 1933, da war Deutschland ökonomisch und technisch zur Spezialisierung geeigneter als irgend sonst ein Land in der Welt. Die politische Machtentfaltung des Großbesitzes hat diese Bewältigung des Problems unmöglich gemacht. Wir haben damals im Reichtum nicht Sozialisten sein wollen, wir werden heute in der Armut Sozialisten sein müssen. Die heutige Struktur der deutschen Wirtschaft reicht nicht mehr aus, Unternehmergewinn, Kapitalprofit und Grundrenten zu zahlen, sie reicht nur noch aus, die breite arbeitende Masse zu entlohnen und die allernotwendigste soziale Hilfe zu gewähren.

Bei dieser Schwächung des ökonomischen Fundus, von dem wir noch nicht wissen, wieweit er noch durch Reparationsverpflichtungen eingeengt wird, bei dieser Situation ist eine andere Politik nicht möglich. Nachdem man in Deutschland 13 Jahre lang national gefaselt hat, wird es für den deutschen Besitz Zeit, auch einmal nationale Taten zu zeigen.

Wir müssen uns klar sein, daß das ganze bürgerliche Parteiensystem in Deutschland nur an einer Verteidigung des Besitzes interessiert ist. Wir wenden uns dagegen, daß wieder irreführende Ideologien der Täuschung und der Ablenkung eingeführt werden. Für uns ist es klar: die Klasse der Industriearbeiter muß um die Fahne des Sozialismus und der Demokratie geschart werden. Das ist die Voraussetzung des Sieges. Der Sieg selbst aber kommt erst, wenn der Sozialismus auch das Programm des Mittelstandes geworden ist. Wir müssen uns darüber klar sein, daß wir in diesen Mittelstand einbrechen werden und wollen, denn das kleine und mittlere Eigentum ist auch in der Vergangenheit von der Sozialdemokratie nie bedroht gewesen und wird in der Zukunft noch weniger von uns bedroht sein. Es ist in Wahrheit dieser kleine Mittelstand von den großen Expropriateuren, von der großen Bourgeoisie und dem Großgrundbesitz bedroht und expropriiert worden.

Überall in der Welt hat sich die Demokratie nur in den Ländern durchgesetzt, in denen es gelungen ist, den Mittelstand zur sozialistischen Bewegung heranzuführen, und vor dieser Frage stehen wir auch heute.

Wir werden eine Veränderung des sozialen Gesichts und der Zusammensetzung unserer Partei erfahren. Aber der Kern, die Truppe, ohne die wir keinen Schritt gehen wollen und keinen Schritt gehen können, ist die Klasse der Industriearbeiter. Dieser Klasse der Industriearbeiter ist nun die große Aufgabe auferlegt, in die anderen Klassen einzudringen, sie aufzulockern und zu tätigen Mitarbeitern zu machen, und ich bitte Sie, nicht aus Gründen der Opportunität, sondern aus Gründen der Veränderung der sozialen Struktur Deutschlands und aus Gründen der seelischen Umwandlung des deutschen Volkes, das heute in seiner Mehrheit antikapitalistisch ist, Vernunft und Klugheit bei der Gewinnung dieser Schichten zu zeigen.

Ich glaube, daß die erste und wichtigste Einbruchstelle die Gruppe der geistigen Menschen und der Menschen mit sozialem Verantwortungsbewußtsein ist. Dringen Sie in diese Kreise ein, lassen Sie sie mitarbeiten und seien Sie dessen bewußt: es gibt keine untrennbaren Klüfte zwischen formaler Bildung und Handarbeiterschaft. Die Geschichte der deutschen Sozialdemokratie und der ideenschöpfenden Kraft der deutschen Sozialdemokratie beweist das. Es gibt nur ein Zusammengehen aller Arbeitenden ohne Rücksicht auf ihre kulturelle und soziologische und geistige Herkunft.

Das ist ein Prozeß, der in sehr vielen Ländern der Welt sehr viel weiter vorangeschritten ist als bei uns, aber dieser Prozeß muß bei uns in beschleunigtem Tempo erledigt werden und er muß mit dem Gesicht nach vorn erledigt werden. Wir können, wenn sich in unserer Partei eine Linie herausbildet, oder wenn sich in unserer Partei verschiedene Meinungen, verschiedene Linien, verschiedene Richtungen entwickeln, diese Dinge nur begrüßen, aber nur dann, wenn die Verschiedenheit der Ansichten sich bei den Problemen zeigen, die nur in die Zukunft gehen. Menschen, die sich an den Problemen der Vergangenheit orientieren, sind heute reaktionär, gleichgültig, ob sie Bejaher oder Verneiner der Situation von 1932 sind.

Die Sozialdemokratie kann ihre geschichtliche Aufgabe nur erfüllen, wenn sie vorwärts schreitet. Die deutsche Sozialdemokratie muß dabei eine gute, zarte und feine Hand für die Jugend haben, denn es geht jetzt nicht mehr um die ältere Generation, sondern darum, ob diese Generation die gleichen Prinzipien ihrer Politik in die jungen Menschen hereintragen kann.

Bei dieser Gelegenheit möchte ich kurz den Alliierten sagen: macht die Sache so: Ihr gebt uns jetzt soziale und wirtschaftliche Hilfe. Das deutsche Volk hat allen Grund, euch dafür dankbar zu sein. Aber auf weite Sicht gesehen, wird diese Hilfe nicht helfen, wir brauchen politische Hilfe von euch, und diese politische Hilfe besteht darin, daß wir der deutschen Jugend wieder sagen können, daß ihr Leben auch lebenswert sei und daß die Demokratie die Freiheit ist und nicht der Zustand, der dann eintritt, wenn Deutschland zerschlagen am Boden liegt, und daß der Sozialismus die höchste Form der Wirtschaft und der Kultur ist und nicht der Zustand der Verarmung und der Verelendung. Dazu brauchen wir die Hilfe der Welt, und ich glaube, daß noch niemals in der Geschichte ein Kapital besser angelegt worden ist und angelegt würde wie diese Hilfe der Welt, die uns in die Lage versetzt, der deutschen Industrie ein positives Wort für die Zukunftsgestaltung zu sagen.

Der gesamten Parteienwelt Deutschlands möchte ich eines erklären: Ihr verstaubten Politiker des bürgerlichen Parteiensystems von 1932 glaubt noch immer, die deutsche Sozialdemokratie mit den Methoden behandeln zu können wie in jenen vergangenen Jahren. Ihr überseht, daß die deutsche Sozialdemokratie so viele Niederlagen und so viele Demütigungen in dieser Periode auf sich genommen hat, um das Aufkommen des Dritten Reiches zu vermeiden. Alles, was sich an sachlich berechtigten Vorwürfen gegen die Sozialdemokratie in dieser Periode erheben läßt, ist doch nicht aus einem Mangel an Mut oder Verantwortungsbewußtsein bei uns entstanden, sondern daraus, daß wir die Opfer gebracht haben, um der Welt das Dritte Reich zu ersparen. Heute sind wir aber nicht mehr in der Zwangslage, uns erpressen lassen zu müssen, und heute ist keine Situation denkbar, in der wir uns erpressen lassen würden. Heute verlangt die deutsche Sozialdemokratie von allen Persönlichkeiten Respekt in der Sache und Respekt vor ihren führenden Personen, und wenn die andern nicht in der Lage sind, diesen Respekt aufzubringen, wenn die andern uns mit den Methoden eines verflossenen Geschichtsabschnittes behandeln wollen, dann können sie eins haben: unsere Gegnerschaft, und ich kann mir keine Kampfstelle in Deutschland vorstellen, auf der wir zerbrechen würden.

Das Volk in seinem tiefsten Empfinden ist gewillt, uns sein Vertrauen zu geben; den bürgerlichen Parteien will das Volk nur insoweit Vertrauen geben, als eben bestimmte Teile des Volkes ihr Portemonnaie verteidigen wollen und ginge darüber auch die ganze deutsche Zukunft zugrunde.

Diese Politik der Portemonnaie-Verteidigung auf Kosten der Nation haben wir vor 1933 erlebt, und die große Lüge dabei war der Mißbrauch der nationalen Idee. Dieser hat so lange gedauert, bis alle mißbrauchten Parteien zertrümmert waren und die Nation aus tausend Todeswunden blutend am Boden lag. Und heute stehen wir vor der Gefahr des Mißbrauchs der christlichen Idee. (Sehr gut!) Ich bin der Meinung, daß wir alle wohl verstehen können, wenn ein positiver Christ aus dem Geiste der Bergpredigt die Dinge der Politik im Sinne der Menschenliebe und der Hilfsbereitschaft gestalten will, aber ich bin nicht dafür, daß eine Partei für sich das Monopol des Christentums in Anspruch nimmt und damit gewissermaßen allen anderen Parteien imputiert, weniger christlich oder christentumsfeindlich zu sein. Das könnte nur dazu führen, daß hier das Christentum für Zwecke der Besitzverteilung mißbraucht werden soll.

Wir werden auch in dieser Situation keine Silbe gegen das Christentum sagen. Wir respektieren alle Religionen und Weltanschauungen und geben jedem innerhalb der Partei und im Rahmen des neuen Deutschlands das Recht und die Möglichkeit zur freien Entfaltung und Gestaltung. Aber wir sprechen von dieser Stelle aus ein Wort der Warnung an die kirchlichen Institutionen, sie mögen dafür besorgt sein, daß nicht ihre Diener, durch die einseitige Firmierung verlockt, auch einseitig für eine politische Partei Stellung nehmen. Wir wünschen nicht, daß die großen Ideen, die allgemein respektiert werden, zu Mitteln der Parteitaktik herabgewürdigt werden. Wir wissen, worum es in Deutschland geht: das ist der gerechte soziale Ausgleich, der sozialistische Neubau der Wirtschaft, der Aufbau der Demokratie und die Erhaltung des Deutschen Reiches in einem internationalen europäischen Rahmen. Darauf möchten wir unsere Kräfte konzentrieren und wir würden gern sehen, wenn wir den kostspieligen Luxus vermeiden könnten, nämlich den Luxus der religiösen Spannungen und des Kulturkampfes. Dazu sind wir nicht reich genug. Wir fühlen eine Verpflichtung gegenüber den großen Ideen, denen wir zu dienen haben, wir fühlen eine Verpflichtung gegenüber der Welt, der das Dritte Reich so Unendliches angetan hat, wir fühlen eine dritte Verpflichtung gegenüber unserem Volke, das am Leben bleiben und frei sein und geachtet werden muß. Und wenn wir in einer Welt voller Gegnerschaft und Ablehnung in die Arena treten, dann lassen wir uns von dem Gedanken beseelen, daß die Sozialdemokratische Partei vor der größten Aufgabe ihrer Geschichte steht, daß sie aber auch den Mut hat, sich der großen Idee des Sozialismus als würdig zu erweisen. (Lang anhaltender stürmischer Beifall.)

[...]

Es ist die Frage nach einem Agrarprogramm aufgeworfen worden. Wir haben seit vier oder fünf Monaten den Entwurf eines Agrarprogramms aufgestellt, an den sich eine nachhaltige und reiche Diskussion geknüpft hat. Wir sehen die Probleme, die sich um die Begriffe Agrarprogramm und Agrarreform konzentrieren.

Die Frage der Klassenschichtung wird nicht durch die Tatsache des Eigentums schlechthin entschieden, sondern durch die Größe, den Umfang und die Intensität des Eigentums, mit anderen Worten dadurch, ob das Eigentum mit den Mitteln kapitalistischer Ausbeutung angewendet wird oder nicht. Das ist die echte Klassengrenze. Deshalb gehören nicht nur in der Stadt, sondern auch auf dem Lande die Leute, die nicht so großes Eigentum haben, daß sie dieses als ökonomisches Objekt und die dabei verwerteten Menschenkräfte mit den Mitteln der kapitalistischen Ausbeutung benutzen müssen, auf unsere Seite.

Der Bauer, der mit eigener Arbeitskraft und mit seiner Familie, vielleicht auch noch mit der einen oder anderen Hilfskraft seinen Grund und Boden beackert, ist kein Ausbeuter, und darum gehört er zu uns.

Wenn wir aber im Deutschland der westlichen Zonen eine Agrarreform vollführen, dann können wir nur eine Agrarreform brauchen, die produktionssteigernd ist. (Sehr richtig!)

Damit scheidet das Vorbild der Agrarreform in der Ostzone von vornherein aus aus den Möglichkeiten, die wir in den Westzonen haben. Wir wollen eine radikale Agrarreform, aber wir wollen eine Agrarreform, die nicht nur die Produktion für die Menschen in den Städten steigert, sondern auch für Millionen von Menschen die Möglichkeit gibt, neu auf dem Lande unterzukommen. Das ist keine kleine Aufgabe in einem übervölkerten, hochindustrialisierten Westdeutschland, in das täglich Zehntausende von Menschen hineinströmen.

Wir haben aber von der Welt einmal den Wunsch gehört – es war dies der Morgenthau-Plan, der Deutschland zu einem reinen Agrarlande machen wollte. Ein solches Deutschland würde nicht lebensfähig sein. Der Versuch, Deutschland zu einem reinen Agrarlande zu machen, wäre in seiner Wirkung die wirtschaftspolitische Atombombe. (Heiterkeit!)

Wenn wir eine Agrarreform wollen, dann müssen wir auch die landwirtschaftlichen Maschinen und Apparate, d. h. mit anderen Worten eine außerordentliche industrielle Potenz entwickeln, um irgendeine Reform durchführen zu können. Da ist die Stelle, wo der innere Widerspruch zutage tritt. Der wichtigste Bestandteil der Landwirtschaft ist die Industrie. Hieraus ergibt sich: Eine deutsche Volkswirtschaft ist nur möglich, wenn auch die Industrie an sich so viel produziert, daß die Möglichkeiten zur Bezahlung von Ernährung und zur Beschaffung von Rohstoffen dadurch gegeben sind.

[Schuld von SPD und KPD am Aufkommen des Nationalsozialismus]

Die andere Frage, die hier angeschnitten wurde, ist die Frage der bewußten internationalen Eingliederung Deutschlands in den europäischen Raum und die weltökonomischen Notwendigkeiten. Ich stimme den hier vorgebrachten Ansichten durchaus zu. Nur dürfen Sie nicht übersehen, daß diese internationalen Möglichkeiten in jedem Lande erst national erkämpft werden müssen.

Wir wollen kein neues nationalsozialistisches Deutschland, sondern ein Deutschland im Rahmen der europäischen Notwendigkeit. Es gibt verschiedene Möglichkeiten, von dem Kapitalexport nach Deutschland hinein aus den fremden großen Ländern bis zur Kapitalinvestition fremder Kapitalien in Deutschland, die dann ja schon einen stark imperialen Charakter trägt. Hinter diesen großen Möglichkeiten bergen sich auch noch verschiedene andere.

Wir begrüßen deshalb, wenn z. B. eine Schlüsselindustrie, eine Grundlage der Ökonomie in Deutschland wie der Ruhrbergbau den Bergwerksherren weggenommen wird, aber wir wollen nicht als Gegenspieler den deutschen Kapitalismus gegen einen internationalen Kapitalismus austauschen. (Stürmischer Beifall.) Wir wollen das deutsche Volk zum Eigentümer desselben machen, was für Deutschland notwendiger ist, und die Welt kann versichert sein: wir werden dann auch mit Fragen dieser ökonomischen Grundlage wie des Ruhrgebietes unserer Pflicht gegenüber Europa nachkommen.

[. . .]

11. Anton Ackermann, Gibt es einen besonderen deutschen Weg zum Sozialismus?, Aufsatz

Nicht das friedliche Hineinwachsen in den Sozialismus, sondern der revolutionäre Klassenkampf ist das Ziel der Gegenwart. Wenn jedoch der herrschenden Klasse die Werkzeuge des Militarismus und der Bürokratie fehlen, ist auch ein „besonderer" Weg zum Sozialismus möglich. Dies ist in Deutschland der Fall. Die Vereinigung der Arbeiterklasse in der SED stellt hierfür die richtige Voraussetzung dar.

Einheit. Monatsschrift zur Vorbereitung der Sozialistischen Einheitspartei (1946), H. 1 S. 22–32. – Druck u. a.: Flechtheim III, S. 336–355.

Februar 1946

Die gemeinsame Konferenz der KPD und SPD vom 20. und 21. Dezember 1945 und die auf dieser Konferenz gefaßte Entschließung bedeuten den Übergang zur zweiten Phase der Einheit, wobei die unmittelbare Vorbereitung der organisatorischen Vereinigung der Kommunistischen Partei Deutschlands und der Sozialdemokratischen Partei Deutschlands den Kern des Beschlusses vom 21. Dezember bildet. Am Ende dieser zweiten Phase der Einheit soll und wird die Verschmelzung der beiden Arbeiterparteien zu einer einheitlichen und geschlossenen Partei der sozialistischen Bewegung stehen.

Die bedeutungsvollste aller Fragen, die nunmehr geklärt werden muß, ist die Frage: auf welchem Boden und mit welchem Programm soll die Vereinigung erfolgen? Über die dabei auftauchenden Probleme soll eine umfassende Aussprache stattfinden. Diese Programmdiskussion kann nun aber beileibe nicht nur die Sache einiger Führer, einiger Theoretiker sein, obwohl den Führungen von KPD und SPD die Verpflichtung obliegt, der Parteimitgliedschaft ihre klare Stellungnahme zu all den komplizierten Fragen, die unvermeidlich auftauchen werden, vorzulegen. Aber die Vereinigung bedeutet die Verständigung unter Zehntausenden aktiver sozialdemokratischer und kommunistischer Funktionäre und unter Hunderttausenden von Mitgliedern beider Parteien. Von unten bis oben sollen beide Parteiorganismen zu einem untrennbaren Ganzen zusammenwachsen. Folglich ist es klar, daß die Klärung besonders der programmatischen Fragen eine Angelegenheit nicht nur der führenden Köpfe, sondern der Mitgliedschaft beider Parteien und darüber hinaus aller jener Werktätigen ist, die proletarisches Klassenbewußtsein besitzen und der Einheitspartei zweifellos in großen Massen zuströmen werden, weil diese wie ein Magnet auf alle jene Arbeiter und Werktätigen wirken wird, die ihrer ganzen Einstellung nach auf der Seite der sozialistischen Bewegung stehen, sich aber heute weder für die SPD noch für die KPD entscheiden können.

Meine Aufgabe ist es nun, einen Diskussionsbeitrag zu leisten, der eine gewiß nicht einfache Frage betrifft. Es sei mir dabei gestattet, auf einen Artikel Bezug zu nehmen, der in der gleichen Nummer der ›Einheit‹ veröffentlicht ist, obwohl das sonst nicht Brauch sein mag. Ich meine den Artikel: ›Von der Demokratie zum Sozialismus‹, vom Genossen Helmut Lehmann. Vielleicht liegt die Berechtigung einer solchen Bezugnahme darin, daß ich die in dem Artikel vertretene Auffassung in allen wesentlichen Punkten teile. Da Genosse Lehmann die grundsätzlichsten Fragen des Programms behandelt, ist diese Übereinstimmung um so bedeutungsvoller. Ich glaube, hier erklären zu können, daß wir Kommunisten ohne jedes Zögern ein solches Programm der Einheitspartei unterschreiben werden, das in jedem Teil, der das Maximalprogramm betrifft, im Geiste der vom Genossen Lehmann dargelegten Auffassungen abgefaßt sein wird.

Da nun Genosse Lehmann über den Weg von der Demokratie zum Sozialismus schreibt und mir die Aufgabe zufällt, eine, wenn zunächst auch noch nicht umfassende Antwort auf die Frage zu geben, ob es einen besonderen deutschen Weg zum Sozialismus gibt, berühren sich beide Artikel ganz außerordentlich. In folgenden entscheidenden Fragen kann dabei zwischen uns volle Übereinstimmung festgestellt werden, die auf den Lehren von Marx und

Engels beruht und durch die späteren deutschen Erfahrungen besonders bestätigt wurde:

1. Wir unterscheiden zwischen dem Programm-Minimum, das die Vollendung der demokratischen Erneuerung darzulegen hat, und dem Programm-Maximum, das die Verwirklichung des Sozialismus betrifft.
2. Wenn wir von der demokratischen Republik sprechen, so handelt es sich zunächst noch nicht um die Verwirklichung des Sozialismus, sondern um eine ihrem Charakter nach bürgerliche Demokratie.
3. Zum Aufbau einer solchen parlamentarisch-demokratischen Republik stehen wir nicht nur deshalb positiv, weil sie einen großen Fortschritt gegenüber allen autokratischen Regierungsformen darstellt, sondern vor allem auch deshalb, weil die Demokratie den günstigsten Boden für den Kampf um den Sozialismus bietet.
4. Die sozialistische Arbeiterbewegung kämpft in der demokratischen Republik um die ganze Macht im Staate.
5. Die Aufrichtung dieser ganzen Macht der Arbeiter (wie Marx sagt: „die revolutionäre Diktatur des Proletariats") ist die grundlegende Voraussetzung für die Verwirklichung des Sozialismus.

Das ist – kurz zusammengefaßt – der Inhalt der hauptsächlichsten Darlegungen des Genossen Lehmann, die unsere allgemeine Billigung finden. Natürlich sind damit nicht alle Grundfragen des Problems Demokratie und Sozialismus erfaßt. Über eine Reihe weiterer prinzipieller Forderungen des Sozialismus, z. B. die Forderung nach Aufhebung des Privateigentums an den großen Produktionsmitteln und die Überführung der Betriebe, Banken und Verkehrsmittel in die Hände des Arbeiterstaates, kann es aber noch weniger eine Differenz unter uns geben als über die vorgenannten fünf Punkte.

Nun ist die marxistische Theorie die Verallgemeinerung der Erfahrungen der Arbeiterbewegung und des Klassenkampfes in allen Ländern. Die Prinzipien des Marxismus gelten somit ebenfalls für alle Länder: für Frankreich wie für die Vereinigten Staaten, für England wie für Deutschland. In bezug auf diese Prinzipien kann also von einem spezifisch deutschen Weg nicht gesprochen werden.

Gehen wir nun in unseren Betrachtungen weiter, so stoßen wir auf eine Frage von größter Bedeutung: Wie kann der Übergang von der demokratischen Republik zum Arbeiterstaat (im Sinne der ganzen Macht der Arbeiterklasse) vor sich gehen? Oder mit anderen Worten ausgedrückt:

Kann die Arbeiterklasse auf dem demokratisch-parlamentarischen Weg oder nur auf dem Wege revolutionärer Gewaltanwendung in den Besitz der ganzen politischen Macht kommen?

In Rußland ging die Entwicklung den letzteren Weg. Die Sowjetunion ist bis heute das einzige Land geblieben, wo tatsächlich eine grundlegende Veränderung der Gesellschaftsstruktur erreicht wurde. Seit 1917 sind bereits 28 Jahre vergangen; in vielen Ländern wurde der andere, der friedlich-parlamentarische „Weg zum Sozialismus“ versprochen; allein zur Beseitigung der Vorherrschaft der Bourgeoisie und des Kapitalismus hat er bisher in keinem Lande geführt. An dieser historischen Erfahrung können wir unmöglich vorübergehen. Genosse Lehmann sagt richtig: Ein Volk oder eine Klasse, die die Lehren der Geschichte nicht beherzigt, muß schwer dafür büßen. Um so ernster und sorgfältiger müssen wir an die Prüfung dieser Fragen herangehen.

Ziehen wir dabei zunächst Marx und Engels zu Rate, die sich ja wiederholt und äußerst gründlich mit der gleichen Frage beschäftigt haben.

Eines der ersten grundlegendenWerke des reifen Marxismus stellte das von Marx und Engels verfaßte ›Kommunistische Manifest‹ (erschienen Anfang 1848) dar. Im I. Teil geben hier Marx und Engels einen Überblick über die gesamte Entwicklung der Gesellschaft seit Aufhebung der Sklaverei. Sie beginnen diese erste grundlegende Darstellung der materialistischen Geschichtsauffassung mit den Worten:

„Die Geschichte aller bisherigen Gesellschaft ist die Geschichte von Klassenkämpfen. Freier und Sklave, Patrizier und Plebejer, Baron und Leibeigener, Zunftbürger und Gesell, kurz, Unterdrücker und Unterdrückte standen in stetem Gegensatz zueinander, führten einen ununterbrochenen, bald versteckten, bald offenen Kampf, einen Kampf, der jedesmal mit einer revolutionären Umgestaltung der ganzen Gesellschaft endete oder mit dem gemeinsamen Untergang der kämpfenden Klassen.“ (Seite 3–4 in der Ausgabe ›Verlag Neuer Weg‹, 1945.)

Ihre Betrachtungen zusammenfassend, sagen Marx und Engels:

„Indem wir die allgemeinsten Phasen der Entwicklung des Proletariats zeichneten, verfolgten wir den mehr oder weniger versteckten Bürgerkrieg innerhalb der bestehenden Gesellschaft bis zu dem Punkt, wo er in eine offene Revolution ausbricht, und durch den gewaltsamen Sturz der Bourgeoisie das Proletariat seine Herrschaft begründet.“ (Seite 15 in der Ausgabe ›Verlag Neuer Weg‹, 1945.)

Wie ein roter Faden zieht sich dieser Gedanke durch das ›Kommunistische Manifest‹ von der ersten bis zur letzten Seite:

Der Kampf zwischen Proletariat und Bourgeoisie vollzieht sich als schärfster Klassenkampf („mehr oder minder versteckter Bürgerkrieg“), bis das Proletariat in offener Revolution die Bourgeoisie stürzt und seine Herrschaft aufrichtet.

Hier haben wir eine äußerst prägnante Beantwortung auf die Frage, wie die Arbeiterklasse in den Besitz der ganzen Macht gelangen kann; eine Antwort, die keinerlei Zweideutigkeit, keinerlei Ausweichen zuläßt.

So urteilte der „junge“ Marx und Engels, und zwar am Vorabend der Revolution von 1848 in Frankreich, Italien, Deutschland und Österreich. Aber vielleicht hat der „reifere" Marx und Engels diese These korrigiert? Vielleicht sind beide in friedlicheren Perioden zu anderen Auffassungen gelangt?

Nachdem die Revolutionen von 1848 ausgeklungen waren, schrieb Marx u. a. ›Die Klassenkämpfe in Frankreich‹ (verfaßt Januar bis März 1850 in London). Hier lesen wir im III. Kapitel, daß nur das Kleinbürgertum von der Verwirklichung seines utopischen „Sozialismus" träumt, während sich „das Proletariat immer mehr um den revolutionären Sozialismus, um den Kommunismus" gruppiert. Und den revolutionären Sozialismus versteht Marx so:

„Dieser Sozialismus ist die Permanenzerklärung der Revolution, die Klassendiktatur des Proletariats als notwendiger Durchgangspunkt zur Abschaffung der Klassenunterschiede überhaupt, zur Abschaffung sämtlicher Produktionsverhältnisse, worauf sie beruhen, zur Abschaffung sämtlicher gesellschaftlichen Beziehungen, die diesen Produktionsverhältnissen entsprechen, zur Umwälzung sämtlicher Ideen, die aus diesen gesellschaftlichen Beziehungen hervorgehen."

Am 5. März 1852, in einem Brief an Weydemeyer, legte Marx seinen Standpunkt wiederum eindeutig fest:

„Was mich nun betrifft, so gebührt mir nicht das Verdienst, weder die Existenz der Klassen in der modernen Gesellschaft noch ihren Kampf unter sich entdeckt zu haben. Bürgerliche Geschichtsschreiber hatten längst vor mir die historische Entwicklung dieses Kampfes der Klassen und bürgerliche Ökonomen die ökonomische Anatomie derselben dargestellt. Was ich neu tat, war 1. nachweisen, daß die Existenz der Klassen bloß an bestimmte historische Entwicklungsphasen der Produktion gebunden ist; 2. daß der Klassenkampf notwendig zur Diktatur des Proletariats führt; 3. daß diese Diktatur selbst nur den Übergang zur Aufhebung aller Klassen und zu einer klassenlosen Gesellschaft bildet."

(Dieser Brief wurde im Jahre 1907 in der theoretischen Zeitschrift der deutschen Sozialdemokratie ›Die Neue Zeit‹, Band XXV, 2. Teil, Seite 164, zum erstenmal veröffentlicht.)

Niemand wird bestreiten können, daß Lenin die eben zitierten Worte von Karl Marx richtig interpretiert, wenn er in ›Staat und Revolution‹ (verfaßt 1917 vor der Oktoberrevolution) feststellt:

„Wer nur den Klassenkampf anerkennt, der ist noch kein Marxist, der kann noch in den Grenzen bürgerlichen Denkens und bürgerlicher Politik geblieben sein. Den Marxismus auf die Lehre vom Klassenkampf beschränken, heißt den Marxismus beschneiden, ihn entstellen, ihn auf das reduzieren, was für die Bourgeoisie annehmbar ist. Ein Marxist ist nur, wer die Anerkennung des Klassenkampfes bis zur Anerkennung der Diktatur des Proletariats ausdehnt. Hierin besteht der tiefste Unterschied des Marxisten vom gewöhnlichen Klein- (und auch Groß-)Bourgeois. Das ist der Prüfstein für das wirkliche Verstehen und Anerkennen des Marxismus."

Der begrenzte Raum gestattet uns nicht, aus all den grundlegenden Werken von Marx und Engels die Fülle ähnlicher wie die oben zitierten Gedanken anzuführen. Wir müssen uns auf die wichtigsten Thesen beschränken. Dabei stoßen wir vor allem auf die Auseinandersetzungen um das Gothaer Programm.

Im Entwurf zum Programm der deutschen Sozialdemokratie, das auf dem Parteitag zu Gotha vom Jahre 1875 beschlossen wurde, wo sich die Richtung der Lassalleaner und die Richtung der Eisenacher (Bebel und W. Liebknecht) vereinigten, hieß es:

„Die deutsche Arbeiterpartei verlangt, um die Lösung der sozialen Frage anzubahnen, die Errichtung von Produktionsgenossenschaften mit Staatshilfe unter der demokratischen Kontrolle des arbeitenden Volkes. Die Produktivgenossenschaften sind für Industrie und Ackerbau in solchem Umfang ins Leben zu rufen, daß aus ihnen die sozialistische Organisation der Gesamtarbeit entsteht."

Das war die Festlegung auf die verhängnisvolle Lassallesche Auffassung des „friedlichen Hineinwachsens" in den Sozialismus. Anstelle des revolutionären Kampfes zum Sturze der Herrschaft der Bourgeoisie und zur Aufrichtung der Herrschaft des Proletariats tritt die für einen konsequenten Marxisten unfaßbare Utopie, durch den Aufbau von Produktivgenossenschaften unter Mithilfe des Staates (und zwar des reaktionären bürokratisch-militaristischen Staates Bismarckscher Prägung) friedlich in den Sozialismus „hineinzuwachsen". Marx antwortet in seinen ›Randglossen zum Programm der deutschen Arbeiterpartei‹ (bekannt unter der Bezeichnung ›Kritik am Gothaer Programm‹) auf den soeben zitierten Absatz mit äußerster Empörung:

„Nach dem Lassalleschen ‚ehernen Lohngesetz' das Heilmittel des Propheten. Es wird in würdiger Weise ‚angebahnt'. An die Stelle des existierenden Klassenkampfes tritt eine Zeitungsschreiberphrase: ‚die soziale Frage', deren ‚Lösung' man ‚anbahnt'. Statt aus dem revolutionären Umwandlungsprozeß der Gesellschaft, ‚entsteht' die ‚sozialistische Organisation der Gesamtarbeit' aus ‚der Staatshilfe', die der Staat Produktivgenossenschaften gibt, die er, nicht der Arbeiter, ‚ins Leben ruft'. Es ist dies würdig der Einbildung Lassalles, daß man mit Staatsanleihen ebensogut eine neue Gesellschaft bauen kann wie eine neue Eisenbahn." [. . .]

Im Gothaer Programmentwurf war kein Wort von der Notwendigkeit der gewaltsamen Brechung der Bourgeoisieherrschaft und der Aufrichtung der politischen Herrschaft des Proletariats gesagt. Anstelle dieser klaren Begriffe trat der verschwommene Begriff des „Volksstaates", worunter man den parlamentarisch-demokratischen Staat verstand, der die Hülle für das „Hineinwachsen in den Sozialismus“ bilden sollte. Damit war der Grundgedanke und das Grundprinzip des gesamten Marxismus preisgegeben. Hier nun die Antworten Karl Marx’ in seiner ›Kritik zum Gothaer Programm‹:

„Es fragt sich dann: welche Umwandlung wird das Staatswesen in einer kommunistischen Gesellschaft erleiden, in anderen Worten, welche gesellschaftlichen Funktionen bleiben dort übrig, die jetzigen Staatsfunktionen analog sind? Diese Frage ist nur wissenschaftlich zu beantworten, und man kommt dem Problem durch tausendfache Zusammensetzung des Wortes Volk mit dem Worte Staat auch nicht um einen Flohsprung näher.

Zwischen der kapitalistischen und der kommunistischen Gesellschaft liegt die Periode der revolutionären Umwandlung der einen in die andere. Der entspricht auch eine politische Übergangsperiode, deren Staat nichts anderes sein kann, als die revolutionäre Diktatur des Proletariats.

Das Programm nun hat es weder mit letzterer zu tun noch mit dem zukünftigen Staatswesen der kommunistischen Gesellschaft. Seine politischen Forderungen enthalten nichts außer der alten weltbekannten demokratischen Litanei: allgemeines Wahlrecht, direkte Gesetzgebung, Volksrecht, Volkswehr usw. Sie sind bloßes Echo der bürgerlichen Volkspartei, des Friedens- und Freiheitsbundes. Es sind lauter Forderungen, die, soweit sie nicht in phantastischer Vorstellung übertrieben, bereits realisiert sind. Nur liegt der Staat, dem sie angehören, nicht innerhalb der deutschen Reichsgrenzen, sondern in der Schweiz, den Vereinigten Staaten usw. Diese Sorte ‚Zukunftsstaat‘ ist heutiger Staat, obgleich ‚außerhalb des Rahmens‘ des Deutschen Reiches existierender.“ [. . .]

Diese Gedanken lassen sich kurz wie folgt zusammenfassen:

1. Gegenüber dem Gerede vom „Volksstaat“ sieht Marx als den Staat, unter dem sich die revolutionäre Umgestaltung der Gesellschaft, der Übergang zum Sozialismus vollzieht, die revolutionäre Diktatur des Proletariats an.
2. Das Programm einer Arbeiterpartei, das die grundlegende Forderung der proletarischen Diktatur nicht enthält und sich auf allgemein-demokratische Forderungen, wie allgemeines Wahlrecht usw. beschränkt, ist kein proletarisch-sozialistisches Programm, sondern bleibt im Rahmen der bürgerlichen Welt.

Es ist oft versucht worden, einen Gegensatz zwischen Marx und Engels zu konstruieren und die Lehre der auf revolutionärem Wege verwirklichten Herrschaft des Proletariats allein Marx zuzuschreiben. Nichts ist unsinniger als dieser Versuch. Es ist gerade Engels gewesen, der die marxistische Lehre vom Staat entwickelt dargelegt hat. Alle seine Schriften legen davon Zeugnis ab, daß er auch in der Frage des Weges zum Sozialismus vollkommen die gleichen Auffassungen wie Marx vertrat. Was aber Marx’ ›Kritik am Gothaer Programm‹ betrifft, so ist es kein anderer als Friedrich Engels gewesen, der ihre

Veröffentlichung in der ›Neuen Zeit‹ im Jahre 1891 gegen alle Widerstände durchsetzte. Überdies hat Engels im Jahre 1875 im Verlauf der Programmdiskussion die gleichen Grundgedanken vertreten wie Marx. In seinem Brief an August Bebel vom 28. März 1875 verurteilte er u. a. ganz entschieden, daß das Programm „als einzige soziale Forderung die Lassallesche Staatshilfe in ihrer nacktesten Gestalt" aufstellt und fügt hinzu: „Tiefer konnte unsere Partei sich nicht demütigen."

So urteilte Engels über die Theorie des friedlichen Hineinwachsens in den Sozialismus!

Nicht minder klar war die Ablehnung des unmarxistischen, kleinbürgerlichen Begriffes „Volksstaat" durch Engels. In dem eben erwähnten Brief an Bebel (den man in gewissem Sinne als „Engels' Kritik am Gothaer Programm" bezeichnen kann) schreibt er:

„Der freie Volksstaat ist in den freien Staat verwandelt. Grammatikalisch genommen ist ein freier Staat ein solcher, wo der Staat gegenüber seinen Bürgern frei ist, also ein Staat mit despotischer Regierung . . .Der ‚Volksstaat' ist uns von den Anarchisten bis zum Überdruß in die Zähne geworfen worden, obwohl schon die Schrift Marx' gegen Proudhon und nachher das Kommunistische Manifest direkt sagen, daß mit Einführung der sozialistischen Gesellschaftsordnung der Staat sich von selbst auflöst und verschwindet. Da nun der ‚Staat' doch nur eine vorübergehende Einrichtung ist, deren man sich im Kampf, in der Revolution bedient, um seinen Gegner gewaltsam niederzuhalten, so ist es purer Unsinn, vom ‚freien Volksstaat' zu sprechen; solange das Proletariat den Staat noch gebraucht, gebraucht es ihn nicht im Interesse der Freiheit, sondern der Niederhaltung seiner Gegner, und sobald von der Freiheit die Rede sein kann, hört der Staat als solcher auf zu bestehen."

Aus den vorstehenden Darlegungen Friedrich Engels' können wir folgern: Alles Gerede vom „Volksstaat" ist Unsinn. Der Staat des Proletariats ist das Klasseninstrument zur Unterdrückung der Ausbeuterklassen, deren verzweifelter Widerstand ja nach der Aufrichtung der ganzen Macht der Arbeiterklasse anhält und erst noch gebrochen werden muß. Erst im vollendeten Sozialismus, d. h., wenn die Klassengegensätze verschwunden sind, hört diese Notwendigkeit auf, und der Staat verschwindet. Erfolgt der Sieg des Proletariats in einem Lande, während die übrige Welt unter der Herrschaft des Kapitalismus bleibt, so bleibt der Staat auch noch im Sozialismus eine Notwendigkeit, und zwar als Mittel des Schutzes und der Verteidigung des Sozialismus gegen die kapitalistische Umwelt.

Die Theorie des friedlichen Hineinwachsens in den Sozialismus erwartet eine Umwandlung des damals in Deutschland existierenden bürokratisch-reaktionären Staates in einen „Volksstaat" auf dem Wege der Parlamentswahlen, des Stimmzettels. Demgegenüber vertraten Marx und Engels die Erkenntnis, daß dieser Staat als das Gewaltinstrument in den Händen der herrschenden Klasse gewaltsam zerbrochen werden muß.

In ›Der Achtzehnte Brumaire des Louis Bonaparte‹ (verfaßt 1851–52) hatte Karl Marx bereits festgestellt: „Alle Umwälzungen vervollkommneten diese Maschine (d. h. den Staatsapparat der herrschenden Klasse), statt sie zu brechen."

Diese Auffassung entwickelte Marx besonders ausführlich in ›Der Bürgerkrieg in Frankreich‹, wo er die Lehren der Pariser Kommune (1871) eingehend analysierte. Und in ihrem neuen Vorwort zum ›Kommunistischen Manifest‹ vom Juni 1872 sagten Marx und Engels unter Hinweis auf das ebengenannte Werk:

„Namentlich hat die Kommune den Beweis geliefert, daß die Arbeiterklasse nicht die fertige Staatsmaschinerie einfach in Besitz nehmen und sie für ihre eigenen Zwecke in Bewegung setzen kann."

Was aber bedeuten diese auf den Kommunardenaufstand von Paris bezugnehmenden kurzen Worte anderes als dies:

Die Pariser Kommune liefert den endgültigen Beweis dafür, daß sich das Proletariat durch einen Gewaltakt in den Besitz der Macht setzen muß, um den alten Staatsapparat zu beseitigen und seinen eigenen aufzubauen.

Für unsere gegenwärtigen Debatten ist es nun von besonderer Bedeutung, daß Marx und Engels in dieser Beziehung keinen wesentlichen Unterschied zwischen dem kapitalistischen Staat in der Form der bürokratisch-militaristischen Monarchie (wie das Bismarcksche Deutschland) und einer zum bürokratisch-militärischen Gewaltapparat erstarrten bürgerlich-demokratischen Republik machten. Die eine wie die andere Staatsmaschinerie war für Marx und Engels Gewaltinstrument zur Niederhaltung der arbeitenden Klassen, das zerbrochen werden muß.

Im Frühsommer des Jahres 1891 erhielt Engels den Entwurf des von Kautsky verfaßten neuen sozialdemokratischen Parteiprogrammes, das später als ›Erfurter Programm‹ bezeichnet wurde. Marx war verstorben, die Kritik am Entwurf zum Erfurter Programm fiel allein Engels zu. Am 29. Januar 1891 schickte Engels seine Kritik mit einem Begleitbrief an Kautsky. In diesem Begleitbrief lesen wir:

„Ich wollte erst versuchen, die Einleitungs-Erwägungen etwas straffer zu fassen, kam aber aus Zeitmangel nicht dazu, auch schien es mir wichtiger, die teils vermeidlichen, teils unvermeidlichen Mängel des politischen Teils auseinanderzusetzen, da ich dabei Gelegenheit fand, auf den friedfertigen Opportunismus des ›Vorwärts‹ und das frischfrommfröhlichfreie ‚Hineinwachsen' der alten Sauerei ‚in die sozialistische Gesellschaft' loszuhauen. Inzwischen höre ich, hast Du ihnen eine neue Einleitung vorgeschlagen, um so besser."

In der Kritik selbst stellt Engels fest:

„Die politischen Forderungen des Entwurfs haben einen großen Fehler, das, was eigentlich gesagt werden sollte, steht nicht drin (nämlich die Stellung zum Staat) . . . – Daran zu tasten ist aber gefährlich. Und dennoch muß so oder so die Sache angegriffen werden . . . Wie nötig das ist, beweist gerade jetzt der in einem großen Teil der sozialdemokratischen Presse einreißende Opportunismus. Aus Furcht vor einer Erneuerung des Sozialistengesetzes, aus der Erinnerung an allerlei unter der Herrschaft jenes Gesetzes gefallenen voreiligen Äußerungen soll jetzt auf einmal der gegenwärtige gesetzliche Zustand in Deutschland der Partei genügen können, alle ihre Forderungen auf friedlichem Wege durchzuführen. Man redet sich und der Partei vor, die heutige Gesellschaft wachse in den Sozialismus hinein, ohne sich zu fragen, ob sie nicht damit ebenso notwendig aus ihrer alten Gesellschaftsverfassung hinauswachsen, diese alte Hülle ebenso gewaltsam sprengen müsse wie der Krebs die seine, als ob sie in Deutschland nicht außerdem die Fesseln der noch halb absolutistischen und obendrein namenlos verworrenen Ordnung zu sprengen habe . . . –"

Die Hülle der alten Gesellschaftsverfassung gewaltsam sprengen und außerdem (als vordringlichste Forderung) die Fesseln der noch halbabsolutistischen politischen Ordnung sprengen – darin sah Engels die Rolle der Sozialdemokratie und er bedauerte, daß dies im Erfurter Programm unter Rücksicht auf die Polizeiwillkür nicht ausgesprochen war.

Zwei Etappen des Kampfes sah Engels voraus. Die erste Etappe: der Kampf um die demokratische Republik; die zweite Etappe: in der demokratischen Republik nimmt die Arbeiterklasse den Kampf um die ganze Macht auf, wobei auch dieser Kampf ein gewaltsames Sprengen der Staatshülle sein wird. Und das ist der Hauptgedanke der Kritik Engels' am Erfurter Programm vom Jahre 1891!

Nun ist Engels' 1895 geschriebene Einleitung zu den ›Klassenkämpfen in Frankreich‹ von seinen revisionistischen Gegnern wiederholt mißbraucht worden, um den „Nachweis" zu liefern, der alte Engels habe doch seinen revolutionären Standpunkt revidiert, das Mittel der gewaltsamen Erhebung des Proletariats zur herrschenden Klasse verworfen und Wahlkampf, Stimmzettel und Parlamentstätigkeit als das entscheidende Befreiungsmittel gepriesen. Daß es sich hierbei um eine glatte Umbiegung der Wahrheit handelt, wird sofort offensichtlich, wenn man Engels selbst in dieser seiner Einleitung zu den ›Klassenkämpfen in Frankreich‹ sprechen läßt:

„Schon das Kommunistische Manifest hatte die Erkämpfung des allgemeinen Wahlrechts, der Demokratie als eine der ersten und wichtigsten Aufgaben des streitbaren Proletariats proklamiert, und Lassalle hatte diesen Punkt wieder aufgenommen. Als nun Bismarck sich genötigt sah, dieses Wahlrecht einzuführen als einziges Mittel, die Volksmassen für seine Pläne zu interessieren, da machten unsere Arbeiter sofort Ernst damit und sandten August Bebel in den ersten konstituierenden Reichstag. Und von dem Tage an haben sie das Wahlrecht benutzt in einer Weise, die sich ihnen tausendfach gelohnt und die den Arbeitern aller Länder als Vorbild gedient hat. Sie haben das Wahlrecht in den Worten des französischen marxistischen Programms, transformé de moyen de duperie qu'il a été jusqu'ici, un instrument d'émancipation – es verwandelt aus einem Mittel der Prellerei, was es bisher war, in ein Werkzeug der Befreiung. Und wenn das allgemeine Wahlrecht keinen anderen Gewinn geboten hätte, als daß es uns erlaubte, uns alle drei Jahre zu zählen; daß es durch die regelmäßig konstatierte, unerwartet rasche Steigerung der Stimmenzahl in gleichem Maße die Siegesgewißheit der Arbeiter wie den Schrecken der Gegner steigerte und so unser bestes Propagandamittel wurde; daß es uns genau unterrichtete über unsere eigene Stärke wie über die aller gegnerischen Parteien und uns dadurch einen Maßstab für die Proportionierung unserer Aktion lieferte, wie es keinen zweiten gibt, uns vor unzeitiger Zaghaftigkeit ebensosehr bewahrte wie vor unzeitiger Tollkühnheit – wenn das der einzige Gewinn wäre, den wir vom Stimmrecht haben, dann wäre es schon über und über genug. Aber es hat noch viel mehr getan. In der Wahlagitation lieferte es uns ein Mittel, wie es kein zweites gibt, um mit den Volksmassen da, wo sie uns noch fernestehen, in Berührung zu kommen, alle Parteien zu zwingen, ihre Ansichten und Handlungen unseren Angriffen gegenüber vor allem Volke zu verteidigen; und dazu eröffnete es unseren Vertretern im Reichstag eine Tribüne, von der herab sie mit ganz anderer Autorität und Freiheit zu ihren Gegnern im Parlament wie zu den Massen draußen sprechen konnten als in der Presse und in Versammlungen. Was half der Regierung und der Bourgeoisie ihr Sozialistengesetz, wenn die Wahlagitation und die sozialistischen Reichstagsreden es fortwährend durchbrachen? Mit dieser erfolgreichen Benutzung des allgemeinen Stimmrechts war aber eine ganz neue Kampfweise des Proletariats in Wirksamkeit getreten, und diese bildete sich rasch weiter aus. Man fand, daß die Staatseinrichtungen, in denen die Herrschaft der Bourgeoisie sich organisiert, noch weitere Handhaben bieten, vermittels deren die Arbeiterklasse diese selben Staatseinrichtungen bekämpfen kann. Man beteiligte sich an den Wahlen für Einzellandtage, Gemeinderäte, Gewerbegerichte, man machte der Bourgeoisie jeden Posten streitig, bei dessen Besetzung ein genügender Teil des Proletariats mitsprach. Und so geschah es, daß Bourgeoisie und Regierung dahin kamen, sich weit mehr zu fürchten vor der gesetzlichen als vor der ungesetzlichen Aktion der Arbeiterpartei, vor den Erfolgen der Wahl als vor denen der Rebellion."

Engels spricht hier vom Wahlrecht als „ein Mittel der Befreiung", aber in welchem Sinne? Das allgemeine Wahlrecht ist nach Engels ein Kampfmittel in den Händen der Sozialdemokratie:

1. weil die Wahlerfolge die Siegesgewißheit der Arbeiter steigern und so bestes Propagandamittel der Sozialdemokratie wurden;
2. weil es einen Maßstab für die beiderseitigen Kräfte im Kampf zwischen Proletariat und Bourgeoisie liefert, wodurch sowohl das Zurückbleiben wie das Vorauseilen der sozialdemokratischen Taktik gegenüber der Entwicklung vermieden werden kann;
3. weil die Wahlkampagnen der Sozialdemokratie die beste Möglichkeit bieten, breiteste Schichten des arbeitenden Volkes für sich zu gewinnen;
4. weil das Parlament für die sozialdemokratischen Abgeordneten eine ausgezeichnete Tribüne darstellt.

Mehr ist aus den Worten Engels über das Wahlrecht als Mittel der Befreiung beim besten Willen nicht herauszulesen. Man beachte vor allen Dingen, was Engels hier über die Rolle des Parlaments für die sozialdemokratischen Abgeordneten sagt. Das Parlament ist für Engels keinesfalls die Arena, wo die Arbeiterklasse ihren Befreiungskampf durchfechtet, sondern die Tribüne, von der aus die Abgeordneten den Kampf um die Massen zu führen haben.

Die Einleitung Engels' zu den ›Klassenkämpfen in Frankreich‹ ist in einer relativ friedlichen Periode und für die Taktik der Sozialdemokratie in dieser Periode geschrieben worden. Nur Abenteurer und Provokateure konnten im Jahre 1895 von der Sozialdemokratie irgendeine Gewalttaktik fordern. Es war vollkommen klar, daß in dieser verhältnismäßig friedlichen, keinesfalls aber revolutionären Situation die „friedlichen", die gesetzmäßigen Kampfmittel in den Vordergrund treten mußten. Das Wahlrecht bezeichnete Engels in dem Sinne als ein Mittel der Befreiung, daß das Mittel der politischen und gewerkschaftlichen Organisation, des wirtschaftlichen und politischen Streikes andere Kampfmethoden und Befreiungsmittel darstellen. Daß aber die Reaktion in dieser friedlichen Periode die gesetzlichen Kampfmittel der Arbeiterklasse mehr fürchtete, als die „ungesetzlichen", gewaltsamen, auch das liegt auf der Hand; denn jeder Putschismus mußte zu Rückschlägen und Niederlagen, also zur Schwächung der sozialistischen Arbeiterbewegung führen, während die Ausnutzung der legalen Möglichkeiten die sozialistische Bewegung immer mehr stärkte. Und diese Kraft und Stärke der Arbeiterbewegung, das war es, was der Bourgeoisie und allen Reaktionären Furcht einflößte!

Daß aber Engels niemals daran zweifelte, es werden andere, unruhige, revolutionäre Zeiten kommen, das beweist gerade die Einleitung zu den ›Klassenkämpfen in Frankreich‹. Hier analysierte nämlich Engels ausführlich das Für und Wider des offenen Kampfes der Arbeiter um ihre Befreiung in der Form der bewaffneten Auseinandersetzung. Er kommt dabei zu dem Schluß, daß die Weiterentwicklung des Militarismus und der Kriegstechnik die Bedingungen des Aufstandes erschweren. Aber Engels aus einem sozialistischen Revolutionär in einen gewöhnlichen bürgerlich-liberalen Politiker zu verwandeln, das konnte nur mittels einer direkten Fälschung versucht werden. Aus der Einleitung zu den ›Klassenkämpfen in Frankreich‹ wurden nämlich in späteren Ausgaben die zusammenfassenden entscheidenden Sätze einfach unterschlagen. Sie lauten:

„Heißt das, daß in Zukunft der Straßenkampf keine Rolle mehr spielen wird? Durchaus nicht. Es heißt nur, daß die Bedingungen seit 1848 weit ungünstiger für die Zivilkämpfer, weit günstiger für das Militär geworden sind. Ein künftiger Straßenkampf kann also nur siegen, wenn diese Ungunst der Lage durch andere Momente aufgewogen wird. Er wird daher seltener im Anfang einer großen Revolution vorkommen als im weiteren Verlauf einer solchen und wird mit größeren Kräften unternommen werden müssen. Diese aber werden dann wohl, wie in der ganzen großen französischen Revolution, am 4. September und 31. Oktober 1870 in Paris, den offenen Angriff der passiven Barrikadentaktik vorziehen."

Engels würdigt also in der „Einleitung" zunächst die Bedeutung eines der wichtigen gesetzmäßigen Kampfmittel der Arbeiter (das Wahlrecht), aber nicht, um dabei stehenzubleiben; er geht weiter und analysiert die Frage des bewaffneten Kampfes, um hierbei die gewaltsame Revolution ausdrücklich zu bejahen. Das schrieb Engels für eine Partei, die den schlimmsten Polizeischikanen ausgesetzt war, er infolgedessen mit der reaktionären Zensur rechnen mußte. Mehr als Engels sagte, konnte er in dieser Situation gar nicht sagen. Wir verstehen auch sehr wohl, wohin Engels zielt, wenn er noch einmal zur Frage des Wahlrechts zurückkehrt und zwei Seiten nach der von uns zitierten Anerkennung der gewaltsamen Revolution schreibt:

„Dies Wachstum (des Einflusses und der Kraft der Sozialdemokratie) ununterbrochen in Gang zu halten, bis es dem gegenwärtigen Regierungssystem selbst über den Kopf wächst, diesen sich täglich verstärkenden Gewaltshaufen [!] nicht in Vorhutkämpfen aufreiben, sondern ihn intakt halten bis zum Tag der Entscheidung, das ist unsere Hauptaufgabe."

So schreibt Friedrich Engels, der revolutionäre Sozialist! Hier klingen dieselben Gedankengänge an, wie 1849 in seinem grundlegenden Werk ›Der Ursprung der Familie, des Privateigentums und des Staates‹, wo er feststellt, daß „das allgemeine Stimmrecht Gradmesser der Reife der Arbeiterklasse" ist, um fortzufahren: „Mehr kann es nie sein im heutigen Staate, aber das genügt auch. An dem Tage, wo das Thermometer des allgemeinen Stimmrechts den Siedepunkt bei den Arbeitern anzeigt, wissen sie sowohl wie die Kapitalisten, woran sie sind."

In der Einleitung zu den ›Klassenkämpfen in Frankreich‹ führt Engels seine Betrachtungen zu Ende. Er sieht voraus, was tatsächlich später, wenn auch unter anderen Begleitumständen, eingetreten ist: das Anwachsen der revolutionär-sozialistischen Kräfte unter den Verhältnissen eines bürgerlich-demokratischen Regimes wird von den herrschenden reaktionären Mächten beantwortet werden mit der Aufhebung des gesetzmäßigen Zustandes, mit der Aufrichtung eines offen diktatorischen Gewaltregimes. Das allgemeine Wahlrecht kann die Arbeiterpartei an den Kampf um die Macht heranführen, aber an diesem Punkte angelangt, schlägt die Entwicklung um, weil die Bourgeoisie niemals freiwillig und friedlich auf ihre Vormacht verzichtet, sondern zur Gewalt greift und das allgemeine Wahlrecht aufhebt, sobald es ihr gefährlich zu werden droht.

Damit ist – wenn nicht ganz besondere Umstände vorliegen – der Traum vom friedlichen Hineinwachsen in den Sozialismus ausgeträumt. Wo das Proletariat den friedlichen Weg bis zu Ende zu gehen versucht, da greift die Bourgeoisie zu den Mitteln des Bürgerkrieges und zwingt die Arbeiterbewegung zur entsprechenden Antwort; d. h. zum offenen Kampf, wenn nicht der Verzicht auf den Sozialismus, die volle und schmähliche Kapitulation, erfolgen soll.

Welcher Weg beschritten wird, welche Kampfmittel in Anwendung gebracht werden müssen, das hängt also nicht nur von der einen Partei der miteinander Kämpfenden ab. Im Ringen zwischen Proletariat und Bourgeoisie mag das erstere sich peinlichst genau an alle Spielregeln der Gesetzmäßigkeit halten; in dem Moment, wo die Bourgeoisie sieht, daß sie zu unterliegen droht, greift sie zu den „unfairsten" Griffen, um die drohende Niederlage abzuwenden und der sozialistischen Arbeiterbewegung das Rückgrat zu brechen. Dieser Gang der Entwicklung ist unvermeidlich, selbst im demokratischen Lande und bei der „fortschrittlichsten" Bourgeoisie, weil es bedeuten würde, in die Auffassungen der kleinbürgerlich-utopischen Sozialisten zurückzufallen, wenn man annehmen wollte, daß die Kapitalistenklasse freiwillig von der Macht abtreten und auf ihre Privilegien, ihren Reichtum, auf die Ausbeutung des werktätigen Volkes und den allein seligmachenden Profit verzichten würde.

Die Entwicklung nach dem Tode von Marx und Engels hat diese Grundwahrheit in allen Ländern bestätigt. Wo besonders in den revolutionären Krisen am Ende des ersten Weltkrieges und in den nachfolgenden Jahren das kapitalistische System ernstlich gefährdet war, da schritten die reaktionären Kräfte zum offenen Terror. Die Entwicklung in Polen, in den baltischen Randstaaten, in einer Reihe von Balkanstaaten, in Portugal und Spanien, wie in mehreren südamerikanischen Ländern lieferte den schlüssigen Beweis dafür. Wenn in den Jahren zwischen dem ersten und zweiten Weltkrieg und bis heute in anderen Ländern die demokratischen Grundrechte nicht aufgehoben, der Weg der offenen terroristischen Diktatur gegenüber dem arbeitenden Volk nicht beschritten wurde, dann ist die Erklärung dafür in der Tatsache zu suchen, daß in diesen Ländern die Entwicklung des proletarischen Klassenkampfes nicht bis an eine ernste Gefährdung des kapitalistischen Systems heranreichte.

Die Entwicklung in Deutschland selbst ist wohl der deutlichste Beweis dafür, wozu die reaktionären Großkapitalisten fähig sind, wenn ihrem System ernste Gefahr droht. In demselben Maße, in dem in den Jahren der Weimarer Republik die revolutionären Kräfte anwuchsen, wurden die demokratischen Freiheiten immer mehr beschnitten, eingeengt, verdreht und aufgehoben. Es begann mit Presse- und Versammlungsverboten, Notverordnungen und Ausnahmegesetzen in den Jahren der Weltwirtschaftskrise und mündete in der Aufrichtung der faschistischen Barbarei. Nunmehr zeigten die Herren Bourgeois in einer wahrlich nicht mehr zu überbietenden Weise, was ihnen demokratische Freiheiten, Recht, Gesetz und Menschenwürde wert sind. Was könnte uns veranlassen anzunehmen, daß dieselben Kräfte nicht dasselbe verbrecherische Spiel von neuem beginnen würden, falls das arbeitende Volk wie ein Selbstmörder handeln und ihnen die Möglichkeit dazu noch einmal bieten würde? Die Erfahrungen der Geschichte besagen im Gegenteil, daß die reaktionären Kräfte, durch die Erfahrungen gewitzigt, nach einer Niederlage nur noch grausamer als bei der letzten Kraftprobe vorgehen. Die Orgien ihres Blutrausches steigern sich von Auseinandersetzung zu Auseinandersetzung. Die Arbeiterklasse und das gesamte schaffende Volk hat allen Anlaß dazu, durch die eigenen Erfahrungen nicht minder gewitzt zu sein als die Konterrevolution und sich vor allem keinerlei Illusionen über deren Liebe zur Friedfertigkeit und Gesetzmäßigkeit hinzugeben. Das wäre die Gewißheit der Niederlage der fortschrittlichen und demokratischen Kräfte, die Gewißheit der Vernichtung der proletarisch-sozialistischen Bewegung auf unabsehbare Zeit. Die deutschen Imperialisten haben sich nicht nur in ihrer Außenpolitik als die gewalttätigsten und schlimmsten Imperialisten unter allen Imperialisten der Welt erwiesen, sondern auch als die grausamsten und tierischsten Unterdrükker des eigenen Volkes, als die schlimmsten Bluthunde gegen die sozialistische Arbeiterbewegung und alle fortschrittlichen Kräfte im eigenen Land. Dieser Erkenntnis kann sich nach zwölf Jahren Blutrausches der Hitlerfaschisten kein vernünftiger Mensch verschließen, zuletzt aber der marxistisch fühlende und denkende Arbeiter.

Das alles mußte zunächst einmal ausführlich dargelegt werden, wenn an die Frage herangegangen werden soll, ob es einen besonderen deutschen Weg zum Sozialismus gibt, ohne damit Verwirrung und neue Illusionen zu schaffen, die sich verhängnisvoll auswirken müßten.

Was darzulegen ich mich vor allem bemühte, das ist der Nachweis, daß auf gar keinen Fall das friedliche Hineinwachsen in den Sozialismus, durch den Aufbau von Produktivgenossenschaften mit Staatshilfe, die Beschränkung nur auf das Mittel des allgemeinen Wahlrechts den besonderen deutschen Weg zum Sozialismus darstellen kann. Diese Auffassung wurde bereits von Marx und Engels theoretisch gründlich widerlegt und nicht minder praktisch durch die Tatsachen der nachfolgenden Entwicklung; besonders bei uns in Deutschland.

Es ist also an der Zeit, diese „Theorie" zum alten Eisen zu werfen und endlich auf die Wiederholung längst widerlegter Irrtümer zu verzichten. Wir müssen uns auf einem anderen Terrain bewegen, wenn wir die hier zur Behandlung stehenden Fragen richtig beantworten wollen. Marx und Engels gaben uns auch dafür einige wichtige Fingerzeige. Am 12. April 1871 schrieb Marx in einem Brief an Kugelmann:

„Wenn Du das letzte Kapitel meines ›Achtzehnten Brumaire‹ nachsiehst, wirst Du finden, daß ich als nächsten Versuch der französischen Revolution ausspreche, nicht mehr wie bisher die bürokratisch-militärische Maschinerie aus einer Hand in die andere zu übertragen, sondern sie zu zerbrechen, und dies ist die Vorbedingung jeder wirklichen Volksrevolution auf dem Kontinent."

Lenin schlußfolgerte daraus mit vollem Recht, daß Marx damals die Notwendigkeit der gewaltsamen Zerschlagung der Staatsmaschinerie ausdrücklich auf den Kontinent beschränkte (also 1871 England und Amerika ausnahm, für diese Staaten besondere Bedingungen voraussetzte), weil beide Länder damals bürgerlich-demokratische Regierungsformen ohne besonders ausgeprägten Militarismus und in hohem Maße ohne Bürokratie waren. (Man vergesse dabei nicht, daß der Militarismus auch wesentliches Instrument der Niederhaltung des eigenen Volkes ist.)

Marx verneinte also nicht die Möglichkeit, unter besonderen Umständen auch ohne Zerschlagung der bürgerlichen Staatsmaschinerie auszukommen; allerdings nur unter der Voraussetzung, daß sich das bürgerlich-demokratische Regime nicht auf Militarismus und reaktionäre Bürokratie stützen kann. Das wollen wir festhalten.

Lenin führte den Nachweis (siehe ›Staat und Revolution‹), daß sich mit dem Übergang zum Imperialismus auch in England und den Vereinigten Staaten Militarismus und Bürokratismus üppig entwickelten, womit die besonderen Bedingungen für diese beiden Länder weggefallen waren. Das schließt aber nicht aus, daß in besonderen Fällen und unter ganz spezifischen Voraussetzungen etwas Ähnliches in irgendeinem anderen Lande eintreten könnte: ein bürgerlich-kapitalistisches Land ohne den Gewaltapparat des Militarismus und der Staatsbürokratie.

Uns interessiert die zuletzt zitierte Bemerkung von Marx, weil sie zeigt, daß es falsch wäre, unter allen Umständen, für alle Länder und alle Zeiten die Möglichkeit eines besonderen Überganges zu einem Staat, der die ganze Macht der Arbeiterklasse verkörpert, zu verneinen. Dieser Übergang ist dann auf relativ friedlichem Wege möglich, wenn die Klasse der Bourgeoisie durch besondere Umstände nicht über den militaristischen und bürokratischen staatlichen Gewaltapparat verfügt, der es ihr sonst möglich macht, den Machtanspruch des Proletariats mit dem Bürgerkrieg und der terroristischen Niederwerfung der proletarisch-sozialistischen Bewegung zu beantworten.

Eine solche besondere, ausnahmsweise Situation ist aber in der an Wechselfällen so reichen geschichtlichen Entwicklung unseres Zeitalters nicht ausgeschlossen; ja, sie ist einmal bereits eingetreten, allerdings ohne daß die revolutionäre Bewegung die Möglichkeit hatte, sie erfolgreich auszunutzen.

Die Februarrevolution von 1917 in Rußland hatte zum Sturz des Zarismus geführt. Die alte Staatsbürokratie war entmachtet, der russische Militarismus durch den Krieg weitgehend zersetzt und aktionsunfähig; große Truppenteile und die Mehrheit der Soldaten standen auf der Seite der bürgerlich-demokratischen Revolution. Es bildete sich eine Doppelmacht: einerseits die zeitweilige Regierung, die einen bürgerlich-kapitalistischen Staat aufzubauen bemüht war, andererseits die Deputiertenräte der Arbeiter, Bauern und Soldaten. Hätten diese Sowjets in der kurzen Zeitspanne, bevor Kerenski einen neuen staatlichen Gewaltapparat aufbauen konnte, ihre eigentliche Aufgabe erkannt und die ganze Macht an sich gerissen, so hätte sie niemand daran hindern können, und die bürgerlich-demokratische Umwälzung konnte auf friedliche Weise in die proletarisch-sozialistische Umwälzung hinüberwachsen. Die menschewistische Mehrheit in den anfänglichen Sowjets verhinderte die Ausnutzung dieser außergewöhnlich günstigen Situation. Als im Oktober die Bolschewiki die Mehrheit der Sowjets erobert hatten, war die staatliche Macht der Bourgeoisie bereits wieder so gefestigt, daß die Aufrichtung der Diktatur des Proletariats nicht mehr ohne gewaltsame Revolution (Aufstand vom 7. November neuer Zeitrechnung) möglich war.

Solange nach der Februarrevolution die reaktionären Kräfte des Großgrundbesitzes und des Großkapitals nicht in der Lage waren, zur Gewaltanwendung gegen das Volk überzugehen (weil ihnen die dazu erforderliche bürokratisch-militaristische Staatsmaschinerie fehlte), solange war der friedliche Übergang der ganzen Macht in die Hände der Arbeiterklasse möglich.

Gehen wir nun, mit diesen historischen Erfahrungen ausgerüstet, zu den gegenwärtigen grundlegenden Verhältnissen in Deutschland über.

Zweifellos haben wir es gegenwärtig in jeder Beziehung mit ganz außergewöhnlichen Umständen zu tun, die keinen Vergleich mit irgendeiner Situation in irgendeinem andern Lande zu irgendeiner anderen Zeit zuläßt.

Vor allem ist Deutschland ein besetztes Land. Die oberste Gewalt und den entscheidenden Machtfaktor stellt die Alliierte Militärverwaltung dar, in den verschiedenen Besatzungszonen die vier verschiedenen Besatzungsmächte. Ob es die Möglichkeit geben wird, auf friedlichem Wege und ohne auf entgegenwirkende Faktoren zu stoßen, im Verlauf der weiteren Entwicklung von der demokratischen Erneuerung Deutschlands zur sozialistischen Umgestaltung weiterzugehen, hängt folglich zunächst von einem Faktor ab, der außerhalb des Einflusses der sozialistischen deutschen Arbeiterbewegung liegt. Aber damit können wir diese Seite der Frage verlassen; denn selbst Neutralität aller Besatzungsmächte in bezug auf die zukünftige Gesellschaftsstruktur Deutschlands theoretisch vorausgesetzt, taucht hier sofort ein weiteres, das entscheidende eigene Problem der sozialistischen deutschen Arbeiterbewegung auf.

Unser Verhängnis ist es, daß das Hitlerregime nicht durch eine revolutionäre, antifaschistisch-demokratische Umwälzung von innen her aus den Angeln gehoben wurde. Aber die reaktionäre Staatsmaschinerie ist trotzdem weitgehend zerschlagen; nämlich durch die Gewalt der stärkeren Waffen der Alliierten bzw. durch die Maßnahmen der alliierten Kontrollbehörden nach der Besetzung Deutschlands. Der reaktionäre preußisch-deutsche Militarismus soll laut den Beschlüssen der Potsdamer Konferenz bis auf den Rest liquidiert werden. Dem deutschen Volk ist die Möglichkeit zugesichert, ein neues demokratisches Deutschland aufzubauen. Folglich löst sich die Frage nach dem weiteren Weg in die folgende Frage auf:

Entwickelt sich der neue demokratische Staat als ein neues Gewaltinstrument in den Händen reaktionärer Kräfte, so ist der friedliche Übergang zur sozialistischen Umgestaltung unmöglich. Entwickelt sich aber die antifaschistisch-demokratische Republik als ein Staat aller Werktätigen unter Führung der Arbeiterklasse, so ist der friedliche Weg zum Sozialismus durchaus möglich, insofern dann die Gewaltanwendung gegen den (übrigens vollkommen legalen, vollkommen gesetzmäßigen) Anspruch der Arbeiterklasse auf die ganze Macht unmöglich ist.

Die Frage nach einem besonderen deutschen Weg zum Sozialismus ist infolgedessen weniger eine theoretische Frage als die der praktischen Politik, d. h. es ist die Frage, ob die deutsche Arbeiterschaft im Bunde mit allen fortschrittlichen Schichten des schaffenden Volkes den entscheidenden Einfluß auf die demokratische Neugestaltung Deutschlands gewinnt oder nicht.

In dieser Beziehung nun liegen bereits eine Reihe positiver, aber ebenso eine Reihe negativer Momente vor.

Positiv ist, daß in großen Teilen Deutschlands die Entnazifizierung des Verwaltungsapparates konsequent durchgeführt wird und neue Kräfte, Kräfte aus dem schaffenden Volk, entscheidende Positionen innehaben.

Negativ ist, daß anderwärts diese Erneuerung des Verwaltungsapparates zu wünschen übrig läßt und reaktionäre, ja zum Teil sogar nazistische Elemente in einflußreichen Stellen geblieben sind.

Unerhört positiv wirken sich solche konsequenten Maßnahmen aus, wie die demokratische Bodenreform oder die Zerschlagung der Trusts, Konzerne und Banksyndikate, weil damit den reaktionären und imperialistischen Kräften die ökonomische Basis entzogen wird.

Aber ebenso negativ wirkt sich das Weiterbestehen eines Teiles dieser Basis aus, weil damit die Entwicklung unvermeidlich in eine bestimmte Bahn gedrängt wird. Denn wir Marxisten wissen, daß auf einen längeren Zeitraum gesehen die ökonomisch herrschende Klasse auch zur politisch herrschenden Klasse werden muß. Bleibt (wie es 1918 geschah) die ökonomische Machtbasis des Finanzkapitals erhalten, dann wird über kurz oder lang diese reaktionäre Kraft dank der Macht ihres Reichtums und ihres Einflusses, ihrer Beziehungen und Verbindungen den entscheidenden Einfluß auch in der Politik und im Staate wieder fest in Händen haben.

Äußerst positiv müssen sich solche Faktoren auswirken, wie das weitgehende Mitbestimmungsrecht der Arbeiter in Betrieb und Wirtschaft, weil damit der fortschrittliche Einfluß, die vorwärtstreibenden Tendenzen auf die Entwicklung der Gesamtwirtschaft zur Geltung kommen.

Äußerst negativ kann es sich umgekehrt auswirken, daß ein solches weitgehendes Mitbestimmungsrecht nicht überall als gesichert betrachtet werden kann, weil damit den Tendenzen jeder modernen kapitalistischen Wirtschaft zur Bildung bzw. Neubildung der Monopole freier Lauf gegeben ist.

Das Positivste aber ist die Tatsache einer festen Einheit der antifaschistisch-demokratischen Kräfte in weiten Gebieten des Reiches, vor allem der wachsende Drang zur Schaffung der Einheitspartei der Arbeiter. Nur die Vereinigung der KPD und SPD und damit das Anwachsen der Kräfte des Sozialismus auf eine Millionenschar aktiver Mitstreiter kann die Garantie schaffen, daß nicht das reaktionäre Großbürgertum, sondern die Arbeiterschaft und das werktätige Volk den Gang der weiteren Entwicklung bestimmen.

Mit der größten Wachsamkeit müssen andererseits die fortschrittlichen Kräfte solchen nicht nur negativen, sondern geradezu alarmierenden Tatsachen gegenüberstehen, wie denen, daß die Kräfte der Restauration des reaktionären, imperialistischen Deutschlands bereits wieder aus den Mauselöchern hervorkriechen, hier und dort einen frechen Angriff wagen und offensichtlich bestrebt sind, sich auch wieder legale Instrumente ihrer Politik zu schaffen, vor allem eine Presse und Organisation der Konterrevolution. Allein schon ein solcher Name wie „Bayerische Königspartei“ spricht hierbei ganze Bände!

Je gründlicher und umfassender wir alles Für und Wider der kommenden Entwicklung untersuchen, desto stärker müssen wir der Überzeugung Ausdruck geben, daß die rasche Entfaltung der kämpferischen Fortschrittskräfte in der Arbeiterklasse und im gesamten schaffenden Volk letzten Endes den Ausschlag geben wird. Das aber ist in erster Linie gewährleistet durch die Schaffung der Einheitspartei der Arbeiter, die durch die Vertretung der Interessen aller Werktätigen zur Partei des schaffenden Volkes in allen seinen Schichten wird. Gegenwärtig ist in Deutschland noch alles im Werden, alles im Fluß und weniges ist vorläufig endgültig, nichts völlig entschieden. Lange kann und wird dieser Zustand nicht anhalten. Die Stunde drängt zur Entscheidung, und wir werden nicht viele Jahre zur Verfügung haben, bis wir wieder sagen müssen: noch eine glänzende Situation, vielleicht die günstigste, ist verpaßt. Das ist der tiefere Grund, weshalb die Vereinigung der KPD und SPD auf keinen Fall auf die lange Bank geschoben werden kann. Denn die spätere Entwicklung dürfte mir kaum unrecht geben, wenn ich feststelle: auf welchem Wege und in welchem Tempo Deutschland künftig zum Sozialismus schreiten wird, das hängt ausschließlich davon ab, in welchem Tempo jetzt die Einheitspartei verwirklicht wird!

Damit ist die Antwort auf die Möglichkeit einer besonderen Entwicklung in Deutschland gegeben, soweit es die Grundzüge des Überganges vom Kapitalismus betrifft. Für Deutschland wie jedes andere Land gilt, daß es ohne die Aufrichtung der ganzen Macht der Arbeiterklasse keinen Aufbau des Sozialismus geben kann. Ob die Arbeiterklasse vom gegenwärtigen Ausgangspunkt auf friedlichem Wege und unter Beschränkung auf rein gesetzliche Mittel in den Besitz der ganzen Macht kommen kann, darüber entscheiden die nächsten Wochen und Monate. Und dies in dem Sinne, daß in dieser kurzen Zeitspanne die Entscheidung fallen wird, ob die demokratische Republik von neuem Gewaltinstrument in den Händen reaktionärer Kräfte wird oder ein fortschrittlicher Staat, der für eine spätere Entwicklung zum Sozialismus kein unüberwindliches Hindernis bilden wird. Niemand wünscht sehnlicher als wir, daß neue offene Kämpfe, ein neues Blutvergießen vermieden werden kann.

In allen Dingen, die nicht die oben bezeichneten Grundfragen der Umwälzung zum Sozialismus betreffen, wird in diesem oder in jenem Falle die Entwicklung in Deutschland zweifellos einen weitgehend spezifischen Charakter tragen. Oder mit anderen Worten: im einzelnen werden sich die starken Besonderheiten der historischen Entwicklung unseres Volkes, seine politischen und nationalen Eigenheiten, die besonderen Züge seiner Wirtschaft und seiner Kultur außerordentlich stark ausprägen. Die in der gemeinsamen Entschließung vom 21. Dezember 1945 dargelegte Auffassung ist also durchaus begründet:

„Die Einheitspartei soll selbständig und unabhängig sein. Es ist ihre Aufgabe, ihre Politik und Taktik entsprechend den Interessen der deutschen Werktätigen und den speziellen Bedingungen in Deutschland zu entwickeln. Sowohl bei der Verwirklichung des Programm-Minimums als auch des Programm-Maximums soll sie, von den Besonderheiten der Entwicklung unseres Volkes ausgehend, einen eigenen Weg einschlagen."

Kein anderer als Lenin hat betont, daß es der größte Fehler wäre, die Wahrheit über die Allgemeingültigkeit der russischen Erfahrungen zu übertreiben und „sie auf mehr als einige Grundzüge unserer (d. h. der russischen) Revolution auszudehnen“ (siehe Lenin: Der „linke Radikalismus“, die Kinderkrankheit im Kommunismus, Kapitel I: In welchem Sinne kann man von der internationalen Bedeutung der russischen Revolution sprechen?).

Im Oktober 1916 brachte Lenin in dem Artikel ›Eine Karikatur auf den Marxismus‹ außerordentlich tiefe Gedanken über die Besonderheit der Entwicklung in jedem Lande zum Ausdruck:

„Alle Völker werden zum Sozialismus gelangen, das ist unausbleiblich, aber sie werden dahin nicht auf ganz dem gleichen Wege gelangen, jedes wird dieser oder jener Form der Demokratie, dieser oder jener Abart der Diktatur des Proletariats, diesem oder jenem Tempo der sozialistischen Umgestaltung der verschiedenen Seiten des gesellschaftlichen Lebens seine Eigenart verleihen. Nichts wäre theoretisch kläglicher und praktisch lächerlicher als ‚im Namen des historischen Materialismus‘ in dieser Hinsicht ein Zukunftsbild in monotonem Grau zu malen.“ (Lenin, Sämtliche Werke, Band XIX, Seite 281.)

In diesem Sinne müssen wir einen besonderen deutschen Weg zum Sozialismus unbedingt bejahen.

Es mag sein und es ist so, daß es sich bei diesen Besonderheiten nicht um die prinzipiellen, also die theoretisch erstrangigen Fragen dreht. Aber das heißt durchaus nicht, daß es sich nicht um politisch und praktisch entscheidende, für das alltägliche Leben der breiten Bevölkerungsschichten überaus bedeutungsvolle Besonderheiten handeln kann.

Eine Eigenart der Oktoberrevolution bestand z. B. darin, daß sie in einem Lande vor sich ging, das in ökonomischer Beziehung damals weit hinter den fortgeschrittenen Ländern zurückgeblieben war. Die Produktivität der Arbeit war relativ niedrig, die Industrie schwach entwickelt, die Zahl der Arbeitskräfte gering. Außerdem hatten die Auswirkungen des Krieges einen katastrophalen wirtschaftlichen Verfall herbeigeführt.

In Deutschland stehen wir heute einer noch größeren Wirtschaftskatastrophe gegenüber, aber die Produktivität der Arbeit stand bereits auf einem viel höheren Niveau als 1917 im zaristischen Rußland, und dieses hohe Niveau kann rasch wieder erreicht werden. Die Zahl der qualifizierten Arbeitskräfte ist trotz des Aderlasses im Hitlerkrieg unvergleichbar größer, als sie 1917 in Rußland war.

Dieser Unterschied kann sich in der Richtung auswirken, daß im Verhältnis zu den Opfern, die vom russischen Volk für den Aufbau des Sozialismus gebracht werden mußten, unsere Anstrengungen relativ geringer sein werden; das Anwachsen des sozialistischen Wohlstandes kann unter Umständen rascher vor sich gehen.

Eine andere Besonderheit der Oktoberrevolution bestand darin, daß die russische Arbeiterklasse nicht die Mehrheit der Gesamtbevölkerung darstellte, wie es in Deutschland der Fall ist. Das wird ebenfalls nach dem Siege der Arbeitermacht in Deutschland von großer Bedeutung sein, weil es den inneren politischen Kampf erleichtern, weniger opferreich gestalten und die Entfaltung der sozialistischen Demokratie beschleunigen kann.

Gelingt es in Deutschland, vor dem Siege der Arbeiter über die Bourgeoisie die politische und organisatorische Einheit der Arbeiterbewegung auf dem Boden des konsequenten Marxismus herzustellen, so wird auch dieser Umstand die weitere politische Entwicklung wesentlich anders gestalten als nach dem Siege der Oktoberrevolution in Rußland, die den Sieg der bolschewistischen Partei, die Niederlage und schließlich die Zerschmetterung der menschewistischen Partei (die zu einer konterrevolutionären Partei geworden war) bedeutete. In diesem Falle kann eine Besonderheit der deutschen Entwicklung darin bestehen, daß eine stärkere (und infolgedessen auch schärfere) innere Auseinandersetzung in der Arbeiterschaft und im schaffenden Volk nach ihrem Klassensieg über die Bourgeoisie nicht auszubrechen braucht. Auch eine solche Tatsache müßte eine raschere Entfaltung aller positiven Kräfte, ein schnelleres Hervortreten der konsequenten sozialistischen Demokratie zur Folge haben.

Auch der niedrige Stand der materiellen und geistigen Kultur im zaristischen Rußland brachte nach dem Oktobersieg wesentliche Erschwerungen für die Entwicklung sozialistischer Verhältnisse und einer neuen, sozialistischen Kultur. Auf der anderen Seite verfügte die russische Arbeiterklasse vor ihrem entscheidenden Sieg bereits über den ungeheuren Vorteil starker revolutionärer Traditionen und Eigenschaften unerschöpflicher Energie; Dinge, die der deutschen Arbeiterklasse bis heute fehlen. Auch hier gibt es also manches Plus und Minus und dazu eine Reihe gar nicht vorauszusehender, gar nicht berechenbarer Faktoren.

„Die Geschichte im allgemeinen, die Geschichte der Revolutionen im besonderen, ist stets inhaltsreicher, mannigfaltiger, vielseitiger, lebendiger, ‚schlauer', als die besten Parteien, die klassenbewußten Avantgarden der fortgeschrittensten Klassen es sich vorstellen." (Lenin: Der „linke Radikalismus", die Kinderkrankheit im Kommunismus.)

Obwohl der Raum, der für einen Beitrag in einer Zeitschrift zur Verfügung steht, mit den vorstehenden Betrachtungen eigentlich schon überschritten ist, konnten nur die Grundfragen der sozialistischen Umwälzung und nur einige Seiten des Problems der besonderen Entwicklung in Deutschland behandelt werden. Damit ist erst ein Anfang für die Aussprache gemacht; mehr auf keinen Fall.

Trotzdem berechtigen die getroffenen Feststellungen zu dem Optimismus, daß Lenin recht behalten wird, wenn er sagt, daß es in Rußland leichter war, die Macht zu ergreifen, aber unvergleichlich schwerer, den Sozialismus aufzubauen, als es in den fortgeschrittenen kapitalistischen Ländern der Fall sein wird.

Alles andere hängt von den subjektiven Faktoren, d. h. in erster Linie von dem Grad der Reife, der Entschlossenheit und der Einheit der deutschen Arbeiterklasse und Werktätigen ab. Möge uns hier die Zeit auf der Höhe der Aufgaben finden! Dann wird der besondere deutsche Weg zum Sozialismus ein relativ leichter und friedlicher sein können.

12. Programm der Christlich-Demokratischen Union der britischen Zone [16]

Die Grundsätze der christlichen Ethik bestimmen den Wiederaufbau von Staat und Gesellschaft in Deutschland. Die Rechte, Freiheiten und Bedürfnisse des einzelnen sind richtungweisend für die soziale, wirtschaftliche und kulturelle Neuordnung. Das künftige Deutsche Reich muß ein demokratischer und föderativer Staat werden, gleichberechtigt im Kreise der anderen Nationen.

Bundesarchiv, ZSg 1–17/1 (Flugschrift). –
Druck u. a.: Flechtheim II, S. 48–50.

Neheim-Hüsten, 1. März 1946

Die CDU will ein neues, ein anderes Deutschland aufbauen. Die Epoche, in der die materialistische Weltanschauung in Deutschland die geistige Grundlage wurde, Staat, Wirtschaft und Kultur beherrschte, soll zu Ende sein. – Auch der Nationalsozialismus wurzelte in dieser Weltanschauung, er führte die ihr entstammenden Grundsätze bis zur äußersten Konsequenz durch. Wohin diese Entwicklung, die weit vor dem Anfang dieses Jahrhunderts begann, geführt hat, sehen wir: zur Verachtung des Rechts und zur Anbetung der Macht, zur Verneinung der Würde der Person und der Freiheit, zur Vergottung des Staates und ungehemmten Ausdehnung seines Bereichs. Das Ende ist Vernichtung und Auflösung des Staates, Zerstörung der Wirtschaft, völlige geistige und materielle Verelendung des Volkes. Nur eine weltanschauliche Änderung des Volkes kann eine Besserung bringen. Eine sittliche Erneuerung ist notwendig, wenn die ungeheuren Belastungen, die jedem Deutschen auferlegt werden, getragen und die dadurch entstehenden Spannungen ausgeglichen werden sollen. An die Stelle der materialistischen muß wieder die christliche Weltanschauung treten, an die Stelle der sich aus dem Materialismus ergebenden Grundsätze die Grundsätze der christlichen Ethik. Sie müssen

[16] Verabschiedet auf der Tagung des Zonenausschusses der CDU der britischen Zone vom 1.–3. 3. 1946.

bestimmend werden für den Wiederaufbau des Staates und die Abgrenzung seiner Macht, für die Rechte und Pflichten der Einzelpersonen, für das wirtschaftliche und soziale Leben, für unsere Kultur, für das Verhältnis der Völker zueinander. Die christliche Weltauffassung allein gewährleistet Recht, Ordnung und Maß, Würde und Freiheit der Person und damit eine wahre und echte Demokratie, die sich nicht auf die Form des Staates beschränken darf, sondern das Leben des einzelnen wie das des Volkes und der Völker tragen und durchdringen soll. Wir betrachten die hohe Auffassung des Christentums von der Menschenwürde, vom Wert jedes einzelnen Menschen als Grundlage und Richtschnur unserer Arbeit im politischen, wirtschaftlichen und kulturellen Leben unseres Volkes.

A. Aus dieser Erkenntnis und aus diesem Wollen heraus sind die nachfolgenden Grundsätze und Forderungen erwachsen:

I. Einzelperson und Staat

1. Die Grundsätze christlicher Ethik und Kultur, wahre Demokratie müssen das staatliche Leben tragen und erfüllen. An der Würde und den unveräußerlichen Rechten der Person findet die Macht des Staates ihre Grenzen.
2. Recht auf politische und religiöse Freiheit.
3. Gerechtigkeit, gleiches Recht und Rechtssicherheit für jeden.
4. Anerkennung der grundlegenden Bedeutung der Familie für Volk und Staat.
5. Anerkennung und Schutz der Frau bei ihrer Tätigkeit in Haus und Familie. Freie Betätigung der Frau im beruflichen und öffentlichen Leben.
6. Die Mehrheit hat kein willkürliches und uneingeschränktes Recht gegenüber der Minderheit. Auch die Minderheit hat Rechte und Pflichten.

II. Wirtschaftliches und soziales Leben

1. Ziel aller Wirtschaft ist die Bedarfsdeckung des Volkes. Die Wirtschaft hat der Entfaltung der schaffenden Kräfte des Menschen und der Gemeinschaft zu dienen.
2. Ausgangspunkt aller Wirtschaft ist die Anerkennung der Persönlichkeit. Daraus ergibt sich die Notwendigkeit, ein soziales Recht zu schaffen, das Arbeitnehmer und Arbeitgeber zu gleichberechtigter Tätigkeit in Führung und Verantwortung verpflichtet. Hierdurch wird eine soziale Neuordnung in Wirtschaft und Gesellschaft und eine gerechte Verteilung

des wirtschaftlichen Ertrages erreicht und der Geist des Klassenkampfes überwunden.

3. Freiheit der Person auf wirtschaftlichem und Freiheit auf politischem Gebiet hängen eng zusammen. Die Gestaltung und Führung der Wirtschaft darf dem einzelnen nicht die Freiheit seiner Person nehmen. Daher ist notwendig: Stärkung der wirtschaftlichen Stellung und Freiheit des einzelnen, Verhinderung der Zusammenballung wirtschaftlicher Kräfte in der Hand von Einzelpersonen, von Gesellschaften, privaten oder öffentlichen Organisationen, durch die die wirtschaftliche oder politische Freiheit gefährdet werden könnte.
4. Besonderer Schutz und Förderung des Hand- und Kopfarbeiters, des Bauern sowie des Handwerkers und der Mittel- und Kleinbetriebe.
5. Das Recht der Arbeitgeber und der Arbeitnehmer, sich zum Zwecke der Verfolgung ihrer besonderen Interessen zu Verbänden zusammenzuschließen, wird verfassungsmäßig gewährleistet.
6. Die Sicherung der wirtschaftlichen und politischen Freiheit des einzelnen wie der Gesamtheit verlangt Anerkennung des Privateigentums. Das Eigentumsrecht verdient den gleichen Schutz und erleidet die gleiche Einschränkung wie andere Privatrechte. Es hat zu weichen gegenüber einem auch nach ethischen Grundsätzen höheren Recht.
7. Die sich aufdrängende Frage der Vergesellschaftung von Teilen der Wirtschaft ist zur Zeit nicht praktisch, da die deutsche Wirtschaft nicht frei ist. Bei ihrer späteren Regelung werden wirtschaftliche und politische Gesichtspunkte, vor allem das Allgemeinwohl maßgebend sein.
8. Kohle ist das entscheidende Produkt für die gesamte deutsche Volkswirtschaft. Wir fordern die Vergesellschaftung der Bergwerke.
9. Arbeit für jeden, der arbeiten will.
10. Mäßiger Besitz ist eine wesentliche Sicherung des demokratischen Staates. Der Erwerb mäßigen Besitzes für alle ehrlich Schaffenden ist zu fördern.

III. Kultur

1. Rückkehr zu den Grundlagen christlich-abendländischer Kultur, deren Kern die hohe Auffassung von der Würde der Person und dem Werte jedes einzelnen Menschen ist.
2. Sicherung der Teilnahme an den kulturellen Gütern für das ganze Volk.
3. Besondere Sorge für Schule und Erziehung. – Schaffung von Aufstiegsmöglichkeiten für über den Durchschnitt Begabte.
4. Weltanschauliche Gestaltung des Schulwesens nach dem Willen der Erziehungsberechtigten, der Eltern.

5. Schutz der christlichen Kirchen und der Religionsgesellschaften. Sie sind frei in ihrer Betätigung. Zusammenarbeit der christlichen Bekenntnisse unter voller Wahrung ihrer Selbständigkeit und ihres Eigenlebens. Zusammenwirken von Staat und Kirchen.

B. Vordringliche Aufgaben der ersten Aufbauperiode

Die CDU ist bereit zur Zusammenarbeit mit allen zur ehrlichen Zusammenarbeit bereiten Parteien.
Die vordringlichsten Aufgaben der ersten Aufbauperiode sind:

I. Staatlicher Wiederaufbau

1. Die Reichseinheit muß gewahrt bleiben. Deutschland muß ein demokratischer und föderativer Staat werden.
2. Reinigung von nationalsozialistischem Denken.
3. Bestrafung von Taten, die vor 1933 strafbar waren, aber unter nationalsozialistischer Herrschaft nicht bestraft wurden.
4. Bestrafung der für den Krieg Verantwortlichen; je nach Lage des Falles völlige oder teilweise Einziehung des Vermögens.
5. Erfassung der nationalsozialistischen Konjunkturgewinne und der Kriegsgewinne.

II. Wirtschaftlicher Wiederaufbau

1. Rettung der für die friedliche Arbeit und die Erhaltung des deutschen Volkes nötigen Produktionsstätten mit Produktionsmitteln aller Art unter Berücksichtigung der notwendigen Exportkapazität.
2. Erhaltung der Sozialversicherung.
3. Gerechter Ausgleich der Kriegsschäden unter besonderer Heranziehung des Vermögens derjenigen Nationalsozialisten, die in führender Stellung waren, sich bereichert, andere unterdrückt, strafbare oder ehrenrührige Handlungen begangen haben.
4. Schaffung von Arbeit in erster Linie auf allen Gebieten des Wiederaufbaus.
5. Wiederaufbau der zerstörten Städte und Ortschaften unter Vermeidung der Schäden, die mit der Zusammendrängung der Menschen auf engen Raum verbunden sind. Beschaffung des hierfür benötigten Grund und Bodens soweit nötig im Wege der Enteignung.

6. Ermöglichung des Erwerbs eines Eigenheims, besonders auch durch planvolle Stadtrandsiedlung.
7. Schaffung von Bauernstellen, insbesondere für Flüchtlinge, soweit es ohne Beeinträchtigung des Gesamtertrages möglich ist.
8. Soziale und kulturelle Sorge für die Flüchtlinge.
9. Eine beschleunigte Zusammenfassung aller Maßnahmen der Kriegsversehrtenfürsorge unter Beteiligung der Kriegsversehrten.

III. Kultureller Wiederaufbau

1. Neubau des gesamten Erziehungs- und Schulwesens, einschließlich der Hochschulen, im Geiste der christlich-abendländischen Kultur.
2. Besondere Sorge für die Altersjahrgänge, die ihre Ausbildung ganz oder zum größten Teil unter der Herrschaft des Nationalsozialismus erhalten haben. Hilfe für die aus dem Kriegsdienst Heimkehrenden bei der Schaffung einer Existenz.
3. Gestaltung von Presse, Rundfunk und Kino nach den oben wiedergegebenen Grundsätzen kultureller Betätigung.
4. Pflege der wissenschaftlichen Forschungsarbeit und der Kunst.

C. Verhältnis zu anderen Ländern

Das deutsche Volk hat trotz der Untaten des Nationalsozialismus einen Anspruch darauf, nicht allein nach dieser Epoche seiner Geschichte beurteilt zu werden. Außenpolitik wird Deutschland vorerst nur in beschränktem Umfang treiben können. Sein Ziel muß sein, an der friedlichen Zusammenarbeit der Völker in der Vereinigung der Nationen gleichberechtigt teilzunehmen. Die Lasten, die der verlorene Krieg Deutschland anderen Ländern gegenüber auferlegen wird, müssen so bemessen werden, daß Deutschland sie tragen und ihnen gerecht werden kann. Denn auch der Besiegte behält das Recht auf Leben und Arbeit. Bitterste Not ohne Hoffnung ist das stärkste Hindernis für eine friedliche Entwicklung. Auch der Sieger, der im Besitze der Macht ist, hat nach menschlichem und göttlichem Recht Pflichten gegenüber dem Besiegten.

13. Konrad Adenauer, Rede[17], Auszug

Der Nationalsozialismus ist eine Konsequenz der marxistisch-materialistischen Weltanschauung. Ein Wiederaufbau Deutschlands ist deshalb nur nach den Grundsätzen des christlichen Naturrechts möglich. Vorherrschend sind die Rechte des einzelnen. Im wirtschaftlichen Bereich sind in gewissem Umfang Planung und Lenkung durch Selbstverwaltungskörperschaften notwendig, doch ist die Privatinitiative vorrangig. Arbeiter sind an Führung und Verantwortung zu beteiligen. Ein Führungsanspruch der SPD wird abgelehnt.

Rede des Ersten Vorsitzenden der CDU für die britische Zone, Oberbürgermeister a. D. Konrad Adenauer, in der Aula der Kölner Universität am 24. März 1946, Bergisch-Gladbach 1946 (= Schriftenreihe der Christlich-Demokratischen Union des Rheinlandes, H. 8). – Druck: Adenauer, Reden, S. 82–106.

Köln, 24. März 1946

Deutscher Geist!

Wie war es möglich, daß das Aufleben deutschen Geistes so kurz war? Wie ist es möglich, daß die nach 1918 entstandene Deutsche Republik nur 15 Jahre Bestand hatte, wie war es möglich, daß das Bismarcksche Reich, 1871 gegründet, bald schon der mächtigste Staat der Welt, bereits 1918 nach 47 Jahren zusammenbrach, ein Reich, das so stark und fest schien wie kaum ein anderes europäisches Land jener Zeit! Wie war das nationalsozialistische Reich, zuerst von vielen Harmlosen mit Jubel begrüßt, dann wegen seiner abgrundtiefen Gemeinheit und Niedertracht von vielen, sehr vielen Deutschen zwar gefürchtet, aber auch verachtet und verflucht, wie war das im deutschen Volk möglich?

Wie war es möglich, daß dieser Krieg von der nationalsozialistischen Regierung begonnen werden konnte, ein Krieg, der trotz anfänglicher blendender Erfolge notwendigerweise verloren werden mußte? Wie war es möglich, daß in diesem Kriege Wunder an Tapferkeit und Pflichttreue geleistet werden konnten und daß dicht daneben im selben Volke Verbrechen über Verbrechen größten Ausmaßes begangen wurden? Wie war es möglich, diesen Krieg weiter fortzuführen, trotzdem sein Verlust lange feststand, fortzuführen bis zur eigenen Selbstvernichtung!

Wie war dieser Absturz des deutschen Volkes bis ins Bodenlose möglich? Und wie trägt jetzt das deutsche Volk sein furchtbares Geschick: Hunger und

[17] Gehalten in der Universität Köln.

Kälte, Not und Tod, ein Leben einstweilen ohne jede Hoffnung auf eine bessere Zukunft, in völliger politischer Machtlosigkeit, verachtet von allen Völkern der Erde!

Das deutsche Volk trägt diese schwerste Zeit seiner Geschichte mit heldenhafter Stärke, Ausdauer und Geduld, mit einer geduldigen Stärke, die stärker ist als alle Not. Ich habe mich seit 1933 oft geschämt, ein Deutscher zu sein, in tiefster Seele geschämt; vielleicht wußte ich mehr als manche andere von den Schandtaten, die von Deutschen an Deutschen begangen wurden, von den Verbrechen, die an der Menschheit geplant wurden.

Aber jetzt, jetzt bin ich wieder stolz darauf, ein Deutscher zu sein. Ich bin so stolz darauf, wie ich es nie zuvor, auch nicht vor 1933 und nicht vor 1914 gewesen bin. Ich bin stolz auf den Starkmut, mit dem das deusche Volk sein Schicksal erträgt, stolz darauf, wie jeder einzelne duldet und nicht verzweifelt, wie er versucht, nicht unterzugehen, sich und die Seinigen aus diesem Elend hinüberzuretten in eine bessere Zukunft. Gerade Köln, das heilige Köln, das zerstörte, das geschändete, das in Trümmern liegende Köln, hat uns so unzählige Beispiele stillen, duldenden Heldentums gezeigt!

Wenn man so die Geschichte Deutschlands seit mehr denn hundert Jahren an sich vorüberziehen läßt, dann drängt sich jedem, der nur etwas nachdenkt, die Frage auf, was ist denn nun mit dem deutschen Volke, wie ist das alles gekommen? Das ist keine müßige Frage, das ist eine Frage, die man sich stellen muß, trotz Wohnungsnot, trotz Kälte, trotz Hunger. – Wir wollen doch wieder heraus aus diesem Elend, aus dieser Tiefe; aber wie können wir den rechten Weg finden zum Aufstieg, wenn wir nicht erkennen, was uns in die Tiefe geführt hat?

Wir wollen nicht verzweifeln, wir wollen nicht dahindämmern, wir wollen wieder aufwärts. Und wenn wir nicht mehr bessere Tage erleben, dann sollen unsere Kinder und Kindeskinder dereinst wieder bessere Zeiten sehen. Das ist doch unser aller Wille, aber den richtigen Weg zu unserem Ziel finden wir nur, wenn wir erkennen, wie wir in diese verhängnisvolle Periode der Geschichte des deutschen Volkes hineingekommen sind.

Ich verlange kein Schuldbekenntnis des gesamten deutschen Volkes, obgleich viele Deutsche eine sehr schwere, viele eine Schuld trifft, die zwar minder schwer ist, aber doch Schuld bleibt. Ich glaube auch nicht, daß die vernünftigen und ruhiger denkenden Menschen in den nichtdeutschen Ländern ein solches öffentliches Schuldbekenntnis verlangen.

Aber eine Gewissenserforschung müssen wir für uns anstellen in unserem eigenen Interesse, damit wir den richtigen Weg finden zum Wiederaufstieg.

Kein Schuldbekenntnis, aber eine Gewissenserforschung tut not

Was sind die tiefsten Gründe dafür, daß wir schließlich in einen solchen Abgrund gestürzt sind? Auf die Einzelheiten kommt es bei einer solchen Untersuchung nicht an; sie sind auch vielfach noch nicht klargestellt, aber die tieferen, die wirkenden Ursachen dieser Katastrophe liegen klar zutage. Sie reichen weit zurück vor das Jahr 1933. Der Nationalsozialismus hat uns unmittelbar in die Katastrophe hineingeführt. Das ist richtig. Aber der Nationalsozialismus hätte in Deutschland nicht zur Macht kommen können, wenn er nicht in breiten Schichten der Bevölkerung vorbereitetes Land für seine Giftsaat gefunden hätte. Ich betone, in breiten Schichten der Bevölkerung. Es ist nicht richtig, jetzt zu sagen, die Bonzen, die hohen Militärs oder die Großindustriellen tragen allein die Schuld. Gewiß, sie tragen ein volles Maß an Schuld, und ihre persönliche Schuld, deretwegen sie vom deutschen Volk vor deutschen Gerichten zur Rechenschaft gezogen werden müssen, ist um so größer, je größer ihre Macht und ihr Einfluß waren. Aber breite Schichten des Volkes, der Bauern, des Mittelstandes, der Arbeiter, der Intellektuellen, hatten nicht die richtige Geisteshaltung, sonst wäre der Siegeszug des Nationalsozialismus in den Jahren 1933 und folgende im deutschen Volk nicht möglich gewesen.

Die falsche Auffassung vom Staat und der Stellung der Einzelperson

Das deutsche Volk krankt seit vielen Jahrzehnten in allen seinen Schichten an einer falschen Auffassung vom Staat, von der Macht, von der Stellung der Einzelperson. Es hat den Staat zum Götzen gemacht und auf den Altar erhoben. Die Einzelperson, ihre Würde und ihren Wert hat es diesem Götzen geopfert. Die Überzeugung von der Staatsomnipotenz, von dem Vorrang des Staates und der im Staat gesammelten Macht vor allen anderen, den dauernden, den ewigen Gütern der Menschheit, ist in zwei Schüben in Deutschland zur Herrschaft gelangt. Zunächst breitete sich die Überzeugung von Preußen ausgehend nach den Freiheitskriegen aus. Dann eroberte sie nach dem siegreichen Krieg von 1870/71 ganz Deutschland.

Der Staat wurde durch den von Herder und den Romantikern aufgedeckten Volksgeist, vor allem durch Hegels Auffassung vom Staat als der verkörperten Vernunft und Sittlichkeit, in dem Bewußtsein des Volkes zu einem fast göttlichen Wesen. Mit der Überhöhung des Staates war zwangsläufig verbunden ein Absinken in der Bewertung der Einzelperson. Macht ist mit dem Wesen des Staates untrennbar verbunden. Die Einrichtung, in der sich staatliche Macht am sinnfälligsten und eindrucksvollsten äußert, ist das Heer. So wurde der

Militarismus zum beherrschenden Faktor im Denken und Fühlen breitester Volksschichten.

Die materialistische Weltanschauung

Nach der Gründung des Kaiserreiches unter preußischer Vorherrschaft wandelte sich der Staat aus seinem ursprünglich lebendig gefügten Wesen mehr und mehr in eine souveräne Maschine. Die großen äußeren Erfolge, die, wenn auch historisch gesehen nur für kurze Zeit dem Bismarckschen Reich, seiner Auffassung vom Staat und der Macht beschieden waren, die schnell zunehmende Industrialisierung, die Zusammenballung großer Menschenmassen in den Städten und die damit verbundene Entwurzelung der Menschen machten den Weg frei für das verheerende Umsichgreifen der materialistischen Weltanschauung im deutschen Volk. Die materialistische Weltanschauung hat zwangsläufig zu einer weiteren Überhöhung des Staats- und Machtbegriffs, zur Minderbewertung der ethischen Werte und der Würde des einzelnen Menschen geführt.

Die materialistische Weltauffassung des Marxismus hat zu dieser Entwicklung in sehr großem Umfange beigetragen. Wer eine Zentralisierung der politischen und der wirtschaftlichen Macht beim Staate oder bei einer Klasse erstrebt, wer demzufolge das Prinzip des Klassenkampfes vertritt, ist ein Feind der Freiheit der Einzelperson, er bereitet zwangsläufig den Weg der Diktatur im Fühlen und Denken seiner Anhänger vor, wenn schließlich auch ein anderer den so vorbereiteten Weg der Diktatur beschreitet. Daß diese Entwicklung zwangsläufig ist, zeigt die Geschichte solcher Staaten, in denen Karl Marx der Messias und seine Lehre das Evangelium ist.

Der Nationalsozialismus war nichts anderes als eine bis ins Verbrecherische hinein vorgetriebene Konsequenz der sich aus der materialistischen Weltanschauung ergebenden Anbetung der Macht und Mißachtung, ja Verachtung des Wertes des Einzelmenschen.

In einem Volk, das so erst durch die preußische überspitzte und übertriebene Auffassung vom Staat, seinem Wesen, seiner Macht, den ihm geschuldeten unbedingten Gehorsam, dann durch die materialistische Weltanschauung geistig und seelisch vorbereitet war, konnte sich, begünstigt durch die schlechte materielle Lage weiter Volkskreise, verhältnismäßig schnell eine Lehre durchsetzen, die nur den totalen Staat und die willenlos geführte Masse kannte, eine Lehre, nach der die eigene Rasse die Herrenrasse und das eigene Volk das Herrenvolk ist und die anderen Völker minderwertig, zum Teil vernichtungswürdig sind, nach der aber auch in der eigenen Rasse und im eigenen Volk der politische Gegner um jeden Preis vernichtet werden muß.

Der Nationalsozialismus hat den stärksten geistigen Widerstand gefunden in denjenigen katholischen und evangelischen Teilen Deutschlands, die am wenigsten der Lehre von Karl Marx, dem Sozialismus, verfallen waren!!! Das steht absolut fest!

Vom Sinn christlicher Demokratie

Diese Auffassung von der Vormacht, von der Allmacht des Staates, von seinem Vorrang vor der Würde und der Freiheit des einzelnen widerspricht dem christlichen Naturrecht. Wir wollen die Grundsätze des christlichen Naturrechtes wiederherstellen.

Nach der dem Programm der CDU zugrunde liegenden Auffassung ist die Person dem Dasein und dem Range nach vor dem Staat. An ihrer Würde, Freiheit und Selbständigkeit findet die Macht des Staates sowohl ihre Grenzen als ihre Orientierung. Freiheit der Person ist nicht Schrankenlosigkeit und Willkür, sie verpflichtet jeden beim Gebrauche seiner Freiheit, immer eingedenk zu sein der Verantwortung, die jeder einzelne für seine Mitmenschen und für das ganze Volk trägt.

Der Fundamentalsatz des Programms der CDU, der Satz, von dem alle Forderungen unseres Programms ausgehen, ist ein Kerngedanke der christlichen Ethik: die menschliche Person hat eine einzigartige Würde, und der Wert jedes einzelnen Menschen ist unersetzlich. Aus diesem Satz ergibt sich eine Staats-, Wirtschafts- und Kulturauffassung, die neu ist gegenüber der in Deutschland seit langem üblichen. Nach dieser Auffassung ist weder der Staat, noch die Wirtschaft, noch die Kultur Selbstzweck; sie haben eine dienende Funktion gegenüber der Person. Die materialistische Weltanschauung macht den Menschen unpersönlich, zu einem kleinen Maschinenteil in einer ungeheuren Maschine, sie lehnen wir mit der größten Entschiedenheit ab.

Sinn des Staates ist es, die schaffenden Kräfte des Volkes zu wecken, zusammenzuführen, zu pflegen und zu schützen. Das ganze Volk soll zu Verantwortungsbewußtsein und zu Selbständigkeit erzogen werden. Der Staat soll sein eine auf Recht und Freiheit ruhende Schicksalsgemeinschaft verantwortlicher Personen, die die verschiedenen Interessen, Weltanschauungen und Meinungen zusammenfaßt. Wir wollen Erziehung, aber nicht zu der Bereitwilligkeit, sich kontrollieren und führen zu lassen, sondern zu dem Willen und der Fähigkeit, sich als freier Mensch verantwortungsbewußt in das Ganze einzuordnen. Diese Erziehung soll in christlichem und demokratischem Geiste geschehen, und sie soll insbesondere allen jüngeren Menschen den Zugang in ihnen bisher verschlossene, jedoch allgemein gültige menschliche Überzeugungen und Haltungen öffnen.

In der heimatlosen, durcheinandergeschobenen, atomisierten Masse, als die sich jetzt unser Volk darstellt, muß jedes Einzelwesen angesprochen und zu

Selbstbewußtsein und Verantwortungsgefühl geführt werden. Wieweit das gelingt, ist heute die Schicksalsfrage unseres Volkes und nicht etwa die Frage, wie viele und welche der wenigen uns noch verbliebenen Betriebe sozialisiert oder wieviel Hektar Land enteignet werden sollen.

Wenn aber diese Aufgabe überall in Angriff genommen und mit Sachkunde und Hingabe durchgeführt wird, werden nach und nach aus dem lebendig erfaßten Volk die Menschen sich herausheben, die durch Charakterstärke und Urteilssicherheit zur politischen, sittlichen und geistigen Leitung geeignet und gewillt sind.

Es ergeben sich aus unserer Grundeinstellung folgende Sätze für das Verhältnis zwischen Einzelperson und Staat: der Staat besitzt kein schrankenloses Recht, seine Macht findet ihre Grenze an der Würde und den unveräußerlichen Rechten der Person. Die Mehrheit hat kein willkürliches und uneingeschränktes Recht gegenüber der Minderheit. Auch die Minderheit hat Rechte und Pflichten. Gleiches Recht, Rechtssicherheit und Gerechtigkeit für jeden, Recht auf politische und religiöse Freiheit; Anerkennung der grundlegenden Bedeutung der Familie für das Volk; Recht der Frau auf freie Betätigung im beruflichen und öffentlichen Leben.

Die Demokratie erschöpft sich für uns nicht in der parlamentarischen Regierungsform oder gar in der Herrschaft einer Mehrheit über eine Minderheit. Wie die parlamentarische Regierungsform sogar zur Herbeiführung der Diktatur mißbraucht werden kann, wenn die Menschen nicht wirklich demokratisch denken und fühlen, das haben uns die ersten Monate des Jahres 1933 gezeigt. Demokratie ist mehr als parlamentarische Regierungsform; sie ist eine Weltanschauung, die ebenfalls wurzelt in der Auffassung von der Würde, dem Werte und den unveräußerlichen Rechten eines jeden einzelnen Menschen, die das Christentum entwickelt hat. Demokratie muß diese unveräußerlichen Rechte und den Wert eines jeden einzelnen Menschen achten im staatlichen, im wirtschaftlichen und kulturellen Leben. Wer wirklich demokratisch denkt, muß sich immer leiten lassen von der Achtung vor dem anderen, vor seinem ehrlichen Wollen und Streben.

Ich glaube, daß aus meinen bisherigen Ausführungen hervorgeht, warum wir uns christlich demokratisch nennen.

Wir nennen uns christliche Demokraten, weil wir der tiefen Überzeugung sind, daß nur eine Demokratie, die in der christlich-abendländischen Weltanschauung, in dem christlichen Naturrecht, in den Grundsätzen der christlichen Ethik wurzelt, die große erzieherische Aufgabe am deutschen Volke erfüllen und seinen Wiederaufstieg herbeiführen kann.

Wir nennen uns Union, weil wir alle diejenigen, die auf diesem Boden stehen, zu politischer Arbeit zusammenführen wollen, gleichgültig welchem Bekenntnis sie angehören.

Wir legen Wert darauf, sogar entscheidenden Wert, in unserem Namen unsere weltanschauliche Einstellung offen und klar zu bekennen.

Die politische Tätigkeit jeder Partei wird wohl auf längere Zeit hinaus in gewisser Weise abhängig sein von der Beurteilung, die ihr Programm bei den Militärregierungen erfährt. Ich habe zeitweise den Eindruck gehabt, als ob man nicht bei allen britischen Stellen die Betonung der christlichen Weltanschauung bei einer politischen Partei verstehe. Es gibt auch deutsche Kreise, die meinen, es sei nicht nötig, in unserem Namen das Wort „christlich" zu führen. Es sind das Kreise der Freien Demokraten und – man höre und staune – des Zentrums. Ja, die Sozialdemokratie empfindet es nach Herrn Dr. Schumacher fast als beleidigend für die anderen Parteien, daß wir uns christlich nennen; wir unterstellten damit anderen Parteien, sie seien weniger christlich oder gar christentumsfeindlich.

Nun, meine Damen und Herren, um auf das letztere vorweg zu antworten: wir alle würden uns von Herzen freuen, wenn die Sozialdemokratie erklären würde, sie sei ebenso christlich ihrer Gesinnung nach wie wir. Ich werde im Verlaufe meiner Rede noch Gelegenheit haben, wenn ich auf das Verhalten der Sozialdemokratie uns gegenüber eingehe, hierauf zurückzukommen.

Ich könnte mir denken, daß diese religiös-weltanschauliche Untermauerung einer politischen Partei für England fremd und nicht ohne weiteres verständlich ist. In England gibt es eine ähnliche Partei nicht. Das hat meines Erachtens einen einfachen Grund. In England ist religiöses, christliches Empfinden in weiteren Kreisen verbreitet als in Deutschland. Daher stehen in allen seinen Parteien viele Mitglieder auf christlichem Fundament. Das ist aber im übrigen Westeuropa und insbesondere in Deutschland anders. Ich meine, es ist nicht zufällig und ohne inneren Grund, daß sich in Holland, in Belgien, in Frankreich, in Italien, in Österreich, in Deutschland Parteien gebildet haben, die auf christlichen Grundsätzen sich aufbauen und das auch in ihrem Namen zum Ausdruck bringen.

Für Deutschland kommt noch eins hinzu. Deutschland ist eines der religionslosesten und unchristlichsten Völker Europas. Das war es schon vor 1914. Trotzdem die Berliner manche wertvollen Eigenschaften aufwiesen, habe ich damals schon immer in Berlin das Gefühl gehabt, in einer heidnischen Stadt zu sein. So haben sich in Deutschland Parteien gebildet, die bewußt und gewollt das Christentum bekämpften. Dazu gehörte die nationalsozialistische Partei, die zwölf Jahre lang mit allen Mitteln versucht hat, das Christentum in Deutschland zu unterdrücken und auszurotten; sie hat das öffentliche Leben in Deutschland planmäßig entchristlicht. Dazu gehörte früher die deutsche Sozialdemokratie; dazu gehört der deutsche Kommunismus. Die SPD betont jetzt, daß sie nicht christentumsfeindlich sei, sie ist aber sicherlich auch nicht christentumsfreundlich. Es ist doch schon bezeichnend, wenn sich in ihr religiös eingestellte Mitglieder zu einer besonderen Gruppe zusammenschließen müssen. Das kann doch nur daran liegen, daß diese Mitglieder der SPD fürchten, ohne engeren Zusammenschluß gänzlich einflußlos zu bleiben. Aber auch sie nennen sich „Gruppe religiöser Sozialisten", nicht etwa Gruppe christlicher Sozialisten; und wie stark sie sind, das ist nicht zu erfahren.

Es liegt auf der Hand, daß sich als Gegenpol zu solchen, dem Christentum ablehnend oder weniger freundlich gegenüber stehenden Parteien in Deutschland Parteien bilden, die auf dem Christentum fußen und das auch betonen. Es kommt ein weiteres hinzu, was ich besonders auch im Ausland zu beachten bitte. In Deutschland ist nun einmal die Parteipolitik „weltanschaulich" fundiert, in England meines Wissens nicht. Der anerkannte Führer der SPD, Herr Dr. Schumacher, predigt immer wieder den Sozialismus als Weltanschauung, nicht etwa als politische oder wirtschaftliche Idee.

Ich führe noch eine weitere entscheidende Tatsache an, die es notwendig macht, daß eine große Partei sich zusammenfindet und bildet auf dem Boden des Christentums.

Das deutsche Volk ist zur Zeit in einem derartigen geistigen und seelischen Zustand, es ist derartig alles, schlechthin alles bei ihm zusammengebrochen, die Erziehung der jüngeren Generation ist so vernachlässigt, es ist in einer solchen materiellen Not, daß man schon die tiefsten Kräfte, die in jedes Menschen Seele schlummern, erwecken muß: das sind die religiösen, um es wieder der Gesundung entgegenzuführen. In erster Linie ist das Sache der Kirchen. Aber bei unseren chaotischen Zuständen überschneiden sich noch mehr als sonst öffentliches Leben und religiöse Bereiche. Das deutsche Volk muß in seinem ganzen Denken und Fühlen umerzogen werden. Das ist auch eine wesentliche Aufgabe der politischen Parteien. Diese Aufgabe kann aber nur von einer weltanschaulich fundierten Partei wirklich gelöst werden. Die SPD bezeichnet den Sozialismus als ihre Weltanschauung, wir das Christentum.

Wirtschaft und Sozialpolitik

Für das wirtschaftliche und soziale Leben stellen wir folgende Grundsätze auf: Es ist nicht damit getan, daß sich jemand Sozialist nennt, ohne zu sagen, was er will. Wir ziehen es vor, mit klaren und einfachen Worten zu sagen, was wir auf wirtschaftlichem und sozialem Gebiet wollen.

Wir sind der Auffassung, daß die Wirtschaft der Bedarfsdeckung des Volkes zu dienen hat. Die Wirtschaft soll dem Menschen dienen, nicht der Mensch der Wirtschaft. Unsere grundsätzliche Auffassung verbietet es uns, als Sinn der Wirtschaft nur das ungehemmte Gewinnstreben des einzelnen zu sehen. Die Wirtschaft hat sich dem Gemeinwohl unterzuordnen. Eine vernünftige

Planung und Lenkung der Wirtschaft, ein ständiges Koordinieren der Kräfte in unserer Zeit ist unerläßlich. Dies geschieht vielleicht am besten in Selbstverwaltungskörperschaften, in denen Arbeitgeber und Arbeitnehmer und unbeteiligte Konsumenten gleichberechtigt vertreten sind. Wir wollen Beteiligung der Arbeiterschaft an Führung und Verantwortung, und zwar nicht nur im Rahmen der genannten Selbstverwaltungskörperschaften, sondern auch in großen anonymen Kapitalgesellschaften, in denen das Eigentumsrecht mehr oder weniger an Einfluß hinter dem Direktionsrecht zurückgetreten ist. Wir wollen weiter Beteiligung der Arbeiterschaft am Ertrag, gerechten Ausgleich zwischen Unternehmer und Arbeiter. Für uns ist der Arbeitsvertrag nicht ein rein schuldrechtliches Verhältnis, sondern auch ein Gemeinschaftsvertrag. Der Arbeiter verkauft seine Arbeit nicht als Ware, wie es der Anschauung des Hochkapitalismus und auch des ökonomischen Materialismus entspricht. Er geht vielmehr mit dem Unternehmer ein Gemeinschaftsverhältnis ein.

Diese Auffassung steht in engem Zusammenhang mit unserer Ansicht über das Zustandekommen des wirtschaftlichen Ertrages. Das Kapital und der dahinter stehende unternehmerische Geist können nicht ohne die Arbeit und die Arbeit kann nicht ohne das Kapital und die schöpferische Initiative des Unternehmers bestehen. Hierin liegt die sittliche Grundlage für eine gerechte Verteilung des Arbeitsertrages.

Unsere Auffassung von der Freiheit und Würde der Einzelperson verbietet eine die wirtschaftliche und die politische Freiheit gefährdende Zusammenballung wirtschaftlicher Macht an einzelnen Stellen, sei es an privaten oder auch an öffentlichen. Daß der Staat, der die politische Macht hat, ein grausamer Arbeitgeber sein kann, hat uns das nationalsozialistische Regime bewiesen. Verstaatlichung der Produktionsmittel ist in unseren Augen deshalb nicht unbedingt und immer mit sozialem Fortschritt gleichzusetzen. Solange die deutsche Wirtschaft nicht frei ist, kann im übrigen die Frage der Vergesellschaftung kaum praktisch werden. Um auch nicht kapitalkräftigen, aber arbeitsfreudigen Menschen eine unternehmerische Betätigung zu ermöglichen, ist das Genossenschaftswesen zu fördern.

Besondere Bedeutung messen wir dem Neubau des deutschen Gewerkschaftswesens zu. Die Zusammenfassung der Arbeiterschaft in parteipolitisch neutralen Gewerkschaften wird von uns begrüßt, aber auch nur unter der Voraussetzung, daß diese Gewerkschaften wirklich parteipolitisch neutral sind.

Die CDU verfügt in ihren Reihen über eine große Zahl gewerkschaftlich geschulter Arbeiterführer aus den früheren Christlichen Gewerkschaften. Es wird von weiten Kreisen der Arbeiterklasse in allen Teilen der britischen Zone mit Recht verlangt, daß diese Männer in den neuen Gewerkschaften an leitenden Stellen tätig sind, um den reichen Schatz an Erfahrungen, den sie als

Führer der Christlichen Gewerkschaften sich erworben haben, zur Geltung zu bringen und um auf alle Fälle einer Gefährdung der politischen Neutralität vorzubeugen.

Ich rufe deshalb die früheren christlichen Gewerkschaftsführer zur Mitarbeit und zur Verantwortung in den neuen deutschen Gewerkschaften auf und erinnere sie an die stolze Tradition der ehemaligen Christlichen Gewerkschaften.

Bei der Kohle handelt es sich um einen wirtschaftlichen Grundstoff von entscheidender Bedeutung. Daher erstreben wir die möglichst baldige Vergesellschaftlichung der Bergwerke.

Die Sicherung der wirtschaftlichen und politischen Freiheit des einzelnen wie der Gesamtheit verlangt die Anerkennung des Privateigentums. Das Eigentumsrecht verdient den gleichen Schutz und erleidet die gleiche Einschränkung wie andere Privatrechte. Es hat zu weichen gegenüber einem auch nach ethischen Grundsätzen höheren Recht. Mäßiger Besitz möglichst vieler ist eine wesentliche Sicherung des demokratischen Staates. Der Erwerb mäßigen Besitzes ist daher nach Möglichkeit zu fördern. Das gilt besonders auch für den Erwerb eines Eigenheims.

Wir wollen Arbeit für jeden, der arbeiten will.

Weil beim Handwerker, beim Bauern, beim Mittel- und Kleinbetrieb die Forderung nach einer größeren Freiheit der Arbeit und der Leistung für Arbeitnehmer wie für Arbeitgeber aus der inneren Struktur heraus leichter zu verwirklichen ist, verlangen wir für sie eine besondere Förderung. Der Handarbeiter, der Handwerker und der Bauer darf sich nicht der Erkenntnis verschließen, daß Würde nicht nur in der Arbeit liegt, die Materie verwandelt und wirtschaftliche Werte unmittelbar erzeugt, sondern auch in der Arbeit, die dem Geiste dient und geistige Werte schafft. Ein Wort noch zum Berufsbeamtentum [. . .] Ich bin gewiß der Ansicht, daß das Berufsbeamtentum von einigen Schlacken zu befreien ist. Es ist uns aber ein Bedürfnis festzustellen, daß wir das Berufsbeamtentum für unentbehrlich beim Neuaufbau halten. Experimente in dieser Hinsicht lehnen wir als gefährlich ab.

Kulturpolitik

Ich gehe über zur Auswirkung unserer Grundeinstellung auf die kulturelle Arbeit. Wir wollen, daß unsere alte Kultur zurückfindet zu ihrer Grundlage, zur christlich-abendländischen Kultur, deren Kern die hohe Auffassung von der Würde der Person und dem Werte jedes einzelnen Menschen ist. Der Schule und der Erziehung, die während der nationalsozialistischen Zeit so vernachlässigt worden sind, gilt unsere besondere Sorge, weil wir trotz aller wirtschaftlichen Not nur in wahrhaft guten Schulen aller Art, die das Wissen und die Erziehung des Charakters in gleicher Weise pflegen, das Heil des deutschen Volkes sehen. Auf allen Gebieten macht sich infolge der geistigen Öde der letzten zwölf Jahre und der Verluste, die der Krieg gebracht hat, ein erschreckender Mangel an wirklich tüchtigen und auf ihren Gebieten führenden Menschen bemerkbar. Trotz der wirtschaftlichen Not wird der Staat den über den Durchschnitt Begabten durch materielle Hilfe den Weg zum Aufstieg ebnen müssen. Es besteht sonst die große Gefahr, daß das deutsche Volk tief unter das Niveau sinkt, das es früher einmal eingenommen hat.

Die Regelung der Volksschulfrage hat in der Vergangenheit zu erbitterten Kämpfen der Parteien geführt, bis es zu einer vorläufigen Verständigung kam, die durch die Zustimmung der sozialdemokratischen Landtagsfraktion zu dem preußischen Konkordat 1929[18] auch nach außen hin ihren sichtbaren Ausdruck fand. Die sich auf diese Verständigung gründende bekenntnismäßige Schule hat die nationalsozialistische Regierung im Jahre 1939 durch Einführung der sogenannten deutschen Einheitsschule unter Bruch des Rechts beseitigt[19]. Was soll jetzt werden?

Auf allen anderen Gebieten werden die Rechtsbrüche, die die nationalsozialistische Regierung begangen hat, beseitigt. Der frühere Rechtszustand wird wieder hergestellt. Das wollen wir auch für das Volksschulwesen. Es geht nicht an, gerade den Rechtsbruch der Nationalsozialisten zu sanktionieren, der von den breitesten Schichten der Bevölkerung als besonders schwer empfunden wird. Darum verlangen wir für die preußischen Teile der britischen Zone Wiederherstellung der bekenntnismäßig gegliederten Volksschule als Regelschule entsprechend dem preußischen Gesetz von 1906[20] und dem preußischen Konkordat von 1929. Dieser Rechtszustand muß wieder hergestellt werden und muß bleiben, es sei denn, daß ein frei gewähltes Parlament ihn auf verfassungsmäßigem Wege ändert. Für eine solche Neuregelung, die durch ein gewähltes Parlament etwa vorgenommen würde, fordern wir, daß der Wille der Erziehungsberechtigten, der Eltern, über die weltanschauliche Gestaltung der Volksschule entscheiden soll. Die Erziehung ist bei der Volksschule wesentlicher als die Vermittlung von Wissen. Für die Erziehung der Kinder sind aber in erster Linie die Eltern verantwortlich und nicht der Staat. Ihr Wille

[18] Annahme des zwischen Preußen und dem Hl. Stuhl am 14. 6. 1929 abgeschlossenen Konkordates am 9. 7. 1929 mit 243 Stimmen gegen 171 Stimmen (DNVP, DVP, NSDAP, KPD): Sitzungsberichte des Preuß. Landtages, 3. Wahlperiode, 6. Bd., S. 8118.

[19] Erlaß über Erziehung und Unterricht in der Volksschule vom 15. 12. 1939: Bundesarchiv, R 43 II/945a.

[20] Gesetz über die Unterhaltung der öffentlichen Volksschulen vom 28. 7. 1906: GS S. 335.

muß daher entscheidend sein auch hinsichtlich der weltanschaulichen Art der Schule, auf die sie ihre Kinder schicken wollen.

Es ist bei der Bedeutung, die das Wirken der christlichen Kirchen und aller Religionsgesellschaften für das deutsche Volk hat, die Pflicht des Staates, sie zu schützen. Das vertrauensvolle Zusammenwirken von Staat und Kirchen ist eine Grundforderung unseres Programms. Die staatliche Erziehung soll Achtung vor den Kirchen, die kirchliche Erziehung Achtung vor dem Staat sorgfältig pflegen. Die christlichen Bekenntnisse sollen unbeschadet und unter voller Wahrung ihres Wesens und ihrer Eigenart im öffentlichen Leben zusammenwirken.

Die größte Aufmerksamkeit werden wir der Ausmerzung des nationalsozialistischen und militaristischen Geistes in Deutschland widmen müssen. Die aktiven Nationalsozialisten und die aktiven Militaristen, die für den Krieg und seine Verlängerung Verantwortlichen, dazu gehören insbesondere auch gewisse Wirtschaftsführer, müssen aus ihren Stellungen entfernt werden. Sie müssen je nach Lage des Falles von deutschen Gerichten bestraft, ihr Vermögen muß ganz oder teilweise beschlagnahmt werden. Das Elend, das sie über Deutschland, über die ganze Welt gebracht haben, schreit zum Himmel. Deutsche Gerichte sollen ihnen das Urteil sprechen. Die nationalsozialistischen Konjunkturgewinne und die Kriegsgewinne müssen eingezogen werden. Aber wir wollen nur den treffen, der wirklich schuldig ist; die Mitläufer, diejenigen, die nicht andere unterdrückten, die sich nicht bereicherten, keine strafbaren Handlungen begangen haben, soll man endlich in Ruhe lassen. Sie selbst sollen Zurückhaltung üben, weil sie, wenn auch nur zu einem manchmal sehr kleinen Teil, mit Schuld tragen an dieser entsetzlichen Entwicklung. Sie können in unsere Partei eintreten, wenn sie zunächst auch keine Funktion darin ausüben sollen. Aktiver Militarist ist nicht der Soldat, gleichgültig welchen Ranges, ob Offizier oder nicht, der in anständiger Weise seine Pflicht erfüllt und nichts anderes getan hat. Er darf deswegen keine Zurücksetzung erfahren.

Wenn man harmlose Mitläufer und Soldaten, die glaubten, ihre Pflicht zu erfüllen, deswegen zurückstößt, so züchtet man geradezu einen verstiegenen und extremen Nationalismus.

Die Jugend

Eine ernste Sorge sind für uns die Altersjahrgänge, die ihre Ausbildung und Erziehung ganz oder zum größten Teil unter der Herrschaft des Nationalsozialismus erhalten haben. Man muß sich einmal vor Augen führen, daß der heutige 22jährige 1933 erst zehn Jahre alt war. Zunächst ist ihre berufliche Ausbildung schlecht infolge des Krieges und der Vernachlässigung der Schulen durch den Nationalsozialismus. Daher sind ihre Aussichten für die Zukunft besonders trüb. Wir müssen versuchen, dem abzuhelfen. Vor allem aber besitzen sie eine völlig falsche politische Sicht. Die Altersjahrgänge, um die es sich handelt – sie gehen bei Männern und Frauen bis über das 30. Lebensjahr hinauf – werden verhältnismäßig bald die Träger des politischen Lebens in Deutschland sein; ihre Einstellung, ihre Denkungsart wird maßgebend werden. Es ist abwegig, ihnen Vorwürfe zu machen. Sie haben alle die Jahre hindurch in politischer Hinsicht nichts gehört als das, was der Nationalsozialismus ihnen sagte. Wie kann man da von ihnen politische Urteilsfähigkeit verlangen, da sie noch Kinder waren, als der Nationalsozialismus die Macht an sich riß.

Es würde ganz falsch sein, nach einer Bestrafung zu rufen, wie es vielfach gerade sogar von deutscher Seite geschieht. Man züchtet dadurch einen wütenden Nationalismus. Es gibt nur ein Mittel gegen diesen Geist, und das ist Aufklärung und Belehrung. Man muß sie darüber aufklären, was der Nationalsozialismus und seine Führer in Wirklichkeit waren, ihnen zeigen, daß die heutige Situation Deutschlands, ihre eigene traurige Lage, eine Folge der nationalsozialistischen Politik und Führung sind. Diese Aufklärung und Belehrung wird vergebens sein, wenn sie von alliierter Seite kommt. Die Jugend wird ihr nicht glauben. Und auch das muß man verstehen. Sie muß von autoritativen deutschen Stellen planmäßig und ruhig, nicht agitatorisch erfolgen, sonst erreicht man nichts. Bei dieser Aufklärung, nicht nur der Studenten, müssen unsere Universitäten und Hochschulen aller Art, führende Männer und Frauen aller Richtungen mitwirken. Strafe für den, der Schuld hat, aber Belehrung und Aufklärung für die weiten Kreise unseres Volkes, die ohne eigene Schuld planmäßig irregeleitet worden sind.

Gut wäre es, wenn die politisch Interessierten aus den jüngeren Jahrgängen sich in Arbeitskreisen der CDU zusammenfänden, wie dies in ausgezeichneter Weise und ohne jede Einwirkung der älteren Generation in Köln geschehen ist, um sich in gemeinsamer Arbeit die Grundlage einer neuen politischen Sicht zu erarbeiten. Die Voraussetzungslosigkeit der jüngeren Generation scheint mir dabei ein besonders wertvoller Ansatzpunkt zu einer ungetrübten Sicht und einer wahrhaft realpolitischen Haltung werden zu können.

Noch ein Wort zu der Zugehörigkeit jüngerer Menschen zu nationalsozialistischen Formationen. Ich meine, es entspricht dem Gebot der natürlichsten Gerechtigkeit, hier mit besonders milden Maßstäben zu messen. Es ist ein Unding, einen jungen Menschen heute ins soziale Elend zu stoßen, weil er als Kind hinter einer Maultrommel und einem Wimpel hergelaufen und vielleicht sogar dabei Häuptling einer Jugendhorde gewesen ist. Ich würde es begrüßen, wenn die britische Besatzungsmacht besondere Anweisung für die Behandlung der Jüngeren in dieser Beziehung erteilte.

Boden- und Siedlungsfragen

Unser Land wird im Höchstfall 40 Millionen Menschen ernähren können, aber unsere Einwohnerzahl wird über 60 Millionen sein. Das Gespenst des Hungertodes für viele Millionen können wir nur bannen, wenn wir unserem Boden auch das Letzte abringen und wenn andererseits die Alliierten uns genügend industrielle Produktionsstätten belassen, um durch Export und Import unsere Menschen ernähren und kleiden zu können. Wenn wir 40 Millionen aus eigener Scholle ernähren wollen, dürfen wir bodenreformerische Experimente nicht machen. Die Bodenverteilung in der britischen Zone ist auch nicht so, daß hierzu Veranlassung bestünde, abgesehen von gelegentlichen Korrekturen.

Was wir bisher über den zukünftigen Umfang unserer Industrie und unseres Exportes gehört haben, übersteigt unsere schlimmsten Befürchtungen. Wir hoffen, daß das letzte Wort noch nicht gesprochen ist.

Über die Beseitigung der unmittelbaren Kriegsschäden hat die CDU Ihnen folgendes zu sagen: Wir wollen einen billigen Ausgleich der Kriegsschäden. Es handelt sich dabei um eine so elementare Forderung der Gerechtigkeit, daß ich zur Begründung kaum etwas zu sagen brauche.

Ich möchte auf folgendes hinweisen: wenn man durch die britische Zone fährt, so sieht man beträchtliche Strecken Landes, die äußerlich vom Kriege unberührt sind. Allerdings haben auch sie an der Sorge für die Flüchtlinge zu tragen. Dennoch ist ein gerechter Ausgleich mit den zerstörten Gebieten, besonders des Westens, notwendig. Auch die Wirtschaftsverwaltungen sollten sich darüber klar sein, daß ein Schematismus hier ungerecht ist. Ich führe als Beispiel Köln an. Köln ist mehr zerstört als andere Städte. Es kann nur hochkommen, wenn es mehr Zuteilungen an Baustoffen und anderen Dingen erhält als weniger zerstörte Städte, und zwar solange, bis deren Vorsprung aufgeholt ist.

Wir wollen Sorge und Hilfe in materieller, sozialer und kultureller Hinsicht für die Millionen von Flüchtlingen, die aus allem herausgerissen sind und vielfach überhaupt nichts mehr besitzen. Die Sorge für sie ist ebenso ein Gebot christlicher Barmherzigkeit wie politischer Klugheit, um das Überhandnehmen asozialer Elemente zu verhindern.

Wenn wir an den Wiederaufbau unserer zerstörten Städte und Ortschaften, unserer industriellen Unternehmungen gehen, dann wollen wir lernen aus den Fehlern der Zeit der Industrialisierung, des Entstehens unserer großen Städte. Die Zusammenballung großer Menschenmassen auf engstem Raum darf sich unter keinen Umständen wiederholen, und ebensowenig darf die sich daraus ergebende Wertsteigerung des Grund und Bodens einzelnen zugute kommen. Ich erblicke seit vielen Jahren in dieser verfehlten Boden- und Siedlungspolitik der früheren Zeit eine der Hauptquellen für die materialistische Einstellung weiter Kreise unseres Volkes, für seine Entwurzelung und innere Haltlosigkeit. Hier sehe ich eine bodenreformatorische Aufgabe größten Ausmaßes von vitaler Bedeutung für unsere Zukunft.

Eine Partei muß Stellung nehmen zu den anderen Parteien, zu ihren Programmen, ihren Ansprüchen und, soweit es die Selbstachtung erfordert, auch zu den Agitationsmethoden der anderen Parteien. Bei den notwendigen Auseinandersetzungen muß man sich von der Überzeugung leiten lassen, daß keine Partei für sich allein Deutschland aus seiner Not retten kann, daß daher im Interesse des deutschen Volkes alle Parteien zur ehrlichen Zusammenarbeit bereit sein müssen.

Wir und die Sozialdemokratie

Ich will zuerst über die Sozialdemokratische Partei sprechen. Ich werde mich dabei auf das absolut Notwendigste beschränken und soweit es das Gebot der Selbstachtung irgendwie zuläßt, alles vermeiden, was die im Interesse des deutschen Volkes einmal notwendig werdende Zusammenarbeit mit ihr unsererseits gefährden könnte. Eins möchte ich an die Spitze meiner Ausführungen stellen. Seit einiger Zeit gefährdet die SPD diese zukünftige Zusammenarbeit sowohl durch ihre Ansprüche wie ihre Agitationsmethoden. Und zwar tut das kein Geringerer als Herr Dr. Schumacher, der anerkannte Führer der SPD, seit einigen Monaten in Wort und Schrift. Er hat das getan u. a. in Reden in Bonn und in Köln, in Nr. 2 der Schriftenreihe für die Unterrichtung und die Arbeit der sozialdemokratischen Funktionäre. Das ist nicht immer so gewesen. Ende September 1945 war in Godesberg eine Zusammenkunft von führenden Männern der SPD und der CDU[21]; führende Männer beider Parteien hatten gemeinsam zu dieser Besprechung eingeladen. Als Führer der SPD war nicht Herr Dr. Schumacher anwesend, wohl aber Herr Severing. Dort kam man aus der Überzeugung heraus, daß die CDU und die SPD in gemeinsamer Arbeit das deutsche Volk retten müssen, zu dem Gentleman Agreement gegenseitiger Rücksichtnahme ohne Verwischung der Verschiedenheit der politischen Auffassungen in prinzipiellen Fragen.

Im September 1945 hat Herr Dr. Schumacher vertrauliche Richtlinien für die SPD in ihrem Verhältnis zu den anderen politischen Faktoren für den Gebrauch der führenden Funktionäre herausgegeben[22]. Auch auf diese Richtlinien werde ich im Laufe meiner Ausführungen noch zurückkommen. Auch

[21] Am 30. 9. 1945: Schwering, Frühgeschichte, S. 76–78.

[22] Politische Richtlinien für die SPD in ihrem Verhältnis zu den anderen politischen Faktoren vom 25. 8. 1945: Kaden, S. 70–85.

sie melden zwar schon einen für uns unerträglichen Führungsanspruch für die SPD an, sie sind aber in dem gegen uns angewandten Ton noch erträglich.

Das alles ist im Laufe der letzten Monate völlig, von Grund auf anders geworden. Herr Dr. Schumacher beleidigt uns fortgesetzt in der gröblichsten Weise. Er hat damit nicht nur das Godesberger Abkommen gebrochen, er gefährdet damit auch die künftige, im Interesse des deutschen Volkes notwendige Zusammenarbeit auf das stärkste. Wenn ich mich lediglich als Parteiführer fühlte, könnte ich mich über diese neue Methode des Herrn Dr. Schumacher freuen; denn sie liefert uns ein prachtvolles Agitationsmaterial, aber als Deutscher bedauere ich sie tief. Ich appelliere an die SPD und den Herrn Dr. Schumacher vom Herbste 1945: wir sind bereit, das Godesberger Abkommen weiter zu halten, wenn es kein einseitiges Abkommen bleibt, sondern auch von der SPD gehalten wird.

Mit Herrn Dr. Schumacher muß ich mich über folgende Punkte auseinandersetzen:

1. er behauptet, die CDU betreibe eine rücksichtslose und reaktionäre Politik bei der Besetzung wichtigster Ämter;
2. die CDU von heute sei nicht die Partei, wie sie bei ihrer Gründung geplant worden sei.
3. Die CDU sei keine weltanschauliche, sondern eine reine Besitzverteidigungspartei, die sich des Christentums nur als Tarnung bediene.
4. Die SPD habe in Deutschland den Führungsanspruch, weil sie allein von allen Parteien seit 80 Jahren die Prinzipien des Friedens und der Demokratie hochgehalten habe.

Lassen Sie mich zunächst die Behauptung Dr. Schumachers von der rücksichtslosen und reaktionären Personalpolitik der CDU abtun. Hören Sie, was Dr. Schumacher darüber am 3. Februar 1946 von dieser Stelle aus gesagt hat[23]:

„Es gibt in Deutschland keine Stelle, in der die Sozialdemokratie sich so benehmen würde wie die CDU in der Rheinprovinz. Es ist keine gute Demokratie, wenn alter Wein in neue Schläuche gegossen wird. Man wird nicht ein christlicher Aufbaupolitiker, wenn man, um Oberpräsident zu werden, von den Deutschnationalen in eine neue Partei übergeht. Diese Figur ist ja nicht vereinzelt."

An einer anderen Stelle: „Was soll ich denn dazu sagen, wenn eine solch belastete und in sich der Zukunft so wenig zugewandte Figur wie dieser Oberbürgermeister a. D. Jarres der Beichtvater und politische Berater der CDU im Rheinland ist."

Demgegenüber stelle ich folgendes fest: Ehe der Oberpräsident der Nord-Rheinprovinz, Dr. Lehr, – diesen hat Dr. Schumacher gemeint – auf den

[23] Rede auf der SPD-Konferenz in Köln: Edinger, S. 457.

Posten berufen wurde, hat die britische Militärregierung Vertreter der KPD, der SPD und der CDU kommen lassen und sie gefragt, ob sie mit der Berufung von Herrn Dr. Lehr auf den Posten eines Oberpräsidenten der Nord-Rheinprovinz einverstanden seien. Alle drei Parteivertreter haben erklärt: jawohl. Der Vertreter der britischen Militärregierung hat dann weiter gefragt, ob die Herren auch für ihre Parteiangehörigen im Lande sprächen. Auch diese Frage ist von allen drei Parteivertretern ausdrücklich bejaht worden. Was nun Herrn Dr. Jarres angeht, so könnte ich mir Herrn Jarres in allen möglichen Stellungen vorstellen, aber nicht in der, die ihm Herr Dr. Schumacher zuweist, Beichtvater der CDU im Rheinland zu sein. Ich bin der Vorsitzende der CDU in der Nord-Rheinprovinz, und wenn Herr Jarres unser parteipolitischer Beichtvater wäre, so würde man sich doch schon mal sehen oder sprechen. Ich erkläre hiermit ausdrücklich, daß ich Herrn Dr. Jarres seit Jahren weder gesehen, noch gesprochen, noch mit ihm Briefe gewechselt habe.

Ich will mich nicht in Einzelheiten ergehen, aber darf ich Herrn Dr. Schumacher in aller Zurückhaltung an die Verhältnisse im Regierungsbezirk Aachen und der Stadt Aachen erinnern? Regierungspräsident in Aachen ist ein höchst aktiver Sozialdemokrat. Oberbürgermeister der Stadt Aachen ist ebenfalls ein Sozialdemokrat[24]. Dabei hat sowohl der Regierungsbezirk Aachen wie die Stadt Aachen immer eine prozentual sehr geringe sozialdemokratische Stimmenzahl bei den freien Wahlen gehabt.

Hören Sie weiter, was Herr Dr. Schumacher über die CDU bei ihrer Gründung und die heutige CDU sagt: „Als die CDU gegründet worden ist, da meinten sicher wackere und wohlmeinende Männer, die Dinge der Politik auf eine neue Plattform zu heben, aber in der Zwischenzeit sind die Nazis, die Deutschnationalen und die Deutsche Volkspartei böser kapitalistischer und klassenkämpferischer Färbung in diese CDU hineingeströmt. Die Struktur und die politische Physiognomie dieser CDU hat sich seit diesen Tagen grundlegend geändert . . . Die CDU hat, ob mit oder ohne ihren Willen, das Bett gemacht, in dem die Reaktionäre der Harzburger Front bereits kräftig schnarchen.“ Nun, meine Damen und Herren, an sich wäre es doch auch sicher im Sinne des Herrn Dr. Schumacher erwünschter, wenn die Reaktionäre im Bett lägen, schliefen und schnarchten, als wenn sie wühlten und tätig wären. Er müßte uns also von seinem Standpunkt aus eigentlich dafür danken, daß wir die Reaktionäre der Harzburger Front zur Ruhe gebracht hätten. Aber seine ganzen Behauptungen sind völlig falsch. Die Struktur und die politische Physiognomie der CDU hat sich seit den Tagen ihrer Gründung in keiner Weise geändert. Wir achten mit der größten Sorgsamkeit darauf, daß wir die Partei

24 Regierungspräsident: Ludwig Philipp Lude; Oberbürgermeister: Ludwig Kuhner.

eigener Prägung entsprechend unserem Programm sind und bleiben. Es ist nicht wahr, daß Mitglieder der von Herrn Dr. Schumacher genannten Parteien in unsere CDU hineingeströmt wären. Gewiß, wir nehmen genau wie die SPD und die KPD unbelastete frühere Nationalsozialisten als Mitglieder auf; sie können aber bis auf weiteres keine führenden Stellungen bei uns erhalten. Wir lehnen es durchaus ab, eine Rechtspartei zu sein, wir lehnen es auch ab, eine Linkspartei zu sein. Über alles dies herrscht bei uns vollste Einmütigkeit.

Hören Sie, was Herr Dr. Schumacher von unserer Partei weiter sagt: Er behauptet, die CDU sei eine reine Besitzverteidigungspartei, der eigentliche Beweggrund ihrer Existenz seien die wirtschaftlichen Interessen derjenigen, die noch etwas hätten und von ihrem Besitz möglichst nichts abgeben wollten. Bei uns herrsche nicht der Geist der Bergpredigt, wohl aber der Geist einer Besitzverteidigung, die Deutschland zugrunde gehen ließe, wenn bloß das eigene Portemonnaie geschont bliebe. Jetzt müsse bei uns der Begriff christlich zur Tarnung für unsere Besitzverteidigungsbestrebungen herhalten. Diese beleidigenden Behauptungen werden immer und immer wieder vorgetragen und in die Welt geschleudert, damit sie sich allmählich in den Gehirnen festsetzen und zur Überzeugung werden. Irgendeinen Beweis für seine Behauptungen versucht Dr. Schumacher nicht einmal zu erbringen. Die ganze Methode erinnert in peinlicher Weise an die Propagandamethoden einer hinter uns liegenden Zeit. Ich bedaure die schweren Beleidigungen, die Herr Dr. Schumacher gegen die CDU schleudert, aufs tiefste. Er wirft uns nicht mehr und nicht weniger vor, als daß wir krasse, egoistische Motive hätten und uns heuchlerischer Weise christlich tarnten.

Ist sich eigentlich Herr Dr. Schumacher klar, was er mit solchen Beleidigungen anrichtet? Ich kann es mir gar nicht vorstellen, daß ein politisch denkender Kopf im heutigen Deutschland derartig mit der Ehre einer großen Partei umspringt. Man möge sich doch einmal klarmachen, welches Echo ein Führer der CDU haben würde, wenn er etwa behauptete, die Sozialdemokraten seien im Grunde genommen gar keine Sozialisten; sie seien reine Opportunisten und Machtpolitiker, genau wie die früheren preußischen Junker, den Sozialismus hängten sie sich nur als Mäntelchen um, um ihre rein machtpolitischen Ziele dahinter zu verbergen. Die Behauptungen Herrn Dr. Schumachers sind besonders absurd, weil die westlichen Provinzen Deutschlands, in denen der Hauptteil unserer Anhänger wohnt, unendlich viel mehr durch den Krieg gelitten und verloren haben als diejenigen Landesteile, in denen hauptsächlich Anhänger der Sozialdemokratie wohnen.

Ich weise diese Behauptungen für meine Parteifreunde mit Entrüstung zurück, und ich mache die Sozialdemokratische Partei mit Nachdruck auf die Folgen aufmerksam, die die Wiederholung derartiger Beleidigungen bei uns nach sich ziehen müssen.

Ich komme zu dem von Herrn Dr. Schumacher immer wieder wiederholten Führungsanspruch der Sozialdemokratie in Deutschland. Wir haben zu beanstanden sowohl die Erhebung dieses Führungsanspruches, wie seine Begründung. Zur Begründung führt Herr Dr. Schumacher aus: die bürgerlichen Parteien, das sind nach ihm alle Parteien mit Ausnahme der SPD und der KPD, hätten zusammen mit dem Kapitalismus den Nationalsozialismus geschaffen, um sich an der Herrschaft zu halten. Die Sozialdemokratie dagegen habe allein von allen Parteien seit 80 Jahren die Prinzipien des Friedens und der Demokratie vertreten. Die bürgerlichen Parteien, die Vertreter des Kapitalismus, seien mit ihrer Politik restlos zusammengebrochen. Die von der Sozialdemokratie allein vertretenen Prinzipien des Friedens und der Demokratie hätten sich bewährt, darum gebühre der SPD jetzt die Führung in Deutschland.

Derartige Ausführungen werden in der britischen Zone in der Öffentlichkeit sowohl wie in den zahlreichen Besprechungen, die sozialdemokratische Funktionäre mit Vertretern der britischen Militärregierung haben, immer wieder wiederholt. In London werden diese Gedanken von sozialdemokratischen Emigranten verbreitet. Die SPD hat damit bisher nennenswerte Erfolge in der öffentlichen Meinung Englands und wohl auch bei der britischen Militärregierung gehabt. Der ›Economist‹ führte am 2. Februar 1946 in einem ›Zerstückeltes Deutschland‹ überschriebenen Artikel aus: „Es muß nochmals gesagt werden, daß ein Entschluß zur Verlängerung der Zonenverwaltung keineswegs einem Versuch gleichkommen darf, aus der Zonenaufteilung eine ständige Zerstückelung werden zu lassen. Er kann lediglich auf der Überzeugung aufgebaut werden, daß eine auf Sozialdemokratie, Verstaatlichung und Erweiterung der Produktion aufgebaute Politik das richtige für ganz Deutschland ist; und die beste Methode, diese Politik auf ganz Deutschland zu übertragen, wäre, in der britischen Zone den Beweis ihres einwandfreien Funktionierens zu erbringen."

Hier wird also in dem sehr angesehenen Blatt ausdrücklich erklärt, daß die Politik der britischen Regierung auf der Sozialdemokratie aufgebaut werden müsse.

Bei den Behauptungen, die Herr Dr. Schumacher zur Begründung des Führungsanspruches der SPD in Deutschland aufstellt und die ich oben wiedergegeben habe, handelt es sich um eine Geschichtsklitterung schlimmster Art. Darum muß ich ausführlicher auf sie eingehen.

Es ist nicht richtig, wie Herr Dr. Schumacher behauptet, daß das Großkapital den Nationalsozialismus ins Leben gerufen habe, um die bürgerlichen Parteien am Ruder zu halten. Ich bin kein Freund von Großkapitalisten und ebensowenig ein Freund der Trusts und Kartelle. Ich erkläre, daß sie zum weitaus größten Teil einen falschen und nicht genügend sozialen Gebrauch von ihren

Machtmitteln gemacht haben, daß ich nicht wünsche, daß wieder „Großkapitalisten“ entstehen – zur Zeit weiß ich wirklich keine –, daß Großkapitalisten niemals eine die Freiheit bedrohende politische Macht gewinnen dürfen. Aber: den Nationalsozialismus hat das Großkapital nicht geschaffen. Der Nationalsozialismus war nicht ihre Erfindung, das läßt sich klar und eindeutig beweisen. Der Nationalsozialismus war vom ersten Augenblick an scharf gegen die Juden eingestellt. Im Großkapital aber waren Juden durchaus maßgebend. Glaubt einer, daß diese maßgeblichen jüdischen Herren ihren Todfeinden, nämlich den Nationalsozialisten, zur politischen Macht verholfen haben? Nein, das hieße doch die Intelligenz und Klugheit dieser Herren gewaltig unterschätzen.

Die Erfinder des Nationalsozialismus waren militärische Kreise, waren hohe Militärs. Sie erkannten, daß es zwei Schlagworte von fabelhafter Zugkraft für die große Masse des deutschen Volkes gab, die Worte „national“ und „Sozialismus“. Übrigens gibt es jetzt sozialdemokratische Führer, die die gleiche Erkenntnis haben. Sie betonen in ihren Reden sehr stark den nationalen Akzent, und sie stellen den Sozialismus hin als die Erlösung der Menschheit von allen Übeln. Verzeihen Sie die kurze Abschweifung; ich wiederhole: diese Militaristen, die in sehr hohen militärischen Stellen waren oder gewesen waren, erkannten die propagandistische Zugkraft der Worte „national“ und „Sozialismus“. Sie verbanden sie zu einem Wort und schufen eine neue Art von Sozialismus, den Nationalsozialismus. Sie sagten sich, daß man, um dem Instinkt breiter Massen entgegenzukommen, einen namenlosen Soldaten an die Spitze stellen müsse. So verfielen sie auf Hitler, der in politischen Diskussionsabenden, die von Formationen der Reichswehr in München veranstaltet wurden, durch seine populäre Rhetorik aufgefallen war.

Seine ganze militärische Organisation hat der Nationalsozialismus von seinen militärischen Vätern, nicht von Hitler, der niemals systematisch arbeiten konnte, nicht von Göring, der sich jahrelang vorsichtig zurückhielt, bis er sah, daß diese Partei eine Macht zu werden versprach und daß er durch den Anschluß an sie persönliche Chancen habe. Das Geld, das nötig war, um eine solche ungeheure Organisation wie die nationalsozialistische Partei aufzubauen, kam zuerst aus den Schwarzen Fonds der Reichswehr, der Reichswehr, die von sozialdemokratischen Ministern und auch von dem mir hochverehrten Reichspräsidenten Ebert immer mit größter Zartheit und Rücksicht behandelt wurde.

Die Wirtschaftskreise sind erst der nationalsozialistischen Partei mit finanziellen Mitteln zur Hilfe gekommen, als diese Partei die stille Approbation und Unterstützung der Reichswehr gefunden hatte. Ich verurteile scharf diese militärischen und die wirtschaftlichen Kreise; sie tragen große Schuld und müssen deshalb zur Rechenschaft gezogen werden, ich mußte aber diese Feststellungen treffen, einmal um der historischen Wahrheit willen, dann aber auch, um entschieden gegen die Behauptungen Dr. Schumachers Front zu machen, es gebe nur noch ein Heilmittel für das deutsche Volk, den Sozialismus, weil der Kapitalismus das Nazitum über Deutschland und die Welt gebracht habe, um sich und die bürgerliche Klasse zu retten.

Und wie steht es mit der Behauptung, die SPD sei die einzige Partei in Deutschland, welche seit 80 Jahren unentwegt die Prinzipien des Friedens und der Demokratie vertreten habe? Die kriegerischen Wirren, welche Europa und fast die ganze Welt überzogen haben, haben mit dem Kriege 1914/18 begonnen. Wer hat zusammen mit allen anderen Parteien im Reichstag für die Kriegskredite gestimmt? Die Sozialdemokratische Reichstagsfraktion unter Zustimmung des Parteivorstandes und des Parteiausschusses. 1870 hat sie noch gegen die Kriegskredite gestimmt, 1914 hat sie dafür gestimmt, und die beiden Mitglieder der Fraktion, die sich dagegen wandten, Liebknecht und Rühle, aus der Fraktion ausgeschlossen. Es liegt mir natürlich völlig fern, irgendwie einen Vorwurf gegen die damalige sozialdemokratische Reichstagsfraktion zu erheben, aber ich stelle doch fest, daß es mit den achtzig Jahren, während denen die SPD immer nur die Prinzipien des Friedens vertreten und allein von allen Parteien vertreten habe, nicht so recht stimmt.

Die Sozialdemokratische Partei sollte wirklich nicht das Monopol der Vollkommenheit für sich beanspruchen. Alle Menschen haben Fehler, und alle Parteien haben auch Fehler, die Hauptsache ist, daß man weiß, daß man Fehler hat, und daß man sich nicht so hoch erhaben über alle anderen vorkommt. Ich habe sozialdemokratische Minister gekannt, die feurige Militaristen waren, mit denen ich mich persönlich deswegen auseinandergesetzt habe, und es hat außerhalb der sozialdemokratischen Partei Männer und Einrichtungen gegeben, die mit Mut und Unerschrockenheit für den Friedensgedanken eingetreten sind. Ich weise hier hin auf den „Friedensbund deutscher Katholiken" und auf den Universitätsprofessor Dr. Benedikt Schmittmann von der Universität Köln. Er war führend tätig im Friedensbund deutscher Katholiken. Er wurde deswegen sofort bei Beginn des Krieges verhaftet und im Konzentrationslager Oranienburg getötet. Er gehört zu den wenigen Universitätsprofessoren, die im Kampfe gegen den Nationalsozialismus ihr Leben dahingegeben haben. Er war Professor der Universität Köln. Die Universität Köln kann stolz darauf sein, daß sie diesen Märtyrer einst zu ihren Dozenten zählen durfte.

Welche Partei in der britischen Zone und in Deutschland die Führung übernehmen wird, – ich meine, man sollte mit dem Wort Führer und Führung in Deutschland endlich einmal Schluß machen und statt dessen sagen, welche Partei in der britischen Zone und in Deutschland die Hauptverantwortung übernehmen soll, – werden die demnächst stattfindenden Wahlen zeigen. Bis Wahlen stattgefunden haben, gibt es meines Erachtens für alle Fragen, deren

Regelung Rücksicht nehmen muß auf die Stärke der Parteien, nur einen objektiven Maßstab. Das ist das Ergebnis der letzten freien Wahlen vor 1933. Ich bitte die britische öffentliche Meinung und die britische Militärregierung, in Zukunft sich dieses Maßstabes zu bedienen, er ist der einzige, der vom Standpunkt der Objektivität und der Demokratie aus berechtigt ist.

Wenn Herr Dr. Schumacher sagt, die SPD sei heute zweifellos die stärkste Partei in Deutschland, so erlaube ich mir, ihm demgegenüber auf folgende Ziffern hinzuweisen. Bei den Wahlen in Süddeutschland am 20. und 27. Januar 1946 haben insgesamt an Stimmen erhalten: KPD 153010, SPD 1127295, CDU 1554370. Wie steht es denn nun eigentlich mit der Demokratie der SPD? Ist es wirklich so, wie Herr Dr. Schumacher behauptet: „Effektiv ist die Demokratie in Deutschland heute nicht sehr viel stärker als die Sozialdemokratische Partei.“ Sieht denn Herr Dr. Schumacher gar nicht ein, daß auch eine derartige Behauptung kränkend für uns ist? Mir scheint, daß ihm das Wesen der Demokratie noch nicht völlig klar ist. Zum Wesen der Demokratie gehört Achtung vor der Überzeugung anderer Parteien. – Hat diese Achtung vor uns Herr Dr. Schumacher in seinen Reden gezeigt? Und weiter: Herr Dr. Schumacher begründet den Anspruch auf Führung für die Sozialdemokratie damit, daß sie allein im Besitz der richtigen Weltanschauung sei. Ganz gleiche Begründungen für den Anspruch auf Führung im Staate habe ich früher schon von anderen Parteien gehört: von den preußischen Konservativen, die die Führung im Staate für sich verlangten, weil sie allein die richtige Auffassung vom Königtum und Staate hätten, von Nationalliberalen, die behaupteten, daß sie allein Bildung und Besitz besäßen und deswegen allein führen könnten. Es scheint sich doch in der Welt manches, wenn auch in abgeänderter Form, immer wieder zu wiederholen.

Wenn eine Partei für sich die Führung im Staate nur deshalb in Anspruch nimmt, weil sie im Besitze der richtigen Weltanschauung sei, die anderen Parteien aber nicht, so verträgt sich das nicht mit dem Wesen der Demokratie.

Warten Sie ab, Herr Dr. Schumacher, wie die demnächstigen Wahlen ausfallen. Ergeben sie wirklich eine größere Stimmenmehrheit für die Sozialdemokratie, nun, dann gebührt Ihnen auch die Tragung der Verantwortung.

Ich habe schon gesagt: Wenn ich lediglich Parteipolitiker wäre, könnte ich mich über die Ausführungen des anerkannten Führers der SPD freuen; denn sie bieten ein ganz ausgezeichnetes Kampfmaterial gegen die SPD, aber ich bin in erster Linie Deutscher, und als Deutscher kann ich nur mit dem größten Bedauern feststellen, daß aus den offiziellen Verlautbarungen der SPD der alte preußische Geist, das rücksichtslose undemokratische Streben nach der alleinigen Macht spricht, wie es nur je das preußische Junkertum besessen hat.

Das, meine Damen und Herren, ist tief bedauerlich und eröffnet wenig erfreuliche Aussichten für die Zukunft unseres Volkes. Ich bitte die Sozialdemokratische Partei und ihren Führer Herrn Dr. Schumacher herzlich, zurückzukehren zu der Auffassung vom Zusammenarbeiten mit der CDU, wie [wir] sie im Herbst vorigen Jahres gehabt haben, wie sie auf der Godesberger Tagung laut wurde, wie sie auch noch, wenn auch etwas abgeschwächt, aus den politischen Richtlinien für die SPD in ihrem Verhältnis zu den anderen politischen Faktoren von Dr. Schumacher aus dem Herbst 1945 sprechen. Diese Richtlinien waren zwar nur für den Gebrauch der führenden Funktionäre gedacht, aber ich würde mich freuen, wenn sie der breiten Öffentlichkeit nicht vorenthalten würden.

Ich wende mich nun zu dem Parteiprogramm der SPD. Ich möchte es gerne kennenlernen. Daß wir es kennenlernen möchten, ist vielleicht kein Grund für die SPD, ein Parteiprogramm zu veröffentlichen, aber das deutsche Volk hat ein Recht darauf, ein ganz klares und ganz unzweideutiges Recht. Es muß, ich betone das immer wieder, von allen Parteien wissen, was sie wollen. Alle Parteien sind es dem deutschen Volk schuldig, klar und offen und ehrlich das auszusprechen.

Wir wollen, daß für die Rechte und Pflichten der Einzelperson, für die Leitung des Staates, für die Abgrenzung seiner Rechte, für die gesamte Wirtschaft und Kultur die christlichen Grundsätze, die Grundsätze der christlichen Ethik maßgebend sein sollen. Wir gehen also ganz prinzipiell nicht aus vom Interesse des Staates oder den Interessen einer einzelnen Klasse, sondern von der Freiheit und von der Würde der Einzelperson. Wovon geht die Sozialdemokratische Partei aus? Für sie ist anscheinend nach wie vor Sozialisierung der Produktionsmittel die Hauptsache. Ich bitte jeden einsichtigen Sozialdemokraten, sich doch mal in Ruhe zu überlegen, was es denn in Deutschland heutzutage zu sozialisieren gibt.

Die Sozialdemokratie will den Mittelstand, das Handwerk, die bäuerlichen Schichten für sich gewinnen. Sie schränkt darum ihre offiziellen Programme, die Enteignung des Grund und Bodens und aller Produktionsmittel verlangen, in ihren Reden ein. Sie gibt aber diese Programme nicht ausdrücklich preis. Es wäre sehr wünschenswert, wenn die deutsche Öffentlichkeit hier Klarheit bekäme, was von den alten Parteiprogrammen aufgegeben wird und was nicht.

Ich habe noch eine weitere Frage. Herr Dr. Schumacher hat in einer Rede in Bonn erklärt, daß er aus der Schule des Marxismus komme. Am 24. Februar 1946 hat in einer öffentlichen sozialdemokratischen Versammlung auf dem Burgplatz in Essen der Vorsitzende der SPD Essen, Nießwandt, unter starkem Beifall der Versammlungsteilnehmer erklärt, wir sind Marxisten und Anhänger der materialistischen Geschichtsauffassung. Wie steht es damit? Ist die Sozialdemokratie offiziell Anhängerin der materialistischen marxistischen Geschichtsauffassung, oder gibt sie diese preis? Herr Dr. Schumacher spricht auch wiederholt vom Klassenkampf. Hält die Sozialdemokratie am Klassenkampf fest oder nicht? Ich halte Klassenkampf mit Demokratie für nicht vereinbar. Ich bitte die Sozialdemokratie, ehe sie Entscheidungen trifft, doch sich folgendes klarzumachen: die materialistische Weltauffassung, die vor 1933 dem deutschen Arbeiter gepredigt worden ist, mit deren Hilfe man ihn aus den religiösen Bindungen losgelöst hat, hat große Schichten des Volkes erst reif gemacht für den nationalsozialistischen Gedanken der Staatsallmacht. Das ist es, worum es sich in Zukunft handeln wird: soll in Deutschland herrschen die christliche Auffassung oder soll herrschen die marxistische und materialistische Auffassung. Wenn die Sozialdemokratie jetzt die Bauern, die Handwerker, den Mittelstand gewinnen will, dann stehen ihr allerdings ihre alten Programme hindernd im Wege. Ich glaube, es wäre für die parteipolitische Situation in Deutschland gut, wenn sie Schluß machte mit diesem Programm und allem politischen Dogmatismus und sich bekennte zu einer fortschrittlichen sozialen Reformpartei.

In den oben von mir angeführten Richtlinien des Herrn Dr. Schumacher für den Gebrauch der führenden Funktionäre findet sich folgender Satz: „Die Voraussetzung für den Aufbau der neuen Ordnung ist absolut die demokratische Mittelschicht. Erfolg oder Niederlage, im besonderen des sozialdemokratischen Sektors, in dieser neuen Ordnung wird von dem Ergebnis dieser Beeinflussung der Mittelschichten abhängen." Dieser Satz deutet doch unzweifelhaft auf eine Weiterentwicklung der Sozialdemokratischen Partei in dem oben von mir gekennzeichneten Sinne hin, während das Heidelberger Programm[25] ja nur die Ziele und den Kampf der Arbeiterklasse betont.

Wir und das neue Zentrum

Ich kann nicht über alle Parteien sprechen; es sind schon sehr viele in Deutschland zugelassen, aber einige Worte muß ich über das Zentrum sagen. Sie werden verstehen, daß ich das mit aller Reserve tue, schon deswegen, weil ich verschiedene Aussprachen gehabt habe – mit Dr. Hamacher und mit Herrn Spieker –, Aussprachen, die, wie ich hoffe, noch fortgesetzt werden. Zweierlei will ich hier hervorheben.

Die noch lebenden Führer der alten Zentrumspartei stehen alle bei uns, der CDU. Reichskanzler Marx, Reichskanzler Brüning, Thomas Esser, unsere altbewährten rheinischen Führer Mönnig und Rings. Justizrat Carl Bachem, der verdiente Geschichtsschreiber der Zentrumspartei, der unlängst gestorben ist,

[25] Heidelberger Programm der Vereinigten Sozialdemokratischen Partei Deutschlands vom 14. 9. 1925.

hat, wie seine Frau mich autorisiert hat, zu erklären, bis zu seinem Tode für die CDU und gegen das neue Zentrum sich ausgesprochen. Das gleiche hat unser hochverdienter Freund Ruffini, der ja leider auch nicht mehr unter den Lebenden weilt, getan. Ein zweites muß ich noch sagen. Das neue Zentrum verteilt mancherlei Flugblätter. Nach dem einen ist an uns auszusetzen, daß wir nicht genügend katholisch seien, nach den anderen ist es falsch, daß wir uns christlich nennen, das gehöre sich nicht für eine politische Partei, sie versperre dadurch denjenigen den Zutritt, die nicht auf christlichem Boden stünden.

Beide einander derartig widersprechende Richtungen im neuen Zentrum, behaupten sie, stützten sich bei ihren Beanstandungen der CDU auf das Programm des alten Zentrums.

Beide Richtungen weise ich hin auf die letzte programmatische Erklärung des alten Zentrums, auf die Richtlinien der Deutschen Zentrumspartei vom 19. Januar 1922. Darin heißt es:

„Die Zentrumspartei ist die christliche Volkspartei, die bewußt zur deutschen Volksgemeinschaft steht und fest entschlossen ist, die Grundsätze des Christentums in Staat und Gesellschaft, in Wirtschaft und Kultur zu verwirklichen."

Deutschland und die Alliierten

Die Übersicht über politische Fragen, die ich Ihnen zu geben mich bemüht habe, würde in einem wesentlichen Punkte unvollständig sein, wenn ich nichts über das Verhältnis Deutschlands zu den Alliierten, insbesondere in unserer Zone, sagen würde. Beim Zusammenbruch des Nationalsozialismus war Deutschland ein Chaos. Hitler und seine Leute haben alles getan, um seinen Ausspruch wahrzumachen, daß Deutschland untergehen solle, wenn es sich weigere, weiter mit ihm zu kämpfen. Die Aufgabe, Deutschland aus diesem Zustand wieder herauszuführen, war und ist unendlich schwer. Ich habe die Überzeugung, daß die britische Militärregierung der Zone an diese Aufgabe mit Gewissenhaftigkeit und Ernst herangeht und sich nach besten Kräften bemüht, sie zu lösen. Ich habe weiter die Überzeugung, daß sie sich bemüht, die fürchterliche Nahrungsmittelknappheit soweit wie irgend möglich zu lindern. Man darf aber nie vergessen, daß eine allgemeine Hungersnot auf der Erde ausbrechen muß, wenn in allen Ländern eine nicht zu schätzende Zahl von Millionen durch den Krieg der friedlichen Arbeit über sechs Jahre lang entzogen wird. Ich glaube, diese Ausführungen der Gerechtigkeit willen hier machen zu sollen, obgleich die Besatzung bei dem Grade der Zerstörung unserer Wohnstätten eine besonders drückende Last für uns ist. Das deutsche Volk hat trotz der Untaten des Nationalsozialismus einen Anspruch darauf, nicht allein nach dieser Epoche seiner Geschichte beurteilt zu werden. Besatzung ist immer eine sehr unangenehme Sache; in erster Linie natürlich für die davon Betroffenen. Aber ich könnte mir denken, daß auch die besetzende Macht keine reine Freude an dieser Art ihrer Tätigkeit hat. Daß die Besatzung hier im Westen, wo so wenige unzerstörte Wohnungen sind, die Bevölkerung besonders hart trifft, ist bekannt. Ich bitte alle Stellen der britischen Militär-Regierung, uns diese Lasten möglichst erträglich zu machen.

Außenpolitik wird Deutschland vorerst nur in beschränktem Umfang treiben können. Sein Ziel muß sein, an der friedlichen Zusammenarbeit der Völker in der Vereinigung der Nationen gleichberechtigt teilzunehmen. Die Lasten, die der verlorene Krieg Deutschland gegenüber anderen Ländern auferlegen wird, sollten so bemessen werden, daß Deutschland sie tragen und ihnen gerecht werden kann, denn auch der Besiegte behält das Recht auf Leben und Arbeit. Bitterste Not ohne Hoffnung ist das stärkste Hindernis jeder friedlichen Entwicklung. Auch der Sieger, der im Besitze der Macht ist, hat nach menschlichem und göttlichem Recht Pflichten gegenüber dem Besiegten.

Europa ist nur möglich, wenn eine Gemeinschaft der europäischen Völker wiederhergestellt wird, in der jedes Volk seinen unersetzlichen, unvertretbaren Beitrag zur europäischen Wirtschaft und Kultur, zum abendländischen Denken, Dichten und Gestalten liefert. Wir hoffen, daß einmal wieder auch der deutsche Geist im Chor der Völker seine Stimme erheben wird.

Das Reich als Bundesstaat

Eine deutsche Reichsgewalt existiert zur Zeit nicht mehr. Die ganze Gewalt in Deutschland ist in den Händen der Alliierten. Alle deutschen Stellen und Behörden arbeiten kraft ihres Auftrages. Daß dieser Zustand möglichst bald ein Ende haben muß, auch nach der Auffassung der Alliierten, brauche ich nicht zu betonen. Was soll werden?

Wir wollen, daß Deutschland neu ersteht. Wir wollen nicht das Bismarcksche Reiche unter preußischer Führung. Wir wollen nicht das zentralistische Deutschland des Nationalsozialismus, wir wollen nicht den deutschen Staatenbund, den der der Sozialdemokratischen Partei angehörende bayerische Ministerpräsident Hoegner in seiner Eröffnungsrede für den bayerischen Beratenden Ausschuß verlangt hat[26]. Wir wollen, daß ein Bundesstaat geschaffen wird, ein Bundesstaat, dessen Zentralgewalt alles das bekommt, was zum Bestehen des Ganzen vernünftigerweise nötig ist, aber auch nicht mehr als das. Wir wollen, daß die einzelnen Länder dieses Bundesstaates weitgehend eigene

[26] Am 26. 2. 1946. Text in den Protokollen des Bayer. Vorbereitenden Verfassungs-Ausschusses: Archiv des Deutschen Bundestages.

Verantwortung tragen auf allen Gebieten, in denen eine zentale Verwaltung nach dem oben Gesagten nicht nötig ist. Das ganze Deutschland, sowohl die Zentralverwaltungen wie auch die Länderverwaltungen, soll möglichst dezentralisiert werden.

Es sollen von den Gemeinden her die Menschen erfaßt und zur Beteiligung an den öffentlichen Angelegenheiten aufgerufen werden. Die Gemeinde ist für uns die Keimzelle jedes staatlichen Lebens. In ihr üben sich die politischen Kräfte, und durch sie erst erhält der Bürger das konkrete Staatsgefühl.

Westeuropäische Probleme

Ich kenne die Besorgnisse der westlichen Nachbarn Deutschlands. Ich verstehe und würdige sie nach den Erfahrungen, die sie in den letzten hundert Jahren gemacht haben, in vollem Umfange. Ich halte es für unrichtig, sie zur Beruhigung auf die heutige politische Machtverteilung in Europa hinzuweisen. Alles ist ständig im Fluß und ändert sich unter der Sonne!

Es muß eine Lösung der deutschen Frage gefunden werden, die organischer Natur und darum von Dauer ist und die unseren westlichen Nachbarn beruhigt und ihm das Gefühl von dauernder Sicherheit gibt, auf das er einen berechtigten Anspruch hat. Eine Abtrennung dieser Gebiete von Deutschland ist keine derartige Lösung.

Mit der Abtrennung allein ist es nicht getan. Wer eine solche Abtrennung vornimmt, muß sich auch die Frage vorlegen, was denn aus dem übrigen Deutschland werden soll, ob das übrige Deutschland nicht dadurch, um einen Ausspruch eines ausländischen Blattes zu gebrauchen, zu einem verwesenden Leichnam mitten in Europa wird, der genau so tödlich für dieses sein würde, wie ein siegreiches nationalsozialistisches Deutschland es gewesen wäre. – Ich bin Deutscher und bleibe Deutscher, aber ich war auch immer Europäer und habe als solcher gefühlt. Deshalb bin ich von jeher für eine Verständigung mit Frankreich eingetreten, und ich habe ihr in den zwanziger Jahren bei den schwersten Krisen gegenüber der Reichsregierung das Wort geredet. Ich bin nie eingetreten für eine Abtrennung deutschen Gebietes, sondern immer nur für eine vernünftige, beiden Interessen gerecht werdenden Verständigung. Ich bin deshalb in den zwanziger Jahren für eine organische Verflechtung der französischen, der belgischen und der deutschen Wirtschaft zur Sicherung eines dauernden Friedens eingetreten, weil parallel laufende, gleichgeschaltete wirtschaftliche Interessen das gesundeste und dauerhafteste Fundament für gute politische Beziehungen zwischen den Völkern sind und immer bleiben werden. Heute sind ganz andere Zukunftsmöglichkeiten für Westeuropa, für ganz Europa möglich als damals.

Wenn die augenblickliche internationale Spannung ohne Entladung vorüber ist – und Gott gebe es, daß sie ohne Entladung vorüber geht –, so wird der Gedanke der internationalen Zusammenarbeit der Völker, der Verurteilung kriegerischer Auseinandersetzung seine Feuerprobe bestanden haben und einen großen Schritt weiter gekommen sein.

Die Vereinigten Staaten von Europa

Dann muß meines Erachtens das Problem der Vereinigten Staaten von Europa unter Einschluß Deutschlands von den Vereinten Nationen in Angriff genommen werden. Die Vereinigten Staaten von Europa sind die beste, sicherste und dauerhafteste Sicherung der westlichen Nachbarn Deutschlands. Bis zur Begründung der Vereinigten Staaten von Europa lassen sich für diese Nachbarn ohne Zerstückelung Deutschlands völlig genügende Sicherungen treffen: kein Reich mehr unter preußischer Führung, kein zentralistisches Reich. Der Militarismus ist tot, wirtschaftliche Befriedigung und Beruhigung Deutschlands, Unterstützung des Prinzips der Demokratie und der Völkerverständigung in Deutschland, Verflechtung der wirtschaftlichen Interessen Deutschlands und seiner westlichen Nachbarn einschließlich derjenigen Englands.

[...]

14. Adolf Süsterhenn, Freiheit und Recht, Aufsatz

Freiheit und Recht sind die höchsten Güter des Menschen. Sie sind die Voraussetzung allen sittlichen Handelns. Auch der Staat ist an sie gebunden.

Rheinischer Merkur Nr. 9 vom 12. April 1946

Freiheit und Recht sind ein Doppelgestirn, dessen Strahlen vorübergehend durch politische Wolkenbildungen absolutistischer und totalitärer Herrschaftsformen verhüllt werden mögen, dessen natürliche Leuchtkraft sich aber immer wieder mit Urgewalt in der Weltgeschichte zur Geltung bringt.

Die Richtigkeit dieses historischen Gesetzes hat sich auch am nationalsozialistischen Regime erwiesen. Wenn man versucht, die Maßnahmen und Methoden, die auf den Gebieten der Religion, Wissenschaft, Kunst, Volkserziehung und Wirtschaft zur Anwendung gebracht worden sind, auf einen gemeinsamen Nenner zu bringen, so kann man das „Dritte Reich" am treffendsten als ein System der Unfreiheit und Rechtlosigkeit bezeichnen. Der Mangel an Freiheit und Recht war vom Geistigen her gesehen die schlimmste Tortur, schlimmer als körperliche Peinigung und materielle Schädigung; denn durch das auf Knechtschaft und Willkür gegründete System des Nationalsozialismus wurde der Kern der menschlichen Persönlichkeit, die allgemeine Menschenwürde angetastet.

Die Freiheit ist ein natürliches Gut, auf welches jeder Mensch als solcher Anspruch hat. Sie besteht in der grundsätzlich unbeschränkten Möglichkeit des Menschen, unabhängig von äußerem Zwang seine körperlichen und geistigen Anlagen, Kräfte und Fähigkeiten selbsttätig und selbstverantwortlich zu entwickeln und zu gestalten. Als vernunftbegabtes Wesen kann der Mensch sich keiner unvernünftigen Zügellosigkeit hingeben, ohne dadurch sein wahres Menschentum zu gefährden. Nach einem Worte Goethes gegenüber dem Kanzler von Müller besteht das Wesen der Freiheit in der „Möglichkeit, unter allen Bedingungen das Vernünftige zu tun". Freier Vernunftgebrauch und auf vernünftige Erkenntnis der sittlichen Normen erwachsende Selbstentscheidung und Selbstbestätigung führt erst den Menschen über die dem naturgesetzlichen Zwang unterliegenden Bereiche des vegetativen und animalischen Lebens, über das eigentlich „Untermenschliche" hinaus und erhebt ihn zum wirklichen Menschen, zur sittlichen Persönlichkeit.

Die Freiheit der Person ist somit die Voraussetzung jeglichen sittlichen Handelns, die Grundlage der Religion, der Kultur und vor allem auch des Staates. Gerade das letzte muß besonders hervorgehoben werden, nicht nur weil wir in den letzten 12 Jahren den totalen Staat zur Genüge erlebt haben. Hat doch bereits seit über einem Jahrhundert bei uns der absolutistische und zentralistische Staatsgedanke des Preußentums die Freiheit des Menschen mißachtet und den Staatsbürger zum Untertan, zum Objekt einer Politik degradiert, die deshalb als menschenunwürdig bezeichnet werden muß, weil sie den freiheitlichen Grundcharakter im Menschen und seine personale Würde nicht respektierte. Und nicht zuletzt muß der Freiheitsgedanke gegenüber dem Staat so nachdrücklich betont werden, weil jeder Staat bzw. Träger der Staatsgewalt gerade wegen der Machtzusammenballung, die notwendig mit dem Wesen des Staates verbunden ist, leicht der Versuchung anheimfallen kann, das staatliche Machtelement über die bürgerliche Freiheit zu stellen.

Zur Freiheit gehört das Recht. Der Freiheitsgedanke und der Rechtsgedanke sind einander wesentlich zugeordnet. Beide erwachsen aus der Natur des Menschen. Der Mensch ist nicht nur freie Einzelpersönlichkeit, sondern, wie schon Aristoteles gewußt hat, ein Wesen, das in der Gemeinschaft lebt. Die Ordnung des sozialen Zusammenlebens der freien Einzelpersönlichkeiten in der Gemeinschaft sowie die Ordnung des Verhältnisses der verschiedenen menschlichen Gemeinschaften untereinander ist aber die Aufgabe des Rechts. Der Sinn aller rechtlichen Ordnung ist nach Erich Kaufmann „Gewährung, Abgrenzung und Zusammenordnung von Freiheitssphären". Nur das Recht ist in der Lage, die Freiheit zu verbürgen. Wo kein Recht ist, da werden die selbstischen Triebe und brutalen Machtinstinkte entfesselt, da regieren Willkür und Gewalt, da triumphiert das sogenannte Recht des Stärkeren. Das Recht hat nach Kant die Aufgabe, die absolute Freiheit des Menschen auf die Bedingungen einzuschränken, unter denen sie mit der Freiheit des Nebenmenschen nach einem allgemeinen Gesetz zusammen bestehen kann. So wird also nach Kant durch das Recht die hemmungslose und wilde Freiheit des Einzelnen beschränkt, um die Freiheit aller in der Ordnung des sozialen Zusammenlebens zu garantieren. Der freiheitliche Staat wird daher seinem Wesen nach immer Rechtsstaat sein, nicht im Sinne jenes liberalen „Nachtwächterstaates" von Lassalle, wonach die Aufgabe des Staates sich in seiner Rechtsschutzfunktion erschöpft, sondern in jenem universaleren Sinne, daß das Recht als verwirklichte Gerechtigkeit die Grundlage der staatlichen Gemeinschaft bildet.

Es ist ein Beweis für die geistige Tiefe, des sittlichen Idealismus und auch für die viel bestrittene politische Einsicht der deutschen demokratischen Bewegung des 19. Jahrhunderts, daß ihre zum Frankfurer Parlament in der Paulskirche zusammengetretenen Führer sich zu der Doppelparole „Freiheit und Recht" bekannten. In der Weimarer Nationalversammlung, die sich als die geistige Testamentsvollstreckerin der Frankfurter Nationalversammlung betrachtete, kamen die Gedanken von Freiheit und Recht noch einmal zur Entfaltung. Sie fanden einen programmatischen Niederschlag im Grundrechtskatalog der Weimarer Verfassung. So sehr wir uns der eindrucksvollen Dokumentation des demokratischen Geistes in Frankfurt und Weimar freuen, so dürfen wir doch nicht übersehen, daß weder die in Frankfurt beschlossene Verfassung noch die Verfassung von Weimar Ideallösungen waren. Sie krankten als Kinder ihrer Zeit am Rechtspositivismus und konnten so keine echten Garantien für die Freiheit der Persönlichkeit, der Familie, des Berufsstandes, der Gemeinden, der Stammes- und Heimatlandschaften bieten. Die Dogmatik des Rechtspositivismus beruht auf dem Grundsatz, daß es keine vorstaatlichen Rechte gebe, sondern daß der Staat die Quelle allen Rechtes sei. Damit war in der Demokratie dem Zentralparlament die Befugnis gegeben, mit entsprechender Stimmenmehrheit die Freiheiten und Rechte der Person sowie aller innerstaatlichen Körperschaften beliebig zu beschränken oder gar völlig aufzuheben. Dadurch wurde, nachdem der monarchische Absolutismus zwar beseitigt war, die Gefahr des Parlamentsabsolutismus heraufbeschworen. Der Nationalsozialismus hatte in dieser staatsrechtlichen Möglichkeit des Parlamentsabsolutismus, auf dem die Weimarer Verfassung letztlich beruhte, den archimedischen Punkt erkannt, von dem aus sich die deutsche Demokratie in scheinbar „legaler" Form aus den Angeln heben ließ. Es gelang dem Nationalsozialismus durch Stimmenfang, durch betrügerische Versprechungen und durch gewaltsame Ausschaltung eines Teiles der Parlamentsmitglieder die Mehrheit im Parlament zu erobern und damit die Macht in der Zentralinstanz an sich zu reißen. Mit der Machtübernahme in der Zentralinstanz, mit der seit dem Papen-Putsch vom 20. Juli 1932 auch die Verfügung über den machtpolitisch ausschlaggebenden preußischen Staatsapparat verbunden war, fiel dem Nationalsozialismus automatisch auch die totale Macht im ganzen Reich zu, so daß das nationalsozialistische System der Unfreiheit und Rechtlosigkeit auch in den Landschaften aufgerichtet wurde, in denen sich große Teile der Bevölkerung als immun gegen die nationalsozialistische Propaganda erwiesen hatten.

Jede staatsrechtliche Neuordnung der Verhältnisse im deutschen Raum muß sich die Vorgänge von 1933 zur Lehre dienen lassen, da die Gefahr totalitärer Bewegungen auch trotz der Beseitigung des Nationalsozialismus noch fortdauert. Wie die Neuordnung im einzelnen auch aussehen mag, es darf nie wieder eine so weitgehende staatsrechtliche und tatsächliche Machtkonzentration an einer Zentralstelle erfolgen wie das in Preußen-Deutschland der Fall war, da sonst Freiheit und Recht auch in Zukunft wieder bedroht sind. Vor allem aber muß der Geist des Rechtspositivismus und die darauf gegründete Idee der Staatsomnipotenz überwunden werden, die auch noch in vielen Köpfen herumspukt, die sonst gut demokratisch sein wollen. Oberstes Prinzip aller Politik muß die Anerkennung des Grundsatzes sein, daß der Einzelne und die dem Staate eingeordneten Gemeinschaften ihre Freiheiten und Rechte nicht vom Staat erhalten haben, daß sie auch nicht lediglich um des Staates willen existieren, sondern daß sie vorstaatlichen Ursprungs sind und daher auch vorstaatliche Rechte haben, die in der Natur des Menschen und damit letzten Endes im Willen Gottes als des Schöpfers der Natur wurzeln. Der Staat, der nicht der Schöpfer allen Rechtes, sondern selbst dem Naturrecht unterworfen ist, darf den Einzelnen nicht in seiner Persönlichkeitsentfaltung hindern und die natürlichen Aufgabengebiete der vorstaatlichen Gemeinschaften nicht an sich reißen, sondern hat im Gegenteil die Aufgabe, dem Einzelmenschen und den ihm eingeordneten Gemeinschaften Schutz und Hülfe zu verleihen und ihnen freie Entwicklungsmöglichkeiten zu gewährleisten. Das von Papst Pius XI. in der Enzyklika ›Quadragesimo anno‹ verkündete Subsidiaritätsprinzip muß wieder zur Geltung gebracht werden: „Wie dasjenige, was der Einzelmensch aus eigener Initiative und mit seinen eigenen Kräften leisten kann, ihm nicht entzogen und der Gesellschaftstätigkeit zugewiesen werden darf, so verstößt es gegen die Gerechtigkeit, das, was die kleineren und untergeordneten Gemeinwesen leisten und zum guten Ende führen können, für die weitere und übergeordnete Gemeinschaft in Anspruch zu nehmen." Damit hat Papst Pius XI. jedem Staatsabsolutismus und Staatszentralismus eine scharfe Absage erteilt.

Eingriffe in die Freiheiten und Rechte des Einzelnen und der kleineren Gemeinschaften sind dem Staate nur gestattet aus zwingenden Gründen des Gemeinwohls, welches nicht etwa mit dem Wohle des Staates oder der Gesellschaft identisch ist, sondern das Einzelwohl voraussetzt und zum Ziele hat. Das Gemeinwohl, das heißt die Verwirklichung der sozialen Gerechtigkeit als Staatszweck stellt sowohl die naturrechtliche Begründung als auch die naturrechtliche Begrenzung der Staatsgewalt dar. Ein Staat, der die Freiheiten und Rechte der Einzelperson und der natürlichen Gemeinschaftsbildungen wie Familie, Berufsstand, Gemeinde oder Heimatlandschaft vergewaltigt, entzieht sich damit selbst die naturrechtliche Grundlage seiner Existenz und wird zum alles verschlingenden Moloch, wie ihn uns der englische Staatstheoretiker Thomas Hobbes in Anlehnung an ein Bild der Apokalypse in seinem ›Leviathan‹ gezeichnet hat.

15. Rudolf Pechel, Sagen, was ist, Aufsatz, Auszug

In Deutschland herrschen Not und Unsicherheit vor der Zukunft. Zahlreiche Deutsche, vor allem die Angehörigen des Widerstandes gegen den Nationalsozialismus, sind von den Maßnahmen der Alliierten enttäuscht. Sie sehnen sich nach Freiheit und Gerechtigkeit. Dennoch gibt es Hoffnung: Die Siegermächte versuchen, die Not zu lindern und das politische Leben zu fördern.

Deutsche Rundschau 69 (1946), S. 1–8.

April 1946

I

Die Vertagung der Entscheidung über das Schicksal Deutschlands auf der Konferenz der vier Außenminister in Paris trotz dem bis zum Ende der Konferenz unablässigen Bemühen von Bevin und Byrnes hat die schüchternen Hoffnungen auf eine Erleichterung unserer Lage vernichtet und die tiefe Niedergeschlagenheit im deutschen Volk verstärkt. Es werden, ehe im November in neuen Verhandlungen vielleicht eine Einigung zustande kommt, mehr als fünf Monate vergehen, in denen untragbare Zustände sich so verhärten können, daß eine Heilung noch schwieriger erscheinen muß, als wenn jetzt eine, wenn auch schwere Entscheidung getroffen wäre.

Wie ist denn heute die Lage in Deutschland? Das deutsche Volk, vermehrt durch Millionen von Flüchtlingen und Ausgewiesenen, ist zusammengedrängt auf einen Raum, der nicht auch nur annähernd das Minimum an Ernährung sicherstellen kann. Dieses Deutschland, das seinen gesamten Osten, die wichtigsten Gebiete für seine Ernährung, verloren hat, lebt nicht, sondern vegetiert. Eine ins Mark getroffene, verstümmelte Industrie ist nicht in der Lage, Arbeitsgelegenheit für die Bevölkerung zu schaffen, schleppt sich mit einem kümmerlichen Rest von Rohstoffbeständen und spärlichen Lieferungen durch die Tage und bietet auch keine Möglichkeit, die Reparationssummen, die sich in astronomischen Zahlen bewegen, aufzubringen. Dadurch ist die Sorge gewachsen, daß für Reparationszwecke von den letzten verbliebenen Anlagen noch weitere demontiert werden und dadurch die Gefahr des völligen Erliegens der gesamten Wirtschaft nähergerückt ist. Die Unsicherheit unserer Währung, das namenlose Elend der Flüchtlinge, der Jammer der auseinandergerissenen Familien, die nicht wissen, ob sie je ihre Angehörigen und einen Platz finden werden, auf dem sie ein neues Leben aufbauen können; und der Millionen (orderly and human?) Ausgewiesenen, von denen auch heute noch eine große Zahl wie zu Tode gehetzte Tiere auf der Landstraße verreckt, die brennende Sorge um die Millionen von Kriegsgefangenen, die zum Teil in schwerster Arbeit bei unzureichender Ernährung fern der Heimat fronen müssen, bedrückt Millionen deutscher Familien. Der nach wie vor unmögliche Warenaustausch zwischen den einzelnen Zonen und die ungemeine Erschwerung des Personenverkehrs durch den eisernen Vorhang, die fast einem Verbot gleichkommt, hat zwei Deutschland geschaffen mit sehr unterschiedlicher Kultur- und Schulpolitik, mit sehr unterschiedlicher Rechtspflege und Rechtssicherheit, das eine mit, das andere ohne Bankkonten, so daß schon dadurch der innere Zusammenhang stark gefährdet ist. Weiter drückt auf die Gemüter und die Herzen die Unsicherheit über die künftigen Grenzen Deutschlands, die durch den Plan vergrößert wird, aus dem wunden Land noch Herzstücke herauszulösen, eine Möglichkeit, die zum Ausbluten des todkranken Körpers führen muß. Enttäuschte Erwartungen endlich und der Hunger haben im ganzen deutschen Volk Niedergeschlagenheit, Apathie, Hoffnungslosigkeit und ausweglose Verzweiflung erzeugt.

Lohnt es sich da noch zu arbeiten? Lohnt es sich da noch weiter zu leben? Es lohnt sich!

II

Versuchen wir zunächst die Fehlerquellen in der Beurteilung unserer Lage zu finden. Sie liegen zum großen Teil in unserer eigenen Gemütslage. Wir haben die unabdingliche Pflicht, erst einmal zu scheiden zwischen den subjektiven und den objektiven Gründen unserer Sorge und zu prüfen, ob wir den richtigen Standpunkt zu einer nüchternen Erkenntnis unserer wirklichen Lage gewählt haben.

Wir haben ihn nicht! Aber wir müssen ihn gewinnen. Wiederum zeigt es sich, daß wir den Versuch machen, uns an unserer eigenen Verantwortung und unserm eigenen Verschulden vorbeizulügen und Schuld dort zu suchen – was ja immer bequemer ist –, wo sie nicht liegt, nämlich bei den andern.

Beginnen wir mit den enttäuschten Erwartungen. Ein großer Teil des deutschen Volkes war der Überzeugung, daß die alliierten Armeen in ihrem unaufhaltsamen Siegeslauf von Westen, Süden und Osten in deutsche Lande als Befreier kämen. Vor kurzem hat im englischen Rundfunk Hugh Carleton Greene darauf hingewiesen, daß diese Erwartungen durchaus nicht berechtigt sind. Weder hat General Eisenhower das deutsche Volk im unklaren darüber gelassen, daß die alliierten Armeen nicht als Befreier, sondern als siegreiche Soldaten kämen, noch hat BBC London je davon gesprochen, daß die Alliierten die Rolle der Befreier übernommen hätten. Allerdings ist in der Sendung von BBC nicht die Tatsache berücksichtigt worden, daß Winston Churchill zu wiederholten Malen gesagt hat, daß, wer Hitlers Feind sei, der Freund der Alliierten wäre, auch wenn es sich um Deutsche handele. Und hier liegt zweifellos eine gewisse Berechtigung zu einem Gefühl der Enttäuschung vor. Denn die Kräfte in Deutschland, die ehrlich Widerstand gegen das verbrecherische Regime geleistet haben, konnten wohl erwarten, daß sie in erster Linie zum Aufbau eines sauberen, anständigen und demokratischen Deutschlands herangezogen würden, eines Deutschlands, das immer gerade von diesen Kreisen mit heißem Herzen angestrebt wurde. Wir glauben auch, daß es für den Aufbau eines solchen Deutschlands nützlich gewesen wäre, wenn die Alliierten neben den unbedingt notwendigen schwarzen Listen auch eine weiße Liste gehabt hätten, weil dann die Kräfte sofort zur Verfügung gestanden hätten, die einen berechtigten Anspruch auf das Vertrauen der Alliierten haben konnten. Und wir glauben auch, daß dann die Säuberung unseres gesamten Lebens schneller und wirksamer vor sich gegangen wäre, da ein Außenstehender niemals über das Wissen von den wirklichen Trägern des nazistischen Geistes verfügen kann wie die Menschen in Deutschland, die unter den Vertretern des Systems am ersten und am härtesten gelitten haben.

Die Besorgnis um das Erliegen der Industrie als Mittel zum Wiederaufbau und als einzige Möglichkeit, Reparationen zu leisten, ist nicht wegzudisputieren, aber bei dem schnell fertigen Urteil wird übersehen, daß die Alliierten diese Gefahr genau so klar erkennen wie wir Deutschen und sich, wie eindeutige Beispiele beweisen, bemühen, dieser Gefahr zu begegnen. Man übersieht oder will dabei übersehen, daß die Lösung dieser Frage ja nicht der Entscheidung eines Einzelnen unterliegt, sondern daß vier Mächte sich darüber zu einigen haben und daß zwischen diesen Mächten bei der Untersuchung einer Einigungsmöglichkeit auch noch sehr gewichtige andere Fragen die Verhandlungen erschweren und die Einigung hinauszögern. Wir wollen doch auch nicht vergessen, daß es gegenüber den verflossenen Jahren als ein großer Fortschritt anzusehen ist, daß diese Verhandlungen nicht im Geiste eines Hitler oder eines Mussolini geführt werden, die längst versucht haben würden, durch die Entfachung eines neuen Krieges die Frage gewaltsam zu lösen, und damit den Untergang Europas besiegelt hätten.

Das gleiche gilt für die Frage der deutschen Grenzen und die dadurch in erster Linie beeinflußte Ernährungslage Deutschlands. Hier allerdings liegt ein scheinbar unlösbares Problem vor. Die weiten und fruchtbarsten Gebiete im deutschen Osten, jetzt unter polnischer Verwaltung, über deren Schicksal ja erst im Friedensvertrag entschieden werden soll, was aber von Polen geflissentlich außer acht gelassen wird, liegen brach und sind zum größten Teil völlig ertraglos. Aber auch dieses Problem wird unter den Siegermächten mit eindeutiger Klarheit gesehen. Die großen, dadurch hervorgerufenen Sorgen haben in der Presse und in den Parlamenten der beteiligten Länder schon sehr deutlichen Ausdruck gefunden. Es ist ja ein Zustand, der nicht auf die Dauer sein darf, daß einige der Siegerstaaten sich freiwillige Beschränkungen in der Lebensmittelversorgung ihres eigenen Volkes auferlegen, um dem hungernden Europa – und auch Deutschland – zu helfen, und auf der andern Seite ein Riesengebiet besten Landes ungenutzt bleibt, dessen richtige Bestellung durch einen redlichen Dienst am Boden einen großen Teil der bestehenden Schwierigkeiten für Deutschland beheben könnte. Es wird die Zeit kommen, wo die Völker der Welt auch hierüber Rechenschaft fordern werden. Denn wenn ein Boden, der Getreide tragen kann, nur Disteln trägt, so ist das wider die Natur! Und Sünden wider die Natur wiegen schwer.

Wir wissen, daß in vielen Ländern rings um Deutschland andere Völker leiden – durch unsere Schuld. Wir wissen, daß unsere Leiden verursacht sind – durch unsere Schuld. Aber die anderen Völker haben die Hoffnung, daß mit der Unterstützung der ganzen Welt es bei ihnen bald besser wird, und sie sehen einen klaren Weg. Wir Deutschen haben so gut wie keine Hoffnung. Und die völlige Unsicherheit unserer Zukunft, angefangen von des Leibes Nahrung und Notdurft und endend bei der staatlichen Form, erzeugt einen Zustand der Verzweiflung, die niemals ein guter Berater ist, und Elemente des deutschen Volkes, die zum Aufbau geeignet und notwendig sind, in eine Gemütsverfassung des Radikalismus und Fanatismus hineintreiben kann, die verhängnisvolle Folgen haben müßte.

Es soll keinen Augenblick verheimlicht werden, daß die Frage der deutschen Kriegsgefangenen ein Haupthindernis ist, im ganzen deutschen Volk die richtige Einstellung zu seiner Lage zu ermöglichen und die Kräfte zur Auswirkung zu entbinden, die beim Aufbau unbedingt notwendig sind. Das sind Fragen, die an unserem Herzen reißen und von denen fast jede Familie in Deutschland ihr Teil an schwerem Leid zu tragen hat. Es muß aber eindeutig betont werden, daß hier ein Verstoß gegen das Völkerrecht nicht vorliegt. Denn die Genfer Konvention bestimmt ausdrücklich, daß die Rückführung der Kriegsgefangenen erst nach erfolgtem Friedensschluß durchgeführt werden soll. Es wird auch nicht voll gewürdigt, daß aus einigen der Siegerländer schon der größte Teil der Kriegsgefangenen freigelassen ist und die Entlassung des Restes in baldige Aussicht gestellt wurde, und daß in diesen Ländern auch gerade die seelische Bedrückung durch das Fernbleiben der Kriegsgefangenen durch lange Zeit in Rechnung gestellt wird.

Die Sorgen durch die Frage der Reparationen, die aus einem völlig am Boden liegenden Lande und Volk herausgeholt werden sollen, sind riesengroß, aber bisher hat ja die Geschichte immer noch gezeigt, daß auf die Länge, auch nach Kriegen, in denen die Leidenschaften bis zur Siedehitze erregt waren, die wirtschaftliche Vernunft sich als stärker erweist als die rein politische.

Die Hungersnot, die in Deutschland herrscht – wir können nicht gut einen anderen Namen für einen Zustand wählen, in dem durch ungenügende Ernährung die Schwachen zugrunde gehen und die anderen, die noch etwas Kraft übrigbehielten, von Tag zu Tag in ihrer Leistungsfähigkeit heruntergedrückt werden –, ist trotz aller Anstrengung, die örtlich unterschiedlich ist, vorläufig nicht entscheidend zu beheben. Wir sehen aber – und mit tiefem Dankgefühl – überall in der Welt Organisationen neben den offiziellen Maßnahmen der Staaten am Werke, die Not nach Kräften zu lindern. Die Arbeit der UNRRA, das Hilfswerk der christlichen Kirchen, die großzügige Hilfsaktion des Roten Kreuzes tun überzeugend dar, daß in der Welt nicht alle Herzen verhärtet sind, sondern daß überall ein großes Bemühen am Werke ist, zu helfen, besonders zu helfen den Kindern und den alten Menschen, die am härtesten von der gegenwärtigen Not betroffen sind. Das frevle Wort, daß es ein „Unmöglich" nicht gäbe, wollen wir uns ja gewiß nicht zu eigen machen. Wir wollen aber auch nicht vergessen, daß der Zustand, als dessen Folge eine schnelle und wirksame Hilfe nicht möglich ist, ja nicht durch die Siegerstaaten, sondern durch Hitler und seine Mithelfer auf der Nürnberger Anklagebank hervorgerufen ist, und daß die Not in Deutschland dadurch ins Unendliche vergrößert wird, daß der grauenvolle Plan Hitlers, Deutschland durch die Vernichtung aller lebenswichtigen Einrichtungen mit sich zugrunde gehen zu lassen, in erschreckend großem Maße durchgeführt worden ist und daß hierfür eine Verantwortung bei den Besatzungsmächten in keiner Weise gesucht werden darf.

Wir verkennen nicht, daß man die durch Hunger entstandene Verzweiflung nicht mit schönen Reden und Erklärungen beheben kann. Der Hungernde ist Worten der Vernunft nur wenig zugänglich. Heinrich Heine hat schon recht mit seinen Versen:

> Im hungrigen Magen Eingang finden
> Nur Suppenlyrik mit Knödelgründen
> Nur Argumente von Rinderbraten
> Begleitet mit Göttinger Wurstzitaten.

So hat das deutsche Volk wohl Anspruch auf eine gewisse Nachsicht in der Beurteilung seiner Haltung. Aber uns will scheinen, als ob der Hunger doch etwas weniger quälend ist, wenn man nicht einen andern zum Schuldigen an ihm erklärt.

Von der Hoffnungslosigkeit zu sprechen, die durch die Zonentrennung und das Fehlen auch nur einer im Umriß geschaffenen Zentralregierung entstanden ist, ist schwierig. Denn hier gibt es keinen Trost. Wir wissen, daß, wenn dieser Zustand nicht bald geändert wird, jede redliche Arbeit am Wiederaufbau ihren Sinn verliert. Aber auch hier liegt es so, daß diese Gefahr von allen, die über Deutschlands Schicksal zu entscheiden haben, klar gesehen wird. Die Unhaltbarkeit dieses Zustandes ist die einzige Hoffnung, die wir für eine Änderung aufbringen können.

Niemand kann behaupten, daß die Alliierten den Versuch machen, sich der Verpflichtung zu entziehen, daß bedingungslose Kapitulation für den, der sie annimmt, eine totale Verantwortung für das, was nach ihr geschieht, bedeutet. Wir denken nicht daran, den Anwalt der Alliierten zu machen, aber als Anwalt der Wahrheit müssen wir uns gegen eine unrichtige Beurteilung der Gründe für unsere trostlose Lage wenden.

III

Blicken wir zurück. Was ist in dem mehr als einem Jahr geschehen, seit der völlige Zusammenbruch erfolgte? Das als unvermeidlich erscheinende Massensterben ist eingeschränkt worden, lediglich durch den Eingriff der Besatzungsarmeen. Ebenso ist eine starke Eindämmung der Epidemiegefahr eingetreten – durch Maßnahmen der Besatzungsmächte. In einzelnen Zonen ist schon auf wesentlichen Gebieten eine Übertragung der Rechte zu eigener Verwaltung an deutsche Stellen erfolgt. Wenn noch nicht mehr geschehen ist, so einfach deshalb, weil noch nicht mehr geschehen konnte. Die Zeitung beweist jeden Tag, daß große Teile des deutschen Volkes in keiner Weise sich als so reif erweisen, daß die alliierten Behörden mit Vertrauen das deutsche Geschick in ihre Hand legen könnten. Überall ist noch Nazigeist lebendig, und Gewalttaten sind an der Tagesordnung. Im Interesse des deutschen Volkes und seiner Gesundung erscheint eine strenge Kontrolle noch unentbehrlich.

Das politische Leben in Deutschland wird nicht von den Alliierten gehemmt, sondern gefördert, und bald werden im gesamten deutschen Gebiet überall Wahlen durchgeführt sein. Zweifellos ist es keine reine Freude, daß wir wieder Parteien haben, weil manche von ihnen doch ein recht unbefriedigendes Gesicht zeigen. Aber ist es die Schuld der Alliierten, daß erprobte Versager mit gepflegten Bärten und einer Fülle öliger Phrasen mit ranzigem Beigeschmack, die billige Versammlungserfolge für Entscheidungen halten, und Parteiroutiniers mit einem seltsam kurzen Gedächtnis für die eigene politische Vergangenheit, Parteiapparate mit allen Fehlern des heruntergekommenen Parlamentarismus, die im Deutschland vor 1933 die Diskreditierung der Demokratie verschuldeten und der Opposition ihre Arbeit so leicht machten, sich hervordrängen und das durchaus vorhandene politische Interesse des ganzen deutschen Volkes und vor allem auch der deutschen Jugend stark mindern? Hier Wandel zu schaffen, liegt aber in unserer Möglichkeit, und hier sind wir Herren unseres Geschicks.

Es ist auch nicht zu vergessen, daß so viele in Deutschland mit einer unzureichenden geistigen Rüstung an die Meisterung der großen Probleme gehen, vor denen nicht nur wir, sondern die Menschheit steht. Das muß man auch bei der in Deutschland stellenweise vorhandenen falschen Beurteilung der Schuldfrage in Rechnung stellen. So notwendig das in Nürnberg durchgeführte Verfahren ist, so schädlich hat sich die Länge der Verfahrens auf die Stimmung des deutschen Volkes ausgewirkt, und es wird erst wieder eine innere Befreiung spüren, wenn in Nürnberg das Urteil gesprochen wird, das das ganze Volk erwartet. Wir sind nicht fern der Erkenntnis, daß die Frage einer deutschen kollektiven Verantwortlichkeit ohne Rückhalt bejaht werden muß und daß von einer gemeinsamen deutschen Schuld nur wenige Deutsche mit Recht ausgenommen werden können. Freilich zeigt ja das Verhalten einiger Verteidiger im Nürnberger Prozeß, daß sie weder unsere Lage noch ihre Aufgabe begriffen haben. Aber die überwiegende Mehrheit des deutschen Volkes lehnt jede Identifizierung mit solcher Geistesverfassung ab.

Erschwert wird eine Ordnung der deutschen Verhältnisse durch die bisher getroffenen Maßnahmen zur Säuberung unseres politischen Lebens. Es ist leider so, daß das deutsche Volk nicht mit freiem Herzen den Verordnungen zustimmen kann, nach denen diese Säuberung durchgeführt wird. Sie sind unbefriedigend, weil wirklich Schuldige von ihnen nicht betroffen werden und ein großer Teil von Menschen, die eine nachsichtige Behandlung verdienten und die als brauchbare Glieder in den Arbeitsprozeß eingefügt werden könnten, in quälender Unsicherheit leben, von der auch ihre Angehörigen in einer unangenehmen Erinnerung an den verfluchten Begriff der Sippenhaftung mit betroffen sind. Vergessen wir aber nicht den großen Fortschritt, daß die Entscheidung in unsere Hand gelegt ist und daß hier Deutsche über Deutsche zu urteilen haben. Dadurch ist unsere Verantwortung riesengroß gewachsen. Wir werden uns in der unnachsichtigen Ausmerzung der wirklich Schuldigen und in der verständnisvollen Behandlung derer zu bewähren haben, für die triftige Entlastungsgründe sprechen.

Wir hoffen, daß die Einsicht in die Ursachen unserer gegenwärtigen Lage und die Erkenntnis der Möglichkeiten einer Änderung, soweit sie in unserer eigenen Hand liegen, unsere Behauptung rechtfertigen, daß wir kein Recht haben, zu verzweifeln. Schon aus dem Grunde nicht, weil niemand aus der Reihe treten und mutlos die Hände sinken lassen darf, solange noch eine deutsche Jugend da ist, die ihr volles Recht an das Leben hat und an der die Älteren so vieles gutzumachen haben.

Die oberste Forderung heißt Geduld.

IV

Es bleibt aber ein großer ungelöster Rest. Er liegt auf dem rein menschlichen Gebiet. Nach den furchtbaren Jahren eines beispiellosen Terrors, einer abgrundtiefen Gemeinheit und viehischen Grausamkeit, dem Zustand einer völligen Rechtlosigkeit, hungert und dürstet das deutsche Volk nach der Gerechtigkeit, wie vielleicht niemals ein Volk vor ihm. Wir dürsten nach der Gerechtigkeit. Einen Anspruch darauf können wir nicht anmelden. Zwischen uns und der Gerechtigkeit steht das Unrecht, das Hitler und die Seinen der ganzen Menschheit taten, stehen die Millionen Ermordeter, die Abermillionen von Toten der Hitler-Kriege, deren Zahl sicherlich zutreffend auf 33,8 Millionen geschätzt wird.

Im deutschen Volk lebt die brennende Sehnsucht nach Gerechtigkeit, Freiheit und Menschlichkeit. Es klammert sich an die Hoffnung auf die Gerechtigkeit, von der Woodrow Wilson einmal gesagt hat, daß sie „keinen Unterschied macht zwischen denen, gegen die wir gerecht zu sein wünschen, und denen, gegen die wir es nicht sein möchten". So sehr man die Gefühle des Hasses und des Abscheus von der anderen Seite versteht, so sehr hofft man, daß Einer die große innere Freiheit findet, als erster anzufangen mit der Beendigung des Hasses und der Vergeltung. Gewiß, Hitler hat größeres Leid über die Menschheit gebracht, als wir jetzt zu tragen haben. Aber darf eine Untat der Maßstab für das Handeln rechtlich denkender Völker sein? Wir fragen mit Bangen, wohin muß die Menschheit geraten, wenn das Ziel jetzt nur die Vergeltung ist nach dem Grundsatz: Auge um Auge, Zahn um Zahn? Gerade angesichts des furchtbaren Elends hofft man auf die Großmut der Sieger. Ein fairer Sieger beschämt und entwaffnet den Trotz und die Feindseligkeiten auch des verstockten Besiegten und macht den Weg frei für alle großen und anständigen Gefühle. Wer heute den Anfang machen würde, den Haß zu beenden, dem würde das deutsche Volk einen Altar in seinem Herzen bauen.

Mit einem Gefühl tiefster Dankbarkeit haben wir von Äußerungen einzelner Personen in den Parlamenten anderer Länder, in ihrer Presse, ja aus dem Munde maßgebender Staatsmänner selber, wie von der Liebesbotschaft der Kirchen, gehört. Es ging ein Aufatmen durch das deutsche Volk, als jüngst

General Lucius D. Clay zugestimmt hat, daß alle Jugendlichen, abgesehen von denjenigen, die unter die Gruppen 1 und 2 des Säuberungsgesetzes fallen, durch eine allgemeine Amnestie rehabilitiert werden sollen[27], daß in der englischen und amerikanischen Öffentlichkeit Stimmen laut wurden für Gerechtigkeit und Menschlichkeit. Auch Stimmen ernster und herber Kritik an der bisherigen Methode, besonders in der katholischen Presse in USA – einer Kritik, wie sie uns nicht zusteht. Der Unglückliche wird immer dankbar sein, soweit er nicht hoffnungslos unbelehrbar ist, und Maßnahmen reiner Menschlichkeit würden wieder etwas Hoffnung in die zerbrochenen Herzen gießen.

Wir wissen, daß der Kampf für die Gerechtigkeit gegen die Gewalt von Anbeginn der Menschheit an denjenigen, der ihn führte, in tragisches Unglück brachte. Noch ist jeder, der allein für sich den Kampf gegen die Gewalt und das Unrecht führte, in irgendeiner Form ans Kreuz geschlagen worden. In der Geschichte hat bisher niemals ein ganzes Volk den Versuch gemacht, seine eigene Haltung nur durch die Grundsätze des Rechts und der Freiheit bestimmen zu lassen. Nehmen wir doch diese Pflicht auf uns, um beispielhaft zu zeigen, daß ein ganzes Volk bis in seine letzten Glieder der Träger dieser großen Ideen sein und dadurch der gesamten Menschheit einen Schritt vorwärtshelfen kann. Wir sind keine Utopisten, und wir wissen, daß die Verwirklichung der Freiheit und Gerechtigkeit nur in den einigermaßen engen Grenzen menschlicher Möglichkeiten erreicht werden kann. Aber ein Schritt auf diese Grenze zu ist schon des rastlosen Strebens der Besten wert.

V

Wenn auch der Idealzustand einer gerechten Lenkung der Weltgeschicke in keiner Weise erreicht ist und auch nie erreicht werden kann, so bleibt die Pflicht für jeden Einzelnen bestehen, der wirklich ehrlich nach der Gerechtigkeit strebt, in seinem kleinen Kreis den Versuch zu machen, Gerechtigkeit durchzuführen. Aber auch die Gerechtigkeit "begins at home". Kann jemand die Forderung nach Gerechtigkeit für sich erheben, der ungerecht gegen andere ist? Der ganze Schichten des eigenen Volkes wie die Angehörigen anderer Parteien, wie die „Junker“ und die Soldaten in Bausch und Bogen verdammt und nach schlechtester deutscher Art das noch anspuckt, was fällt, ohne auch nur den Versuch zu machen, in gerechtem Urteil die Spreu von dem Weizen zu sondern? Auch das ist ein Relikt der Nazi-Zeit. Es ist nur wenigen Menschen

[27] Gesetz zur Befreiung von Nationalsozialismus und Militarismus vom 5. 3. 1946: LRGS S. 95; Amnestie-Verordnung zum Gesetz zur Befreiung von Nationalsozialismus und Militarismus vom 6. 8. 1946: LRGS S. 115.

gegeben, die Welt zu bewegen, aber allen ist es möglich, im eigenen Lebenskreise Vorbild zu sein und Segen zu wirken und dadurch der Gerechtigkeit einen kleinen Schritt näherzurücken.

In seinem reifsten Roman ›Die Jeromin-Kinder‹ zeigt Ernst Wiechert uns den Weg: Das Reich Gottes und das der irdischen Gewalten sind zweierlei, und die Welt ist heute weiter denn je von der Verwirklichung der Lehre der Propheten und Christi entfernt, die nur herrschend werden kann, wenn jeder Einzelne bei sich beginnt. Und so geht Jons Ehrenreich Jeromin, der ausziehen wollte, die Welt zu bewegen und die Gerechtigkeit auf den Acker zu bringen, entschlossen den Weg, nach seiner Kraft als Arzt den Ärmsten der Armen zu helfen. Wir müssen unser Tagewerk so erfüllen, daß wir von seinem Ertrag denen etwas abgeben können, die ein noch schwereres und ärmeres Tagewerk haben als wir.

Wenn jeder bei sich anfängt in seinem engen Kreise, so trägt er dazu bei, ein Stückchen Gerechtigkeit zu schaffen und dadurch die Kette des Unrechts, an deren Last die gesamte Menschheit trägt, unterbrechen zu helfen.

Es ist auch wahr, daß, wer recht tut, niemals ohne Hoffnung ist.

Den Völkern der Welt, die jetzt beherrschend über allen anderen stehen, ist es wohl ehrlich um einen wahren Frieden zu tun. Wir haben nicht vergessen, daß es eine Atlantik-Charta gibt, die der Welt die vier Freiheiten verspricht.

Wir sehnen uns besonders wegen der völligen Rechtlosigkeit der vergangenen Jahre nach der Freiheit von Unrecht und nach einem Zustand, in dem im Gegensatz zur Nazi-Zeit nur der von Verhaftung und Gewalt bedroht ist, der gegen die Gesetze verstoßen hat, und in dem gegen niemand Böswilligkeit möglich ist.

Und wir sehnen uns nach dem wahren Frieden. Nicht nach einem Frieden des Grabes, sondern nach einem Frieden der Lebenden, nicht nach dem Frieden einer neuen Gefängniszelle, sondern nach dem Frieden freier Menschen in freier Welt: Liberté, liberté chérie!

Die Worte, die der amerikanische Außenminister James F. Byrnes am Rundfunk sprach, haben wir mit unsern Herzen gehört:

„Wir glauben nicht an einen Frieden, der auf Rachbegierde aufgebaut ist. Wir glauben an Gerechtigkeit, Barmherzigkeit und Gnade. Wenn wir diese walten lassen, dann können aus Menschen, die wir als Feinde fürchten, unsere Freunde werden. Wir müssen an einen gerechten Frieden glauben und beten, daß Gott ihn in seiner Gnade der Welt geben möge."

16. Jakob Kaiser, Rede[28], Auszug

Die bürgerliche Gesellschaftsordnung muß abgelöst werden durch den christlichen Sozialismus, der nicht zu verwechseln ist mit Marxismus und revolutionärem Klassenkampf. Ein künftiger deutscher Bundesstaat hat die Aufgabe, Brücke zwischen Ost und West zu sein.

Bundesarchiv, NL Kaiser 257 (maschinenschriftliche Vervielfältigung). – Druck u. a.: Kaiser, Brücke, S. 132–148.

Berlin, 16. Juni 1946

[Gedenken an die Opfer der nationalsozialistischen Willkürherrschaft und des Zweiten Weltkrieges]

Unsere Partei hat sich aus einem großen Rettungswillen für Deutschland geformt. Die Idee der Sammlung, wie die Union sie darstellt, geht von dem Bewußtsein aus, daß Widerstreit der Konfessionen in einem neugeformten politischen Leben Deutschlands nie mehr Raum finden darf.

Eines will ich heute gestehen: Wir wußten wohl, als wir zur Gründung der Union zusammentraten, um die aufrichtende Kraft des christlichen Gesetzes für ein durch Irrtum, Schuld und Verbrechertum niedergeworfenes Volk. Wir wußten um das Verlangen nach rettendem Halt im wilden Durcheinander eines trostlosen Schicksals. Aber wir wußten nicht um die große Aufgeschlossenheit des Volkes, nicht um die Bereitschaft der Völker für das ewig gültige Gesetz eines christlichen Gestaltungswillens für das öffentliche Leben. Erst der elementare Willensausdruck zur Bildung der Union in allen Reichsgebieten, erst die ebenso elementare Zustimmung eines so großen Volksteiles zum politischen Gesetz der Union, hat uns die Bestätigung der Richtigkeit der eigenen Willensrichtung gegeben. Einer Willensrichtung, die zunächst auf die große Sammlung aller christlichen Kräfte geht, um mit ihnen und durch sie Volk und Vaterland wieder aufzurichten.

Meine Parteifreunde, es ist in den letzten Wochen und Monaten viel um den christlichen Gedanken in der Politik gesprochen und geschrieben worden. Nicht immer taktvoll. Nicht immer verständnisvoll. Nicht immer klug. Und das letztere scheint uns der größte Fehler in der Politik zu sein. Die Union hat das Unglück, es schon deshalb manchen Parteien neben ihr nicht ganz recht machen zu können, weil ein so großer Teil des deutschen Volkes ihrer umfassenden Sammlungsidee so unverkennbare Zustimmung gezollt hat. Das veranlaßt die Liberal-Demokraten z. B., die mit der Ausgrabung eines überlebten Liberalismus in Weltanschauung und Wirtschaft etwas wenig Zustimmung

[28] Gehalten auf dem Parteitag der CDU Berlin und der SBZ.

beim Volk gefunden haben, immer wieder das ausgeleierte Lied von der notwendigen Trennung von Religion und Politik zu singen. Sie meinen, die Religion würde Schaden erleiden, wenn zur Verwirklichung ihrer Gesetze im politischen Leben aufgerufen würde. Dabei haben die religiösen Bekenntnisse und die Politik nie so gelitten, wie in einer Zeit, in der das christliche Gesetz nicht nur nicht genannt, sondern weithin auch nicht angewandt werden durfte. Aber es ist wohl kaum nötig, sich mit dem Liberalismus noch auseinanderzusetzen. Er ist nur noch eine Erinnerung an verflossene Zeiten. Und Erinnerungen lösen keine Massenbewegungen aus. In den Trümmern Deutschlands und in der Armut Europas kann der Liberalismus keine Heimat mehr finden.

Bedauernswert erscheint uns die Kampfesart von Kurt Schumacher. Schumachers wiederholte Ausfälle gegen die Union sind zu politischen Entgleisungen geworden. Dabei macht es die Union schließlich nicht schwächer, wenn er verächtlich von Einmischungen der Geistlichen in die Politik oder vom Verbergen des Besitzbürgertums hinter der schützenden Mauer des Christlichen redet. Das christliche Volk hat einen gesunden Sinn gegen demagogische Spekulationen. Wir wissen von den Auseinandersetzungen, in denen die Sozialdemokratie steht. Wir können um unseres Volkes willen nur wünschen, daß diese große Partei sich zu einer klaren eindeutigen Grundlinie ihres politischen Wollens durchringt. Aber diese Klarheit bringen nicht Ablenkungsmanöver von der eigenen Situation, sondern nur die mutige Auseinandersetzung über die politische Ideenwelt, die nach Klarheit verlangt. Es gehört politischer Wagemut dazu, Überlebtes über Bord zu werfen. Aber die Not unseres Volkes verlangt diesen Wagemut. Ich darf das aussprechen, denn wir in der Union haben in mannigfacher Beziehung den Wagemut des Bekenntnisses zu neuen Wegen bewiesen. Und ein großer Teil des Volkes hat die Zustimmung zu diesem Bekenntnis gegeben.

Was uns aber angeht, so haben die Anfechtungen der andern den Impuls nicht geschwächt, der uns beim politischen Zusammenschluß der Konfessionen und aller andern die Auswirkung des christlichen Gesetzes im öffentlichen Leben bejahenden Kräfte bewegt hat.

Wir sind uns bewußt, daß wir um eines gesunden und geordneten deutschen politischen Lebens willen niemals mehr zurück dürfen zur Aufteilung deutscher Parteien nach Konfessionen. Aufgabe der Konfessionen, der Kirchen ist es, Persönlichkeiten zu formen, die in selbstverständlicher Grundsatztreue das innere sittliche Gesetz ihres Glaubens im öffentlichen Leben zur Anwendung bringen. Je mehr das gelingt, um so stärker findet das politische Anliegen der Union Verwirklichung. Die Union selbst ist kein Organ dieser oder jener Konfession. Sie ist eine politische Partei. Dies nicht zuletzt denen zur Belehrung, die in geradezu kindlicher Sorge sogar das Gespenst eines vatikanischen Einflusses hinter der Union stehen sehen.

Ich habe dabei schon einmal an anderer Stelle gesagt, daß ich kein dringenderes Anliegen kenne, als daß wir uns vor der Banalisierung der religiösen Welt durch allzu häufige Anwendung christlicher Begründung hüten. Gewiß, dem einfachen Manne, der gläubigen Frau leuchtet der Hinweis auf das christliche Gesetz am leichtesten ein. Und doch sollen auch der Mann und die Frau des Volkes, die das Gros unserer Partei ausmachen, lernen, aus der sicheren Urteilskraft, über die jede geschlossene christliche Persönlichkeit verfügt, politisch zu urteilen.

Das wird uns nicht hindern, im politischen Alltag die Gesetze der Christlichkeit zu vertreten, d. h. betont zu vertreten, wo Intoleranz oder Christentumsfeindlichkeit uns dazu zwingen. Wir werden ja nie vergessen, daß ein unduldsames System, wie es das nationalsozialistische war, versuchte, jede Spur des christlichen Gesetzes aus dem öffentlichen Leben zu tilgen. Warum? Weil es in ihm die stärkste Kraft gegen seine verbrecherische Diktatur wirksam sah. Der Nationalsozialismus hatte recht: Das christliche Gesetz ist das stärkste Gegengewicht gegen alle Verirrungen und Übersteigerungen politischer Extreme. Das fühlt das deutsche Volk, und das fühlen die Völker rundum. Daher der starke Zug zu christlichen Parteien in ganz Europa.

Dieser starke Zug zu christlichen Parteien schafft allerdings auch die beispiellose Verantwortung dieser Parteien für die Neugestaltung der Volksordnung wie der Völkerordnung. Er schafft für uns die größte Verantwortung, die eine ernstzunehmende Parei in dieser Zeit des totalen Umbruchs aller Lebensbedingungen und Lebensformen im deutschen Volk überhaupt zu tragen hat.

Ich weiß, daß mancher zunächst erschrocken gewesen ist, als ich vom Podium unserer Partei aus die Erkenntnis aussprach, daß die überkommene bürgerliche Gesellschaftsordnung einem versunkenen Zeitalter angehört. Daß sie abgelöst wird durch das Zeitalter des werktätigen Volkes, durch das Zeitalter sozialistischer Lebensgestaltung. Mancher hat den Kopf geschüttelt. Mancher Angehörige eines alten, gutsituierten Bürgertums hat sich in stille Reserve zurückgezogen. Man will erst einmal warten, bis der Staub der Trümmer sich verzogen hat. Vielleicht, daß aus den Ruinen Deutschlands doch noch wieder eine bestimmte Wohlgesichertheit herauszuholen ist. Mancher hat mir allerdings auch in mutig klarer Einsicht in die Situation unseres Volkes – wenn auch in schmerzlicher Rückschau auf das, was er hinter sich versinken sah – die Hand gedrückt.

Dabei stand ich mit meinem Bekenntnis zum Sozialismus in der Union nicht allein. Dasselbe Bekenntnis sprang zu gleicher Zeit – ich möchte fast sagen in gleichen Stunden – auch in andern Teilen des Reiches auf.

Es gibt gewiß Kreise, denen das Zufallsschicksal noch Besitz gelassen hat. Die große Mehrheit des Volkes aber ist durch Krieg und Zusammenbruch mehr oder weniger enteignet. Den heute noch Privilegierten kann ich nur raten, die Augen vor der großen Enteignung unseres Volkes nicht zu verschließen. Es wäre töricht und gefährlich zugleich, auf das Zufallsgeschick des von Krieg und Zusammenbruch geschonten Besitzes zu pochen und das große Unglück zu übersehen, dem die weitaus größte Mehrheit unseres Volkes preisgegeben ist. Es gibt keine Möglichkeit, die Augen vor der Wahrheit zu verschließen.

Die in der West- und Südzone heute noch unangetastete Geldmenge kann nicht über unsere Elendssituation hinwegtäuschen. Die Lebensmittellieferungen der Besatzungsmächte können nicht die Tatsache verhüllen, daß unser Volk ohne diese Lieferungen dem krassesten Hunger ausgeliefert wäre. Wobei an dieser Stelle um der Wahrheit willen betont werden mag, daß nicht die Besatzungsmächte den Hunger, sondern die Lebensmittel brachten. Den Hunger brachten uns die Verbrechen Hitlers. Dem eigenen Volk und den fremden Völkern. Diese Feststellung ist nicht Liebedienerei vor den Siegermächten. Sie liegt mir nicht. Es ist eine Feststellung der Gerechtigkeit – wenn auch einer harten und demütigenden für unser Volk.

Neben der weitestgehenden Enteignung des Volkes steht die beispiellose Schwächung seiner Arbeitskraft. Wir sind heute fast ein Volk von Frauen, Kindern und alten Leuten geworden. Drei bis vier Millionen unserer Männer liegen auf den Schlachtfeldern Europas. Weitere Millionen tragen arbeitsbehindernde Verletzungen. Von Millionen Kriegsgefangener wissen wir nicht, ob und wann sie zurückkommen. Wir würden Selbstbetrug begehen, wenn wir glauben würden, daß dieser Kräfteausfall durch die Millionen Flüchtlinge ausgeglichen werden könnte, die auf dem eng begrenzten Raum unseres Rumpfvaterlandes eine neue Heimat suchen.

Ein Fünftel des deutschen Volkes sind Flüchtlinge. Auch unter ihnen sind Greise, Frauen und Kinder vorherrschend. Ein unendlicher Zug des Elends, der Heimat- und Besitzlosigkeit, eine grauenhafte Hinterlassenschaft des zusammengebrochenen Systems. Umsiedler heißen sie, aber nur ganz wenige von ihnen haben schon wieder eine einigermaßen gesicherte Existenz gefunden. Verbitterung und Verzweiflung geht mit ihnen, wohin sie kommen. Zu ihnen stoßen – verloren und verlassen – heimkehrende Soldaten, die ihre Familien suchen.

Ein Fünftel aller Deutschen sind keine kleine Gruppe, kein kleiner Kreis, sondern eine große Schicht deutscher Menschen, die zu einem neuen Proletariat im bittersten Sinne des Wortes zu werden droht.

Hinzu kommt die Einengung unseres Nahrungs- und Siedlungsraumes. Noch kennen wir die endgültigen Grenzen unseres Landes nicht. Jedenfalls aber ist heute ein Viertel des deutschen Raumes von uns getrennt. Der unter polnischer Verwaltung stehende Raum war mit die wichtigste Kornkammer für unser Volk. Und der übrige Boden ist durch den Raubbau der Hitlerzeit ausgesogen.

Das Potential unserer sachlichen Produktionsmittel ist geschwächt. Fabrikräume und Maschinen hat der Krieg zerstört, und noch ist kein Halt gegeben für ihre weitere Minderung. Rohstoffvorräte sind verbraucht, das Verkehrsnetz weitestgehend zerstört.

Hätte nicht eine hundertjährige Arbeiterbewegung schon fortgesetzt am Strukturwandel der gesellschaftlichen Ordnung gewirkt, hätten nicht der erste Weltkrieg und wirtschaftliche und soziale Auseinandersetzungen, die dem ersten Krieg folgten, ihr Werk der Nivellierung des Volkes getan, so hätten Hitler, sein Krieg und sein Zusammenbruch allein schon genügt, um den Strukturwandel zu einem radikalen zu machen. Wollen wir nicht ein Volk werden, dessen Gesicht von Almosenempfängern, Bettlern und Proletariern geprägt wird, dann müssen wir uns bewußt zu einem Gliederungswillen des Volkskörpers bekennen, der die Massen der Enteigneten, der grenzenlos Verarmten zumindesten auf das Niveau des werktätigen Volkes hebt. Die gesamte Eigentumsordnung ist durch Hitler und seinen Krieg ins Wanken gekommen. Es gilt eine überkritische Lage zu meistern. Das bedeutet, daß auch der Rest der Menschen besitzbürgerlicher Lebensorientierung seinen Anspruch auf Besitz, auf Lebenssicherung, auf ein bestimmtes Maß von Sorglosigkeit auf ein Minimum herabschrauben muß. D. h. vor aller Sorge um den Einzelbesitz, vor jeder bevorzugten Sicherung des Einzelnen oder eines begrenzten Kreises von Privilegierten steht die Sorge um ein Mindestmaß an menschenwürdigen Lebensmöglichkeiten für die Gesamtheit des Volkes. Steht die Sorge für den Lebensstandard des gesamten Volkes, wie er nach den Gegebenheiten unserer Situation noch im Bereich des Möglichen liegt. Um dieser Sorge gerecht zu werden, bedarf es eines Neubaus unserer Gesellschafts- und Wirtschaftsordnung von Grund auf. Und zwar eines Neubaues, dessen Wesensmerkmal das Soziale ist.

Wer das bejaht, – und kein Christ und wahrer Demokrat kann anders, als es bejahen –, tut den Schritt zum Sozialismus.

Sozialismus bedeutet nichts anderes, als daß im Willen zum Neubau der Volksordnung die sozialen Erfordernisse die erste Stelle einnehmen. Nur so ist der Neubau möglich. Vor der würgenden Not unseres Volkes erscheint jeder Rückgriff auf das Gestern überlebt. Erkennen wir, was nötig ist: Der Sozialismus hat das Wort.

Wer solche Einsicht, solche Erkenntnis als ein „Spiel mit dem Sozialismus" bezeichnet, wie Liberaldemokraten es zu tun beliebten, dem kann man nur sagen: „Wenn Ihr's nicht fühlt, Ihr werdet's nicht erjagen." Aber schließlich, wenn man die Kraft seiner Sehnsucht darauf konzentriert, einmal wieder ganz laut „Deutschland, Deutschland über alles" singen zu können, kann man leicht den schwachen Pulsschlag eines todkranken Volkes überhören. Dann sieht man bei andern auch als Spiel an, was das Ergebnis ernsten Ringens um den besten Weg zur Gesundung ist. Möglich, daß man damit sogar ein paar ängstliche Bürger von gestern gewinnt. Der Ernste, Fortschrittliche, der um sein Volk Besorgte aber geht mit den wahrhaft Ringenden.

Diesen mit uns um unser Volk Besorgten mag gleich gesagt werden, daß uns der Sozialismus niemals ein System des grundsätzlichen Hasses gegen Besitz und höheres Lebensniveau sein oder werden kann. Wir wollen nicht vermassen, nicht herabziehen, wir wollen aufrichten. Ein Besitz allerdings muß jedem in unserem Volke wiedergegeben werden: Das ist der Besitz der Menschenwürde. Millionen haben ihn heute nicht, weil ihnen das Notdürftigste zum menschenwürdigen Dasein fehlt.

Deshalb sind wir auch gewiß, daß wir bei allen sozial Gerechten und sozial Klugen Zustimmung zu unserer radikal sozialen Haltung finden.

Denen aber, die meinen, wir hätten kein Recht, unsere entschiedene soziale Haltung eine sozialistische zu nennen, mag gesagt sein: Der Sozialismus ist kein Monopol irgendeiner Partei. Der Marxismus ist nur eine der geschichtlichen Formen des Sozialismus. Er entstand aus dem Geiste eines Marx, der sich vom Standpunkt seiner Weltanschauung und seiner wissenschaftlichen Erkenntnis aus mit der hoffnungslosen Lage der damaligen Arbeiterschaft auseinandersetzte. Der Marxismus ist allerdings zu einer Form geworden, die dogmatischen Anspruch erhebt. Das ist den Marxisten natürlich unbenommen. In einem demokratischen Staate hat eine politische Richtung schließlich auch das Recht, ihre Anschauung zum Dogma zu erklären. Nur hat sie kein Recht, den Versuch zu machen, Andersdenkende zur Anerkennung ihres Dogmas zu zwingen, d. h. sie zwangsmäßig zu Gläubigen zu machen. Das wäre der Weg zur Diktatur.

Wir in der Union werden uns doppelt angelegen sein lassen, so undogmatisch wie möglich zu sein. Denn die christliche Idee in ihrer Anwendung auf das politische Leben ist von kluger und weiser Großzügigkeit. Diese Großzügigkeit gibt gesunden Spannungen und fruchtbaren Eigenheiten durchaus Raum. Nur gegen die Reaktion im Politischen und Sozialen und gegen Untreue gegenüber dem Lebensgesetz unseres Volkes wollen wir unerbittlich sein.

Unser Sozialismus ist wesensverschieden vom Marxismus. Das christliche Sozialgesetz kann uns sozialistische Wege führen, da es an eine bestimmte Gesellschafts- und Wirtschaftsordnung nicht gebunden ist. Aber im christlichen Sozialgesetz und im Marxismus begegnen sich zwei Weltanschauungen, die einander ausschließen. Wir lehnen die materialistische Weltauffassung, die dem Marxismus zugrunde liegt, ab. Wir lehnen es ab, den Menschen im Grunde als das Ergebnis der wirtschaftlichen Umwelt zu sehen. Freiheit und

Eigengesetzlichkeit der menschlichen Persönlichkeit sind uns unantastbare Lebensgesetze. Wir lehnen die Wirtschaft als beherrschende Macht im Leben ab. Und wir verneinen die Diktatur einer Klasse und den revolutionären Weg des Klassenkampfes, der zu diesen Zielen führen soll.

Wenn wir uns zum Sozialismus, zum beherrschenden Faktor des Sozialen bekennen, so in dem Sinne, daß wir aus unserem Volk eine organische Gemeinschaft von freien, unabhängigen Persönlichkeiten machen wollen. Persönlichkeiten, die frei von Not, Armut und Elend in der Harmonie einer glücklich und sinnvoll gegliederten Gemeinschaft zu leben in der Lage sind. Nur auf dieser Grundlage scheint uns auch die Verwirklichung einer wahren Demokratie möglich.

Die Wesensverschiedenheit der Weltanschauungen hindert uns nicht, mit den Männern des Marxismus in gemeinsamer Front zur Wiederaufrichtung unseres Vaterlandes zu arbeiten. Wir üben diese Zusammenarbeit in aller Loyalität. Wir haben das bisher getan und werden es auch weiter tun. Daß es dabei immer in restloser Harmonie zugeht, wird keiner annehmen, der vom politischen Leben eine Ahnung hat. Das Wesentliche ist aber, daß uns die aufrichtige Sorge für unser Volk und der Wille, ihm zu helfen, verbindet. Dabei darf man uns natürlich keine Dinge zumuten, die sich mit unserem christlich-sozialistischen und unserem politischen Gewissen nicht vereinbaren lassen. Wir beharren vor allem darauf, daß alle Handlungen und Maßnahmen im öffentlichen Leben unter das unbeugsame Gesetz des Rechtes und der Gerechtigkeit gestellt werden. Wir beharren darauf um unseres Gewissens und um Deutschlands willen.

[...]

Die Frage, die uns gestellt ist, heißt Deutschland. Sie ist nur zu lösen durch höchstmöglichen Zusammenhalt des deutschen Volkes. Und hier habe ich eine große, die größte Sorge. Meine Freunde aus dem Süden und Westen werden meine Sorge gut und bereit anhören. Wir sind ja alle Männer des gleichen, durch Schuld eines Verbrechers und durch schweres Irren geschlagenen Volkes. Wir sind geeint in der Union eines gleichen Willens für dieses Volk. Viele von Ihnen haben mit mir in der Zeit der Tyrannei des Bösen gegen das Verhängnis gekämpft. Ihr, meine Freunde aus der Arbeiterschaft des Westens und Südens: Karl Arnold, Hans Albers, Bernhard Deutz, Michel Rott, Peter Busen, Heinrich Strunk und Sie, Josef Müller, Freund Lukaschek, Pater Siemer und Ihr anderen. Wir konnten die Katastrophe nicht aufhalten. Nun kommt es darauf an, das Reich soweit zu retten und zusammenzuhalten, es sinnvoll auszugestalten, wie es nur immer in unseren schwachen Möglichkeiten liegt. Unsere äußeren Möglichkeiten sind nicht groß, denn wir sind nichts als die einfachen Vertrauensmänner eines geschlagenen Volkes. Aber wenn auch nur ein Funke von der Kraft in uns schlägt, die uns im Widerstand der zwölf Hitlerjahre beseelte, dann werden wir so viel von Deutschland retten, daß sich das Leben der heutigen Generation noch lohnt. Um des neuen, fortschrittlichen Deutschlands willen, für das wir nur den Anfang schaffen können.

Die Veranlassung zur Diskussion der innerstaatlichen Gestaltung Deutschlands, die in oft peinigender Weise zwischen den beiden Polen Separatismus und Zentralismus in allen Schattierungen und Nuancierungen hin- und herwogt, liegt nicht bei uns Deutschen allein. Ich hätte deshalb auch dieses und jenes ernste Anliegen bezüglich der Einflußnahme der Besatzungsmächte auf die innerstaatliche Gestaltung Deutschlands, die mir nicht immer sinnvoll für eine gute Zukunft erscheinen will. Ich möchte mir das Aussprechen dieser Anliegen am liebsten versagen, weil ich billigen Beifall vermeiden will, der in Zeiten angespannten Gefühls eines Volkes leicht zu ernten ist. Ich will auch nicht den Schein von Demagogie erwecken, um der schmählichen demagogischen Vergangenheit der zwölf Jahre willen. Aber ganz kann ich die Sorge nicht übergehen, die uns bedrückt.

Es ist uns klar, daß man beim staatlichen Neubau Deutschlands die europäischen Notwendigkeiten berücksichtigen muß. Die innere Ausgestaltung Deutschlands wird so sein müssen, daß sie Besorgnisse beseitigt, die nun einmal gegen Deutschland bestehen. Besorgnisse, die Hitlers Wahnsinn natürlich ungeheuer vertieft hat.

Aber die Entwicklung kann und darf nicht dahin führen, daß in Deutschland und damit mitten in Europa ein Zustand der Auflockerung entsteht, bei dem schließlich jeder gegen jeden arbeiten könnte.

Presse und Rundfunk haben gerade in den letzten Tagen Pläne einer Neugestaltung Deutschlands veröffentlicht, die nicht ungefährlich erscheinen. Es ist von einem deutschen Staatenbund die Rede, der im wesentlichen nur durch eine Zollunion zusammengehalten werden soll.

Wir sind erschüttert über diese Nachrichten. Sollte man wirklich die Geschichte soweit rückwärts drehen wollen?

Will man nochmals einen Zustand herbeiführen, in dem man deutsche Länder gegeneinander ausspielt? Oder will man gar jeweils eine Gruppe deutscher Länder in den Dienst bestimmter Interessen stellen?

Eine solche Entwicklung müßte in Deutschland zu ständigen Unruhen und zu ständiger Bewegung gegeneinander führen. Der deutsche Geist würde wieder verengen und niemals würde er auf solche Weise europäisch denken lernen.

Die künftige innerstaatliche Ordnung in Deutschland kann doch wohl kaum geschaffen werden, ohne daß man die Auffassung des gesamten deutschen Volkes hört. Oder sollte es so sein, daß man zu viel auf separatistische und partikularistische Kräfte in Deutschland hört? Das wäre kein guter Weg für die Gesundung Deutschlands und Europas. Daß Kräfte der Zersplitterung da sind, ist bei dem beispiellosen Zusammenbruch schließlich zu verstehen. Gewinnen sie aber auf die Gestaltung unseres Volksschicksals Einfluß, so bedeutet das gewiß eine Schwächung Deutschlands, niemals aber eine Quelle der Beruhigung. Man lasse die echten Demokraten wirken, die Kräfte, die bewiesen haben, daß sie gegen Tyrannei und sinnlosen Zentralismus und Mechanismus zu kämpfen wissen, wie sie heute gegen einen Zerfall des Reiches kämpfen müssen und werden. Sie sind auch auf die Dauer gesehen die besten Europäer.

Ich muß um der inneren Wahrhaftigkeit willen bekennen: Ich bin kein Mann des Föderalismus, und zwar bin ich es nicht, weil der Hang unseres Volkes leicht zu Eigenbrötelei geht, die nichts mehr mit gesunder Eigenständigkeit zu tun hat. Ich bin der Meinung, daß auch in einem gut gegliederten deutschen Nationalstaat ausreichende Garantien für eigenständige Entwicklung der Landschaften gegeben sein können. Ich weiß aber auch, daß das Leben eines zusammengebrochenen Volkes von Gesetzen bestimmt wird, die nach Lage der Verhältnisse einen bestimmten Weg als vorgeschrieben erkennen lassen. In Erkenntnis dieser Verhältnisse müssen wir uns wohl alle auf den Standpunkt einigen, daß die künftige innerstaatliche Gestaltung Deutschlands eine föderalistische Form finden wird. Bekennen wir uns also zum Gesetz föderalistischer Gliederung. Das Reich, sinnvoll in Länder gegliedert, mag der Ausdruck der künftigen deutschen innerstaatlichen Gestaltung sein. Aber lassen Sie uns einig darin sein, daß wir nicht zu Staatenbildungen im Staate kommen dürfen. Gott verhüte, daß Deutschland noch einmal auf einen Staatenbund zurückgeworfen wird! Eine einzige Staatenangehörigkeit, die deutsche, sei das Zeichen der Einheit aller Deutschen, die im Leid der Hitlerjahre – weiß Gott – geschmiedet sein dürfte.

Ein Zweikammersystem, ein Reichstag und ein Ländertag, eine gesunde Teilung der Gewalten und Zuständigkeiten könnten Gewähr genug dafür bieten, daß die Synthese zwischen Eigenständigkeit der Länder und staatlicher Einheit des deutschen Volkes geschaffen würde, so daß von Zentralismus keine Rede mehr sein kann.

Dabei sind wir uns alle bewußt, daß Einheit nicht nur eine Frage der Organisation sein kann und Eigenständigkeit der Länder kein Hindernis für die Einheit der Nation zu sein braucht. Auf den inneren Gehalt unseres nationalen Bewußtseins kommt es an. Und für die Eingliederung unseres Volkes in den Kreis der übrigen Völker kommt es darauf an, daß das nationale Bewußtsein zur inneren Verpflichtung gegen das eigene Volk, gegen die anderen Völker, zur Verpflichtung auf Recht, Anstand, Vertragstreue nach innen und außen wird.

Noch aber ist die Zeit für die innere Ausgestaltung des Reiches nicht da. Erst müssen die Zonengrenzen fallen und die Möglichkeit der Verständigung ohne Behinderung gegeben sein. Das sollte aber nicht hindern, daß sich innerhalb unserer Partei schon die Männer aus Ost und West, aus Süd und Nord zusammenfinden, die zur Arbeit an der Ausgestaltung Deutschlands berufen sind. Vielleicht könnte so der Zerfahrenheit und Gereiztheit der öffentlichen Diskussion vorgebeugt werden. Vor allem aber könnten vorzeitige und einseitige Festlegungen verhindert werden.

Meine Freunde, ich sage es aus der tiefsten Sorge um Deutschland und um die Männer, die heute als Vertrauensmänner des Volkes zu sprechen und zu handeln berufen sind: Die deutsche Jugend wird uns einst verurteilen, wenn wir uns zu schwach, zu klein im deutschen Unglück erweisen, zu unfähig, aus dem deutschen Leid die Einheit zu retten und zu erhalten.

Und noch eine Bitte an unsere Freunde im Süden und im Westen: Seht die Zonengrenzen, die den Osten noch von Euch scheiden, nicht als wirkliche Grenzen an, die durch deutsches Land und deutsche Gesinnung gehen. Ihr wißt, daß auch hier deutsche Herzen schlagen. Wir müßten den Glauben an uns selbst, an die Möglichkeit der Erfüllung unserer Aufgabe verlieren, wenn wir Eurer vertrauensvollen Verbundenheit mit uns nicht gewiß sein könnten.

Für einen Frevel aber sehe ich es an, wenn da und dort von der Möglichkeit eines Krieges zwischen Ost und West geredet wird. Meine Freunde, dieser Krieg würde Deutschland – das ganze Deutschland – zermalmen. Deshalb laßt uns dem Frieden dienen, dem Frieden und dem friedlichen Ausgleich zwischen Ost und West, an den wir glauben müssen, um ihm dienen zu können, und dem wir dienen müssen, um Deutschland zu retten. Ich stehe zu meiner Erkenntnis der Aufgabe von Berlin, von Deutschland. Wir haben Brücke zu sein zwischen Ost und West um Deutschlands, um Europas willen.

Wenn wir so unsere Aufgabe sehen und so auf die Ausgestaltung Deutschlands hinstreben, dann werden durch die Kraft unseres Glaubens und unseres Willens die auseinanderstrebenden Kräfte in unserem Volk besiegt, die Leid und Not eines Volkes immer an die Oberfläche treiben. Auch die separatistischen Kräfte, wie sie an der Saar, am Rhein glauben wirksam sein zu dürfen. Es sind keine guten Kräfte. Die Gesichtspunkte ihres Handelns sind von üblem Egoismus diktiert. Die Männer der Politik in den anderen Ländern täten gut, nicht auf sie zu hören.

In diesem Zusammenhang noch ein Wort zu dem Verlangen nach den Vereinigten Staaten von Europa, das in den letzten Wochen in Reden deutscher Politiker aufgetaucht ist. Um es gleich zu sagen: Auch ich bekenne mich zur europäischen Schicksalsgemeinschaft, deren Notwendigkeit das Erdbeben des letzten Jahrzehntes mit beispielloser Deutlichkeit bewiesen hat. Ich bekenne mich nicht nur zu ihr, weil wir sie als Brotgemeinschaft der europäischen Menschen in Zukunft kaum entbehren können, ich bekenne mich zu ihr um der geistigen Werte, um der Kultur des Abendlandes willen, denen die Vereinigten Staaten von Europa zu dienen, die sie zu erhalten, zu pflegen und weiterzugeben haben. Und doch empfinde ich immer ein inneres Widerstreben, wenn ich heute von deutschen Politikern den Ruf nach den Vereinigten Staaten von Europa höre.

Was ist unser heutiges Deutschland? Kein Reich, kein Staat, keine Gemeinschaft, kein Volk. Eine gestaltlose Masse von Heimatlosen, Hungernden, Leidenden. Mir will scheinen, als sei dieser Zustand Deutschlands nicht der geeignete Augenblick, nach den Vereinigten Staaten von Europa zu rufen. Es gilt vielmehr zunächst das Schicksal zu meistern, das Deutschland heißt. Dieses Schicksal ist die gemeinsame Aufgabe aller, die sich Deutsche nennen. Mögen sie in der Süd-, West- oder Ostgrenze oder in Berlin wohnen.

Wir können nicht wünschen, daß der Wille zur europäischen Gemeinschaft von uns als Ausweg aus der deutschen Verzweiflung verkündet wird. Wir möchten ihn vielmehr erwachsen sehen aus dem Bewußtsein eines neugeschaffenen fortschrittlichen Deutschlands. Der Wille zu den Vereinigten Staaten von Europa soll nicht Flucht aus dem deutschen Schicksal, sondern Bereitschaft zu engster europäischer Gemeinschaft aus einem gesunden und geläuterten Selbstbewußtsein heraus sein.

Die Frage nach dem deutschen Dasein ist neu gestellt. Sie ruft aus Trümmern, Blut und Elend nach Lösung. Sie ruft die Welt nach Lösung.

Die Tatsache, daß in diesen Tagen in Paris die Außenminister der vier Großmächte versammelt sind, darf ich als Veranlassung nehmen, hier noch ein Wort zu künftigen Entscheidungen zu sagen, die in der Hand der Siegermächte liegen.

Nach diesem Krieg, so beispiellos auch seine Opfer und der Zusammenbruch des deutschen Volkes waren, herrscht zwischen den Siegermächten und unserem Volk eine andere Atmosphäre, als sie sonst nach Kriegen zwischen Siegern und Besiegten üblich war. Es gibt keinen deutschen Politiker, der nicht überzeugt ist, daß die Schuld für die Entfesselung dieses letzten Krieges die verbrecherische Schuld des vergangenen Systems ist. Die Herrschaft des Nationalsozialismus ist von weiten deutschen Kreisen schmerzlicher empfunden worden als die Herrschaft eines fremden Volkes. Und nicht nur die Männer des Freiheitskampfes gegen Hitler, die aktiven und die passiven, auch Männer bis in die Umgebung des Tyrannen hinein, hatten eine große Sorge, das verbrecherische System könnte den Krieg gewinnen. So erinnere ich mich der fieberhaften Sorge von Schacht, die er mir 1940 beim Zurückweichen der alliierten Heere in Frankreich persönlich zum Ausdruck brachte. Ich sage das nicht, um Verantwortungen von Schacht zu verringern, sondern um den Zustand des Volkes zu zeichnen.

Irgendwo ist mir einmal der Ausspruch begegnet: „Unglücklich das Volk, das den Sieg des Feindes als Befreiung herbeisehnen muß." Im deutschen Volk war es weitestgehend so. Und den Volkskreisen, die blind waren oder vielleicht noch sind – es sind ihrer bestimmt nicht viele mehr –, werden die Dokumente des Nürnberger Prozesses und andere Veröffentlichungen die Augen öffnen. Auch der Jugend, soweit sie noch in Begriffen patriotischer Plattheiten befangen sein sollte. Auch die Wahrheit über die deutsche Widerstandsbewegung wird zur Klärung der deutschen Geisteshaltung beitragen. Die Tatsache z. B., daß ein so echter, sittlich empfindender Soldat wie Generaloberst Beck und viele mit ihm nach dem erstrebten Sturze Hitlers zum sofortigen Abbruch des Krieges entschlossen waren – wie immer auch die Bedingungen dafür lauten würden –, beweist, wie sehr sich echtes sittliches Empfinden gegen den Hitlerkrieg wehrte.

Den Besatzungsmächten offenbarte sich auch schon bald die wahre seelische Verfassung des deutschen Volkes. Das bedeutet schließlich auch eine Quelle der Hoffnung für unser Volk, daß die Erkenntnisse und Gesinnungen der Besatzungsmächte auch für Deutschland im aufbauenden Sinne wirken. Und wenn durch die Welt stärker denn je der Ruf nach gegenseitigem Vertrauen geht, so dürfen auch wir die Hoffnung aussprechen, daß das deutsche Volk in diesem Willen zur Schaffung gegenseitigen Vertrauens mit einbezogen wird.

Im Mittelpunkt der Beratungen werden auch die Grenzen unseres unglücklichen Vaterlandes stehen. Wir haben die eine Bitte: Möchten die Grenzen nicht durch die lebendigen Herzen unseres Landes gezogen werden. Schmerz schlägt in uns um die Wunden im Osten. Die Millionen Flüchtlinge aus den unter polnischer Verwaltung stehenden Gebieten sprechen eine bittere Sprache. Ich bringe den Schmerz des gesamten Volkes zum Ausdruck und zugleich die Bitte, man möchte alles tun, um diese Bitterkeit und dieses Elend zu mindern.

Im Leben der Völker sind Gefühle schwerwiegende Realitäten. Wir selbst erkennen solche Gefühlsrealitäten im Leben der anderen Völker an, auch und vor allem die Gefühle des französischen Volkes, dessen Sicherheitsbewußtsein durch den rohen Zugriff Hitlers einen tiefen Schock erlitten hat.

Wir sind uns vollkommen klar darüber, daß der Gefahr des Mißbrauches westdeutscher Natur- und Bodenschätze vorgebeugt werden muß. Deshalb muß auch das vornehmste Ziel einer deutschen Politik die Ausschaltung deutscher Boden- und Naturschätze als Rüstungsgrundlage sein. Dieses Ziel läßt sich aber ohne Zweifel durch internationale Abmachungen erreichen, da es sich ja – wie es z. B. beim Ruhrgebiet der Fall ist – um ein Gebiet handelt, das ohnedies schon mit der internationalen Wirtschaft verflochten ist.

Westdeutschland, die Gebiete um den Rhein sind Ursprungsländer deutscher Kultur und Gebiete, in denen sich deutsches Bewußtsein und die Blüte deutschen Geisteslebens entfaltete. Trennungslinien, die durch diese Gebiete gezogen würden, träfen ihre Bevölkerung, träfen Deutschland ins Herz. Sie würden deshalb jedem politischen Wirklichkeitssinn widersprechen. Sie würden sich nicht zuletzt auch hemmend auf die wirtschaftliche Leistungsfähigkeit auswirken.

Das hohe Ziel Europas und der Welt ist eine freie Demokratie. Ihr entspricht auch das freie, das wirklich freie Selbstbestimmungsrecht der Menschen. Man sollte mechanische Grenzziehungen in die Welt veralteter Doktrinen verweisen. Und man sollte die Lösung der westdeutschen Frage auf der Grundlage internationalen Vertragswesens lösen.

Das Recht zur Grundlage internationaler Beziehungen und der Beziehungen von Volk zu Volk zu machen, ist ja schließlich das vornehmste Ziel der neuen Weltpolitik. So kommt es ja auch in der Begründung der Organisation der Vereinten Nationen zum Ausdruck.

Es geht noch um eine weitere Sorge. Recht und Gerechtigkeit sind mehr als ein Jahrzehnt in Deutschland mit Füßen getreten worden. Wir kennen kein größeres Ziel, als Recht und Gerechtigkeit wieder zur herrschenden Macht zu machen, zur herrschenden Macht vor allem auch im Bewußtsein der jungen deutschen Generation. Denn sittliches Rechtsbewußtsein ist der Ausgangspunkt für moralische und politische Gesundung.

Das läßt in uns eine bange Frage aufsteigen:

Wird sich in der künftigen Friedenspolitik der Völker das Recht voll und ganz durchzusetzen vermögen? Ein künftiger Friede kann hart sein. Aber nie darf der Friede das Gefühl aufkommen lassen, als wäre die Zeit noch nicht vorbei, in der Friedensverträge zweierlei Recht schaffen. Ein gerechter Friede würde nach dem Leid und der Prüfung der Welt ein Werk höchster staatspolitischer Erziehung sein. Er würde dem Heil der Welt dienen.

Ein Friede der Gerechtigkeit würde dem millionenfachen Tod, der in der Welt der letzten Jahre gestorben wurde, seine Bitterkeit nehmen. Er würde – dessen bin ich gewiß – auch die junge Generation aus militaristischen Verzerrungen und Verkrampfungen – wo immer sie noch vorhanden sein sollten – herausführen. Auf der Basis eines solchen Friedens würde eine neue Welt erstehen, der wir, die Union, mit aller Leidenschaft zu dienen gewillt sind. Zu dienen gewillt sind durch Schaffung eines neuen Deutschlands, das im Kreis der Völker für immer ein zuverlässiges Element politischen und sozialen Fortschrittes ist.

17. Walter Dirks, Das Abendland und der Sozialismus, Aufsatz

Das Abendland als die Einheit von Romanen, Germanen und Slawen im Zeichen von Antike und Christentum hat mit dem Sozialismus eine neue Aufgabe bekommen. Abendland und Sozialismus müssen sich gegenseitig durchdringen und eine Einheit bilden, damit Europa weiterbestehen kann.

Frankfurter Hefte 1 (1946), H. 4, S. 67–76. – Druck: Dirks, Zweite Republik, S. 44–66.

Juni 1946

In den leeren Raum, den der Nationalsozialismus hinterlassen hat, strömen die Ideen recht langsam und nicht sehr mannigfaltig ein. Die breite Öffentlichkeit begnügte sich lange Zeit mit der „Demokratie": elementar, wichtig, vielsagend, eine Grundidee der neuen deutschen Wirklichkeit, nicht sehr originell und interessant, aber schlicht und recht das, was zunächst einmal fehlt und zunächst einmal angestrebt werden muß. Die „Republik" ist bisher fast ausgeblieben, der „Sozialismus" kam merkwürdig zögernd: die beiden originär sozialistischen Parteien begnügten sich lange mit dem „Antifaschismus" und der „Demokratie". Einen „Liberalismus" gibt es seit der Gründung der vierten Partei wieder; er beginnt sich zu erholen. Das „Christentum", das als geistliche Wirklichkeit in dieser Revue der Ideen nur mit Vorbehalt mit aufgezählt werden kann, als politische Idee ebenso vieldeutig wie die Demokratie, erhob sich sehr rasch aus den Sakristeien und Katakomben. In seiner Nähe tauchte bald eine Parole auf, die nun in diesen Monaten sehr an Geltung und Verbreitung gewonnen hat: „Das Abendland". Das Wort ist, formal gesehen, eine gute Parole: es ist mit Wert und Sinn gesättigt, zugleich aber anschaulich und konkret, man kann es seelisch, man kann es geistig, man kann es politisch nehmen. Die Wertschätzung des Begriffes ist gut vorbereitet. Ein großer Teil der heimlichen Literatur christlichen Gepräges, die unter der Diktatur in Schreibmaschinenabschriften verbreitet wurde, steht im Zeichen einer Besinnung auf das „Abendland". Reinhold Schneider hat viel dazu getan, den Sinn für diese geschichtsträchtige Idee zu vertiefen. Theodor Haeckers, des bedeutenden Schriftstellers, abendländische Sicht des Geistes und der Geschichte ist sehr wirksam gewesen. Die neue Humanität, zu der sich der beste Teil der bürgerlichen Geistigkeit bekennt, und die zudem das Ferment der Einheit zwischen Christen und Nichtchristen geworden ist, steht in ihrem Zeichen. Jaspers' ›Bibel und Antike‹ gehört hierher. In zahllosen Spielarten wird die Wiedergeburt des Abendlandes in klärenden, mahnenden, beschwörenden Aufsätzen und Vorträgen verkündet. Der Begriff entspricht offenbar einem geistigen Bedürfnis, er scheint als Antwort auf eine oft gestellte Frage empfunden zu werden.

Diese Frage ist wohl ganz einfach die elementare Frage unserer Zeit: wie sind wir dahin gekommen, wo wir jetzt stehen? Wie erklärt sich die fürchterliche Verkehrung des Lebens, deren Zeugen, Opfer und Mitschuldige wir waren? Wo sitzt die Wurzel des Unheils und der Unordnung? Und wenn wir das zu wissen glauben: wie kommen wir wieder heraus, zurück zu einer echten Ordnung, zu Sinn und Wert? Die Antwort aber, die von der Idee des Abendlandes aus gegeben wird, ist etwa diese: wir sind dem Grundgesetz unseres Werdens untreu geworden, wir sind von unserem eigentlichen Wesen und damit von unserer Aufgabe abgefallen; dieses Grundgesetz heißt: Abendland, Einheit der Romanen, Germanen und Slawen, vor allem aber der Romanen und Germanen im Zeichen von Antike und Christentum, heißt eine hierarchische Ordnung der Werte, heißt ein Menschentum, das aus der geschichtlichen Vermählung der germanischen Völker mit der getauften, heiligen Antike, mit Rom und Griechenland, entsprossen ist; in einem langen Prozeß der Auflösung oder des Abfalls, als deren Stufen der Nominalismus, die Reformation, der Absolutismus, die Aufklärung, der Nationalstaat, der Liberalismus, der Kapitalismus und Materialismus, Imperialismus und Bolschewismus, schließlich die vollendete Säkularisierung genannt werden, sind wir zur Anarchie und zu der Entmenschung des Menschen gelangt, die sich im Nationalsozialismus nun endlich nackt und gräßlich manifestiert hat; Rettung liegt in der Besinnung auf unser eigentliches Erbe, im Bekenntnis zum Geist des Abendlandes. Die mannigfachen Spielarten dieses Kulturprogramms lassen sich in zwei große Gruppen ordnen. Die einen nehmen es innerweltlich, kulturell, geistesgeschichtlich, politisch, wobei das Christentum meist als eines der Grundelemente positiv, aber innerweltlich gewertet wird; die anderen suchen gerade in der Transzendenz, in Christus, in einer wesentlichen Offenheit zum Überweltlichen hin die eigentliche Seele des Abendlandes und verstehen den Vorgang seiner Auflösung und seiner Rettung heilsgeschichtlich. Beider Denken hat geschichtliches Pathos, und zwar im Sinne einer Orientierung zum Gewordenen und Gewachsenen hin, die ein Kennzeichen romantischer Geschichtlichkeit ist.

Die Äußerungen, die aus dieser Sicht der Dinge bekanntgeworden sind, haben oft ein hohes menschliches und geistiges Niveau und heben sich gerade dadurch von anderen Sinndeutungen der Krise eindrucksvoll ab. Man könnte viele Namen nennen. Hugo Rahners, des Innsbrucker theologischen Dekans, Festansprache zur Wiedereröffnung der Universität ist ein besonders bezeichnendes Zeugnis von Rang und Qualität; das Motiv Abendland ist überhaupt in Rektoratsansprachen oft angeklungen. Wie es scheint, sucht die Universität vielfach in der Idee der „abendländischen Bildung" die verlorengegangene Einheit und Sicherheit wiederzugewinnen.

Wenn hier in diesen eindrucksvollen Chor nicht ohne weiteres mit eingestimmt wird, sondern Einwendungen erhoben und Bedenken angemeldet werden, so geschieht das nicht in einem kontradiktorischen Gegensatz. Sich in Wort und Tat zu den Ideen, Werten und Wirklichkeiten des Abendlandes zu bekennen, ist ohne Zweifel heilsam, ja notwendig. Wir kommen aus dem Abendland, unser bestes Sein ist abendländisch, und die Rettung aus dieser unserer materiellen und geistigen Krise Europas wird nicht von irgendwoher, aus einem Einfall, aus einer rationalen Konstruktion, sondern aus den Kräften kommen müssen, die uns gebildet haben, nach dem „Gesetz des Anfangs". Wenn uns nicht schon die aus vielen abendländischen Quellen gespeiste und mit dem Brot abendländischer Dichtung, Kunst und Frömmigkeit genährte Liebe zu jenem Erbe diese Einsicht nahelegte, so müßte es die geschichtliche Besinnung tun. Der Mensch ist ein endliches, begrenztes Wesen; er kann aus einem geschichtlich bestimmten Sein nicht willkürlich herausspringen und irgend etwas anderes anfangen, nicht „das Richtige an sich" tun oder sein. Selbst wenn er gegen das Erbe rebelliert, wird er es nicht los, und er tut gut daran, sich in ein ruhiges und verständiges Verhältnis zu ihm zu setzen und nicht etwa in ein schiefes oder gar ressentimentales. Dieses gute Verhältnis wird freilich kein uneingeschränktes Ja sein können, sondern es muß ein kritisches Ja sein. Die Entscheidungen unserer Väter und Vorväter sind uns immer wieder neu gestellt, und geschichtliche Besinnung schließt ein Mit- und Neuentscheiden aller wesentlichen geschichtlichen Entscheidungen ein. So gesehen, verliert das „Erbe" seine dingliche Struktur; es ist nicht schlichter Besitz, den man „haben" kann, oder ein schlichtes Sein, das man einfach faktisch ist; es behält auch für die Nachfahren etwas von dem Charakter, den es hatte, als es in lauten und leisen Kämpfen der Mächte und Geister noch glühend lebendig war: vom Charakter der Entscheidung.

Nun sind wir uns mit den meisten Abendländern in diesem Punkt an sich einig: auch sie wollen ja nicht das Erbe, so wie es ist, in Bausch und Bogen annehmen und festhalten, sondern sie rufen zur Scheidung auf: sie bekennen die Werte, auf die es ihnen ankommt, und verwerfen das, was ihnen als Fehlentwicklung, Fehlentscheidung, Irrtum, Abfall und Verrat erscheint. Eine andere Frage ist es, ob dabei nicht oft gar zu summarisch verfahren wird. Wenn man manchen Rednern glauben will, die da von Abaelard über Luther und Ludwig XIV., die Französische Revolution, Haeckel, Helmholtz, Karl Marx und Bismarck bis zu Stalin und Hitler eine einzige achthundertjährige Linie des Verfalls ziehen, dann ist die europäische Geschichte ganz einfach „falsch gelaufen". So einfach ist das nicht. Eine Neuentscheidung der wesentlichen Stationen dieses Weges wird nicht einfach die konservative Entscheidung der Gegner der Abaelard, Luther, Ludwig, Rousseau, Haeckel, Helmholtz, Marx und Bismarck zu wiederholen und zu verstärken haben, sondern sie muß versuchen, das in sich aufzunehmen, was an der Gegen-Entscheidung fruchtbar gewesen ist. Man kann nicht in aller Gemütsruhe bei elektrischem Licht Plato und Pascal lesen und die Geistigkeit absolut verwerfen, die das elektrische Licht möglich gemacht hat. Gerade über diesen Strang in dem Geflecht des europäischen Schicksals, über die Rolle der Naturwissenschaften und der Technik, wird noch manches unterscheidende Wort zu sagen sein. Hier muß diese Andeutung genügen: es gilt zwar keineswegs alles gutzuheißen, was geschehen oder gedacht worden ist, es gab in der Tat Irrtum, Gefährdung, Sünde, Fehlentscheidung in der europäischen Geschichte, aber die Funktion, das Schicksalsgewicht, das Recht jener kritischen „fortschrittlichen" Linie in der Geschichte Europas ist verkannt, wenn sie einfach nur als „Auflösung" gewertet wird, als „Abfall" von der philosophischen Wahrheit, von der Kirche, vom Christentum, von Gott, vom Menschen ... Die große Revision wird differenzierter sein müssen, kritischer, behutsamer, und gerechter.

Wir können in unseren Überlegungen im übrigen aber getrost anknüpfen an das, was von jenen Verkündern des „Abendlandes" immer wieder über die Gefährdung des abendländischen Menschentums gesagt worden ist. Bedroht, fast schon verloren sind nicht etwa nur Ideengebilde, Bildungsvorstellungen, Ideale, „das abendländische Menschenbild", sondern geradezu „wir selbst": unsere ererbte, bewährte, im Reichtum und in den Schmerzen vieler Jahrhunderte gefestigte Art zu leben, zu fühlen, zu beten, zu werten, zu wollen, zu leiden, zu arbeiten, zu sein, schließlich unsere nackte leibliche Existenz. In solchen echten Krisen gibt es keine „Rettung" im gewöhnlichen Sinne des Wortes. Das ist in der Geschichte der Kulturen nicht anders als in der Geschichte des Einzelmenschen: in echten Existenzkrisen liegt die Lösung nicht in der Bewahrung, sondern in der Wandlung: das Heil liegt dann im Durchbruch nach einer neuen Lebensstufe, in der aus der Kraft des gelebten und gewordenen Bestandes das Bedrohende, das ihn in Frage stellte, einbewältigt ist.

Ein schlichtes Beispiel:

Ein Offizier von der besten Sorte (darf man es sagen, daß es auch solche gab?), geprägt in alter Zucht, ritterlich, vornehm, tapfer, verhalten, mit den Begrenzungen, aber auch mit den Vorzügen seiner durch Herkunft, Stand, Beruf, Leistung und sittliche Kraft geprägten Art, kann nach verlorenem Krieg nicht mehr weiter existieren: äußerlich nicht, weil man keine Verwendung mehr für ihn hat, innerlich nicht, weil ein katastrophales Mißverhältnis zwischen seiner Art und dem wahren Sein der Gesellschaft, in der er lebt, sichtbar geworden ist, weil der Krieg und das Soldatentum sinnlos geworden sind. Er muß aber weiterleben, für Frau und Kinder, auch für sich selbst. Was kann und soll er tun? Es bietet sich eine Gelegenheit an, als Hilfsmechaniker einzuspringen; er war Autofahrer und versteht etwas von Motoren. Die Stellung, die er auszufüllen hätte, mitsamt der Arbeit, die er zu tun hätte, steht reichlich quer zu seinem Selbstbewußtsein, seinen Gewohnheiten, auch zu seinen Fähigkeiten; sie mutet ihm allerhand zu, ja er gesteht sich in nüchterner Besinnung ein, daß sie ihm eigentlich „unmöglich" ist: es wird wohl über seine Kräfte gehen, er wird versagen, und schlimmer: er wird verkümmern. Anderseits sagt ihm dieselbe nüchterne Stimme, daß ihm hier und nur hier, in der Anknüpfung an seine Liebhaberei, ein Ausweg eröffnet ist weiterzuleben, eine harte und kleine, aber anständige und vielleicht nicht unbedingt sinnlose Chance. Daß er sich nicht entzieht, daß er Ja sagt, ist ein erster Schritt, aber nicht der entscheidende. Der entscheidende Schritt geschieht in seinem geheimsten Innern: daß er wirklich Ja sagt, auch mit seinem Herzen und seinem Willen. Tut er diesen Schritt nicht, weil ihm die neue Aufgabe im Grunde doch unvereinbar mit dem besten Bestand seines Wesens, mit dem respektablen Erbe seiner Väter erscheint, übernimmt er die Stellung gleichsam nur äußerlich, dem Zwang der Umstände nachgebend, erleidet er die Arbeit mehr als daß er sie wirklich tut, so geschieht ein Doppeltes: Erstens verfehlt er den neuen Beruf, er wird ein schlechter Automechaniker, wahrscheinlich sogar auch handwerklich (denn auch diese Fähigkeiten werden aus der inneren Zustimmung genährt), zum mindesten aber sozial: er eckt an, er paßt nicht ins Gefüge, er findet kein Verhältnis zum Meister, zum Kollegen, zum Kunden, er ist und wird halt kein rechter Automechaniker. Zweitens verdirbt er das, was er retten wollte: das Gefüge seiner alten Offiziersexistenz; er gerät ins Ressentiment, er verstimmt, ja vergiftet sich selbst, seine Tugenden werden krank, sie entarten entweder in Verhärtung, in einem „Nun gerade", in falschem Stolz oder aber in Unsicherheit und Sentimentalität, sie weichen auf, werden larmoyant: vor der nicht bewältigten neuen Aufgabe entartet das Erbe. Gesetzt den Fall aber, er tut jenen Schritt wirklich, wenn auch unter Widerständen und Schmerzen, und hält ihn gegen jede Versuchung durch, was geschieht dann? Wiederum ein Zweifaches. Erstens wird er ein guter Automechaniker: da er das Geschäft ernsthaft und mit ganzer Hingabe ergreift und betreibt, lernt er es wirklich, ja er mag es aus gewissen Vorzügen seines Werdeganges noch besser lernen als mancher Kollege; da er daraus innere Sicherheit gewinnt, findet er allmählich auch ein gutes, klares Verhältnis zum Meister, zum Kollegen, zum Kunden – zur Umwelt, zum Staat. Zweitens „rettet" er seine alte Existenz: es zeigt sich, daß eine Reihe seiner früheren Eigenschaften in die neue Situation eingehen, in ihr bestätigt und genährt werden, seine Zuverlässigkeit und Disziplin, seine Härte gegen sich selbst, sein Mißtrauen gegen übertriebene Gefühligkeit, seine im Sport gekräftigte Körperlichkeit, seine Ritterlichkeit im Umgang mit den Mitmenschen; andere Eigenschaften sind nun unbrauchbar und treten zurück, aber es sind genügend Tugenden da, die leben und wachsen dürfen und darum verhindern, daß aus den unbenutzten Gärung und Fäulnis wächst. Was steht am Ende dieses Prozesses? Ein

Mensch, der kein Offizier mehr ist, sondern Automechaniker, in dem aber das Beste seines Offiziertums in gewandelter Gestalt geblieben ist, und der um eben dieser Wandlung willen wahrscheinlich ein ungewöhnlich guter und um einige Schattierungen reicherer Automechaniker geworden ist. (Ach, wären doch alle Offiziere des Ersten Weltkrieges Automechaniker, Bauern oder Bergleute geworden! Aber dieser Stoßseufzer gehört nicht zum Thema . . .)

Die Anwendung auf das abendländische Erbe ist einfach; höchstens die Frage, wo unser Automechanikerberuf zu suchen und zu finden sei, wird Schwierigkeiten machen. Aber halten wir uns zunächst an die formalen Lehren dieses Beispiels. Der Offizier rettet sich durch sein Erbe, aber nicht durch Reflexion und Bekenntnis, sondern indem er aus ihm heraus durch Übernahme der gebotenen neuen Aufgabe einen Schritt in die Zukunft, ins Unbekannte hinein tat. Auf diesen Schritt kam alles an.

Auf diesen Schritt kommt auch in Europa alles an. Lots Weib schaute zurück und erstarrte zur Salzsäule. Nun dürfen wir freilich „zurückschauen", durch Reflexion und neue Nach-Entscheidung das Erbe in uns sichten und stärken. Das eigentlich Tödliche und Erstarrende ist der ständige Blick rückwärts. Hier – und damit sind wir beim Ausgangspunkt – scheint uns die tiefe Schwäche und Gefahr der Abendland-Reflexion zu liegen. Sie enthält die halbe Wahrheit, nicht die ganze. Als geschichtliches Denken hat sie recht gegen die Rationalisten und Idealisten, die von einer absolut gesetzten und abstrakten Vernünftigkeit aus die Welt formen wollen, als wäre sie ein amorpher formbarer Stoff und als wäre der Mensch ihr omnipotenter Herr. Aber ein geschichtliches Denken, das nur das Recht des Gewordenen kennt, ist romantisches Denken; obwohl es geschichtlich sein will, verfehlt es die Geschichte. Der Weg des Menschen (der Völker, Staaten und Kulturen so gut wie der Person) verläuft vom Ursprung zum Ziel, nicht nur in einem transzendenten Sinn; und in jedem Schritt dieses Weges, in jeder echten Entscheidung, steckt beides drin, Ursprung und Ziel, Vergangenheit und Zukunft, Erbe und Aufgabe. Weder darf der Mensch die Bindung an sein Vergangenes leugnen – denn es bestimmt seine Existenz –, noch kann er den richtigen, den rettenden Schritt tun, wenn er ihn nicht an seiner Zukunft orientiert. Nun „hat" man seine Vergangenheit und seine Zukunft in je verschiedener Weise: jene als Sein und Bestand (freilich nicht als endgültigen Bestand, da er ja in Um-Entscheidungen umgebildet werden kann und soll), diese als Entwurf, also vorweggenommen, aus der dunklen Fülle der Möglichkeiten gegriffen, nur gedacht, gefühlt und gewollt, wenn auch im guten Fall nicht willkürlich, sondern am letzten Ziel orientiert und im Hinblick auf die gewordene Wirklichkeit bestimmt – doch wiederum nicht ohne Unsicherheit und Risiko. Die Entscheidung selbst, als eigentlich geschichtlicher Akt, faßt alles in sich zusammen: sie bindet das Gewordene an das, was werden soll.

Eine politische Arbeit auf solcher Grundlage ist gelegentlich als „mechanisch“ abgelehnt und von einem „organischen“ Denken abgehoben worden. Das Mißverständnis ist bezeichnend; es hängt mit eben jenem „organischen“ Denken zusammen. Die menschlichen Gemeinschaften sind zwar in der Tat keine Mechanismen, sondern lebendige Ganzheiten; man kann sie also mit Nutzen mit den Organismen vergleichen, die wie sie lebendige Ganzheiten sind, aber dieser Vergleich hat seine bedeutungsvolle Grenze darin, daß die menschlichen Gemeinschaften nicht aus Zellen, sondern aus Personen bestehen, die nicht „wachsen“, sondern „sich entscheiden“, und zwar aus ihren gewordenen Gegebenheiten heraus einem vorentworfenen Ziel entgegen. Wenn man Geschichte „organisch“ begreifen will, also die Kategorien der „Entscheidung“ und des „Zieles“ verkennt, dann liegt jenes Mißverständnis sehr nahe: man wird dann eine politische Arbeit, die zu zielgerichteten und insofern rationalen Entscheidungen aufruft, als „rationalistisch“ oder „mechanisch“ verkennen. In Wirklichkeit ist jenes „organische“ Verständnis der Geschichte traditionalistisch und romantisch, dieses am Gewordenen und am Ziel orientierte aber geschichtlich.

Eine weitere Schwäche der abendländischen Besinnung ist häufig ihre ideographische Einseitigkeit: sie treibt reine Ideengeschichte. Es gibt umfassende Darstellungen unserer abendländischen Tragödie, in denen der Begriff des „Bürgertums“ überhaupt nicht vorkommt. Dabei ist jene achthundert Jahre alte Entwicklung, welche die originären Abendländer mit relativem Recht so kritisch ansehen, aufs engste mit der Entstehung, Ausbreitung und Erschütterung des Bürgertums und seines Lebensgefühls und Weltaspekts verknüpft. Die abendländische Krise ist zu einem guten Teil die Krise des Bürgertums, ist nicht nur seine Bildungskrise, sondern schlicht und elementar seine ökonomische Krise. Diese Erkenntnis ist in vieler Hinsicht nützlich, und sie ist auch tröstlich: Der Verfall, der einer rein geistesgeschichtlichen Betrachtung als fast total und kaum heilbar erscheinen muß, ist in einem freilich von vornherein nicht feststellbaren Grade „nur“ Beziehungslosigkeit: der Riß zwischen dem ererbten Gefüge von bürgerlichen Wertungen, Empfindungen, Verhaltungsweisen einerseits und der gänzlich veränderten Welt anderseits. Das bedeutet: Orientierungslosigkeit, Unsicherheit, Schwanken, Willkür, Vorherrschen der Triebe, Anarchie, „Verfall“, Versuchung zum Bösen. Gelingt es, die Menschen auf eine neue zumutbare Ordnung zu beziehen, so werden sie sich vermutlich wieder viel ordentlicher, positiver und gläubiger verhalten, als es jetzt für möglich gehalten wird, vielleicht nicht viel weniger brav als die Menschen guter alter Zeiten, die den Vorzug hatten, in eindeutig bestimmte vorgegebene Lebens-Gehäuse hineinzuwachsen und bei fast jedem Schritt ihres Lebens von der zuverlässigen Ordnung getragen zu werden. Noch weiß keiner, wie tief die echte Entartung, das Böse schlechthin im modernen Menschen sitzt, und wieviel scheinbare Entartung auf das Konto jener Beziehungslosigkeit zu setzen ist.

Damit wären wir wieder bei unserem Automechaniker: denn auch jener Offizier gesundete ja dadurch, daß er eine neue Beziehung herstellte, daß er sein Erbe, das sonst nach dem Verlust der alten Welt, auf die es bezogen gewesen war, entartet wäre, auf eine neue Aufgabe ernstlich bezog.

Diese neue Aufgabe ist für das Abendland – der Sozialismus. Man darf und muß das zunächst recht vordergründig nehmen. Es sind keine tiefen oder entlegenen Dinge, die von uns verlangt werden, sondern etwas ganz Ähnliches wie das Schraubenziehen, Ölen, Motorblock-Ausbauen, Werkstatt-Schrubben, Düsen-Einstellen, das von jenem Offizier verlangt wurde. Wir wollen abendländisch bleiben? Nun, dann müssen wir diesen äußerst kleinen Kontinent zunächst einmal im physischen Sinne lebensfähig machen: indem wir alle seine Rohstoffe, Potenzen und Energien zusammenfassen. Europa muß haushalten, es kann sich den Luxus des Gegeneinander-Arbeitens, auch die relativen Vorteile der hemmungslosen freien Konkurrenz nicht mehr gestatten: es muß seine Arbeit planen. Schade um die Wirtschaftsfreiheit, sie war so europäisch – aber wir können sie uns nicht mehr leisten. Aber die Persönlichkeit, unser bestes Erbe? Nun, man muß den Plan so anlegen, daß er nicht bolschewistisch ist, sondern eben europäisch, und das bedeutet nicht nur, daß die Wirtschaft „demokratisch" sein muß, vom Volk in reicher Gliederung getragen, sondern auch, daß so viel Bewegungsfreiheit wie möglich für den Einzelnen, für Gruppen, für Unternehmen, für Völker und Länder gelassen oder sogar ausdrücklich neu vergeben wird. Wir haben hier diese Aufgabe bagatellisiert: sie ist natürlich bitter und schwer, gerade weil wir so europäisch verwöhnt und ermüdet, gereizt und verfeindet sind, so zimperlich und arrogant, und so bürgerlich auf eine Freiheit bedacht, die wir doch längst an die Anarchie und den Zwang anonymer Mächte und Tendenzen verloren haben. Was hier gefordert wird, ist nicht der Verzicht auf Freiheit, sondern geradezu die Wiedereinsetzung in ihren hohen Rang – freilich an einem anderen Platz des Gesamtgefüges. Die neue Ordnung, mag ihr Sozialprodukt reich oder arm sein, muß aus der leidenschaftlichen Kraft der besten europäischen Tradition heraus so gerecht sein, daß sie – endlich wieder nach Jahrhunderten, oder überhaupt zum ersten Male? – allen ernstlich zugemutet werden kann. Das sittliche Ja zu den Bindungen, die eine solche Ordnung uns auferlegen wird, ist der Ort der Freiheit. In Freiheit zu dienen: das ist die neue europäische Formel, nachdem wir seit Beginn der kapitalistischen Anarchie vergeblich im Zwang frei zu sein versucht haben, und nur in den besten Jahrzehnten einige wenige bevorzugte Millionen in Freiheit frei waren, – ein Zustand, aus dem freilich auch sehr Großes geschaffen worden ist.

Man kann die handfeste, praktische, gerechte europäische Lösung der ökonomischen und sozialen Frage, die uns zugemutet wird, auch anders nennen als Sozialismus, aber wir wissen keinen anderen geschichtsgesättigten Ausdruck, der einerseits genügend prägnant und anderseits genügend unbestimmt (denn wir legen hier kein sozialökonomisches Programm vor) die Aufgabe bezeichnen könnte, an der das Abendland unter Schmerzen gesunden kann. Es gilt die Tatsachen anzuerkennen, das Unrecht abzustellen und die Anarchie zu überwinden und eben darin das europäische Erbe in gewandelter Form neu lebensfähig zu machen. Das bedeutet Umwälzungen und Verzichte, unter anderem den Verzicht des Bürgertums auf die Hegemonie, und das sozialistische Europa wird sich in jeder Hinsicht äußerlich und innerlich – denn die Änderungen beanspruchen den ganzen Menschen – ebensosehr vom bürgerlichen Europa unterscheiden, wie sich dieses vom feudalen Abendland unterschied. In einiger Hinsicht wird es dem feudalen ähnlicher sein als dem bürgerlichen, denn hier wie dort verlangt eine vorgegebene Ordnung strengen Dienst. Aber die bürgerliche Freiheit wird als hochgespannte Aktivität und Dynamik in der neuen Ordnung gewandelt enthalten sein.

Ressentiment oder Arbeit an der neuen Ordnung, Romantik oder politische Entscheidung, das ist unsere Wahl. Ressentiment ist die seelische Versuchung des bedrohten Bürgertums, auch des bürgerlichen Geistes; Romantik ist die geistige Versuchung derselben Schicht. Die Abendland-Idee in ihrer traditionalistischen Form kann zum Teil geradezu verstanden werden als der Versuch, aus der bürgerlichen Welt durch eine Flucht nach rückwärts herauszukommen, statt sie durch Entscheidung vorwärts hin zu überwinden. Hier zeigt sich, daß sich hinter dem Gegensatz des Denkens – hier 'organisch' von der Vergangenheit her, dort rational von der Zukunft her – ein heimlicher Klassengegensatz verbirgt: es ist das Bürgertum, das mit Recht vom Erbe her denkt, aber keinen Mut zur Zukunft hat und sehnsuchtsvoll Bilder und Gestalten verehrt, statt ordnende Taten zu tun, und es ist die Arbeiterschaft (und die Intelligenz, die sich für sie entschieden und auf sie bezogen hat), die mit Recht vom Ziel her denkt, aber in der Versuchung steht, ihre Taten aus einem geschichtslosen Rationalismus herauszutreiben und das Erbe zu vergessen, das Erbe, von dem sie ja in der Tat ausgeschlossen gewesen war. Sie haben beide je die halbe Wahrheit, sie müssen aufeinander zugehen.

Die Erschütterung, die alle erfuhren (fast alle), und die Unsicherheit, die alle bedroht (fast alle), könnte ein gemeinsamer seelischer Boden für diese Begegnung werden. Im Bereich der Bildung und Erziehung würde das Schwergewicht mehr auf der Seite des Erbes, des gewordenen abendländischen Menschentums, des objektiven Geistes liegen: unsere Jugend, auch die sozialistische, auch die proletarische, bedarf der großen Bilder und der geprägten Gestalten, denen sie sich nachbildet, bedarf der geistigen Nahrung aus der Substanz des Gewordenen. Im Bereich der politischen Tat wird man mehr von Ziel und Zukunft her denken müssen; das Erbe geht ohnehin in das Neue ein, wenn und soweit es wirklich in geprägten Personen gelebt wird, nicht soweit es reflektiert oder programmatisch bekannt wird. (Das Neue muß gewollt und getan werden, das Alte wirkt nur, indem es seinsmächtig da ist.) „Abendland" und „Sozialismus" müssen einander durchdringen. In einer sozialistischen Ordnung muß sich die abendländische Grundsubstanz die aktuelle, realistische, faktische, moderne Gestalt geben und zugleich das gute Gewissen im Sinn der sozialen Gerechtigkeit wiedergewinnen, das nicht in der Sehnsucht nach dem intakten Abendland (dem mittelalterlichen „Ordo" vor dem bürgerlich-kapitalistischen Sündenfall) zu suchen und zu finden ist, sondern nur durch den opfervollen Umbau der modernen Wirtschaft und Gesellschaft wiedererrungen werden kann. Anderseits muß der Sozialismus in der positiven kritischen Aneignung unseres abendländischen Erbes geistige und menschliche Fülle, Maß und Demut suchen und finden.

Der Prozeß der Durchdringung der beiden geistigen Haltungen ist zugleich der Prozeß der Durchdringung der beiden Schichten; er wird auf unzähligen Plätzen in zahllosen Begegnungen, Gesprächen, Entschlüssen, Taten tausendfältig vorankommen müssen; er wird als politischer Prozeß durch die Parteien und außerhalb ihrer ständig in Bewegung gehalten werden müssen, aber auch als geistiger Prozeß zwischen den Intelligenzen in beiden Lagern. Der im politischen Vordergrund so aktive Sozialismus ist bisher in seiner eigenen Sache merkwürdig stumm geblieben; es ist zu befürchten, daß er sehr viele wertvolle Wortführer in den Lagern und in der Emigration verloren hat. Die bürgerliche Gesinnung hat sich hauptsächlich in relativ verschonten Landschaften und Städten aussprechen können, das erschwert die Begegnung; die Zonen- und Länderschranken tun ein übriges. Vorlesungen in Tübingen oder Heidelberg, Klubgespräche in München, schöne Bücher in Wiesbaden und in Freiburg, besinnliche Zeitschriften in Augsburg und Stuttgart – wird das alles in einen wirklichen Kontakt kommen mit den Bergarbeitern im Ruhrgebiet, der Steinwüste von Köln, den Nissen-Hütten in Hamburg oder gar den gärenden Großstädten der russischen Zone?

Das Abendland wird sozialistisch sein, oder es wird nicht sein. Zerfällt Europa in das „Abendland" und in den „Sozialismus", so zerfällt es in sich selbst. Oder aber die nackte leere Zukunft wird den Reichtum des Gewordenen in einem Geisteskrieg, der ein Klassenkrieg sein wird, überwältigen.

18. Robert Haerdter, Plaidoyer für die Kriegsgefangenen, Aufsatz

Mindestens 5–6 Millionen Deutsche befinden sich noch in alliierter Kriegsgefangenschaft. Mit ihrer Entlassung ist vorläufig nicht zu rechnen. Deshalb sollten sie in den Siegerstaaten als „freie Arbeiter" beschäftigt werden. Es mangelt weitgehend an Nachrichten über die Kriegsgefangenen.

Die Gegenwart 1 (1946), H. 16/17, S. 9–12.

24. August 1946

Unser Volk, unser Land: Deutschland ist durch den Krieg des Nationalsozialismus in Stücke gerissen worden. Um Tausende von Quadratkilometern verkleinert und um Abertausende von Deutschen vermehrt, ist es heute in die vier Zonen der Besatzung aufgespalten. Die großen Städte des Landes, Erscheinungen der geschichtlichen Gestalt der Deutschen, liegen in Trümmer; viele kleine Städte sind schwer getroffen, und dort, wo der Krieg noch über das offene Land hinweggebraust ist, sind auch Dörfer und Höfe verwüstet. Und das Volk selbst ist zerrissen. Die Flucht vor dem Bombenkrieg hat seine Glieder über ganz Deutschland zerstreut, die Flüchtlinge vor den heranflutenden Massen der feindlichen Heere im Westen und vor allem im Osten haben sich über die Straßen des zusammenbrechenden Reiches in seine inneren Landschaften gewälzt, und heute – noch und wieder – sind Millionen von Deutschen auf der großen Wanderung in eine noch ungewisse Zukunft.

Noch viele Familien haben sich nicht wieder gefunden; viele, die wieder vereint sind, leben und hausen in erbärmlichen Verhältnissen. Eingesprengt in dieses tragische Mosaik, das heute das Bild unseres zerrissenen Volkes darstellt, erkennen wir aber noch ein soziales Problem von ganz besonderer Art: es sind die zahllosen Familien, deren Väter, Söhne und Brüder noch in Kriegsgefangenschaft sind. Die Frage der Kriegsgefangenen, ob im Westen oder im Osten, ist tatsächlich eines der brennendsten, vielschichtigsten und undurchsichtigsten Probleme unserer Zeit. Nicht nur des deutschen Lebens der Gegenwart, sondern auch des politischen und moralischen Zustandes, in dem sich die gesamte europäische Existenz dieser Zeit befindet. Daß die graue Armee hinter Stacheldraht ein Problem von solcher Aktualität und Einmaligkeit werden konnte, daß überhaupt die ganze Armee unseres Volkes zunächst einmal in Gefangenschaft geraten konnte, das ist eine der vielen „totalen" Konsequenzen aus dem politischen und militärischen Zusammenbruch eines Staates, der den „totalen Krieg" proklamiert und darin auch sein Ende als totale Katastrophe für das ganze Volk vorweggenommen hatte. Die siegreichen Heere der Alliierten sahen sich, als in der Nacht des 7. Mai 1945 zu Reims die bedingungslose Kapitulation vollzogen war, nicht nur als Eroberer Deutschlands in seiner ganzen Ausdehnung, sondern im gleichen historischen Moment auch als Herren der ganzen geschlagenen Armee dieses Volkes. Mit einem Federstrich hatte sich das deutsche Volk und die deutsche Wehrmacht „auf Gedeih und Verderb" dem Sieger ausgeliefert, war die deutsche Armee eine Armee von Gefangenen geworden.

Mindestens zehn Millionen deutscher Männer sind in jenen Maitagen 1945 Kriegsgefangene gewesen oder haben den Marsch in die Kriegsgefangenenlager angetreten, die damals das deutsche Land in einem fast noch dichteren Netze überzogen als es bis dahin die Kasernen getan hatten, die der Nationalsozialismus übernommen oder neu erbaut hatte, um die stärkste Militärmacht der Welt zu errichten. Die Schwierigkeiten, diese Greise, Männer und Knaben unterzubringen und zu verpflegen, waren so ungewöhnlich, daß eben darauf viele Unzulänglichkeiten zurückzuführen sein mögen, die damals in den Lagern herrschten, in denen oft Zehntausende auf engstem Raume zusammengepfercht waren. Kein deutscher Soldat konnte damals mit einem anderen Schicksal rechnen als dem, das ihn dann auch ereilte: zunächst einmal Kriegsgefangener zu werden. Aber jeder nährte in seinem verzweifelten Herzen die Hoffnung, daß er entlassen, bald entlassen werde. Diese Hoffnung gab ihm, wenn sein Körper die Attacken des Hungers und der Krankheiten abschlagen konnte, auch die Kraft, der seelischen Belastungen Herr zu werden, denen ihn das Lagerleben aussetzte. Es war in jenen Tagen viel von der Genfer Konvention die Rede[29]. Kaum einer kannte sie wirklich, und vor allem nicht den Artikel 75, der grundsätzlich die Rückkehr der Kriegsgefangenen in ihre Heimat erst nach dem Abschluß eines Friedensvertrages vorsieht: Dans tous les cas, le repatriement des prisonniers de guerre s'effectuera dans le plus bref délai après la conclusion de la paix.

Ein Jahr ist vergangen, seitdem die Geschütze schweigen, die Waffen ruhen. Zu einem Friedensvertrag sind noch nicht einmal die technischen Voraussetzungen gegeben, geschweige denn die politischen Übereinstimmungen erzielt zwischen den Siegern. Und so ist auch noch nicht jene Bedingung des Artikels 75 erfüllt, von der die Entlassung aller noch in Kriegsgefangenschaft gehaltenen deutschen Männer abhängt. Trotzdem sind es nicht mehr zehn oder noch mehr Millionen, die noch nicht zurückgekehrt sind, aber noch immer sind es Millionen, die darauf warten. Zahlen, die ein statistisch einwandfreies Bild davon ergäben, wie viele deutsche Soldaten im Mai 1945 in der Hand der einzelnen Siegermächte sich befanden, gibt es nicht. Ebenso fehlen eindeutige Angaben über die Anzahl der Kriegsgefangenen, die bis heute aus den verschiedenen Ländern entlassen worden sind. Aus diesem Grunde kann man auch nur durch Schätzung eine ungefähre Vorstellung davon gewinnen, wie viele Männer

[29] Genfer Abkommen über die Behandlung der Kriegsgefangenen vom 27. 7. 1929.

noch heute hinter dem Stacheldraht leben. Die Mitteilungen über Entlassungen aus einzelnen Ländern und Lagern sind so sporadisch und zusammenhanglos, daß sie nicht als zuverlässige Quelle der Unterrichtung gelten können. Die Mitteilungen der Alliierten andererseits sind wiederum so summarisch, daß auch sie keine als authentisch zu bezeichnende Dokumentation geben.

Immerhin gibt es eine Reihe offizieller Feststellungen, die Rückschlüsse auf den vermutlichen Gesamtbestand an Kriegsgefangenen zulassen, die sich heute noch bei den Alliierten befinden, sei es in Europa (und Rußland), sei es außerhalb des Kontinents, in Afrika oder Amerika. So waren zum Beispiel nach dem Novemberbericht des Kontrollrats „bis jetzt" (also bis zum November 1945) von 6 Millionen deutschen Kriegsgefangenen in amerikanischer Gefangenschaft 2327248 entlassen worden. In einer amtlichen Verlautbarung des amerikanischen Oberkommandierenden in Deutschland, des Generals McNarney, die am 8. Januar 1946 in der Armeezeitung ›Stars and Stripes‹ erschienen ist, hieß es dagegen präziser: „Von den annähernd 5 Millionen Kriegsgefangenen, die sich bei Kriegsende auf dem europäischen Kriegsschauplatz in unserer Hand befanden, wird jetzt noch eine knappe Million einbehalten. Zu dieser Zahl kommen noch 375000 Kriegsgefangene, die während der kommenden Monate aus den Vereinigten Staaten, die ja unter Kriegszerstörungen nicht zu leiden hatten, zurückgeführt werden. Die Gesamtzahl geht ständig zurück; um den 1. Juli 1946 herum sollte sie nur noch 160000 Menschen oder weniger betragen. Das Schicksal dieser letzten Gruppe von Partei- und SS-Angehörigen wird von den Ergebnissen des Nürnberger Prozesses abhängen." Der Hinweis auf die 375000 Kriegsgefangenen, die nach Europa „zurückgeführt" werden sollen, ist aber noch kein Indiz dafür, daß diese Männer auch entlassen werden; es ist möglich, daß sie nur in ein anderes Land überstellt werden, etwa nach Frankreich, dem auf Grund eines französisch-amerikanischen Abkommens 300000 deutsche Kriegsgefangene für dringliche Wiederaufbauarbeiten versprochen worden sind[30]. Nach der jüngsten Mitteilung der amerikanischen Militärregierung entlassen die Vereinigten Staaten „nacheinander alle Kriegsgefangenen, mit Ausnahme von 140000 Mann, die wegen ihrer handwerklichen Tüchtigkeit und ihrer Bereitwilligkeit zur Zusammenarbeit ausgesucht worden sind. Von diesen werden am 1. Dezember 1946 annähernd 20000 entlassen sein. Die restlichen 120000 Mann werden zwischen dem 1. Dezember 1946 und dem 1. Juni 1947 in dem Maße entlassen werden, in dem sie entbehrlich sind." (›Neue Zeitung‹ vom 1. Juli.) Sämtliche 12000 Kriegsgefangene in der amerikanischen Zone selbst werden bis zum 30. November 1946 entlassen.

[30] Vgl. die auf Grund eines Berichtes in der Neuen Zürcher Zeitung entstandene Notiz in Keesings Archiv der Gegenwart vom 3. 8. 1945.

Für die Kriegsgefangenen, die unter britischer Kontrolle stehen, ergibt sich etwa folgendes Bild: nach der Äußerung einer britischen Kontrollkommission waren bis zum Dezember 1945 2,2 Millionen entlassen worden. 400000 Mann waren in ihre Heimatgebiete transportiert worden, um dort entlassen zu werden. Etwa 79000 Mann aus allen Waffengattungen sind noch in den Lagern außerhalb Deutschlands untergebracht, davon 45000 Mann aus amerikanischer Kriegsgefangenschaft übernommen. Im Gebiet der britischen Besatzungszone selbst befinden sich etwa 120000 Mann, die als sogenannte „Dienstgruppen" britischen Einheiten zugeteilt sind und britischem Befehl unterstehen. Nach einer Mitteilung des englischen Kriegsministers befinden sich jetzt in den Ländern des britischen Empire noch etwa 400000 deutsche Kriegsgefangene, davon in Kanada noch etwa 33000 Mann, und in der Cyrenaika 15000 Mann, die Reste des Rommelschen Afrikakorps, denen alle anstrengenden Arbeitspflichten für die dort stationierten britischen Truppen obliegen. Von den Truppen, die sich nach dem Zusammenbruch des afrikanischen Abenteuers nach Sizilien und auf die italienische Halbinsel haben retten können, befanden sich im März noch etwa 200000 Kriegsgefangene in Italien (davon 48000 Deutsche und Österreicher in amerikanischer Gefangenschaft), die nach einer Erklärung des Kardinals Faulhaber gut untergebracht und ausreichend verpflegt waren (›Neue Zeitung‹ vom 22. März). Heute wird die Zahl der in Italien und im Nahen Osten in englischer Kriegsgefangenschaft zurückgehaltenen Deutschen mit 18000 angegeben.

Besonders gelagert ist der Fall der Kriegsgefangenen in Frankreich. Diese Besonderheit ergibt sich aus den politischen und psychologischen Umständen, wie sie sich aus dem spezifischen deutsch-französischen Verhältnis in den Kriegsjahren entwickelt haben. Hier sind einmal die Erfahrungen zu berücksichtigen, die Frankreich seit dem Waffenstillstand im Sommer 1940 gemacht hat; dann ist zu bedenken, daß Frankreich zweimal in diesem Kriege das Schlachtfeld geworden ist, auf dem die feindlichen Heere aufeinandergestoßen sind. General Buisson, der Oberkommandierende der Kriegsgefangenen der Achse in Frankreich, hat im Februar die Zahl der Kriegsgefangenen, die für Wiederaufbauarbeiten benötigt würden, mit 1750000 Mann angegeben, während er tatsächlich 750000 Mann unter seiner Kontrolle habe, von denen etwa 700000 Mann in Frankreich selbst, der Rest auf Korsika und in Nordafrika stünden. Seit Ende Oktober 1945 sind aus dem Durchgangslager Tuttlingen in der französischen Südzone etwa 55000 Mann entlassen worden, und die in der französischen Zone abgehaltene Volkszählung am 26. Januar hat ergeben, daß 585000 Kriegsgefangene, die ihren Wohnsitz in der französischen Zone haben, noch nicht zurückgekehrt waren. Heute wird von französischer Seite eine Gesamtzahl von 700000 Mann genannt. Nach einer Erklärung, die General Buisson im September 1945 dem ›Figaro‹ gegenüber gemacht hatte, sollte im Juli dieses Jahres die Zahl der in Frankreich beschäftigten Kriegsgefangenen 1600000 erreicht haben.

Außer den Vereinigten Staaten, England und Frankreich haben aber auch die kleineren Staaten, die an der Seite der Alliierten gekämpft haben und dann befreit worden sind, gewisse Kontingente an deutschen Kriegsgefangenen. So hat zum Beispiel Oberst Miodrag Losic von der jugoslawischen Militärmission in Berlin erklärt, daß sich in Jugoslawien „etwa 100000" Kriegsgefangene befänden, Teile der Balkan-Armee, die auf dem Rückzug gefaßt wurden oder bei Triest in jugoslawische Gefangenschaft geraten sind. Auch Polen und die Tschechoslowakei haben deutsche Kriegsgefangene, ohne daß auch nur annähernd Zahlen über ihre Höhe bekannt wären, und in Belgien gibt es neben englischen und amerikanischen Lagern deutsche Kriegsgefangene, die unter belgischer Kontrolle vor allem im Bergbau eingesetzt sind, über die aber ebenfalls keine Zahlen vorliegen.

Der schwierigste Fall in diesem ganzen Komplex ist freilich Rußland. Hier ist man völlig auf Schätzungen angewiesen. Erich Weinert, der Präsident des inzwischen aufgelösten „Nationalkomitees Freies Deutschland", hat die Gesamtzahl der deutschen Kriegsgefangenen in der Sowjet-Union auf zwei bis drei Millionen geschätzt, eine Zahl, die man wohl als unterste Grenze ansehen muß. Die Umstände, warum man in diesem Falle völlig im dunkeln tastet, sind bekannt. Die Sowjet-Union hat die Genfer Konvention nicht unterzeichnet, was unter anderem auch bedeutet, daß sie sich nicht an die Bestimmung des Artikels 8 gebunden fühlte, die die Kriegführenden verpflichtet, de se notifier réciproquement toute capture de prisonniers dans le plus bref délai possible. Es sei nicht vergessen, daß Deutschland selbst sich Rußland gegenüber nicht an diese Bestimmung gehalten hat, und es sei auch daran erinnert, daß der Vatikan im April dieses Jahres noch einmal ausdrücklich erklärte, es sei ihm im Sommer 1941 gelungen, über die Türkei eine Verbindung mit der Sowjetregierung herzustellen, und Stalin selbst habe sich bereit erklärt, dem Vatikan die Namen der deutschen Kriegsgefangenen in der Sowjet-Union zu übermitteln, wenn auf dem gleichen Wege von der deutschen Regierung die Namen der russischen Kriegsgefangenen bekanntgegeben würden. Die Listen mit den Namen der ersten 18000 deutschen Kriegsgefangenen seien bereits eingetroffen gewesen, als Hitler im Einvernehmen mit Himmler und Goebbels alle Vorstellungen des Vatikans in dieser Richtung abgewiesen habe.

Rechnet man alle diese Zahlen, dieses Konglomerat aus amtlichen Erklärungen, gelegentlichen Zeitungsnotizen und mehr oder weniger zuverlässigen Schätzungen zusammen, so ergibt sich als ungefähre Mindestsumme eine Gesamtzahl von fünf bis sechs Millionen deutscher Männer, die sich noch in den verschiedenen alliierten Ländern in Kriegsgefangenschaft befinden.

Fünf bis sechs Millionen Männer also der verschiedensten Berufe, Temperamente und Begabungen fehlen heute in Deutschland. Das deutsche Volk, vom Kriege und seinen unmittelbaren Folgen selbst schon verstümmelt, ist ein Torso geworden, und was ihm fehlt zu seiner geistigen und physischen Abrundung selbst in dieser seiner verkümmerten Gegenwartsgestalt, das fehlt ihm eben an Haupt und Gliedern. Denn diese fünf bis sechs Millionen sind nicht allein Teile zerstückelter Familien, sie sind auch ein bedeutender Teil jener Substanz und Potenz an sittlicher und materieller Kraft, die einen neuen deutschen Staat, eine neue deutsche Wirtschaft, eine neue deutsche Existenz in der Mitte Europas zwischen dem Westen und dem Osten schaffen soll. Diese Millionen Kriegsgefangener sind nicht nur eine jener bisher ungekannten Erscheinungsformen des deutschen Schicksals, sie sind ebensosehr auch ein integrierender Bestandteil der europäischen Geschicke, insofern jede Lösung der deutschen Frage, die ohne ihre Mitwirkung, ja die schon ohne ihre Anwesenheit in Deutschland gefunden wird, nur Teil einer Gesamtlösung bleiben muß, die sie nicht ausschließen dürfte. Diese Verstrickung der Probleme erkennen und bezeichnen, heißt nicht schon, eine radikale Lösung der Kriegsgefangenenfrage vorschlagen, welche die ungewöhnlichen Schwierigkeiten unbedacht ließe, die sich ihr heute entgegenstellen müßten (Transport, Ernährung, Wohnung). Selbstverständlich kann das Ziel aller Überlegungen zu dieser Frage und aller Schritte, die dazu unternommen werden, für die Deutschen nur darin bestehen, die Entlassung dieser Männer herbeizuführen, den Stacheldraht niederzureißen, der die Kriegsgefangenen heute noch von dem Leben ihres Volkes und von dem Europas ausschließt. Auf den Bahnhöfen, diesen Drehscheiben des Schicksals, sieht man zwar immer wieder die grauen Gestalten der Entlassenen, aber es sind fast nur Kranke oder aus anderen Gründen Arbeitsunfähige, die jetzt schon zurückkehren.

Es ist schon viel geschehen und es wird noch mehr getan werden, den Prozeß der frühzeitigen Entlassung, also der Entlassung vor dem Abschluß eines Friedensvertrages, zu beschleunigen. Es gibt dazu mancherlei Vorschläge, von denen der am meisten diskutierte dahingeht, Kriegsgefangene gegen nationalsozialistische Aktivisten auszutauschen. Dieser Vorschlag, der auch schon auf einer Sitzung des Länderrates der amerikanischen Zone erörtert wurde[31], hat bei der amerikanischen Regierung zum Beispiel keine grundsätzliche Ablehnung gefunden. Generalleutnant Clay hat im Januar dazu erklärt, daß trotz der „befürwortenden" Stellungnahme der amerikanischen Militärregierung „eine gesetzliche Grundlage . . . noch nicht geschaffen sei". In der neuesten Erklärung der amerikanischen Militärregierung zu dieser Frage (›Neue Zei-

[31] Sitzungen am 4. 12. 1945 und am 14./15. 8. 1946: AVBRD, Bd. 1, S. 193f. und S. 685f.

tung‹ vom 1. Juli) wird zwar festgestellt, die Vereinigten Staaten stimmten grundsätzlich zu, „daß Nationalsozialisten, die auf Grund des Säuberungsgesetzes verurteilt sind, für Wiedergutmachungsarbeiten in den befreiten Ländern verwendet werden", aber auch daran festgehalten, daß ein Austausch notwendigerweise in großen Gruppen und nicht Mann gegen Mann stattfinden müsse, wie überhaupt die Klärung dieser Frage „noch eine längere Verhandlungszeit" in Anspruch nehmen werde. Die Sowjetregierung war ebenfalls mit dieser Frage befaßt worden, wie man aus einer Debatte darüber im braunschweigischen Landtag erfuhr. Sie hat diesen Vorschlag, den die Kommunistische Partei gemacht hatte, mit der Begründung abgelehnt, daß sie keine „Saboteure des Aufbaus" brauchen könne.

Aus der Überlegung, daß für eine solche Regelung eben noch keine gesetzliche Grundlage bestehe, resultieren aber vor allem auch die Bedenken der französischen Regierung, für die dieser Vorschlag wohl das größte Interesse haben müßte, weil Frankreich das Land ist, das zu seinem durch die Zerstörungen des Krieges verursachten Wiederaufbau auf die Arbeit der Kriegsgefangenen nicht zu verzichten vermag. Diese Bedenken sind keineswegs nur taktischer Natur; sie müssen vielmehr – gerade auch von deutscher Seite – als eine legitime Regung jenes Rechtsbewußtseins anerkannt werden, das sich gegen eine Maßnahme sträubt, die nichts anderes als ein Verstoß gegen das Völkerrecht wäre, dessen Achtung und Einhaltung ein wahrhaftes Anliegen aller europäischen Völker sein muß. Die Zurückhaltung der Kriegsgefangenen ist – unbeschadet der betrüblichen Folgen für die Betroffenen selbst und für ihre Angehörigen in der Heimat – keine Verletzung oder auch nur Mißachtung des Völkerrechts; eben jener Artikel 75 der Genfer Konvention erteilt diese Legitimation. Für einen politischen Akt der vorgeschlagenen Art gibt es jedoch keine völkerrechtliche Handhabe, und praktisch würde seine Verwirklichung gerade das bedeuten, was die Anklageschrift von Nürnberg der deutschen Politik in der Behandlung der ausländischen Arbeiter vorwirft: die Deportation.

Von amerikanischer Seite werden bevorzugt entlassen die Kriegsgefangenen über fünfzig und unter achtzehn Jahren oder solche, die seit mindestens drei Monaten arbeitsunfähig sind; im übrigen sollen alle freigegeben werden, welche die „Voraussetzungen" für die Entlassung erfüllen. Von französischer Seite sind mehrfach die Richtlinien mitgeteilt worden, die für die vorzeitige Entlassung zur Zeit gültig sind. Es sind einige genau klassifizierte Kategorien: Arbeitsunfähige; Kriegsgefangene, die unter Einsatz ihres Lebens Franzosen aus Lebensgefahr gerettet haben; Angehörige bestimmter Berufe aus der französischen Zone (Landwirte, Förster, Eisenbahner, Postangestellte, Tierärzte, Lehrer); solche, deren Anwesenheit in der französischen Zone für unerläßlich gehalten wird; solche, die der französischen Sache oder französischen, nach

Deutschland deportierten Kriegsgefangenen hervorragende Dienste geleistet haben; und schließlich Kriegsgefangene, die unter dem Hitler-Regime zu leiden hatten oder nachweislich als erklärte Gegner des Regimes bekannt waren. Als gemeinsames Kriterium wird von allen verlangt, daß sie der NSDAP nicht angehört haben.

Nachdem im Rahmen einer einmaligen Entlassungsaktion im Herbst des letzten Jahres etwa 420000 kranke und arbeitsunfähige Männer aus sowjetrussischer Kriegsgefangenschaft nach Deutschland zurückgekehrt waren, ist jetzt für die nächsten drei Monate die Entlassung von weiteren 120000 Mann angekündigt, von denen einige Tausend, Männer zwischen 20 und 71 Jahren, bereits in dem Durchgangslager Gronefelde bei Frankfurt/Oder, eingetroffen sind. (Die Leitung dieses Lagers und die Provinzialverwaltung der Mark Brandenburg legt für die Kriegsgefangenen, die den gegenwärtigen Aufenthaltsort ihrer Familien nicht kennen, Suchkarteien an.)

Das nüchterne Fazit dieser Feststellungen besteht also vorläufig in der Erkenntnis, daß mit einer Gesamtentlassung der deutschen Kriegsgefangenen oder auch nur mit einer wesentlich erhöhten Quote der vorzeitigen Entlassung nicht zu rechnen ist. Um so dringlicher erheben einige andere Fragen ihr Haupt und starren, Antwort heischend, den Deutschen ins Gesicht. Es sind Fragen, die die Kriegsgefangenen selbst, ihr Leben hinter dem Stacheldraht, und solche, die die Heimat betreffen, die in brennender Ungeduld auf sie wartet. Was kann geschehen, den Kriegsgefangenen ihr Los zu erleichtern, was kann vor allem geschehen, um das Verhältnis jener Kriegsgefangenen, die in dem fremden Lande zu Wiederaufbauarbeiten eingesetzt sind, zu diesem Lande und seiner Bevölkerung auf eine neue Basis zu stellen, auf eine Basis, auf der sie in erster Linie als produktive Arbeitskräfte und erst in zweiter Linie als Kriegsgefangene gewertet und gewürdigt werden? Papst Pius XII. hat in einer Ansprache, die er am 1. Juni an die Kardinäle richtete, diesen Gedanken aufgegriffen und ihm eine Stimme verliehen, deren humaner Ursprung und deren unparteiische Zielsetzung unanfechtbar sein dürfte: „Wir wissen, daß das internationale Recht die Siegermächte nicht verpflichtet, Kriegsgefangene vor dem Friedensschluß zu entlassen. Aber wenn diese Nationen die Arbeitskraft des Kriegsgefangenen benötigen, dann wäre ihnen besser gedient, wenn sie die Gefangenen als freie Arbeiter beschäftigen würden." Dies scheint in der Tat der Gedanke zu sein, mit dessen Verwirklichung mehr geschehen wäre als eine großmütige Demonstration der Humanität, die ja auch der sittliche Nährboden der Genfer Konvention war. Damit könnte, zumal auch im Falle Frankreichs, das Fundament für eine neue geistige Einstellung zwischen den Nationen gelegt werden, deren politische Wirkungen schließlich noch bedeutender sein müßten als es die konkreten wirtschaftlichen Folgen sein können.

Zwischen dem Kriegsgefangenen und dem fremden Staate könnte ein Arbeitsvertrag, eine neue Kategorie eines internationalen Arbeits- und Sozialrechts, geschlossen werden, der ihm die für unentbehrlich gehaltene Arbeitskraft erhielte und sicherstellte und dem Kriegsgefangenen eine materielle und vor allem auch moralische Chance eröffnete, die ihn von dem psychischen Druck befreite, der die Gefangenschaft zu einer Brutstätte des Nihilismus machen kann.

Dies ist ein Vorschlag, ein Vorgriff in die Zukunft. Noch drängen sich andere Fragen in den Vordergrund. Millionen sind es, die jenseits der Grenzen leben, und unter diesen Millionen sind es ungezählte Tausende, von denen noch keine Kunde in die Heimat gelangte, zu denen noch keine Nachricht aus der Heimat gedrungen ist. Unfreiheit und Untätigkeit, Krankheit und Hunger, Heimweh und Hoffnungslosigkeit: wie viele Dämonen stürmen auf den Kriegsgefangenen ein, seinen Geist zu verwirren, sein Gemüt zu verdüstern! Aber seine größte Qual ist die Ungewißheit über das Schicksal seiner Angehörigen und das Bewußtsein, daß sie selbst in Ungewißheit über sein eigenes Schicksal sind. So ist es eine der dringlichsten Aufgaben, welche die Sorge für die Kriegsgefangenen stellt, den Kontakt zwischen draußen und drinnen herzustellen oder, wo er schon angeknüpft werden konnte, zu erweitern. Viele Stellen teilen sich in diese Aufgabe: die eigens dafür geschaffenen Behörden der fremden Regierungen, das Internationale Rote Kreuz in Genf mit seinen Delegationen, die Suchabteilung der UNRRA, der Ökumenische Rat der Kirchen in Genf, der Christliche Verein junger Männer, der neu erstandene, auf politisch stark links gerichtete Kreise sich stützende „Centre Sanitaire Suisse“, und schließlich in Deutschland selbst die an die Stelle des aufgelösten Roten Kreuzes getretenen Organisationen, wie etwa das Badische Hilfswerk und der Caritas-Suchdienst in Freiburg i. Br. oder der Suchdienst für Kriegsgefangene und Vermißte in Stuttgart (und ähnliche Organisationen in anderen deutschen Städten). Nach einem internen Bericht des Stuttgarter Suchdienstes vom Februar konnten zum Beispiel seit September 1945 in etwa 52300 Fällen erste Nachrichten über Kriegsgefangene an ihre Angehörigen vermittelt werden, nach dem letzten Bericht von Dr. Walz, dem Leiter dieses Suchdienstes, in Württemberg allein etwa 100000, und jetzt dürfte die Zahl der Benachrichtigungen im Vierteljahr bei 50000 liegen. Unter den 1400000 unzustellbaren Briefen deutscher Kriegsgefangener, die auf dem in der Sowjetzone Berlins liegenden Postamt W 40 lagern, dürften sich auch Nachrichten aus der Sowjet-Union befinden. Diese Mitteilungen sind in der Mehrzahl an Angehörige gerichtet, die ehemals in den jetzt polnischen Gebieten östlich der Oder und der Neiße gewohnt haben. (Bei diesem Postamt ist eine Dienststelle eingerichtet worden, bei der vor allem die aus den ehemals deutschen Gebieten östlich der Oder und der Neiße evakuierten Familien oder ihre kriegsgefangenen Angehörigen Auskünfte erlangen können.)

Im Anfang mögen der Befolgung des Artikels 8 der Genfer Konvention – Benachrichtigung von der Gefangennahme dans le plus bref délai possible – große Hemmnisse entgegengestanden haben; jetzt besteht ein geregelter Postverkehr mit den Kriegsgefangenen in den verschiedenen Ländern der Alliierten, selbst mit Rußland, wenn auch nur über die Rückantwortkarten mit dem Roten Kreuz und dem Roten Halbmond. Die etwa 160000 Karten, die am 31. Dezember 1945 in Berlin eingetroffen waren, repräsentieren freilich nur einen ganz geringen Bruchteil der in der Sowjet-Union zurückgehaltenen Kriegsgefangenen. Nach einer Erklärung, die Oberstleutnant Nikitin, der Chefredakteur der Armee-Zeitung ›Roter Stern‹ kürzlich vor bayrischen Journalisten in München abgegeben hat, soll jeder Kriegsgefangene in der Sowjet-Union zweimal jährlich Briefe schreiben und empfangen dürfen; außerdem stehe es jedem Deutschen frei, an das „Rote Kreuz" in Moskau zu schreiben und sich dort Auskunft zu holen. Die Frage, warum keine Listen von den Gefangenen in der Sowjet-Union veröffentlicht würden, beantwortete er mit dem Hinweis darauf, daß schon während des Krieges Flugblätter mit Namen von Kriegsgefangenen über den deutschen Linien abgeworfen worden seien. Neuerdings hat die Landesleitung Freiburg der Kommunistischen Partei an die sowjetrussische Militärregierung eine Entschließung gerichtet, die folgenden Wortlaut hat: „In dem von Not und Elend beherrschten Deutschland leiden Hunderttausende an dem ungewissen Schicksal ihrer Angehörigen in der ehemaligen Wehrmacht. Um dieser seelischen Not zu steuern, ersuchen wir die russische Militärregierung um Veröffentlichung einer Liste der in russischer Kriegsgefangenschaft befindlichen deutschen Soldaten. Gleichzeitig stellen wir das Ersuchen um Zulassung des Briefwechsels der Gefangenen mit den Angehörigen. Wir hoffen, daß dieser Bitte als einem Akt der Menschlichkeit weitgehend Rechnung getragen wird."

Der Rat der Evangelischen Kirche in Deutschland hat im März an den Kontrollrat der alliierten Mächte in Berlin folgenden Appell gerichtet: „Helfen Sie die Hemmungen beseitigen, die schuld daran sind, daß Millionen deutscher Gefangener bis heute weder schreiben noch Nachrichten von daheim erhalten können! Sorgen Sie vor allem dafür, daß die Namen der unübersehbar Vielen, die in Gefangenschaft gestorben sind, bekanntgemacht werden! Setzen Sie überall eine menschenwürdige Behandlung der Gefangenen durch!" In den Monaten seither ist vieles geschehen, was diesem Appell seine dramatische Dringlichkeit genommen hat. Die Militärregierung der französischen Besatzungszone zum Beispiel veröffentlicht laufend Namenlisten sämtlicher deutschen Kriegsgefangenen in Frankreich, deren einzelne Ausgaben jeweils 60000 Namen mit der Nummer des Gefangenen, dem Lager und der Heimatadresse enthalten, so daß jeder, der diese Listen einsieht, sich mit dem Gefangenen in Verbindung setzen kann, auch wenn er von ihm noch keine direkte Nachricht erhalten hat. Außerdem werden im ›Wochenkurier‹, dem ›Blatt der Heimatfernen‹ für die französischen Lager, laufend die Namen und Nummern von Suchenden und Gesuchten veröffentlicht.

Ein Beispiel, dessen Befolgung von den anderen Staaten, auf die jene fünf bis sechs Millionen verteilt sind, nichts verlangte, was ihnen nicht zumutbar wäre. Die Verantwortung der Sieger vor der Geschichte ist groß, die Behandlung der Kriegsgefangenen, überhaupt der Geist, in dem sie diese Frage anpacken, die Methoden, die sie zu ihrer Lösung in ihrem eigenen Interesse und zum Wohle der Kriegsgefangenen selbst anwenden, sind Zeichen der inneren Größe, deren eine Nation fähig sein kann, die gesiegt hat. Den Deutschen selbst bleibt in dieser Sache noch genug zu tun. Manches können ihnen die Sieger erleichtern oder erst ermöglichen, das Entscheidende werden sie selber finden und tun müssen: die Wiedereingliederung der Kriegsgefangenen in Politik und Wirtschaft des Volkes, wenn sie erst einmal entlassen sind. Die Kriegsgefangenen, die noch nicht entlassen sind, belasten die deutsche Gegenwart mit schweren Problemen. Dies ist das eine. Die Kriegsgefangenen, die eines Tages entlassen sein werden und ihre Ansprüche anmelden, belasten die deutsche Zukunft vielleicht mit noch schwereren Problemen. Dies ist das andere. Das Schicksal hat ihnen eine ungewöhnliche Chance geboten: sie sind durch die grausame Schule der Ernüchterung gegangen. Die einen mögen dann mit jener Apathie zurückkehren, die ihnen, wie sie glauben, der Politik den Rücken zu kehren zu gebieten scheint, die anderen aber mit jenem columbischen Gefühl, einen neuen Anfang setzen zu können. Die einen mögen dem Volke vielleicht nicht schaden, die anderen brauchen ihm nicht immer zu nützen. Eines aber muß mit aller Entschiedenheit vermieden werden: daß die einen wie die andern als ein Ballast empfunden werden, daß in einem Volk, dem die Geschichte selbst eine schier proletarische Existenz aufzubürden scheint, Millionen deutscher Männer noch mehr entrechtet werden. Der Bericht eines heimkehrenden Kriegsgefangenen über seine Erfahrungen im Lager kann ein Sauerteig der Reaktion genauso werden, wie ein Sauerteig der Erneuerung des politischen Geistes. Dies ist die kristallinische Mitte, in der die Verantwortung der Sieger mit der Mission verschmilzt, die den Kriegsgefangenen aufgetragen sein kann: den Völkern und dem eigenen Volke ein demokratisches Beispiel zu geben.

19. Leitsätze der CDU für die Wirtschafts- und Sozialpolitik [32]

Gemischtwirtschaftliche und genossenschaftliche Betriebsformen werden angestrebt, gleichzeitig aber Privatinitiative bevorzugt und gefördert.

Bundesarchiv, NL Kaiser 57 (maschinenschriftliche Vervielfältigung).

Köln, 26. August 1946

1. Arbeiter und Angestellte sind nicht Objekt der Wirtschaftstätigkeit, sondern ihnen ist ebenso wie den Unternehmern maßgebliche und verantwortliche Mitwirkung an den wirtschaftspolitischen Entscheidungen unserer Zeit zu gewährleisten.
2. Die Arbeitnehmer sollen in den jeweils geeigneten Formen an der Gestaltung des Betriebslebens in ihren Betrieben mitwirken.
3. Arbeiter, Angestellte, Verbraucher und Unternehmer sind gleichberechtigt und gleichverantwortlich an den Einrichtungen zu beteiligen, die zur Führung der Wirtschaft, zur Lösung der Planungs- und Lenkungsaufgaben zu schaffen sind.
4. Arbeit und Kapital schaffen gemeinsam den Ertrag. Die Arbeitnehmer sind am Ertrag zu beteiligen. Die Formen dieser Beteiligung können verschiedenartig sein. Eine Grundsatzgesetzgebung muß das Recht der Arbeitnehmerschaft am Ertrag sicherstellen.
5. Die Zusammenballung wirtschaftlicher Macht in den Händen weniger, sei es in privater oder in öffentlicher Hand, ist eine Gefahr für politische Freiheit des einzelnen wie auch der Gesamtheit des Volkes. Die Zusammenarbeit der Arbeitgeber und Arbeitnehmer hat auf der Grundlage gegenseitiger Achtung zu erfolgen. Klassenkampf wird ebenso abgelehnt wie jeder Mißbrauch wirtschaftlicher Machtstellung. Reinen Verstaatlichungsbestrebungen gegenüber werden gemischtwirtschaftliche und genossenschaftliche Betriebsformen bevorzugt. Die CDU ist der Ansicht, daß z. B. auch der Bergbau in dieser Form geführt werden kann. Im übrigen ist die private Initiative des unter eigener Verantwortlichkeit schaffenden Unternehmers, namentlich bei mittleren und kleineren Betrieben – insbesondere im Handwerk und Handel – nachhaltig zu fördern.
6. Hinsichtlich des Bank- und Kreditwesens ist eine staatliche Aufsicht

[32] Entschließung des Zonenausschusses der CDU auf der Tagung am 1./2. 8. 1946 in Neuenkirchen, Kr. Wiedenbrück, verkündet von Konrad Adenauer auf einer Massenversammlung in Essen am 24. 8. 1946.

erforderlich. Die Einrichtung der Bankenaufsicht, die vor 1933 ins Leben gerufen wurde[33], ist entsprechend auszubauen.
7. Die Vorbereitung und Durchführung der Wirtschaftsplanung und Wirtschaftslenkung sind Gemeinschaftsaufgaben staatlicher Organe und der Selbstverwaltungsorgane der Wirtschaft.
8. Die Wirtschaft muß jedem Strebsamen eine Aufstiegsmöglichkeit und einen Besitzerwerb gestatten. Die Folgen des verlorenen Krieges müssen vom ganzen Volk getragen werden. Die endgültige Überwindung der Verluste an Besitz und Existenz ist nur durch neue Produktion möglich. Zur Behebung der unmittelbaren Not der besitzlos Gewordenen muß ein sofortiger Ausgleich unter Heranziehung des aus dem Krieg geretteten Besitzes gefordert werden.
9. Die letzten Entscheidungen in allen Fragen der Wirtschaftsverfassung obliegen der gewählten Volksvertretung.

20. Carl Klinkhammer, Die deutschen Katholiken und die Schuldfrage, Aufsatz

Eine Kollektivschuld des deutschen Volkes für die Verbrechen des Nationalsozialismus gibt es nicht, aber vor allem die Christen sind mitschuldig und müssen sühnen.

Neues Abendland 1 (1946), S. 12–16.

Oktober 1946

Die Katastrophe vom Mai 1945 wird in ihrem vollen Sinn für Deutschland und das Abendland sich erst dann ganz zu enthüllen vermögen, wenn die Wunden, die uns und der Welt geschlagen wurden, geheilt oder wenigstens vernarbt sind. Eine Sinndeutung ist indes nur dann zu gewinnen, wenn die ehrliche Bereitschaft lebendig wird, aus den Niederlagen und Fehlern der eigenen Vergangenheit zu lernen. Schon gleich nach der Kapitulation zeigten sich im militärisch niedergerungenen deutschen Volk erfreuliche Bestrebungen, die die größte Niederlage seiner Geschichte zum Anlaß nahmen, den Wurzeln nachzuspüren, aus denen diese Epoche erwachsen konnte. Während so die wertvollsten Kräfte im Volke – noch ganz benommen von den Schrecken der Bombennächte, des Phosphorregens und des Granathagels – um eine erste Besinnung sich qualvoll mühten und um eine Läuterung des eigenen Wesens ehrlich rangen, da setzte unvermittelt und unerwartet eine überlaute und ununterbrochene Propagandatätigkeit der alliierten Sieger ein. Unablässig wurde

[33] Verordnung über Aktienrecht, Bankenaufsicht und über eine Steueramnestie vom 19. 9. 1931: RGBl I S. 493.

die These von der Kollektivschuld des ganzen deutschen Volkes mit einer derart massiven und gewiß unüberlegten Eindringlichkeit – alle anklagend und unterschiedlos alle verdammend – in das besiegte, zerschlagene deutsche Volk hineingehämmert, daß sich dieses unwillkürlich an die aus dem eben so grausam überwundenen Dritten Reich gewohnten und verhaßten Schlagworte Goebbels'scher Prägung gemahnt sehen mußte.

Diese alliierte Propaganda, die freilich wohlmeinend die Ausrottung des faschistischen Übels in den Seelen der Deutschen zu bewirken und die Wiederkehr des nihilistischen Unheils zu verhüten beabsichtigte, schlug vollkommen fehl, weil sie unterschiedslos und ohne Berücksichtigung der besonders gelagerten Verhältnisse das gesamte deutsche Volk – die Teilnehmenden und die Widerstrebenden – für die Schandtaten des Nationalsozialismus gleicherweise verantwortlich machte. Das Herz des deutschen Volkes, das doch schon den verheißungsvollen Weg des Insichgehens gefunden hatte, hielt darauf plötzlich inne. Es verhärtete sich und lehnte sich tiefverletzt in seinem Rechtsempfinden und verbittert auf gegen die anklagenden Vorwürfe der allgemeinen Schuld, die von allen Seiten auf das todwunde Volk mitleidslos und unbarmherzig niedergeschleudert wurden. So drohte die These von der Kollektivschuld das körperlich zerschlagene deutsche Volk nun auch noch seelisch zu vernichten.

Der für die innere Umkehr und den Versuch zu einem Neuanfang so dringend gebotene Läuterungsprozeß war somit abgebrochen. Jeder, ob schuldig oder unschuldig, wies auf sein Alibi hin. Man ist doch auch irgendwann und -wie einmal verfolgt worden. Man war doch nie Mitglied der Partei. Gott sei Dank! Und der, der es dennoch gewesen ist, ist doch innerlich ihr Gegner geblieben. Man war wahrhaftig kein ganzer Nazi, weil man manches, ja vieles mißbilligte. Durch Kompromisse hat man sogar viel Schlimmes verhüten können. Wir schuldig? Unsere Schuld ist das nicht, sagen wieder andere. Uns geht das nichts an. Wir waren doch nicht in der Partei oder nur gezwungenermaßen. Das geht die SS an. Doch die sagen, wir haben nur Befehle ausgeführt. Wir mußten gehorchen. Wir waschen unsere Hände, die wir 12 Jahre lang in Menschenblut gewaschen haben, nun in Unschuld. So schiebt jeder die Verantwortung von sich weg. Jeder hat sein Alibi, seine Entschuldigung zur Hand. Doch die sich mit solchen Verteidigungsgründen entschuldigen, klagen sich am meisten an.

Und selbst die, die bis dahin dem Papst in Rom keine besondere Sympathie entgegenzubringen pflegten, berufen sich neuestens auf jene bedeutungsvolle Ansprache des Hl. Vaters vom 20. 2. 1946, in der er erklärte, „es sei ein Irrtum zu behaupten, daß man einen Menschen schon deshalb als schuldig oder verantwortlich behandeln könne, weil er einer bestimmten Gemeinschaft angehöre, ohne daß man sich die Mühe gebe, im einzelnen Falle zu untersuchen, ob der Betreffende durch sein Handeln oder Unterlassen sich persönlich schuldig gemacht habe". Mit dem Episkopat der Kölner und Paderborner Kirchenprovinz stellt man dann in dem immer mehr wachsenden Gefühl der eigenen Schuldlosigkeit fest: „Mit diesen Worten hat der Hl. Vater klar und eindeutig die Theorie von der Kollektivschuld eines ganzen Volkes abgelehnt und das Handeln darnach als einen Eingriff in Gottes Rechte bezeichnet." Mit dieser Verwerfung des Begriffes „Kollektivschuld", der – wie die Wissenschaft zweifelsohne mit Recht feststellt – einer moraltheologischen Kritik wirklich nicht standzuhalten vermag, wähnen weite Kreise des deutschen Volkes die Schuld von sich gewälzt oder gar beseitigt zu haben.

Somit hat sich die anfänglich wachgewordene schuldbewußte Selbstbesinnung über eine ihr folgende dumpfe Resignation hinweg zu einer pharisäischen schuldfreien Selbstgerechtigkeit entwickelt. Diese Entwicklung greift aber tief in die Grundlagen der abendländischen Geschichte und damit der ganzen heutigen Welt ein. So bleibt jeder Versuch zum Neuanfang belastet mit dem im tiefsten Innern doch schuldbewußten Ungenügen vor sich selbst, vor der abendländischen Tradition, vor der Welt und – vor Gott.

Das ist gewiß: Kollektivschuld im eigentlichen Sinne des Wortes hat es nur einmal und zwar am Anfang der Menschheitsgeschichte gegeben. Das erste Menschenpaar ist nämlich in so hervorragendem Maße Vertreter des gesamten Menschengeschlechtes gewesen, daß sein schuldhaftes Versagen in seinen Folgen als eine allgemeine Schuld im weiteren Sinne des Begriffes auf alle Menschen überging. Doch Schuld im strengen Sinne liegt nur da vor, wo ein Mensch entgegen seiner besseren Einsicht in freier Willensentscheidung sich der göttlichen Weltordnung widersetzt. In diesem eigentlichen Sinne kann von einer kollektiven und allgemeinen Schuld des deutschen Volkes nie gesprochen werden, weil weder die Regierung, noch die Volksvertretung, noch ein Einzelner, noch eine Menschengruppe in so betontem Sinne repräsentativer Vertreter sein können. Doch wenn heute gegen das deutsche Volk der Vorwurf der Schuld erhoben werden kann, dann nur in dem Sinne, als jeder einzelne Handlungsfähige (die Kinder und Unmündigen usw. sind selbstverständlich ausgenommen!) mehr oder minder in unzähligen Abstufungen Gesetzwidrigkeiten oder Verbrechen befohlen und ausgeführt hat oder den Verbrechen zugestimmt und sie verteidigt hat oder bei verbrecherischen Handlungen aktiv oder passiv durch innere oder äußere Anteilnahme mitgewirkt hat oder zu ihnen als Nutznießer oder ängstlicher Feigling geschwiegen hat.

Wie hätte sonst eine totale Macht wie die des Nationalsozialismus, als ein Regime der Angst, des Gewissenszwanges und des Terrors zwölf Jahre lang Deutschland immer ausschließlicher beherrschen und es in sechs Kriegsjahre voll Entsagung, Leid und Blut führen können?

Wer sehen wollte, der hätte schon 1933 sehen können, daß die Wahrheit der

Wirklichkeit weichen mußte. Wir alle wurden Zeuge davon, daß die nationalsozialistische Idee den Anspruch „wahr" zu sein, aufgab, da sie nur noch „wirklich" sein wollte. Alles wurde nur noch nach dem Nutzen für die faktische Existenz des Volkes beurteilt. Lehrte doch selbst die damals allen bekannt gewordene nationalsozialistische Doktrin: „Recht ist, was dem deutschen Volke nützt. Unrecht ist, was dem deutschen Volke schadet." Und was dem deutschen Volke nützt bzw. schadet, das bestimmt die Partei. Wahr, gut und schön ist nur das, was der deutschen Art gemäß ist. Und so glaubten die Menschen aus allen Volksschichten (die unbestechlichen Gegner dieses dämonischen Regimes, die sich wirklich durch nichts täuschen ließen, ausgenommen – wie viele waren das wohl? –) leichtgläubig an das „Positive", das ihnen zudem noch in prahlerischen Übertreibungen demonstriert wurde: Das positive Christentum des Parteiprogramms, der positive Sozialismus in der Beseitigung der Arbeitslosigkeit und der „Kraft-durch-Freude"-Organisation und der positive Nationalsozialismus in der Schaffung neuen Lebensraumes für ein „Volk ohne Raum".

Das aber war politischer Selbstbetrug. Man wollte in der deutschen Politik nur das wahrhaben, was einem paßte, und man lobte das, was einem zusagte. Und vor der Rückseite der Medaille mit der Teufelsfratze nihilistischer Untaten verschloß man bewußtermaßen die Augen. Jeder wußte z. B., daß anfänglich geheim und später seit Görings lauter Verzichterklärung auf Butter öffentlich aufgerüstet wurde. Daß also der Krieg vorbereitet wurde, während die vermehrte Aufrüstung der Nachbarn einer lügnerischen Propaganda entsprang. Doch das Brot, die gefüllte Lohntüte und das KdF-Vergnügen als Ergebnis der durch die Aufrüstung beseitigten Arbeitslosigkeit obsiegten schließlich über alle aufkommenden wirtschaftlichen Bedenken und moralischen Gewissensbisse. Der private Vorteil wurde höher geachtet als die sittliche Norm. „Wenn ich nur zu essen habe, was kümmern mich die andern!" Und man stimmte mit ein in den millionenfachen Ruf: „Los von Versailles!" – „Freut euch des Lebens!" – „Wir danken dem Führer!" usw.

Das war dann schon mehr als bloß stillschweigende Duldung. Das war schon ein Mitschuldigwerden am erfolgreichen Hochkommen der nationalsozialistischen Bewegung. Das war u. a. mit eine Voraussetzung für das Weiterbestehen des dämonischen Regimes und damit auch eine gebotene Möglichkeit für seine späteren Verbrechen.

Und wir alle haben nicht bloß „mit der großen Hure Babylon gelebt", freiwillig oder unfreiwillig. Denn es kann in keiner Weise geleugnet werden, daß im Laufe der Zeit die Mehrzahl des deutschen Volkes, und zwar jeder Einzelne objektiv und subjektiv, schwerste Schuld auf sich geladen hat, da er der Partei trotz zahlreicher gewichtiger Warnungen seine Zustimmung, öffentlich oder geheim, frei oder gezwungen seine Stimme (äußerlich freilich zu harmlos scheinenden Führer-Fragen!) gegeben hat. Gar zu leicht und willfährig ließ man sich von einer verlogenen Propaganda einfangen. Man wollte nicht die Wahrheit erkennen. Man hatte nicht den Mut zu protestieren, obwohl man es zunächst noch gekonnt, in jedem Fall aber vom Gewissen her gemußt hätte.

Wird auch in dieser Hinsicht ein Christ vor dem Nichtchristen schuldig, so werden die Kirchen und ihre Priester vor den Christen und Laien schuldig. Denn hätten wir Priester alle und allzeit Zeugnis für Christus gegen den menschgewordenen Antichrist und seine brutalen Gesetzlosigkeiten abgegeben, mag sein, daß man uns alle dann ermordet hätte. Mag aber auch sein, daß dann damals schon die ganze Welt aufgehorcht hätte. Und auf die immer wieder laut werdende „kluge, aberkluge" Frage: „Was hätte uns aber die Ermordung unserer Priester und die damit verbundene Vernichtung der Kirchen genützt?" sei mit Pfarrer Niemöller geantwortet: „So darf ein Christ nie fragen!" – „Tue recht und scheue niemand!" sagt ein alter, christlicher Weisheitsspruch. Nach ihm haben die Märtyrer zu allen Zeiten gehandelt, deren Blut immer wieder Same für neues Christentum geworden ist.

Sicherlich wäre es ein Unrecht zu behaupten, das edelste deutsche Wesen habe sich nicht empört gegen die Schandtaten Adolf Hitlers. Es wäre gewiß unwahr zu sagen, die besten Einzelgewissen und die christlichen Kirchen hätten geschwiegen und damit zugestimmt. Doch ebenso berechtigt und dringend notwendig ist auch die Frage: Haben die Einzelchristen und die Kirchen durch den Mund ihrer Vorsteher einheitlich und immer so vernehmlich und allgemein verständlich gesprochen, daß dadurch ein Sturm der Volksentrüstung über die brutale Willkür des Nationalsozialismus entfacht worden wäre? Oder hat man nicht doch in vermeintlicher Klugheit weitgehendst Rücksicht genommen auf die feinnervigen Ohren „rechtsstehender" (um nicht zu sagen nationalsozialistischer) Kirchenbesucher? Fürchtete man nicht ängstlich ihr protestartiges Verlassen des Gottesdienstes? Scheute man nicht die ablehnende Kritik sogenannter nationaler Christen oder Katholiken an den von vielen ersehnten, mitunter eindeutigen, nicht kompliziert verklausulierten, allgemein verständlichen Kanzelverkündigungen? Suchte man nicht – ein wahrhaftig sehr schlechtes Beispiel gebend – mangelnde Zivilcourage mit der Tugend angeblich „christlicher" Klugheit notdürftig zu bemänteln? Und wurden nicht weithin Priester, die diese „Klugheit" nicht mit ihrer Gewissensstimme vereinbaren konnten und wegen Vergehens gegen den Kanzelparagraphen und das sogenannte Heimtückegesetz abgeurteilt wurden, von weiten Kreisen des Kirchenvolkes, sondern auch von ihren geistlichen Behörden als unkluge, stürmische Draufgänger mit dem Schlagwort „Politik gehört nicht auf die Kanzel" abgelehnt und entsprechend behandelt? Ist nicht die Bekenntniskirche, zumal im katholischen Lager, schon gleich in ihren ersten Anfängen aus Unverständnis und überklugen Nützlichkeitserwägungen untergraben worden von den eigenen Leuten? Es gab wohl eine Front der redenden und bekennenden Ablehnung des Hitlerismus. Aber die Front der schweigenden Ablehnung war ungleich größer. Viel, viel größer!

Wir wollen ehrlich bleiben. In Ehrfurcht verneigen wir uns vor denen, die überzeugungstreu Freiheit und Stellung und Leben eingesetzt haben für das „Nein“ ihres Gewissens und die jederzeit und kompromißlos dazu bereit gewesen sind. Doch keiner – auch kein noch so mutiger Bekenner (!) – rühme sich heute und nehme sich selbst bei der Anerkennung irgendeiner Schuld am Emporkommen und Bestehenbleiben des zwölfjährigen Tausendjahrreiches Hitlers pharisäisch aus: Kein Christ und kein Militarist, kein Priester und kein Laie, kein Pfarrer und kein Bischof, kein Arbeitnehmer und kein Arbeitgeber, kein Beamter und kein Angestellter, kein Kaufmann und kein Bauer, kein Vater und keine Mutter, kein Mann und keine Frau, keiner, keiner! Es sei nur kurz angefügt, daß die, denen das Recht, sich als Bekenner heute zu rühmen, redlich zustünde, in dieser Hinsicht heute die Stillsten im Lande sind, wissend, daß sie wirklich nicht mehr als nur ihre Pflicht taten. Doch gerade sie sind es, die heute bereit sind, an der Schuld der anderen sühnend mitzutragen.

Sünde und Schuld! Im blutbesudelten deutschen Volk sind Sünde und Schuld Wirklichkeiten gewesen, die nicht am Rande des Lebens standen. Sünde und Schuld sind im deutschen Volk, das tatsächlich Zeuge so vielfältiger antisemitischer Barbareien und unmenschlicher KZ-Brutalitäten gewesen ist, furchtbarste Wirklichkeiten. Als Hitler und Himmler und ihre Komplizen im feigen Selbstmord weggingen und sich der Verantwortung vermeinten zu entziehen, da haben sie ihre und unsere Verschuldung nicht mitgenommen. Den Nürnberger Prozeß und alle übrigen Kriegsverbrecherprozesse werden sie nicht aus der Welt schaffen.

Zentnerschwer lastet die Schuld noch auf dem deutschen Volk. Und diese Schuldenlast wird um so drückender, je weniger das deutsche Volk sie wahrhaben und erkennen will. Wer von uns hat wegen dieser Schuldenlast schon einmal eine schlaflose Nacht gehabt?

Einmal wird der Herr einen jeden von uns fragen: Hast du mich besucht, da ich als „Kommunist“ oder „Andersdenkender“ in den Zuchthäusern des Dritten Reiches und hinter dem Stacheldraht der Konzentrationslager schmachtete! Hast du dich (wenn es einmal hochkam mit deinem Bekennermut) nicht nur mit einem frommen Gebetlein für mich, den gefangenen und konzentrationierten Christus, begnügt und die dich bei der Gestapo diffamierende Gefahr nicht achtend, teilnehmend an meinem Leid, mir wenigstens etwa ein kleines Päckchen Zigaretten in die Gefangenschaft geschickt? – Was du dem Geringsten meiner Brüder nicht getan hast, das hast du mir nicht getan.

Oder der Herr wird sagen: Ich bin es gewesen, der als geistig Minderwertiger und erblich Belasteter in den Krematorien gewisser Heil- und Pflegeanstalten euthanasiert worden ist. Hat das dich in tiefster Seele bekümmert? Bist du wirklich nicht müde geworden etwa beim Angelusläuten immer und immer wieder in die Welt hinauszuschreien: In meinem Vaterland wird ununterbrochen unschuldiges Menschenleben gemordet! – Was du an dem Geringsten meiner Brüder und Schwestern versäumtest zu tun, das hast du versäumt an mir zu tun. Oder der Herr wird sagen: Damals, als der Elendszug von Tausenden todgeweihter Juden an dir vorüberzog oder als etwa auf dem Marktplatz in Nikolajew 6000 Juden, Greise, Männer, Frauen, Jugendliche und Kinder zusammengetrieben wurden, um in den selbstgeschaufelten Massengräbern oder in den Tankfallen mit Genickschuß liquidiert zu werden, da schaute ich auch nach dir aus und flehte um Erbarmen. Aber du bist zu meiner Todesqual in diesen meinen unschuldigen jüdischen Menschenbrüdern und -schwestern stumm geblieben. Was du dem Geringsten meiner Schwestern und Brüder nicht getan hast, das hast du mir nicht getan.

So könnte der Herr schier endlos fortfahren, das deutsche Volk zu fragen! Daß wir uns doch nicht vor der Schulderkenntnis drücken! Die Schuld begann nämlich für viele schon lange vor 1933, da wir z. B. nicht opferwillig und selbstlos genug an der Verwirklichung eines wahrhaft sozialen Staates gearbeitet hatten, der dem Nationalsozialismus die Voraussetzungen für seine verhängnisvolle Entwicklung genommen hätte. Die Schuld begann schon z. B. in dem noch ganz freiwilligen Mitmachen katholischer Jugendorganisationen beim militaristischen Wehrsportkuratorium des Herrn Generals von Stülpnagel im Jahre 1932. Die Schuld lag schon in der von den Bischöfen vollzogenen, grundlosen und unbegründeten Aufhebung des episkopalen Verbotes der Parteimitgliedschaft für katholische Christen. Schuld lag schon in dem vom Jahre 1933 ab auf fast allen Kanzeln zu vernehmenden Hinweis, daß der Christ (gemäß dem irrig ausgelegten Paulusbrief) jeder staatlichen Obrigkeit untertan sein müsse[34].

Schulderkenntnis und Schuldanerkenntnis sind nicht das gleiche. Das erste ist unumgänglich nötig für jeden Deutschen. Das zweite ist sehr erwünscht und dringend geboten. Daß wir uns doch um diese Schuldanerkenntnis nicht drücken: „Vater, ich habe gesündigt vor dir und vor den Mitmenschen." Daß wir uns vor Gott und den Menschen bekennen in einer tiefgreifenden Metanoia = Gesinneswandlung. Daß wir uns doch nicht länger zu rechtfertigen trachten mit dem Hinweis auf die Alliierten, deren Weltreiche auch nicht nur durch die Befolgung der Bergpredigt Christi entstanden seien, in der geschrieben steht, daß selig sind die Friedfertigen, denn sie werden das Erdreich besit-

[34] Kundgebung der Fuldaer Bischofskonferenz am 28. 3. 1933, abgedruckt bei Hans Müller, Kirche und Nationalsozialismus, S. 76–78.

zen. Wem es ernst ist um seine eigene Läuterung und um die Sühnung seiner eigenen Schuld, der wird in dem Volk, das ihn durch die heutige Notzeit in die Situation der eigenen Selbstläuterung bringt, nur den „Knecht Gottes" sehen können und dürfen, wie Christus ehedem in den ihn peinigenden und kreuzigenden Juden providentielle Werkzeuge in der Hand seines vom Erlösungswillen beseelten himmlischen Vaters erkannte.

Unser deutsches Volk mußte erst so elend und unglücklich werden, um den Weg der Wahrheit und Menschlichkeit und somit den Weg zum Leben und Glück finden zu können.

Die heutige große Not des deutschen Volkes kann seine größte Gnade sein. Es geht heute wirklich nicht um würdelose Selbstanklage und um öffentliche Beichte. Es geht um die Überwindung der Herzenshärte und der pharisäischen Selbstgerechtigkeit. Es geht um die Überwindung des heute so furchtbar verbreiteten Egoismus in allen seinen betrüblichen Formen und nationalistischen Schattierungen.

Wäre es da nicht an der Zeit, zur Überwindung dieser seelischen Epidemien, der Ichsucht und der Selbstgerechtigkeit in allen deutschen Landen Volksbußwallfahrten im strengsten Sinne des Wortes zu veranstalten? Nicht in „Sack und Asche" Buße tun, sondern in der Gesinnung Buße tun! Die Kirchen-„Fürsten" an der Spitze! Durch solch bekennendes Beten und Büßen könnte auch beim letzten Deutschen (und gewiß nicht nur bei diesen!) die innere Sinneswandlung bewirkt werden, deren wir niemals entraten dürfen beim Aufbau des neuen Abendlandes.

21. Grundgedanken eines sozialistischen Wirtschaftsprogramms – Wege und Ziele sozialdemokratischer Wirtschaftspolitik[35]

Der Neuaufbau der deutschen Volkswirtschaft muß auf der Grundlage des modernen Sozialismus erfolgen. Er erstrebt soziale Gerechtigkeit, Freiheit der Persönlichkeit und Rechte der Gemeinschaft. An die Stelle privatkapitalistischen Gewinnstrebens tritt die sozialistische Planwirtschaft, die, unter Beibehaltung von Privateigentum, vornehmlich durch indirekte Lenkung und wirtschaftliche Selbstverwaltung wirksam wird.

Bundesarchiv, ZSg 1–90/50 (Flugschrift).

[Hannover, November 1946]

Die Sozialdemokratische Partei Deutschlands sieht es als eine ihrer vornehmsten Aufgaben an, die Wege zur Neugestaltung der deutschen Volkswirt-

[35] Herausgegeben vom Wirtschaftspolitischen Ausschuß beim Parteivorstand der SPD.

schaft aufzuweisen. Diese Verpflichtung wird nicht dadurch aufgehoben, daß Ablauf und Entwicklung der durch die Schuld des Hitler-Regimes zerstörten deutschen Wirtschaft heute noch im wesentlichen durch die Besatzungsmächte bestimmt werden. Das Ziel ist ein Neuaufbau der deutschen Volkswirtschaft auf der Grundlage des modernen Sozialismus unter Wahrung der Würde der Arbeit und jedes Arbeitenden. Alle schöpferischen Kräfte – insbesondere auch die bisher von der Mitwirkung weitgehend ausgeschlossenen – verdienen besondere Pflege und Förderung. Die in ihrem Geist und in ihrer Haltung verjüngte Partei wird sich dafür einsetzen, daß die Neuordnung der Wirtschaft nicht abermals durch die Kräfte der Reaktion verhindert wird. Sie lehnt die nach dem ersten Weltkrieg teilweise auch in ihren eigenen Reihen geäußerte Ansicht ab, daß ein „Scherbenhaufen nicht sozialisiert werden könne". Gerade in einer Zeit tiefster äußerer und innerer Not sind klare und entschiedene Zielsetzungen erforderlich, die wieder Vertrauen auf eine bessere Zukunft geben.

Wirtschaftliche Befreiung durch den Sozialismus

Die Revolutionen der bürgerlichen Epoche haben mit der Erklärung der Grundrechte und der Einführung eines allgemeinen, gleichen, geheimen und unmittelbaren Wahlrechts die staatsrechtliche Befreiung des bisherigen Untertanen aus der feudalistischen Hörigkeit gebracht. Sie haben jedoch die wirtschaftliche Unfreiheit fortbestehen lassen, weil in der kapitalistischen Wirtschaft eine besitzlose, ausschließlich auf die Verwertung ihrer Arbeitskraft angewiesene Volksschicht dem Klassenmonopol der Produktionsmittelbesitzer in hoffnungsloser Abhängigkeit gegenüberstand. Die Versäumnisse der bürgerlichen Revolutionen nachzuholen und die rechtliche Freiheit des Einzelmenschen zu ergänzen durch Herstellung der wirtschaftlichen Freiheit, ist sittliche Aufgabe unserer Epoche. Sie kann nur durch den Sozialismus gelöst werden. Hierbei geht es nicht allein um eine gerechte Verteilung des Sozialproduktes, sondern zugleich um eine bessere Produktionsordnung mit wesentlich erhöhtem Ertrag. Nur eine von der Geißel der Krisen befreite Wirtschaft vermag die hochentwickelten Kräfte der Technik so einzusetzen, daß sich eine dauerhafte Erhöhung des Volkswohlstandes ergibt. Es gilt nicht, die kapitalistische Armut anders aufzuteilen, es gilt vielmehr, den Reichtum der sozialistischen Gesellschaft zu organisieren.

Die Sozialdemokratische Partei erblickt in ihren wirtschaftspolitischen Forderungen den Weg zum Sozialismus. Auf ihm wird das deutsche Volk ohne Rückfall in die überwundenen Formen des kapitalistischen Liberalismus und ohne Hinwendung zu den Zwangsmaßnahmen eines alle Persönlichkeitswerte ertötenden Kollektivismus einen seinem Wesen entsprechenden Wirtschaftsstil finden. Er muß auf der sittlichen Grundlage der sozialen Gerechtigkeit die im deutschen Volk in gleicher Weise geschätzte Freiheit der Persönlichkeit und die Rechte der Gemeinschaft garantieren.

Der Sozialdemokrat, der wie jeder gute Deutsche die Einigkeit seines Volkes wünscht, lehnt es ab, daß von Einigkeit nur geredet wird, ohne daß zugleich die unerläßlichen materiellen Vorbedingungen dafür geschaffen werden. Die Vernichtung erheblicher Teile des privaten Besitzes und die gegenwärtige Verminderung der meisten Großeinkommen haben der Forderung nach sozialem Ausgleich keineswegs ihre Aktualität genommen. Die Chancen im Kampf ums Dasein und um den Aufstieg zu würdigeren Lebensformen sind nur dadurch gleichmäßiger geworden, daß noch weitere Teile des Volkes in ausweglose Not geraten sind. An dieser Art von Gleichheit liegt dem Sozialdemokraten nichts. Er wünscht keine mechanische Gleichmacherei, wohl aber fordert er gerade heute – vor Beginn des Wiederaufbaues – gerechte Startbedingungen für jeden, der in das Wirtschaftsleben eintritt.

Deshalb müssen alle durch Sitte, Recht und überlieferte Besitzformen geschaffenen Benachteiligungen für den sozialen Aufstieg beseitigt werden. Allein Tüchtigkeit und Charakter sollen maßgebend sein. Fleiß und vorbildliche Leistungen müssen ihre Anerkennung und ihren gerechten Lohn finden. Besitz, der durch redliche Arbeit erworben ist und der unabhängigen Verwertung der Arbeitskraft des Besitzers dient, findet den Schutz der Sozialdemokratischen Partei, hingegen nicht Großeigentum mit Rentenansprüchen, das zur Ausbeutung fremder Arbeitskraft verwandt wird und zur wirtschaftlichen Abhängigkeit vieler von wenigen Großbesitzern führt. Leitende Posten in Verwaltung und Wirtschaft dürfen nicht zu Pfründen werden. Jeder Volksangehörige hat Anspruch auf umfassenden Versicherungsschutz gegen Krankheit, Unfall, Invalidität, Alter und Tod.

Von jedem gerecht denkenden Deutschen erwartet die Sozialdemokratische Partei, daß er sich diesen Mindestforderungen sozialer Gerechtigkeit nicht verschließt und sich ihrem besonderen Gewicht in der jetzigen Notzeit nicht durch das unwahre und demagogische Argument entzieht, die Sozialdemokratie schüre einen gemeinschaftsfeindlichen Klassenhaß. Was sie will, ist vielmehr die Beseitigung jener Zustände, aus denen Klassengegensätze sich zwangsläufig entfalten. Sie will eine gerechte Sozial- und Wirtschaftsverfassung – entsprechend ihrer von Karl Marx begründeten hundertjährigen wissenschaftlichen Tradition und nach den humanitären und sozialen Ideen der Vorläufer des wissenschaftlichen Sozialismus.

Gegen die Wirtschaftskrisen

Neben der Klassenspaltung, ihrem Grundübel, ist die moderne kapitalistische Wirtschaft auch vom rein ökonomischen Standpunkt aus mit schweren Fehlern behaftet, die immer wieder Störungen ihres funktionellen Gleichgewichts bedingen:

a) Die kapitalistische Marktwirtschaft bietet, wie die Erfahrung von mehr als einem Jahrhundert lehrt, keine Gewähr gegen die periodische Wiederkehr von Krisen, die in gigantischem Ausmaß zur Vernichtung volkswirtschaftlicher Werte und zur Existenzlosigkeit von Millionen Erwerbstätiger führen. Die letzten, den ganzen Erdball erschütternden Krisen haben überdies sichtbar bewiesen, daß das kapitalistische System auch nicht mehr die Fähigkeit zur automatischen Selbstheilung besitzt. Mit dem Übergang vom Früh- zum Hoch- und Spätkapitalismus haben die Krisen an Heftigkeit, Ausdehnung und Zerstörungskraft nur zugenommen.

b) Zunehmende Durchsetzung mit monopolistischen Gebilden verschiedenster Formen (Trusts, Konzerne, Syndikate, Kartelle) kennzeichnet die Spätphase der kapitalistischen Industriewirtschaft. Auf die Spitze getrieben, schlägt die vielgepriesene freie Konkurrenz allmählich in ihr Gegenteil um, das Monopol. Hat man einst dem Konkurrenzprinzip nachgerühmt, daß es den Unternehmer im unaufhörlichen Kampf um seine wirtschaftliche Existenz zu einer ständigen Anpassung an den technischen Fortschritt und an die Wünsche des Verbrauchers zwinge, so ist dieser Vorteil auf den wichtigsten Gebieten der Volkswirtschaft schon lange verloren gegangen. Daß die Monopolgebilde in erster Linie eine Wirkung der zunehmenden Kapitalintensität der Produktion und – von den Betrieben her gesehen – „Kinder der Not“ sind, ändert an dem Ergebnis nichts.

Die Überlebenden des volkswirtschaftlichen Schlachtfeldes schließen nach dem mörderischen Bruderkampf im Schatten der Kartellmauern einen Kompromißfrieden auf Kosten der Volksgesamtheit. Sie setzen im marktwirtschaftlichen Prozeß eine Monopolrente durch und bringen damit einen Teil des Sozialproduktes an sich, auf den sie weder als Entgelt für Kostenaufwand noch als Gegenwert für unternehmerische Leistung einen volkswirtschaftlich zu rechtfertigenden Anspruch haben. Aufgebracht werden muß diese Monopolrente nicht nur von den Arbeitnehmern und Verbrauchern, sondern auch von den nicht monopolistisch organisierten Produzenten, insbesondere also den Bauern, Handwerkern, kleineren und mittleren Industriellen, Einzelhändlern und freiberuflich Tätigen. Durch den Übergang vom Konkurrenz- zum Monopolkapitalismus mit seinen notwendigerweise gleichgewichtslosen Märkten und seinen imperialistischen Tendenzen wurde aus Preiskampf Preisdiktat, aus Marktgesetz

Machtdekret, aus Wettbewerb Vereinbarung auf Kosten Dritter, aus Kampf um den Kunden Kampf gegen den Kunden, aus Produktionsausdehnung Produktionsdrosselung.

Gegen die Wirtschaftsreaktion

Die Sozialdemokratische Partei lehnt als ungerechte und für das deutsche Volk ungeeignete Wirtschaftsverfassungen ab:

a) Den klassischen Liberalismus, der sich auf eherne Naturgesetze des Wirtschaftslebens beruft, jede staatliche Einflußnahme auf die Wirtschaft grundsätzlich zurückweist und dem Unternehmer eine ungehemmte Wirtschaftsbetätigung zugestehen will. Auch wenn man Wettbewerb und privates Gewinnstreben als Leistungsmotiv anerkennt, ist es abwegig, sie in so krasser und einseitiger Weise zu glorifizieren, wie es der liberalen Taktik entspricht. Eine Rückkehr zu liberalen Formen des Wirtschaftslebens würde Deutschland nicht nur ideologisch in den Nachtrab bringen, sie würde auch zu einer Entfesselung neuer schwerer Wirtschaftskrisen und zu einer Verhärtung der Klassengegensätze und Ausbeutungsmonopole führen;

b) den Neuliberalismus, der zwar die Monopole zerschlagen und für die Konkurrenz durch die Rechtsordnung faire Spielregeln erzwingen will, aber verkennt, daß gerade in den wichtigsten Zweigen der Volkswirtschaft solche rein negativen Regelungen zur nachhaltigen Ausschaltung privater Macht im Wirtschaftsleben keinesfalls ausreichen, der weiter übersieht, daß die überkommene Besitz- und Einkommensverteilung die Verwirklichung eines tatsächlich fairen Wettbewerbs von vornherein ausschließt, der nicht verstehen will, daß Wirtschaftslenkung im demokratischen Rechtsstaat ohne jede Diktatur und Versklavung durchaus möglich ist, und der schließlich die schöpferischen und durchaus unternehmerischen Kräfte vernachlässigt, die eine Nutzbarmachung der Ideale des Dienstes und der Gemeinschaft auch auf dem Gebiete der Wirtschaft zu wecken vermag;

c) den Monopolkapitalismus, besonders seine verhängnisvolle imperialistische Spätform, der in der eigenen Volkswirtschaft zu schweren Gleichgewichtsstörungen, auf den Weltmärkten zu kriegerischen Zusammenstößen treibt;

d) den sogenannten „Ständestaat“, der die staatliche Souveränität aushöhlt, die Fortschrittsimpulse weitgehend lähmt und auf die Dauer nur neue Pfründe und Privilegien schafft;

e) die zentralistische Staatswirtschaft in der Form einer marktlosen Verwaltungswirtschaft mit oder ohne staatlichem Konsumzwang, der die nach persönlicher Freiheit und nach organischer Gemeinschaftsbildung verlangenden Kräfte an der Entfaltung hindert und sich bei längerer Dauer stets zu gewalttätiger oder mindestens bevormundender Diktatur auswächst;

f) die aus Aufrüstung und Krieg entstandene improvisierte Zwangswirtschaft mit ihren jede Konsumfreiheit erdrosselnden und teilweise sogar die Arbeitsfreiheit aufhebenden Reglementierungsmaßnahmen, die zur Zeit als Erbe des Nazi-Regimes vor allem zum Nachteil des Arbeiters noch mitgeschleppt werden muß und in der es eine rationelle Koordinierung der einzelwirtschaftlichen Kräfte durch einen folgerichtig aufgestellten zentralen Plan gar nicht gibt.

Planwirtschaft und Wirtschaftsdemokratie

Die Aufhebung der wirtschaftlichen Unfreiheit des Einzelmenschen und die Beseitigung der fortschritthindernden Fehler im System der kapitalistischen Wirtschaft ist nicht durch Eingriff lediglich in die volkswirtschaftlichen Verteilungsvorgänge erreichbar, auch nicht durch unsystematische Einzelmaßnahmen staatsinterventionistischer Art unter grundsätzlicher Belassung der kapitalistischen Organisation der Erzeugung. Erforderlich ist vielmehr, daß ein bestimmender zentraler Einfluß auf Umfang und Grundrichtung der Produktion und damit sowohl auf den Stand der Beschäftigung als auch auf Größe und Zusammensetzung des Sozialprodukts durchgesetzt wird.

Dies bedeutet keineswegs eine Ablehnung der individuellen Unternehmerinitiative. Fällt das Klassenprivileg – die überlieferte Einkommensgestaltung und Besitzverteilung, das gegenwärtige Erbrecht und das bisherige Bildungsmonopol – so führt die private Einzelunternehmung nicht notwendig zu neuer sozialer Ungerechtigkeit. Von allen Monopolen wäre das unerträglichste das des Unfähigen und Faulen über den Arbeitsamen und Begabten. Der Kampf gilt den kapitalistischen Machtballungen, nicht den volkswirtschaftlich sinnvoll eingesetzten Kleinkapitalien. Die Sozialdemokratische Partei wendet sich daher durchaus nicht gegen die unternehmerische Initiative im Wirtschaftsleben, sie achtet und wünscht im Gegenteil den unternehmerischen Pioniergeist, der mit den Erfolgsaussichten auch das Risiko seiner wirtschaftlichen Unternehmung auf den eigenen Schultern zu tragen gewillt ist.

Träger der Grundentscheidung über Umfang, Richtung und Verteilung der Produktion darf nach Auffassung der Sozialdemokratischen Partei in unserer Epoche jedoch nur noch das ganze Volk, vertreten durch das nach demokratischen Grundsätzen gewählte Parlament, sein. An die Stelle des privatkapitalistischen Gewinnstrebens tritt als Hauptregulator der Wirtschaft die Planung nach den Gesichtspunkten volkswirtschaftlicher Rentabilität. Sie kann auch durch ein gewisses Mitbestimmungsrecht der Arbeitnehmer in den einzelnen Betrieben nicht verwirklicht, ersetzt oder überflüssig gemacht werden. Denn in den Betrieben können immer nur einzelwirtschaftliche Teilpläne zustande kommen, nicht aber ein volkswirtschaftlicher Gesamtplan, der dem ganzen Wirtschaftsprozeß zugrunde gelegt wird. Auf einen solchen kommt es aber zur Überwindung der kapitalistischen Unzulänglichkeiten in erster Linie an. Volkswirtschaftliche Gesamtplanung bedeutet keine extreme, alle Erzeugung und allen Verbrauch reglementierende Staatswirtschaft. Die Zwangsbewirtschaftung im Kriege und die heutige Mangelwirtschaft sind kein Modell für die kommende Wirtschaftsgestaltung und deshalb auch nicht ihre Widerlegung. Die von der Sozialdemokratischen Partei geforderte sozialistische Planwirtschaft wird die marktwirtschaftlichen Formen des Wirtschaftsablaufes weitgehend beibehalten, aber die Wirtschaft wird sich nach den in der Planung festgelegten volkswirtschaftlichen Zielsetzungen richten. Zugleich werden innerhalb dieses Rahmens gemeinwirtschaftliche und genossenschaftliche Wirtschaftsgebilde in wachsendem Umfang zur Bedarfsdeckung herangezogen.

An der Kontrolle der Ausführung des Wirtschaftsplanes durch die einzelnen Lenkungsstellen der Wirtschaft und Verwaltung sind alle Mitglieder der Wirtschaftsgesellschaft – die selbständigen wie die in abhängiger Stellung Beschäftigten und die Verbraucher – aktiv zu beteiligen. Die Sozialdemokratie bekennt sich zu einer wirklichen Demokratisierung der Wirtschaft, die sich nicht nur auf soziale Konzessionen beschränkt und die mehr ist als bloße politische Stimmzetteldemokratie. In einer solchen Demokratisierung der Wirtschaft sieht die Sozialdemokratie nicht eine fortschrittfeindliche Lähmung der Schwungkraft des Wirtschaftslebens, sondern notwendige Kontrolle des richtigen Einsatzes wirtschaftlicher Kräfte und technischer Entwicklungen nach den Gesichtspunkten volkswirtschaftlicher Rentabilität.

Die demokratische Wirtschaft bleibt den Entscheidungen der Träger des politischen Willens untergeordnet. Aufgabe der politischen Kräfte ist es dabei, auch zu verhindern, daß die Rechtsformen der Wirtschaftsverfassung erstarren und ihr Sinn bewußt oder unbewußt durch Interessentengruppen verfälscht wird.

Überall, wo es sich um die Durchführung der von der politischen Willensbildung aller Deutschen aufgestellten Wirtschaftsgrundsätze handelt, sind insbesondere die Gewerkschaften beratend und kontrollierend einzuschalten. Als die Organisationen aller unselbständig arbeitenden Produzenten haben sie in der sozialistischen Planwirtschaft nicht nur sozialpolitische Interessen ihrer Mitglieder zu vertreten, sondern üben wirtschaftspolitische Funktionen von allgemeiner Bedeutung aus. Dementsprechend nehmen sie eine Stellung ein, die mit der keiner anderen Wirtschafts- oder Berufsorganisation verglichen werden kann.

Nach Überwindung der durch den Hitler-Krieg verschuldeten Not soll Ziel der Produktion nicht mehr das technisch erreichbare Maximum an materiellen Gütern, sondern ein Optimum an Bedürfnisbefriedigung sein. An erster Stelle steht die Sicherung der Arbeitsmöglichkeit für jeden Arbeitsfähigen. Die Arbeit muß so gestaltet werden, daß sie schon für sich jeden Schaffenden im höchstmöglichen Grade befriedigt. Freie Berufswahl und freie Wahl des Arbeitsplatzes sind selbstverständliche Grundvoraussetzungen. Der Arbeitsprozeß selbst ist unter stärkster Ausweitung der technischen Möglichkeiten und Errungenschaften so zu organisieren, daß jedem einzelnen die erforderliche Muße und Zeit zu freier Anteilnahme am Kulturleben verbleibt.

Damit bejaht die Sozialdemokratie zwar die gewaltigen Leistungen der modernen Technik und die Fortschritte der Betriebsorganisation in den führenden Ländern der Weltwirtschaft. Sie bekennt sich jedoch zum Übergewicht der kulturellen und sozialen Forderungen über die von der Technik ausgehenden Impulse und nennt den Neubau der Wirtschaft nach diesem Grundsatz die Sozialisierung.

Planung und Lenkung

Bei der Auswahl der Methoden zur Verwirklichung einer sozialistischen Planwirtschaft dürfen die Erfahrungen nicht übersehen werden, die in der vorangegangenen Zeit in allen fortschrittlichen Ländern der Erde gesammelt worden sind. Verstaatlichung der Produktionsmittel gilt in der modernen sozialistischen Theorie schon längst nicht mehr als die einzige und die konsequenteste Form der Sozialisierung. Sie ist vielmehr nur noch ein Mittel neben anderen beim Aufbau der sozialistischen Wirtschaftsordnung. Das schließt nicht aus, daß in bestimmten Wirtschaftszweigen die Übernahme der Betriebe in die öffentliche Hand den besten Weg zur Erreichung des gesteckten Zieles darstellt.

Planwirtschaft ist niemals Selbstzweck. Reichweite und Methoden der staatlich-politischen Einflußnahme auf die Wirtschaft sind nicht Grundsatz-, sondern Zweckmäßigkeitsfragen. Neben der direkten Lenkung durch Gebote und Verbote gibt es auch höchst wirksame indirekte Lenkung, z. B. durch die Geld- und Kreditpolitik, die Preispolitik, die Lohnpolitik, die Steuerpolitik, die Vergebung öffentlicher Aufträge, die Förderung bestimmter Unternehmungsformen, die Verkehrspolitik, die Berufsberatung, die Einflußnahme auf die Standortverteilung, die Beeinflussung der Verbraucherwünsche. Gerade diese Methoden der indirekten Lenkung sind sorgfältig zu entwickeln.

Eine weitgehende Dezentralisierung der ausführenden Planungs- und Lenkungsarbeit und der Einsatz auch regionaler und lokaler Initiative müssen zu einer immer erneuten, von unten nach oben wirkenden Überprüfung der

Planungsziele und Lenkungsmethoden gemäß den besonderen Bedürfnissen und Erfahrungen der einzelnen Wirtschaftsbezirke und Wirtschaftszweige führen. Im Bedarfsfalle sind von den Trägern der regionalen und kommunalen Wirtschaftsverwaltungen rationale und kommunale Wirtschaftspläne aufzustellen und durchzuführen.

Die Arbeiten der verschiedenen Verwaltungszweige zur Planaufstellung und Plandurchführung sind zu koordinieren. Ein Verzicht auf sogenannte Sonderverwaltungen soll die Einheit der Verwaltung gewährleisten.

Kapitalbildung – Investierung – Kreditwirtschaft

Der entscheidende Ansatzpunkt zur Bestimmung von Größe und Zusammensetzung des Sozialprodukts ist die Steuerung der Investitionstätigkeit, d. h. des auf Erhaltung und Erweiterung des Anlagenbestandes der Volkswirtschaft gerichteten Teils der Produktion. Über die Rangfolge der Investitionsaufgaben wird in einer grundsätzlich auf Bedarfsdeckung ausgerichteten Versorgungswirtschaft nach Maßgabe der volkswirtschaftlichen Dringlichkeit entschieden. Diese von der gesetzgebenden politischen Körperschaft des demokratischen Rechtsstaates zu treffende Entscheidung findet ihren Niederschlag in einem langfristigen zentralen Plan als Grundlage der Investitionslenkung und -kontrolle. Im Bereich der Verbrauchsgüterwirtschaft soll demgegenüber in erster Linie die wirtschaftliche Entscheidungsfreiheit der Konsumenten richtunggebend sein.

Die Finanzierung der Investitionen hat sich nach den gewollten Rückwirkungen auf das volkswirtschaftliche Gesamtgefüge unter ständiger Beachtung des Erfordernisses der Vollbeschäftigung zu richten. Dazu gehört, daß inflatorische und deflatorische Einwirkungen, durch die die Struktur der Einkommens- und Vermögensverteilung unsozial verändert werden würde, unbedingt verhütet werden. Mit dieser Einschränkung bietet aber die Finanzierung in der Geld- und Kreditpolitik ein besonders wirksames und zugleich elastisches, wenn auch allein noch nicht ausreichendes Mittel zentraler Steuerung der Investitionstätigkeit.

Wenngleich die Kapitalbildung der öffentlichen Hand in Zukunft an Gewicht stark gewinnen wird, darf doch der Sparwille in seiner volkswirtschaftlichen Bedeutung für die Investitionsfinanzierung nicht unterschätzt und seine Pflege nicht vernachlässigt werden. Die Forderung, daß Zinsbezug kein Leben ohne produktive Arbeit ermöglichen darf, bedeutet daher keineswegs einen Verzicht auf einzelwirtschaftliches Sparen. Der Zins soll nur noch als ein Mittel der Investitionspolitik angesehen werden und sich ausschließlich nach deren Erfordernissen richten. Er wird dabei um so eher verhältnismäßig niedrig gehalten werden können, als er auch im Rahmen der Kreditpolitik nicht das einzige Steuerungsmittel ist.

Die Kreditwirtschaft ist als Apparat der Geldschöpfung und als ein wichtiges Mittel der Investitionslenkung grundsätzlich eine öffentliche Angelegenheit, zumal für alle Bankeinlagen seit den Krisenerfahrungen von 1931 praktisch eine öffentliche Garantie als gegeben angesehen werden muß. Der stärkste Sektor der deutschen Kreditwirtschaft, das Sparkassenwesen, befindet sich bereits in öffentlicher Hand. Großbanken und Realkreditinstitute bedürfen der Überführung in öffentliche Regie. Die Kreditgenossenschaften haben mit ihrem nichtkapitalistischen Mitgliederkreis auch in der sozialistischen Wirtschaft Berechtigung. Sämtliche Kreditinstitute müssen zentraler Aufsicht unterworfen sein.

Gerechter Lohn

Zur Beeinflussung der Verteilung des Sozialprodukts, d. h. zur Bestimmung der Einkommen sind Hauptmittel: Lohnpolitik, Preispolitik und Steuerpolitik. Sie müssen nicht nur in Investitionsfragen, sondern gerade auch im Verbrauchssektor voll wirksam sein. Die Einkommenspolitik muß jedem Volksangehörigen einen ausreichenden Anteil an den lebenswichtigen Gütern sichern und die Einkommensunterschiede auf das zur Spornung der Leistungen ausreichende Maß zurückführen, das jedoch auch nicht unterschritten werden darf. Das Gefälle der Löhne und tarifgebundenen Gehälter wird in der sozialistischen Planwirtschaft Gegenstand der staatlichen Lenkung sein, so daß es als gegebene Größe in die Kostenrechnung der Volkswirtschaft eingeht. Die sozialistische Forderung nach Demokratisierung der Wirtschaft macht die Gewerkschaften und die Unternehmungen zu gleichberechtigten Partnern der kollektiven Arbeitsverträge, die in dem durch den Gesamtplan gespannten Rahmen abgeschlossen werden.

Wirtschaftliche Selbstverwaltung

Wirtschaftliche Selbstverwaltung ist gerade in der sozialistischen Planwirtschaft unentbehrlich:

a) Das System der regionalen Kammern soll für den ganzen Bereich des Wirtschaftslebens gelten. Es wird gesetzlich festgelegt, daß und in welchen Fällen die Wirtschaftsbehörden die Kammern und gegebenenfalls überregionale Verbände dieser Kammern gutachtlich unbedingt zu hören haben. Ganz allgemein haben die Kammern die Befugnis, Vorschläge für die Fortbildung des Wirtschaftsrechts und für grundsätzliche Verwaltungsmaßnahmen zu machen. Die Kammern sollen Körperschaften des öffentlichen Rechts sein. Die Mitgliedschaft und Mitarbeit bei ihnen ist freiwillig – unbeschadet der gesetzlichen Beitragspflicht.

b) Besondere Arbeitskammern werden nicht gebildet. Vielmehr sind die Kammern zu Vertretungen aller selbständigen und unselbständigen Berufstätigen im Kammerbezirk auszubauen. Die Vertreter der Unselbständigen werden von den Gewerkschaften bestellt.

c) Wahlverfahren und Satzungen für die Kammern sind nicht freien Vereinbarungen zwischen den Selbständigen und den Arbeitnehmern zu überlassen, sondern vom demokratischen Rechtsstaat verbindlich festzulegen.

d) Zur Wahrung von Betriebsinteressen können innerhalb der einzelnen Wirtschaftszweige auf freiwilliger Grundlage Fachverbände ohne wirtschaftslenkende Befugnisse gebildet werden.

Formen und Größen der Unternehmungen

Die Sozialdemokratie sieht es als ihre besondere Aufgabe an, alle Bestrebungen zu fördern, die auf eine unmittelbare, auf das Gemeinwohl gerichtete gemeinnützige Wirtschaftsbetätigung hinauslaufen. Sie setzt sich darum für eine unbefangene Würdigung der geschichtlich unleugbaren Leistungen der öffentlichen Unternehmungen ein. Sie verlangt andererseits deren konsequenten Ausbau im Geiste des Sozialismus. Durch Betonung des sozialistischen Versorgungsgedankens sind ihre Leistungen den vielfachen Einflüssen kapitalistischen Denkens zu entziehen, denen sie in der Vergangenheit ausgesetzt waren. Die öffentliche Unternehmung ist bei Betriebsaufgaben, die lokal oder regional wahrgenommen werden können, entsprechend dem Prinzip der Dezentralisation auch nur lokal oder regional aufzubauen.

Die Bildung sogenannter gemischtwirtschaftlicher Unternehmungen ist abzulehnen. Das Zurückgreifen auf diesen Unternehmungstyp stellt lediglich ein Ausweichen vor der klaren Entscheidung dar, ob in dem betreffenden Wirtschaftszweig dem öffentlichen oder dem privaten Unternehmen der Vorrang gebührt.

Das Groß- und Mammutunternehmen hat sich im Verlauf der Entwicklung keineswegs als durchweg überlegen erwiesen, besonders dann nicht, wenn sich die kleinere Einheit die neuesten betriebstechnischen Errungenschaften zu eigen zu machen verstand. Die Chancen, die sich hieraus für die kleinere und mittlere Unternehmung ergeben, sind planmäßig wahrzunehmen. Es ist der unbestreitbare Vorzug des Kleinbetriebes, daß in ihm jeder einzelne Mitarbeiter stärker an der Gesamtleistung teilnimmt und sich mit dem Gesamtschicksal der Unternehmung inniger verbunden fühlt. Auch bleiben auf diese

Weise Selbständigkeits- und soziale Aufstiegschancen in der Volkswirtschaft erhalten. Die Steuergesetzgebung muß diesen wirtschafts- und sozialpolitischen Gesichtspunkten Rechnung tragen.

Entscheidend für die Beurteilung einer Unternehmung ist nicht nur die rechnungsmäßig ausgewiesene Ertragsbilanz, sondern mindestens im gleichen Maße eine Bilanz der volkswirtschaftlichen und sozialen Leistungen, die künftig ebenfalls aufzustellen ist. Beide sind einer periodischen Pflichtprüfung durch unabhängige Wirtschaftsprüfer mit sozialem Verantwortungsgefühl zu unterwerfen und der Öffentlichkeit vorzulegen.

Betriebsdemokratie

Innerhalb der einzelnen Unternehmungen ist auf demokratischer Grundlage die Mitwirkung der unselbständigen Mitarbeiter an der Verwaltung der Unternehmungen sowie an ihrer Produktion über ihre Betriebsräte und Gewerkschaften zu gewährleisten. Dies gilt auch für die öffentlichen Unternehmungen. Bei Kapitalgesellschaften jeder Größe und bei privaten Großunternehmen anderer Rechtsform ist diese demokratische Mitwirkung überdies durch die Berufung von Betriebsratsmitgliedern und Vertretern der Gewerkschaften in den Aufsichtsrat oder die entsprechenden Organe vorzuschreiben. Dabei muß diese Beteiligung so gestaltet werden, daß sie einen tatsächlichen Einfluß – der Bedeutung des Faktors Arbeitskraft entsprechend – sichert und nicht nur eine leere Form bleibt.

Sozialisierung

Monopolistische Formen der Marktbeherrschung haben sich in der spätkapitalistischen Wirtschaft besonders weitgehend bei den Grundstoffindustrien durchgesetzt. Ihre starke Kapitalintensität und ihr damit gegebenes überdurchschnittliches konjunkturelles Verlustrisiko begünstigten diese Entwicklung, die spezielle Eignung ihrer Erzeugnisse zur kartellmäßigen Behandlung ermöglichte sie. Dies macht die Übernahme der Grundstoffindustrien durch die öffentliche Hand in besonderem Maße erforderlich. Im Hinblick auf die kriegstreiberische Rolle der schwerindustriellen Unternehmer im Deutschland der letzten hundert Jahre ist die Sozialisierung der Grundstofferzeugung auch politisch eine unabweisbare Notwendigkeit. Sie sichert zugleich in besonderem Grade den ökonomisch unerläßlichen, weitreichenden staatlichen Einfluß auf die gesamtwirtschaftliche Investitionstätigkeit. Die Betriebe des Bergbaues (Kohle, Erze, Erdöl, Kali), der Eisen- und Stahlgewinnung, der

Eisen- und Stahlbearbeitung bis zum Halbzeug, der NE-Metallerzeugung und der Zementproduktion, aber auch die Großchemie wie z. B. die synthetische Erzeugung von Ammoniak, Treibstoff und Kautschuk sowie Zellstoff- und Zellwolleproduktion sind daher zu sozialisieren.

Die Energiewirtschaft (Strom, Gas, Wasser) kann ihrer ganzen Natur nach nur monopolistisch betrieben werden. Sie befindet sich demgemäß zum größten Teil bereits in kommunaler oder staatlicher Regie. Soweit dies noch nicht der Fall ist, muß die Entprivatisierung nachgeholt werden. Konzessionsverträge der öffentlichen Hand mit privaten Unternehmungen stellen keinen ausreichenden Ersatz dar.

Private Wirtschaft

In der verarbeitenden Industrie wird die Organisation der Erzeugung überall dort zum besonderen Problem, wo die bestmögliche Versorgung der Verbraucher zur kapitalintensiven Massenproduktion in einigen wenigen Großbetrieben drängt, wie beispielsweise im Kraftfahrzeugbau. Die Frage, ob öffentliche, genossenschaftliche oder private Unternehmungen, tritt hier an Bedeutung zurück hinter dem Erfordernis, die vorhandenen Großbetriebe zu einem ständigen Wettbewerb um Qualitätsverbesserung und Kostensenkung durch technischen Fortschritt zu zwingen, gegebenenfalls durch staatliche Produktionsauflagen. In jedem Falle muß die Kapazitätsbemessung dieser Betriebe im Rahmen der Wirtschaftsplanung erfolgen, und an ihre sozialen Leistungen ist ein strenger Maßstab anzulegen.

Staatliche Produktionsauflagen können ein wichtiges Steuerungs- und Antriebsmittel auch in den Teilen der Fertigindustrie sein, wo eine geringere Kapitalintensität vorherrscht. Hier bietet die im Wettbewerb stehende private Unternehmung noch immer den Vorteil der größeren Anpassungsfähigkeit an Verbraucherwünsche und technischen Fortschritt. In dem Maße, wie sich Tendenzen zu monopolistischer Marktbeherrschung durchzusetzen beginnen, wächst aber auch hier die Sozialisierungsreife. Die Bereitschaft der beteiligten Unternehmer, mit den gebotenen Chancen auch die Risiken eines nach volkswirtschaftlichen Gesichtspunkten kontrollierten Wettbewerbs auf sich zu nehmen, bestimmt die Größe des privatwirtschaftlichen Sektors in der weniger kapitalintensiven Fertigung.

Der Mittelstand in der sozialistischen Wirtschaft

Die freien Berufe sind ihrem Ursprung nach nicht kapitalistischer Prägung, weil sie überhaupt nicht oder nur in Sonderfällen mit Produktionsmitteln ausgestattet sind. Ihrem Berufsstil entsprechend werden sie, sobald sich mit der wirtschaftlichen Neuordnung auch die Bewußtseinsinhalte klären, stärker als bisher am Gedanken des Dienstes orientiert und zugleich Gegner des monopolkapitalistischen Machtstrebens sein. Unter dieser Voraussetzung bedarf die sozialistische Planwirtschaft stärker als jede andere Wirtschaftsform ihrer führenden Mitwirkung.

Das Handwerk hat sich, aus vorkapitalistischer Zeit überkommen, ungeachtet wesentlicher Verschiebungen in seinen speziellen Funktionen im ganzen durch alle Stadien der kapitalistischen Wirtschaft hindurch bis zur Gegenwart in seiner hohen volkswirtschaftlichen Bedeutung behauptet. Der nur mit einem bescheidenen Bestand an verhältnismäßig einfachen Produktionsmitteln ausgerüstete, regelmäßig in erster Linie die eigene Arbeitskraft einsetzende Handwerker hatte und hat mit dem kapitalistischen Klassenmonopol nichts zu tun. Er hat daher mit seinem privaten Eigentum an Werkzeugen auch in der sozialistischen Wirtschaft seinen festen Platz. Für die Lösung betrieblicher Gemeinschaftsaufgaben steht dem Handwerk die auch auf diesem Sektor bereits bewährte Organisationsform der Genossenschaft zur Verfügung. Solche Genossenschaften und alle anderen Einrichtungen, die dazu dienen, Handwerk und gewerblichen Mittelstand für die Erfüllung ihrer wirtschaftspolitischen und gesellschaftspolitischen Aufgaben zu stärken, sind durch öffentliche Maßnahmen, auch im Rahmen der Planung und durch die Mittel der Lenkung zu fördern. Der staatlichen Lohn- und Preiskontrolle muß das Handwerk ebenso wie alle anderen Bereiche der Produktion und Verteilung unterworfen sein.

Wie die Handwerker ist auch der Einzelhändler keine Schöpfung der kapitalistischen Wirtschaftsordnung. Auch er kann daher in der sozialistischen Wirtschaftsgesellschaft grundsätzlich weiterbestehen. Andererseits verdient der Wiederaufbau der Verbrauchergenossenschaften stärkste Unterstützung. Die Verbrauchergenossenschaften sollen nicht den Einzelhandel in seiner Gesamtheit verdrängen, ihn aber durch Wettbewerb im Interesse der möglichst billigen Versorgung der Bevölkerung zu höchster Rationalisierung seines Apparates zwingen. Soweit sich die Verbrauchergenossenschaften in dieser Hinsicht als überlegen erweisen, ist die Übernahme der Verteilungsaufgaben durch sie ein volkswirtschaftlich notwendiger Prozeß. Im ganzen dürfen für die Zwecke der Verteilung nur so viel Kräfte in Anspruch genommen werden, wie den Erfordernissen der gesamtwirtschaftlichen Rationalität entspricht.

Verkehr

In der Verkehrswirtschaft ist der seiner Natur nach zum Monopol drängende Betrieb auf der Schiene bereits so gut wie vollständig in öffentlicher Hand. Weitgehend gilt dies auch für den Personenverkehr mit Omnibussen. Im Fernverkehr mit Kraftfahrzeugen kann der private Unternehmer unter öffentlicher Kontrolle zugelassen bleiben. Ebenfalls bleibt in der Binnenschiffahrt mit ihrer Vielzahl von selbstfahrenden Kleineigentümern an Kahnraum für private und genossenschaftliche Betätigung unter zentraler Planung und öffentlicher Überwachung hinreichend Platz. Das gleiche gilt für die Küstenschiffahrt.

Landwirtschaft

Dem landwirtschaftlichen Bereich fällt als der Ernährungsgrundlage des deutschen Volkes eine besonders hohe Bedeutung zu. Hauptträger der agrarischen Erzeugung ist und bleibt der ordentlich wirtschaftende Bauer auf eigener Scholle. Er ist ebensowenig wie der Handwerker eine kapitalistische Erscheinung. Der bäuerliche Bodenbesitz ist im Interesse der Ernährungssicherung deshalb grundsätzlich schutzwürdig. Maßnahmen zur Steigerung der landwirtschaftlichen Produktion müssen an die Stelle der bloßen Erfassung der Produkte treten. Die Rentabilität der bäuerlichen Arbeit und die wirtschaftliche Leistungsfähigkeit des Bauern müssen durch geeignete Maßnahmen im Rahmen der Planwirtschaft gesichert werden. Die landwirtschaftlichen Genossenschaften insbesondere verdienen nachdrückliche Förderung. Durch einen gerechten Preis für landwirtschaftliche Erzeugnisse muß die bäuerliche Arbeit gleichberechtigt neben jeder anderen für die Allgemeinheit unentbehrlichen Arbeit stehen.

Solange ausgesprochener Mangel an Nahrungsmitteln herrscht, liegt die Lenkung der agrarischen Produktion und ihre Erfassung im allgemeinen Interesse. Entsprechende Maßnahmen sind die Angelegenheit der staatlichen Wirtschaftsverwaltung. Unter stärkster Einschaltung bäuerlicher Selbstverwaltung ist die Landwirtschaft in den Stand zu setzen, an der Überwindung der bestehenden Ernährungsschwierigkeiten mitzuarbeiten, damit die staatliche Überwachung der landwirtschaftlichen Erzeugung fortlaufend gelockert werden kann, bis sie sich auf Maßnahmen der allgemeinen Wirtschaftsplanung und -lenkung beschränkt.

Für den Großgrundbesitz als einen Hauptträger sowohl feudalistischer als auch kapitalistischer Ausbeutung und als einen besonderen Hort militaristischen Denkens ist im neuen Deutschland kein Platz mehr. Die unerläßliche Bodenbesitzreform muß so vorgenommen werden, daß mit ihr eine Produktionssteigerung durch Intensivierung verbunden ist. Zugleich müssen durch eine neue soziale Gerechtigkeit auch auf dem Lande die Kräfte der Demokratie zur vollen Entfaltung gebracht werden. Landwirtschaftliche Großbetriebe, die aus produktionstechnischen Gründen als solche erhalten werden müssen, sind von der öffentlichen Hand oder genossenschaftlichen Einrichtungen zu übernehmen.

Wohnungsbau

In der Wohnungswirtschaft müssen langjährige Neubaupläne den Mangel an Wohnraum zu beseitigen versuchen. Hierfür sind durch städtebauliche Planung sowie Normung und Planung auf dem Gebiet der Baustoffindustrien die Voraussetzungen zu schaffen. Der vorhandene Wohnungsbestand ist im Rahmen langjähriger Reparaturprogramme vor Verfall zu schützen. Die wirtschaftlichen Bedingungen für die Finanzierung des Neubaues sind ebenfalls durch langfristige Pläne herzustellen. Dabei sind Schwankungen der Baukosten und der Zinshöhe sowie Abweichungen gegenüber dem bisherigen Mietenniveau durch eine umfassende Aufbringung und einen Mietenausgleich zu beseitigen. Als Unternehmungsformen verdienen für die Neubautätigkeit die gemeinnützigen Unternehmungen, unter diesen insbesondere die Genossenschaften, die führende Rolle. Private Unternehmungen sind zugelassen, sofern sie die Bewohner gegenüber dem gemeinnützigen Unternehmen nicht benachteiligen. Das Eigenheimwesen ist unter Ausschluß spekulativer Möglichkeiten großzügig zu fördern. Der unbefriedigende Stand des älteren ländlichen und städtischen Wohnungswesens ist nach Beseitigung der gegenwärtigen Notstände planmäßig zu heben.

Internationale Zusammenarbeit

Um auch nur den lebensnotwendigen Bedarf des deutschen Volkes zu decken und eine größtmögliche Produktivität der deutschen Arbeit zu erreichen, ist für die deutsche Volkswirtschaft weitestgehende Eingliederung in die internationalen Wirtschaftsbeziehungen unerläßlich; das militärische Autarkiestreben führt nur zu einer Verewigung künstlicher Armut. Für den Grad der weltwirtschaftlichen Verflechtung kann es nur eine Grenze geben: Die sozialistische Planwirtschaft darf nicht an der Erfüllung ihrer vornehmsten Aufgabe gehindert werden, den Umfang der Gesamtproduktion zur Sicherung der Vollbeschäftigung zu bestimmen und dieses Produktionsvolumen zu finanzieren.

Durch die Gleichartigkeit in der Entwicklung der Technik und der produktiven Kräfte, die Übereinstimmung in den sozialethischen Mindestansprüchen an die Wirtschaftsordnung und das gemeinsame Interesse an der Besserung der Lebenslage ist eine weitgehende Übereinstimmung in den wirtschaftlichen Forderungen und Selbsthilfemaßnahmen der minderbemittelten Schichten des ganzen Erdballs vorhanden. Die Sozialdemokratische Partei Deutschlands bejaht wie früher das sich daraus ergebende internationale organisatorische Zusammengehen der arbeitenden Menschen aller Länder. Aufgabe der sozialistischen Internationale muß die Bekämpfung jeglicher Form von Ausbeutung in der ganzen Welt sein, Endziel die Neugestaltung der wirtschaftlichen Zusammenarbeit der Völker im Geiste des Sozialismus, der Verständigung und des Friedens.

22. Denkschrift des Gewerkschaftlichen Zonensekretariats (Britische Zone), Auszug

Die Planlosigkeit der von den Alliierten beabsichtigten und durchgeführten Demontagen macht einen Wiederaufbau der deutschen wie der gesamten europäischen Wirtschaft unmöglich.

Bundesarchiv, Z 8/1331 (maschinenschriftliche Vervielfältigung einer in der Verwaltung für Wirtschaft des Vereinigten Wirtschaftsgebietes gefertigten Abschrift).

[Düsseldorf], November 1946

Demontage, d. h. die Abtragung oder Zerstörung industrieller Betriebsanlagen, soll, nach den offiziellen Erklärungen der Alliierten, zwei Zielen dienen:

1. Es soll auf diese Weise das Kriegspotential Deutschlands zerstört werden.
2. Durch diese Form der Reparation soll teilweise wiedergutgemacht werden, was an ähnlichen Einrichtungen im Auslande durch den Hitler-Krieg vernichtet wurde.

Selbstverständliche Voraussetzung aller solcher Pläne ist, daß sie tatsächlich das bewirken, was sie erreichen sollen.

Die Zerstörung des Kriegspotentials bedingt die Gewährung eines ausreichenden Friedenspotentials, ohne das die Voraussetzungen für eine friedfertige Entwicklung nirgends gegeben sind.

Eine Reparationspolitik, die dem Geschädigten dient, bedingt eine wenn auch nur begrenzte Leistungsfähigkeit des zur Reparation Verpflichteten.

Niemand, der heute die Entwicklung der Demontage-Maßnahmen betrachtet, kann behaupten, daß bei den tatsächlich durchgeführten Maßnahmen diese so selbstverständlichen Gesichtspunkte berücksichtigt werden.

Der sogenannte Industrieplan für Deutschland, der Anfang dieses Jahres vom Kontrollrat veröffentlicht wurde[36], sieht als grundlegende Voraussetzung die wirtschaftliche Einheit Deutschlands vor, ohne die selbst das vorgesehene Friedenspotential unmöglich aufrechterhalten werden kann. Die bereits durchgeführten und die noch beabsichtigten Demontagen bedeuten, daß Deutschland in ein wirtschaftliches Elendsgebiet größten Ausmaßes verwandelt wird, Hunger, Arbeitslosigkeit und Verzweiflung sind kein Nährboden, auf dem eine friedliche Gesinnung und demokratische Weltanschauung gedeihen können. Die Wiedergutmachung des durch die Nazis verschuldeten Unrechts wird durch sinnlosen Abbau für die Friedenswirtschaft notwendiger Industrien verzögert, wenn nicht sogar verhindert.

Die Demontagen treffen nicht nur das deutsche Volk, sie bedeuten tatsächlich eine ernsthafte Schädigung der wirtschaftlichen Gesundung und Befriedung Europas.

Im Folgendem soll an einigen Beispielen die Plan- und Sinnlosigkeit der gegenwärtigen Demontage-Politik gezeigt werden.

Die Werkzeugmaschinenindustrie als Beispiel für die Widersinnigkeit der Demontagevorhaben

Es ist allgemein bekannt, daß kaum eine Industrie auf die Verwendung bestimmter Präzisionswerkzeugmaschinen und Werkzeuge verzichten kann. Die besonderen Einrichtungen, Kenntnisse und Erfahrungen, die der Bau solcher Maschinen erfordert, bedingen es, daß nur wenige Fabriken sich mit derartigen Konstruktionen befassen. Nimmt man diese wenigen Fabriken aus dem Gesamtgefüge der Werkzeugmaschinenindustrie heraus, so wird dies zwangsläufig einen großen Teil anderer Industrien in außerordentliche Schwierigkeiten oder zum Erliegen bringen. Ein einfaches Beispiel mag die Richtigkeit dieser Behauptung besonders deutlich zeigen.

Das in der Technik, speziell im Maschinenbau häufigste Bauelement ist die Gewinde. Schnelle, saubere und rationelle Herstellung der Gewinde ist eine wichtige Voraussetzung für die wirtschaftliche Herstellung von Maschinen und Geräten aller Art. Diese Forderungen werden in vollkommener Weise von selbstöffnenden Gewindeschneideköpfen erfüllt, zu deren Herstellung es besonderer Sorgfalt und Erfahrung bedarf, damit die außerordentlich hohe Genauigkeit, die diese Werkzeuge verlangen, erreicht wird.

[36] Industriekapazitätsplan vom 26. 3. 1946, in deutscher Übersetzung abgedruckt im Europa-Archiv, Dokumente I, 1947, S. 65–69.

Es waren in Deutschland im wesentlichen zwei Fabriken, die über Einrichtungen und Erfahrungen zur Herstellung dieser Werkzeuge verfügten.

Nachdem die größere dieser beiden, Pittler in Leipzig, durch die Russen ganz demontiert ist, war die zweite, Schütte in Köln-Deutz, genötigt, allein den ganzen Bedarf an diesen Werkzeugen zu decken. Nunmehr steht auch dieses Werk auf der Reparationsliste, und es bleibt die Frage, wer in Zukunft die Arbeit dieses Werkes übernehmen soll, auf die auch bei einer künftigen Industrie in denkbar bescheidenstem Ausmaße nicht verzichtet werden kann.

Die Einfuhr dieser Werkzeuge scheidet von vornherein aus, da es erstens unmöglich sein wird, die dazu nötigen Zahlungsmittel bereitzustellen, und zweitens technisch kaum überwindbare Schwierigkeiten auftreten müssen.

Die Ersatzteilfrage für bereits im In- und Ausland in Betrieb befindliche Schneideköpfe ist dabei noch gar nicht berücksichtigt. Die notwendige Folge würde also die Lahmlegung großer Teile der deutschen Industrie sein.

Demontagen hindern den Wiederaufbau Europas

Ein Hauptziel des Industrieplans ist, wie schon erwähnt, den am meisten geschädigten Nationen eine schnelle und gründliche Wiedergutmachung zu garantieren. Wie sehr jedoch ein planloses Vorgehen bei den Demontagen diesem Ziel zuwiderläuft, zeigt der Fall der Firma Schütte.

13 Schütte-Automaten, die im Hanseatischen Kettenwerk in Hamburg demontiert wurden, sind der jugoslawischen Regierung als Teil der Wiedergutmachungsleistung zur Verfügung gestellt worden. Es ist nur zu verständlich, daß beim Aufbau dieser Maschinen an ihrem neuen Bestimmungsort sich Schäden zeigten, die eine unvermeidliche Folge der Demontage und des Transportes sind. Wie groß derartige Schäden sein können, zeigt die Tatsache, daß der Wert der für die 13 Automaten erforderlichen Ersatzteile mehr als RM 100000,– beträgt. Jeder Fachmann weiß, daß die Herstellung von Ersatzteilen für Automaten nur im Werk erfolgen kann, dem auch die Automaten selbst entstammen. Die außerordentlich große Präzision, die solche Maschinenteile haben, kann nur mit den Vorrichtungen erreicht werden, mit deren Hilfe auch die Originalteile gefertigt werden. Daß derartige Arbeiten nur mit hervorragenden Fachleuten, die über jahrzehntelange Erfahrungen verfügen, ausgeführt werden können, versteht sich von selbst. Der Versuch, Ersatzteile in anderen Werken, mit anderen Hilfsmitteln und mit anderem Personal anzufertigen, ist von vornherein zum Scheitern verurteilt. Welchen Wert haben dann also noch die 13 Schütte-Automaten für Jugoslawien, wenn weder Fabrikationsstätten, noch Einrichtungen, noch Fachkräfte vorhanden sind, die sie in Betrieb halten und gegebenenfalls notwendig werdende

Reparaturen durchführen können. Darüber hinaus entsteht die Frage, was aus den annähernd 2000 Automaten werden soll, die seit Jahren im Auslande laufen und nach der nun schon fast siebenjährigen Pause häufig dringend der sachgemäßen Reparatur bedürfen. Auch die nichtdeutsche Industrie kann es sich heute nicht erlauben, diese Maschinen einfach zu verschrotten, werden sie doch zur Bewältigung einer jahrelang vernachlässigten Produktion dringend gebraucht.

Diese Beispiele allein zeigen schon deutlich, wozu die Planlosigkeit der Demontage führt und wie sie ihrem eigenen Zweck entgegenwirken.

1. Entgegen den Zusicherungen der alliierten Nationen wird das deutsche Volk dem sicheren Verderben preisgegeben und ein Wiederaufbau der deutschen Wirtschaft unmöglich gemacht.
2. Jegliche Wiedergutmachung von seiten Deutschlands wird illusorisch.
3. Die als Reparationen gelieferten Maschinen können nicht betriebsfähig gemacht werden und sind so wertlos.
4. Die seit Jahren im Ausland laufenden Maschinen deutscher Herkunft werden früher oder später nicht mehr gebraucht werden können, da die erforderlichen Ersatzteile nicht sachgemäß hergestellt werden können.

Unschwer läßt sich die Reihe solcher Beispiele, die die Widersinnigkeit des bisherigen Vorgehens zeigen, allein im Werkzeugmaschinenbau fortsetzen, und so ist die Firma Schütte auch nur eine von vielen anderen.

Nicht anders liegen die Verhältnisse aber auch bei den übrigen Industrien, die von der Demontage betroffen werden.

Es handelt sich in vielen Fällen nicht einfach um die Demontage bestehender Anlagen, sondern tatsächlich um die Vernichtung wirtschaftlicher Werte überhaupt. Wenn z. B. ganze Fabrikhallen mit Eisenträgern usw. demontiert werden, deren Wiederaufbau an anderer Stelle nach der Art der geübten Demontage unmöglich ist, so gehen damit solche Werte nicht nur Deutschland, sondern der Gesamtwirtschaft Europas verloren.

Die Demontage in der Eisen- und Stahlindustrie und ihre Auswirkungen auf die deutsche und die europäische Wirtschaft

a) Der Kapazitätsbegriff in der Stahlindustrie

Bevor über die Höhe der uns verbleibenden Stahlkapazität und über die Auswirkungen ihrer Minderung auf die deutsche Wirtschaft gesprochen werden kann, muß man sich Klarheit darüber verschaffen, was man unter Kapazität verstanden wissen will. Die Eigenart der Stahlerzeugung bedingt eine unterschiedliche Auffassung, die nicht selten zu Trugschlüssen Anlaß gibt. Eine absolut genaue Zahl für die Kapazität eines Stahlwerkes läßt sich nicht angeben, da die Kapazität von der Geschwindigkeit, mit der die Öfen betrieben werden, abhängt und von der Art des Einsatzes.

Um eine klare Übersicht zu bekommen, was ein Stahlwerk leisten kann, muß ein rationelles Betreiben der Öfen zugrunde gelegt werden. Es ist zwar möglich, daß, wenn besonders günstige Umstände zusammentreffen, die Leistung eines Werkes kurzfristig stark erhöht werden kann, allerdings wird nach Ablauf dieser kurzen Frist durch die erforderlich werdende neue Ausfütterung und Überholung der Öfen eine längere Pause eintreten, die aber, wenn man die Leistung des Stahlwerkes für die Dauer bestimmen will, mit einkalkuliert werden muß. So hat z. B. der britische Minister Hynd, aufgrund einer diesbezüglichen Anfrage im Unterhaus, kürzlich Angaben über die derzeitige Stahlkapazität der britischen Zone gemacht, die ein offenbar viel zu günstiges Bild der Verhältnisse entwerfen.

Nach diesen Angaben ist die derzeitige Kapazität in der britischen Zone 19,7 Millionen Tonnen. Diese Zahl ist die Summe der in den Jahren 1938 bis 1944 erreichten Maximalleistungen jedes einzelnen Stahlwerkes dieses Gebietes. Es war schon gesagt, daß derartige Leistungen in einem Dauerbetrieb unter gar keinen Umständen erreicht werden können, vielmehr kann die durchschnittliche Leistung der Stahlwerke in der britischen Zone zur Zeit höchstens mit 12,2 Millionen Tonnen angegeben werden.

b) Der britische Vorschlag: 11 Millionen Tonnen

Vor wenigen Tagen wurde von dem britischen Außenminister bekanntgegeben, daß man inzwischen zu der Überzeugung gelangt sei, daß die in dem Industrieplan vorgesehene deutsche Stahlkapazität von 7,5 Millionen Tonnen zu niedrig und diese Zahl einer Revision zu unterziehen sei. Eden schlug vor, Deutschland eine Produktionsmöglichkeit von etwa 11 Millionen Tonnen zu belassen.

Ein Abbau von Stahlwerken in der britischen Zone würde demnach entweder gar nicht oder doch nur in sehr geringem Ausmaße in Frage kommen. Das würde ohne Zweifel einen bedeutenden Fortschritt bedeuten, denn dadurch wäre es möglich, wenigstens den dringendsten Bedürfnissen Rechnung zu tragen.

Im Widerspruch jedoch dazu steht die Tatsache, daß inzwischen in der britischen Zone insgesamt 13 Stahlwerke mit einer Kapazität von etwa 6 Millionen Tonnen auf die Reparationsliste gesetzt worden sind und zum Teil auch schon mit dem Abbruch begonnen worden ist. Es bliebe nach der Durchführung dieser Maßnahmen noch eine Jahresproduktion von 6,2 Millionen Tonnen. Nachdem in der Ostzone der weitgehende Abbau fast aller bedeutenden Stahlwerke durchgeführt ist und auch nicht mehr mit der Stahlproduktion des Saargebietes gerechnet werden kann, verbleiben in den drei nicht-britischen

Zonen noch etwa 0,8 Millionen Tonnen. Damit würde die gesamte deutsche Stahlkapazität rund 7 Millionen Tonnen betragen.

Zieht man zum Vergleich die Zahlen der Vorkriegszeit hinzu, so zeigt sich, daß es unmöglich sein wird, mit dieser Menge auch nur die dringendsten Aufgaben des Wiederaufbaus zu lösen.

[Zahlenangaben]

Denkt man nun an die großen Verwüstungen, die der Krieg in Deutschland angerichtet hat, und berücksichtigt dabei, daß die Verwendung von Holz für Bauvorhaben aller Art wegen des großen Mangels nicht mehr in Frage kommen kann, so darf wohl behauptet werden, daß auch eine Kapazität von 11 Millionen Tonnen nicht ausreicht. Daß aber 7 Millionen Tonnen in keiner Weise auch nur annähernd ausreichen, den dringendsten Bedarf zu decken, ist wohl über jeden Zweifel erhaben.

c) Die Bedeutung bestimmter Stahlwerke im Wirtschaftsgefüge

Es darf dabei nicht übersehen werden, daß es keineswegs gleichgültig ist, welche Stahlkapazitäten abgebaut werden.

Die große Zahl der Stahlwerksprodukte veranlaßte die Stahlproduzenten, sich auf bestimmte Erzeugnisse zu spezialisieren, so daß schon der Abbau ganz weniger Werke unter Umständen eine nicht mehr zu schließende Lücke in das Wirtschaftsgefüge reißen kann.

Wenige Beispiele mögen zeigen, wie einschneidend diese Wirkungen auf bestimmte Wirtschaftszweige sein können.

Der Abbruch des Bochumer Vereins und der Klöckner-Werke in Osnabrück würde beispielsweise den gesamten Verkehr außerordentlich stören, wenn nicht gar lahmlegen. Diese beiden Werke haben bisher den größten Teil der in Deutschland gebrauchten Lokomotiv-Radsätze hergestellt. Es braucht wohl nicht besonders erwähnt zu werden, welche Auswirkungen der Ausfall dieser Produktionen auf den gesamten deutschen Verkehr hat, der jetzt schon nur mit großen Schwierigkeiten bewerkstelligt werden kann.

Als zweites Beispiel mag die Demontage von Mannesmann in Großenbaum dienen. Dieses Werk stellt einen großen Teil der gesamten Breitflachstahl-Kapazität Deutschlands her. Dieses Erzeugnis ist beim Brückenbau nicht zu entbehren, bestehen doch alle Brücken zu 40% aus diesem Breitflachstahl. Angesichts der Zerstörung fast aller Brücken entsteht die Frage, wann diese Verkehrswege wieder betriebsfähig gemacht werden sollen, wenn jede Voraussetzung dafür zunichte gemacht wird.

Das Beispiel des Bochumer Vereins zeigt im übrigen, wie durch Demontage noch weitere Industriezweige betroffen würden:

1. Verkehrswirtschaft (Reichsbahn und Automobil-Industrie),
2. Ernährungswirtschaft (Generatorenbau),
3. Bergbau und Energiewirtschaft,

4. Industriezweige für Landmaschinen und Landwirtschaftsgeräte,
5. Schneidwarenindustrie in Solingen,
6. Werkzeugindustrie, vor allen Dingen in Feinstahl.

Die wirtschaftliche Gefahr der „drohenden" Demontage

Eine der typischen Folgen der planlosen Demontage-Maßnahmen ist die Ungewißheit, die über die bevorstehende oder beabsichtigte Demontage vieler Werke besteht.

Die Demontage beginnt meist damit, daß irgendwelche Betriebe zunächst stillgelegt werden, ohne klare Begründung für die Stillegung. Oder es finden Inventuraufnahmen und Besichtigungen statt. Auf alle besorgten Fragen, ob dieser Betrieb demontiert werden solle, wird mit unklaren und oft unzutreffenden Worten geantwortet. Als Beispiel sei hier eine Industrie genannt, die für die Versorgung der Bevölkerung mit Nährstoffen von besonderer Bedeutung ist:

Ende September 1946 erfolgte die Beschlagnahme der Anlagen der Deutschen Fettsäure-Werke und der Speisefettfabrik von Imhausen & Co. Diese Werke waren nach der Besetzung gerade wieder soweit instand gesetzt worden, daß sie verdorbene Fettpartien so aufarbeiteten, daß sie der Ernährung wieder dienlich sein konnten. Weiter wurden bereits wieder Emulgatoren für die Trennemulsion-Erzeugung hergestellt, die zum Brotbacken notwendig sind. Ferner hatte man die Herstellung von synthetischem Speisefett in größerem Umfange wieder aufgenommen. Nun wurden plötzlich die Fettsäure- und Speisefettanlagen sowie die Anlagen zur Herstellung von Paraffin zur Fettsäure-Rohstoffgewinnung von der Reparationskommission beschlagnahmt.

Es wurden unverzüglich genaue Inventuraufnahmen in allen Werken verlangt. Da z. B. bei der Speisefettfabrik Imhausen & Co. nur ein kleiner Personalstab verfügbar ist, bedeutete das praktisch eine Reduzierung der normalen Arbeitstätigkeit zugunsten der angeordneten Inventur. Dazu kommt die allgemeine Beunruhigung der Belegschaft, die durch die Erklärung der Militärregierung nicht vermindert wird. Sie erklärt, daß die Werke zwar grundsätzlich für Reparationen vorgesehen, an eine Demontage aber in absehbarer Zeit nicht gedacht sei. Praktisch bedeutet das: die Fortsetzung von notwendigen Reparaturen wird nicht eingesehen, wenn man weiß, daß das Werk später doch demontiert wird. Die Versorgung mit Fetten für die Ernährung wird auf diese Weise nicht gefördert. Die Abnehmerfirmen, die auf die Produkte dieser Werke angewiesen sind, werden beunruhigt über die Möglichkeit der für sie notwendigen Versorgung. Die widersprechenden Erklärungen verschiedener Stellen erhöhen die Unsicherheit. Die „drohende" Demontage wirkt nahezu ebenso lähmend und schädigend auf den Wirtschaftsprozeß wie die tatsächlich angeordnete.

Ein besonders typisches Beispiel für die Wirkung der drohenden Demontage ist die Frage der Ausräumung der Zementindustrie, die erst kürzlich dadurch geklärt wurde, daß nunmehr eine Ausräumung dieser Industrie nicht stattfinden soll. Inzwischen waren für längere Zeit alle Bau- und Reparaturplanungen der städtischen und industriellen Verwaltung mehr oder weniger ins Stocken gekommen, weil man befürchtete, daß diese Industrie lahmgelegt werde. Wie weitgehend die Folgen einer solchen Maßnahme sich auswirken würden, mag aus den nachfolgenden Ausführungen hervorgehen:

Nach vorsichtigen Schätzungen sind in Deutschland durch den Krieg etwa 6 Millionen Bauten zerstört worden. Durch die Zuwanderung der Ostflüchtlinge wird der Bedarf an Wohnungen auf etwa 7 Millionen erhöht. Für den Bau dieser Wohnungen sind unter Berücksichtigung des außerordentlichen Mangels an Holz etwa 50–55 Millionen Tonnen Zement erforderlich. Diese Zahlen beziehen sich auf Wohnungen von 48 qm in 2½- bis 3stöckigen Häusern. Es darf wohl behauptet werden, daß eine Wohnung dieser Größe gerade noch menschenwürdig genannt werden kann. Neben dem Wohnungsbau bedarf jedoch auch der Aufbau des Verkehrs und der Industrie großer Mengen Zements.

Da in den Jahren, in denen Zement für Rüstungszwecke nicht verwandt wurde, Verkehr und Industrie etwa das zwei- bis dreifache benötigten, kann der Bedarf für den Wiederaufbau in Deutschland auf etwa 200 Millionen Tonnen geschätzt werden, welche Zahl mit Rücksicht auf den Holzmangel eher zu niedrig als zu hoch sein dürfte. Unter Zugrundelegung einer noch vorhandenen Kapazität von 12 Millionen Tonnen könnte also der Wiederaufbau in etwa 16–18 Jahren bewerkstelligt werden. Die z. Z. vorgesehene Verminderung der deutschen Zementindustrie um 32 % würde diese an sich schon lange Elendszeit auf 25–28 Jahre verlängern. Bei diesen Überlegungen ist jedoch nicht berücksichtigt, daß in früheren Jahren nicht unbeträchtliche Mengen deutschen Zements im Ausland verbraucht wurden. So führte z. B. Holland etwa ⅓ seiner Eigenerzeugung aus Deutschland ein. Es kann angesichts des beträchtlichen europäischen Bedarfs kaum angenommen werden, daß Holland bald einen anderen Lieferanten findet, der die Stelle Deutschlands einnehmen würde. Neben der unbegründeten und unnötigen Verzögerung des deutschen Wiederaufbaues würde also auch der Aufbau außerdeutscher Länder, und hier vor allem Hollands, stark behindert werden. Die Absicht des Industrieplans, den Wiederaufbau Deutschlands zu fördern, wird damit zunichte gemacht.

Abgesehen von diesen Demontagefällen wird die Arbeit der Werktätigen außerdem noch durch die zahlreichen Einzelreparationen empfindlich gestört, die durch die Aufträge der H. Q. T.-Force (Technische Wirtschafts-Spezialgruppen) ausgelöst werden. Die hiermit verbundenen Besuche einzelner Kommissionen und Prüfung einzelner Anlagen und Maschinen läßt die Werktätigen in ihrer Sorge um den Arbeitsplatz nicht zur Ruhe kommen.

Durch den Verlust von 25% des deutschen landwirtschaftlichen Gebietes, durch die Abtrennungen im Osten werden tausende Menschen gezwungen, in den Westzonen Arbeit und Brot zu suchen. Es ist nicht nur wesentlich, diese Menschen in den Produktionsprozeß einzuspannen, sie also mit irgendwelchen Arbeiten zu beschäftigen; darüber hinaus muß ein gesteigerter Export die Geldmittel für die Einfuhr von Lebensmitteln schaffen, die früher im jetzt nicht mehr deutschen Gebiet erzeugt wurden. Dies verlangt eine eher stärkere Industrialisierung. Es kann dem deutschen Volk nicht zugemutet werden, für unbestimmte Zeit Almosenempfänger zu sein, vielmehr verlangt der deutsche Werktätige, durch seiner Hände Arbeit sein Brot zu verdienen.

Bei allem ehrlichen Willen, die Verbrechen des Hitlerismus so weit wie nur menschenmöglich gut zu machen, kann kein Volk einsehen, daß seine Existenzmöglichkeit vernichtet werden muß, um es instand zu setzen, anderen Völkern beim Wiederaufbau zu helfen. Es kann nicht verstehen, daß aus einer Industrie, die Europa helfen kann, wieder in Frieden und Wohlstand zu leben, eine Wüste gemacht werden soll, in der Vernunft und nachbarliche Zusammenarbeit wenig Aussicht haben, Freunde und Vorkämpfer zu finden.

23. Die dreißig Punkte der Union. Richtlinien der Christlich-Sozialen Union in Bayern zur Überwindung der inneren und äußeren Not unseres Volkes[37]

Die CSU bekennt sich zum bayerischen Volk und Staat. Sie fordert einen deutschen Bundesstaat als freiwilligen Zusammenschluß der Länder unter Wahrung ihrer Eigenständigkeit. Im ökonomischen Bereich strebt sie einen Mittelweg zwischen Liberalismus und Sozialismus an, unterstützt die Privatinitiative, will jedoch einzelne Wirtschaftszweige in Gemeineigentum überführen.

Bundesarchiv, ZSg 1–18/7 (Flugschrift).

Eichstätt, 14./15. Dezember 1946

Die Christlich-Soziale Union in Bayern ist eine neue und eine junge Partei, die sich zum sozialen Fortschritt unseres Jahrhunderts bekennt. Sie tritt ein für die volle Gleichberechtigung aller Schaffenden in einem Staat, der alle Stände in organischer Einheit umfaßt.

Angesichts der Ruinen unserer Städte, erschüttert von der sittlichen Entartung und dem seelischen Verfall, die sich mitten in unserem Volke offenbarten,

[37] Beschlossen auf der Landesversammlung der CSU.

stellen wir fest: Jede Gesellschaftsordnung, die den göttlichen Urgrund der Schöpfung verläßt, führt zwangsläufig in Chaos und Untergang.

Darum soll in Zukunft als Grundgesetz über all unserem politischen und sozialen Handeln die Verpflichtung des Menschen vor Gott stehen. Inmitten einer unglücklichen und von Unruhe erfüllten Welt wollen wir den Neuaufbau unseres staatlichen und gesellschaftlichen Lebens auf den festen Boden des christlichen Sittengesetzes stellen. In treuer Liebe zu unserer bayerischen Heimat, im Bekenntnis zu unserem bayerischen Staate, gemeinsam mit den Enterbten des Zweiten Weltkrieges, die unsere neuen, gleichberechtigten Mitbürger sein sollen, im selbstverständlichen Willen zur wirtschaftlichen und politischen Einheit Deutschlands, haben wir uns nachstehende Richtlinien zur Überwindung der inneren und äußeren Not unseres Volkes gegeben:

1. Wir bekennen uns zur Würde und zur Freiheit der menschlichen Persönlichkeit. Wir wenden uns daher mit aller Kraft gegen die Vermassung des Menschen und ebenso gegen die Vergottung des Staates. An den unveräußerlichen Menschenrechten, die uns von Gott verliehen sind, findet die Macht des Staates ihre Grenzen. Wachsam und ohne Furcht wollen wir die Freiheit verteidigen, unbekümmert darum, ob es Einzelne oder Organisationen sind, die sie bedrohen.

2. Als Christen wissen wir, daß der Mensch seinen Wert und sein Gewicht durch seine unsterbliche Seele erhält. Wir glauben weiter, daß Gott in der Schöpfung das Zusammenwirken und nicht die Trennung seiner Geschöpfe will. Wir glauben an ein gemeinsames Reich des Geistes unter den Menschen. Darum lehnen wir jede Art von Rassenhaß ab. Aller Antisemitismus richtet sich zwangsläufig gegen den geschichtlichen Ursprung wie gegen das Wesen des Christentums. Denn wir sehen hinter der äußeren Verschiedenheit der Menschen stets die Gleichheit ihres göttlichen Auftrages. Darum bekennen wir uns zu einer wahrhaften Menschlichkeit, die wir auch im politischen Raume verwirklichen wollen.

3. Die Familie ist die Urzelle jeder Gemeinschaft. Ihre natürlichen Rechte sind uns heilig. Mann und Frau haben in der Ehe grundsätzlich die gleichen bürgerlichen Rechte und Pflichten. Wir werden nachdrücklich darauf achten, daß der Staat die werdende Mutter wie das keimende Leben unter wirksamen Schutz nimmt. Der kinderreichen Familie gilt unsere besondere Sorge, insbesondere in der Beschaffung des notwendigen Wohnraums. Die Erziehung der Kinder ist ebenso ein Recht wie eine Pflicht der Eltern.

4. Die Arbeit der Hausfrau ist der Berufsarbeit des Mannes und jeder anderen Berufsarbeit gleichgestellt. Denn dies ist der erste und ursprüngliche Beruf der Frau, Hausfrau und Mutter zu sein. Doch erkennen wir die neuen Tatsachen an, die auf diesem Gebiete vom Krieg und von der wirtschaftlichen Entwicklung der Gegenwart geschaffen worden sind. Der Frau soll jede Stel-

lung und jedes Amt offen stehen, zu denen sie die sachlichen und charakterlichen Voraussetzungen mitbringt. Bei gleichem Verantwortungsbereich und gleicher Leistung steht ihr die gleiche Entlohnung zu wie dem Mann. Ist die Frau die Ernährerin der Familie, so hat sie ein Vorzugsrecht auf Lohnarbeit; die erwerbstätige Mutter bedarf des besonderen Schutzes von Gemeinde und Staat. Am politischen Schicksal unseres Volkes soll die Frau lebendigen Anteil nehmen.

5. Die Form der Schule wird durch den Willen der Erziehungsberechtigten bestimmt. In der Verwässerung und Verflachung der christlichen Erziehung erblicken wir eine der Ursachen für den sittlichen Verfall unseres Volkes. Darum sehen wir in der Bekenntnisschule die Voraussetzung einer echten sittlichen Bildung. Der Grundsatz der Toleranz soll über aller Erziehung stehen; die Gefühle Andersgläubiger dürfen nicht verletzt werden. Der Religionsunterricht ist ordentliches Lehrfach in den Schulen. Auch die Gemeinschaftsschulen sollen auf christlichem Boden stehen.

6. Die Schule soll Wissen vermitteln; ebenso aber soll sie die Kinder erziehen und bilden. Unsere Jugend soll zu freien, aufrechten und gesellschaftlich sicheren Menschen erzogen werden; nur mit demokratischen Menschen läßt sich ein demokratischer Staat gestalten. Gesunde Liebe zur Heimat soll sich mit echtem Verständnis für fremde Völker und fremde Kulturen verbinden. Wir wollen, daß unsere Kinder zu wahrhafter Menschlichkeit und zur Achtung der geistigen Welt erzogen werden. Wir lehnen jede Übersteigerung des nationalen Gefühls ebenso ab wie nationale Würdelosigkeit; endlich wollen wir Deutschen hierin den rechten Weg eines ruhigen inneren Gleichgewichts gehen. In der oberflächlichen Halbbildung der Vergangenheit und im Mangel an wahrer geistiger Sammlung sehen wir eine Wurzel vielen Unheils. Als wichtigste Aufgabe erscheint uns darum eine vertiefte Bildung unseres Lehrernachwuchses. Gesunden Sport, der zur Selbstzucht erzieht, bejahen wir; militärischen Drill lehnen wir ab. Unsere Jugend soll wandern, aber nicht marschieren.

7. Unbekümmert um Stand und soziale Stellung der Eltern ist jede echte Begabung staatlich in ihrer Entwicklung zu fördern. Kein Stand und keine Klasse darf ein Vorrecht zum Besuch der höheren Schule besitzen; mit diesem Grundsatz ist Ernst zu machen. Staatliche Beihilfen müssen für arme begabte Schüler in ausreichendem Maße zur Verfügung stehen. Im humanistischen Gymnasium sehen wir einen wesentlichen Träger echter Bildung. Der Staat hat mit Rat und Tat die freie Berufswahl und die Berufsausbildung zu fördern. Das berufliche Fortbildungswesen ist auszubauen. Vordringlich sind Sonderlehrgänge für Kriegsversehrte. Eine umfassende Umschulung aller einst in der Kriegsindustrie eingesetzten Kräfte für die andersartigen Aufgaben des friedlichen Aufbaus ist durchzuführen. Angesichts der vom Nationalsozialismus

hinterlassenen Bildungslücken liegt uns die Erwachsenenbildung auf Volkshochschulen besonders am Herzen.

8. Gegen die tiefgreifende sittliche Verwahrlosung der heranwachsenden Jugend sind entschlossene Maßnahmen durchzuführen. Wir treten ein für ein Jugendschutzgesetz, das unsere Jugend vor Schund und Schmutz aller Art bewahrt, die Quellen der Verführung ausschaltet und die Ehrbarkeit in unserem öffentlichen Leben wieder herstellt und sichert. Die Beseitigung der moralischen Nachkriegsfolgen erwarten wir jedoch nicht zuerst von Polizeimaßnahmen, so notwendig sie sein mögen, sondern von der inneren Erneuerung unseres Volkes, die unsere Jugend zu einer recht verstandenen Selbstverantwortung, Selbstdisziplin und Selbstzucht hinführen soll.

9. Aus den Familien bauen sich die Gemeinden auf, deren Selbstverwaltung wir fordern und deren finanzielle Grundlagen gesund erhalten werden müssen. Angesichts der allgemeinen Not ist einem gerechten Ausgleich der Fürsorge- und Soziallasten ein besonderes Augenmerk zu widmen. Den Gemeinden sollen keine Aufgaben zugemutet werden, deren Finanzierung nicht gleichzeitig sichergestellt wird. Den vom Volke gewählten Selbstverwaltungskörperschaften soll in den Gemeinden, Kreisen und Bezirken ein breites Feld verantwortlichen Wirkens eingeräumt werden. Wir treten für einen demokratischen Aufbau von unten ein und lehnen darum auch jeden innerbayerischen Zentralismus ab. Die untere Instanz soll jeweils alle ihr gemäßen Aufgaben verantwortlich erfüllen. Der Bereich der Staatsverwaltung beginnt erst dort, wo es sich um die Wahrnehmung übergeordneter hoheitlicher Aufgaben handelt.

10. Die UNION bekennt sich voller Liebe zum bayerischen Volk und Staat. Wir sind Föderalisten aus Überzeugung und Erfahrung. Den zentralistischen Einheitsstaat lehnen wir ebenso ab wie einen unfruchtbaren Separatismus, der unser bayerisches Volk zur politischen Vereinzelung und zur wirtschaftlichen Verkümmerung führen würde. In einer einseitigen wirtschaftlichen Belastung Bayerns würden wir eine Erschwerung des gemeinsamen Weges zur Wirtschaftseinheit Deutschlands sehen. Der deutsche Bundesstaat, den wir anstreben, soll aus dem freiwilligen Zusammenschluß der einzelnen Länder erwachsen. Die deutsche Bundesverfassung soll die staatliche Eigenständigkeit der Länder bejahen und auf ihr aufbauen. Die gegenwärtige unheilvolle Aufspaltung Deutschlands in Einzelzonen erscheint uns als Gefahr für die friedliche Entwicklung unseres Volkes. Wir können nicht verschweigen, daß wir in einer gerechten Regelung der deutschen Ostgrenzen eine der entscheidenden Grundlagen eines wahren europäischen Friedens erblicken.

11. Die UNION tritt für die verantwortliche Bindung der Abgeordneten an ihren Wahlkreis ein. Sie befürwortet sowohl in den Ländern wie im deutschen Bundesstaat die Errichtung einer zweiten Kammer, deren Stimme im Parla-

ment gehört werden soll. Sie will die Gefahren eines überspitzten Parlamentarismus vermeiden und fordert die Bildung arbeitsfähiger Regierungen. Sie bekennt sich zum Mehrparteien-System als einem System großer, in der Regierung wie in der Opposition verantwortlicher Parteien. Als umfassende Sammelpartei aller derer, die sich zu ihrer christlichen und sozialen Ideenwelt bekennen, lehnt die UNION insbesondere den Fraktionszwang ab, der erfahrungsgemäß zur Bildung von Splitterparteien führt. Bindend sind für uns die Abstimmungen im Parlament, bei denen jeder Abgeordnete der Stimme seines Gewissens zu folgen hat.

12. Die UNION lehnt die Diktatur und den Kollektivismus in allen Erscheinungsformen ab. Demokratie ist für uns mehr als eine Staatsform: Sie ist eine Lebenshaltung, die zur Grundlage die Achtung vor der menschlichen Persönlichkeit hat. Solche wahre Demokratie bleibt sich bei der Ausübung des Mehrheitswillens stets der Rechte der Minderheit bewußt. Nur für die Gegner der Demokratie können die Rechte der Demokratie eingeschränkt werden. Dazu bedürfen wir der besonderen Wachsamkeit. Für jede Demokratie besteht die Gefahr der Selbstaufhebung, indem aus Angst vor der Diktatur die Freiheit beseitigt wird. Noch gefährlicher sind jene Demagogen, die unter dem Deckmantel der Demokratie ihre Alleinherrschaft zu errichten versuchen. Zwischen beiden Gefahren liegt die wahre politische Freiheit, für die wir uns einsetzen.

13. Wir vertreten die Gleichheit aller vor dem Gesetz und fordern Gerechtigkeit gegen jedermann. Der Schutz des Einzelnen gegen ungesetzliche Rechtsangriffe des Staates muß genauso gewährleistet sein wie der Schutz der Gesamtheit gegen Übergriffe des Einzelnen. Die Polizei soll Hüterin der öffentlichen Ruhe, Sicherheit und Ordnung sein; sie muß zur Erfüllung ihrer Aufgaben befähigt sein. Gegen den Schwarzhandel muß mit Tatkraft durchgegriffen werden. Wir fordern den Schutz unserer Dörfer und Städte gegen Plünderung und Bandenunwesen. Rechtsunsicherheit führt zur Untergrabung des Staatswesens. Die Polizei darf niemals wieder als Vollstreckerin staatlicher Willkür mißbraucht werden. Das politische Spitzelwesen und Denunziantentum lehnen wir mit Nachdruck ab. Gesinnungsterror ist mit echter Demokratie unvereinbar.

14. Die UNION bejaht das Berufsbeamtentum. Bei der Auswahl der Beamten soll die Tüchtigkeit und nicht die Parteizugehörigkeit entscheiden. Wer sich als Gegner der Demokratie erweist, kann nicht in ihr Beamter sein. Der Machtanspruch einer selbstherrlichen Verwaltungsbürokratie wird von der UNION bekämpft und abgelehnt. Der Beamte ist Diener der Allgemeinheit und nicht Herr des einzelnen Staatsbürgers. Er soll volksnahe, höflich und entgegenkommend sein. Er soll es verstehen, sich unbürokratisch den örtlichen und zeitlichen Verhältnissen anzupassen, und er soll sich in seinem Be-

reich verantwortlich fühlen. Die militaristische Tonart lehnen wir auch auf dem Büroschemel ab.

15. Der unbegrenzte Wirtschaftsliberalismus gehört ebenso wie das marxistisch-sozialistische Planwirtschaftsprogramm einem vergangenen Jahrhundert an. Die rein liberalistische Wirtschaft führt zur Wirtschaftskrise und zum Wirtschaftschaos. Die dogmatische Planwirtschaft führt ebenso naturnotwendig zum Kollektivismus und zum Staatskapitalismus, der stets totalitär und expansiv ist. Die UNION ist entschlossen, den mittleren Weg zwischen doktrinärem Liberalismus und doktrinärem Sozialismus zu gehen. Die Stunde ist reif zum Ausgleich und zur Synthese. Zwischen dem Machtanspruch des übermächtigen Einzelnen und der Herrschaft einer übermächtigen Staatsbürokratie liegt die Zone der Freiheit. Der Staat soll die Wirtschaft anregen, fördern und die wirtschaftliche Betätigung des Einzelnen in den Grenzen halten, die durch das Gemeinwohl gezogen sind.

16. Nicht anonyme Mammutbetriebe, sondern zahlreiche Klein- und Mittelbetriebe sollen künftig der Volkswirtschaft das Gepräge geben. Der Staat soll sich darum die besondere Pflege der Klein- und Mittelbetriebe in Handwerk, Handel, Industrie und Gewerbe angelegen sein lassen. Sie bieten die Möglichkeit sozialen Aufstiegs aus unselbständiger Arbeit zu einer selbständigen und selbstverantwortlichen Existenz. Die Gewährung von Personalkrediten durch die öffentliche Hand ist weitgehend zu fördern. Wir setzen uns ein für die Entwicklung leistungsfähiger Genossenschaften, die berufen sind, den Mittelstand wettbewerbsfähig zu erhalten.

17. Die starke Erhöhung der Einwohnerzahl unseres Landes durch den Zuzug von Millionen neuer Bürger zwingt uns zum Aufbau hochqualifizierter Friedensindustrien, wenn wir unausdenkliches und dauerndes Massenelend vermeiden wollen. Diese neuen Industrien dürfen nie wieder zur Basis von Aufrüstung und Kriegsindustrie werden; deshalb treten wir für jede geeignete Kontrolle und Überwachung ein. Um nicht zu verhungern, müssen wir exportieren. Wir müssen an die ganze Erfindungskraft unseres Volkes appellieren, um auf schmalster Rohstoffbasis solche Waren zu erzeugen, die der Weltmarkt abnimmt. Wir wollen nicht Kostgänger der übrigen Welt sein, sondern uns selbst den eigenen Lebensunterhalt verdienen. Jede Form überlieferter Volkskunst und handwerklicher Kunst wollen wir bewahren und fördern. Massenarbeitslosigkeit muß zum inneren Chaos und damit zu einer Gefährdung des europäischen Friedens führen: sie muß mit allen Mitteln vermieden werden. Wir werden auf lange Jahrzehnte ein armes Volk sein; wir werden gleichzeitig ein fleißiges Volk sein müssen. Das friedliche Aufbauwerk, das wir durchführen wollen, kann nur gelingen, wenn die Not unser Volk nicht zu gewaltsamen Lösungen verführt und wenn unsere friedliche Aufbauarbeit den Weg zu einem besseren Leben für unsere Kinder und Enkel bereiten kann.

18. Die Wirtschaft bedarf der sinnvollen Lenkung, an der die aus den Kreisen der Berufsverbände gewählten Selbstverwaltungsorgane der Wirtschaft teilnehmen sollen. Der Arbeitnehmerschaft ist in allen Gremien der Wirtschaftslenkung ein entsprechender Einfluß einzuräumen. Im Rahmen der gelenkten Wirtschaft bejahen wir die private Initiative als wesentliche Antriebskraft des schaffenden Menschen.

19. Wenn die Rücksicht auf die Allgemeinheit es fordert, sollen für die Allgemeinheit lebenswichtige Produktionsmittel, Großbanken und Versicherungsunternehmen gegen angemessene Entschädigung in Gemeineigentum überführt werden. Eigentum an Bodenschätzen und an wichtigen Kraftquellen, an Verkehrseinrichtungen und Unternehmungen der Energieversorgung soll in der Regel Körperschaften oder Genossenschaften öffentlichen Rechtes zustehen. Besonders wenden wir uns gegen den Zusammenschluß von Unternehmungen zum Zwecke der Zusammenballung wirtschaftlicher Macht.

20. Die Arbeitnehmerschaft ist gleichberechtigter Träger des Wirtschaftslebens. Durch ein neues Arbeitsrecht soll die Würde des schaffenden Menschen im Wirtschaftsleben bestätigt werden. Das Arbeitsverhältnis soll aus einem Herrschafts- in ein Gemeinschaftsverhältnis umgewandelt werden. Not und Arbeitslosigkeit dürfen nicht zur Ausbeutung des schaffenden Menschen ausgenützt werden; die Arbeitskraft ist gegen Gesundheitsschädigung und Betriebsgefahren zu schützen. Die Arbeitnehmerschaft soll aus der Rolle der Abhängigen in die der bewußt Mitwirkenden erhoben werden; sie soll in Unternehmen von erheblicher Bedeutung einen unmittelbaren Einfluß auf die Verwaltung der Betriebe erhalten. Bezahlte Feiertage und bezahlter Urlaub sollen dem Arbeitnehmer Erholung und Entspannung ermöglichen. Die Leistungen der Sozialversicherung sollen vor jedem Absinken bewahrt werden. Der Arbeitnehmerschaft ist in der Sozialversicherung der notwendige Einfluß zu sichern.

21. Der freie Zusammenschluß aller Schaffenden ist eine Voraussetzung für eine geordnete Entwicklung in Staat und Gesellschaft. Die UNION tritt daher für Vereinigungsfreiheit ein. Zwangsmitgliedschaft jeder Art wird abgelehnt. Die UNION fordert volle Freizügigkeit der Arbeitnehmerschaft und freie Berufswahl im Rahmen der gegenwärtigen Notwendigkeiten. Die Befehlsgewalt des Staates über den Einzelnen in der Wirtschaft darf nicht wiederkehren; das System der Dienstverpflichtungen, das zur Auflösung der Familien führte, lehnen wir nachdrücklich ab. Der schaffenden Persönlichkeit ist die Möglichkeit zur Entfaltung ihrer Kräfte zu gewährleisten. Wer den Menschen der notwendigen wirtschaftlichen Freiheit beraubt, zerstört gleichzeitig die Grundlagen seiner politischen Freiheit.

22. Die Erhaltung eines lebensfähigen Bauernstandes ist eine Existenzfrage für unser Volk. Den landwirtschaftlichen Erzeugnissen wird der gerechte

Preis gewährleistet. Die krassen Mißverhältnisse zwischen den Preisen der landwirtschaftlichen und der industriellen Erzeugnisse sind auszugleichen. Die landwirtschaftliche Produktion ist durch Bereitstellung von Maschinen und Düngemitteln, durch ständige Verbesserung der Bodenkultur und durch Modernisierung der Betriebe unablässig zu steigern und zu intensivieren. Der Wiederherstellung des landwirtschaftlichen Maschinenparks ist besonderes Augenmerk zuzuwenden. Das ländliche Berufsschulwesen, die landwirtschaftlichen Fachschulen und die hauswirtschaftlichen Schulen sind planmäßig auszubauen. Vordringlich ist die Gewinnung geeigneter Arbeitskräfte für die Landwirtschaft. Der Landflucht muß durch Bereicherung des Dorflebens und durch eine zweckvolle Sozialpolitik entgegengewirkt werden. Die Altersversorgung der Landarbeiter ist auszubauen. Das landwirtschaftliche Genossenschaftswesen ist zu fördern.

23. Die Steuerpolitik soll unter den Grundsätzen der Sozialpolitik stehen. Die Steuern sollen nicht den Unternehmungsgeist und den Arbeitswillen des Einzelnen abwürgen. Sie sollen nach dem Einkommen gestaffelt sein und sie sollen die Bildung von Riesenvermögen in einer einzelnen Hand verhindern. Durch Verbrauchssteuern soll vor allem der nicht lebensnotwendige Bedarf belastet werden. Die Geldordnung soll im Zeichen der sozialen Gerechtigkeit stehen. Finanz- und Sachwerte sollen in angemessenem gegenseitigen Verhältnis zur notwendigen Bereinigung der Währung herangezogen werden. Der Schutz des kleinen Sparers und der Sozialversicherungen liegt uns besonders am Herzen. Das Vermögen der Nutznießer des Nationalsozialismus, der Kriegs- und Nachkriegsgewinnler ist in besonderem Maße zur Wiedergutmachung zu erfassen.

24. In der Sorge für die Enterbten des Zweiten Weltkrieges, für die Ausgewiesenen, Flüchtlinge, Ausgebombten und Obdachlosen ist unser ganzes Volk auf eine entscheidende Probe gestellt. Die UNION tritt für einen allgemeinen und gerechten Lastenausgleich ein, durch den die materiellen Opfer des Krieges möglichst gleichmäßig auf die Schultern der Volksgesamtheit verteilt werden. Gerade weil die UNION das Privateigentum bejaht und als ein Naturrecht des Menschen ansieht, muß sie das verlorene Eigentum der Flüchtlinge und Ausgebombten als gleichberechtigt ansehen. Die UNION fordert, daß die ganze verfügbare Kraft unseres Volkes dafür eingesetzt wird, Wohnungen, Brot und Arbeit für die neuen Bürger unseres Landes zu schaffen. Wir werden dabei vor einschneidenden Maßnahmen nicht zurückschrecken. Für den Aufbau der neu zu schaffenden Friedensgüter-Industrie sollen alle Fähigkeiten unserer Neubürger und ihr überliefertes Können eingesetzt werden. In umfassender Planung soll die Ansiedlung mit den zu schaffenden Arbeitsmöglichkeiten verbunden werden. Die berechtigten Pensions- und Rentenansprüche der Neubürger sollen erfüllt werden. Mit Ernst aber weisen wir darauf hin,

daß auch die ganze Kraft unseres Volkes nicht ausreichen wird, die Millionenzahl der Ausgewiesenen und Flüchtlinge für den Verlust ihrer Heimat zu entschädigen; wir fühlen uns darum verpflichtet, vor aller Welt um des christlichen Gewissens willen die Fürsprecher ihrer unausdenklichen Not zu sein.

25. Das durch Zerstörungen und Flüchtlingsstrom ins Unerträgliche gesteigerte Wohnungselend untergräbt die Moral, löst die Familien auf und führt zur Verzweiflung. Im Kampf gegen die Wohnungsnot unterstützen wir jede Form von Selbsthilfe und lehnen jeden Bürokratismus mit Schärfe ab. Die Herstellung von Baumaterial genießt gemeinsam mit der Steigerung der Lebensmittelerzeugung den Vorzug vor jeder anderen Produktion. Baugenossenschaften sind zu fördern; modernste Bauformen sind zu entwickeln. Bodenwucher muß verhindert werden. Wir treten ein für eine Auflockerung der Städte. Der Klein- und Stadtrandsiedlung ist besonderes Augenmerk zu widmen. Die Bereitstellung von Siedlungsland soll nach jährlichen Planungen erfolgen. Das Ziel muß sein, jeder Familie die Schaffung eines eigenen Heims auf eigener Scholle mit Gartenland zu ermöglichen. Die UNION bejaht deshalb eine Bodenreform, die der Struktur der bayerischen Landwirtschaft angepaßt ist. Sie lehnt alle aus rein propagandistischen Gründen auf diesem Gebiete unternommenen Experimente ab. Der Wiederaufbau der zerstörten Städte Bayerns ist mit Tatkraft durchzuführen; dabei sind in Sofortmaßnahmen die unvergänglichen Kulturdenkmäler unseres Landes vor der völligen Zerstörung zu bewahren.

26. Es ist eine sittliche Pflicht der Gemeinschaft, sich der Opfer, der Versehrten und der Hinterbliebenen der nationalsozialistischen Katastrophenpolitik anzunehmen. Die Wiedergutmachung des Unrechts, das denen zugefügt wurde, die Widerstand leisteten, muß ein Anliegen des ganzen Volkes sein. In allen staatlichen und privaten Betrieben sind ausreichende Arbeitsplätze für die Versehrten zur Verfügung zu stellen. Für die Arbeitsunfähigen und Hinterbliebenen ist eine ausreichende Versorgung zu sichern. Die lebendige Kraft des christlichen Ethos wird sich an der Überwindung des erdrückenden Nachkriegselends unseres Volkes erweisen.

27. Die Wissenschaft ist frei; die Wahrheit ist ihre einzige Richtschnur. Nur solche freie Forschung wird dem Fortschritt dienen können und helfen, die Lebensgrundlagen unseres Volkes in friedlicher Arbeit zu verbessern. Die UNION unterstützt alles lebendige Kunstschaffen. Im Schulwesen soll die Kunst nicht nur Unterrichtsgegenstand sein, sondern als Lebenswert angesehen werden. Wissenschaft und Kunst sind für die wahre Achtung unseres Volkes in der Welt seit je von ausschlaggebender Bedeutung gewesen; sie sind die erste Brücke zu den Völkern der Welt. Darum hat der Staat sie auch in Notzeiten planmäßig zu fördern. Volkskunst und ihre Überlieferung sind besonders zu pflegen.

28. Am Irrweg des Nationalsozialismus haben wir erfahren, daß alle rein menschlichen Ordnungsbegriffe brüchig und hinfällig sind. In der Bindung an Gott und in der Verpflichtung unseres Gewissens sehen wir die einzige Gewähr für wahre Freiheit. Als die wesentliche Grundlage unserer Kultur erkennen wir das Christentum. Kirche und Staat müssen darum freundschaftlich zusammenarbeiten und sollen sich nicht gegenseitig mit Mißtrauen begegnen. Ihre Aufgaben überschneiden sich nicht, sondern sie ergänzen sich. Eine Verkirchlichung der Politik lehnen wir ebenso ab wie eine Politisierung der Kirche. Die Religionsverträge müssen gehalten werden. In einer tiefgreifenden inneren Erneuerung sehen wir die erste Voraussetzung einer besseren sozialen und politischen Ordnung unseres Volkes. Deshalb rufen wir den Geist lebendigen Christentums in der Seele unseres Volkes wach und vertiefen ihn mit der ganzen Kraft, die wir in der Zeit der Verfolgung neu aus Opfer und Martyrium gewonnen haben.

29. Der Friede unter den Konfessionen muß erhalten bleiben und gefördert werden. Dieser Friede wird nicht dadurch gesichert, daß man die Unterschiede verharmlost und verwischt, sondern dadurch, daß man in klarer Erkenntnis der Eigenart jedes Bekenntnisses einander Achtung und Rücksicht entgegenbringt. Die UNION bekennt sich zur völligen Gleichberechtigung der Konfessionen im öffentlichen Leben und verwirklicht in den eigenen Reihen die gute Kameradschaft aller, die auf dem Boden der christlichen Ideenwelt stehen.

30. So wie wir den Haß, den Neid, die Mißgunst und die Rachsucht im eigenen Volke bekämpfen wollen, ebenso verurteilen wir mit aller Entschiedenheit den Haß zwischen den Völkern, der zum Kriege führt. Wir glauben, daß das Schicksal der Menschheit heute unteilbar ist und daß es für sie nur einen gemeinsamen Fortschritt oder einen gemeinsamen Niedergang geben kann. Wir glauben, daß ein friedlicher und freiheitlicher deutscher Bundesstaat sich wieder ehrenvoll einordnen wird in die abendländische Staaten- und Kulturgemeinschaft. Grundlage dieser Gemeinschaft wird das Recht und ein gerechter Friede sein. Durch friedliche Aufbauarbeit und durch geistige Leistung wollen wir mitwirken an der Neugestaltung eines besseren, durch die gleichen Ideale geeinten Europa. Wir glauben, daß am Ende dieses Weges die Freiheit unseres Volkes und der gesicherte Friede unseres Erdteils inmitten der freien Gemeinschaft der Völker der Erde stehen wird.

Diese unsere Richtlinien zur Überwindung der inneren und äußeren Not unseres Volkes sind entstanden nach einem Irrweg, der unser Volk an den Rand des Untergangs geführt hat, und nach dem Zusammenbruch all seiner Ordnungen. Wir suchen darin mit vollem Bewußtsein den inneren Ausgleich. Wir lehnen die doktrinären Lösungen der Vergangenheit ab. Wir gehen neue und lebendige Wege, auf denen die Jugend uns folgen wird. Die bayerische Verfassung, die wir schufen, hat einen wesentlichen Teil unserer grundsätzlichen Forderungen erfüllt. Jetzt gilt es, diese Grundsätze in die Wirklichkeit zu überführen, sie im Alltag zu erproben und mit Leben zu erfüllen. Wir wenden uns gegen alle, die von neuem die Not unseres Volkes ausnützen wollen, um es durch falsche Hoffnungen und durch Verführungen aller Art zu gefährden. Wir sind entschlossen, die hier aufgezeigte Neugestaltung unseres Staates mit unserer ganzen Kraft durchzuführen und auf christlichem Boden eine wahre Demokratie im Zeichen der Freiheit, des Friedens und des Rechtes zu errichten.

24. Herbert von Dirksen, Aufzeichnung über die Rückgliederung der deutschen Ostgebiete, Auszug

Ohne seine Ostgebiete ist Deutschland nicht lebensfähig, während Polen sie zur politischen und wirtschaftlichen Existenz nicht benötigt. Um der Forderung der Alliierten nach Zerschlagung Preußens nachzukommen, ist bei einer Rückgliederung die Neuordnung dieser ehemals preußischen Gebiete erforderlich.

Bundesarchiv, NL Dietrich 492 (maschinenschriftliche Durchschrift).

Bergen/Oberbayern, Dezember 1946

Alle Deutschen sind sich einig in der Überzeugung, daß Deutschland ohne seine Ostgebiete lebensunfähig ist, weil kein zu 50% seines Lebensmittelbedarfs auf Einfuhr angewiesenes Land – zumal mit 70 Millionen Einwohnern – diese Lebensmitteleinfuhr bezahlen kann; selbst nicht bei voller Industrialisierung und gesicherten Ausfuhrmärkten. Wenige Deutsche legen sich Rechenschaft darüber ab, daß auch die unzureichende Lebensmittelerzeugung Restdeutschlands durch die mangelnde Zufuhr von hochwertigem Saatgut aus dem deutschen Osten zu schnellem Absinken verurteilt ist; daß selbst der Ruhrbergbau binnen weniger Jahre nach Erschöpfung der westdeutschen Holzbestände durch das Ausbleiben der Grubenholzlieferungen aus den ostdeutschen Wäldern schwer gefährdet sein wird. Den alliierten Mächten, auch soweit sie wirtschaftlichen Beweisgründen aufgeschlossen sind, ist dieser unlösbare Zusammenhang zwischen Ost- und Westdeutschland – wenigstens nach ihrer äußeren Haltung und ihrer Presse zu schließen – in seinem schicksalsschweren Ernst noch nicht klar geworden. Um zumindesten den angelsächsischen Mächten diese Aufklärung zu geben und um gleichzeitig die Grundrechte für das Weiterleben von 70 Mill[ionen] Deutschen zu wahren, ist es jetzt, unmittelbar vor Beginn der Verhandlungen über Deutschland, dringendste Pflicht, Klarheit darüber zu gewinnen, wie der Anspruch auf die Rückgliederung des deutschen Ostens am wirksamsten formuliert und dann geltend gemacht werden kann.

I. Behebung der angelsächsischen Belastungen

Am wirksamsten werden alle diejenigen Gründe für die Rückgliederung des deutschen Ostens sprechen, die Belastungen und Mißstände für die Gegenseite aus dem Wege räumen. Als schwerste Last werden auf englischer und amerikanischer Seite die enormen Geldbeträge empfunden, die zur notdürftigen Ernährung der deutschen Westgebiete aufgewendet werden müssen; sie wirken um so drückender, als bei einer Fortdauer des bisherigen Zustandes mit einer Erleichterung dieser Bürde nicht zu rechnen ist. Jedes Mittel, das zur Verringerung oder Schließung der Ernährungslücke des deutschen Westens aufgezeigt werden kann, wird also von den angelsächsischen Staaten am willigsten geprüft werden. Die einzig wirksame Besserung der deutschen Ernährungslage kann aber nur durch Rückgliederung der Überschußgebiete des deutschen Ostens herbeigeführt werden. Die Darstellung der Produktivkraft des deutschen Ostens und seiner Möglichkeiten zur Verringerung der westdeutschen Ernährungslücke ist also die vordringendste Aufgabe auf deutscher Seite. Sie ist zum größten Teil durch die bisherigen Arbeiten schon gelöst worden.

Darüber hinaus muß nachgewiesen werden, daß auch der Status quo der deutschen land- und forstwirtschaftlichen Erzeugung und Funktionen ohne die Zufuhr aus dem Osten nicht gehalten werden kann (Ertragsminderung durch fehlendes Saatgut, Bedrohung der Kohlenförderung durch mangelndes Grubenholz aus dem Osten).

Wenn auch nicht unmittelbar mit der Ernährung und ihrer Lebenswichtigkeit zusammenhängend, sollte bewiesen werden, wie weit durch die industrielle Produktion des deutschen Ostens und seine Rohstoffe das Wirtschaftsleben Deutschlands gespeist wird; insbesondere wäre der Nachweis wichtig, wie weit durch die ostdeutschen Industrieerzeugnisse und Rohstoffe eine Verringerung der unumgänglichen deutschen Einfuhr, also eine Erleichterung der Devisenlage, herbeigeführt wird.

Weiterhin wäre zu beweisen, daß eine Industrialisierung Restdeutschlands allein nicht die zur Abdeckung der deutschen Lebensmitteleinfuhr erforderlichen Devisen erbringen kann. (Nach der ›Neuen Zeitung‹ braucht Deutschland jährlich für 10 Milliarden Mark Lebensmittel und müßte zur Herstellung der zum Ausgleich erforderlichen Industrieerzeugnisse jährlich für 20 Milliarden Mark Rohstoffe einführen.)

Ganz abgesehen aber von dieser begrenzten und zweckbestimmten Beweisführung müßten die ernährungspolitischen Grundtatsachen immer und immer wieder und von den verschiedensten Gesichtspunkten aus der Gegenseite und der Weltöffentlichkeit eingehämmert werden: Weil dieses Argument auf die Dauer auch die größte allgemeinpolitische Stoßkraft haben muß. Das unabdingbare Recht von 70 Mill[ionen] Menschen auf die Sicherung ihrer primitivsten Forderung, auf eine ausreichende und gesicherte Ernährungsgrundlage, ist so unwiderleglich und leicht faßlich, daß es sich auf die Dauer durchsetzen und zu einer Rückgliederung des deutschen Ostens führen muß.

II. Widerlegung von polnischen Behauptungen

Hand in Hand mit dem Nachweis, daß der deutsche Osten unmittelbar lebenswichtig für die Existenz von 70 Mill[ionen] Deutschen ist, muß der weitere Nachweis gehen, daß die von Polen besetzten Gebiete für sein Weiterbestehen nicht lebensfähig sind und ihm nicht zugehören.

1. Der Nachweis, daß die deutschen Ostgebiete für Polen nicht lebenswichtig sind und die polnische Behauptung nicht zutrifft: sie dienten zur Wiederansiedlung der aus den an Rußland abgetretenen Ostgebieten evakuierten Polen, kann leicht geführt werden und ist bereits geführt worden.

2. Gleichzeitig ist auszuführen, daß die polnische Landwirtschaft aus den verschiedensten Gründen gar nicht in der Lage ist, die Produktionshöhe der Deutschen einzuhalten. Verwaltung durch Polen bedeutet also eine Verringerung der unumgänglich notwendigen Nahrungsmittelerzeugung um gewaltige Mengen.

3. Der Nachweis, daß die deutschen Ostgebiete altes deutsches Kulturgebiet sind, bedeutet – sollte man denken – ebenso eine Selbstverständlichkeit wie ein aussichtsloses Unterfangen. Das Selbstbestimmungsrecht der Völker, schon zu Wilsons Zeit ein im Wesentlichen auf dem Papier stehen gebliebener Grundsatz, ist gegenwärtig völlig zum alten Eisen geworfen worden. Trotzdem werden wir diese Selbstverständlichkeit erneut eingehend nachzuweisen haben, nicht nur wegen der abgrundtiefen Unwissenheit der Angelsachsen über diese Grundfragen, sondern auch um der regen und immer maßloser werdenden polnischen Propaganda entgegenzutreten. Es ist in Deutschland noch nicht genügend bekannt, daß in der polnischen Presse eine umfangreiche Kampagne für eine „Reslawisierung" des deutschen Ostens durchgeführt und die Gründung eines „Lausitzer-" oder „Wenden-Staates" gefordert wird, der bis Magdeburg reichen soll.

III. Konstruktive Rückgliederungs-Vorschläge

Die Rückforderung der deutschen Ostgebiete auf Grund ernährungspolitischer und allgemein wirtschaftlicher Erwägungen genügt nicht. Sie muß mit konstruktiven Vorschlägen für die Eingliederung dieser Gebiete in ein Deutschland verbunden werden, das nach dem Willen der Alliierten umgeformt wird. Wir werden also der Gegenseite Vorschläge zu machen haben, wie Schlesien, Grenzmark, Ostbrandenburg, Pommern und Ostpreußen in das neu zu bildende Deutschland einzufügen sind. Diese Pflicht ist um so gebieterischer, als die von Polen besetzten Gebiete die Kernländer Preußens darstellen. Preußen aber soll nach dem Willen der Alliierten nicht wieder auferstehen und kann es auch aus innerdeutschen Gründen nicht. Es gilt also eine Neuformung des deutschen Ostens vorzuschlagen, die um so schwieriger ist, als diese Gebiete bisher keine Eigenständigkeit gehabt haben, sondern eben nur Teile Preußens gewesen sind.

1. Schlesien. Der Teil des deutschen Ostens, der die meisten Voraussetzungen für ein selbständiges „Land" und damit für eine Wiederanfügung an ein im Sinn der Alliierten und des jetzigen staatsrechtlichen Denkens gegliedertes Deutschland hat, ist Schlesien. Es besitzt klare Grenzen, eine einheitliche Bevölkerung, eine eigene Geschichte, eine autarke und ausgeglichene Wirtschaftsgrundlage – in der Tat also mehr Voraussetzungen zu staatlichem Eigenleben als die meisten alten „Länder" im deutschen Westen. Seine Wiedereingliederung als selbständiges „Land" im Rahmen Deutschlands könnte also ohne weiteres vertreten und beantragt werden.

Eine in jeder Beziehung schwierige Frage bietet das Problem „Oberschlesien". Ein großer Teil Oberschlesiens (im Rahmen seiner Grenzen von 1914) wird von einer gemischten deutschen und polnischen Bevölkerung bewohnt. Die Sprachgrenze verschiebt sich sozusagen nicht nur objektiv, sondern auch subjektiv, indem weite Bevölkerungsteile dem Deutschtum zuneigen und dafür gewonnen werden können und gewonnen worden sind, wenn in ruhigen Zeiten eine deutsche Verwaltung ihre zivilisatorische Wirkung ausübt. Bei nachlassender deutscher Weltstellung und starkem polnischen Druck sind diese Bevölkerungsteile geneigt, ins Polentum zurückzugleiten. Hier einzig und allein in Schlesien hat ein Polonisierungsprozeß Aussicht auf Erfolg. Es ist bekannt, daß die polnische Occupation kein Druckmittel unversucht gelassen hat, um diese Gebiete mit Neupolen zu überfluten und die alteingesessene Bevölkerung zu sich herüberzuzwingen. Es muß sorgfältig erwogen werden, ob nicht die volle Wiederherstellung der verwaltungsmäßigen Einheit von Nieder- und Oberschlesien eine nationalpolitische Gefahr auch für die rein deutschen Gebiete bilden wird.

Außerdem wird die Rückforderung Oberschlesiens auf den allererbittertsten Widerstand Polens stoßen. Die ungeheuren Mineralschätze des Landes und seine hoch entwickelte Industrialisierung werden von den Polen als wirksames Argument ins Feld geführt werden, daß es ohne diese Gebiete zum Aussterben verurteilt sei.

Auch die Alliierten werden, selbst bei grundsätzlicher Bereitwilligkeit zur Rückgabe Schlesiens, Hemmungen empfinden, auch Oberschlesien an Deutschland zurückzugeben. Denn einerseits fallen für dieses Gebiet die ernährungspolitischen Gründe weg, andererseits werden sie Oberschlesien als eine Verstärkung des deutschen Rüstungs-Potentials auffassen und nicht die Schwierigkeiten des Ruhrproblems auch im Osten wieder erstehen lassen wollen.

Aus allen diesen Gründen erscheint als der gegebene Ausweg ein neuer konstruktiver Vorschlag: Die Schaffung eines autonomen Gebildes „Oberschlesien" unter der Treuhänderschaft der Vereinten Nationen. Es mag hier dahingestellt bleiben, ob dieses Gebiet sich auf die industriellen Teile Oberschlesiens nach dem Gebietsstande von 1914 zu beschränken hätte (die landwirtschaftlich wertvollen und deutschbesiedelten Teile wären ohnehin Niederschlesien anzugliedern) oder ob wirklich ein einheitlicher „Kohlenstaat" mit Zufügung der vor 1914 zu Polen (bzw. Rußland) gehörigen Teile (Dombrowa, Bendzin) zu bilden wäre. Das würde die UN zu entscheiden haben.

Die Schaffung eines solchen autonomen Gebildes hätte für Deutschland den Vorteil, daß diese wertvollen Gebiete für die nächste weltpolitisch ungeklärte Periode unter eine Glasglocke gestellt würden, bis der Zeitpunkt für eine endgültige Regelung gekommen ist. Die wirtschaftlichen Schätze des Landes würden rationell verwaltet werden, und vor allem würde Schlesien (und Deutschland im ganzen) sein ihm zukommender Anteil an Kohle, anderen Rohstoffen und Fertigfabrikaten gesichert sein, während es sonst der polnischen Sabotage ausgesetzt sein würde, solange Polen über dieses Gebiet zu bestimmen hat.

Diesen Vorteilen steht der Nachteil einer Lockerung der Verbundenheit zu Deutschland gegenüber und einer Verstärkung der polnischen Infiltration. Aber im gewissen Sinne ist diese Gefahr ohnehin gegeben, und im übrigen müßte sie in Kauf genommen werden.

Eine solche Zwischenlösung würde zweifellos den angelsächsischen Mächten ihre Entschlüsse wesentlich erleichtern. Sie sind an einer rationellen Verwaltung und zweckentsprechenden Verteilung der oberschlesischen Kohle und Industrieerzeugnisse interessiert. Der polnischen Mißwirtschaft werden sie ebensosehr Einhalt zu gebieten haben, wie der Bildung einer gewaltigen, unter Sowjeteinfluß stehenden Rüstungsschmiede. Überdies sind sehr erhebliche amerikanische und englische Kapitalien – 100 Millionen Dollar und mehrere Millionen Pfund – in deutschen Firmen in Oberschlesien investiert. Die

Sicherung dieser Kapitalien wäre in einem autonomen, unter UN-Treuhänderschaft stehenden Gebiet eher möglich, als in dem halbbolschewistischen Polen.

2. Ostbrandenburg. Die von Polen in Besitz genommenen Teile der Mark Brandenburg östlich der Oder wären selbstverständlich in ihren alten Verband zurückzuführen. Die Schaffung eines Landes Brandenburg durch die sowjetischen Occupations-Behörden ist bereits erfolgt; eine vollendete Tatsache ist geschaffen, die anzuerkennen sein wird, da sie in der Richtung der allgemeinen Aufgliederung Preußens in einzelne Länder liegt.

3. Die Grenzmark ist als eigenes staatliches Gebilde nicht lebensfähig. Sie wird nach geographischen und wirtschaftlichen Gesichtspunkten an die benachbarten Länder – Schlesien und Brandenburg – anzugliedern sein.

4. Pommern. Die Bildung eines eigenen Landes Pommern bietet in der Natur dieses Gebietes liegende Schwierigkeiten. Es ist ganz überwiegend landwirtschaftlich; in Großbetrieben verwaltet, ohne tragende Bauernschicht; Industrie und Mineralschätze fehlen; Vor- und Hinterpommern haben eine verschiedene historische Vergangenheit gehabt. Aber im Zuge der allgemeinen Aufgliederung Preußens wird keine andere Lösung übrigbleiben, als auch Pommern als Land zu konstituieren, wobei zu prüfen wäre, ob es mit Mecklenburg oder Teilen von Mecklenburg zu vereinigen wäre.

5. Ostpreußen. Ein konstruktiver Vorschlag hinsichtlich der Gestaltung Ostpreußens bietet große Schwierigkeiten. Daß die nördliche Hälfte des Landes durch das Potsdamer Abkommen endgültig der Sowjet-Union zugesprochen ist und diese Entscheidung in der Stuttgarter Rede von Byrnes anerkannt wurde, fällt hier nicht ins Gewicht. Denn auch hinsichtlich der von Polen besetzten Teile Ostpreußens besteht auf der russisch-polnischen Seite eine fanatische Ablehnung der deutschen Rückgliederungs-Forderung. Auch soll diese Aufzeichnung, ohne Rücksicht auf die z. Zt. gegebene politische Lage, rein theoretische Vorschläge ausarbeiten, die den angels[ächsischen] Mächten konstruktive Möglichkeiten anhand geben für den Fall, daß die politische Lage die Rückgabe des deutschen Ostens an Deutschland in das Gebiet der praktischen Ausführbarkeit rückt.

Die Schwierigkeit hinsichtlich Ostpreußens besteht darin, daß eine Forderung der Rückgabe dieses Landes ohne Westpreußen und Danzig politisch widersinnig wäre. Ostpreußen als vom Reich durch den Korridor abgetrennte Insel aber wäre eine Eintagslösung, die die Spannung der Jahre 1919 bis 1939 verewigen würde. Die Rückforderung Westpreußens mit Danzig würde von der Gegenseite als ungezügelter Imperialismus gebrandmarkt werden, da diese Gebiete zum Teil stark polnisch durchsetzt sind und zwischen den beiden Weltkriegen von Deutschland abgetrennt waren. Der Vorschlag eines Tausches: Verzicht auf Ostpreußen gegen Angliederung Westpreußens und

Danzigs würde von der heimatliebenden ostpreußischen Bevölkerung als Verrat empfunden werden und kann von keiner deutschen Regierung gemacht werden.

Es bleibt hinsichtlich der Gestaltung eines konstruktiven Vorschlags kein anderer Ausweg übrig als die Bildung eines Landes „Preußen", das Ost- und Westpreußen mit Danzig zu umfassen hätte. Dieser Vorschlag könnte mit der Erklärung der Bereitwilligkeit verbunden werden, die südlichen Teile Westpreußens Polen zu überlassen und so die verbindende Landbrücke zwischen Deutschland und Ostpreußen verhältnismäßig schmal zu gestalten. Selbstverständlich wären für Polen weitgehende Transitrechte und jede denkbare Erleichterung bei Benutzung der Häfen Danzig und Stettin vorzusehen.

IV. Nachweis der polnischen Mißwirtschaft

Eines der wirksamsten Argumente für die Rückgliederung des deutschen Ostens ist der Nachweis, daß die polnische Mißwirtschaft diese reichen Gebiete binnen kurzem völlig verwüstet und verödet und aus einem europäischen Produktionsprozeß ausgelöscht hat; daß Polen ferner aus Gründen seines Kulturstandes und seiner Charakterveranlagung selbst bei gutem Willen gar nicht zu einer normalen und rentablen Verwaltung eines hochstehenden und komplizierten Wirtschaftsgebietes in der Lage ist. Es wäre ferner eine eindrucksvolle Übersicht zu geben über die unendliche Zahl von Grausamkeiten und Unmenschlichkeiten, deren sich Polen in dem von ihnen besetzten Gebiete schuldig gemacht hat. Diese Handlungsweise wäre auch vom völkerrechtlichen Standpunkt als das zu bezeichnen, was sie ist: als ein fortgesetzter Bruch des Völkerrechts.

Bis jetzt ist nur Einzelmaterial an einzelne Persönlichkeiten der angelsächsischen Welt zugeleitet worden; es fehlt eine Zusammenfassung nach einheitlichen Gesichtspunkten mit dem Zweck der Verwendung durch amtliche deutsche Stellen, amtlichen angelsächsischen Stellen gegenüber.

Eine systematische Sammlung der Einzelerlebnisse bei den Kriegsvertriebenen als Unterlage für eine umfassende Aktion wird unerläßlich sein. Eine kürzere und bald zu überreichende Denkschrift ist höchst dringlich und auch schon mit dem vorhandenen Material herzustellen.

V. Nachweis der erlittenen Schäden

In ideellem Zusammenhang mit der vorerwähnten Zusammenstellung über polnische Grausamkeiten müßten eingehende Ermittlungen bei allen Kriegsvertriebenen aus den deutschen Ostgebieten über die erlittenen Vermögensschäden angestellt werden; und zwar müßten die Schäden an beweglichem Eigentum ebenso erfaßt werden wie diejenigen an unbeweglichem Eigentum. Eine solche Zusammenstellung mit ihren zahlenmäßigen Unterlagen würde ein eindrucksvolles Bild von der Größe des polnisch-russischen Raubzuges abgeben, vor allem aber dazu verwendet werden können, Reparationsforderungen der Gegenseite herunterzuschrauben und Unterlagen dafür zu gewinnen, welche Werte für den Wiederaufbau der verwüsteten Gebiete aufzuwenden sein werden.

VI. Einwirkung auf die deutsche öffentliche Meinung

Als letzter, aber keineswegs unwichtigster Punkt einer umfassenden Aktion zur Wiedergewinnung des deutschen Ostens ist eine unablässige und in den verschiedensten Richtungen durchzuführende Aufklärung der deutschen Öffentlichkeit über das Gesamtproblem des deutschen Ostens mit den unmittelbarsten Lebensfragen der Westdeutschen (Wohnungsnot, Ernährung, Ertrag der Landwirtschaft usw.) von größter Dringlichkeit. Das in Denkschriften erarbeitete Material muß in kleiner Münze an die deutsche Öffentlichkeit in der Presse, in politischen Vorträgen, in der Schule weitergegeben werden. Die wichtigsten Voraussetzungen für die Schaffung einer der Rückgabe des deutschen Ostens günstigen Weltmeinung ist das Vorhandensein einer in die Tiefe gehenden Volksbewegung mit diesem Ziel in Deutschland selbst. Daran fehlt es bis jetzt noch völlig.

[. . .]

Es mag den Anschein haben, als ob manche der vorstehend erhobenen Forderungen in das Reich der Utopie zu verweisen seien; als sei es eine verstiegene Weltfremdheit, jetzt an die Rückforderung von Gebieten zu denken, die angesichts der gegebenen außenpolitischen Lage so unwiderruflich verloren erscheinen. Eine solche Ansicht wäre grundlegend irrig. Wem die Grundtatsache klar ist, daß Westdeutschland mit seinen 70 Millionen Menschen nicht lebensfähig und zum Absterben verurteilt ist, der ist zwangsläufig vor die Alternative gestellt, entweder den Untergang Deutschlands mit gefalteten Händen widerspruchslos über sich ergehen zu lassen oder mit letzter Kraft den Versuch zu machen, eine feindliche Mitwelt von der Notwendigkeit der Rückgliederung des deutschen Ostens zu überzeugen, um auch Europa vor dem Untergang zu retten. Ob und wann dieser Versuch von Erfolg begleitet sein wird, steht dahin. Aber oft sind Unmöglichkeiten von heute geschichtliche Tatsachen von übermorgen.

25. Wirtschaftsdemokratie – Vorschläge zum Aufbau einer wirtschaftlichen Selbstverwaltung[38]

Das Prinzip der Demokratie in der Wirtschaft wird gewährleistet durch die wirtschaftliche Selbstverwaltung, die nach von politisch-parlamentarischen Körperschaften festgelegten und kontrollierten Grundsätzen erfolgt. Ihre Träger sind die Wirtschaftsverbände der Arbeitgeber und die Gewerkschaftsverbände der Arbeitnehmer, die paritätisch zusammengesetzte Wirtschaftskammern bilden.

Bundesarchiv, ZSg 1–31/35 (Flugschrift).

Januar 1947

In den meisten Demokratien beschränkt sich die Auswirkung des Volkswillens auf die parlamentarische Kontrolle und Richtunggebung der gesetzgebenden Körperschaften und der verantwortlichen Verwaltungen. Es hat sich jedoch gezeigt, daß eine auf das parlamentarisch Politische beschränkte Demokratie unmöglich auf längere Sicht den Konflikt vermeiden kann, der sich aus der Tatsache ergibt, daß ihr eine wirtschaftsbeherrschende Autokratie gegenübersteht, die in der Kontrolle der Wirtschaft den wesentlichsten Teil des modernen Lebens bestimmt.

In diesem Konflikt wird sich der Kampf der Volksvertretung um die Herrschaft über die Wirtschaft und der Kampf der Wirtschaft um die Beherrschung der Parteien und des Staates zu einem ständigen Konflikt entwickeln, der zu Erschütterungen führen muß, wie wir sie immer wieder erlebten.

Gerade die Weimarer Republik war ein Beispiel dafür, wie politisch-parlamentarische Demokratie ohne eine Untermauerung des sie tragenden Gedankens in der Wirtschaft wenig widerstandsfähig und praktisch beinahe machtlos werden kann, wenn nicht muß. Politische Demokratie ist nicht genug – das Prinzip der Demokratie muß auch, ja sogar vor allen Dingen in der Wirtschaft gesichert sein.

Während es relativ leicht ist, Methoden zu ersinnen und auf Erfahrungen aufzubauen, die sich auf die politisch-parlamentarische Demokratie beziehen – ist es nicht so einfach, die Probleme der Lenkung und Kontrolle der Wirtschaft dem demokratischen Prinzip anzupassen.

Das Wesen des wirtschaftlichen unterscheidet sich grundsätzlich von dem des politischen Sektors des Lebens, und es genügt hier nicht, durch bestimmte Regeln die Mitbestimmung und Einflußnahme des Volkes zu sichern. Im Gegenteil, allzufest gesetzte Regeln können zu einer Überorganisation und Er-

[38] Herausgegeben vom Gewerkschaftlichen Zonensekretariat (Britische Besatzungszone, Abt. Wirtschaftspolitik).

starrung des Wirtschaftsapparates führen, die der notwendigen Elastizität der Wirtschaftsverwaltung abträglich sind.

Die Entwicklung hat gezeigt, daß eine wirkliche Demokratie in der Wirtschaft nur auf dem Wege weitgehender wirtschaftlicher Selbstverwaltung unter politisch-demokratischer Kontrolle möglich ist.

Der sonst mögliche andere Weg: der einer ausschließlich parlamentarischen Kontrolle über den reinen politischen Verwaltungsapparat führt unabwendlich zur Anwendung der Wesenszüge des totalitären Prinzips mit „demokratischem" Vorzeichen – oder bleibt in entscheidenden Dingen unwirksam.

Auch die Vorstellung eines rein auf der Selbstverwaltung aufgebauten Wirtschaftskörpers muß verworfen werden – denn das wäre eine in die moderne Zeit übertragene Abart des ständischen Aufbaus, der – wenn nicht Teil eines modernen totalitären Staates – heute zum Staate im Staat oder schließlich zum Ständestaat führen müßte.

Es muß also hier die Synthese gefunden werden zwischen den notwendigen politisch-parlamentarischen und den erforderlichen selbstverwaltungsmäßig zu schaffenden Zuständigkeiten.

Diese Frage zu lösen ist nicht ganz so schwer, wie sie erscheinen mag, wenn man sich darüber klar wird, daß politisch-parlamentarisch die Richtlinie und Kontrolle den Parteien zufällt, während in der Exekutive der Selbstverwaltung weitgehendster Raum gelassen werden soll.

Das heißt, daß die gesetzgebende Körperschaft, das Parlament, durch seine politischen Parteien bestimmt, in welcher Richtung und nach welchen Grundsätzen die Wirtschaft zu entwickeln und zu lenken ist. Es bedeutet aber auch, daß in diesem Rahmen die an der Wirtschaft direkt Beteiligten aktiv die Verantwortung und die Vollmacht für die Durchführung dieser einmal festgelegten Grundsätze haben.

Aus dieser Einstellung zu dem Problem ergeben sich Konsequenzen, die nun tief in die praktische Gestaltung des neuen wirtschaftlichen, das heißt wirtschaftspolitischen Lebens hineingreifen.

Da ist zunächst grundsätzlich die Frage der „Zuständigkeiten" zu beachten.

Soll die Kontrolle des parlamentarisch-politischen Sektors bei der Festlegung der Richtlinien der Wirtschafts-Politik aufhören, also im rein Legislativen erschöpft sein, oder soll sie sich auch hier, wie in anderen Fragen des öffentlichen Lebens, auf die Kontrolle der Exekutive mit erstrecken?

Wir hatten gesagt, daß in der Exekutive der Selbstverwaltung weitgehendster Raum gelassen werden soll – wir hatten nicht gesagt, daß der politisch-parlamentarische Sektor völlig ausgeschaltet werden muß.

Es ist eine Voraussetzung der politischen Demokratie, daß die Regierungen und Behörden dem Parlament verantwortlich sein müssen. Es ist deshalb unmöglich, diese Voraussetzung beseitigen zu wollen, ohne die Demokratie selbst aufzuheben.

Neben verwaltungsmäßiger Arbeit, neben der reinen Regierungsexekutive sind aber diese Behörden und Verwaltungen im Besitz delegierter Machtbefugnisse, die im täglichen Arbeitsverlauf von wesentlicher Bedeutung sind.

Es ist praktisch nicht möglich, diese delegierte Machtausübung ständig in politisch-parlamentarischer Weise zu überwachen und in ihrer Meinungsbildung zu beeinflussen. Parlamentarische Fachausschüsse, selbst wenn sie in Permanenz tagten, können sich nicht mit diesen oft scheinbar unbedeutenden Einzelfragen befassen, bevor nicht Grund zur Beschwerde vorliegt.

Es ist bereits an dieser Stelle, daß die Selbstverwaltungsorgane der demokratischen Wirtschaft ihren Platz in der Exekutive finden müssen.

In Beiräten und Fachausschüssen müssen hier Körperschaften bestehen, die in der Lage sind, in ständiger Zusammenarbeit mit der Verwaltung die Ausübung der delegierten Macht so zu beeinflussen, daß sie tatsächlich dem erklärten Willen der Volksvertretung entspricht und sinngemäß auf den betreffenden Wirtschaftszweig unter Kenntnis der obwaltenden Verhältnisse angewandt wird.

Es ergibt sich daraus, daß ein System von doppelter Kontrolle und einheitlicher Lenkung für die Wirtschaft notwendig ist: eine Kontrolle des Parlaments, das die politische Aufsicht ausübt, und eine der wirtschaftlichen Selbstverwaltung, die der Anpassung der wirtschaftspolitischen Richtlinien an die betreffenden Industrien und Verhältnisse dient und die dementsprechenden Maßnahmen aus delegierter Macht der Verwaltungen entscheidend beeinflußt.

Die einheitliche Direktive ist gewährleistet durch die Entscheidung des Parlaments, das unbeschränkt Herr der Gesetzgebung ist und die Grundsätze politischer und wirtschaftlicher Gestaltung festlegt.

Ist man gewillt, die hier gegebene Funktion der Selbstverwaltung in der Wirtschaft zu bejahen, so ergeben sich daraus weitgehende Konsequenzen.

Es wird notwendig sein, eine Organisation aufzubauen, die von oben bis unten in der Wirtschaft diese Selbstverwaltung tatsächlich verwirklicht. Dazu gehört zunächst, daß man sich klar darüber werden muß, wer Träger der Selbstverwaltung in der Wirtschaft sein soll.

In der modernen Wirtschaft, soweit sie nicht staatskapitalistisch, totalitär oder ganz sozialistisch ist, werden es die beiden großen Gruppen sein, die auf der einen Seite die Arbeitgeber und auf der anderen die Arbeitnehmer vertreten: die Wirtschaftsverbände und die Gewerkschaften.

Sie werden die Grundlage für den Aufbau eines Systems von Kammern bilden, die einen wesentlichen Teil des Selbstverwaltungsaufbaus in der Wirtschaft darstellen.

Die Form der Kammern in der Selbstverwaltung der Wirtschaft ist uns nicht fremd. Es ist uns auch nicht neu, daß diese Kammern gewisse delegierte Rechte hatten, die sie über den Rahmen fachlicher Vereinigungen hinaushoben. Neu ist vielmehr die wirtschaftspolitische Aufgabe, die heute im Vordergrund der Arbeit der wirtschaftlichen Selbstverwaltung steht. Neu ist auch die Tatsache, daß man als Selbstverwaltung oder nur als Repräsentation einer Wirtschaft oder Wirtschaftsgruppe nicht mehr die Vertretung des Unternehmertums schlechthin anerkennt, sondern vielmehr die in dieser Wirtschaft tätigen, von ihr abhängigen Menschen in den Vordergrund der Betrachtung zieht.

Es sind also sehr wesentlich neue Aufgaben, die diesen neuen Kammern zufallen. Es handelt sich nicht mehr um Berufs- und Standesinteressen, es geht nicht mehr um „Interessentengruppen", sondern um eine demokratische Wirtschaftspolitik, um die Eingliederung jedes Wirtschaftszweiges allerorts in den großen Plan, in dessen Mittelpunkt nicht das Interesse einer Gruppe, eines Wirtschaftszweiges, ja nicht einmal entscheidend das Interesse der Wirtschaft als Ding an sich mehr steht – sondern der Mensch – das Volk. Nicht Wirtschaft um der Wirtschaft – sondern Wirtschaft um des Menschen willen.

Deshalb ist es sehr unwesentlich, ob man sich mit alten Bezeichnungen belasten oder für neue Begriffe auch neue Namen benutzen will.

Selbst wenn man sie weiterhin Industrie- und Handelskammern nennen wollte – ihr Inhalt würde ein ganz anderer zu sein haben. An Stelle der bisherigen Industrie- und Handelskammern und der Handwerkskammern sind einheitliche Wirtschaftskammern notwendig, die fachlich für Industrie und Handel und Handwerk untergliedert sind.

Räumlich sollen diese Kammern Gebiete umfassen, die etwa denen der heutigen Kammern entsprechen.

Darüber hinaus wären sie so aufzubauen, wie die staatliche Wirtschaftsverwaltung aufgebaut ist. Durch eine gesetzliche Regelung über die Selbstverwaltung in der Wirtschaft muß gesichert werden:

1. daß diese Wirtschaftskammern nur aus den Wirtschaftsverbänden und den Gewerkschaften bestehen dürfen, wobei das Verhältnis paritätisch zu sein hat,
2. daß neben diesen Kammern keine Selbstverwaltung der Wirtschaft im Sektor Verwaltung besteht,
3. daß nur diesen Kammern Machtbefugnisse der Selbstverwaltung delegiert werden können.

Es ergibt sich daraus:

1. daß weder eine Zwangsmitgliedschaft gewünscht wird, noch Einzelmitgliedschaft (von Firmen oder Belegschaften) möglich ist,

2. daß die Gründung „wilder" Organisationen ohne praktische Wirkung bleiben würde, da
3. keine andere Organisation die den Kammern allein gegebenen Vollmachten hätte.

Die Aufgaben der Wirtschaftskammern müssen bedeutend im Vergleich mit denen der früheren Industrie- und Handelskammern erweitert werden. Neben den fachlichen Betreuungs- und Kontrollaufgaben, die diesen Kammern bereits früher zufielen, sind es jetzt vor allem die Ernennung von Ausschüssen, die in allen Wirtschaftsverwaltungen der Kommunen, Kreise, Länder usw. als Beiräte mitwirken werden.

Sie werden sich rechtlich in der Lage befinden, als die einzige Stelle berufen zu sein, zu solchen Ausschüssen die geeigneten Vertreter der wirtschaftlichen Selbstverwaltung zu bestimmen. Dies wird, wie in allen ihren Arbeiten, auf paritätischer Grundlage zu geschehen haben.

Es ergibt sich also ein Bild, das den Aufbau der Wirtschaftskammern wie folgt darstellt: Bezirkswirtschaftskammern, Landeswirtschaftskammern, Reichswirtschaftskammer.

Es wäre damit ein Aufbau gegeben, der ein System von Wirtschaftskammern schafft, das auf jeder Verwaltungsstufe das Vorhandensein einer entsprechenden Selbstverwaltung der Wirtschaft vorsieht.

Würde eine solche Selbstverwaltung der Wirtschaft bestehen, so wäre die Forderung nach paritätischer Beteiligung der Gewerkschaften in Ausschüssen bei den Fachministerien und Verwaltungen bereits erfüllt: überall, wo wirtschaftliche Fragen entschieden oder verwaltet werden, wo Fachfragen oder allgemeine Probleme der Wirtschaft im Vordergrund stehen – überall dort würden Beiräte und Ausschüsse bestehen, die von den betreffenden Wirtschaftskammern zu diesem Zweck ernannt worden wären. Wie alle Ausschüsse dieser Kammern wären sie paritätisch besetzt und ständen neben den Vertretern der behördlichen Exekutive.

Es würde sich der Kampf erübrigen, der nun um jeden Ausschuß und um jede einzelne paritätische Besetzung eines Ausschusses erfolgt.

Wie würde nun die Kontrolle der Ausschüsse praktisch wirken? Sie würden dort nicht als Vertreter einer einzelnen Organisation, sondern als Vertreter der Kammern sitzen, also auch an bestimmte Aufträge der Kammern gebunden sein. Sowohl die Gewerkschaften wie die Wirtschaftsverbände würden in den Kammern, d. h. den demokratischen Selbstverwaltungen, ihre gegensätzlichen Meinungen auszutragen haben und nicht an der Stelle, an der sie im gemeinsamen Interesse zur Kontrolle und Beratung der Behörden tätig sind. Wir geben uns keinen Illusionen hin, daß das nun immer genau so geschehen wird, wie wir es hier darstellen – wissen aber, daß der gegenwärtige Zustand in keinem Falle besser ist als das, was man selbst bei Nichtbeachtung dieser Regeln befürchten müßte.

In jedem Falle würde die wirtschaftliche Selbstverwaltung tatsächlich wirksam hergestellt sein.

Zusammenfassend kann gesagt werden:

Wir haben hier in großen Zügen darzulegen versucht, daß in der modernen Demokratie die wirtschaftliche Untermauerung des politisch-parlamentarischen Systems notwendig ist, um die Demokratie als solche zu sichern und zu vollenden.

Wir haben ferner dargetan, daß diese Wirtschaftsdemokratie in der öffentlichen Verwaltung nur gewährleistet werden kann durch ein System der Selbstverwaltung, das sich wesentlich von den früheren Arten wirtschaftlicher Selbstverwaltung unterscheidet.

Wir haben weiterhin dargelegt, daß sich diese neue wirtschaftliche Selbstverwaltung mit weitgehend wirtschaftspolitischen Aufgaben zu befassen hat und daß dafür die Form eines durchorganisierten Kammern-Systems die uns geeignet erscheinende Form zu sein scheint. Es ist auch bereits gesagt worden, wie wir uns dieses System von Kammern vorstellen, und inwieweit es sich von den bisher bekannten Formen der Kammern in der deutschen Wirtschaft unterscheidet. Es wäre notwendig, den Aufbau dieser Kammern durch ein Gesetz festzulegen, das folgende wesentliche Grundsätze enthalten müßte:

1. Die wirtschaftliche Selbstverwaltung in der Demokratie ist neben der politischen Willensbestimmung des Parlamentes durch Körperschaften zu sichern, die unabhängig von den politischen Parteien die in der Wirtschaft tätigen Kräfte zur Zusammenarbeit in Wirtschaftsfragen erfassen und repräsentieren.
2. Diese Körperschaften sind die Wirtschaftskammern. Sie sind öffentlich rechtliche Körperschaften.
3. Träger der Wirtschaftskammern sind die Organisationen der in der Wirtschaft Tätigen: die Wirtschaftsverbände der Arbeitgeber und die Gewerkschaften der Arbeitnehmer. Andere Gruppen werden als Vertreter der Wirtschaft nicht anerkannt. (Das Handwerk kann sich gleichfalls in Wirtschaftsverbänden und Gewerkschaften organisieren.)
4. Beide Gruppen sind in der Wirtschaftskammer, allen Ausschüssen, Delegationen usw. paritätisch vertreten.
5. Es gibt keine Einzelmitgliedschaft und keine Wahlen zu den Kammern. Die Einzelnen sind Mitglied bei den Organisationen, die als Träger der Kammern gelten; sie üben in den Organisationen ihr Wahlrecht aus, um die Vertreter für die Kammer zu bestimmen, die von den Organisationen dann in die Kammer delegiert werden.
6. Finanzierung: Die Kammern werden aus Mitteln erhalten, die für diesen

Zweck aus den Steueraufkommen der in der Wirtschaft Tätigen (Firmen und Arbeitnehmer) abgezweigt werden.

7. Allgemeinverbindlichkeit: Die Maßnahmen der Kammern auf Grund delegierter Macht sind bindend für alle Betriebe und Arbeitgeber und Arbeitnehmer, ob sie Mitglied der Wirtschaftsverbände oder Gewerkschaften sind oder nicht. Verzicht auf das Recht, sich an seinen Berufsverbänden zu beteiligen, befreit nicht von den für alle bindenden Bestimmungen.
8. Aufgaben der Kammern sind:
   a) Die Mitarbeit in Kontroll- und Fachbeiräten der Wirtschaftsbehörden und Verwaltungen in allen Stufen einschließlich der Ministerien des Reichs und der Länder.
   b) Ausübung der ihnen durch das Gesetz delegierten Vollmachten wie z. B. Mitwirkung in der Festsetzung von Verkaufszeiten, Konzessionsbegutachtung, schiedsrichterliche und sonstige rechtspflegerische Tätigkeit, Preisüberwachung, Wettbewerbsfragen, Begutachtungen, Börsenaufsicht und Kreditüberwachung.
   c) Es werden ihnen im Rahmen der Wirtschaftsplanung besondere wirtschaftspolitische Aufgaben wie Mitwirkung bei der Bewirtschaftung, Zusammenlegung, Schließung und Kontrolle von Betrieben, sowie das wirtschaftliche Sachverständigenwesen übertragen.
9. Aufbau der Kammern:
   a) die Bezirkswirtschaftskammern: stellen die erste Stufe des Kammeraufbaues dar und arbeiten mit den entsprechenden Behörden der öffentlichen Verwaltung. Sie haben die Möglichkeit, wo notwendig, Außenstellen einzurichten.
   b) die Landeswirtschaftskammern: sind die zweite Stufe des Kammersystems und arbeiten mit den Landesbehörden der entsprechenden öffentlichen Verwaltung.
   c) die Reichswirtschaftskammer: steht der zukünftigen Zentralregierung in Wirtschaftsfragen zur Seite und erfüllt die Aufgabe einer für hohe wirtschaftspolitische Fragen das Parlament und die Zentralregierung beratenden Körperschaft, die auf Grund bestimmter vom Parlament delegierter Vollmachten gewisse gesetzgeberische Rechte ausüben kann.
10. Die Zusammenarbeit mit der öffentlichen Verwaltung:
    Die Zusammenarbeit der Kammern mit der entsprechenden Stufe der öffentlichen Verwaltung in Wirtschaftsfragen und verwandten Fragen geschieht durch das Mittel der Beiräte, die allen öffentlichen Verwaltungen der Wirtschaft beizugeben sind.
11. Die Beiräte müssen bei allen Verwaltungen der Wirtschaft, der Finanzen, des Verkehrs und der Ernährung, ob es sich um kommunale, Landes- oder

Reichsbehörden handelt, errichtet werden und sind ausschließlich durch von den Kammern bestellte Vertreter zu besetzen. Diese Vertreter müssen paritätisch von der Kammer bestellt werden.

12. Die Beiräte werden von den Kammern bestellt, die auf derselben Stufe stehen wie die Behörde, bei der sie wirksam werden (z. B. Landeskammer = Landesbehörde).
13. Nicht die Kammer als solche, sondern die von ihr bestellten Beiräte üben in der Behörde im Auftrag der Kammer ihre Rechte aus.
14. Die Beiräte haben in ständigem Kontakt mit der Behörde zu stehen, notwendige Fachausschüsse oder Referate einzurichten und überwachend und beratend im Sinne der vom Parlament festgelegten Wirtschaftspolitik tätig zu sein.
15. Die Mitglieder der Beiräte oder Ausschüsse können nicht Beamte des Staates, der Kommunen etc. sein. Sie können auch nicht durch die Behörden in irgendwelcher Form Vergütungen für ihre Tätigkeit empfangen. Sie sind Mitglieder und Vertreter der Kammern und als solche diesen verantwortlich und nur von diesen zu entschädigen, wenn Entschädigung notwendig sein sollte.

Das etwa wäre in großen Zügen der Grundriß für eine wirtschaftliche Selbstverwaltung, die mit dem Mittel des Kammersystems den Forderungen unserer Zeit gerecht zu werden versucht. Es bedeutet eine grundsätzlich neue Einstellung zur Frage der Wirtschaftsdemokratie und zu den überlieferten Auffassungen über die Aufgaben der wirtschaftlichen Kammern.

Von einer solchen grundsätzlich neuen Auffassung ist bisher weder in den Vorschlägen der Alliierten noch in dem Entwurf des Zentralamtes für Wirtschaft etwas zu bemerken.

Es ist sicherlich möglich, bei allen Amtsstellen der Wirtschaftsverwaltung und bei den zur Zeit bestehenden Kammern paritätische Beiräte durchzusetzen, die in noch nicht klar festgelegter Form Aufgaben erfüllen sollen, die zum Teil denen entsprechen könnten, die wir für die Beiräte der Kammern auf allen Stufen fordern. Als Zwischenlösung ist das zu verlangen. Alles in allem ist aber diese Zwischenlösung höchst unbefriedigend, da sie in keiner Weise den Forderungen nach wirtschaftsdemokratischem Aufbau gerecht wird und sich in traditionellen Auffassungen des Kammersystems und sogar des Innungswesens bewegt.

Man belastet die Wirtschaft wieder mit Industrie- und Handelskammern, die man auf „neu“ aufputzt, indem man das Prinzip der paritätischen Beteiligung der Gewerkschaften anerkennt. Diese in ihren Rechten außerdem stark beschnittenen Kammern sind nicht die Mittel wirtschaftlicher Selbstverwaltung, wie man sie als Grundsteine wirklicher Demokratie in der Wirtschaft braucht. Ebensowenig ist es möglich, mittelalterliche Reste wie die Innungen in den Handwerkskammern durch paritätische Vertretung etwa der Gesellen zu Instrumenten einer modernen wirtschaftlichen Selbstverwaltung zu machen. Die vorliegenden Entwürfe und Beschlüsse zeigen, daß mit den alten Namen auch im wesentlichen die alten, unbrauchbaren Vorstellungen noch am Leben sind. Die „paritätische" Vertretung ist noch kein Zauberwort, das aus einer überlebten Einrichtung eine moderne und brauchbare macht.

Es besteht kein Zweifel, daß deshalb die Forderung nach einer grundsätzlichen Neuregelung des demokratischen Aufbaus in der Wirtschaft nicht verstummen darf in der Erkenntnis, daß auch die vorgeschlagene Parität in den alten Kammern die Frage der Wirtschaftsdemokratie durch Selbstverwaltung nicht wirksam zu lösen vermag. Es geht hier um eine tatsächliche und grundlegende Änderung in der Auffassung von den Aufgaben der wirtschaftlichen Selbstverwaltung, wie wir sie hier dargelegt haben und wie sie nur mit neuen Mitteln auf neuen Wegen in die Tat umgesetzt werden kann.

26. Programmatische Erklärung des Zonenausschusses der CDU der britischen Zone (Ahlener Programm)[39]

Bei gleichzeitiger Förderung der privaten Unternehmerinitiative sollen Großbetriebe monopolartigen Charakters und Konzerne vergesellschaftet, die Wirtschaft in gewissem Umfange durch Selbstverwaltungskörperschaften gelenkt und Arbeitnehmern ein Mitbestimmungsrecht in grundlegenden Fragen ihrer Betriebe eingeräumt werden.

Bundesarchiv, ZSg 1–17/4 (Flugschrift). –
Druck u. a.: Flechtheim II, S. 53–58.

Ahlen, 3. Februar 1947

Der Zonenausschuß der CDU für die britische Zone erließ in seiner Tagung vom 1. bis 3. Februar 1947 in Ahlen folgende programmatische Erklärung:

Das kapitalistische Wirtschaftssystem ist den staatlichen und sozialen Lebensinteressen des deutschen Volkes nicht gerecht geworden. Nach dem furchtbaren politischen, wirtschaftlichen und sozialen Zusammenbruch als Folge einer verbrecherischen Machtpolitik kann nur eine Neuordnung von Grund aus erfolgen.

Inhalt und Ziel dieser sozialen und wirtschaftlichen Neuordnung kann nicht mehr das kapitalistische Gewinn- und Machtstreben, sondern nur das

[39] Beschlossen auf der Tagung des Zonenausschusses der CDU der britischen Zone vom 1.–3. 2. 1947.

Wohlergehen unseres Volkes sein. Durch eine gemeinwirtschaftliche Ordnung soll das deutsche Volk eine Wirtschafts- und Sozialverfassung erhalten, die dem Recht und der Würde des Menschen entspricht, dem geistigen und materiellen Aufbau unseres Volkes dient und den inneren und äußeren Frieden sichert.

In dieser Erkenntnis hat das Parteiprogramm der CDU vom März 1946 folgende Grundsätze aufgestellt:

Ziel aller Wirtschaft ist die Bedarfsdeckung des Volkes.

Die Wirtschaft hat der Entfaltung der schaffenden Kräfte des Menschen und der Gemeinschaft zu dienen. Ausgangspunkt aller Wirtschaft ist die Anerkennung der Persönlichkeit. Freiheit der Person auf wirtschaftlichem und Freiheit auf politischem Gebiet hängen eng zusammen. Die Gestaltung und Führung der Wirtschaft darf dem einzelnen nicht die Freiheit seiner Person nehmen. Daher ist notwendig:

Stärkung der wirtschaftlichen Stellung und Freiheit des einzelnen; Verhinderung der Zusammenballung wirtschaftlicher Kräfte in der Hand von Einzelpersonen, von Gesellschaften, privaten oder öffentlichen Organisationen, durch die die wirtschaftliche oder persönliche Freiheit gefährdet werden könnte. Kohle ist das entscheidende Produkt der gesamten deutschen Volkswirtschaft. Wir fordern die Vergesellschaftung der Bergwerke.

Im Verfolg dieser Grundsätze ist nunmehr von der CDU folgendes Programm für die Neuordnung der Wirtschaft beschlossen worden:

I. Die deutsche industrielle Wirtschaft in der Vergangenheit

1. Die deutsche industrielle Wirtschaft war technisch und wissenschaftlich in der Zeit von 1918 bis 1945 im allgemeinen auf der Höhe. Sie konnte jeden Vergleich mit der Wirtschaft anderer Länder nach dieser Richtung aushalten. Das gilt auch vom Bergbau. Den klarsten Beweis für die technische und wissenschaftliche Höhe der deutschen Industrie liefern die Erklärungen ausländischer Staatsmänner und Zeitungen über den ungeheuren Wert der von ihnen beschlagnahmten deutschen Patente und Geheimverfahren. Sie erklären, daß die deutsche Wissenschaft, Technik und Industrie in vielen Beziehungen voraus gewesen ist.
2. Das Verhältnis zwischen der deutschen industriellen Wirtschaft und dem Staate, der Gesamtheit des Volkes und dem einzelnen Arbeitnehmer zeigte in vieler Hinsicht schwere Mängel. Es darf auch hier nicht verkannt werden, daß in Deutschland, ehe es 1933 zum getarnten Staatssozialismus überging, erhebliche Teile der industriellen Wirtschaft in Gemeinbesitz waren: Bahnen fast restlos, einschließlich der Kleinbahnen und Straßen-

bahnen, Post, Telegraf, Rundfunk, Gas- und Wasserversorgung, der größte Teil der Erzeugung elektrischer Kraft, ein erheblicher Teil des Bergbaues in der britischen Zone, der Saarbergbau ganz.

Auch das Genossenschaftswesen war in Deutschland auf allen Gebieten einschließl[ich] dem des Geldwesens sehr stark entwickelt. Auf dem Gebiete des Geld- und Bankwesens war der gemeinwirtschaftliche Einfluß durch Reichsbank, Staatsbanken, Landesbanken, Giroverbände der Sparkassen sehr groß. Dasselbe gilt vom Versicherungswesen durch die staatlichen und provinziellen Versicherungen.

Aber auf den wichtigen Gebieten des Bergbaues und der Schlüsselindustrien waren schwere Schäden vorhanden. Die Zeit von 1933 ab hat zu großen Zusammenballungen industrieller Unternehmungen geführt. Diese bekamen dadurch einen monopolartigen Charakter. Sie wurden für die Öffentlichkeit undurchsichtig und unkontrollierbar. Wenn der Aktienbesitz der großen industriellen Unternehmungen, abgesehen von wenigen Ausnahmen, wie z. B. Krupp, auch stark gestreut war, so wurde doch die Zusammensetzung des Aufsichtsrates und Vorstandes infolge der Vertretung der zahlreichen Aktionäre durch wenige Banken von einem verhältnismäßig kleinen Kreis von Personen bestimmt. Die zu dem engen Kreis der Vertreter der Großbanken und der großen industriellen Unternehmungen gehörigen Personen hatten infolgedessen eine zu große wirtschaftliche und damit zu große politische Macht.

Das Verhältnis des Arbeitnehmers zu seinem Betrieb war vor 1933 im Beginn einer die Interessen des Arbeitnehmers berücksichtigenden Entwicklung. Diese Entwicklung war aber 1933 noch nicht zu einem befriedigenden Abschluß gelangt. Während der Jahre 1933 bis 1945 waren auch die größeren industriellen Unternehmungen der Sache nach, wenn auch nicht dem Namen nach, Staatsbetriebe. Der nationalsozialistische Staat nahm sich das Recht, jede leitende Persönlichkeit, wenn sie ihm politisch oder wirtschaftlich widerstrebte, ohne weiteres zu entfernen; er vergab Aufträge, er verteilte dementsprechend die Rohstoffe, die Arbeitskräfte, er setzte Preise, Löhne usw. fest.

Der Arbeitnehmer war gegenüber seinem Betrieb machtlos. Es gab keine Lohnbewegungen, keine Lohnerhöhungen, keinen Wechsel des Arbeitsplatzes, kein Mitspracherecht bei der Führung der Betriebe. Es herrschte im vollen Umfang ein getarnter Staatssozialismus.

II. Neue Struktur der deutschen industriellen Wirtschaft

Die neue Struktur der deutschen Wirtschaft muß davon ausgehen, daß die Zeit der unumschränkten Herrschaft des privaten Kapitalismus vorbei ist. Es muß aber ebenso vermieden werden, daß der private Kapitalismus durch den Staatskapitalismus ersetzt wird, der noch gefährlicher für die politische und wirtschaftliche Freiheit des einzelnen sein würde. Es muß eine neue Struktur der Wirtschaft versucht werden, die die Mängel der Vergangenheit vermeidet und die Möglichkeit zu technischem Fortschritt und zur schöpferischen Initiative des einzelnen läßt.

1. Konzerne und ähnliche wirtschaftliche Gebilde, die nicht technisch, sozial oder wirtschaftlich absolut notwendig sind, sind zu entflechten und in selbständige Einzelunternehmungen zu überführen. Die technische Entwicklung verlangt bei gewissen Unternehmungen eine bestimmte Mindestgröße, namentlich auch, um gegenüber dem Ausland konkurrenzfähig zu sein. Diese Mindestgröße muß derartigen Unternehmungen unbedingt belassen werden.
2. Unternehmungen monopolartigen Charakters, Unternehmungen, die eine bestimmte Größe überschreiten müssen, verleihen eine wirtschaftliche und damit eine politische Macht, die die Freiheit im Staate gefährden kann. Dieser Gefahr muß dadurch vorgebeugt werden, daß entsprechende Kartellgesetze erlassen werden. Darüber hinaus soll bei diesen Unternehmungen das machtverteilende Prinzip eingeführt werden, damit jede mit dem Gemeinwohl unverträgliche Beherrschung wesentlicher Wirtschaftszweige durch den Staat, Privatpersonen oder Gruppen ausgeschlossen ist.
   a) Zu diesem Zweck sollen öffentliche Körperschaften wie Staat, Land, Gemeinde, Gemeindeverbände, ferner Genossenschaften und die im Betrieb tätigen Arbeitnehmer an diesen Unternehmungen beteiligt werden; der dringend notwendigen Unternehmerinitiative ist der erforderliche Spielraum zu belassen.
   b) Weiter soll bei solchen Unternehmungen der private Aktienbesitz, der in einer Hand dem Eigentum oder dem Stimmrecht nach vereinigt wird, in der Höhe gesetzlich begrenzt werden.
3. Bergbau. Monopolartigen Charakter haben die Kohlenbergwerke schlechthin wegen des von ihnen geförderten, für das gesamte Volk lebenswichtigen Urproduktes. Daher ist die Anwendung der in Ziffer II/2 aufgestellten Grundsätze auf sie vordringlich; sie sind somit zu vergesellschaften.

   Wenn in besonderen Fällen die Form des Staatsbetriebes zweckmäßiger erscheint, so sollen die vorstehenden Grundsätze der Anwendung dieser Form nicht entgegenstehen.

4. Eisenschaffende Großindustrie. Auch bei der eisenschaffenden Großindustrie ist der Weg der Vergesellschaftung zu beschreiten.
5. Das Genossenschaftswesen ist mit aller Kraft auszubauen und die Rechtsform der Stiftungen auch im wirtschaftlichen Bereich nachdrücklich zu fördern.
6. Die schon vor 1933 begonnene gesetzliche Kontrolle des Geld- und Bankwesens sowie des Versicherungswesens muß weiter ausgebaut werden.
7. Leistungsfähige Klein- und Mittelbetriebe sind um ihres volkswirtschaftlichen Wertes und ihrer sozialen Aufstiegsmöglichkeiten willen zu fördern. In Industrie, Handel, Handwerk und Gewerbe ist die private Unternehmertätigkeit zu erhalten und zu entwickeln.
8. Rechtmäßig erworbenes Eigentum, mit dem politischer Mißbrauch nicht getrieben wurde, ist im übrigen bei der Durchführung dieser wirtschaftlichen Neuordnung im Rahmen der allgemeinen Gesetze zu achten.

III. Neugestaltung des Verhältnisses zwischen Arbeitgeber und Arbeitnehmer im Betriebe

In den Betrieben, in denen wegen ihrer Größe das Verhältnis zwischen Arbeitnehmer und Unternehmer nicht mehr auf einer persönlichen Grundlage beruht, ist ein Mitbestimmungsrecht der Arbeitnehmer an den grundlegenden Fragen der wirtschaftlichen Planung und sozialen Gestaltung sicherzustellen. Dies muß zunächst dadurch geschehen, daß die Arbeitnehmer des Betriebes in den Aufsichtsorganen, z. B. im Aufsichtsrat des Unternehmens, die ihnen zustehende Vertretung haben. Zu diesem Zweck bedarf es einer Reform des Gesellschaftsrechtes. Insbesondere ist dem Aufsichtsrat eine stärkere Stellung gegenüber der Verwaltung zu verleihen.

Bei Großbetrieben mit mehrköpfigem Vorstand sollte Betriebsangehörigen, die in langjähriger Betriebszugehörigkeit sich um den Betrieb verdient gemacht haben, Mitwirkung in der Leitung des Unternehmens durch Berufung in den Vorstand gewährt werden. Die Berufung erfolgt auf Vorschlag der Betriebsangehörigen, die dem Aufsichtsrat mindestens drei Vorschläge zu unterbreiten haben.

Dem von der Belegschaft gewählten Vorsitzenden des Betriebsrates ist Gelegenheit zur Mitwirkung in allen Fragen zu geben, welche die sozialen Interessen der Betriebsangehörigen berühren. Darüber hinaus hat die Betriebsleitung in jedem Fall dem Betriebsrat einmal monatlich Bericht über die Lage des Unternehmens zu erstatten, und den Betriebsratsangehörigen ist ein Anspruch auf Auskunftserteilung in diesen Besprechungen zuzubilligen.

Durch geeignete Maßnahmen soll den Arbeitnehmern eine Beteiligung am

Ertrage gesichert werden. Die Formen dieser Beteiligung können verschiedenartig sein und unterliegen besonderer Vereinbarung.

IV. Planung und Lenkung der Wirtschaft

[Planung und Lenkung der Wirtschaft] wird auf lange Zeit hinaus in erheblichem Umfange notwendig sein; es ist aber ein Unterschied, ob die Planung und Lenkung im Hinblick auf die Schwierigkeiten der wirtschaftlichen Lage erfolgt oder von Fall zu Fall als notwendig betrachtet wird, oder ob die Planung und Lenkung der Wirtschaft als Selbstzweck angesehen wird. Planung und Lenkung der Wirtschaft wird auch in normalen Zeiten in gewissem Umfange notwendig sein, was sich aus unserer Auffassung ergibt, daß die Wirtschaft der Bedarfsdeckung des Volkes zu dienen hat.

Diese Planungs- und Lenkungsaufgaben sollen von Selbstverwaltungskörperschaften der Wirtschaftskammern wahrgenommen werden. Ob diese Wirtschaftskammern identisch sein werden mit den Industrie- und Handelskammern, ist eine Frage von sekundärer Bedeutung. Notwendig ist auf jeden Fall, daß die breiten Massen der Arbeitnehmer und Konsumenten an dieser Planung und Lenkung innerhalb der wirtschaftlichen Selbstverwaltung neben den Unternehmern gleichberechtigt teilnehmen. In ihren letzten Entscheidungen unterliegen auch die Selbstverwaltungskörperschaften der parlamentarischen Kontrolle.

V. Bei allen Reformen der deutschen Wirtschaft

[Bei allen Reformen der deutschen Wirtschaft] mag es sich um Bodenreform, Neuaufbau der industriellen Wirtschaft oder Neugestaltung des Verhältnisses zwischen Arbeitnehmern und Betrieb handeln, ist das erste und vornehmste Ziel das Wohl des gesamten Volkes. Die deutsche Wirtschaft hat weder in erster Linie dem Wohle einer bestimmten Schicht zu dienen noch dem Auslande. Die Alliierten insbesondere haben ein Recht und ein Interesse an der Beseitigung der ausgesprochenen Kriegsindustrie und an Wiedergutmachungsleistungen nach Befriedigung der Lebensnotwendigkeiten des deutschen Volkes. Sie haben aber kein Recht, unter Hintansetzung der notwendigen Lebensbedürfnisse des deutschen Volkes die deutsche Industrie so zu beschneiden oder so zu gestalten, wie es das Exportbedürfnis ihrer eigenen Industrien verlangt. Demontage nicht kriegsindustrieller Werke dient ebenso diesem Zwecke wie die Übertragung des Eigentums an den Grundindustrien auf den deutschen Staat, da sich dann jede gewollte wirtschaftliche Maßnahme durch politischen Druck auf den politisch schwachen Staat erreichen läßt.

Es ist ferner zu berücksichtigen, daß die deutsche Wirtschaft nicht nur industriell ist; sie umfaßt als wesentliche Teile: die industrielle Wirtschaft, die bäuerliche Wirtschaft, das Handwerk, Handel, Gewerbe und Verkehr, Geld- und Bankwesen.

Alle Teile der Wirtschaft greifen ineinander und stehen in Wechselwirkung. Kein Teil darf losgelöst vom anderen betrachtet werden. Bei der Gestaltung der industriellen Wirtschaft muß deshalb der Zusammenhang mit den übrigen Wirtschaftsteilen berücksichtigt werden.

27. Alexander Mitscherlich, Schuld und Entschuldigung – Zum Auftakt der Verteidigung im Nürnberger Ärzteprozeß, Aufsatz

Hinter den Versuchen der Verteidigung, die Angeklagten als Handlanger eines verbrecherischen Systems zu bewerten, steht die Frage, ob die Menschenversuche als Forschungsmethode moralisch zu rechtfertigen sind.

Neue Zeitung Nr. 11 vom 7. 2. 1947. – Druck: Mitscherlich, Politisch-publizistische Aufsätze 1, S. 145–151.

7. Februar 1947

In 25 Verhandlungstagen hat die Anklagebehörde im Prozeß gegen die 23 medizinischen Forscher, Ärzte und Beamten ihre belastenden Dokumente vorgetragen und ihre Zeugen sprechen lassen. Wenn der Öffentlichkeit später dieses Material, das doch nur einen zufällig erbeuteten Rest darstellt – die Protokolle umfassen bereits mehr als 2000 Seiten –, zugänglich sein wird, dann wird sie noch einmal in eine Welt blicken, die bei aller Deutlichkeit und zeitgenössischen Nähe rätselhaft und kaum zu entziffern ist, weil ihre Zeugnisse immer wieder die Grenzen der Einfühlungskraft übersteigen. Trotzdem wird es große Anstrengungen kosten, um diesen Aspekt deutscher Wirklichkeit durch ein gütigeres Leben im Bewußtsein der Welt nicht nur zu ersetzen, sondern ebenso um aus der bewußten Anschauung des Entsetzlichen den unpathetischen Mut zu einer beglückenderen Lösung der immer neuen Daseinsfragen zu finden.

Die zwei Tage, in welchen die Verteidiger nun ihre Eröffnungsplädoyers gehalten haben, lassen nicht darauf schließen, daß der Versuch unternommen wird, die dokumentarische Beweiskraft der Anklagestücke in irgendeiner entscheidenden Hinsicht in Frage zu stellen. Es zeichnet sich vielmehr eine beängstigende Wendung schon nach dieser ersten Übersicht der Verteidigungsprogramme ab. Wie es das Recht der Anklage ist, die Belastung zu forcieren, so gibt sich die Verteidigung Mühe, den Tatbestand in freundlicherem Licht erscheinen zu lassen – wenn es ihr nicht gelingt, zu beweisen, daß der Angeklagte nicht für den Tatbestand verantwortlich ist. Diesem letzteren Weg sind die meisten Verteidiger gefolgt. Sie haben sich auf die Beibringung von Alibis beschränkt; und gerade dies meinten wir mit der beängstigenden Wendung des Prozesses. Es hat ein allgemeiner Rückzug vom Tatort eingesetzt, wie er für die ganze Denazifizierung charakteristisch ist. Er stellt die letzte koordinierte Bewegung des Nazitums dar.

Dr. Servatius, der Verteidiger des Hauptangeklagten Karl Brandt, wird zu beweisen versuchen, daß sein Mandant an keiner der inkriminierten Handlungen verantwortlich beteiligt war, nicht einmal an der Euthanasie, die ihm und dem geflüchteten Chef der Reichskanzlei, Bouhler, durch „Führererlaß" zur Aufgabe gemacht worden war. Den Abwesenden soll allein die Schuld treffen. Die Massensterilisation wiederum wurde unter alleiniger Verantwortung Himmlers betrieben, der tot ist. Schließlich dürfe auch nicht vergessen werden, daß der Angeklagte durch die Extremisten der Partei zum Tode verurteilt wurde.

Handloser, der ehemalige Chef des Heeressanitätswesens, war der Verwaltungsbeamte, der nach Lage der Dinge keine Ahnung davon haben konnte, wenn irgendwo verbrecherische Versuche durchgeführt wurden. Hohe neutrale Offiziere werden vielmehr bereit sein, des Angeklagten Fürsorge für die Kriegsgefangenen zu bestätigen. Rostock ist der durch seine Klinik und die Dekanatsgeschäfte der Medizinischen Fakultät der Berliner Universität vollbeschäftigte große Chirurg, der nur mehr mit der linken Hand die Abteilung Wissenschaft und Forschung beim Generalkommissar für das Gesundheitswesen (das heißt bei Karl Brandt) führte. Oskar Schröders ganzes Wesen war nur einer „von christlichem Glauben erfüllten Lebens- und Berufsarbeit gewidmet". Das machte es in sich unmöglich, daß der ehemalige Generaloberstabsarzt der Luftwaffe, der weder der Partei noch einer ihrer Gliederungen angehörte, „verbrecherischen Vorhaben die Hand zu bieten" fähig gewesen wäre. Er hat erst in der Kriegsgefangenschaft in England von den zur Anklage kommenden Verbrechen gehört. Karl Genzken, Chef des Sanitätsdienstes der Waffen-SS, hat in einem „sehr gespannten Verhältnis" zu Himmler und zum inzwischen verstorbenen Reichsarzt-SS Grawitz gestanden, er wurde als „persona ingrata et incerta" angesehen. Demzufolge sind alle verbrecherischen Menschenexperimente nach Meinung der Verteidigung von Grawitz und nicht von ihm in die Wege geleitet worden. Dr. Blome, Vorsitzender der Reichsärztekammer und Leiter des Amtes für Volksgesundheit der NSDAP, war ebenfalls „in keinerlei Weise beteiligt und hatte keinerlei Kenntnis", zum Beispiel von den fürchterlichen Senfgasversuchen, die vom Reichsforschungsrat vergeben wurden, deren Vermittlung aber, wie die Kartothek beweise, nicht der Angeklagte, sondern Professor Sauerbruch besorgt habe. Die verstümmelnden Versuche der Knochenverpflanzung durch Professor Gebhardt und seine Mitarbeiter sollten „der schwer ringenden Front und der Nation, die sich in einem Kampf auf Leben und Tod befand", helfen. Der Verteidiger des ehemaligen obersten SS-Hygienikers Mrugowsky – der als Treppenwitz der Weltgeschichte, wie der Zeuge, Professor Leibbrand, sagte, ein Buch über ärztliche Ethik geschrieben hat – wird beweisen, daß die unwahrscheinlich leichtfertigen Fleckfieberexperimente, die wenigstens 150 Menschen das Leben kosteten, keine Verbrechen, sondern notwendige Schritte auf dem Weg der Forschung waren, und daß sie zudem unter Umgehung der Kompetenz des Angeklagten ebenfalls vom Reichsarzt-SS Grawitz angeordnet wurden.

Rudolf Brandt, ein persönlicher Referent Himmlers, wird zum Typus des „fleißigen kleinen Angestellten", zu einem bloßen Briefträger des Todes möchte man sagen. Das Wirken von Wolfram Sievers schließlich, des Reichsgeschäftsführers der Stiftung „Ahnenerbe", jener „Kulturzentrale" der SS, der später ein Institut für wehrwissenschaftliche Zweckforschung angegliedert war, muß nicht nur als ein rein administratives, ohne Kompetenz, verstanden werden, es beginnt sich vielmehr darüber hinaus zu enthüllen, daß er ein aktiver Antinationalsozialist war, der von einer Widerstandsbewegung „von erheblicher Bedeutung" in die Reichsführung SS geschickt worden war und der ein Attentat auf Himmler und Hitler vorbereitet hatte.

Was für den „großen" Angeklagten gilt, trifft mit Anpassung an ihre Verhältnisse womöglich in erhöhtem Maße auf die kleinen Männer zu, die vor unseren Augen immer kleiner, unbedeutender, harmloser werden. Sie waren nicht dabei, und wenn sie es waren, dann war es gut und opfervoll von ihnen, daß sie mildernd in die Praxis des Tötens eingriffen und sie nicht allein jenen Teufelsknechten überließen, von denen sich die Welt wie die Angeklagten mit Abscheu abwenden.

Unsere, der Beobachter Aufgabe ist es, einen Standpunkt einzunehmen, der uns den denkbar deutlichsten Einblick gewährt, ohne uns durch Gefühle zu verblenden. Von dieser Sicht aus ist es wichtig, die Dialektik der Wahrheitsfindung zu verstehen und im vorliegenden Prozeß den Ankläger nicht nur als den Sieger, den Verteidiger nicht nur als ein „Mietmaul" – wie der Schweizer Volksmund sagt – zu deuten, sondern in ihm den notwendigen Opponenten zu sehen. Und gerade dann ist es das Bestürzende, daß man diese Atmosphäre von Unwissenheit, Unzuständigkeit, von suggestiver Unfreiheit in der Befehlsausübung als eine, die der Wirklichkeit nahe kam, wird unterstellen dürfen.

Wenn die Verteidiger nicht nur Ausflüchte gebrauchten, sondern zwar übertrieben, aber doch treffend einen Zustand analysierten, dann ist nichts besser als diese Analyse geeignet, um zu zeigen, was für eine im Kern schlechte

Sozialordnung die Diktatur ist. Sie nimmt jedermann die Verantwortung ab, degradiert ihn zum Funktionär. Wo aber niemand mehr verantwortlich ist, drohen alle verantwortungslos zu werden! Und das gilt selbst für die einfachsten menschlichen Beziehungen, wie die von Arzt und Kranken.

Es interessieren die von Anfang an abwegigen Charaktere unter den Angeklagten viel weniger als die größere Zahl jener Inhaber hoher Kommandostellen, die sich nun in entscheidender Hinsicht als Attrappen erweisen und in denen eine unser öffentliches Leben zutiefst erniedrigende Trägheit des Herzens die bürokratischen Routinegeschäfte – auch wenn es Routinegeschäfte des Leides und Todes waren – begleitete. Es scheint fraglich, ob es etwa, von der objektiven Richtigkeit ganz abgesehen, taktvoll war, daß da in einzelnen Verteidigungen die Brusttöne der Vaterlandsliebe anklangen, wo die Trägheit des Herzens nicht einmal die Probe der Nächstenliebe zu bestehen vermochte.

Man beruft sich auf den „Befehl", der gerade in der Diktatur so unausweichlich und lebensgefährlich sei. Aber es muß den Kundigen doch wundern, daß keiner der Angeklagten im moralischen Dilemma durch eine diplomatische Krankheit sich zum Rücktritt gezwungen sah oder die Beschwerden der Front von vornherein der Last der bürokratischen Verantwortung vorgezogen hat.

Im Verlauf der Verteidigung wird sich die Situation nach aller Voraussicht dahin zuspitzen, daß auf der einen Seite die furchtbaren Tatsachen unerschüttert bleiben, daß sich über ihnen aber ein dichter Nebel zu verbreiten droht, in welchem man im besten Falle auf die Täter kommt. Sehen wir als Beobachter vom persönlichen Kampf, welchen die Angeklagten im Augenblick führen, ab. Es bleibt dann die Stunde der Untat als jene trübe Dämmerung, um deren Aufhellung sich heute unsere Politik, unsere ganze Anstrengung bemüht, denn es geht doch nicht um eine Ersetzung der Diktatur durch irgendeine andere Ideologie, sondern um die historisch dokumentierbare Erkenntnis, daß ihre Methoden praktisch unbrauchbar sind, und um dies voll einsehen zu können, scheint nicht der Blick auf die Trümmer der ehrwürdigen Stadt, in welcher die Verhandlungen sich abrollen, zu genügen, sondern nur der Blick auf den Menschen selbst und was sie aus ihm macht, in Tat und Duldung.

Der Prozeß bietet jedoch nicht nur eine gegen die große Problematik unserer Sozialordnung gerichtete Seite dar. Es stellen sich vielmehr in ihm für die medizinische Wissenschaft und das Vertrauen, das sie fordern muß, selbst die erregendsten Fragen, die noch der Klärung harren. Eine davon ist die nach der Qualität jener Experimente am Menschen in einem Augenblick, in welchem die Versuchssubjekte schutzlos dem Zugriff ausgesetzt waren. Wie war es? Brachte diese schrankenlose Freiheit im Umgang mit den Menschen als Material einmalige Chancen der Erkenntnis? Nicht weniger als der praktische Sinn der Moral steht auf dem Spiel, denn wenn sie nur ein Verbot umfaßt, dann wird sie unzweifelhaft den „Herren“ herausfordern, der dieses Verbot übertritt. Oder verweist dieses grause Treiben, daß der praktische Nutzen des Satzes: Du sollst deinen Nächsten lieben wie dich selbst, darin besteht, die produktive Klugheit zu reizen, statt der zerstörerischen Lust.

Unter dem Titel ›Ein moralisches Problem‹ hat soeben in der berühmten englischen medizinischen Wochenschrift ›The Lancet‹ eine über zwei Monate währende Diskussion darüber ihren Abschluß gefunden, ob es erlaubt sei – den objektiven Wert vorausgesetzt –, die Ergebnisse der Experimente in den Konzentrationslagern zu veröffentlichen und damit zu nützen. Ablehnende und bejahende Stimmen kamen zu Wort. Es wurde eine im Jahre 1941 erschienene Novelle herangezogen, die eine englische Ärztin zum Verfasser hat und in der der Wirklichkeit vorangedacht wird. In einem Hospital tötete ein Arzt auf der Suche nach dem Heilmittel einer noch unheilbaren Krankheit einen Patienten. Nahe der Beendigung seiner Forschung begeht er Selbstmord und bekennt die Tat. Obgleich nur noch weniges getan werden muß, um ans Ziel zu gelangen, bestimmt der Leiter jenes Krankenhauses in einer Beratung seine Kollegen, der Auffassung zuzustimmen, daß die Papiere verbrannt werden müßten. „Erinnern Sie sich“, sagt er, „daß unsere Pflicht unserem Nachbarn, unserem Mitmenschen gegenüber, unserem Interesse für die Forschung vorangeht.“ In einem Diskussionsbeitrag, der die gegenteilige Auffassung vertritt, werden als Stützung der These die Hirnverletzten eines Krieges herangezogen. Es werde keinem Kriegsgegner einfallen, abzulehnen, daß man aus den Einschränkungen ihrer Leistungsfähigkeit Nutzen ziehen darf für die Erkenntnis der Funktion des menschlichen Gehirns.

Noch ist uns die Verteidigung den wissenschaftlich haltbaren Beweis der Qualität der verschiedenen angestellten Versuche schuldig. Aber auch wenn er überraschend günstig ausfallen sollte und wenn man dann die segensreiche Auswertung der Ergebnisse wünschen möchte, dann bleibt doch das drohende Gespenst, daß hier ein Präzedenzfall einer schrecklichen Forschungsmethode geschaffen wurde. Eine sehr helle Wachsamkeit gegenüber dieser Lockung ist in der Diskussion in ›The Lancet‹ spürbar. Den einzig möglichen Ausweg vor einem derartigen Rückfall sieht einer der Autoren in der Errichtung einer friedlichen internationalen Ordnung auf der Basis gegenseitigen Vertrauens, denn nur eine solche glückliche Entwicklung vermag das moralische Bewußtsein des einzelnen, der doch praktisch das Fundament jeder gültigen Ethik ist, von jener barbarischen Trübung zu bewahren, die in jedem Krieg erneut vernichtet, was eine mühevolle Erziehung zur Selbstkontrolle und Selbstverantwortung erreicht hat.

Es wird überdies den Psychologen nicht erstaunen – auch wenn er eine gewisse Bitterkeit nicht ganz überwinden kann –, daß diese lebhafte Diskussion um den prinzipiellen Inhalt des Prozesses in einer englischen und nicht in einer deutschen wissenschaftlichen Zeitschrift den Anfang genommen hat. Die Fakten sind zu furchtbar, als daß man sich von ihnen nicht in einer ersten Regung abwenden wollte. Darf man ihr folgen? Die Phantasie versagt, wo noch die Spuren der Wirklichkeit unverwischt sind, und deshalb ist es wohl verständlich, daß man in der Nähe dieser Tatorte sie eher meidet als in der größeren Ferne, daß man schließlich den Ausweg versucht, ihre Wirklichkeit irgendwie zu „verdrängen".

Von einer „Kollektivschuld" aller Deutschen, und nur der Deutschen, zu sprechen, steht wohl nicht in der Machtvollkommenheit eines heute lebenden Menschen. Aber es bliebe doch eine beschämende Ausflucht, wenn wir uns verhehlen wollten, daß wir alle betroffen sind durch jene Taten, die im Namen des Nationalsozialismus Geschichte geworden sind. Wenn wir hier selbstbetrügerisch und den formal-juristisch erlaubten Weg der Verteidigung einschlügen und uns abgewandten Gesichts vom Tatort zu entfernen suchten – ja, dann hätten wir wenig Hoffnung, auf die Ebene jener weltgültigen Menschlichkeit zu gelangen, die uns einzeln verpflichtet, unsere Nächsten zu lieben wie uns selbst. Die deutsche Sprache kennt das verkleinernde Wort „Entschuldigung" – eine Entschuldigung, auch nicht die beste, ist aber niemals eine Entschuldung. Wir können die Toten nicht beleben, aber wir können ihren Tod im Bewußtsein behalten, um aus ihm den heilsamen Zwang zur mitmenschlichen Güte zu erfahren, die wir den Toten in der Wirklichkeit schuldig blieben, nicht nur als Ärzte, nicht nur die Angeklagten.

28. Otto Grotewohl, Um die Verfassung der deutschen Republik, Aufsatz

Grundlage der demokratischen Staatsgewalt sind die durch die Grundrechte geschützten Massen. Insofern ist das vom Volk gewählte Parlament das höchste Staatsorgan; eine Gewaltenteilung findet nicht statt.

Das neue Wort 2 (1947), S. 5–11.

Februar 1947

Ein wesentlicher Zweck, den die Sozialistische Einheitspartei mit der Veröffentlichung des Verfassungsentwurfes verfolgte[40], scheint erreicht zu sein. Breite Massen unseres Volkes beginnen über das Staatsgrundgesetz eines künftigen demokratischen Deutschlands nachzudenken, ja darüber hinaus scheint das Interesse für die staatstheoretischen und staatsorganisatorischen Probleme geweckt zu sein. Das ist gut, denn es ist notwendig.

[40] Entwurf einer Verfassung für die Deutsche Demokratische Republik vom 14. 11. 1946, abgedruckt bei Benz, Bewegt von der Hoffnung, S. 449–472.

Die Mitverantwortlichkeit für das Ganze und die Bereitschaft, mitzuarbeiten an der Gestaltung des Ganzen – das ist die Voraussetzung für alle Demokratie.

Wir Sozialisten sind konsequente Demokraten, indem wir für die allseitige Entfaltung dieses Verantwortungsbewußtseins des Volkes in den staatlichen Angelegenheiten eintreten. Marx und Engels haben Zeit ihres Lebens für den Ausbau eines demokratischen Deutschlands gekämpft, und unter ihrer Führung kämpfte auch die deutsche Arbeiterbewegung für den deutschen Volksstaat, für eine Demokratie ohne Reste des Feudalismus, ohne Großgrundbesitz, ohne Bürokratie und Militarismus.

Ohne politischen Kampf ist keine Demokratie möglich, zu einem wahrhaft demokratischen Staat gehört vor allem eine wahrhaft demokratische Politik. Zu dieser Erkenntnis rangen sich die Schöpfer der Weimarer Verfassung nicht durch, und darum war diese Demokratie zum Scheitern verurteilt. In den Stricken formaler Rechtsbegriffe befangen, suchte sie das Wesen des Staates in juristischen Formen anstatt in der inhaltlichen Ausrichtung der Staatsgewalt.

Das Wesen der Demokratie besteht nicht in dieser oder jener Rechtsinstitution, sondern in der Verankerung der Staatsgewalt in den Massen selbst. Es ist nicht überflüssig, dies mit aller Schärfe zu betonen, denn unsere Verfassungsdebatte läuft sonst Gefahr, in die alten Fehler, die bei der Schaffung der alten Weimarer Verfassung gemacht wurden, zu verfallen. Eine Reihe von Einwendungen gegen unseren Verfassungsentwurf versuchen die Diskussion über die Probleme der Demokratie wieder auf das Formaljuristische abzuschieben und so die wirklich entscheidenden Momente einer demokratischen Neugestaltung, die Herausarbeitung der Prinzipien einer wahrhaft demokratischen, deutschen Politik, die das unabdingbare Fundament des neu sich gründenden deutschen Staatswesens ist, in den Hintergrund zu schieben.

Einige Berliner Zeitungen versuchen, in den Mittelpunkt der Verfassungsdebatte die Frage nach der rechtlichen Natur der Grundrechte zu stellen. Es wird gefordert, daß die Grundrechte unabdingbar sein müssen, sich nie gegen den Bürger richten dürfen und daß die Staatsgewalt nicht das Recht haben dürfte, die Grundrechte aufzuheben oder durch Gesetz zu verändern.

Wir stimmen mit dem Streben, die Grundrechte zum festen und unabdingbaren Fundament unseres staatlichen Lebens zu machen, ganz überein. Die Ignorierung der Grundrechte der Weimarer Verfassung durch die Weimarer Republik war eine Schande für den Staat. Aber wir glauben nicht, daß diese Grundrechte nur durch juristische Mittel sichergestellt werden können. Grundrechte sind illusorisch, wenn ihnen nicht ein gesellschaftlicher und ökonomischer Zustand entspricht, der ihre Verwirklichung möglich macht. Solche Zustände fallen aber nicht vom Himmel, sie müssen geschaffen werden. Sollen daher die Grundrechte wirksam sein, so müssen sie vor allem real sein, und die erste Aufgabe der Staatsgewalt besteht darin, solche ökonomischen und politischen Zustände zu schaffen, die auch den realen Genuß der Grundrechte möglich machen. Durch die Konstituierung eines bloßen Rechtsanspruches hat man noch längst nicht die Sache selbst herbeigeschafft. Dieser juristische Dogmatismus ist eine gefährliche Illusion.

Die Grundrechte, die wir an die Spitze des Verfassungsentwurfs stellen, sind daher sehr viel mehr als bloße „Individualrechte", die der einzelne gegen den Staat hätte. Sie sind die fundamentalen Prinzipien der zukünftigen deutschen Staatspolitik. Über die allgemeine Richtung dieser zukünftigen deutschen Staatspolitik müssen wir als Deutsche uns zuerst einigen. Die erste Frage darf nicht sein: Welche juristische Form schaffen wir, – sondern: Welche politische Linie schlagen wir ein? Haben wir uns über die politische Linie geeinigt, so haben wir entsprechende wirtschaftliche, soziale und politische Verhältnisse herzustellen, die das sichere und unabdingbare Fundament unseres demokratischen Staates sein sollen. Darum sollen Faschismus und Militarismus, Monopole und Großgrundbesitz keine „Opposition" in unserem demokratischen Staatswesen sein, die nach gewissen verfassungsrechtlich fixierten „demokratischen" Spielregeln ihr dunkles Spiel treiben darf; sie stehen außerhalb dieser Verfassung und außerhalb der Gesetze. Sie werden durch die Strafgewalt des Staates unterdrückt. Keine Grundrechte für die, die diese Grundrechte selbst zu vernichten trachten, die eine Politik verfolgen, welche die politischen, gesellschaftlichen und staatlichen Fundamente des Staates untergräbt. Die Geschichte sollte uns gelehrt haben, daß das Recht nicht als unverrückbarer und fester Zustand gedacht werden kann; es muß um das Recht gekämpft werden.

Es war ein schönes Ideal der alten Naturrechtler, als sie glaubten, die Natur schaffe von selbst einen solchen Zustand der Glückseligkeit der Menschen und der böse Staat brauche sich nicht einzumischen. Wir haben alle erlebt, in welche Katastrophe die „natürliche" Entwicklung des Kapitalismus die Menschheit getrieben hat und wieviel Tränen und Jammer das schaurige Wechselspiel Krise – Krieg – Krise begleiteten. Es kommt nun darauf an, den Staat diesmal in die richtigen Hände, in die Hände des Volkes zu legen und sich über Richtung und Ziel der staatlichen Politik in aller Offenheit und Klarheit auszusprechen, so daß das Volk seine Interessen und den Weg zu einer besseren Zukunft durch diesen Staat verwirklicht sieht.

Haben wir die dunklen Mächte im Staat beseitigt und die volle Volkssouveränität hergestellt, so braucht uns um die Durchsetzung der Grundrechte des Volkes nicht bange zu sein. Sie liegt bei der Gesetzgebungsgewalt des Volkes in guten Händen. Denn wer sollte ein besserer Garant der Rechte des Volkes sein als das Volk selbst? Die Volksherrschaft, und zwar die volle Volksherrschaft als Grundprinzip der Demokratie, ist für uns unabdingbar, und damit erst werden auch die Freiheitsrechte des Volkes für uns unabdingbar.

Der zweite Punkt, in dem der Entwurf vielfache Kritik hervorgerufen hat, ist der Ausbau der Machtstellung des Parlaments. Das durch das Volk gewählte Parlament soll nach unseren Vorschlägen das höchste Staatsorgan sein. Es ist höchstes Gesetzgebungsorgan, es überwacht die gesamte Verwaltung; das Präsidium dieses Parlaments ist außerdem Staatsgerichtshof. Man spricht in der Kritik unseres Entwurfes von der Omnipotenz des Parlaments und sagt, die Demokratie könne nur gesichert sein, wenn gegenüber dem Parlament gewisse Gegengewichte in die Verfassung eingebaut würden. Die einen sehen ein solches Regulativ insbesondere in einer zweiten Kammer, die sich aus Vertretern der Länder zusammensetzt. Ein föderatives Vertretungsorgan, in dem die Besonderheiten der deutschen Länder ihre Vertretung finden, soll die allseitige Entfaltung der zentralen parlamentarischen Gewalt, die wir erstreben, abbremsen.

Andere sehen dieses Regulativ vor allem in der Aufrechterhaltung des Grundsatzes der Gewaltenteilung. Sie sprechen sich für die Beibehaltung einer unabhängigen Regierung sowie eines Staatsgerichtshofes aus und wollen ebenfalls eine Ländervertretung in der Art des früheren Reichsrates. Diese Auffassung empfiehlt also im wesentlichen wieder den Aufbau der Spitzen, so wie die Weimarer Verfassung sie kannte.

Die Vertreter beider Anschauungen suchen also Bremsen gegenüber dem Parlament. Es wäre falsch, zu glauben, daß wir einer zufälligen Parlamentsmehrheit gleichsam freie Bahn zu geben wünschen. Auch unser Entwurf kennt solche Bremsen gegenüber der Möglichkeit einer Diktatur oder Willkürherrschaft einer Parlamentsmehrheit. Durch Volksentscheid kann nach unserem Entwurf das Parlament jederzeit aufgelöst werden. Außerdem kann eine Minderheit des Parlaments von einem Drittel ein Veto gegenüber Gesetzesbeschlüssen des Parlaments einlegen und dann einen Volksentscheid einleiten. Wir schalten also als höchste Instanz gegenüber dem Parlament das Volk selbst in die Verfassung ein.

Es kann kein Zweifel daran bestehen, daß das aus der Wahl aller Bürger hervorgegangene Parlament, in dem die politischen Willensträger des Volkes, die Parteien, entsprechend ihrem faktischen Einflusse im Volke, ihre Vertretung finden, das beste Spiegelbild des Volkswillens und sein bester Ausdruck ist. Im Parlament, aus der Diskussion der Parteien heraus, erfolgt die Klärung aller politischen, ideologischen und sozialen Differenzen in unserem Volke, es kristallisiert sich hier die große Synthese, die Einheit der Gegensätze, heraus. Die Einheit der Nation hat sich hier zu bestätigen, zu bewähren und zu befestigen. Bei der Herausbildung der demokratischen Grundentscheidungen der gesamten Nation, die jeden Bürger in gleicher Weise angehen und die das

Schicksal aller Bürger Deutschlands in gleicher Weise betreffen, muß auch jeder Bürger Deutschlands in gleicher und möglichst unmittelbarer Weise beteiligt sein.

In Deutschland ist die bisher geläufige Anschauung vom Staat immer identisch gewesen mit einer Staatsmaschinerie, mit einer ausgebildeten Bürokratie, die sich über die politischen Strömungen erhaben fühlt und mit dem Nimbus eines höheren Wesens auftritt. Wenn heute wieder von dem Gegengewicht gesprochen wird, das der lebendigen, politischen Entwicklung, die in den Parteien und letztlich im Parlament ihren Ausdruck finden soll, entgegengesetzt werden müsse, so muß daran erinnert werden, daß ein solcher Ruf nach dem starken Staat immer von denen ausging, die die Emanzipation des Volkes scheuten und das Freiheitsbestreben des Volkes zu unterdrücken bemüht waren. Der selbständige Präsident mit großen Vollmachten, die zweite Kammer, der Staatsgerichtshof, das sind keine neuartigen Forderungen im politischen Leben. Nach ihnen rief die „Ordnungspartei" aller bürgerlichen Revolutionen stets in dem Augenblick, in dem die politische Entwicklung den dem Bürgertum genehmen Rahmen zu überschreiten drohte. Anstatt die lebendige politische Entwicklung weiterzubringen, sollte dieser Staat sich ihr entgegenstellen, und wer die politische Geschichte des Bürgertums im 19. Jahrhundert kennt, der weiß, daß die Errichtung solcher Verfassungs-Institutionen immer das Halt des politischen und sozialen Fortschritts bedeutete. Der Weg ging nach rückwärts über die Liquidierung der Volksvertretungen zu der Liquidierung aller Rechte des Volkes bis zur Errichtung der offenen bonapartistischen oder faschistischen Diktatur. So endete die Revolution von 1789 in Frankreich, so endete die bürgerliche Revolution von 1848, so endete auch die deutsche Republik von 1918. Immer fing es mit scheinbar kleinen, unbedeutenden Verfassungs-Institutionen an, mit „Bremsen" gegen die Volksherrschaft – gegen die „Herrschaft der Straße", wie man sich auszudrücken beliebte. Immer war man bemüht, kleine Hintertüren zu schaffen, durch die die vorn herausgeworfene Diktatur leise und vorsichtig wieder Zutritt erhalten sollte. Und immer endete solche Verfassung mit der ganz legalen, mit der ganz verfassungsmäßigen Niederkartätschung des Volkes. „Wer in einer politischen Bewegung stehen bleibt, stemmt sich ihr entgegen", sagten die Männer der großen französischen Revolution. Ein Staat, der nicht mit der politischen Bewegung Schritt hält, wird zum Gegner der politischen Bewegung. Er wird aus einem wahren Volksstaat zu einer bürokratischen Maschinerie, die über dem Volke herrscht. Die Staats- und Verfassungsfragen einer Epoche sind von der politischen Bewegung dieser Epoche nicht zu trennen – sie sind keine abstrakt juristischen, sondern eminent politische Probleme.

Wenn wir das Parlament als den höchsten Willensausdruck der politischen Parteien Deutschlands zum Souverän, zum höchsten Staatswillensträger, erhoben haben, so geschah dies aus dem Bewußtsein heraus, daß die Demokratisierung unseres Volkes nur möglich ist durch seine allseitige politische Aktivierung und niemals erreicht werden kann durch einen wie auch immer ausgebauten und nach welchen Prinzipien auch immer organisierten Staatsapparat. Wollen wir mit unserer Demokratie ernst machen, so müssen wir die Bedeutung und den staatsorganisatorischen Einfluß unserer politischen Parteien stärken. Nehmen wir unseren politischen Parteien die Befugnis, in ihrer Gemeinschaft unmittelbar und direkt Gestalter des staatlichen Lebens zu sein, schieben wir zwischen die Parteien und die staatliche Willensbildung einen bürokratischen Staatsapparat, so haben wir den Parteien gleichsam ihre Seele genommen und ihren Lebensnerv abgetötet. Das Herabsinken der Parteien auf die Zweitrangigkeit heißt wieder eine Staatsbürokratie konstituieren, heißt wieder jenen selbständigen „Staat" im Staat errichten, dessen inneres Wesen uns doch allen klar geworden ist.

Wir brauchen ein einheitliches höchstes gesamtdeutsches Staatsorgan, das eine einheitliche politische Ausrichtung, die Grundlinie unseres staatlichen Lebens durch allgemeine Gesetze feststellt und ihre Durchführung sichert. Diese Linie kann nur von den politischen Parteien in dem gesamtdeutschen Parlament festgelegt werden. Wir brauchen aber ebenso die Länder, Kreise und Gemeinden mit weiten Machtbefugnissen, um diese Demokratie zu ihrer vollen konkreten Entfaltung zu bringen. Nichts wäre falscher, als zu glauben, ein demokratischer Einheitsstaat sei ein öder Zentralismus. Ohne die volle Entfaltung der Selbstverwaltung kann gar keine Demokratie bestehen. Wir wollen den Einheitsstaat nicht, um einen obrigkeitlichen und unifizierten zentralistischen Bürokratismus zu errichten. Wir wollen einen Einheitsstaat, um den neuen demokratischen Kräften Deutschlands zum Durchbruch zu verhelfen, denn sie können sich nur durchsetzen, wenn das ganze deutsche Volk politisch geeint ist, unter einheitlichen Grundsätzen kämpft und alle Möglichkeiten, die in unserem gesamten Volke vorhanden sind, für diesen Kampf mobilisiert und ausnutzt.

Zwei verschiedene Wege einer künftigen Entwicklung Deutschlands tun sich vor uns auf. Ein Teil unserer Kritiker sucht Bremsen gegen die politische Entwicklung durch den Ausbau eines autonomen Staatsapparates, der sich auf formale Rechtsprinzipien gründet und das staatliche Leben beherrschen und regulieren soll. Diese Anschauungen sind getragen von Mißtrauen gegen die politische Entwicklung. Wir hingegen wollen die allseitige Entfaltung der politischen Entwicklung.

Wenn gesagt wird, daß es Demokratien gibt, in denen neben der unmittelbaren Vertretung auch noch andere Organe beständen, wie z. B. die Schweiz, die Vereinigten Staaten und die Sowjetunion, so muß doch, wenn wir daran gehen, die deutschen Verfassungsprobleme zu diskutieren, von deutschen Verhältnissen ausgegangen werden. Wir müssen die politischen Absichten, die hinter dem föderativen Prinzip stehen, klar erkennen. Wenn man sich auf die Schweiz, auf Amerika und auf die Sowjetunion beruft, so kann man sagen, daß hier, vor allem in der Sowjetunion, die politischen Tendenzen, die hinter der Föderation stehen, durchaus demokratisch sind. Es soll die freiheitliche Entwicklung des Volkes nicht künstlich gehemmt, sondern gerade im Gegenteil allseitig gesteigert werden. Es ist eine Föderation auf durchaus demokratischer Grundlage.

Die deutsche Föderation hingegen, so wie sie überliefert ist, ist ihrem Wesen nach eine antidemokratische, eine reaktionäre. Unsere Kritiker werden nicht abstreiten können, daß das föderative Prinzip in Deutschland kein fortschrittliches Erbe der deutschen Geschichte ist und daß die Fehlentwicklung der deutschen Geschichte darin besteht, daß diese staatliche Zersplitterung nicht überwunden wurde. Zweimal in der deutschen Geschichte hat sich diese staatsrechtliche Zersplitterung als hemmend, ja als geradezu katastrophal erwiesen. Das war zur Zeit der Reformation, als alle Macht auf die kleinen Fürsten überging, als es nicht gelang, eine zentrale Staatsmacht herzustellen. Die Frucht war der Westfälische Frieden, nach dem Deutschland in mehr als 400 Kleinstaaten aufgeteilt wurde. Das zweite Mal war 1848, als es abermals nicht gelang, das durchzuführen, was die Demokraten wollten, eine unteilbare deutsche Republik, sondern die Kleinstaaterei aufrechterhalten blieb.

Ich darf an dieser Stelle einige allgemeine Bemerkungen über die Aufgaben der Politiker nicht unterdrücken.

In meiner Rede zu dem Verfassungsentwurf hatte ich erklärt, es sei eine falsche Meinung, zu behaupten, die Weimarer Verfassung sei gut, das deutsche Volk sei schlecht und politisch unreif gewesen. Ich ging dabei davon aus, daß die Entwicklung der Dinge auch den Anhängern dieser Republik die Augen geöffnet habe und daß auch jene, die für die Politik dieser Epoche der deutschen Geschichte verantwortlich sind, heute genügend Einsicht und Selbstkritik aufbrächten, ihre Fehler richtig zu beurteilen.

Äußerungen, mit der die Repräsentanten und Wortsprecher der Weimarer Republik und der Weimarer Verfassung sich durch die Berufung auf die Dummheit des Volkes von ihren eigenen Fehlern reinwaschen wollen, können keinesfalls unwidersprochen bleiben. Was sollte das Volk machen gegen die geheimen Geschäfte der ministerialen Bürokratie und Finanzmagnaten, gegen die furchtbare Klassenjustiz, gegen die raffinierten Methoden, mit denen eine mystizierende Philosophie die Gehirne der Jugend vergiftete und alles gesunde politische Empfinden unterdrückte, wo Presse, Film und Rundfunk nur von den sogenannten „staatserhaltenden Elementen" dirigiert wurden? Sollte das Volk ein Volk von Genien sein, wenn durch Kapitalbesitzer wie Hugenberg und Genossen mit den raffiniertesten Mitteln die Aufklärung des Volkes hintertrieben wurde?

Aber das ist nur die eine Seite der politischen Moral. Schlimmer noch an dieser Argumentation wiegt das tiefe Mißverständnis des Berufes des Politikers.

Bei allem, was die Hitler-Diktatur uns Furchtbares gebracht hat: eines sollte sie uns als unverlierbares Gut gegeben haben, eine Erhöhung unseres politischen Bewußtseins und eine Erhöhung unseres Verantwortungsbewußtseins für unser Schicksal. Das deutsche Volk und vor allem seine führenden Politiker sollten endlich lernen, das Schicksal Deutschlands selbst zu gestalten und es nicht als himmlische Macht zu betrachten oder es in die Hand irgendeiner Staatsregierung zu legen. Blinde Schicksalsmächte und allmächtige Staatsregierungen sind nur dort, wo Wissen und Aktivität versagt, wo die Wissenschaft von der bewußten Gestaltung der menschlichen Gesellschaft schweigt. Diese Wissenschaft aber hat die Politik zu sein. Wir Deutschen werden ein freies Volk nur in dem Maße, in dem wir ein politisches Volk werden und uns von der Bevormundung durch die alte sture Staatsgewalt oder die alten ökonomischen und gesellschaftlichen Gesetze befreien. Wir haben es eilig mit unserer politischen Bildung, denn wir haben viel nachzuholen. Große Pflichten liegen bei den politischen Parteien Deutschlands. Ihre Aufgabe ist die politische Organisierung und Erziehung des deutschen Volkes, nur so ist in Deutschland der Weg zur Demokratie möglich.

Darum konstituierten wir das Parlament, in das die politischen Parteien je nach der Stärke ihrer Anhängerschaft, die sie im deutschen Volke haben, ihre Vertreter entsenden, als das höchste Staatsorgan. Nicht durch staatliche Administration und Gewaltspruch in den Kabinetten eines Präsidenten und nicht in den geheimen Sitzungszimmern eines Staatsgerichtshofes soll die politische Entscheidung gefällt werden. Sie soll das Resultat der offenen Parlamentsdebatte der Parteien sein. Darum lehnen wir jegliches höchste Staatsorgan neben dem Parlament ab.

Die große Fülle der kritischen Äußerungen und Diskussionen, die uns aus allen Schichten unseres Volkes zu unserem Entwurf zugegangen sind, werden von uns eingehend studiert werden, und wir werden zu jeder von ihr Stellung nehmen. Wir haben von Anbeginn betont, daß unser Entwurf nicht mit dem Anspruch auftritt, der Weisheit letzter Schluß zu sein. Wir sind für jede Äußerung und jeden kritischen Hinweis, den wir erhalten, dankbar. Der Verfassungsentwurf soll eine große Volksdebatte auslösen, denn wir wissen, die Verfassung kann nur dann Sache des Volkes werden, wenn sie auch das Werk des Volkes ist.

29. Adolf Arndt, Deutschlands rechtliche Lage, Aufsatz[b], Auszug

Beim Abschluß eines Friedensvertrages muß ein demokratischer deutscher Staat als gleichberechtigter Partner beteiligt sein.

Die Wandlung 2 (1947) S. 106–116.

März 1947

[Beurteilungen der Rechtsauffassungen von Rudolf Laun, Georg August Zinn und Hans Kelsen[41]]

Bis in unsere Tage hinein schien für alles Staatsrecht eine Art Monroe-Doktrin der Nichteinmischung zu gelten. Ein Staat galt international als „souverän", als Herr über Krieg und Frieden, in dessen innere Angelegenheiten kein anderer Staat hineinzureden hatte. Dieses Nicht-Einmischungsprinzip wirkte so stark, daß selbst im Falle einer kriegerischen Verwicklung und militärischen Besetzung der Sieger daran gebunden und für ihn die Beschränkung auf den „Zuständigkeitsbereich" bestehen blieb, den Laun beschreibt, insbesondere „nur ganz bestimmte Eingriffe zum Schutze der kämpfenden oder besetzenden Truppen" gestattet waren und die besetzende Macht keineswegs als „absoluter Herr" im besetzten Gebiet galt. Diese Auffassung aber vom gleichsam isolierten Staat, der selbst dem Kriege als eine Art unzertrümmerbarer Atomkern standhielt, ist bereits im spanischen Bürgerkrieg zugrunde gegangen. Noch einmal wurde damals das Prinzip der Nichteinmischung proklamiert; aber die Legion Condor marschierte, und lauter als alle Deklarationen waren die Kanonen von Almeria und die Bomben auf Guernica. Soll der Frieden unteilbar sein, und in der einen Welt ist kein anderer Frieden möglich, so läßt sich die Doktrin der Nichteinmischung nicht mehr durchführen, und ihre Undurchführbarkeit wird die Vereinten Nationen in diesem noch nicht abgeschlossenen Kapitel der Weltgeschichte zu immer weiteren Maßnahmen gegen das Franco-Regime treiben, das bisher doch nur durch den Druck hochgehoben blieb, den westliche und östliche Auffassung über die politische Weltgestaltung an jener Stelle der Landkarte vorerst aufeinander ausüben.

Trotz der mit dem Zerfall des mittelalterlichen Unum Corpus Christianum in souveräne Staaten entstandenen Doktrin vom isolierten, vom absoluten Staat, in dessen innere Struktur sich kein anderer Staat einmischen dürfe, war

[b] Ohne Anmerkungen des Verfassers.

[41] Rudolf Laun, Gegenwärtiges Völkerrecht, in: Die Zeit Nr. 44 vom 19. 12. 1946; Georg August Zinn, Das staatsrechtliche Problem Deutschland, in: Zum Aufbau des Rechtslebens, Heidelberg 1947, S. 9–26; Hans Kelsen, The Legal Status of Germany according to the Declaration of Berlin, in: American Journal of International Law 39 (1945), S. 518–533.

übrigens die Erkenntnis, daß international eine in der ganzen Welt gemeinsame Rechtsüberzeugung den einzelnen Staat nicht allein nach außen (völkerrechtlich), sondern auch nach innen (staatsrechtlich) binde, niemals ganz verloren gegangen und hatte gerade an der Schwelle unserer Tage zwischen den beiden Weltkriegen zum Kellogg-Pakt der Kriegsächtung geführt. Ist der Krieg geächtet, so ist dem Staat das jus belli abgesprochen. Hat der Staat das jus belli verloren, so ist er im traditionellen Sinn nicht mehr souverän, und es werden von ihm – wie der Nürnberger Prozeß demonstriert hat – Gesetze gefordert, die nicht mehr allein nach seinem nationalen Recht „legal" sind, sondern die sich auch vor den internationalen Geboten legitimieren müssen.

Die Atlantische Urkunde vom 14. August 1941 zeigt diese Wandlung. Zwar bekennt sie sich noch zu dem Grundsatz des Rechts aller Völker auf freie Wahl ihrer Regierungsform, aber sie fordert zugleich für alle Staaten, Sieger und Besiegte, unter den gleichen Bedingungen Zugang zum Handel und zu den Rohstoffen der Welt und die Gewähr, daß alle Menschen in allen Ländern ihr Leben lang frei von Furcht und Not leben können. Damit stellt die Atlantische Urkunde ein innerpolitisches Verlangen und begründet internationale Maßstäbe für das nationale Staatsrecht.

Weit über die Atlantische Urkunde hinaus geht die in San Francisco am 26. Juni 1945 errichtete Urkunde der Vereinten Nationen. Sie erkennt allen Staaten die Befugnis der Kriegführung, ja in Artikel 51 vielleicht sogar einen Anspruch auf Selbstverteidigung ab und überträgt die Entscheidung auf den Sicherheitsrat, dessen Weisungen jedes Mitglied zu befolgen hat. Wie ein roter Faden zieht sich durch die ganze Urkunde die Verpflichtung zur Mithilfe bei der Verwirklichung der Menschenrechte und Grundfreiheiten für alle, zu denen sich die Urkunde nicht weniger als fünfmal bekennt. Damit sollen die Menschenrechte ein Codex eines in der modernen Geschichte neuartigen „Internationalen Staatsrechts" werden, das nicht wie das Völkerrecht nur die Beziehungen zwischen den Staaten als solchen regelt, sondern den Staat selbst, statt wie bisher als Schöpfer seiner Rechtsordnung, als Geschöpf der einen Rechtsanordnung ansieht, der alle unterworfen sind.

Die äußerste Folgerung aus dieser Entwicklung hat Bernard Baruch am 15. Juni 1946 in seiner Rede vor der Atomkommission der UN gezogen, als er erklärte:

„Alles, was geschieht, gleichgültig wo und wie, was den Frieden der Welt oder die wirtschaftliche Stabilität bedroht, geht jeden und alle von uns an."

Damit ist das Interventionsprinzip in letzter Eindeutigkeit proklamiert und zwar bemerkenswerterweise auch mit Betonung des Wirtschaftlichen als Element der Friedensordnung, wie auch die UN, um die Achtung vor den Menschenrechten und fundamentalen Freiheiten zu fördern und zu ermutigen, einen Ausschuß für wirtschaftliche und soziale Angelegenheiten eingesetzt hat.

Wie sehr es sich bei dieser Entwicklung nicht etwa um Theorien, sondern um reale Ereignisse der Geschichte handelt und wie aktuell das Interventionsprinzip, welches im Atomzeitalter den Krieg durch das Mittel eines internationalen Staatsrechts zum unteilbaren Frieden wenden will, in besonderem Maße für uns Deutsche ist, erweist das Potsdamer Protokoll vom 2. August 1945, das die Aufgabe stellt, „die endgültige Umgestaltung des deutschen politischen Lebens auf demokratischer Grundlage und eine mögliche friedliche Mitarbeit Deutschlands am internationalen Leben ... vorzubereiten".

Nähme man mit Kelsen an, daß Deutschland durch die Kapitulation als selbständiger Staat untergegangen ist, so müßte man zu der – von Kelsen auch gezogenen – Folgerung kommen, daß der Krieg beendet sei, weil Krieg nur zwischen kriegführenden Staaten oder Mächten möglich ist, an die Stelle des ehedem kriegführenden Deutschland aber, wie Kelsen behauptet, ein „Condominium" über das vormals deutsche Gebiet getreten wäre und in diesem Gebiet deshalb auch kein deutsches Recht mehr gelten könne, sondern allein noch Besatzungsrecht, wenn auch weite Teile des früher deutschen Rechts als Besatzungsrecht „rezipiert" wären. Für einen Friedensvertrag bliebe, wie Kelsen selbst feststellt, kein Raum. Die politische Wirklichkeit dagegen, in der die Alliierten zunächst unter sich tatsächlich mit Besprechungen über einen Frieden auch für Deutschland beginnen wollen und in der sie ausdrücklich bei ihren Maßnahmen und Gesetzen bei der Fortdauer eines Kriegszustandes festhalten, stimmt mit der von Zinn vertretenen These überein, daß Deutschland ungeachtet der militärischen Kapitulation und der völligen Besetzung als Staat fortexistiert. Die rechtliche und auch politisch sehr reale Lage, in der wir deutscherseits uns befinden, ist also nach wie vor der Krieg.

Die Eigenart dieser Lage ist erst durch die Besonderheit des Krieges als eines Interventionskrieges hervorgerufen, der sich nicht allein gegen die militärischen Streitkräfte gerichtet hat, sondern gegen die politische Struktur des Staates und deshalb neben der militärischen Besetzung, der „occupatio bellica" im Sinne des traditionellen Völkerrechts, zugleich zu einer politischen Besetzung mit bisher unbekannter staatsrechtlicher Bedeutung führte. Die Paradoxie dieses Zustandes wird darin deutlich, daß Zinn – in Übereinstimmung mit einem unveröffentlichten Gutachten des Obersten Finanzgerichtshofes in München und einem in der Deutschen Rechts-Zeitschrift[42] auszugs-

[42] Hellmuth Loening, Rechtsgutachten über die Frage, ob das jetzige Land Thüringen Rechtsnachfolger des früheren Landes und des Reiches ist (Auszug), in: Deutsche Rechts-Zeitschrift 1 (1946), S. 129–133.

weise veröffentlichten Gutachten des Präsidenten des Thüringischen Oberverwaltungsgerichts Dr. Loening in Jena – im Kontrollrat nicht nur ein Organ der Besatzungsmächte, sondern zugleich eine deutsche Regierung sieht, den „treuhänderischen Inhaber einer eigenständigen deutschen Staatsgewalt", das „Organ der Souveränität des deutschen Volkes". Rechtlich erscheint diese Auffassung zwar zutreffend und ist vom Kontrollrat selbst durch Erlaß zahlreicher deutscher Gesetze auch realisiert worden, da sich die Militärregierung, wie es General Clay am 8. Januar 1947 in seiner Rede vor dem Länderrat in Stuttgart ausdrücklich betont hat, „für eine nationale Gesetzgebung verantwortlich fühlt", politisch jedoch sind die von Laun geäußerten Bedenken nicht von der Hand zu weisen, daß die Mitglieder des Kontrollrats dann dem deutschen Volk oder niemandem verantwortlich und die Besatzungstruppen ihnen gegenüber feindliches Militär sein müßten. Praktisch befindet sich denn auch der Kontrollrat in seiner Doppelrolle als Deutschlands Feind und Deutschlands Regierung in einem Interessenkonflikt, der nur lösbar wäre, wenn die sich aus der modernen Interventionsdoktrin ergebenden Grundsätze eines internationalen Staatsrechts schon halbwegs Gestalt angenommen hätten. Das aber ist bisher kaum der Fall. Zwar sind die Menschenrechte gleichsam als Codex des internationalen Staatsrechts anerkannt, aber nicht nur haben die Vereinten Nationen im Einzelnen Wortlaut und Inhalt der Menschenrechte noch nicht festlegen können, sondern der Unfriede in der Welt entspringt eben dem Umstande, daß sich zwischen Osten und Westen über die ökonomische Grundlage der Menschenrechte noch keine Einigung erzielen ließ. Die logische, aber nicht allein für uns tragische Konsequenz dieses Widerspruchs offenbart sich in der Paradoxie, daß man dem deutschen Volke, um ihm die Menschenrechte wiederzugeben, sie ihm vorenthält: die Freiheit der Person, die Freiheit der Meinung, die Unverletzbarkeit des Eigentums, die Unverletzbarkeit der Wohnung. Das daraus entspringende Gefühl der Rechtlosigkeit ist das bedrohlichste Hemmnis der Demokratisierung, die bisher nur formell Fortschritte gemacht hat, während eine wahrheitsgetreue Diagnose zu der Feststellung kommen muß, daß immer mehr Deutsche heute mit dem Begriff Demokratie die Vorstellung eines Todesurteils verbinden und, falls sie nicht verzweifeln, bestenfalls erneut sich in eine innere Emigration zurückziehen.

Wer allerdings in dieser schonungslosen Dia-gnose eine Pro-gnose sehen wollte, würde ihren Sinn gründlich verkennen, wie denn auch die Selbstmord-Therapie des Verzweifelns aus sittlichen und aus politischen Gründen absolut zu mißbilligen ist. Die von mir behauptete Paradoxie entbehrt, ohne dadurch an Rechtmäßigkeit zu gewinnen, keineswegs einer historischen Logik, indem sie weniger aus einem Mißbrauch der Macht als daraus zu erklären ist, daß Demokratie sich weder befehlen noch schenken läßt, sondern, daß sie als Selbst-Bestimmung ausschließlich unsere eigene Aufgabe sein kann und muß.

Die äußere Folge dieser rechtspolitischen Lage ist eine politische Demontage, die gefährlicher ist als die vielbesprochene industrielle Demontage. Mit Recht hat Zinn darauf hingewiesen, daß zum Friedensschluß mit Wirkung für und gegen Deutschland nur eine solche deutsche Regierung in der Lage sein kann, die ihre Legitimität unmittelbar aus dem souveränen Volk für ganz Deutschland herzuleiten befugt ist. Nicht nur für uns muß deshalb alles darauf ankommen, die politische Demontage zu überwinden und eine legitime deutsche Regierung zu ermöglichen, sondern auch für die Welt, insbesondere für die „Siegermächte". Denn es geht hierbei nicht nur um Deutschland, das heute draußen weithin verachtet und verhaßt, auch nicht allein um „Europa", das mehr ein politisches Schlagwort als eine Realität ist, sondern darum, ob die Welt imstande ist, eine einheitliche Rechtsüberzeugung, die allein den Frieden schaffen kann, zu verwirklichen und an dem Problem Deutschland zu bewähren oder ob es kein Recht und – mit äußerst realen Folgen in der Zukunft – für die ganze Welt keinen Frieden geben wird.

Wollte man der von Karl Jaspers in seiner Schrift zur ›Schuldfrage‹[43] geäußerten Auffassung folgen, daß für uns heute nur das „Vae Victis!" gelte und alles bei der „Gnade" der Sieger stehe, dann gäbe es keine „rechtliche Lage" Deutschlands, aber so wenig wie gegen die Sieger gäbe es auch ein Recht für sie und zwischen ihnen, sondern nichts als Macht. Dann hätte Hitler den Krieg gewonnen; die Opfer, insbesondere auch in den Vernichtungslagern wären umsonst gewesen, und es bliebe sinnlos, sich um die Grundsätze eines internationalen Staatswesens zu bemühen. Folgt man aber der Entwicklung, die auf ein internationales Staatsrecht hinzielt, so hat die militärische Kapitulation, wie man sie auch auslegen mag, Deutschland nicht rechtlos gemacht, und es ist mit an uns, die politische Demontage zu überwinden und dadurch auch unsern Beitrag zur Befriedung der Welt zu leisten. Es läßt sich dann, was in Deutschland seit der Kapitulation geschehen ist und noch zu geschehen hat, durchaus mit rechtlichen Maßstäben messen. Was Laun vom Standpunkt des alten Völkerrechts „nicht rechtmäßig" erscheint, wie z. B. die Sozialisierung der Schlüsselindustrien, kann rechtmäßig sein und ist es auch, soweit es der neuen Gesetzmäßigkeit einer nicht nur militärischen, sondern auch politischen Besetzung entspricht und sich dadurch legitimiert, daß es die ökonomischen Grundlagen für eine Verwirklichung der Menschenrechte und damit der Demokratisierung schaffen will, während alles das Unrecht ist, was die Menschenrechte antastet, auch wenn wir es in unserer Ohnmacht dulden müssen. Konkret hat zu dieser Frage der Ministerpräsident von Schleswig-Holstein, Steltzer, in seinem am 5. Dezember 1946 in der Hamburger Wochenzeitschrift

[43] Karl Jaspers, Die Schuldfrage, Heidelberg 1946, Nachdruck in: Ders., Hoffnung und Sorge, München 1965, S. 67–144.

›Die Zeit‹ wiedergegebenen Interview gesprochen, in welchem er darauf hinwies, daß die Hungersnot in Deutschland nicht zu sein brauchte, sondern durch Maßnahmen der Besatzungsmächte bedingt ist, die mit dem auch ihnen übergeordneten Recht nicht in Einklang stehen. Soweit dies mit den Aufgaben der politischen Besetzung vereinbar ist, hat Deutschland also einen Rechtsanspruch darauf, nach den Regeln des Völkerrechts, insbesondere der Haager Landkriegsordnung behandelt zu werden, und liegt dem Kontrollrat die Rechtspflicht ob, für Deutschland zu sorgen, insbesondere es nicht verhungern zu lassen.

Entscheidende Bedeutung kann das im Entstehen begriffene „Internationale Staatsrecht", ohne das Deutschlands rechtliche Lage in der Gegenwart nicht erklärbar ist, in doppelter Richtung gewinnen: für die zukünftige Struktur des Staates Deutschland und für seine Wiedereinordnung in die Welt durch den Frieden.

Es mehren sich die Stimmen, die voll tiefer Sorge in den augenblicklichen Verfassungs-Versuchen „verfrühte Beschlüsse" oder die „Restauration" einer nur formalen Demokratie Weimarer Prägung sehen wollen. Ihnen liegt die Erkenntnis zugrunde, daß Freiheit, so wenig sie uns von außen geschenkt werden kann, auch nicht durch bloße Proklamation entsteht. Freisein ist eine Kunst, die nur aus der Gesamtheit der Kultur einschließlich einer gemeinsamen Rechtsüberzeugung zu erwachsen vermag. Die Statue der Freiheit läßt sich nicht gießen, indem man von mehr oder minder bewährten Mustern ein Gipsmodell nachformt. Die Form der Freiheit kann vielmehr erst mit ihrem Wesen zugleich geschaffen werden. Dieses Wesen wird nur aus unserer ureigenen Gesinnung, aus unserer Um-Besinnung geboren, und je schwerer uns diese Besinnung durch äußere Umstände, ja auch durch Unrecht, gemacht wird, um so geläuterter sollte es werden. Wir befinden uns damit in keiner anderen Lage als Polen, als Frankreich, als Italien, als das noch immer unglückliche Spanien, in welchen Ländern auch darum gerungen wird, daß sie wieder in einem geistigen, einem kulturellen Sinne „Nation" werden. Es ist heute nicht nur tatsächlich, sondern auch rechtlich unmöglich, Verfassungen zu schaffen, die wie Pallas Athene fertig dem Haupt des Gesetzgebers entspringen. Erst die – mit der „internationalen" Welt einige – gemeinsame Rechtsüberzeugung vermag uns wieder zu verfassen, zusammenzufassen, untereinander und mit der Welt, und es ist darum keineswegs nur Eigeninteresse und Über-Macht, daß sich fremde Länder mit dem vermeintlich nur uns eigenen Problem der Zentralisierung oder des Föderalismus beschäftigen. Wir müssen es lernen, die Fragen nicht nur im Sinne unseres eigenen, sondern eines in jedem Sinne notwendigen und erwünschten Zusammenlebens mit der Welt neu zu stellen. Dabei wird uns das als ebenso lästig empfundene wie als selbstverständlich hingenommene Parteiwesen von Grund auf fragwürdig werden, kann es doch, wozu Ansätze bestehen, international als Verzahnung wie national als Zerreißung wirken. Vom Parteiwesen wiederum ist das Wahlsystem abhängig, welches letzten Endes auch nur im Einklang mit der Welt möglich ist. Unser Haus liegt in der Straße, die Welt heißt: wir müssen und wir wollen es in der Fluchtlinie bauen.

Diese Fluchtlinie wird uns und allen durch den Frieden gezogen werden. Wie nun kann es zum Frieden kommen? Wer wird ihn schließen? Daß man uns anhören will, scheint vorläufig ausgeschlossen; ja man soll sogar erwägen, den Frieden ohne uns durch „Statut" zu schaffen, das uns dann vielleicht durch Abstimmung zur Wahl gestellt wird. Auch in der deutschen Tagespresse ist die Meinung aufgetaucht, das Schnellste und am meisten Zweckmäßige sei doch, wenn der Kontrollrat für uns den Frieden mache, wobei man sich bewußt oder unbewußt das Argument Kelsens aneignete, dann sei keine deutsche Regierung mit dem Frieden „belastet", während Versailles von vornherein eine für die Weimarer Republik untragbare Hypothek gewesen sei.

Solch eine verwunderliche Meinung beruht nicht allein politisch auf einer Illusion, sondern auch auf einer grundsätzlichen Verkennung des Rechts. Politisch wäre es die gefährlichste aller Einbildungen zu glauben, die Ausflucht einer Formalität, ein im bösen Sinne advokatorischer Kniff könne jemals eine kommende Regierung, uns alle und jeden einzelnen unter uns von der Verantwortung befreien. Nur die ebenso nihilistische wie verderbte Verzweiflung, wir wären eben „machtlos" und deshalb ja doch nur „Objekt" dessen, was über uns verhängt werde, würde sich daran weiden und aus der Verwesung neue, tödliche Giftblüten treiben. Ebenso kann rechtlich der Staat Deutschland, soll er nicht und mit ihm als unheilbare Wunde für die Welt das Recht der Selbstbestimmung ausgelöscht werden, sich nur freiwillig zum Frieden bekennen, der nach dem Völkerrecht nicht anders als durch Vertrag denkbar ist. Möglich ist, daß wir, möglich vielleicht, daß auch die anderen noch nicht für den Frieden, soweit auf der Erde überhaupt Friede erreichbar ist, reif sind, so daß dem Friedensschluß wie schon seit dem Potsdamer Protokoll ein weiteres Provisorium oder eine Reihe von Provisorien vorausgehen müssen; unmöglich aber ist der von Laun in Erwägung gezogene Gedanke, daß irgendeine deutsche Regierung die Tatsachen, wie sie auch sein mögen, „legalisiere", solange man nicht den Rechtsgedanken an sich, für den Laun lebenslang ein Vorkämpfer war, aufgibt, nämlich daß Recht nur von Gerechtigkeit getragen sein kann, während es zum Aberglauben der Despotien gehört, man könne nach Willkür „Recht" durch Legalisierung künstlich ersetzen. Hier wird der Kreuzweg erreicht, an dem sich entscheidet, ob das Interventionsprinzip konstruktive Kraft hat und nicht nur gegen, sondern auch für jedermann gilt oder ob es die Völker atomisiert, also ob das internationale Staatsrecht Wirklichkeit wird oder nicht. Das internationale Staatsrecht erfordert unser aller Rechtsüberzeugung, daß in unserem Zeitalter die Demokratie und nur sie den Frieden zu verbürgen vermag, und zwar eine nicht nur formale, sondern – nicht zuletzt wirtschaftlich – substantielle Demokratie, die in der einen Welt ebenso unteilbar ist wie die Menschheit selbst. Diese Identität von Demokratisierung und Befriedung, wie sie im Potsdamer Protokoll klar ausgesprochen ist, zwingt einerseits die übrige Welt, eine deutsche Demokratie auch als gleichberechtigt anzuerkennen und mit ihr einen Vertrag einzugehen, ihr also diesen Vertrag als tragbar zu ermöglichen, weil seine Gerechtigkeit einzusehen ist, und zwingt andererseits uns zur Umbesinnung von der Despotie zur Demokratie. Im gleichen Maße also und nur in diesem Maße, in dem wir zur Demokratie reif werden, werden wir auch für den Frieden reif, den uns kein „Führer" zudiktieren kann, sondern dem wir, wie schwer auch der Weg, wie hart die Bedingungen sein mögen, allein selbst entgegengehen, den wir lieben lernen und suchen müssen. Die Probe, auf die wir durch unsere rechtliche Lage gestellt werden, ist die Einsicht in den Bürgerkriegscharakter unseres Zustandes, aber auch der hinter uns liegenden Weltkämpfe, durch die wir und bei der die Welt in uns geschlagen wurde, in uns als Beispiel und Mahnung. Noch immer gilt, was der „frühvollendete" Otto Braun am 19. Dezember 1915 aus dem Felde heimschrieb:

„Wenn wir auch nicht wissen können, wann dieser Friede kommt, einmal kommt er ganz gewiß, und dann wird die Zukunft nicht dem siegenden oder unterliegenden Lande gehören, sondern dem, das den neuen Frieden am vollkommensten wird gestalten können und Sieger bleiben wird in den Kämpfen des Friedens."[44]

30. Oswald von Nell-Breuning S. J., Sozialisierung, Aufsatz

Die Sozialisierung eines Teiles der deutschen Großindustrie im Sinne einer Demokratisierung der Wirtschaft in einer berufsständisch gegliederten Gesellschaft ist geboten.

Stimmen der Zeit 72 (1947), Bd. 139, S. 425–436.

März 1947

In verschiedenen Teilen der Welt steht die Frage der Sozialisierung heute auf der Tagesordnung. War sie früher eine Forderung sozialistischer Kreise, so setzen sich heute neben den Sozialisten auch Kräfte und Richtungen für „So-

[44] Otto Braun, Aus nachgelassenen Schriften eines Frühvollendeten, Berlin 1921, S. 154.

zialisierung" ein, die mit Sozialismus – wenigstens im herkömmlichen Sinne des Wortes – nichts zu tun haben. Liegt hier ein Gesinnungswechsel vor oder hat der Fragestand und der Sinn dessen, was mit „Sozialisierung" gemeint ist, sich gewandelt?

Die erste, wenn man so sagen will, „sozialisierungfreundliche" Äußerung von kirchenlehramtlicher Seite findet sich in der Enzyklika ›Quadragesimo anno‹, wo Pius XI. bemerkt: „Mit vollem Recht kann man dafür eintreten, bestimmte Arten von Gütern der öffentlichen Hand vorzubehalten, weil die mit ihnen verknüpfte übergroße Macht ohne Gefährdung des öffentlichen Wohls Privathänden nicht überantwortet bleiben kann" (Q. a. n. 114).

Bezeichnet hier Pius XI. nur beispielsweise einen Fall gerechtfertigter Sozialisierung – schon das hat in gewissen Kreisen beunruhigend gewirkt –, so bietet Pius XII. in seiner Ansprache an die katholischen Arbeitervereine Italiens vom 11. 3. 1945 grundsätzliche Ausführungen zur Frage der Sozialisierung: „Die christlichen Vereinigungen stimmen der Sozialisierung nur zu in den Fällen, in denen sie wirklich durch das allgemeine Wohl gefordert wird; das will sagen, wo sie das einzige wirklich wirksame Mittel ist, um einen Mißbrauch abzustellen oder um Vergeudung der produktiven Kräfte des Landes zu verhüten oder um die organische Einordnung dieser Kräfte zu sichern und sie zum Nutzen der wirtschaftlichen Belange der Nation zu ordnen, d. h. zu dem Zweck, daß die Volkswirtschaft in geordneter und friedlicher Entwicklung den Weg zur irdischen Wohlfahrt des Volksganzen bahnt . . . Sozialisierung (bringt) die Verpflichtung zu entsprechender Schadloshaltung mit sich, die sich bemißt nach dem, was unter den besonderen Zeitverhältnissen gerecht und billig ist für alle Beteiligten."

Vielleicht ist es nicht überflüssig, zunächst kurz den Grund anzugeben, warum Eingriffe in das Eigentum dann erlaubt sind, wenn sie durch das allgemeine Wohl erfordert werden. Das Recht des Menschen an bestimmten äußeren Gütern, so insbesondere an denjenigen, die er sein Eigentum nennt, ist ein Bestandstück der gesellschaftlichen Ordnung; darum besteht es nur insoweit, als es mit der gesellschaftlichen Ordnung vereinbar ist. Die gesellschaftliche Ordnung aber bestimmt sich nach den Erfordernissen des Gemeinwohls; sie ist ja nichts anderes als diejenige Ordnung des menschlichen Zusammenlebens, deren es bedarf, um dieses Zusammenleben zu seiner Sinnerfüllung gelangen zu lassen; diese Sinnerfüllung aber besteht in der Verwirklichung des Gemeinwohls als des Inbegriffs aller Vorbedingungen und Veranstaltungen allgemeiner oder öffentlicher Art, deren es bedarf, damit die Gemeinschaft diejenigen Werte zu schaffen oder Ziele zu erreichen imstande ist, um derentwillen sie besteht, anders ausgedrückt, damit alle Glieder der Gemeinschaft in der Lage sind, ihre Kräfte zu regen und Anlagen zu entfalten, um so die Werte zu erlangen oder zu den Zielen zu gelangen, deren sie im Rahmen dieser

Gemeinschaft teilhaftig werden sollen. – Die Berechtigung zu Eingriffen in das Eigentum abzustellen auf das Erfordernis des Gemeinwohls ist also kein Opportunismus, der über sittliche und rechtliche Schranken sich hinwegsetzt, wenn dies vorteilhaft oder zweckmäßig erscheint (was es überdies, auf weite Sicht gesehen, niemals wirklich ist!), sondern es ergibt sich aus der Wesensart des Eigentumsrechtes selbst. – Auch die Frage der Schadloshaltung untersteht diesem Grundsatz: „entsprechend" oder „angemessen" ist diejenige Schadloshaltung, die mit Rücksicht auf das Erfordernis des Gemeinwohls gewährt werden kann; dies kann die volle Entschädigung zum Gleichwert sein, wird es aber nicht immer sein; „unter den besonderen Zeitverhältnissen" kann und wird sehr oft eine hinter dem Gleichwert zurückbleibende Entschädigung „gerecht und billig sein für alle Beteiligten". Im Grenzfall kann die „entsprechende" oder „angemessene" Schadloshaltung sogar auf Null zurückgehen, dann nämlich, wenn dem Erfordernis des Gemeinwohls nur durch entschädigungslose (unentgeltliche) Hingabe einer Sache Genüge getan wird, wie ja viel häufiger Dienste für die Gemeinschaft nach Recht und Billigkeit „ehrenhalber", d. i. unentgeltlich, zu leisten sind.

Die vorhin angeführte Stelle aus der Enzyklika ›Quadragesimo anno‹ enthält das Wort „Sozialisierung" nicht, verdeutlicht aber sehr genau, was sie meint, indem sie davon spricht, daß gewisse Wirtschaftsgüter nicht in privater Hand zu belassen, sondern in die öffentliche Hand zu überführen seien. In der Ansprache Pius' XII. an die Arbeitervereine dagegen findet sich das Wort „Sozialisierung" ohne nähere Erklärung, was damit gemeint ist; unmittelbar vorher werden die Ausdrücke „Nationalisierung", „Sozialisierung" und „Demokratisierung der Wirtschaft" anscheinend entweder gleichgesetzt oder doch als sinnverwandt gebraucht; unmittelbar anschließend ist wieder von „Demokratisierung der Wirtschaft" die Rede, jetzt in solcher Weise, daß die Beseitigung des auf privater Kapitalanhäufung sich gründenden Monopolismus und wirtschaftlichem Despotismus – also wohl die „Sozialisierung" in dem Sinne, in dem ›Quadragesimo anno‹ sie ohne Namensnennung versteht – als einseitiger und darum unzureichender Weg zur wahren Demokratisierung der Wirtschaft gekennzeichnet wird. Daraus, daß Pius XII. in diesem Zusammenhang von der Entschädigungspflicht spricht, erhellt, daß es sich bei der Sozialisierung um die Entziehung irgendwelcher werthabender Rechte handelt oder die Sozialisierung doch die Entziehung von Rechten mit sich bringt.

Was also ist Sozialisierung?

Im ursprünglichen Marxismus bedeutete Sozialisierung die Überführung des Privateigentums (privaten Sondereigentums) auf die „Gesellschaft", um es so in Gemeineigentum zu verwandeln. Da mit der Errichtung der sog. klassenlosen sozialistischen Gesellschaft der Staat zu bestehen aufhört (der Staat ist ja nach dieser Lehre nur das Machtinstrument der herrschenden gesellschaftlichen Klasse zur Unterdrückung der gegnerischen Klasse), ist diese „Sozialisierung“ durchaus etwas anderes als Verstaatlichung. Die englische Arbeiterbewegung hatte daher guten Grund, ihre Bestrebungen auf Verstaatlichung gewisser Industrien nicht „Sozialisierung“, sondern „Nationalisierung“ zu nennen.

Da in der klassenlosen Gesellschaft die Menschen wieder zur Unschuld des Paradieszustandes zurückkehren sollen, läßt sich hier wirklich von Gemeineigentum sprechen. Nach der Lehre des hl. Thomas (S. th. II. II. q. 66) ist ja die Einführung des Sondereigentums erst durch den Sündenfall notwendig geworden, während bei der Friedlichkeit, Verträglichkeit, Selbstlosigkeit und gegenseitigen Rücksichtnahme des Paradieszustandes alle Güter in Gemeingebrauch stehen konnten und darum Gemeineigentum gewesen wären. Sind die Erbsünde und ihre bösen Folgen nur eine Entartungserscheinung der kapitalistischen Klassengesellschaft, für die in der klassenlosen sozialistischen Gesellschaft kein Raum mehr ist, so sind für diese Gesellschaft Gemeineigentum und folgerecht Gemeingebrauch der Güter – und zwar aller Güter, nicht nur der Produktionsmittel – die gegebene und allein passende Rechtsordnung. Der erfahrene Kenner des Menschenherzens zweifelt allerdings an diesem wunderbaren Aufblühen reiner Selbstlosigkeit; der gläubige Christ aber weiß, daß die Erbsünde und ihre Folgen durch sozialreformerische Maßnahmen nicht behoben werden können und daß darum die klassenlose Gesellschaft mit ihrem Gemeineigentum ein Wahntraum ist.

In der Tat geht es aber, wenn von „Sozialisierung“ die Rede ist, schon längst nicht mehr um die Überführung des Privateigentums als Ganzes auf die Gesellschaft, um es auf diesem Wege in Gemeineigentum zu verwandeln. Selbst der marxistisch-leninistische Sozialismus (Kommunismus, Bolschewismus) erstrebt nicht mehr die Beseitigung des privaten Sondereigentums allgemein, sondern nur an den Produktionsmitteln; diese aber sollen auf den Staat überführt werden; aus „Sozialisierung“ ist Verstaatlichung geworden. Wenn nichtsdestoweniger weiterhin behauptet wird, diese Produktionsmittel sollten Gemeineigentum werden, so ist das eine Falschmünzerei mit Worten oder mindestens eine Zweideutigkeit. In Wirklichkeit handelt es sich darum, daß privates Sondereigentum in öffentliches Sondereigentum umgewandelt werden soll; öffentliches Sondereigentum ist aber durchaus nicht dasselbe wie Gemeineigentum und steht keineswegs im Gemeingebrauch. Im Gemeingebrauch stehen Sonnenlicht und Luft, die niemandes Eigentum sind; im Gemeingebrauch stehen Meer, Flüsse, Straßen u. a. m., die meist öffentliches Eigentum sind; dagegen stehen staatliche Bergwerke, staatliche oder gemeindliche Verkehrs- und Versorgungs-Betriebe ebensowenig im Gemeingebrauch wie private Bergwerke, private Verkehrs- und Versorgungsbetriebe; der Benutzer einer Straßenbahn, der Bezieher von Strom weiß oft gar nicht, ob die Straßenbahn, ob das Kraftwerk privat oder öffentlich ist; denn er hat in beiden Fällen ganz gleich einen Fahrschein zum tarifmäßigen Preise zu lösen, den entnommenen Strom zum tarifmäßigen Preise zu bezahlen.

Es ist wahrhaftig keine Wortklauberei, sondern besagt einen höchst bedeutsamen, sachlichen Unterschied, wenn wir feststellen, daß Sozialisierung, wie der marxistische Sozialismus in der Folgezeit sie immer verstanden hat, nicht auf die Schaffung von Gemeineigentum, sondern von öffentlichem Sondereigentum, auf einen Staatskapitalismus, allenfalls daneben auch Gemeindekapitalismus hinauslief und beim orthodoxen Marxismus heute noch hinausläuft.

Stehen Gemeineigentum und Sondereigentum einander gegenüber, so wendet sich die Sympathie unwillkürlich dem Gemeineigentum zu; um diese gemeineigentumsfreundliche Neigung des Menschenherzens für sich nutzbar zu machen, liebt die Sozialisierung es, sich als Überführung von Sondereigentum in Gemeineigentum auszugeben, obwohl sie es nicht ist. Handelt es sich um die Wahl zwischen privatem Sondereigentum und öffentlichem Sondereigentum, so fühlt das Herz sich entweder überhaupt nicht angesprochen oder gar eher noch dem Privateigentum zugeneigt.

Zweifellos gibt es Fälle, in denen das zutrifft, wovon Pius XI. spricht: gewisse Wirtschaftsgüter verleihen eine so große gesellschaftliche Macht, daß sie nicht oder nur mit großen Vorbehalten in privaten Händen belassen werden können und darum besser in die öffentliche Hand, d. h. auf diejenige Stelle überführt werden, die zur Ausübung gesellschaftlicher Macht berufen ist und deswegen auch eindeutig die öffentliche Verantwortung für die Ausübung dieser Macht trägt. Zunächst wird es sich darum handeln, durch rechtspolitische und wirtschaftspolitische Mittel der Zusammenballung übergroßer wirtschaftlicher Macht vorzubeugen; wo auf diesem Wege nicht zum Ziele zu kommen ist, oder wo es zu spät dazu ist, wird die Überführung des privaten Sondereigentums in öffentliches Sondereigentum zur Notwendigkeit. Als Träger dieses öffentlichen Sondereigentums kommt nicht allein der Staat, sondern kommen vor ihm – soweit es sich um örtlich begrenzte Unternehmungen handelt – die Gemeinden und höheren Gemeindeverbände, im übrigen aber öffentlich-rechtliche Zweckverbände berufsständischen Charakters in Frage.

Immer mehr aber drängt sich ein anderer Gesichtspunkt in den Vordergrund, unter dem die Frage der Sozialisierung sich stellt und eine nicht unerhebliche Verschiebung des Fragestandes erfährt. Es ist das Spannungsverhältnis zwischen Kapital und Arbeit, anders ausgedrückt: das Verhältnis des arbeitenden Menschen zu den Produktionsmitteln, an denen er arbeitet, und daran anknüpfend seine Stellung oder sein Standort in der menschlichen Gesellschaft schlechthin. Es ist also gar nicht mehr die Eigentumsfrage als solche, um die es geht.

Daß der Mensch fremdbestimmte Arbeit an fremden Produktionsmitteln leistet, ist an sich weder schlimm noch ist es vermeidbar, ja als vorübergehender Zustand ist es meist sogar wünschenswert und nützlich. Als Regelzustand und vererblicher Dauerzustand für die große Mehrzahl der Menschen dagegen ist dieser Zustand sowohl schlimm als auch vermeidbar. Solange er nur Durchgangszustand ist, besteht die begründete Aussicht, daß der Tüchtige zur Selbständigkeit aufrückt und auch die Verfügung über die benötigten Produktionsmittel erlangt; so ist in der Frühzeit des Industrialismus die nachmalige industrielle Führerschaft selbst aufgestiegen und zu Vermögen gelangt. In der Spätzeit dagegen, in der Zeit des Konzern- und Kartell-Kapitalismus, „entpersönlicht" und „versachlicht" sich das Eigentum an den Produktionsmitteln in einer Weise, daß es nicht nur anonym wird, sondern auch in gar keiner Weise mehr verbürgt, daß der – anonym gewordene – Eigentümer die Eignung zur betrieblichen und unternehmerischen Führung besitzt. Fremdbestimmte Arbeit an fremden Produktionsmitteln leisten, wenn ich zum Eigentümer dieser Produktionsmittel das Vertrauen habe, daß er seine betriebliche und unternehmerische Führungsaufgabe wirklich leistet, kommt dem Menschen nicht allzu hart an, kann ihm sogar Freude und Ehre sein. Fehlt aber diese Grundlage des Vertrauens, weil keine Persönlichkeit mit Führerqualitäten, sondern ein unfaßbares Etwas, ein bürokratisch geleiteter Sachapparat einem gegenübersteht, dann ist jedes menschliche Verhältnis unmöglich gemacht, dann bäumt etwas im arbeitenden Menschen sich unwiderstehlich auf. Er will Führung im Betrieb und Unternehmen, er will sogar darüber hinaus eine wirtschaftspolitische Führung, und da diese Führung ihm nicht in lebendigen und überzeugenden Persönlichkeiten vors Auge tritt, will er den Personenkreis in Führung bringen, dessen Glied er selber ist und in dem seiner festen Überzeugung nach Persönlichkeiten mit Führerqualitäten sich finden werden.

Die Frage: privates Sondereigentum oder öffentliches Sondereigentum, scheidet hier aus dem Blickfeld aus oder tritt mindestens ganz in den Hintergrund zurück. Nach wie vor aber erscheint das (Privat-)Eigentum als die Ursache des Übelstandes, der als unnatürlich empfundenen Trennung des arbeitenden Menschen von der Verfügung über die Produktionsmittel, die gar nicht unter dem Gesichtspunkt des Eigentums, d. i. der Bereicherungsabsicht, sondern unter der Rücksicht des Einblicks in die Leitung und der Teilnahme an der Leitung vermißt und begehrt wird.

Hier stehen wir an dem Übergang von „Sozialisierung" zur „Demokratisierung der Wirtschaft".

Aus der Zeit vor 1933 hat das Wort „Wirtschaftsdemokratie" keinen guten Klang in unserm Lande; es diente zeitweilig als politisches Schlagwort und erweckte den Verdacht, mehr zu verhüllen als zu offenbaren, worum es eigentlich gehe. Von solchen Erinnerungen müssen wir uns losmachen, um die Sache vorurteilsfrei und unbefangen zu prüfen.

Die Sache scheint diese zu sein: Die industriellen Großbetriebe und Großunternehmungen sind über jenes Maß hinausgewachsen, bei dem noch eine klare Scheidung zwischen privater Betriebs- und Unternehmungsführung einerseits, öffentlicher Wirtschaftspolitik (und Sozialpolitik) anderseits möglich ist. Das Wirtschaftsleben, wenigstens im Bereiche der Industrie, wuchs über die Größenordnung des Privaten hinaus und wuchs so in den öffentlichen, den politischen Raum hinein. Zugleich nötigte die industrielle Entwicklung den Staat als den bedauerlicherweise allein vorhandenen Träger öffentlicher Gewalt zuerst zur sozialpolitischen, weiterhin zur wirtschaftspolitischen Intervention, und auf dem Wege über diese wuchs der Staat teils freiwillig, teils unfreiwillig in die Wirtschaft hinein; der „Normenstaat" bewies die Neigung, sich zum "Betriebsstaat" auszuwachsen, mit dem Endziel des totalen Normen- und totalen Betriebs-Staates.

Die Enzyklika ›Quadragesimo anno‹ erscheint zu einer Zeit, da diese Entwicklung in aller Welt in vollem Zuge ist, und sieht sich genötigt, die schon weit fortgeschrittene Verwirtschaftung des Staates, Vermachtung und Verpolitisierung der Wirtschaft zu beklagen (Q. a. nn. 105–109). Unter der Herrschaft des Nationalsozialismus wurde diese Entwicklung in Deutschland stärkstens, aber völlig einseitig vorangetrieben: dem Scheine nach blieb das freie Unternehmertum bestehen; dem Scheine nach wirtschaftete es auf eigene Rechnung und Gefahr; dem Scheine nach verdiente es an Rüstungs- und Kriegslieferungen; in Wahrheit diente all dieser Schein nur dazu, den „Unternehmer" in einem Maße und mit einer Verantwortung in die Arbeit für Rüstung und Krieg (oder wie es damals hieß: Sieg!) einzuspannen, die weit hinausgehen über die Bindung und Verantwortlichkeit eines vom Staate in die Betriebsleitung eingesetzten Beamten. Jetzt aber, nachdem statt des Sieges die unausbleibliche und vollständige Niederlage eingetreten ist, sind sowohl der Staat als auch die erste und zum Teil noch die zweite Garnitur der früheren Unternehmerschaft nicht mehr da; es klafft eine Lücke, die wenigstens in manchen Fällen dadurch geschlossen wird, daß militärische Dienststellen der Siegermächte über die Betriebe verfügen und Verwalter einsetzen, die vorläufig einmal die Betriebsleitung übernehmen oder doch das Betriebsinventar in Obhut nehmen, bis einmal an Wiederaufbau wird gedacht werden können. Gerade die größten und bedeutendsten Betriebe sind verwaist; auf allen aber lasten die Reparationen und andere aus dem Kriege verbliebene Belastungen, deren Art und Ausmaß noch niemand überschaut, lastet angesichts der völlig ungeklärten Währungsfrage die Unmöglichkeit, von der finanziellen Lage, dem Werte der Außenstände und dem tatsächlichen Gewicht der Verschuldung, sich ein auch nur annähernd zutreffendes Bild zu machen, so daß nach allem nur so viel feststeht, daß das Eigentum an derart belasteten Unternehmungen und Betrieben eine höchst fragwürdige Größe und jedenfalls alles andere als eine reine Freude, sei es für den Eigentümer selbst, sei es für die Gläubiger, darstellt. Für alle Beteiligten ist der Zustand in hohem Grade unbefriedigend; am stärksten aber wird er naturgemäß von den in diesen Betrieben und Unternehmungen arbeitenden Menschen – oder von denen, die dort zu arbeiten gewohnt waren, jetzt aber wegen Stilliegens des Betriebes am Arbeiten verhindert sind – als unbefriedigend und sinnwidrig empfunden.

Kann es wundernehmen, wenn unter diesen Umständen die Belegschaften die völlig verfahrene Lage dadurch bereinigen wollen, daß sie die Werkanlagen mitsamt der darauf lastenden Reparationshypothek und allen andern etwaigen Belastungen, mit denen sie behaftet sein mögen, aus dem so fragwürdig gewordenen eigentumsrechtlichen Gehäuse, worin sie stecken, herauslösen und selber übernehmen wollen? Die Werkanlagen sind immerhin etwas Sichtbares und Greifbares; soweit man mit ihnen zu tun hat, weiß man, woran man ist, während man mehr oder weniger ins Leere greift, sobald man den Eigentümer sucht. Es ist darum wirklich kein so fernliegender, gar aus rechtswidriger, eigentumsfeindlicher Einstellung herzuleitender Gedanke, wenn man in weiten Kreisen der Arbeitnehmerschaft daran denkt und danach strebt, die vielfach verwaisten großen Werke auf die Belegschaften zu übernehmen und durch diese betreiben zu lassen. Zunächst ist das nichts anderes als die nächstliegende Art und Weise der Selbsthilfe.

In welcher Form Rechtens diese Überführung auf die Belegschaften oder Übernahme durch die Belegschaften vor sich gehen soll, ist eine spätere Sorge; vordringlich erscheint die Sache selbst, nicht ihre rechtliche Einkleidung.

So viel allerdings scheint hinsichtlich dieser rechtlichen Einkleidung von vornherein festzustehen: es ist nicht die Absicht, an die Stelle des bisherigen privaten Kapitalisten den Staat zu setzen und so einen gewaltigen Staatskapitalismus aufzurichten. Gewiß gibt es auch Strömungen, die dahin zielen; diese Strömungen dürften aber kaum von der Masse der Arbeiterschaft und des Angestelltentums getragen werden. Der Staatskapitalismus ist eine politische Ideologie, die nur auf eine andere Form des totalitären und autoritären Staates hinausläuft als diejenige, die wir zwölf Jahre lang gekostet haben, nicht aber etwas, worin der arbeitende Mensch die Sinnerfüllung seines Arbeitslebens erblicken könnte. Um Staatskapitalismus geht es der Arbeiterschaft bestimmt nicht.

Nein, es geht ihr um die „Demokratisierung der Wirtschaft". Die der kapitalistischen Wirtschaftsweise – gleichviel, ob Privatkapitalismus oder Staatskapitalismus – eigentümliche, in vernünftigen Grenzen durchaus einwandfreie Trennung von Produktionsmittelbesitz und Arbeit, die unter den gegenwärtigen Verhältnissen weitgehend sinnwidrig geworden ist, soll überwunden werden. Die Belegschaft will den Betrieb, seine innere Betriebsleitung wie auch die unternehmerische Führung, in die Hand nehmen und dementsprechend die unternehmerische Verantwortung tragen. Die Regelung der Frage nach dem Eigentum am Betrieb erscheint ihr und ist in der Tat zweitrangig; entscheidend ist, daß der Betrieb läuft und der Betriebszugehörige sich in ihm zu Hause fühlt. Erstrangig, allerdings vielfach nicht in ihrer ganzen Schwierigkeit gewürdigt, ist die Frage: Wer ist Betriebsangehöriger? Wie wird die Betriebszugehörigkeit erworben, wie geht sie verloren; ist sie übertragbar, insbesondere vererblich oder gar durch Rechtsgeschäft veräußerlich usw.?

„Demokratisierung der Wirtschaft“: der Arbeiter will, wie er im demokratischen öffentlichen Gemeinwesen (Gemeinde, Staat) mitzubestimmen hat, an der Willensbildung des öffentlichen Gemeinwesens – wenn auch nur zu einem minimalen Bruchteil – beteiligt ist, ebenso auch in dem Betriebe, dem er angehört, mitzubestimmen haben und an dessen Erträgen teilnehmen. Letzteres dürfte heute bei uns keine allzu große Rolle spielen; denn in den meisten Fällen wird man froh sein dürfen, wenn es gelingt, eben den notwendigen Lebensunterhalt der Belegschaft einschließlich ihrer Familien zu erwirtschaften. Um so schwerer wiegt das Mitbestimmungsrecht: der Arbeiter verlangt dort, wo er seine ganze Person einsetzt, nicht bloß Objekt der Verwaltung, der Betreuung und allenfalls Fürsorge zu sein, sondern selbstverantwortliches und mitbestimmendes Subjekt. Die Notwendigkeit der Einordnung in den Betriebsablauf, selbst straffer Arbeitsdisziplin verkennt er keineswegs; er ist ohne weiteres bereit, sich diesen Erfordernissen zu fügen. Aber Betriebsablauf und Arbeitsdisziplin sollen nicht fremdseitig aufgestellt und an den Arbeiter herangetragen werden, sondern aus der Gemeinschaft der im Betriebe Tätigen herauswachsen.

Wo eine überzeugende („überragend“ braucht sie nicht einmal zu sein!) Unternehmerpersönlichkeit vor ihm steht, wird der nicht radikalisierte Arbeiter ihr bereitwillig das Eigentum an dem Unternehmen, die Unternehmerverantwortlichkeit und damit auch unternehmerische Gewinn- und Verlust-Chancen überlassen, sich mit einem gewissen Mitbestimmungsrecht und allenfalls einer gewissen Gewinnbeteiligung gern zufrieden geben. Ist diese Unternehmerpersönlichkeit nicht Eigentümer, sondern Angestellter (etwa ein unternehmerisch tüchtiger, sozial aufgeschlossener Generaldirektor), so wird die Belegschaft ihn ohne weiteres zu ihrem Kreis zählen und gern ihm weiter die Führung mit all ihrer Last und Verantwortung überlassen; nur will die Belegschaft wenigstens an der inneren Betriebsleitung stufenweise beteiligt sein, d. i. in einem Aufbau von unten nach oben, nicht einseitig – aus der Eigentümerstellung heraus – von oben nach unten. Die Bindung an den anonymen Eigentümer, jedenfalls dann, wenn dieser die ihm als solchem obliegende Funktion des Risikoträgers nicht erfüllt, vielleicht nach Lage der Dinge gar nicht erfüllen kann, wird die Belegschaft zu lösen geneigt sein. Den Betrieb, das Werk, worin sie arbeitet, betrachtet sie als „ihr“ Werk, „ihren“ Betrieb; das Unternehmen dagegen, jenes abstrakt-juridische Gebilde, das in den Aktiv- und Passiv-Ziffern einer heute oft jedes Erkenntniswertes baren Bilanz aufscheint, interesssiert den betriebs- oder werksangehörigen Arbeiter so gut wie gar nicht. Wie die Dinge heute bei der Mehrzahl unserer Großunternehmungen liegen, muß man ihm recht geben.

Der Arbeiter aber will diese Zustimmung in die Tat umsetzen, indem er, wie oben ausgedrückt, den Betrieb, d. i. die Werkanlagen, aus dem fragwürdigen juridischen Eigentumsgehäuse herausnimmt und das so entleerte Gehäuse beiseite wirft. Hier also führt der Weg zur Demokratisierung der Wirtschaft über die Sozialisierung.

Ist die „Demokratisierung der Wirtschaft“, auch wenn sie diesen Weg der Sozialisierung geht, nicht bloß im Ergebnis schön und wünschenswert, sondern – denn darauf kommt es entscheidend an – durch das allgemeine Wohl, das Erfordernis des Gemeinwohls geboten?

Die immer noch sehr große Zahl der Klein- und Mittelbetriebe, an deren Spitze der Eigentümer selbst mitarbeitet, für deren Betriebszugehörige die fremdbestimmte Arbeit im fremden Betrieb vielfach selbst nur der Durchgang zur eigenen Selbständigkeit ist, scheiden von vornherein aus der Betrachtung aus. Bei ihnen besteht ein solches Bedürfnis offensichtlich nicht; keine der oben angestellten Überlegungen trifft auf sie zu. Für die Groß- und Riesenbetriebe und -unternehmungen dagegen oder mindestens für viele von ihnen läßt sich dieses Erfordernis wohl mit gutem Grunde behaupten. Wie die Dinge liegen, erscheint es objektiv kaum möglich, daß in die Belegschaften Berufsfreudigkeit und Arbeitswillen zurückkehren, wenn die sinnwidrigen Zustände bestehen bleiben, wie sie derzeit allzu oft anzutreffen sind; ebensowenig kann erhofft werden, daß es auf Grund der bestehenden Verhältnisse zu einer gedeihlichen und ersprießlichen Zusammenarbeit zwischen den Unternehmungsleitungen und Belegschaften kommt, die doch notwendig ist, wenn die Wirtschaft ihre Aufgabe erfüllen, der Volksgemeinschaft die benötigten Bedarfsgüter zur Verfügung stellen soll.

Um zu dem Ergebnis zu kommen, eine „Sozialisierung“, d. h. Zurückdrängung oder völlige Beseitigung der ungeachtet aller Fragwürdigkeiten doch immer noch bestehenden Eigentümerrechtsstellung an den Werkanlagen sei gerechtfertigt, müßte nur noch feststehen, daß der vorgeschlagene Weg auch wirklich zu dem erstrebten Ziele zu führen verspreche. Nicht erfordert ist, daß ein voller Erfolg im vorhinein verbürgt sei; aus einer unhaltbaren Lage heraus darf, ja muß jeder Ausweg versucht werden, der die Aussicht bietet, zum Ziele oder doch dem Ziele näher zu kommen.

Zunächst aber ist dieser Weg selbst noch sehr wenig deutlich abgesteckt;

man sieht nur den Ausgangspunkt, von dem man weg will, und den Zielpunkt, zu dem man hin will; wie aber verläuft der Weg?

Die Erfahrungen mit den sog. Betriebsgemeinschaften, die in der Zeit des Dritten Reiches ja reichlich gesammelt werden konnten, dürften gelehrt haben, daß zwar früher wohl die Bedeutung der Betriebsgemeinschaft unterschätzt worden war, daß es möglich wäre, in einer vernünftig aufgebauten, echten Betriebsgemeinschaft viele Fragen und Schwierigkeiten zu lösen, das heutige Betriebsleben weitgehend zu entgiften, daß aber die entscheidenden Fragen nicht nur des Aufbaus der Gesellschaft (des gesellschaftlichen Standorts des Arbeiters), sondern auch des Arbeitslebens selbst nicht in der Betriebsgemeinschaft, sondern nur auf einer höheren Ebene gelöst werden können. Auf dieser höheren, überbetrieblichen Ebene gewahren wir zur Stunde in der Hauptsache nur erst die Gewerkschaften. So ist es einleuchtend, daß die Gewerkschaften sich in die Frage der „Sozialisierung" und der „Demokratisierung der Wirtschaft" einzuschalten bestrebt sind und damit zu erkennen geben, daß sie gewillt sind, in Zukunft weit mehr zu sein als bloße Instrumente der Lohnpolitik oder Machtapparate einer Arbeitsmarktpartei. Die veränderten Verhältnisse treiben die Gewerkschaften über ihren ursprünglichen Aufgabenbereich hinaus.

Wollte man die Entwicklung sehr zuversichtlich und wohlmeinend auslegen, so könnte man sie dahin deuten, daß die Gewerkschaften sich anschicken, aus einer Klassenorganisation, die sie in der kapitalistischen Klassengesellschaft waren mit dem Ziele entweder des verwerflichen und gemeinschädlichen Klassenkampfes oder der ehrlichen und sachdienlichen Klassenauseinandersetzung, sich zu wandeln zu Organisationen berufsständischen Charakters, aus denen einmal echte berufsständische Körperschaften hervorwachsen könnten. Wohlgemerkt: es soll nicht behauptet werden, daß dem so sei, sondern nur, daß eine solche Deutung der jetzt anhebenden, in ihrem weiteren Verlauf natürlich noch nicht zu überschauenden Entwicklung möglich erscheine. Die entschiedene Umstellung der Gewerkschaften vom Berufsverbandsprinzip zum Industrieverbandsprinzip kann einer Entwicklung im berufsständischen Sinne die Bahn bereiten, braucht es allerdings nicht, wie die Erfahrungen in USA zeigen, wo der C.I.O. (Congress of Industrial Organisations) keineswegs berufsständisch oder zum mindesten nicht berufsständischer als die A.F.L. (American Federation of Labour) denkt und sich gebärdet, wofür aber in USA auch ziemlich alle Voraussetzungen fehlen, während sie bei uns in gewissem Grade vorhanden sind.

Solange echte berufsständische Körperschaften noch nicht da sind, in denen die „Demokratisierung der Wirtschaft" ihre Verwirklichung fände, die wahre Wirtschaftsdemokratie ihre Heimstatt besäße, bleibt vielleicht gar nichts anderes übrig, als die formale Eigentümerstellung trotz aller entgegenstehenden

Bedenken vorläufig dem Staat zu übertragen, die Verwaltung dagegen den Betriebsgemeinschaften unter weitgehender Beteiligung der fachlich zuständigen Gewerkschaft. Die Entwicklung wird sich nur vorsichtig vorantasten können; wo rasches Handeln unerläßlich ist, müßten die zu treffenden Maßnahmen durch große Geschmeidigkeit sich auszeichnen.

Grundsätzlich und abschließend läßt sich etwa dieses sagen:

1. Unter den im besiegten Deutschland waltenden Umständen ist die Meinung, die „Sozialisierung" eines beträchtlichen Teiles der Großindustrie sei durch das Erfordernis des Gemeinwohls geboten, nicht von der Hand zu weisen, erscheint vielmehr, wenn auch nicht zwingend, so doch gut begründet.

2. Diese „Sozialisierung" kann nicht den Sinn haben, den Privatkapitalismus durch einen Staatskapitalismus abzulösen; ihr Sinn kann nur sein die „Demokratisierung der Wirtschaft" in Gestalt einer Überwindung der im Laufe der Entwicklung sinnwidrig gewordenen Trennung von Produktionsmittelbesitz und Arbeit.

3. Die volle Verwirklichung dieser Wirtschaftsdemokratie wird erst in einer berufsständisch gegliederten Gesellschaft mit öffentlich-rechtlichen berufsständischen Körperschaften möglich sein; inzwischen mag die derzeit nicht besonders bedeutungsvolle formale Rechtsstellung des Eigentümers an den Werkanlagen notfalls auf den Staat übergehen, während die Belegschaften unter maßgeblicher Führung oder auch Beteiligung ihrer Gewerkschaften die Bewirtschaftung der „sozialisierten" Werkanlagen übernehmen, wobei die Gewerkschaften „sich zu betrachten und nach Kräften zu betätigen hätten als Wegbereiter einer berufsständischen Ordnung" (vgl. Enzyklika Q. a. n. 87).

Rückblickend auf die Entwicklung, die die Frage der Sozialisierung durchgemacht hat, kann gesagt werden: Die ursprünglich marxistisch-sozialistische Forderung der Beseitigung des Privateigentums oder der Vergesellschaftung der Produktionsmittel ging ganz im Sinne des ökonomischen Determinismus (historischen Materialismus) Marxens von der irrigen Voraussetzung aus, die Ursache der sozialen Mißstände sei in der Einrichtung des Eigentums oder doch in einer verkehrten Eigentumsordnung zu erblicken, während in Wahrheit die verkehrte Eigentumsordnung nicht die Ursache, sondern der Ausdruck der gestörten oder völlig zersetzten gesellschaftlichen Ordnung war und ist. Aus der Verstrickung in diese Überschätzung der Sachgüterwelt und der bezüglich ihrer geltenden Ordnung gegenüber der menschlichen Persönlichkeit und der gesellschaftlichen Ordnung, in der diese steht, hat die Frage der Sozialisierung sich langsam, aber sicher gelöst; so hat sie sich gewandelt zu dem, was der Name „Demokratisierung der Wirtschaft" in Anlehnung an heutige politische Zeitströmungen, jedoch nicht eben sehr treffend und glücklich zum Ausdruck bringen will: die Stellung des arbeitenden Menschen nicht nur im Betriebe, sondern in der menschlichen Gesellschaft soll sinngerecht gestaltet werden. Fremdbestimmte Arbeit wird auch in einer „demokratisierten“ Wirtschaft bleiben (wie auch im demokratischen Staat gehorcht werden muß); sie kann aber sinnvoller, menschenwürdiger gestaltet werden (wie auch der staatsbürgerliche Gehorsam so gestaltet zu werden vermag, daß er des freien, selbstbewußten und selbstverantwortlichen Mannes würdig ist). Groß ist die Verantwortung der Gewerkschaften. Vermeiden sie es, als „überwältigende Macht organisierter Massen . . . ihren Einfluß zum Schaden der Gerechtigkeit und fremder Rechte zu benutzen“ (Pius XII., a. a. O., Abs. 16), gelingt es ihnen, ähnlich wie sie 1919 beim Wiederaufbau des staatlichen Gemeinwesens sich bewährt haben, so heute die ihnen zufallende, unvergleichlich schwerere Aufgabe bei der Wiederaufrichtung unserer arbeitenden Volksgemeinschaft in Weisheit und Gerechtigkeit zu meistern, dann – aber auch nur dann – werden Sozialisierung und Demokratisierung der Wirtschaft sich zum Segen auswirken, können sie sogar einen bedeutsamen Schritt darstellen hin zu berufsständischer Ordnung im Sinne christlicher Gesellschaftslehre.

31. Walter Menzel, Der Aufbau der Deutschen Republik, Rede[45], Auszug[c]

Der künftige deutsche Bundesstaat muß ein dezentralisierter Einheitsstaat sein, dessen Verfassung auf der Weimarer Reichsverfassung aufbaut, diese aber in entscheidenden Punkten modifiziert.

Bundesarchiv, ZSg 1–90/50 (Flugschrift).

Nürnberg, 1. Juli 1947

[Einführung, Zentralismus-Föderalismus-Problem in der deutschen Geschichte, verfassungspolitische Entwicklung seit der Kapitulation].

V

Zentralämter, bizonale Ämter, Deutscher Wirtschaftsrat, Verordnung 57 der britischen Militärregierung

Der Wegfall aller zentralen Gewalten durch die bedingungslose Kapitulation – vorweg vor allem die endgültige Zerschlagung Preußens und seiner Hegemonie – hatte zur Folge, daß alle Befugnisse legislativer und exekutiver

[45] Erweiterte Fassung der auf dem Parteitag der SPD vom 29. 6. – 2. 7. 1947 gehaltenen Rede.

[c] Ohne Anmerkungen des Verfassers.

Art auf die Besatzungsmächte übergingen. Diese bedienten sich zur praktischen Durchführung ihrer Maßnahmen in der britischen Zone zunächst der ehemaligen preußischen Provinzen, in der amerikanischen Zone der früheren Länder, während die Franzosen neue Gebilde schufen und die russische Besatzungsmacht schließlich ebenfalls die preußischen Provinzen und Länder für den Aufbau zugrunde legte. Alsbald stellte sich jedoch heraus, daß eine Fülle von Problemen nicht mehr auf der Länderstufe geregelt werden konnte, sondern zu einer Zusammenfassung auf einer höheren Ebene drängte. Die schwierigen Fragen der Ernährung, die komplizierten Probleme der Wirtschaftslenkung, der Produktion und der Verteilung, der diffizile Mechanismus des Straßen- und Eisenbahnverkehrs bedurften, wenn ein endgültiger Zusammenbruch der deutschen Wirtschaft vermieden werden sollte, einer Regelung, die über den Bereich der einzelnen Länder hinausging. Aus diesem Bedürfnis und aus dieser Zwangslage heraus entstanden zunächst für die britische die zonalen und dann später gemeinsam für die amerikanische und britische Zone die bizonalen Zentralämter (z. B. für Wirtschaft, Ernährung, Finanzen, Verkehr und Post). Die volle Souveränität verblieb zwar bei den Besatzungsmächten, aber diese übertrugen einen Teil ihrer Zuständigkeiten auf dem Gebiete der zentral zu regelnden Aufgaben auf diese zonalen und bizonalen Ämter. Diese Ämter stellen somit den ersten Ansatzpunkt künftiger reichszentraler Befugnisse dar, weil sie eben ihre Zuständigkeiten aus der teilweisen Übertragung der den Besatzungsmächten zustehenden früheren Reichsgewalten herleiten.

Abgesehen von der Bildung solcher Organe, die über den Ländern liegen und deren Schaffung auf den Zwangsläufigkeiten des wirtschaftlichen und ernährungspolitischen Lebens beruhte, hatte sich die Militärregierung in der britischen Zone vom Anbeginn an bemüht, eine klare Abgrenzung zwischen den künftigen Ländergewalten und den späteren Reichsaufgaben zu ziehen. Diese Bemühungen haben Ende 1946 ihren Niederschlag in der VO 57 gefunden[46], die in Verbindung mit ihren Anhängen A–D eine klare Aufteilung zwischen den künftigen Zentralgewalten und den Länderzuständigkeiten brachte. Wenn ich auf diese Verordnung besonders hinweise, so geschieht das nicht, um eine spezielle Frage einer einzelnen Besatzungszone zu entwickeln, sondern deshalb, weil diese VO 57 – die leider viel zu wenig Beachtung gefunden hat – einen wichtigen Ansatzpunkt für den Aufbau der deutschen Republik auf dem Gebiete der Zuständigkeitsverteilung enthält.

Mit der Aufteilung der Aufgaben in der VO 57 und ihren Anhängen A–D ist der Versuch unternommen, schon jetzt in groben Umrissen abzuzeichnen,

[46] Verordnung Nr. 57 über die Befugnisse der Länder in der britischen Zone vom 1. 2. 1946: ABlMilReg Deutschland (Brit. Kontrollgebiet) S. 344.

was auch künftig Länderaufgabe bleiben wird und was künftig Reichsaufgabe sein soll. Danach sind primär die Länder auf allen Gebieten für die Gesetzgebung zuständig, es sei denn, daß es sich um die in den Anlagen A–D aufgeführten Materien handelt. Es gibt folgende vier Gruppen von Gesetzgebungszuständigkeiten:

1. Gebiete, die der gesetzgebenden Gewalt des Landes endgültig entzogen sind, z. B. auswärtige Angelegenheiten, Landesverteidigung, Staatsangehörigkeitsfragen, Währungsfragen, Eisenbahn und Schiffahrt, Außenhandel, Einkommensteuer, Strafrecht, Bürgerliches Recht usw.
2. Gebiete oder Angelegenheiten, bei denen zur Zeit die Militär-Regierung infolge der Notlage die Gesetzgebungsbefugnis ausübt (u. a. Preisbildung und Preiskontrolle, Löhne, Arbeitslenkung, Flüchtlingswesen).
3. Angelegenheiten, die nur vorübergehend der Gesetzgebungskompetenz der Länder entzogen sind (Bodenreform, Industrienormung, Planung der Lebensmittelerzeugung usw.).
4. Gebiete der Grundsatzgesetzgebung durch die Militärregierung.

Wir sehen hier ein Anklingen der früheren Aufteilung in die ausschließliche Gesetzgebung, in die konkurrierende und in die Grundsatzgesetzgebung, wie die Weimarer Verfassung sie kannte.

Neben dieser Kompetenzverteilung bei der Gesetzgebung ist nach VO 57 entscheidend, daß bei der Exekutive, d. h. bei der praktischen Durchführung der Gesetze, in erster Linie die Länder zuständig sind, und zwar auch für diejenigen Gebiete, die hinsichtlich der Gesetzgebung nicht den Ländern obliegen, also, um ein Beispiel zu geben, würde bei der Arbeitslenkung nicht Gesetzgebung, wohl aber die praktische Durchführung Aufgabe der Länder sein. Das entspricht durchaus unseren Auffassungen für den künftigen Aufbau der deutschen Republik. Die VO 57 enthält also klar den von uns vertretenen Standpunkt: Zentrale Lenkung, aber dezentrale Verwaltung.

Demgegenüber sind in Süddeutschland die Länder Träger sämtlicher Zuständigkeiten einschließlich der früheren Reichsgewalten geworden. Ihre Kompetenzen sind also universaler und nähern sich stark den Rechten eines Staatenbundes, der der künftigen deutschen Republik kaum noch lebenswichtige Funktionen übrig läßt. Die amerikanische Militär-Regierung hat sich jedoch von Fall zu Fall vorbehalten, eine bestimmte Materie durch eigene Verordnungen oder durch eigene Gsetze der Länder, aber mit vorgeschriebenem, d. h. befohlenem Inhalt, regeln zu lassen. In dem letzten Falle besteht dann die Schwierigkeit, die Parlamente aller Länder auf eine einheitliche Gesetzesfassung zu bringen.

Hier ist jetzt durch die Errichtung des Wirtschaftsrates insofern eine erhebliche, sich den Verhältnissen in der britischen Zone angleichende Neuerung entstanden, als die dem Wirtschaftsrat unterstehenden bizonalen Ämter für

Wirtschaft, Ernährung, Finanzen, Post und Verkehr bindende Weisungen für die Länder geben und Gesetze erlassen können.

Kennzeichnend für die Verfassungslage der amerikanischen Besatzungszone ist auch, daß die Länder nach einer Verlautbarung des Länderrats die verfassungsmäßigen Grundlagen für ihre Existenz und ihre Zuständigkeiten nicht nur in geschriebenen Gesetzen des Kontrollrats und Verordnungen der amerikanischen Kontrollkommission sehen, sondern auch in einer Rede des Generals Clay, die er am 8. Januar 1947 vor dem Länderrat in Stuttgart gehalten hat, und sogar in einem Stenogramm der Rede des Generals Clay auf der Konferenz der Ministerpräsidenten in Berlin vom 23. Februar 1947. Für unsere Vorstellungen über ein staatsrechtliches Denken ist es immerhin ungewöhnlich, derartig wichtige Grundfragen des staatlichen Lebens in dem Inhalt einer mündlichen Rede oder in einem Stenogramm zu erblicken.

Alle diese Fragen haben nicht nur einen rein theoretischen Charakter. Sie sind von höchster Aktualität bei dem vordringlichen Problem der bizonalen Zentralämter geworden.

Im Herbst 1946 verkündeten die westlichen Siegermächte die wirtschaftliche Vereinigung der amerikanischen und britischen Zone. Es sollte ein großes Ereignis sein, aber die Schaffung einer politischen Einheit wurde ausdrücklich abgelehnt. Hand in Hand mit dieser Verkündung erging die Garantieleistung für täglich 1550 Kalorien, die jedoch für die wichtigsten Gebiete Deutschlands nie erfüllt worden ist. Aber man begriff doch, daß eine wirtschaftliche Einheit nicht möglich wäre, wenn nicht eine diese Einheit verkörpernde Klammer über beide Zonen geschaffen werden würde. So dehnte man den Bereich der in der britischen Zone bereits vorhandenen zonalen Ämter auf die amerikanische Zone aus, schaffte die bizonalen Ämter und gab ihnen die erforderlichen Exekutivrechte[47]. Denn es war klar, daß ein Zusammenbringen der beiden Zonen, die Schaffung eines gemeinsamen Lebensstandards nur möglich sein würde, wenn die für diese Zwecke notwendigen Planungen durch entsprechende Erfassungs- und Lenkungsmaßnahmen auch bei den Ländern notfalls zwangsweise durchgesetzt werden konnten. Leider dauerte diese Einsicht nicht lange. Moskau warf bereits im Februar 1947 seine Schatten voraus, und so wurden Ende Februar d. J. die bizonalen Ämter ihrer Anordnungsbefugnisse entkleidet. Die Folgen stellten sich alsbald ein. Einige Länder gerieten mit mehreren tausend Tonnen Lebensmittel gegenüber anderen Ländern in Rückstand, und aus Verzweiflung und aus tatsächlich vorhandenem Hunger an der Ruhr (es wurden teilweise nur 800–900 Kalorien täglich aufgerufen) wurde die Arbeit, wenn auch nur kurze Zeit, eingestellt, aber immerhin war es bald so weit, daß durch den Hunger mehr als eine halbe Million

[47] Vgl. Vogel, Westdeutschland, passim.

Tonnen Kohle ausfielen. Niemand war da, der die Länder zur Erfüllung der ihnen von dem bizonalen Zentralamt auferlegten Lieferungen anhalten konnte.

Diesem Problem konnte und kann man nur gerecht werden, wenn man in den mehrzonalen Ämtern die Vorläufer künftiger Zentralgewalten sieht. Sie sollen die großräumige strukturelle Planung und Lenkung haben, dafür aber muß die Durchführung, d. h. die Verwaltung, bei den Ländern und Gemeinden, nicht aber bei eigenen nachgeordneten Dienststellen der Zentralämter liegen. Damit würden wir gleichzeitig alle Sonderverwaltungen vermeiden und einen einfachen und für jedermann übersehbaren Verwaltungsaufbau von der letzten Gemeinde bis zur Spitze der Republik ermöglichen. Daß unsere Auffassung über die notwendigen Exekutivbefugnisse der mehrzonalen Ämter richtig ist, beweist am besten die Tatsache, daß die amerikanische und britische Militär-Regierung diesen Ämtern inzwischen durch die Bildung des neuen Wirtschaftsrates auch die Exekutivbefugnis gegenüber den Ländern gegeben hat. Gleichzeitig sind die bizonalen Ämter durch den Wirtschaftsrat endlich unter eine politisch-parlamentarische Kontrolle gestellt worden. Das bisherige Dunkelkammersystem ist damit beseitigt, so daß wir hoffen können, daß auch bei diesen Ämtern endlich eine bessere Personalpolitik einziehen wird.

VI

Zentrale Lenkung, dezentralisierte Verwaltung

Mit der Forderung der Sozialdemokratischen Partei, wie sie in den Richtlinien niedergelegt ist[48], daß die Gesetzgebung auf den wichtigsten Gebieten grundsätzlich durch eine über den Ländern liegende Zentrale zu erfolgen habe und daß auch die Lenkung und strukturelle Planung auf den meisten Gebieten, insbesondere der Wirtschaft, der Ernährung, der Justiz, der Finanzen usw., bei dieser über den Ländern stehenden Zentralgewalt liegen soll, ist nicht ein Einheitsstaat oder Zentralismus hitlerscher Prägung gemeint, denn wir halten an dem Grundsatz einer starken Dezentralisierung der Exekutive fest, und uns liegt nichts ferner, als einen ungesunden Zentralismus zu fördern. Wir vertreten den Grundsatz: Zentrale Lenkung, dezentralisierte Verwaltung.

Sinn und Zweck des Zentralismus nationalsozialistischer Prägung war nicht

[48] Richtlinien für den Aufbau der Deutschen Republik, beschlossen vom Parteivorstand der SPD am 13. und 14. 3. 1947, abgedr. bei Benz, Bewegt von der Hoffnung, S. 359–363.

so sehr eine Zusammenfassung der Gesetzgebung durch das Reich, sondern die Konzentrierung aller effektiven Kräfte, aller politischen Machtmittel nach Berlin. Die Worte „Blut und Boden", „organisch gewachsene Stammeseigentümlichkeiten" waren für den Nationalsozialismus nur Vokabeln ihres politischen Wörterbuches, aber kein wirklicher und ehrlicher Bestandteil hitlerscher Innenpolitik. Jener Zentralismus der Verwaltung zwischen 1933 und 1945 machte es den Zentralisten möglich, die Entscheidung der geringfügigsten Angelegenheit an sich zu ziehen. Wir haben keine Veranlassung, diesen Zustand zu erneuern.

Wir sind vielmehr für ein starkes Eigenleben der Länder auf den ihnen überlassenen Gebieten, insbesondere des kulturellen und sozialen Lebens. Die Länder stellen den Raum dar, den der Staatsbürger durch seine lebendige Mitarbeit so gestalten kann, wie es seinen Wünschen und seinen Stammeseigentümlichkeiten entspricht. Wir wollen den Aufbau der deutschen Republik, so föderativ wie möglich, so zentral wie nötig.

Bei dem Streit um Zentralismus oder Föderalismus wird m. E. immer wieder der entscheidende Unterschied zwischen einer zentralen Gesetzgebung und dem Zentralismus der Exekutive, wie ihn vor allem Hitler aufgebaut hat, übersehen. Gegen einen Zentralismus der Verwaltung, d. h. des Grundsatzes, daß die kleinste Verwaltungsangelegenheit in einer Zentrale für das gesamte Reich zu entscheiden ist oder entschieden werden kann, muß man sich sicherlich mit aller Kraft wehren. Aus diesem Grund wird man darauf zu achten haben, daß die Zentralämter keine „Wasserköpfe" werden und daß sie vor allem keinen eigenen Unterbau haben, sondern sich der Länder als Mittelinstanzen bedienen. Eine ganz andere Frage ist aber die zentrale Planung, Lenkung und Gesetzgebung, und ich glaube, wir reden viel aneinander vorbei, weil dieser Unterschied nicht immer klar durchdacht wird. Zwei Beispiele: Bei der Wirtschaft gibt es wohl kaum eine Meinungsverschiedenheit: sie muß zentral gelenkt, und bei den kulturellen Angelegenheiten gibt es wohl auch keine Meinungsverschiedenheit: sie sollen ländermäßig geregelt werden.

Unsere Auffassung wird vielleicht am besten gekennzeichnet durch die Ausführungen von Hugo Preuß zu seinem damaligen Entwurf der Weimarer Verfassung:

„Dem deutschen Volkscharakter wohnt unzweifelhaft eine starke Abneigung inne gegen eine unbeschränkte Zentralisierung allen öffentlichen Lebens und eine mechanische Leitung aller Verwaltung von einem einzigen Mittelpunkt aus. Mit Zähigkeit hängt das deutsche Volk an der Eigenart seiner Landschaften und Stämme, an der Pflege ihrer kulturellen Mannigfaltigkeit, und es schätzt nach ihrem vollen Werte die autonome Selbstverwaltung engerer und weiterer kommunaler und landschaftlicher Verbände. Dem neuen deutschen Volksstaat kann nichts ferner liegen, als sich diesem Zuge des Volksgeistes zu widersetzen: vielmehr wird er in diesem Eigenleben seiner Glieder die starken Wurzeln seiner Kraft finden. Ein solches Eigenleben steht nicht im Widerspruch mit der notwendigen und unentbehrlichen Staatseinheit in allen für das Gemeinleben des gesamten deutschen Volkes entscheidenden wirtschaftlichen und politischen Dingen."

In diesen Sätzen liegen aber zugleich auch die Schranken der Ländergewalten, wenn die Länder eben da allein und abschließend zuständig sein sollen, wo es sich um Fragen ihrer besonderen Eigenart und Kultur handelt.

Zentral sind lediglich diejenigen Aufgaben, die ihrer Natur nach zwangsläufig nur großräumig gelöst werden können und sich in ihrer Bedeutung nicht allein in kleinen Gebieten und Landschaften erschöpfen. So werden u. a. auch die Fragen von Schule, Kirche und Staat, der sonstigen kulturellen Wohlfahrtsangelegenheiten, der Kommunalaufsicht, der Polizei, des Verwaltungsaufbaus, der Justizverwaltung usw. Länderaufgaben sein. Unabhängig von der Justizverwaltung steht die selbständige, keiner Weisung unterliegende Rechtsprechung der Gerichte. Sie haben jedoch auch dann „im Namen des Deutschen Volkes" und nicht des Landes Recht zu sprechen, wenn die Richter Landes- und nicht Reichsbeamte sind.

Bei den Zuständigkeiten für Gesetzgebung und Verwaltung sind vier Gruppen zu unterscheiden:

1. Reine Reichsaufgaben mit eigenem Unterbau, wie z. B. Auswärtiges Amt, Post. Hier liegt die ausschließliche Gesetzgebung bei der Republik.
2. Angelegenheiten, bei denen das Reich nur die Lenkung hat, die Länder oder Stadt-Landkreise die Ausführung im Wege des Auftrages haben (dezentralisierte Verwaltung).
3. Aufgaben, die zur Länderzuständigkeit gehören, der Gesamtrepublik also nur die Gesetzgebung verbleibt. Bei der Gesetzgebung ist insoweit wiederum zu unterscheiden:
   a) Grundsatzgesetzgebung,
   b) konkurrierende Gesetzgebung.
4. Reine Selbstverwaltungsaufgaben, unterteilt nach der Zuständigkeit von:
   a) Stadtkreisen,
   b) Landkreisen,
   c) kreisangehörigen Gemeinden.

VII

A. Kompetenz-Kompetenz

Dabei muß man sich aber auch im klaren darüber sein, daß Einheitsstaat, Bundesstaat und Staatenbund letzten Endes nur Vokabeln sind, mit denen man zu leicht die wirkliche Gewaltenteilung in einem Gesamtorganismus verschleiern kann. So wird sich z. B. ein Bundesstaat bei dem Übergewicht der Ländergewalten stark dem Staatenbund-Charakter nähern, und andererseits kann sich durch die Schaffung ohnmächtiger Länder auch ein Bundesstaat zu einem zentralistischen oder gar unitarischen Gebilde entwickeln.

Es gibt jedoch zwei einwandfreie Maßstäbe, aus denen man ohne weiteres den wahren staatlichen Charakter der künftigen deutschen Republik entnehmen kann.

Das erste Kriterium ist die Kompetenz-Kompetenz. Sie bedeutet die Entscheidung der Frage, ob die Gesamtrepublik oder die Länder zu bestimmen haben, wer die Gesetzgebung über eine bestimmte Materie hat. Jede Verfassung wird zunächst den Versuch machen, diese Fragen in der Verfassungsurkunde von vornherein zu klären und durch Kataloge zu bestimmen, wie sich diese Zuständigkeiten der Gesetzgebung zwischen dem Reich und den Ländern verteilen sollen. Die Weiterentwicklung unseres staatlichen und politischen Lebens, der Fortschritt von Technik und Wirtschaft werden jedoch immer wieder neue Probleme entstehen lassen, die einer gesetzlichen Regelung bedürfen. Es würde eine unnötige Belastung unseres politischen Lebens bedeuten und der Würde der Verfassung widersprechen, wenn jedesmal ein Kampf um die Gesetzgebungsbefugnis entstehen könnte. Es muß daher von vornherein in der Verfassungsurkunde klargestellt werden, ob die Vermutung der Zuständigkeit für die Gesetzgebung bei der deutschen Republik oder bei den Ländern liegt. Dies schließt nicht aus, daß, liegt die Vermutung bei der Zentralgewalt, diese das Recht von Fall zu Fall an die Länder abtreten kann. Aber durch das Recht, diese Zuständigkeit von sich aus zu bestimmen (Kompetenz-Kompetenz), wäre klargestellt, daß die künftige deutsche Republik mit dem erforderlichen Schwergewicht ausgestattet ist. Gibt man jedoch dieses Recht den Ländern, dann würde das Reich auch auf dem Gebiete der Gesetzgebung Kostgänger der Länder werden und Deutschland würde gerade bei der Bedeutung, die dieser Frage in seinem politischen Leben seit rund einem Jahrhundert zukommt, eine schnelle Entwicklung zu einem Staatenbund erleben mit all den Folgen einer politischen und wirtschaftlichen Zerrissenheit.

Mit dem Problem der Kompetenz-Kompetenz hängt der alte Grundsatz zusammen, den auch schon die Verfassung von 1871 kannte: Reichsrecht bricht Landesrecht.

B. Steuerhoheit, Finanz- und Lastenausgleich

Das zweite einwandfreie Kriterium über den wirklichen staatsrechtlichen Charakter eines Landes ist die Steuerhoheit und der Inhalt des Finanzausgleiches. Dabei ist der Finanzausgleich kein Problem der Finanzwissenschaft oder der Fachjuristen, sondern der Prüfstein der politischen und staatlichen Machtverteilung schlechthin.

Die Gesetze über den Finanz- und Lastenausgleich enthalten die wichtigen Bestimmungen, wer das Recht zu Steuererhebungen hat – das Reich oder die Länder –, wer die Verteilung vornimmt und wie die Aufteilung tatsächlich zu geschehen hat. Da auch im Staatsleben die Macht immer da ist, wo das Geld verteilt wird, enthalten diese manchmal etwas trocken anmutenden Gesetze über die Steuerhoheit, über den Finanz- und Lastenausgleich zugleich die Grundlagen der wirklichen Machtverteilung. Wer im Gemeindeleben steht, weiß, wie wichtig die Bestimmungen über die Verteilung der Zuschüsse sind, sei es der schlüsselmäßigen, sei es der Bedarfszuschüsse.

Die einmütige Forderung nach der baldigen Wiederherstellung der wirtschaftlichen Einheit Deutschlands beweist, daß niemand die Notwendigkeit einheitlicher Grundsätze für die Wirtschaftspolitik, die Produktion und die strukturelle Gesamtplanung bestreiten wird. Sie können nur durch künftige Zentralorgane durchgeführt werden. Die bizonalen Ämter sind der Anfang.

Bei den Lasten, die das nationalsozialistische System und der Krieg dem deutschen Volk aufgebürdet haben, wird mehr als die Hälfte des deutschen Volkseinkommens, d. h. die produktive Leistung, auf Jahrzehnte hinaus in Steuern umgelenkt werden müssen. Damit wird die Steuerpolitik mehr denn je ein wesentlicher Bestandteil der allgemeinen Wirtschaftspolitik werden. Würde man die Steuerhoheit lediglich den Ländern oder sogar den Gemeinden überlassen, dann müßte dies zwangsläufig dazu führen, daß die Kostenfaktoren der Wirtschaft in den Ländern erheblich voneinander abweichen würden, denn die Höhe des Lohnabzuges, die Sätze der gewerblichen Steuern und vor allem der Umsatzsteuer üben einen wesentlichen Einfluß auf die Preisgestaltung aus. Wir würden also innerhalb der so klein gewordenen deutschen Republik in ein heilloses Durcheinander nicht nur auf steuerlichem, sondern auch auf dem Preis- und damit auch auf dem gesamten Wirtschaftsgebiete geraten. –

Wenn daher Stimmen laut werden, die die Länder zum Träger der Finanzhoheit machen und das Reich nur wie vor 1914 auf sogen. Matrikularbeiträge verweisen wollen, wenn darüber hinaus teilweise sogar gefordert wird, das Einkommensteuerrecht wieder den Gemeinden zu überlassen, dann würden wir selbst den ersten Grundstein zu einer völlig ohnmächtigen Republik legen, die nicht in der Lage wäre, Deutschland wirtschaftlich wieder emporzubringen.

Der Hinweis, daß die finanzielle Selbstverwaltung der Länder und der Gemeinden das Verantwortungsgefühl der politischen Vertreter jener Gebiete stärken würde, schlägt demgegenüber nicht durch. Wir bestehen schließlich nicht nur aus Gemeinden oder Ländern, sondern wir sind in erster Linie ein

Gesamtvolk. Wir alle, und vor allem diejenigen, die als Vertreter des Volkes in die Parlamente einziehen, müssen uns gegenseitig und uns selbst dazu erziehen, nicht nur mit dem eigenen Taler, sondern auch mit dem Pfennig des Nachbarn sparsam umzugehen. Wären nicht einmal die politischen Exponenten der Bevölkerung zu einer solchen Einsicht zu bringen, dann müßte man die Hoffnung auf eine politische Gesundung unseres gesamtdeutschen Lebens überhaupt aufgeben.

Die Katastrophe der Kriegsjahre hat die einzelnen Teile Deutschlands ganz verschieden betroffen. Nur das Reich kann die erforderlichen gerechten und sozialausgleichenden Maßnahmen treffen, um diejenigen Gebiete, die erfreulicherweise wenig unter dem Krieg gelitten haben, in einem erhöhten Maße zu den Lasten heranzuziehen, als diejenigen Länder, bei denen die Kriegsgeißel so furchtbares Elend angerichtet hat. Es wäre nicht zu verantworten, diese Entscheidungen den Ländern in eigener Souveränität zu überlassen, denn es würde dazu führen, daß die zerstörten Teile Deutschlands mehr Steuern erheben müßten, als diejenigen, die verschont geblieben sind. Ich erinnere dabei an die frühere Einkommensteuerpolitik der Gemeinden, die vor der Erzbergerschen Reform das Recht zu eigenen Einkommensteuerzuschlägen besaßen und dann sogenannte Steueroasen bildeten. Gemeinden mit Industrie und Arbeiterschaft, die einen hohen sozialen Aufwand bestreiten mußten, waren gezwungen, obwohl gerade sie eine arme, schwer arbeitende Bevölkerung hatten, das Mehrfache an Einkommensteuerzuschlägen von dieser Bevölkerung zu erheben als wohlhabende Städte, in denen die durchschnittlich höheren Einkommen weniger belastet waren.

Daher muß nicht nur der Finanz-, sondern auch der Lastenausgleich der Reichsgewalt vorbehalten bleiben. Dieser Aufgabe kann die Republik aber nur gerecht werden, wenn sie gleichzeitig das Recht zur Erhebung der wichtigsten Steuern erhält, denn man kann aus einer Kasse nichts zahlen, wenn man nichts in sie hineinbekommt.

C. *Finanzverwaltung*

Damit hängt eng zusammen die Frage, ob die Finanzverwaltung bei dem Reiche bleiben oder den Ländern überlassen werden soll. Auch hier handelt es sich nicht um eine Spezialfrage, sondern um ein Problem der Machtverteilung.

Wir haben uns bei vielen Erörterungen über die künftige Verwaltung auf den Standpunkt gestellt, daß die Gesetzgebung und Lenkung bei der Gesamtrepublik, die Ausführung aber, die Exekutive, bei den Ländern liegen soll: Zentrale Lenkung und dezentralisierte Verwaltung. Es muß aber beachtet werden, daß es sich bei den Reichsfinanzgesetzen um eine völlig anders geartete Materie handelt, als z. B. bei einem Handelsgesetz oder einem Verwaltungsgesetz oder bei der Bodenreform, denn bei jenen Gesetzen, die die Grundlagen der Finanzverwaltungen enthalten, ist das Reich unmittelbar und ganz anders an der Ausführung interessiert, als bei irgendeinem bürgerlichen oder staatsrechtlichen Gesetz.

Die Finanzgesetze enthalten Regelungen, die das Reich für sich selbst macht, wo es selbst unmittelbarer Geschäftspartner, auch gegenüber den Ländern ist, bei den Fragen der Finanzzuschüsse und Steuerverteilungen. Was hat es für einen Sinn, wenn wir uns grundsätzlich dazu entschließen, die Gesamtrepublik als Träger des Lastenausgleiches und des Finanzausgleiches anzuerkennen, wenn wir ihr gleichzeitig das Handwerkszeug (die Verwaltung der eingehenden Steuergelder) nehmen wollen, das sie zur Durchführung dieses Lasten- und Finanzausgleiches braucht.

Wenn aber die Länder die Finanzverwaltung beanspruchen, dann hätte das nur dann einen vernünftigen politischen Sinn, wenn sie auch auf die materielle Ausführung der Gesetze einen Einfluß bekommen. Bei den Wünschen der Länder wird es sich nicht nur um die Unterordnung der Personalpolitik der Finanzämter und Oberfinanzpräsidien handeln, denn die Länder werden kein Interesse daran haben, sich einen Verwaltungsapparat aufzubauen, mit dem sie praktisch, d. h. materiell und machtpolitisch, nichts anfangen können. Wenn wir aber auf dem Umwege über die materielle Einschaltung der Länder dazu gelangen würden, die Auswirkung des Finanz- und Lastenausgleichs ländermäßig zu gestalten, dann würde es bald keinen einheitlich gelenkten und einheitlich geleiteten Finanz- und Lastenausgleich mehr geben.

Wenn wir mit Recht überall verlangen, daß in der künftigen Hauptstadt nicht mehr Mammutbehörden sitzen, die Exekutive vielmehr bei der Mittelinstanz liegen soll, wenn wir z. B. das Recht der Steuerstundung nicht in jedem Fall beim Finanzministerium, sondern auf einer mittleren Ebene haben wollen und dieses Stundungsrecht dann den Ländern überlassen, dann könnten wir es erleben, daß ein Land – vielleicht aus politischen Gründen – dazu übergeht, den Ablauf der Finanzverwaltung zu stören und die Funktionsfähigkeit der Reichsfinanzen zu behindern, indem es seiner Industrie und Landwirtschaft durch großzügige Stundungsmaßnahmen auf Kosten der Allgemeinheit und der übrigen Länder steuerliche Vorteile verschafft. Das wäre eine sehr einfache und sehr beliebte Effekthascherei bei etwaigen Landeswahlen auf Kosten Gesamtdeutschlands, denn das Land braucht es nicht zu bezahlen. Wir würden so mit der Möglichkeit beginnen, den Ländern die Macht zu geben, die Steuergesetzgebung der Republik langsam aber sicher zu unterhöhlen.

Dieses Beispiel beweist, welch unendliche Gefahr hier der Republik drohen kann.

Das Problem der Finanzverwaltung muß auch noch unter einem anderen

Gesichtspunkt gesehen werden, unter dem Gesichtspunkt der Reichsexekutive, wie sie früher in dem berühmten Artikel 48 der Weimarer Verfassung niedergelegt war.

Wenn ein Land die ihm nach der Reichsverfassung oder den Reichsgesetzen obliegenden Verpflichtungen nicht erfüllt, muß die Republik die Möglichkeit haben, ihre Politik in den Ländern durchzusetzen, soll es nicht wieder zu dem unglücklichen Dualismus Reich–Länder kommen wie nach 1918. Diese Exekutive wird am wirksamsten und verwaltungsmäßig einfachsten durch die Sperrung der im Finanzausgleich vorgesehenen Zuschüsse und Steuerüberweisungen geschehen können. Man braucht dann nicht zu dem recht fragwürdigen Mittel des Reichskommissars zu greifen. Die Sperrung der Finanzzuweisungen ist übrigens ein beliebtes Mittel der Kommunal- und Polizeiaufsicht im britischen Weltreich. Zur Durchsetzung eines Zwangsmittels ist es aber notwendig, daß die Finanzverwaltung als Reichsinstrument eingesetzt wird und nicht den Ländern überlassen bleibt, da sich das verfassungsuntreue Land der Exekutive sonst dadurch leicht entziehen könnte, daß es seine Länderbeamten anweist, die eingegangenen Steuergelder und sonstigen Einnahmen nicht mehr dem Reiche zur Verfügung zu stellen.

VIII

Arbeitsverwaltung

Die Finanzverwaltung gehört neben den Verkehrsverwaltungen zu den einzigen Behörden, die nicht den Ländern unterstellt werden sollten. Alle übrigen Verwaltungen müssen unter sorgfältiger Vermeidung von Sonderbehörden den Ländern, und möglichst auch den Selbstverwaltungskörperschaften, überantwortet werden. Das gilt m. E. auch für die Arbeitsverwaltung.

Deutschland wird auf Jahrzehnte hinaus als wichtigstes Vermögensobjekt nur die Arbeitskraft seiner Bürger haben. Ihr richtiger Einsatz darf daher nicht irgendeiner Körperschaft anvertraut werden. Wir fordern auf allen Gebieten der öffentlichen Verwaltung mit Recht die politische Kontrolle. Dieser Forderung würde es völlig widersprechen, das Wichtigste, was wir behalten haben, die Arbeitskraft, ohne jede politische Kontrolle zum Einsatz zu bringen. Man hat darauf verwiesen, daß auch die Wirtschaft nur großräumig gestaltet und gelenkt werden kann und daß die Frage des Arbeitseinsatzes nur ein Bestandteil der Wirtschaftspolitik sei. Das ist richtig, und niemand wehrt sich dagegen, die Planung und Lenkung auf dem Gebiete der Arbeitskraft ebenfalls zentral zu behandeln, aber ich wehre mich dagegen, die Wirtschaft mit der Arbeitskraft schematisch gleichzustellen. Wir Sozialdemokraten verlangen, und hierauf beruht ein wesentlicher Grund unserer Forderung nach der Sozialisierung und der Forderung nach einer Bodenreform, daß nicht mehr der Profit, sondern der Mensch im Mittelpunkt der Wirtschaft steht. Wir würden diese Forderung selbst zu Fall bringen, wenn wir bei dem Einsatz des arbeitenden Menschen nur die Wirtschaft und nicht die Würde des Menschen und seiner Arbeit sähen. Der geplanten, politisch nicht verantwortlichen Anstalt für Arbeitsvermittlung[49] usw. sollen zwar Ausschüsse aus Vertretern der Arbeitnehmer, Arbeitgeber und der öffentlichen Hand beigegeben werden, aber das ist keinesfalls ausreichend. Diese Vertreter werden sich in ihren Entscheidungen wesentlich von den Gesichtspunkten ihrer Auftraggeber und ihrer Berufsangehörigkeit leiten lassen. So würden wir auf einem der wichtigsten Gebiete etwas bekommen, was wir grundsätzlich ablehnen, nämlich wieder eine Sonderverwaltung und noch dazu unter einer ständischen Kontrolle, während es sich bei den Aufgaben jener Anstalt um entscheidende politische Fragen handelt. Insofern liegen die Verhältnisse heute auch anders als vor mehr als 20 Jahren, als man die Reichsanstalt für Arbeitslosenversicherung und Arbeitslosenvermittlung schuf[50]. Man wird immer wieder feststellen können, daß die Arbeitsämter sich bei der Arbeiterschaft keiner Beliebtheit erfreuen. Das ist nicht verwunderlich, nachdem die Arbeitsämter unter dem Nationalsozialismus eine Art Sklavenhändler für die Arbeitsmarktpolitik des Dritten Reiches geworden waren. Diese Entfremdung gilt es zu überbrükken; und eine solche Überbrückung ist am besten immer dann möglich, wenn die Ämter einer politischen Kontrolle unterliegen, und zwar möglichst einer politischen Kontrolle, die aus der gleichen Ebene kommt, in der das Arbeitsamt wirkt. Nur so werden die werktätigen Menschen das Gefühl wiedererlangen, daß sie nicht nur Objekt der Arbeitsverwaltung sind, sondern daß sie durch ihre politischen Vertretungen mitzubestimmen und mitzuberaten haben. Wir müssen daher die Länder, und vor allem die großen Städte, in diese Probleme einschalten. In den großen Städten liegt das Riesenreservoir der Arbeitskraft und der ungeheure Bedarf für den Wiederaufbau, und wenn wir es mit der Forderung nach einer Stärkung der Selbstverwaltung ehrlich meinen, dann müssen wir auch den Gemeinden einen entscheidenden Einfluß auf dem Gebiete des Arbeitsmarktes, d. h. der Verwertung der Arbeitskraft, einräumen.

Es besteht wohl überall Einverständnis, daß die Länder auch auf dem Gebiete der Wirtschaft die Mittelinstanz der künftigen Republik, d. h. z. Z. für die Zentralämter, sein sollen, und ich vermag nicht einzusehen, warum die

[49] Vgl. Vogel, Westdeutschland, Bd. 3, S. 444–456.

[50] Gesetz über Arbeitsvermittlung und Arbeitslosenversicherung vom 16. 7. 1927: RGBl I S. 187.

gleichen Prinzipien nicht auch für die Arbeitslenkung und Planung eingreifen sollen. Hier wollen wir aus wohlerwogenen Gründen einen anderen Weg gehen als bei der Finanzverwaltung. Zentrale Lenkung und Planung über den Einsatz des arbeitenden Menschen und aller grundsätzlichen Fragen, die damit zusammenhängen, aber dezentralisierte Ausführungen durch die Länder und vor allem durch die Selbstverwaltungskörperschaften.

IX

Verfassungsurkunde: Reichstag, Reichsrat, Reichspräsident, Volksentscheid, Wahlrecht, Notverordnungsrecht, Mißtrauensvotum

Verfassungsgesetze sollten nicht zu umfangreich sein, weil sie sonst nicht in das Bewußtsein des einzelnen Staatsbürgers eindringen können und auch der einfache Mann nicht die innere Bindung zu dem Grundgesetz seines Volkes erhält, wie es erforderlich ist.

Als erste selbstverständliche Forderung steht die Schaffung eines Reichstages, der sich zusammensetzen muß aus unmittelbar vom Volk gewählten Vertretern und nicht aus Vertretern, die von den einzelnen Länderparlamenten gewählt sind. Die Mitglieder des Reichstages sollen nicht für Länderinteressen sprechen und abstimmen, sondern sich als Vertreter des gesamten Volkes und nicht nur ihres eigenen, vielleicht sehr kleinen Landes fühlen. Daher bedauern wir Sozialdemokraten es, daß die Mitglieder des politischen Zonenbeirats in Hamburg und des Deutschen Wirtschaftsrates in Frankfurt a. M. von den Länderparlamenten der britischen und amerikanischen Zone gewählt werden mußten, denn dadurch entsteht die Gefahr, daß das künftige Organ, das für die politische Willensbildung der deutschen Republik geschaffen werden soll, auf einer falschen Grundlage aufgebaut wird.

Bei dem Reichstag wird das Schwergewicht der politischen Willensbildung liegen. Zu seiner Zuständigkeit gehören vor allem die Reichsgesetzgebung und die genaue Überwachung der Regierung, daß diese die Beschlüsse und Gesetze des Reichstags auch sinngemäß durchführt.

Der Reichstag muß aus einem allgemein gleichen, unmittelbaren und geheimen Wahlrecht aller wahlbeteiligten Männer und Frauen hervorgehen, wobei wir auch die Frage klären müssen: Verhältniswahlrecht oder Mehrheitswahlrecht.

Zweifellos wäre es ideal, wenn der Wille des Volkes in allen zur Entscheidung stehenden Fällen durch eine unmittelbare Abstimmung ermittelt werden könnte. Die klare Mehrheit würde entscheiden, jede Stimme das gleiche Gewicht haben, die Gleichheit des einzelnen bei der politischen Entscheidung wäre gewahrt, und gerade auf diese gleiche Wertung kommt es an. Ich vermag nicht einzusehen, warum dieses Prinzip der Gleichheit bei der politischen Willensbildung plötzlich dann nicht gelten soll, wenn wegen der Größe des Landes, wegen der Vielzahl der Wahlkreise eine direkte Entscheidung durch den Staatsbürger technisch nicht durchführbar ist. Ich vermag nicht einzusehen, warum eine technische Unzulänglichkeit zu anderen politischen Prinzipien führen soll. Könnte man Deutschland in einen Wahlkreis zusammenfassen, wäre dieser Streit um das Wahlrecht nicht entstanden, nur die notwendige Vielzahl der Wahlkreise bringt das Problem. Was aber hat die Anzahl der Wahlkreise mit den Grundsätzen der Stimmbewertung bei dem einzelnen Staatsbürger zu tun.

Wir werden auch in der künftigen Verfassung die Möglichkeit eines Volksentscheides vorsehen müssen. Hier hat jede Stimme die gleiche Bedeutung. Warum soll dies nicht gelten, wenn der Wähler nicht unmittelbar, sondern durch einen Abgeordneten entscheidet?

Wir Sozialisten fordern seit jeher die Gleichheit vor dem Gesetz, den gleichen Ausgangspunkt für jeden in der Wirtschaft, die gleiche Fürsorge im Arbeitsprozeß und im sozialen Leben. Daher ist es nicht nur folgerichtig, es würde vielmehr jeder wirklichen demokratischen Idee widersprechen, nur und ausgerechnet bei der politischen Willensbildung diesen Grundsatz der Gleichheit zu verlassen. Er muß daher oberstes Gesetz bei allen unseren Überlegungen auf diesem Gebiet sein. Er wird aber nicht bei einem Mehrheitswahlrecht, sei es ausländischer, sei es innerdeutscher Prägung, gewahrt, denn bei dem Mehrheitswahlrecht ist grundsätzlich immer, man kann wohl sagen, ohne jede Ausnahme, jede Stimme anders bewertet. Wir haben es erlebt, daß in einem Wahlkreis 10000 Stimmen für einen Kandidaten genügten, in einem anderen Wahlkreis aber 20000 Stimmen für einen Abgeordneten erforderlich waren. Daß in dem einen Kreise jeder Wähler eine doppelt so große Stimmenmacht hat wie in dem anderen, ergab sich nicht aus sachlichen Gründen, sondern nur aus Zufälligkeiten. Die demokratische Willensbildung ist aber kein Würfelspiel. Wir haben bisher immer an einem geheimen, unmittelbaren und gleichen Wahlrecht festgehalten. Diese Forderung müßten wir aufgeben, denn das Mehrheitswahlrecht wäre kein gleiches, sondern ein höchst ungleiches.

Nur das Verhältniswahlrecht gibt die Möglichkeit der gleichen Wertung und die weitere Möglichkeit, die politische Meinung des Volkes, die sich bei den Wahlen zeigt, sinngemäß auf die Zusammensetzung der Parlamente zu übertragen. Dabei läßt sich über die Modifikation des Verhältniswahlrechts durchaus reden.

Man hat zur Rechtfertigung des Mehrheitswahlrechts angeführt, daß es klare einfache Mehrheiten bringe und damit die politische Entscheidung erleichtere. Ich bin aber der Auffassung, daß wir nicht dazu da sind, uns die politische Entscheidung auf Kosten der demokratischen Gleichheit zu erleichtern, sondern dazu da sind, um politische Machtpositionen zu erkämpfen. Einen solchen Kampf kann und darf man nicht damit beginnen, daß man von vornherein eine der wichtigsten Positionen, die Gleichheit des Einzelnen, bei der politischen Willensbildung und Entscheidung opfert und aufgibt.

Man hat ferner geglaubt, die Zerschlagung der Weimarer Republik in einen ursächlichen Zusammenhang mit dem Verhältniswahlrecht bringen zu können, und merkte gar nicht, wie man dabei unbewußt einen Teil der nationalsozialistischen Propaganda nach 1933 übernahm, wonach der Weimarer Staat ein Parteistaat gewesen sei und deshalb hätte zugrunde gehen müssen. Deutschland hatte vor 1918 für den Reichstag das Mehrheitswahlrecht[51] und trotzdem waren nicht weniger als 11 Parteien im Parlament vertreten, während der Reichstag von 1932 nur 7 Parteien hatte[52]. Das kaiserliche Deutschland hatte das Mehrheitswahlrecht, trotzdem war seine Politik schlecht und führte zu seinem Untergang. Andere außerdeutsche Länder, und hier darf ich vor allem auf die Schweiz hinweisen, die so häufig als Muster einer demokratischen Staatsordnung gilt, haben das Verhältniswahlrecht[53], und sie haben eine sehr glückliche Politik getrieben und eine friedvolle Entwicklung genommen. Man begeht auch den Fehler, wenn man glaubt, der Nationalsozialismus hätte sich durch äußere Organisationsformen aufhalten lassen.

Wenn man schließlich einwendet, das Verhältniswahlrecht fördere die kleinen Parteien und bringe dadurch einen starken Unsicherheitsfaktor in die Politik, dann wird übersehen, daß durch Festsetzung einer Mindeststimmenzahl und durch andere einschränkende Bestimmungen, wie sie in vielen Ländern bereits angewendet werden, eine solche Gefahr vermieden werden kann.

Auch der Hinweis, daß die Parteiliste der Verhältniswahl die Anonymität der Kandidaten mit sich bringe, ist nicht durchschlagend, denn die Parteiliste braucht kein wesentlicher Bestandteil dieses Wahlrechts zu sein. Wir können den Grundsatz der Persönlichkeitswahl durchaus mit dem proportionalen Wahlsystem koppeln.

Nehmen wir an, Deutschland würde künftighin mit ca. 65 Millionen Einwohnern auf je 150000 Einwohner einen Abgeordneten, d. h. rund 435 Reichstagsmitglieder wählen, dann müßte man Deutschland in 435 Wahlkreise aufteilen und festigen, daß der Kandidat gewählt ist, der in dem Wahlkreis die

[51] Wahlgesetz für den Reichstag des Norddeutschen Bundes vom 31. 5. 1869: BGBl des Norddeutschen Bundes S. 145.

[52] Nach den Wahlen vom 31. 7. 1932 waren im Reichstag 11 Parteien vertreten, nach den Wahlen vom 6. 11. 1932 waren es 14: Schultheß' Europäischer Geschichtskalender 1932, S. 155 und 196.

[53] Bundesverfassung der Schweizerischen Eidgenossenschaft vom 29. 5. 1874, Art. 73.

meisten Stimmen erhalten hat. Im Vordergrund würde also die Persönlichkeit und nicht die anonyme Liste stehen. Nach dem Abschluß der Wahlen wären dann alle Stimmen der einzelnen Parteien aus sämtlichen Wahlkreisen zusammenzuzählen und nach dem Verhältniswahlrecht aufzuteilen. Die Partei, die in den einzelnen Kreisen nicht die genügende Anzahl von Sitzen erobern konnte, die also in den Kreisen weniger Abgeordnete bekommen hat, als ihr nach dem Verhältniswahlrecht zustehen würden, erhält diesen Fehlbetrag aus ihrer Reichsliste. Nur insofern würde eine Liste also eine Rolle spielen. Hat andererseits eine Partei in den einzelnen Wahlkreisen mehr Abgeordnete erkämpft, als sie nach dem Proporz zu erhalten hat, dann sind den übrigen Parteien entsprechend weitere Mandate zuzuteilen, bis für jeden Abgeordneten als Grundlage die gleiche Stimmenzahl erreicht ist. Die gesetzestechnischen Einzelheiten einer solchen Möglichkeit sind nicht schwierig, können hier jedoch unerörtert bleiben. Die Persönlichkeit könnte auch dadurch noch mehr herausgestellt werden, daß man nicht nur die Parteikandidaten, sondern auch Bewerber zuläßt, die nicht parteigebunden sind, daß man schließlich Garantien schafft für einen wirklichen demokratischen Aufbau innerhalb jeder Partei.

Im übrigen gibt eine Reserveliste die Möglichkeit, Männer in die Parlamente zu bringen, deren Mitarbeit aus fachlichen und politischen Gründen erforderlich ist, die aber vielleicht nicht die genügende Geschicklichkeit besitzen und über das genügende Stimm-Material verfügen, sich in Wahlversammlungen genügend zur Geltung zu bringen. Es würde das Gesicht der Parlamente durchaus verbessern, wenn wir eine solche Ergänzungsmöglichkeit nicht unmöglich machen würden.

Das, was man gegen das Verhältniswahlrecht einwendet, ist demnach zu widerlegen, seine Unebenheiten sind auszuräumen, und wir haben es daher nicht nötig, bei der Entscheidung dieser Frage mit einer Untreue gegenüber den demokratischen Prinzipien der Gleichheit des Einzelnen zu beginnen.

Bei einer solchen Zusammensetzung des Reichstages wird man das schwerfällige Instrument des Volksentscheids oder des unmittelbaren Volksbegehrens zwar nicht völlig ablehnen, aber doch auf wesentliche, in der Verfassungsurkunde aufzuzählende Fälle beschränken können. Würde man die unmittelbare Volksbefragung in allen Fällen ohne weiteres zulassen, dann wäre es auch für die gewählten Volksvertreter zu leicht, sich in schwierigen Fragen der Verantwortung dadurch zu entziehen, daß sie die eigene Entscheidung ablehnen und durch den Volksentscheid an den Wähler wieder zurückgeben und auf ihn abwälzen. Wir aber fordern, daß der Volksvertreter gerade dann seine Pflichten gegenüber der Allgemeinheit erkennt und erfüllt, wenn es sich um schwierige Fragen des staatlichen Lebens handelt.

Das gleiche Problem hatten wir unter Ziff. B 4 der Richtlinien bei der Frage eines Mißtrauensvotums gegen die amtierende Reichsregierung zu prüfen. Die Regierungen nach 1918 wurden, insbesondere in den letzten vorhitlerschen Jahren, vielfach durch sogenannte unechte Mehrheiten der rechten und der linken extremen Parteien gestürzt, ohne daß diese Mehrheiten in der Lage waren, selbst eine Regierung zu bilden. Das parlamentarische Mittel des Mißtrauensvotums wurde daher zu einem rein destruktiven Machtmittel. Da aber jene extremen Parteien absichtlich dem Untergang entgegenarbeiteten, entsprach die Anwendung solcher Methoden durchaus ihren politischen Anschauungen. Der Wiederholung solcher Möglichkeiten wollen wir mit aller Energie entgegentreten. Wir fordern daher eine Bestimmung für die Reichsverfassung, daß ein Mißtrauensvotum nur dann zum Rücktritt der Regierung führt, wenn binnen einer bestimmten Frist eine neue arbeitsfähige, auf dem Mehrheitswillen des Reichstags beruhende Regierung gebildet wird. Bis zu ihrer Bildung bleibt das gestürzte Kabinett in voller Regierungsgewalt.

Damit wäre einer Regierung, als dem Exekutivorgan der Reichsgewalt, eine würdige und dauerhafte Grundlage für die Arbeit gegeben, der Regierung, der die wesentlichen Vorarbeiten für die Gesetzgebung des Reichstags, die Durchführung der Reichstagsbeschlüsse und die Koordinierung und Überwachung der Länderpolitik obliegen.

Neben dem Reichstag wird sich eine Art zweite Kammer, bestehend aus den Abgesandten der Länder, nicht vermeiden lassen. Wir haben ihn zunächst wieder als Reichsrat benannt. Seine Befugnisse bestehen in der Zustimmung oder Ablehnung zu den vom Reichstag beschlossenen Gesetzen und in der Möglichkeit, selbst die Gesetzesinitiative zu ergreifen. Das Ablehnungs- und Vetorecht darf aber nicht zu einem Hemmschuh für eine fortschrittliche Politik werden. Daher kann es nur eine aufschiebende Wirkung haben und nicht dazu führen, daß der Reichstagsbeschluß ohne weiteres hinfällig wird. Auf Grund des Vetos hat der Reichstag lediglich die Verpflichtung, das Gesetz nochmals zu beraten. Nimmt er es ein zweitesmal an, dann bleibt der frühere Beschluß ohne weiteres in Kraft. Wenn auch die Mitglieder des Reichsrates von den Ländern zu stellen sein werden, so müssen wir auch hier verlangen, daß sie sich nicht als Vertreter des Landes, sondern als Vertreter der Interessen des gesamten Volkes fühlen und nur danach ihre Entscheidungen fällen.

Über allen diesen Organen der Reichsgewalt steht an ihrer Spitze der Reichspräsident. Er soll unmittelbar von dem Volk für eine Zeitdauer gewählt werden, die zwischen der einfachen und doppelten Legislaturperiode des Reichstags liegt. Seine Befugnisse sollen mehr auf dem Gebiete der formellen Repräsentation liegen. Eine verfassungsmäßige Vormachtstellung soll ihm, wie es in der Weimarer Verfassung der Fall war, nicht mehr gegeben werden. Wir wollen vor allem nicht wieder zurück zur Diktaturbefugnis jenes Artikels 48, der sowohl der verantwortlichen Regierung, als auch den Abgeordneten des Reichstags zu leicht die Möglichkeit gab, sich der politischen Verantwortung zu entziehen.

Man wird daher daran festzuhalten haben, daß es kein Notverordnungsrecht des Reichspräsidenten oder der Regierung wie bei der Weimarer Verfassung geben darf, weil damit den Parteien die politische Verantwortung abgenommen oder erleichtert wird. Aber es kann, wie bei der Gerichtspflege, ohne Verschulden der Mitglieder des Reichstages oder des Reichsrates eine objektive Unmöglichkeit entstehen (Naturkatastrophen, Maßnahmen der Besatzungsmächte, Unruhen oder dergl.), die politischen Funktionen zu erfüllen. Hierfür ist ein Ausweg erforderlich. Man könnte an folgende Bestimmungen denken:

„Wenn der Reichstag oder der Reichsrat nach gemeinsamer Feststellung des Reichspräsidenten oder der Reichsregierung durch höhere Gewalt in der Ausübung ihrer Rechte gehindert sind, dann hat der Reichspräsident im Einvernehmen mit der Reichsregierung das Recht, die zur Aufrechterhaltung eines geordneten Staatslebens und einer geordneten Verwaltung erforderlichen Gesetze zu erlassen und die notwendigen Maßnahmen zu treffen, wenn ohne sie die öffentliche Sicherheit und Ordnung erheblich gestört und gefährdet sind.

Sobald die Voraussetzungen des Notstandes beseitigt sind, sind die inzwischen erlassenen Gesetze dem Reichstag vorzulegen und die getroffene Maßnahmen dem Reichstag zur Kenntnis zu bringen. Das gleiche gilt, wenn und insoweit die Maßnahmen des Reichspräsidenten und der Reichsregierung Rechte des Reichsrats berührt haben."

Der wesentliche Unterschied zu dem Notverordnungsrecht der Weimarer Verfassung würde somit darin liegen, daß nicht der Reichspräsident allein, sondern nur im Zusammenwirken mit der Reichsregierung ein Notverordnungsrecht besitzt. Die Feststellung beider Willensträger über das tatsächliche Vorliegen des Notstandes wäre bindend.

X

Aufbau der Länder

Bei dem Aufbau der Länder spielen die Fragen der Grenzziehung und des staatlichen verwaltungsmäßigen Einbaues der Länder in die deutsche Republik die wichtigste Rolle. Die jetzigen Ländergrenzen können nicht als endgültig angesehen werden. Nach zwei so gründlich verlorenen Weltkriegen sind die auf alten dynastischen Interessen beruhenden Grenzen weitgehend überholt, und wir werden uns entschließen müssen, aufgebaut auf den Grundsätzen einer vernünftigen strukturellen Raumplanung, Gebiete zu schaffen, die wirtschaftlich, verkehrstechnisch und kulturell eine geschlossene Einheit bilden und dadurch eine eigene innere Tragfähigkeit besitzen. Sie müssen in der Lage sein, den ersten Ausgleich in sich selbst zu vollziehen. Gebiete, denen wesentliche Lebensgrundlagen fehlen, würden zu leicht in die Zwangslage versetzt werden, bei Krisen die nächsthöhere Instanz zu Hilfe heranzuholen. Sie würden damit einem ungesunden Zentralismus der Verwaltung neue Nahrung geben. Die Bildung solcher leistungsfähiger Gebiete ermöglicht zugleich einen sparsamen und klaren Verwaltungsaufbau ohne unnötige Sonderverwaltungen und Mittelinstanzen.

In der Kompetenz-Kompetenz des Reiches und in der Übertragung der Steuerhoheit bei den wichtigsten Steuern und mit der Übertragung der Gesetzgebung des Finanz- und Lastenausgleichs auf die Republik liegt zugleich die Grenzziehung für die Ländergewalten.

Nach jenen Grundsätzen werden sich auch die Verfassungen der Länder zu richten haben. Sie sollen keine Bestimmungen aufnehmen, die der künftigen Reichsverfassung vorbehalten bleiben müssen und den Aufbau der deutschen Republik stören können.

Sicherlich ist die Weimarer Verfassung mit daran gescheitert, daß sie nicht als eine Besonderheit aus den übrigen Gesetzen hervorgehoben war. Die Demokratie von Weimar hatte es nicht verstanden, so wie es mit den Grundgesetzen anderer Völker geschehen war – ich erinnere an die Magna Charta Englands, an die Freiheitserklärung der Vereinigten Staaten und an die ersten Verfassungen der französischen Revolution von 1789 –, dem Volke die Auffassung zu vermitteln, daß eine Verfassung auf dem Gebiete der Gesetzgebung etwas Besonderes sein muß. Wenn jedes Land, und Deutschland wird vielleicht einmal aus 15–20 Ländern bestehen, für sich in Anspruch nimmt, alle die Fragen, die in eine Reichsverfassung gehören, z. B. die Fragen der Grundrechte und Pflichten oder die soziale Verpflichtung des Staates gegenüber dem einzelnen, für sich allein zu gestalten, dann würden diese Probleme und ihre Lösungen bald ebenso eine abgegriffene Münze werden, wie dies manchmal heute mit dem Wort „Demokratie“ festgestellt werden kann. Davor muß sich jedes Land um des Reiches willen schützen und bewahren.

Mit einer sogenannten vollinhaltlichen Verfassung der Länder würden wir im übrigen eine Fiktion des Regierens und der eigenen Zuständigkeit betonen, die wir bei der Souveränität der Besatzungsmächte in Wirklichkeit noch gar nicht haben. Wir würden damit gegenüber der Öffentlichkeit eine Verantwortung proklamieren, die wir nicht übernehmen können, weil die Voraussetzungen einer solchen Verantwortung, nämlich die Möglichkeit einer eigenen Willensgestaltung, fehlen.

Darüber hinaus sollten die Länder auch bei der Schaffung neuen Rechtes zurückhaltend sein, denn jede Vielgestaltigkeit des Rechts durch Länderregierungen erschwert den Weg zur Reichseinheit. Es wäre unerträglich, wenn jedes Land sein eigenes Stadt-, Gemeinde- und Kreisrecht, vielleicht sogar sein eigenes Bürgerliches, Handels- und Familienrecht hätte. Wir würden dann nicht nur in die Zeit vor 1871, die Zeit vor Schaffung der Zollunion vor 100 Jahren, wir würden sogar in den Rechtszustand vor Schaffung des allgemeinen Preußischen Landrechts von 1794 zurückfallen.

Es wäre auch unwürdig, das Reich auf den Weg der Kodifikation, sozusagen des Zusammenklaubens, zu verweisen, daß es sich aus den Ländern holt, was es braucht. Dieses Zusammenholen würde jedesmal einen neuen Kampf um die Eigenstaatlichkeit der Länder bringen und den sehr unglücklichen Dualismus Reich–Länder in einer neuen Ebene wiedererstehen lassen.

Man muß sich daher entschließen, von vornherein dem Reiche zu lassen, was des Reiches ist und nicht jetzt für die Länder etwas beanspruchen, was ihnen bei der endgültigen Gestaltung des deutschen Staatsaufbaues nicht verbleiben soll. Andererseits ist auch für kürzere Zeit nicht ohne eine gesetzmäßige Normierung der Ländergewalt auszukommen. Jede Länderverfassung aber sollte mit dem Satz anfangen, daß die Länder nur Bestandteil der deutschen Republik sein können. Ein solches Bekenntnis gehört an die Spitze einer jeden Landesverfassung und darf nicht nur beiläufig in irgendeinem der vielen Artikel etwas verschämt oder sogar überhaupt nicht erwähnt werden. Landesverfassungen, die dieses klare Bekenntnis nicht enthalten oder sogar Sonderrechte aufführen, um Teilgebieten des Landes ein Abgehen von der deutschen Einheit zu ermöglichen, können niemals die Zustimmung deutscher Sozialdemokraten bekommen. In dem Bekenntnis zum Reich liegt auch eine besondere Möglichkeit und Verpflichtung für die süd- und westdeutschen Länder, denn es gibt dem Osten die Gewißheit, daß wir uns mit ihm über ein künftiges Deutschland verbunden fühlen.

Im übrigen wird der politische Aufbau und die politische Willensbildung innerhalb der Länder im großen und ganzen dem der künftigen Gesamtrepublik entsprechen. Wir lehnen die Einsetzung eines Staatspräsidenten in den Ländern kompromißlos ab, weil sie eine zu starke Betonung föderalistischer Elemente wäre und zu leicht zum Separatismus führen könnte.

Mit der gleichen Energie müssen wir uns gegen die Einrichtung einer zweiten Kammer in den Ländern wenden. Für die Gesamtrepublik läßt sich auf Grund der bundesstaatlichen Struktur eine solche zweite Kammer in Form des Reichsrats nicht vermeiden, aber daraus resultiert noch nicht zwangsläufig, daß auch in den Ländern die Gesetzgebung und das freie Wirken der repräsentativen Demokratie durch das Dazwischenschalten einer weiteren Kammer gehemmt werden darf.

XI

Die Selbstverwaltung

Neben den Reichs- und Ländergewalten steht die zweite wesentliche Säule eines jeden Staates: Die Selbstverwaltungskörperschaften der Gemeinden, Städte und Kreise. Sie sind die Träger der ureigensten demokratischen Volkskräfte. In ihrem Bereich vermag sich der Staatsbürger mit den politischen Tagesfragen vertraut zu machen, ehe er in das Gebiet des Allgemeinpolitischen vorstoßen kann.

Die äußeren Ereignisse und die innere Problematik unserer Zeit gleichen der preußischen Situation nach 1800, die ihren vorläufigen Abschluß in der Stein-Hardenbergschen Verwaltungsreform fand. Die Idee des Naturrechts und die Auswirkungen der französischen Revolution hatten, zusammen mit dem napoleonischen Imperialismus, das Feld für diese Reform vorbereitet. Daß sie nicht zur vollen Auswirkung kam, daß die Geburt der preußischen Selbstverwaltung nicht die Erwartungen erfüllte, die vor allem eine Demokratisierung nicht nur unserer Verwaltung, sondern auch der Geister herbeiführen konnte, hatte seinen entscheidenden Grund darin, daß in dem gleichen Jahrzehnt, in dem die deutsche Selbstverwaltung geboren wurde, das Scharnhorstsche Edikt über die allgemeine Wehrpflicht am 9. 2. 1812 in Kraft trat[54]. Damit wurde die Grundlage für den modernen preußischen Militarismus geschaffen, der sich bisher nur auf ein Heer freiwilliger Soldaten erstreckt hatte, nun aber alle jungen wehrfähigen Männer erfaßte. Zweifellos hat die Schulung des Kasernenhofes einen entscheidenden Einfluß auf das politische Weltbild aller jener Männer ausgeübt, die später an der Selbstverwaltung politisch mitarbeiten sollten. Der Drill schuf den Untertanen und machte den Menschen für eine freie demokratische Selbstverwaltung untauglich.

Der gemeindlichen Selbstverwaltung war seit jeher die besondere Aufmerksamkeit der Sozialdemokratie gewidmet. Während ihren Vertretern noch im Kaiserreich der Zutritt zu allen Dienststellen des Reichs und der Länder verwehrt war, gewannen sie auf die Selbstverwaltungen, wenn auch in bescheidensten Grenzen, eher Einfluß. Hierin dürfte mit ein wesentlicher Grund liegen, daß in die Selbstverwaltungen liberale und politisch tolerante Grundsätze schneller Eingang fanden, als in die reinen Hoheitsverwaltungen. Die deutsche Selbstverwaltung vor 1933 war nicht schlecht und sie hat dem Ansturm des Nationalsozialismus am längsten widerstanden.

Wenn wir nunmehr auch bei der Selbstverwaltung an den Neuaufbau gehen,

[54] Gemeint ist das Gesetz über die Verpflichtung zum Kriegsdienst vom 3. 9. 1814: PrGS S. 79.

dann deshalb, weil die Demokratisierung unserer Verwaltung und Politik und Erziehung des Deutschen zum demokratischen Denken und Handeln über die Beteiligung des Einzelnen an dem Gemeindeleben führt.

Hier muß es uns gelingen, zu der ursprünglichen Steinschen Idee über die Selbstverwaltung zurückzufinden.

[. . .]

Wir gehen auch heute wieder von dem Grundsatz einer Stärkung der Selbstverwaltung aus, und wir bejahen den Grundsatz des Universalitätsprinzips für die Selbstverwaltungskörperschaften. Wenn man aber den Gemeinden mehr als bisher neue Aufgaben übertragen will, müssen sie auch verwaltungsmäßig und finanziell gestärkt werden. Damit wäre zugleich auch die beste Grundlage für eine allgemeine echte Verwaltungsreform gegeben.

Es würde der gesunden Entwicklung einer kommunalen Selbstverwaltung nur schaden, wenn man sie mit Arbeitsgebieten betrauen würde, denen sie nicht gewachsen sein kann und die man ihr nur deshalb geben will, um diese Aufgaben nicht dem Staate zu überlassen.

Die Unterscheidung zwischen Selbstverwaltungs- und Auftragsangelegenheiten wird bestehen bleiben müssen. Sie kann aber in ihrer praktischen Auswirkung gemindert werden, denn es besteht durchaus die Möglichkeit, auch bei den Auftragsangelegenheiten die örtlichen Bürgervertretungen einzuschalten. Die Weisung von oben wird zwar bei den Auftragsangelegenheiten bleiben, aber die parlamentarische Vertretung kann sich durch drei Möglichkeiten einschalten:

a) sie kann, wenn auch nicht durch bindende, so doch durch empfehlende und beratende Beschlüsse Wünsche äußern und die Aufmerksamkeit der anweisenden Behörden auf bestimmte Fragen lenken,
b) sie kann zwar nicht die Weisung an sich, wohl aber kontrollieren, ob und in welchem Umfang eine Weisung vorliegt,
c) sie kann die Art und Weise überwachen, mit der eine Auftragsangelegenheit ausgeführt wird.

Die Verwaltungspraxis lehrt immer wieder, daß es häufig gar nicht so sehr der Inhalt eines Verwaltungsbefehls ist, durch den sich der Betroffene belastet fühlt, als die Methode, mit der die gegebenen Richtlinien in die Praxis umgesetzt werden.

Im übrigen ist es interessant, festzustellen, wie, und zwar nicht nur unter dem Einfluß der Besatzungsmächte, auch die Selbstverwaltung einen Zug zu großräumigeren Gebieten aufweist und sich in zunehmendem Maße von den Gemeinden auf die Ämter und Kreise verlagert.

Die Selbstverwaltung ist ein wesentliches, vielleicht das wesentlichste Instrument einer wirklichen Demokratie. Sie wird daher von der allgemeinen Krise der Demokratie, die wir seit dem Ausgang des vorigen Jahrhunderts entstehen sahen, ergriffen, einer Krise, die wir durch den immer mehr um sich greifenden allgemeinen Lebenspessimismus als eine ungeheure Gefahr erkennen sollten.

In diesem allgemeinen Lebenspessimismus liegt eines der schwierigsten Probleme unserer praktischen Selbstverwaltungsarbeit. Wir werden daher auch bei ihr zu neuen Lösungen und Formen kommen müssen. Diese Lösungen können aber nicht auf der engen Ebene der untersten Gemeinden gefunden werden. Auch aus diesem Grunde muß die so viel angefeindete Kommunalaufsicht bleiben. Sie ist das, was wir auf dem Gebiet der Wirtschaft als Planung und großräumige Lenkung bezeichnen. Sie soll die Fülle der Erfahrungen, die sie als Aufsichtsinstanz aus ihrer höheren Warte heraus sammeln kann, zugunsten der übrigen Selbstverwaltungskörperschaften verwenden, sie beraten und lenken.

XII

Sonderverwaltungen

Als Freund jeder Selbstverwaltung lehnen wir gleichzeitig jede Sonderverwaltung ab, gleichgültig, auf welcher Verwaltungsstufe sie sein mag. Weder beim Reich noch bei den Ländern, ihren Mittelinstanzen und den Gemeinden besteht die Notwendigkeit von Verwaltungen, die neben der allgemeinen Verwaltung unkontrolliert und politisch anonym ihr Dasein fristen. Sie sind nicht nur bei der Personalpolitik, sondern auch in ihren materiellen Entscheidungen zu leicht die Todfeinde einer neuen Demokratie, weil sie sich jeder Kontrolle durch das Volk, d. h. durch eine politische Vertretung, entziehen können. Das Beispiel der zonalen oder bizonalen Zentralämter sollen hier Warnung genug sein, ihre Personalpolitik und ihr finanzieller Aufwand würde bestimmt anders aussehen, wenn sie irgendeiner wirklichen politischen Kontrolle unterstehen würden, und damit würde sicherlich auch ihre sachliche Politik manchmal mehr den Notwendigkeiten unserer Zeit gerecht werden. Sonderverwaltungen stören auch die Durchführung eines klaren, einfachen und für jeden Staatsbürger verständlichen Verwaltungsaufbaues. Es muß endlich aufhören, daß ein Staatsbürger bei einem Anliegen von Behörde zu Behörde gewiesen wird, weil selbst eingeweihte Verwaltungsbeamte heute nicht mehr zu übersehen vermögen, welche Stelle wirklich bei der Fülle unserer bürokratischen Erscheinungsformen zuständig ist. Sonderverwaltungen sind Gefahrenpunkte einer Demokratie und die Grundlage für eine Diktatur. Sie sind daher abzulehnen.

Soweit in den Ländern Mittelinstanzen wegen der Größe der Gebiete nicht zu vermeiden sind, fordern wir die Einheit der Mittelinstanz. Alle Angelegenheiten, die nicht unmittelbar zwischen den Gemeinden und den jeweiligen

Landesregierungen erledigt werden können, müssen in einer Behörde zusammengefaßt und dürfen nicht auf verschiedene Dienststellen aufgeteilt werden.

XIII

[Gültigkeit der Weimarer Reichsverfassung nach der bedingungslosen Kapitulation]

XIV

Deutschland und ein europäischer Staatenbund

Bei den zuletzt behandelten Fragen ging es um den innerstaatlichen Aufbau. Und nun noch einige Probleme, die sich mit dem Verhältnis der künftigen Reichsverfassung zu unserer nationalen Umwelt befassen.

Ich habe an anderer Stelle bereits erklärt, daß sich die Probleme des staatlichen Wiederaufbaus Deutschlands in ihrer Bedeutung nicht nur auf die Gebiete innerhalb unserer Grenzpfähle beschränken, sondern auch auf die gesamte europäische Lage ausstrahlen werden. Wir sind gewillt, Deutschland nicht mehr als nur ein nationales Einzelwesen anzusehen, sondern als einen Bestandteil des großen Europas. Daher haben wir unseren Richtlinien das Bekenntnis zu einem europäischen Staatenbund vorangestellt und gefordert, daß unsere künftige Verfassung die Bereitwilligkeit vorsehen muß, zugunsten internationaler Einrichtungen deutsche Hoheitsrechte aufzugeben. Wir stehen mit dieser Auffassung nicht allein. Die Präambel der am 13. 10. 1946 angenommenen Verfassung Frankreichs enthält den Satz:

„Frankreich akzeptiert die für die Organisierung und Erhaltung des Friedens erforderlichen Beschränkungen seiner Souveränität nach dem Grundsatz der Gegenseitigkeit."

So sehen wir, daß sich, wenn auch spärliche, so doch hoffnungsfreudige Ansätze bemerkbar machen, das Leben der Staaten zueinander auf einer höheren Ebene neu zusammenzufassen, auf einer höheren Ebene, die nicht nur eine übergeordnete formale Instanz, sondern zugleich auch die Verwirklichung völkerrechtlicher Ideale bedeuten könnte. Diese Entwicklung wird zweifellos dadurch gefördert, daß die bisherigen Begriffe über die Souveränität nicht mehr aufrechterhalten werden können. In einer Welt der Atombombe und der Freisetzung von Atomenergien auch zu friedlichen Mitteln läßt sich die Menschheit nicht mehr in kleinräumigen Gebieten im Sinn einer früheren Souveränität „beherrschen".

Daher beginnen unsere Richtlinien mit folgenden Sätzen:

„Die Sozialdemokratische Partei Deutschlands fordert, daß die Verfassung der deutschen Republik die Möglichkeit einer künftigen Zugehörigkeit Deutschlands zu einem europäischen Staatenbund berücksichtigt. Die friedliche Entwicklung zu einem europäischen Bunde verlangt eine klare Absage an jede Politik eines nationalen Egoismus, der sich unter Ausnutzung der politischen Machtstellung durch den jeweils Mächtigen auf Kosten des jeweils Schwächeren insbesondere in Annexionen äußert. Annexionen können nicht die Grundlage friedlicher Entwicklungen bilden."

Mit diesem letzten Satz wollen wir verhüten, daß wiederum nationalistische Instinkte entstehen, und wir wollen verhüten, daß die Jugend, die noch nicht die Zeit und die Möglichkeit gehabt hat, sich mit dem Ideengut einer wirklichen Demokratie zu befassen, in eine neue nationalistische Politik hineingetrieben wird, nur weil eine Lösung der Grenzfragen aus machtstaatlichen Motiven und nicht aus den Überlegungen der Vernunft und des organischen Aufbaues angestrebt wird.

XV

Ächtung des Krieges – Völkerrecht

Kriege waren immer der letzte Ausweg aus innerpolitischen Schwierigkeiten. Sie waren der letzte Ausweg aus den in der kapitalistischen Wirtschaftsordnung wiederkehrenden Wirtschaftskrisen und sie waren schließlich auch das stärkste Kampfmittel im Wettbewerb der Völker um die Rohstoffquellen und Absatzgebiete der Erde. Wir Sozialdemokraten glauben, daß die sozialistische Wirtschaft, verbunden mit einer strukturellen großräumigen Planung und Lenkung, die sich nicht auf die Gebiete der einzelnen Nationen beschränken, die Voraussetzungen für die Wirtschaftskrisen und damit ihre fürchterlichsten Folgeerscheinungen, die Kriege, vermeiden wird. Aber wir wollen auch, daß der Krieg ideologisch aus den Hirnen und Herzen der Menschen, vor allem der Jugend, ausgelöscht wird. Wir müssen uns dazu entschließen, den Krieg unter allen Umständen und aus jeder Begründung heraus abzulehnen. Es genügt nicht, diesen Exzessen der menschlichen Gesellschaft, den Kriegen, die wirtschaftliche und soziale Basis zu entziehen. Wir müssen ihn auch durch die Idee über die Notwendigkeit eines moralischen und sittlichen Zusammenlebens der Völker ächten. Die Verfassungsurkunde der deutschen Republik wird daher an sichtbarer Stelle die Forderung enthalten müssen, daß der Krieg kein Mittel der Politik mehr sein darf. Sie würde sich damit dem Inhalt anderer Verfassungen anschließen. So heißt es z. B. in der hessischen[55] Verfassung:

[55] Der Wortlaut stammt nicht aus der hessischen, sondern aus der im wesentlichen

„Jede Handlung, die mit der Absicht vorgenommen wird, eine friedliche Zusammenarbeit der Völker zu stören, insbesondere die Führung eines Krieges vorzubereiten, ist verfassungswidrig."

Damit hängt zusammen, daß auch die bindenden und allgemein anerkannten Sätze des Völkerrechts für jeden Menschen und alle Staatsorgane Geltung haben, ohne daß es erst eines besonderen Reichs- oder Landesgesetzes bedarf. Das Völkerrecht ist der sittliche Überbau im Leben der Völker, ihm kann sich niemand entziehen. Die Verhandlungen vor dem Nürnberger Kriegstribunal haben gezeigt, welche Tragweite diese Auffassung haben kann. Sie haben gezeigt, daß im Leben der Völker die allgemeinen Regeln der Menschlichkeit auch dann bestehen und gelten müssen, wenn ein Land glaubt, sich durch Vorschriften, die von diesen Gesetzen abweichen, außerhalb des Völkerrechts stellen zu können.

XVI

Grundrechte und Grundpflichten

Um die Grundrechte sind Revolutionen entstanden, sind die Menschen auf die Barrikaden gegangen, haben sie Blut und Gut geopfert. Sie sind die unerläßlichen Voraussetzungen, die das Leben erst lebenswert machen. Niemals haben wir diese bittere Erkenntnis so klar vor Augen gesehen als angesichts der KZ, der Gestapokeller, des politischen Denunziantentums der Terrorzeit, und nichts hat so sehr den Glauben der Welt an eine wirkliche deutsche Kultur und an die Möglichkeit einer Wiedergeburt echter Menschlichkeit auch in Deutschland erschüttert wie die Unterdrückung jener unveräußerlichen Ideen der Freiheit, der Gerechtigkeit und der Menschenwürde nach 1933. Niemals waren Humanität und Freiheit in der Welt so in Gefahr wie jetzt, niemals sind sie so mißachtet worden wie unter Hitler, aber so wie jetzt haben niemals früher die Völker dieser Erde die Möglichkeit gehabt, den Segen dieses Ideengutes durch ihre positive Anwendung zu beweisen. Bestimmt dazu, den Menschen wieder in den Mittelpunkt unseres gesamten Lebens zu stellen, sollen sie Richtschnur sein für unser politisches und soziales Denken und Handeln. Die Freiheit der Person, die Freiheit des Gewissens und Denkens, der religiösen und politischen Überzeugung, die Gleichheit vor dem Gesetz und der richterliche Schutz vor jeder staatlichen Willkür sind ihre wesentlichsten Bestandteile. Ihre nur formale Aufzählung in einer Verfassungsurkunde würde aber nicht genügen. Sie müssen mit den Vorstellungen unseres Volkes und jedes

von Carlo Schmid gestalteten Verfassung für Württemberg-Hohenzollern vom 20. 5. 1947, Art. 8.

einzelnen dieses Volkes tief innerlich verwurzelt werden, sie müssen ein immanenter und selbstverständlicher Bestandteil unseres staatlichen Lebens werden.

Wenn wir durch den sozialistischen Neuaufbau der Wirtschaft erreichen wollen, daß nicht mehr der Profit im Mittelpunkt der Wirtschaft steht, sondern der Mensch und seine Arbeitskraft, so darf auch im Staatsleben die Allmacht des Staates und die These „Der Staat ist alles, der Einzelne nichts" nicht mehr gelten. Auch hier müssen der Mensch und seine Würde Mittelpunkt sein und vor jedem Mißbrauch geschützt werden. Die Grundrechte sollen daher die klaren Grenzen darstellen zwischen dem Staat und dem Individuum.

[. . .]

[Geschichte der Grundrechte]

Die neue Verfassung der deutschen Republik wird diese Rechte an ihre Spitze stellen müssen, denn sie enthalten nicht nur die notwendigen Grundsätze unserer Vorstellungen von der Würde und den Freiheiten des einzelnen, sie regeln auch die Schranken zwischen Staat und Individuum.

Der Staat kann diese Schranken aber nur dann einhalten und diese Rechte nur dann garantieren, wenn jeder einzelne sich zugleich seiner Pflichten gegenüber der Gesamtheit bewußt wird und diese Pflichten auch erfüllen will, denn Demokratie bedeutet nicht, daß an die Stelle der Willkür des Staates die Willkür des einzelnen gesetzt wird. Demokratie bedeutet nicht Autoritätslosigkeit und Anarchie, sie bedeutet die freiwillig anerkannte Ordnung des Staatslebens und ihre freiwillige Einhaltung.

XVII

Staatsgerichtshof

Man wird mit Recht fragen, worin die Garantie liegt, daß jene Grenzen des staatlichen Handelns eingehalten werden. Zunächst gilt natürlich, wie überall, daß die gesamte Politik die beste Garantie ist, getragen von dem allgemeinen Volkswillen und seiner Gesinnung. Aber alle modernen Verfassungen haben seit jeher Staatsgerichtshöfe mit der Aufgabe einer solchen Rechtskontrolle beauftragt. Sie sollen die Gewähr dafür schaffen, daß sich auch die gesetzgebenden Gewalten an das Grundgesetz des Volkes – an die Verfassung – halten und daß sie nicht – verlockt durch politische Machtbildungen oder als Vorwand zur Überbrückung angeblicher politischer Notstände – in die von der Verfassung garantierten Rechte des Staatsbürgers eingreifen. Damit ist zugleich das Recht zur Nachprüfung durch einen solchen Staatsgerichtshof dahin ausgeschlossen, ob ein Gesetz zweckmäßig und politisch sinnvoll ist.

Es ist eingewendet worden, daß solche Staatsgerichtshöfe stärker sein würden als ein Reichstag und sich als Hemmschuh gegen jeden politischen Fortschritt auswirken könnten.

Eine solche Gefahr würde nur dann bestehen, wenn die Parlamente eine personell unrichtige Besetzung der Staatsgerichtshöfe vornehmen würden. Die Gefahr liegt nicht in der Einrichtung als solcher – denn ohne sie ist in einem geregelten Staatsleben nicht auszukommen –, sondern nur in der Personenfrage. Von anderer Seite ist vorgeschlagen worden, den Reichstag selbst zur Prüfung über die Rechtmäßigkeit von Gesetzen und Verordnungen einzusetzen. Das ist nicht möglich. Er wäre Richter in eigener Sache. Dieser Vorschlag würde aber auch politisch eine Gefahr bedeuten. Die Verfassungsurkunde wird vorsehen müssen, daß ihre Änderungen nur durch eine qualifizierte Mehrheit erfolgen dürfen. Das gleiche wird für verfassungsändernde Gesetze (auch wenn sie den Wortlaut der Verfassungsurkunde nicht ändern) zu gelten haben. Wäre der Reichstag allein zur Entscheidung befugt, ob ein Gesetz der Verfassung widerspricht, dann wäre eine einfache Mehrheit in der Lage, bei Verneinung einer solchen Verfassungswidrigkeit auf diesem Umwege die Verfassung doch zu ändern. Die Forderung nach einer besonderen verfassungsändernden Mehrheit wäre daher praktisch nicht durchführbar.

Unsere Richtlinien sehen ferner vor, daß nur der Staatsgerichtshof Verfassungsstreitigkeiten entscheiden darf und daß nicht jedes einfache Zivil-, Straf- oder Verwaltungsgericht, wenn auch nur beiläufig, die Gültigkeit eines Reichsgesetzes anzweifeln kann. Wenn solche Zweifel auftauchen, müssen die unteren Gerichte die Entscheidung den ihnen übergeordneten höchsten Gerichten vorlegen, und nur diese dürfen den Staatsgerichtshof anrufen. Wenn wir daneben noch die Regierung, die an der Klärung eines Streitfalles unmittelbar interessierten Länder, die im Reichstag vertretenen politischen Parteien zum Anrufen des Verfassungsgerichtshofs ermächtigen und damit das Recht, einen Prozeß vor diesem höchsten Gericht in Gang zu bringen, erheblich einschränken, dann geschieht dies, um einen Mißbrauch des Nachprüfungsrechtes zu vermeiden, weil ein solcher Mißbrauch der Würde und dem Ansehen der Verfassung widersprechen würde.

Der Verfassungsgerichtshof hätte aber nicht nur die Rechtskontrolle über die Reichsgesetzgebung, er wäre auch für Verfassungsstreitigkeiten innerhalb der Länder zuständig. Damit würden die Verfassungsgerichtshöfe der einzelnen Länder überflüssig werden. Man wird einwenden, daß nur ein Landesstaatsgerichtshof die Materie eines jeden Landes und die politische und verfassungsmäßige Atmosphäre richtig erfassen kann. Die Länder werden jedoch zu klein und die Anzahl der Streitigkeiten auf diesem Gebiet zu gering sein, um den Staatsgerichtshöfen der Länder eine genügende Erfahrung auf dem gesamten Gebiete des Staats- und Verwaltungsrechts zu ermöglichen, während ein

Staatsgerichtshof für die gesamte Republik durch die Fülle der Verfahren hierzu viel eher in der Lage sein wird. Nur er gibt die Garantie, daß Verfassungsstreitigkeiten mit der genügenden Sachkunde und Erfahrung und von einer höheren politischen Warte aus, die gerade nicht milieugebunden sein darf, entschieden werden. Bei Verfassungsstreitigkeiten innerhalb der Länder mag der Berichterstatter des deutschen Staatsgerichtshofes diesem Land angehören. Die Grundsätze für den Staatsgerichtshof ließen sich daher wie folgt zusammenfassen:

„Für das Deutsche Reich ist ein Staatsgerichtshof einzurichten, der ausschließlich zuständig ist zur Entscheidung über

a) die Verfassungsmäßigkeit eines Reichsgesetzes,
b) Verfassungsstreitigkeiten innerhalb des Reiches oder innerhalb der Länder,
c) Streitigkeiten nicht zivilrechtlicher Natur zwischen verschiedenen Ländern und zwischen dem Reich und einem Lande.

Der Staatsgerichtshof entscheidet nur auf Antrag. Zur Stellung dieses Antrages sind berechtigt:

a) Die Reichsregierung,
b) jedes an der Klärung eines Streitfalles unmittelbar interessierte Land,
c) jede im Reichstag vertretene politische Partei,
d) jede aus mindestens 100 Mitgliedern des Reichstages bestehende Minderheit,
e) das oberste Zivil-, Straf- und Verwaltungsgericht des Reiches,
f) jedes oberste Verwaltungsgericht eines Landes."

Es bedarf jedoch nicht nur einer Nachprüfung der Gesetzmäßigkeit der Reichs- und Ländergesetzgebung, insbesondere dahin, ob sie den wesentlichen Fundamenten der Verfassung zuwiderläuft. Es müssen auch Möglichkeiten geschaffen werden, diejenigen Männer zur Verantwortung zu ziehen, die die Verfassung oder die Reichsgesetze schuldhafterweise verletzen. Hier kann Artikel 59 der Reichsverfassung über die Ministeranklage wieder übernommen werden:

„Der Reichstag ist berechtigt, den Reichspräsidenten, den Reichskanzler und die Reichsminister vor dem Staatsgerichtshof für das Deutsche Reich anzuklagen, daß sie schuldhafterweise die Reichsverfassung oder ein Reichsgesetz verletzt haben. Der Antrag auf Erhebung der Anklage muß von mindestens hundert Mitgliedern des Reichstags unterzeichnet sein und bedarf der Zustimmung der für Verfassungsänderungen vorgeschriebenen Mehrheit. Das Nähere regelt das Reichsgesetz über den Staatsgerichtshof."

XVIII

Demokratischer Inhalt der Verfassung und demokratische Erziehung

Mit den vorhin gegebenen Hinweisen auf die Grundrechte und Grundpflichten des einzelnen Staatsbürgers (vgl. XVI) haben wir zugleich einen wesentlichen Beitrag zu dem materiellen Inhalt der künftigen Reichsverfassung gebracht, vielleicht den wesentlichsten. Denn der Geist und der Inhalt jener Grundrechte wird zugleich auch die Richtschnur sein müssen für alle Fragen der Erziehung unserer Jugend, das Verhältnis zwischen Staat und Kirche, der sozialen und verpflichtenden Aufgabe des Staates gegenüber dem Einzelnen, Grundsätze, die über den formalen Aufbau unserer dereinstigen Verfassung hinaus das Fundament des deutschen politischen und gesellschaftlichen Lebens formen sollen.

Die Aufnahme ethischer Grundgedanken in die Verfassung wird bekunden, daß das öffentliche Leben nicht allein nach politischen und wirtschaftlichen Gesetzen organisiert werden kann, sondern daß zu einem gesunden Staatsleben auch ein sittlicher Unterbau gehört und daß auch der Staat in seinen Funktionen in der inneren wie in der äußeren Politik an unzerstörbare Sittengesetze gebunden ist und daß die Forderungen der Wohlfahrt und Humanität, daß die Grundsätze der Gerechtigkeit und Wahrheit nicht ungestraft vernachlässigt werden dürfen. Nach den bitteren und grausamen Erfahrungen, die wir nach 1933 durchmachen mußten, wissen wir, daß Form und Organisation nicht alles sind, daß sie zusammenbrechen können, wenn nicht gleichzeitig starke, unzerstörbare, geistige und moralische Kräfte diese Form ausfüllen. Es kommt nicht so sehr auf die Staatsform als auf die Gesinnung an. Staatsformen allein waren noch nie ausreichende Garanten für ein friedliches Zusammenarbeiten der Völker, denn Staatsformen können durch revolutionären Akt beseitigt werden, wenn sie mit den ökonomischen und sozialen Spannungen nicht mehr übereinstimmen. Entscheidend war immer und wird auch künftig immer bleiben die Gesinnung der Mehrheit des Volkes und ihre Besinnung auf ihre soziale Verpflichtung nach innen und eine wirkliche echte weltbürgerliche Einstellung nach außen. Hier liegen zugleich ungeahnte Möglichkeiten für die Siegermächte, denn wie der totale Krieg Hitlers die Voraussetzung für einen totalen Sieg der Alliierten schuf, so gab er ihnen zugleich auch die totale Möglichkeiten dafür, die demokratischen Ideen für alle Zukunft zu retten. Die Politik der verpaßten Gelegenheiten war das Kennzeichen deutscher Außenpolitik dieses Jahrhunderts. Die Besatzungsmächte haben die Gelegenheit, zu zeigen, zu welchem Segen für die Menschheit das Gegenteil einer solchen Politik führen kann.

Eine Demokratie ist nur lebensfähig und von Dauer, wenn sie auf einem haltbaren Fundament umfassender vertiefter allgemeiner Volksbildung ruht. Ihr werden wir daher unsere besondere Aufmerksamkeit zu widmen haben. Denn die Staatsform der Demokratie legt die Entscheidung über das Schicksal der Nation in die Hände der Massen, und diese müssen zu solchen Entscheidungen fähig gemacht werden, nicht nur durch die Vermittlung der dazu nötigen politischen, geschichtlichen, geographischen, volkswirtschaftlichen Kenntnisse, sondern auch durch eine planmäßige demokratische Erziehung zum Gemeinsinn, zur Kameradschaft, zur geistigen Verbundenheit.

In der geschichtlichen Entwicklung sind nacheinander die geistlich-gelehrte, die adlige, die bürgerliche Erziehung emporgewachsen, heute tritt eine neue, sozial noch nicht exakt definierbare Schicht die Herrschaft an. Der Selbsterhaltungstrieb und der Wille zur Geltung einer Schicht strömt am kräftigsten aus ihrem Erziehungswillen. Die Geschichte lehrt, daß jedem Wirtschaftssystem ein ganz bestimmtes Erziehungssystem entspricht; im 17. und 18. Jahrhundert spiegelt sich in ihm die ständisch gegliederte Gesellschaft und der Merkantilismus, im 19. der Liberalismus wider. Eine sozialistisch organisierte Wirtschaft ist ohne ein neues Erziehungssystem gar nicht denkbar. Staatsauffassungen sind immer zugleich auch Lebensauffassungen und Weltanschauungen, darum setzt hier nicht zuletzt der Kampf um diese ein. So entstand die Mannigfaltigkeit der religiösen, rationalistischen, individualistischen, sozialistischen Weltanschauungen. Darin liegen die bewegenden Kräfte und Ursachen unseres geistigen und politischen Lebens.

Wir müssen wissen: Es muß die neue Gesinnung geboren werden, wenn die neue Zeit bestehen soll.

Alle Verfassungsbestimmungen sind etwas Äußerliches, Formales. Inhalt und Leben erhalten sie erst durch die großen sozialen Mächte, die in ihrer Zusammensetzung die Kräfte des Volkes ausmachen.

Von der Gesundheit der sozialen Verhältnisse, von der Geschlossenheit und der Staatsgesinnung des Volkes hängt das Gedeihen des Staates ab.

[. . .]

32. Ernst Schellenberg, Versorgung der Arbeitslosen, Aufsatz[d]

Der einzelne hat das Recht auf soziale Sicherung, die auf seiner Pflicht zur Arbeit beruht. Da Arbeitslosigkeit ausschließlich in sozialen Tatbeständen begründet ist, muß ein System der sozialen Sicherung auch für Arbeitslose erstellt werden.

Das sozialistische Jahrhundert 1 (1947),
S. 263–266 und 301–303

Juli 1947

Die Arbeit bildet die Grundlage des individuellen und sozialen Seins. Daraus erwächst für die Gesellschaft die Verpflichtung, allen, die sich den Lebensbedarf nicht durch Verwertung ihrer Arbeitskraft beschaffen können, ein soziales Existenzminimum zu gewährleisten. Diese soziale Sicherung muß sowohl für diejenigen, die physisch (wegen Alter, Krankheit, Unfall, Kriegsbeschädigung usw.) nicht mehr über eine verwertbare Arbeitskraft verfügen, die Arbeitsunfähigen, wie für diejenigen, die infolge sozialer Umstände ihre Arbeitskraft nicht verwerten können, die Arbeitslosen, bereitgestellt werden.

Arbeitspflicht als Grundlage

Das Recht auf soziale Sicherung und die Pflicht zur Arbeit bedingen einander. Nun beeinträchtigt aber die Pflicht zur Arbeit zweifellos die Freiheit des einzelnen zur Verrichtung einer ihm gemäßen Arbeit. Es muß deshalb immer zwischen den gesellschaftlichen Notwendigkeiten der Arbeitspflicht und dem individuellen Interesse nach möglichst freier Gestaltung des persönlichen Arbeitslebens abgewogen werden. Die Entscheidung hierüber hängt wesentlich von den jeweiligen Auffassungen über die Stellung des Individuums in der Gesellschaft ab, die u. a. ihren Ausdruck in der Gestaltung der sozialen Sicherung findet. Aus der Tatsache, daß wir heute dem Individuum ein Anrecht auf weitgehende soziale Sicherung zubilligen, ergibt sich die Notwendigkeit, an die Arbeitspflicht besondere Anforderungen zu stellen. Dies namentlich in einer Zeit, in der alle, die ihren Lebensbedarf durch Arbeit erwerben, außerordentliche Belastungen auf sich nehmen. Jede Verletzung des Grundsatzes, daß die Pflicht zur Arbeit die unabdingbare Voraussetzung jeder sozialen Sicherung bildet, würde die Tendenz, sich den Beschwernissen der Arbeit zu entziehen, fördern und eine schwere Erschütterung des gesellschaftlichen Gefüges herbeiführen.

Mit der Festlegung einer solchen allgemeinen Arbeitspflicht des Arbeits-

[d] Ohne Anmerkungen des Verfassers.

losen ist noch nichts darüber ausgesagt, welche Arbeit von ihm verlangt werden kann. Grundsätzlich wird dem einzelnen nur die Arbeit zuzumuten sein, die seinem erlernten Beruf, Bildungsstand, seinen Neigungen und persönlichen Verhältnissen entspricht. Wenn es aber – eine zweckmäßige Organisation des Arbeitsmarktes vorausgesetzt – innerhalb eines gewissen Zeitraumes nicht möglich ist, dem Arbeitslosen eine ihm gemäße Arbeit zu verschaffen, dann wird von ihm im Hinblick auf den sozialen Notstand auch die Verrichtung jeder anderen Arbeit, die seiner körperlichen Leistungsfähigkeit entspricht, zu verlangen sein. Gewiß ist eine solche unbedingte Arbeitspflicht eine harte Forderung; sie schafft aber die Grundlage für eine umfassende soziale Sicherung.

Keine Fürsorge

Bewirkt die soziale Sicherung eine unbedingte Arbeitspflicht, so wird damit aber gleichzeitig auch ein Rechtsanspruch auf diese Leistung begründet. Die Anerkennung eines Rechtsanspruchs auf soziale Sicherung für Arbeitslose schließt eine Ablehnung des Fürsorgeprinzips ein; denn zum Wesen der sozialen Fürsorge gehört die Subsidiarität (Prüfung der Hilfsbedürftigkeit, Verwertung der Ersparnisse, Inanspruchnahme von Unterhaltsverpflichtungen, Rückzahlungspflicht usw.).

Gewiß können diese Umstände vorübergehend eine Sicherung des Lebensbedarfs für Arbeitslose nach Fürsorgegrundsätzen erforderlich machen. Ein solcher Verzicht auf die sich aus der Arbeitspflicht ergebenden sozialpolitischen Konsequenzen läßt sich aber nur für außergewöhnliche Verhältnisse (z. B. die Monate nach dem Zusammenbruch) rechtfertigen. Nunmehr sollte der Zeitpunkt gekommen sein, einen solchen sozialpolitischen Ausnahmezustand zu beendigen und damit auf die Anwendung von Fürsorgeprinzipien bei der sozialen Sicherung für Arbeitslose zu verzichten.

Im allgemeinen wird die Auffassung vertreten, daß eine Verwirklichung des Rechtsanspruchs auf Versorgung der Arbeitslosen durch die Arbeitslosenversicherung unter Anwendung des Gesetzes über die Arbeitsvermittlung und Arbeitslosenversicherung nach dem Stande von 1932 unbedingt erreicht werden könnte[56]. Die Arbeitslosenversicherung in dieser Form wird geradezu als der einzige Weg für die Sicherung des Rechtsanspruchs auf Versorgung der Arbeitslosen angesehen. Das ist ein Irrtum; denn Ende 1932 bildete die Prüfung der Hilfsbedürftigkeit in der Regel die Voraussetzung für den Bezug von Arbeitslosenunterstützung. Die Verwirklichung eines Rechtsanspruchs auf

[56] Gesetz zur Änderung des Gesetzes über Arbeitsvermittlung und Arbeitslosenversicherung vom 12. 10. 1929, § 112 a: RGBl I S. 153.

soziale Sicherung für Arbeitslose kann also keinesfalls von einer schematischen Anwendung gesetzlicher Bestimmungen des Jahres 1932 erwartet werden. Vielmehr gilt es, sozialpolitische Prinzipien herauszuarbeiten, die den gegenwärtigen Bedürfnissen entsprechen.

Höhe des Arbeitslosengeldes

Das Arbeitslosengeld muß so bemessen sein, daß der notwendige Lebensbedarf des Arbeitslosen und seiner Familie gesichert werden kann. Dieser sozialpolitische Grundsatz führt bei niedrigen Lohnsätzen zu Spannungen zwischen Arbeitsentgeld und Arbeitslosengeld. Zur Verhütung einer Konkurrenz zwischen dem Einkommen des Arbeitenden und des Arbeitslosen bleibt deshalb nichts anderes übrig, als bestimmte Höchstsätze für Arbeitslosengeld festzusetzen, selbst wennn dadurch der Lebensbedarf des Arbeitslosen nicht voll gedeckt wird. (Im sozialen Kern handelt es sich hierbei nicht um die Frage der Arbeitslosenversorgung, sondern um eine der Lohnpolitik.) Selbstverständlich muß dann in diesen Fällen zur Deckung des notwendigen Lebensbedarfes subsidiär die soziale Fürsorge eintreten.

Bei der Aufstellung von Grundsätzen über die Höhe des Arbeitslosengeldes ist auch die Leistung der sozialen Sicherung für vorübergehend Arbeitsunfähige – das Krankengeld – in Betracht zu ziehen. Das wurde bisher verabsäumt, was zu sozialpolitisch unerfreulichen Verschiebungen zwischen Arbeitslosigkeit und Arbeitsunfähigkeit geführt hat. So versuchte z. B. fast regelmäßig derjenige, der arbeitslos wurde, zuerst einmal Leistungen als vorübergehend Arbeitsunfähiger, als Kranker, zu erhalten. Einfach deshalb, weil die Sätze des Krankengeldes im allgemeinen höher als die der Arbeitslosenunterstützung lagen und jeder Arbeitslose das erklärliche Bestreben hatte, recht lange Zeit die höchstmöglichen Leistungen der sozialen Sicherung zu erlangen.

Untersucht man die Gründe für die unterschiedliche Höhe der sozialen Leistungen für vorübergehend Arbeitsunfähige und Arbeitslose, so lassen sich hierfür lediglich historische, aber keine sozialpolitischen Argumente anführen. Die Bedürfnisse der sozialen Sicherung für Arbeitslose und Arbeitsunfähige liegen durchaus gleichartig. Sowohl bei Arbeitslosigkeit wie bei Krankheit ist der einzelne nur vorübergehend aus dem Arbeitsprozeß ausgeschaltet und muß – nicht zuletzt im Interesse der Erhaltung seiner Arbeitskraft – für diese Zeit mit den Mitteln zur Sicherung des notwendigen Lebensbedarfs versorgt werden. Für gleichartige sozialpolitische Aufgaben müssen auch gleiche soziale Leistungen bereitgestellt werden. Deshalb ist die Forderung zu erheben, Krankengeld und Arbeitslosengeld nach den gleichen Grundsätzen zu gewähren. Erst dann wird die bedenkliche Vermischung zwischen Arbeitslosigkeit und Krankheit ein Ende finden.

Prinzipiell ist es von untergeordneter Bedeutung, ob die einheitlichen Leistungen für Arbeitslose und vorübergehend Arbeitsunfähige nach den Grundsätzen, die bisher für die Berechnung von Krankengeld oder nach denen, die für Arbeitslosenunterstützung angewandt wurden, festgesetzt werden. Bekanntlich beträgt das Krankengeld grundsätzlich 50% des früheren Arbeitsentgelts. Die Berechnungsgrundlagen für die Arbeitslosenunterstützung haben sich häufig gewandelt. Ende 1932 schwankte die Arbeitslosenunterstützung je nach Lohnklasse, Ortsklasse und Familienstand zwischen 20 und 80% des früheren Arbeitseinkommens und belief sich im Durchschnitt auf etwa 40% des früheren Arbeitsentgelts. Sowohl für die Pauschalberechnung des Krankengeldes als auch für die individuellere Gestaltung der Arbeitslosenunterstützung lassen sich Argumente anführen. Wer grundsätzlich die Auffassung vertritt, daß die Geldleistung der sozialen Sicherung möglichst dem früheren Arbeitseinkommen angepaßt sein soll, wird den Berechnungsmethoden für Krankengeld den Vorzug geben, nicht zuletzt auch deshalb, weil hierdurch durchschnittlich eine höhere Leistung der sozialen Sicherung bereitgestellt wird.

Keine Aussteuerung

Grundsätzlich wird – auch das ergibt sich aus dem Recht auf Arbeit und der Pflicht zur Arbeit – Arbeitslosengeld so lange gewährt werden müssen, bis die Gesellschaft in der Lage ist, den Arbeitslosen wieder in den Arbeitsprozeß einzugliedern. Dieser Anspruch auf zeitlich unbegrenzte Gewährung von Arbeitslosengeld ist bisher nicht verwirklicht. Vielmehr gehört es zu den Merkmalen der bisherigen Arbeitslosenversorgung, daß der Rechtsanspruch auf Arbeitslosenunterstützung nach einer gewissen Zeit sein Ende fand. Diese begrenzte Bezugsdauer der Arbeitslosenunterstützung findet ihre Ursache nicht nur in finanzwirtschaftlichen Schwierigkeiten, sondern ergibt sich aus dem Wesen einer Arbeitslosenversicherung.

Aufgabe der Versicherung ist es, für ungewisse Ereignisse durch Anwendung bestimmter Methoden (Massengesetzlichkeit, Risikobegrenzung) eine Schätzbarkeit zu erreichen. Dazu bedarf es – jedenfalls bei einem so wenig übersehbaren Wagnis wie dem der Arbeitslosigkeit – neben Leistungsvoraussetzungen, wie Anwartschaft und Wartezeit, auch einer Begrenzung der Bezugsdauer. Die Aussteuerung des Arbeitslosen gehört also zum Wesen der Arbeitslosenversicherung.

Selbstverständlich läßt sich für Zeiten besonderer Not ebenso wie die Ablehnung eines Rechtsanspruchs auf soziale Sicherung auch eine Aussteuerung der Arbeitslosen vertreten. Sozialpolitisch ist es aber sehr bedenklich, die Aussteuerung zum Merkmal der Arbeitslosenversorgung zu machen. Unser soziales Gefüge beruht darauf, daß Rechte und Pflichten des Individuums sorgfältig gegeneinander abgewogen werden. Es geht deshalb nicht an, eine unbedingte Arbeitspflicht des Arbeitslosen zu bejahen, aber gleichzeitig seinen Rechtsanspruch auf die Leistungen der sozialen Sicherung zeitlich zu begrenzen. Ein System der sozialen Sicherung, das auf der Aussteuerung beruht, verliert damit das Recht, eine unbedingte Arbeitspflicht zu fordern.

Kann die Gesellschaft nicht den Arbeitslosen – mindestens nach einiger Zeit – trotz der unbedingten Arbeitspflicht wieder in den Arbeitsprozeß einschalten, dann liegt doch zweifellos ein Tatbestand vor, den nicht der einzelne, sondern die Gesellschaft zu vertreten hat. Es bedeutet folglich eine Verzerrung jedes sozialpolitischen Grundsatzes, wenn dem Arbeitslosen nach Ablauf einer bestimmten Frist, in der die Gesellschaft nicht in der Lage war, das Recht auf Arbeit auch unter Anwendung der Arbeitspflicht zu verwirklichen, die rechtlich gesicherte Leistung auf soziale Sicherung durch Aussteuerung entzogen wird. Ein solches Gebaren läßt sich vielleicht mit finanzpolitischen Argumenten, aber nicht mit sozialpolitischen rechtfertigen.

Wer zahlt aus?

Es gilt als selbstverständlich, daß die Auszahlung von Leistungen für Arbeitslose durch die Stelle erfolgt, die die Arbeitsvermittlung durchführt, also die Arbeitsämter. Eine solche Praxis liegt nahe; ihre Zweckmäßigkeit wäre aber erst zu beweisen.

Mit der Ablehnung des Fürsorgeprinzips für die Versorgung der Arbeitslosen ist auch die Auszahlung des Arbeitslosengeldes durch Fürsorgestellen nicht mehr diskutabel. Damit rechtfertigt sich aber noch nicht die Auszahlung des Arbeitslosengeldes durch die Arbeitsämter. Eine solche Praxis muß vielmehr schon für die Vergangenheit als arbeitsmarktpolitisch fragwürdig bezeichnet werden, lag doch bei den Wohlfahrtserwerbslosen, also den Menschen, die wegen besonders langer Arbeitslosigkeit einer intensiven Arbeitsvermittlung bedurften, der Akt der Auszahlung nicht bei der Stelle, die die Arbeitsvermittlung durchführte. Würde es nicht den Bedürfnissen der Arbeitsmarktpolitik entsprechen, wenn sich die Arbeitsämter ausschließlich auf diesen höchst bedeutsamen Aufgabenkreis konzentrieren und den technischen Vorgang der Auszahlung von Arbeitslosengeld den Stellen überlassen, die hierfür die besten sachlichen Voraussetzungen erfüllen? Die Forderung, Arbeitslosen- und Krankengeld in gleicher Höhe und nach gleichen Grundsätzen zu gewähren, legt es nahe, zu überlegen, ob nicht beide Leistungen durch die gleiche Stelle ausgezahlt werden können. In der bisherigen, in zwei Träger aufgespaltenen Sozialversicherung war dies nicht diskutabel, weil Krankengeld von einer großen Anzahl von Krankenkassen geleistet wurde und es sicher unzweckmäßig gewesen wäre, die Auszahlung von Arbeitslosenunterstützung in ähnlicher Weise zu zersplittern. Außerdem hätte ein solches Verfahren bei der unterschiedlichen Höhe zwischen Arbeitslosenunterstützung und Krankengeld auch gewisse arbeitstechnische Schwierigkeiten mit sich gebracht.

Organisatorische Vereinfachung

Mit der organisatorischen Vereinheitlichung der Sozialversicherung sind andere Voraussetzungen gegeben. Es sollte mindestens geprüft werden, ob es nicht zweckmäßig ist, die Auszahlung von Geldleistungen für Arbeitslose der Institution zu übertragen, die Leistungen für Arbeitsunfähige gewährt, dem Träger der Sozialversicherung. Die Erfahrung zeigt, daß oft Arbeitsunfähigkeit und Arbeitslosigkeit zusammenfallen. Arbeitslose erkranken, Kranke verlieren ihre Beschäftigung. Daraus ergeben sich, wenn verschiedene Stellen für die Zahlung von Arbeitslosenunterstützung und Krankengeld zuständig sind, vielfach Überschneidungen und Reibungsmöglichkeiten.

Seit jeher sind alle Arbeitslosen während der Bezugsdauer ihrer Unterstützung bei der Sozialversicherung für den Fall der Krankheit versichert. Damit ist der Träger der Sozialversicherung für die gesundheitlichen Leistungen an Arbeitslose zuständig. Es würde eine wesentliche organisatorische Vereinfachung darstellen, wenn der Träger der Sozialversicherung gleichzeitig auch die geldlichen Leistungen an Arbeitslose auszuzahlen hätte, zumal er ohnehin für die Aufrechterhaltung der Anwartschaften von Arbeitslosen zur Rentenversicherung zuständig ist.

Die bisherige Praxis der Auszahlung von Arbeitslosengeld durch die Arbeitsämter und von Geldleistungen der Sozialversicherung durch die Träger der Sozialversicherung bringt es mit sich, daß der gleiche Mensch einmal Krankengeld von der einen Stelle, dann Arbeitslosenunterstützung von einer anderen Stelle, wieder Krankengeld, vielleicht in Kürze wieder Arbeitslosenunterstützung erhält und schließlich diese Leistungen nur eine Vorstufe für die Rentengewährung darstellen. Das ist nicht nur ein organisatorischer, sondern auch ein sozialpolitischer Mißstand.

Bereits im Abschnitt ›Die Höhe des Arbeitslosengeldes‹ wurde auf die gleichartige sozialpolitische Struktur der Leistungen bei Arbeitslosigkeit und bei vorübergehender Arbeitsunfähigkeit hingewiesen. Mit Recht haben deshalb alle bisherigen Systeme der sozialen Sicherung festgelegt, daß Arbeitslosengeld und Krankengeld nicht gleichzeitig bezogen werden dürfen. Zur

Sicherung gegen Doppelleistungen ist deshalb stets ein Kontrollsystem zwischen den Stellen, die Krankengeld und denen, die Arbeitslosengeld auszahlen, erforderlich. Trotz der Belastungen, die sich dadurch für beide Stellen ergeben, konnte – das haben die Erfahrungen gezeigt – keineswegs immer damit die Gewährung von Doppelleistungen verhindert werden.

Noch komplizierter ist die Sachlage beim gleichzeitigen Bezug von Arbeitslosengeld und den Leistungen der Sozialversicherung für dauernd Arbeitsunfähige, den Renten. Ursprünglich wurden auf Grund des Gesetzes über Arbeitsvermittlung und Arbeitslosenversicherung Renten unabhängig von den Leistungen der Arbeitslosenversicherung gezahlt, was zu dem seltsamen Zustand führte, daß dauernd Arbeitsunfähige Leistungen als Arbeitslose erhielten. Aus finanzwirtschaftlichen Gründen wurde dann im Jahre 1929 grundsätzlich der gleichzeitige Bezug von Renten und Arbeitslosenunterstützung ausgeschlossen bzw. die Rentenleistung in einer gewissen Höhe auf die Arbeitslosenunterstützung angerechnet[57]. Bei der unterschiedlichen Organisation der Arbeitslosenversicherung und der Rentenversicherung machte dies komplizierte Rechtsvorschriften und Kontrollmaßnahmen erforderlich, die nicht ausschlossen, daß in großem Umfange Doppelleistungen bezogen wurden.

Es gilt nun, nicht nur Doppelleistungen bei Arbeitslosigkeit und Arbeitsunfähigkeit auszuschließen, sondern mindestens ebenso wichtig ist es, Lücken im System der sozialen Sicherung für Arbeitslose und Arbeitsunfähige zu schließen.

Seit den Anfängen unseres Systems der sozialen Sicherung gibt es in Krisenzeiten große Gruppen von insbesondere älteren Menschen, die zwar im Sinne der Sozialversicherung noch arbeitsfähig sind, aber dennoch keinerlei Aussicht mehr haben, ihre reduzierte Arbeitskraft zu verwerten. Das soziale Schicksal dieser Menschen ist besonders hart. Für sie ist das Arbeitsamt formal-rechtlich zuständig, aber nicht in der Lage, ihnen gegenüber seine sozialpolitische Aufgabe, Vermittlung einer volkswirtschaftlich zweckvollen Arbeit, zu erfüllen. Der Träger der Rentenversicherung bezeichnet sich dagegen als unzuständig für diese Menschen, weil sie medizinisch gesehen noch nicht arbeitsunfähig sind.

Es besteht bis jetzt eine empfindliche Kluft zwischen Arbeitsunfähigkeit im arbeitsmarktpolitischen und Arbeitsunfähigkeit im medizinischen Sinne, unter der je nach der wirtschaftspolitischen Situation eine ganze Generation älterer Menschen leidet. Für die Angestellten fand dieses Problem dadurch eine gewisse Lösung, daß über 60jährige, die mindestens ein Jahr

[57] Verordnung zur Vereinfachung und Verbilligung der Arbeitslosenversicherung vom 21. 3. 1932: RGBl I S. 157.

arbeitslos waren, als berufsunfähig im Sinne der Angestelltenversicherung galten. Die Arbeiterschaft wurde aber von diesen Spannungen mit aller Härte getroffen.

Durch die vorhin geforderte Beseitigung jeder Aussteuerung würden zwar diese Menschen unmittelbar vor wirtschaftlicher Not geschützt werden können. Sozialpolitisch ist aber das Problem erst gelöst, wenn die Auszahlung der Leistungen für Arbeitslose und Arbeitsunfähige bei einer Stelle liegt. Dann ist es für den Menschen, der nicht mehr in der Lage ist, durch Arbeit seinen Lebensbedarf zu bestreiten, gleichgültig, ob er unter die Definition „arbeitslos" oder „arbeitsunfähig" fällt; er erhält die gleiche soziale Sicherung.

Die Auszahlung von Arbeitslosengeld und Geldleistungen der Sozialversicherung durch die gleiche Stelle, den Träger der Sozialversicherung, ist weit mehr als eine organisatorische Maßnahme. Sie führt einen Wandel im System unserer sozialen Sicherung herbei. Zuständigkeitsfragen heben sich auf. Die Aussteuerung wird widersinnig, Doppelleistungen unmöglich. Lücken in der Leistungsgestaltung schließen sich. Dadurch, daß die Sicherung der sozialen Existenz des Menschen, der, gleichgültig aus welchen Gründen, nicht in der Lage ist, für sich und die Seinen den Lebensbedarf durch Arbeit zu erwerben, bei einer Stelle liegt, erfährt die sozialpolitische Leistungskraft die größtmögliche Steigerung. Damit aber werden die Voraussetzungen zur sinnvollsten Lösung der sozialen Probleme unserer Tage geschaffen.

Eine Erörterung sozialpolitischer Probleme, bei der die finanzwirtschaftlichen Möglichkeiten unberücksichtigt bleiben, ist nichts als soziale Utopie. Wer aber die soziale Wirklichkeit beeinflussen will, muß versuchen, seine sozialpolitischen Zielsetzungen mit der finanzwirtschaftlichen Situation in Übereinstimmung zu bringen. Deshalb bildet die Finanzierungsfrage eine unerläßliche Grundlage aller Maßnahmen der sozialen Sicherung.

Die Arbeitsunfähigkeit ist schätzbar . . .

Die soziale Sicherung für Arbeitsunfähige hat es im allgemeinen mit Tatbeständen zu tun, die ungeachtet ihrer vielfältigen Abhängigkeit von sozialen Faktoren weitgehend naturbedingt sind (z. B. Alter, z. T. auch Krankheit). Das gestattet, auf Grund von statistischen Erhebungen den Kreis der Arbeitsunfähigen mit einer gewissen Wahrscheinlichkeit auf Jahre hinaus vorauszuberechnen. Diese Schätzbarkeit gibt der sozialen Sicherung für Arbeitsunfähige auch finanzwirtschaftlich eine gewisse Stabilität.

So hat sich der Kreis der Arbeitsunfähigen – hierunter sind wohl die dauernd Arbeitsunfähigen (Rentner) als auch die vorübergehend Arbeitsunfähigen (Kranken) zu rechnen –, die von der Sozialversicherung laufend Geldleistungen erhielten, wie folgt entwickelt:

Arbeitsunfähigkeit		Arbeitsunfähigkeit	
1924	2292000	1927	2876000
1925	2564000	1928	3089000
1926	2667000	1929	3260000
1930	3308000	1935	3534000
1931	3421000	1936	3571000
1932	3262000	1937	3632000
1933	3372000	1938	3832000
1934	3464000		

Obwohl eine steigende Tendenz, die ihre Begründung in Veränderungen des Altersaufbaus und versicherungstechnischen Prinzipien (Erfüllung der Wartezeiten) findet, unverkennbar ist, so zeichnet sich doch die Zahl der Arbeitsunfähigen durch die relative Kontinuität aus.

Für die Gegenwart haben selbstverständlich die außerordentlichen sozialen Erschütterungen, die Krieg und Faschismus mit sich gebracht haben, auch tiefgehende Auswirkungen auf den Kreis der Arbeitsunfähigen genommen. Dennoch ist es aber auf Grund entsprechender statistischer Erhebungen für Arbeitsunfähige – jedenfalls von der Seite des zu versorgenden Personenkreises her – finanzwirtschaftlich zu überschauen. Das gewährleistet, sofern die notwendigen versicherungstechnischen Konsequenzen gezogen werden – sogar unter den erschwerten Bedingungen der Gegenwart – eine gewisse Stetigkeit im Leistungsniveau der sozialen Sicherung für Arbeitsunfähige.

... aber die Arbeitslosigkeit nicht

Die Versorgung der Arbeitslosen steht aber vor einer anderen Situation, denn die Arbeitslosigkeit ist ausschließlich in sozialen Tatbeständen begründet. Das schließt eine Schätzbarkeit der Arbeitslosigkeit aus. Die Erfahrung bestätigt zwar, daß fast immer mit einer gewissen Arbeitslosigkeit gerechnet werden muß, ihr Ausmaß kann jedoch selbst auf Grund der eingehendsten statistischen Erhebungen auch nicht annähernd im voraus ermessen werden. Die Arbeitslosigkeit hat in Deutschland folgende Entwicklung genommen:

Unterstützte Arbeitslose		Unterstützte Arbeitslose	
1924	887000	1932	5575000
1925	1062000	1933	4804000
1926	1467000	1934	2718000

1927	1138000	1935	2151000
1928	1391000	1936	1593000
1929	1899000	1937	912000
1930	3076000	1938	429000
1931	4520000		

Derartige Schwankungen in der Arbeitslosigkeit mußten weitgehend die finanziellen Grundlagen der sozialen Sicherung für Arbeitslose bestimmen. Hierin liegt auch für die Zukunft ihre finanzielle Problematik begründet. Erwies sich schon in relativ normalen Zeiten jede Schätzung des Arbeitslosenwagnisses als unmöglich, so muß es in unserer Situation geradezu als absurd erscheinen, hierfür irgendeine Prognose anstellen zu wollen, weil die vielfältigen Faktoren, die das Ausmaß der Arbeitslosigkeit bestimmen, sich heute weniger denn je voraussehen lassen. Wir können selbstverständlich glauben und hoffen, daß dieses oder jenes eintreten möge. Wir können – und das dürfte wirksamer sein – mit aller Energie daran arbeiten, durch wirtschaftspolitische und sozialpolitische Maßnahmen Einfluß auf die Entwicklung der Arbeitslosigkeit zu nehmen. Ob aber unser Bemühen von Erfolg sein wird, kann niemand voraussagen. Gerade aus der sozialen Unsicherheit aber, die sich in der Gefahr von Arbeitslosigkeit offenbart, ergibt sich das Bedürfnis nach sozialer Sicherung, die auch finanzwirtschaftlich zu organisieren ist.

Argumente für eine Arbeitslosenversicherung

Leistungen der sozialen Sicherung können nach drei Prinzipien – soziale Fürsorge, Sozialversicherung und soziale Versorgung – gewährt werden. Die Anwendung von Fürsorgemethoden bei Hilfsmaßnahmen für Arbeitslose wurde, weil sie wegen des Subsidiaritätsprinzips dem Recht auf und der Pflicht zur Arbeit widerspricht, bereits abgelehnt. So ist lediglich zu erörtern, ob die soziale Sicherung für Arbeitslose durch die Sozialversicherung oder durch die soziale Versorgung bereitgestellt werden soll.

Für die Arbeitslosenversicherung sprechen erst einmal historische Gründe, denn als die Nazis die Macht an sich rissen, bestand in Deutschland eine Arbeitslosenversicherung. So liegt es nahe, den früheren Zustand wiederherzustellen, wobei es aber – auch das wurde schon erwähnt – ein Irrtum ist, zu meinen, daß damit ohne weiteres ein Rechtsanspruch auf Leistungen für Arbeitslose gesichert und eine Prüfung der Hilfsbedürftigkeit unbedingt vermieden wird.

Wichtiger ist schon der Hinweis, daß durch die Erhebung eines Beitrags für die Arbeitslosenversicherung zumindest moralisch ein Rechtsanspruch auf diese soziale Sicherung garantiert werde. Gewiß bedingen Beitragszahlungen und Rechtsanspruch im System der Sozialversicherung regelmäßig einander. Aber die Erfahrungen vor 1933 haben gezeigt, daß dies keineswegs immer der Fall zu sein braucht. Auch zum Wesen des Versorgungsprinzips gehört der Rechtsanspruch auf soziale Sicherung, ohne daß diese Methoden gleichzeitig eine Beitragszahlung bedingen. Es kann nicht ohne weiteres unterstellt werden, daß bei dem Versorgungsprinzip der Rechtsanspruch weniger nachdrücklich gewährleistet ist als bei dem Versicherungsprinzip. Die Garantie der sozialen Sicherung liegt nicht darin, ob sie nach dem Versicherungs- oder Versorgungsprinzip durchgeführt wird – das sind letztlich technische Methoden –, sondern in ihren wirtschaftlichen und sozialen Grundlagen.

Insbesondere von Gewerkschaftsseite wird jetzt öfter für das Versicherungsprinzip deshalb eingetreten, weil damit die soziale Selbstverwaltung auch bei der Versorgung von Arbeitslosen gesichert ist. Das ist insofern richtig, als mit der Einführung der Arbeitslosenversicherung die Zielsetzung einer Selbstverwaltung Raum gewonnen hat. Gerade auf dem Gebiete der Arbeitslosenversicherung gestaltete sich aber die Verwirklichung der sozialen Selbstverwaltung recht problematisch. Die Geschichte der sozialen Sicherung für Arbeitslose in Deutschland hat deutlich gezeigt, daß eine Finanzierung durch Versicherungsbeiträge noch keineswegs eine Selbstverwaltung schafft. Es hat in Deutschland auch Formen der sozialen Versorgung gegeben, bei denen die Mitwirkung der Beteiligten keineswegs geringer war als der Einfluß, den die Arbeitnehmer im Rahmen der Selbstverwaltung auf die Gestaltung der Arbeitslosenversicherung ausübten. Das Ausmaß der sozialen Selbstverwaltung hängt nicht von der Form der Mittelaufbringung, sondern von gesellschaftlichen Kräfteverhältnissen ab.

Schließlich werden gerade durch die Forderung, Krankengeld und Arbeitslosengeld nach den gleichen Grundsätzen zu gewähren und die Auszahlung beider Leistungen aus sozialpolitischen Gründen dem Träger der Sozialversicherung zu übertragen [. . .], Argumente geliefert, die für das Versicherungsprinzip angeführt werden könnten. Dabei ist aber zu bedenken, daß es finanzwirtschaftlich nicht entscheidend ist, wer eine Leistung auszahlt, sondern wer die Aufwendungen hierfür trägt. Deshalb bedeutet die Forderung, Arbeitslosengeld zusammen mit den Geldleistungen der Sozialversicherung durch eine Stelle auszuzahlen, noch keine Entscheidung für die Anwendung des Versicherungsprinzips bei der sozialen Sicherung für Arbeitslose. Auch hier kommt es allein auf die wirtschaftspolitischen und sozialpolitischen Zusammenhänge an.

Wie hoch müßte der Beitrag sein?

Offenbar setzt die Anwendung des Versicherungsprinzips – Abhängigkeit der Leistung von der Beitragszahlung – voraus, daß sich überhaupt ein Beitrag zur Arbeitslosenversicherung berechnen läßt. Das ist aber nur dann möglich, wenn der Umfang der künftigen Arbeitslosigkeit irgendwie ermessen werden kann. Im Hinblick auf die Schwankungen, denen die Arbeitslosigkeit unterliegt, bereitet eine solche Errechnung des Beitrags jedoch entscheidende Schwierigkeiten.

Wenn überhaupt etwas über den Beitrag, der zur sozialen Sicherung für Arbeitslose benötigt wird, ausgesagt werden soll, dann kann nur von den Erfahrungen der Vergangenheit ausgegangen werden. In der Zeit von 1924 bis 1938 betrug die Arbeitslosigkeit in Deutschland durchschnittlich 2241000 unterstützte Personen bei einer durchschnittlichen Zahl von 16159000 beitragspflichtigen Beschäftigten. Es mußten also während dieses Zeitraums 13,87% aller Beschäftigten regelmäßig als Arbeitslose versorgt werden. Sollen also [...] jedem Arbeitslosen rd. 50% seines Lohnes als Arbeitslosengeld gezahlt werden, so würde sich ein Beitrag zur Arbeitslosenversicherung von etwa 6,94% des durchschnittlichen Arbeitseinkommens ergeben. Werden niedrige Sätze an Arbeitslose gezahlt, dann ermäßigt sich natürlich der Beitrag entsprechend, wobei in diesem Zusammenhang unberücksichtigt bleibt, ob dies sozialpolitisch vertretbar ist oder nicht. Im übrigen wäre bei der versicherungstechnischen Kalkulation der Arbeitslosenversicherung außer einem Verwaltungskostensatz auch ein Sicherheitsfaktor einzubeziehen, der heute, da ein überregionaler Ausgleich des stark schwankenden Arbeitslosenwagnisses nicht möglich ist, sehr erheblich sein müßte. Es ergibt sich also, daß der Beitragssatz für die Arbeitslosenversicherung, der seit dem Jahre 1932 in Höhe von 6,5% des Arbeitseinkommens erhoben wurde, versicherungstechnisch keineswegs zu hoch, sondern sogar noch etwas zu niedrig gegriffen ist.

Selbstverständlich ist mit dieser versicherungstechnischen Kalkulation nicht gesagt, daß gegenwärtig ein solcher Beitrag zur Versorgung der Arbeitslosen tatsächlich benötigt wird. Bei dem augenblicklichen Stand der Arbeitslosigkeit, der auf etwa 1,4 Millionen Arbeitslose geschätzt werden kann, sind zur Zeit sogar bestimmt geringere Mittel für eine Versorgung der Arbeitslosen erforderlich. Das ändert aber nichts daran, daß, finanzwirtschaftlich gesehen, ein Beitrag von mindestens 6,5% des Lohnes erhoben werden müßte, weil jede Versicherung einen Ausgleich für einen längeren Zeitraum herbeizuführen hat.

Die Arbeitslosenversicherung hätte also aus ihrem gegenwärtigen Beitragsaufkommen zur Erreichung eines solchen versicherungswirtschaftlichen Ausgleichs Reserven zu bilden. Aus währungspolitischen Gründen wird die

Bildung von Reserven für Zwecke der Arbeitslosenversicherung wohl schwerlich vertreten werden können. Es gilt, sich aber darüber im klaren zu sein, daß es ohne Reserven keine finanzwirtschaftliche Fundierung irgendeiner Versicherungsform – am wenigsten der Arbeitslosenversicherung – geben kann.

Niemals ist es bei Anwendung des Versicherungsprinzips finanzwirtschaftlich vertretbar, von den Verhältnissen des Augenblicks auszugehen und die sich in der Statistik darstellenden Erfahrungen unberücksichtigt zu lassen. Wer das tut, treibt keine Sozialversicherung, sondern Glücksspiel.

Bei der sozialpolitischen Bedeutung, die der Sicherung gegen die wirtschaftlichen Folgen von Arbeitslosigkeit zukommt, muß aber eine solche Praxis als höchst bedenklich bezeichnet werden, weil sie die soziale Sicherung gefährdet. Deshalb ist das Versicherungsprinzip, jedenfalls für die Verhältnisse, mit denen wir zu rechnen haben, nicht geeignet, den Lebensbedarf Arbeitsloser zweckentsprechend zu sichern. Kann doch selbst ein Beitrag von 6,5 % des Lohnaufkommens wegen der Schwankungen, denen die Arbeitslosigkeit unterliegt, keineswegs mit Sicherheit eine zweckmäßige Leistung für die Arbeitslosen gewährleisten.

Kombination von Versicherung und Versorgung?

Die Schwierigkeiten einer Arbeitslosenversicherung legen es nahe, das an und für sich sehr populäre Versicherungsprinzip mit anderen Methoden zu kombinieren. Grundlage dieser Gedankengänge ist die Auffassung, daß das Normalwagnis der Arbeitslosigkeit versicherungstechnisch gedeckt, daß aber zur Sicherung gegen Katastrophenerscheinungen andere Finanzquellen (Staatszuschüsse) herangezogen werden sollten.

Offensichtlich würde bei Anwendung solcher Prinzipien ein geringerer Beitrag zur Arbeitslosenversicherung benötigt werden, und zwar in einer Höhe, die allein davon abhängig ist, in welchem Ausmaß die Arbeitslosenversicherung durch andere Finanzquellen ergänzt wird.

Nun sind derartige kombinierte Prinzipien keineswegs neuartig, vielmehr haben sie seit dem Bestehen einer Arbeitslosenversicherung in Deutschland die Versorgung der Arbeitslosen mehr oder weniger stark bestimmt. Die Aufspaltung der Arbeitslosigkeit in ein Normal- und in ein Katastrophenwagnis birgt die Gefahr in sich, daß gerade dann, wenn die Sicherung des Lebensbedarfs der Arbeitslosen besonderen Belastungen ausgesetzt ist, die Finanzierungsmethoden gewechselt werden müssen. Das erzeugt, wie die Erfahrungen bestätigen, unerfreuliche Spannungen, die in dem Augenblick, da sich das System der sozialen Sicherung bewähren soll, eine zusätzliche Belastung schaffen.

Im Zeitpunkt der Krise müssen dann Auseinandersetzungen um die Finanzierung der sozialen Sicherung geführt werden, die nur zu sehr eine direkte oder indirekte Verschlechterung der sozialen Leistungen und die Anwendung von Fürsorgeprinzipien nahelegen. Das muß neben der wirtschaftlichen Krise auch eine Vertrauenskrise erzeugen, was die Jahre 1931 und 1932 mit Anschaulichkeit gezeigt haben. Gerade auf Grund dieser Erfahrungen muß ein System der sozialen Sicherung auch für Arbeitslose herausgearbeitet werden, das finanzwirtschaftlich wenigstens gewisse Aussicht bietet, auch in Zeiten einer Wirtschaftskrise wirksam zu bleiben. Denn dann ist die soziale Sicherung gerade besonders notwendig.

Die Sicherung des Lebensbedarfs der Arbeitslosen gehört zu den sozialpolitisch schwierigsten Aufgaben unserer Zeit. Eine solche Angelegenheit kann finanzwirtschaftlich nicht einer Sonderinstitution – sei sie auch so bedeutungsvoll wie die Sozialversicherung – überlassen werden. Sie läßt sich nur dann einigermaßen erträglich lösen, wenn die Finanzkraft des ganzen Volkes hierfür zur Verfügung steht.

Arbeitslosenversorgung aus öffentlichen Mitteln

Die soziale Sicherung der Arbeitslosen ist also unter Gewährleistung eines Rechtsanspruchs aus öffentlichen Mitteln – nach den Prinzipien der Versorgung – durchzuführen.

Eine Arbeitslosenversorgung muß keineswegs eine untragbare zusätzliche Belastung der öffentlichen Finanzen herbeiführen. Es kommt nur darauf an, die öffentlichen Finanzen gleichzeitig von anderen Aufwendungen zu entlasten. Das wirft die Frage der öffentlichen Zuschüsse zur Rentenversicherung auf, die in der Invalidenversicherung zuletzt 4,7 % und in der Angestelltenversicherung 6,8 % des Lohnaufkommens betrugen.

Natürlich sind derartige öffentliche Zuschüsse den Trägern der Sozialversicherung durchaus erwünscht, denn dadurch wird eine Leistungsgewährung ermöglicht, die das Beitragsaufkommen übersteigt. Finanzwirtschaftlich gesehen besteht aber für solche öffentlichen Zuschüsse zur Rentenversicherung deshalb keine unabweisbare Notwendigkeit, weil es sich bei der Arbeitsunfähigkeit um Tatbestände handelt, die für viele Jahre hinaus voraussehbar sind. Sie können also durchaus bei einer Beitragsberechnung berücksichtigt werden.

Durch Fortfall der öffentlichen Zuschüsse zur Rentenversicherung werden entsprechende Mittel für die Versorgung der Arbeitslosen frei, so daß sich durch die Übernahme dieser Aufgabe keine zusätzliche Belastung des Steueraufkommens ergibt. Selbstverständlich müßte die Rentenversicherung ein

Äquivalent für den Fortfall der bisher bezogenen öffentlichen Zuschüsse erhalten, indem der frühere Beitrag zur Arbeitslosenversicherung mit 6,5 % des Arbeitseinkommens dem Rentenbeitrag zugefügt wird. Ein solches Verfahren klärt die finanzwirtschaftliche Situation sowohl für die Sozialversicherung wie für die soziale Versorgung. Das vorausberechenbare Wagnis der Arbeitsunfähigkeit wird durch Versicherungsbeiträge und das unschätzbare Wagnis der Arbeitslosigkeit aus dem Steueraufkommen finanziert, ohne daß für irgendeinen Bereich zusätzliche Belastungen eintreten.

Die Versorgung der Arbeitslosen aus öffentlichen Mitteln ist mehr als eine finanzwirtschaftliche Maßnahme. Hierdurch wird die soziale Sicherung der Arbeitslosen auch finanzwirtschaftlich dem Staat übertragen, der allein in der Lage ist, durch sein Handeln der Arbeitslosigkeit zu begegnen. Das schafft die bestmöglichen Voraussetzungen für die Beseitigung des sozialen Mißstandes, daß Menschen, die körperlich und geistig in der Lage sind, den Lebensbedarf für sich und die Ihren durch Arbeit zu erwerben, von der Gesellschaft als Arbeitslose unterhalten werden müssen.

33. Oswald von Nell-Breuning S. J., Bodenreform und Siedlung, Aufsatz[e]

Ziel der Bodenreform ist die Schaffung geordneter ländlicher und städtischer Siedlungsverhältnisse als Grundlage für ein gesundes Familien- und Volksleben. Hierzu sind Eingriffe in das Eigentum an Grund und Boden erforderlich.

Stimmen der Zeit 72 (1947) Bd. 140, S. 286–298.

Juli 1947

Der Name „Bodenreform“ ist nicht eben glücklich gewählt, weil er nicht erkennen läßt, was am Boden „reformiert“ werden soll, aber er war ein ehrlicher und rechtschaffener Name, bis er unmittelbar nach Beendigung der beiden Weltkriege dazu herhalten mußte, Maßnahmen zu decken, die mit dem, was man bis dahin unter „Bodenreform“ verstand, nichts gemeinsam hatten: nach dem ersten Weltkrieg Maßnahmen mit ausgesprochen nationalpolitischer (nationalistischer) Zielsetzung, nach dem zweiten Weltkrieg Maßnahmen, die auf eine Umschichtung gesellschaftlicher Macht- und Herrschaftsverhältnisse abzielten. Hier geht es ausschließlich um die „Bodenreform“ im echten Sinne des Wortes.

In der heutigen Rechtsordnung, beispielsweise im Sachenrecht des BGB, erfährt der Grund und Boden zwar gewiß nicht völlig, aber doch sehr weit-

[e] Ohne Anmerkungen des Verfassers.

gehend die gleiche Behandlung wie bewegliche „Sachen". Demgegenüber weisen die Bodenreformer zutreffend darauf hin, daß der Grund und Boden in der Sachgüterwelt eine so einzigartige Stellung einnimmt, daß die Rechtsordnung dem Rechnung tragen müsse.

Grund und Boden ist im vollsten Sinne des Wortes die tragende Grundlage des menschlichen Daseins; Grund und Boden ist unverkennbar, nicht nur in dem Sinne, daß wir die Erdoberfläche nicht zu vergrößern imstande sind, sondern auch in dem Sinne, daß der für bestimmte Zwecke verfügbare Boden nicht oder nur in sehr beschränktem Maße vermehrt werden kann. Die Bodenfläche, die für die Gewinnung der menschlichen Nahrung zur Verfügung steht, läßt sich in einigen Teilen der Welt wohl noch in nennenswertem Maße vergrößern, aber auch da beginnen schon die Grenzen sich abzuzeichnen; in dichtbevölkerten Ländern dagegen ist die Nutzbarmachung der Bodenfläche bereits so weit getrieben, daß eine Vermehrung nicht mehr in Frage kommt, im Gegenteil die für die Befriedigung des menschlichen Wohnbedürfnisses, für Gewerbs- und Verkehrszwecke benötigten Bodenflächen bereits auf Kosten der landwirtschaftlich nutzbaren Fläche gewonnen werden müssen: die für den Wehrmachts- und Rüstungsbedarf des Dritten Reiches beanspruchten Flächen wurden s. Zt. auf 10 v. H. der landwirtschaftlich nutzbaren Fläche Deutschlands angegeben, die es heute dem friedlichen Zweck der Ernährungswirtschaft wiederzugewinnen gilt. Aber auch die für Wohnzwecke und dergleichen verfügbare Bodenfläche ist begrenzt und nur in sehr beschränkter Weise vermehrbar. Gewiß kann das Weichbild einer Stadt sich ausdehnen, aber nur um den Preis der Schaffung entsprechender Verkehrsanlagen. Aber selbst solche Verkehrsanlagen vermögen gewisse Lagevorteile nicht über eine größere Fläche auszubreiten, drängen vielmehr außerordentliche Lagevorteile gerade an den Verkehrsknotenpunkten engstens zusammen. Derjenige, für den es auf diese Lagevorteile ankommt, ist auf diesen eng begrenzten Boden angewiesen. Der Grund und Boden ist also – immer mit den vorbezeichneten Einschränkungen – nicht bloß nicht vermehrbar, sondern auch nicht vertretbar. Auch hierin unterscheidet er sich von der „Ware", die – im allgemeinen wenigstens – sowohl beliebig vermehrbar als insbesondere auch vertretbar ist. Die Sonderstellung des Bodens ist nicht zu verkennen; eine Rechtsordnung, die den Boden als „Ware" behandelt oder seiner Behandlung als „Ware" Vorschub leistet, wird den tatsächlichen Gegebenheiten und darum auch den Bedürfnissen des Lebens nicht gerecht; eine solche Rechtsordnung bedarf darum der Änderung, der „Reform".

Eine ganz radikale Reformbewegung glaubte, die Sonderstellung des Bodens verlange, ihn aus der Privatrechtsordnung überhaupt herauszunehmen, Privatsondereigentum am Grund und Boden grundsätzlich nicht zuzulassen. Die Unvermehrbarkeit und Nichtvertretbarkeit des Bodens ermögliche dem

Bodeneigentümer, eine Bodensperre auszuüben, d. h. andern Menschen, die ebenfalls auf die Nutzung des Bodens angewiesen seien, den Zugang zum Boden zu wehren, es ihnen unmöglich zu machen, ein Stück Boden unter die Füße zu bekommen. Das Privatsondereigentum an Grund und Boden bedeute daher eine im menschlichen Gemeinschaftsleben unerträgliche Machtstellung des Bodeneigentümers und müsse aus diesem Grunde beseitigt werden; Grund und Boden sei in das Eigentum der Gemeinschaft zu überführen. Wenn Papst Pius XI. in ›Quadragesimo anno‹ gerade die unerträgliche gesellschaftliche Machtstellung geballten Eigentums als Beispiel eines die „Sozialisierung" rechtfertigenden Grundes anführt, so möchte diese Überlegung der Agrarsozialisten überzeugend und im Sinne der christlichen Sozialreform gelegen erscheinen. In Wahrheit schießt sie weit übers Ziel hinaus. Gewiß gibt es Fälle einer „Bodensperre", die durch Enteignung gebrochen werden muß und nur durch Enteignung gebrochen werden kann; das sind aber Einzelfälle, die die allgemeine Beseitigung des Privatsondereigentums an Grund und Boden in gar keiner Weise erforderlich machen. Der Agrarsozialismus, verstanden als Überführung allen Grundes und Bodens in das Eigentum der Gemeinschaft (Gemeinde, Staat oder dergleichen) ist inzwischen bis weit in die Kreise des Kommunismus hinein aufgegeben; selbst von kommunistischer Seite geht das Bestreben heute vielfach betont dahin, das Eigentum an Grund und Boden möglichst weit zu streuen, d. h. möglichst vielen Menschen zu Eigentum an Grund und Boden zu verhelfen, also das gerade Gegenteil von Agrarsozialismus. Für uns Katholiken bedeutet es eine besondere Genugtuung, darauf hinweisen zu dürfen, daß dieses heute nahezu allgemein angestrebte oder wenigstens als Forderung aufgestellte Ziel von Papst Leo XIII. bereits 1891, also zu einer heute schon fast unvordenklich weit zurückliegenden Zeit, klar und deutlich verkündet worden ist (Rerum novarum 35).

Die Verteilung des Eigentums an Grund und Boden bedarf in der Tat dringend der Reform. In großen Teilen der Welt finden wir den Zustand, daß eine kleine Zahl von Eigentümern ungeheure Flächen ihr eigen nennt, während die große Zahl derer, die den Boden tatsächlich bebauen, nicht nur kein Eigentum am Boden hat, sondern vielfach überhaupt kein gesichertes Recht auf die Nutzung dieses Bodens besitzt. Große Teile der Menschheit bilden daher ein Landproletariat, dessen Lage oft ebenso schlimm oder noch schlimmer ist als die Lage des Industrieproletariats in den übelsten Zeiten der liberal-kapitalistischen Aera. Während die Rechtsordnungen früherer Zeiten vielfach rechtliche Sicherungen des den Boden bearbeitenden Menschen, der nicht selbst Bodeneigentümer war, kannten, hat die neuzeitliche Entwicklung diese Sicherungen, weil sie auch umgekehrt den Menschen an den Boden banden, als der menschlichen und wirtschaftlichen Freiheit widerstrebend beseitigt und dadurch erst der Frage nach dem Eigentum am Boden eine Schärfe verliehen, die ihr früher nicht eignete.

Es ist sehr einseitig gesehen, wenn bezüglich der Verteilung des Eigentums an Grund und Boden der Blick sich nur auf die riesenhaften Besitzungen einiger allzu begüterter Herren oder Familien richtet; die Eigentumsverteilung an Grund und Boden leidet noch an anderen Mißständen, die nicht weniger schwerwiegend, allerdings meist viel schwerer zu beheben sind. Großgüter aufteilen ist – wenigstens auf dem Papier – eine außerordentlich einfache Sache; dagegen die richtige Mischung der Größenverhältnisse der mittleren und kleineren bäuerlichen Besitzungen, die benötigten Flächen für Nebenerwerbssiedlung in räumlichem Zusammenhang mit den Wohnsiedlungsgebieten bereitzustellen, erweist sich als viel schwierigere Aufgabe. Mit der Zunahme der bäuerlichen und überhaupt der ländlichen Bevölkerung muß eine Umgliederung der Eigentumsverteilung an Grund und Boden vor sich gehen, weil es nur so möglich ist, daß eine wachsende Zahl von Menschen oder Familien zu Eigentum an Grund und Boden gelangt. Wer die Lösung der Aufgabe fände, im Laufe einer Generation aus zwei größeren Höfen oder Anwesen drei kleinere zu machen – auf dem Papier so einfach, in der Praxis aus sachlichen wie aus unsachlichen Gründen so ungeheuer schwierig –, der hätte der Menschheit einen Dienst erwiesen, der die Erfindung der Buchdruckerkunst in den Schatten stellen würde.

Mit gesunder oder ungesunder Eigentumsverteilung an Grund und Boden hängt die Frage des Bevölkerungsdruckes noch viel enger zusammen als die Frage der Ernährungswirtschaft. Die den Grund und Boden betreffende Rechtsordnung so zu gestalten, daß die Verteilung des Eigentums an Grund und Boden nicht nur dem gegenwärtigen Bevölkerungsaufbau entspricht, sondern auch den Änderungen dieses Bevölkerungsaufbaus sich laufend reibungslos anpaßt, das ist die große, niemals vollkommen zu lösende Aufgabe.

Wenn der Bevölkerungsaufbau aber plötzlich durch äußere Maßnahmen völlig geändert wird, wie wir es derzeit in Deutschland erleben, so kann die Anpassung der Eigentumsverteilung an Grund und Boden an diese Änderung nicht organisch, nicht reibungslos sich vollziehen, wie ja auch diese Bevölkerungsumschichtungen selbst alles andere als organische Prozesse sind und alles andere als schmerz- und reibungslos vor sich gehen. Keine Bodenrechtsordnung kann im vorhinein auf solche Katastrophen eingestellt sein; hier kann nur durch außerordentliche Maßnahmen, die auch wieder schmerzliche Eingriffe bedeuten, geholfen werden. Es bedarf keiner Statistik, es genügt ein ganz klein wenig Augenmaß, um zu erkennen, daß es nicht möglich ist, allen Entwurzelten, Vertriebenen, Flüchtlingen zu Bodeneigentum zu verhelfen, das als Ernährungsgrundlage für sie ausreichend wäre. Im verkleinerten Deutschland ist für Hunderttausende, gar Millionen neuer Bauernhöfe wirklich kein Raum mehr. Reformpläne, die ernst genommen sein wollen, müssen sich Ziele stecken, die im Bereiche des Möglichen liegen. Möglich ist es, sehr vielen Menschen oder Familien, einer sehr viel größeren Zahl, als dies bisher der Fall war, den Zugang zu einem kleinen Stück Boden zu eröffnen, das ihnen eine gewisse zusätzliche Ernährungsmöglichkeit und in dem Maße, wie die Vermögensbildung einerseits, die Bauwirtschaft andererseits wieder anlaufen, die Möglichkeit zur Erstellung eines kleinen eigenen Heimes bietet. Eigentum ist nicht die einzige Rechtsform, in der dieser Zugang am Boden eröffnet werden kann, aber immerhin die stärkste und eindrucksvollste; wo sie sich ermöglichen läßt, verdient sie gegenüber andern Rechtsformen den Vorzug. Gleichviel aber, ob Eigentum oder eine andere Rechtsform, ohne erhebliche Änderung der bestehenden Verteilung von Bodeneigentum oder mindestens Bodennutzungsrechten läßt die Sache sich nicht durchführen. Es besteht auch kein Zweifel, daß diese Änderung – zumal mit Rücksicht auf die Beschleunigung, mit der sie bewerkstelligt werden muß – nur im Wege obrigkeitlichen Eingriffs in die bestehenden Eigentums- oder andern Rechtsverhältnisse am Boden geschehen kann. Da es sich um ein zwingendes Erfordernis des Gemeinwohls handelt, besteht die Befugnis zu solchen Eingriffen grundsätzlich ohne jeden Zweifel. Fraglich kann nur sein und ist in der Tat, von welcher Art diese Eingriffe sein müssen, um wirklich zum Ziele zu führen. Das bedarf sorgfältiger und vielseitiger sachkundiger Überlegung; zugleich aber müssen die Fragen rasch gelöst werden; denn die Not drängt und wird mit jedem verlorenen Tag unerträglicher. Die Menschen müssen unterkommen, müssen irgendwie wieder verwurzelt werden, müssen ihren Lebensunterhalt finden, zunächst einfach die zur Erhaltung von Leben, Gesundheit und Arbeitskraft erforderliche Nahrung, dann eine wirtschaftliche Daseinssicherung, wie sie zu einem gesunden und natürlichen Familienleben gehört, daß der Vater seine Unterhaltspflicht gegenüber den Seinigen erfüllen kann, daß die väterliche Autorität auch in ihrer wirtschaftlichen Untermauerung sichtbar und eindrucksvoll vor den Augen der Kinder dasteht.

Unfruchtbar sind alle Reformprogramme, die sich darin erschöpfen, etwas Mißfälliges, Mißgestaltetes zu beseitigen; um fruchtbar zu sein, muß ein Reformprogramm abzielen auf das, was zu schaffen oder aufzubauen ist; das Material zum Aufbau kann dann genommen werden von dem, was als abbaureif erkannt ist.

Ob alle deutschen Volksgenossen – soweit sie noch besitzend sind – sich schon zu der Bereitschaft durchgerungen haben, die erforderlichen Opfer zu bringen, d. h. ihre im demokratischen Staatswesen erforderliche politische Mitwirkung zu den zu treffenden gesetzlichen Maßnahmen zu gewähren und die daraus sich ergebenden Eingriffe in ihre bisherige Rechtsstellung willig zu dulden, darf füglich bezweifelt werden. Leider muß dieser Zweifel auch auf diejenigen Volksgenossen ausgedehnt werden, die sich als Christen bezeichnen und zum Teil sich betont christlich geben. Es ist ja nichts Neues, daß von vielen, die sich Christen nennen und wohl auch gutgläubig für Christen halten, das Christentum als eine Art Versicherungseinrichtung für irdischen Besitz und das auf diesen Besitz sich gründende irdische Wohlleben angesehen wird; wie anders wäre das Christentum bei so vielen Nicht-Christen, bei der großen Mehrzahl der heutigen Sozialisten, in diesen Ruf gekommen, wenn nicht Christen selber durch ihre Denk- und Handlungsweise es in diesen Ruf gebracht hätten. Man hat den Eindruck, als sei für diese üble Art von Christentum heute wieder Konjunktur! Wirkliches Christentum beweist seine Gottesliebe durch die Übung der Nächstenliebe, die zur Voraussetzung und Vorstufe hat die vollständig erfüllte Gerechtigkeit, also nicht bloß die ausgleichende Tausch- oder Verkehrs-Gerechtigkeit, sondern ebenso die soziale Gerechtigkeit oder Gemeinwohlgerechtigkeit, die alles das zu leisten gewillt ist und tatsächlich leistet, was um des Gemeinwohles, hier des geordneten, befriedeten, ersprießlichen Zusammenlebens in der Volksgemeinschaft willen geboten ist und von der zuständigen Obrigkeit im einzelnen genauer bezeichnet und umschrieben wird.

Soviel zur Frage der Eigentumsverteilung an Grund und Boden.

Sozusagen die zweite Entwicklungsstufe der Bodenreformbewegung ist die Forderung, nicht zwar das Eigentum an Grund und Boden, wohl aber die sog. Grundrente zu „sozialisieren" oder, wie es oft ausgedrückt wird, „für die Allgemeinheit wiederzugewinnen". Diese letztere Ausdrucksweise erklärt sich aus der üblichen Begründung dieser Forderung, nämlich die Grundrente oder Bodenrente entstehe durch die Arbeit der Allgemeinheit und gebühre deswegen der Allgemeinheit; daneben werden noch eine Anzahl Hilfsgründe angeführt, auf die es aber wesentlich nicht ankommt. Was ist Grundrente?

Meist scheint angenommen zu werden, die Grundrente sei ein eindeutig feststellbarer Teil des Gesamtertrags eines Grundstücks; ein Teil des (Rein-)Ertrags, den das Grundstück seinem Eigentümer bringt, führe ich zurück auf dessen Tätigkeit, ein anderer Teil auf die in das Grundstück gesteckten Aufwendungen, ein letzter Teil auf das Grundstück als solches, d. h. insofern es nichts anderes als eben dieses Stück Erdoberfläche ist und als solches gewisse Nutzungsmöglichkeiten bietet. Soweit es sich um Lagevorteile handelt, scheint das Letztere einigermaßen verständlich: weil dieses Grundstück ein Eckgrundstück zweier großstädtischer Hauptverkehrsstraßen ist, besitzt es kraft dieser seiner Lage – ganz abgesehen davon, in wessen Eigentum es steht, wie es von seinem Eigentümer verwaltet wird, wie es derzeit bebaut ist – eine bevorzugte Ausnutzungsmöglichkeit, z. B. zur Errichtung eines Verwaltungsgebäudes oder Geschäftshauses. Es ist auch bekannt, daß dieser Vorzug unter gewöhnlichen Umständen im Preis des Grundstücks sich auszudrücken pflegt, worin sich offenbart, daß der Käufer auf einen Ertrag lediglich kraft des Lagevorteils rechnet, der jedenfalls der Verzinsung des von ihm aufgewandten Kaufpreises gleichkommt. Viel fragwürdiger ist die Sache schon, wenn es sich um die landwirtschaftliche Nutzbarkeit des Bodens handelt. Gewiß spielt auch hier die Lage eine entscheidende Rolle; beispielsweise ist eine sonnige Lage für den Anbau der Weinrebe geeigneter als eine der Sonne entbehrende Lage; ebenso sind die Vorflutverhältnisse oft von entscheidender Bedeutung. Aber die Bodenbeschaffenheit selbst ist nicht minder bedeutsam; inwieweit aber ist sie Gabe der Natur, inwieweit Frucht des menschlichen Fleißes? Dasselbe gilt schon von den Vorflut- und Bewässerungsverhältnissen: Sie beruhen auf Gegebenheiten der Natur, sind aber weitgehend gestaltet durch den Menschen, seine Arbeit und die von ihm geschaffenen Anlagen und Einrichtungen. Wenn eine bisher vorzügliche Weinlage infolge Vordringens der Reblaus für den Weinbau verlorengeht und die ihren Lagevorteilen zu verdankenden erlesenen Weinerträge ein Ende nehmen, sind da die von der Natur gegebenen Lagevorteile und die ihnen entsprechende Grundrente untergegangen oder bestehen sie noch und können nur infolge des Versagens der menschlichen Abwehrmaßnahmen gegen das Vordringen des Schädlings nicht mehr ausgewertet werden? Gelingt es, versteppte oder versumpfte Gebiete durch Aufforstung oder Entwässerung usw. wieder in Ertrag zu bringen, was ist nunmehr Gabe der Natur, was Erfolg des menschlichen Fleißes, der menschlichen Kunstfertigkeit und der vom Menschen auf diese Verbesserungen gemachten Sachaufwendungen? Die begriffliche Aufgliederung in Ertrag naturgegebener Vorbedingungen, sachlicher Aufwendungen und menschlicher Arbeit hat ihren hohen Erkenntniswert; irrig aber ist die Meinung, diese Anteile ließen sich in dem Sinne ziffernmäßig feststellen wie etwa die Zusammensetzung der Atmungsluft aus Sauerstoff, Stickstoff und andern, mengenmäßig geringfügigeren Bestandteilen.

So einmütig die Wirtschaftswissenschaft in dieser Frage urteilt, so unausrottbar ist in halbwissenden Kreisen die Vorstellung, wirtschaftliche Vorgänge ließen sich ziffernmäßig und rechnerisch erfassen in der gleichen Weise wie physikalische oder technologische Vorgänge. Die Täuschung hat ihren Grund darin, daß es an der Wirtschaft eine Seite gibt, die tatsächlich rechenhaft ist; das ist die Seite der wirtschaftlichen Verkehrsakte, wo alle Umsätze sich meßbar in Preisen vollziehen. Die Wirtschaft als solche aber, als ganzes, ist wesentlich nicht rechenhaft, nicht „quantifizierbar" – eben darum, weil Wirtschaft kein Naturprozeß, sondern ein Kulturprozeß ist. Die Meinung, die Grundrente lasse sich – wenn auch mit gewissen Ungenauigkeiten, die sich in das Veranlagungsverfahren einschleichen mögen und die man in Kauf nehmen müsse – ziffernmäßig eindeutig feststellen und abschöpfen, beruht letzten Endes auf der irrigen Gleichsetzung wirtschaftlichen und technologischen Geschehens.

Steht es fest, daß die Grundrente sich nicht in diesem Sinne eindeutig feststellen läßt, so erledigt sich die Forderung ihrer „restlosen Abschöpfung" von selbst: was begrifflich nicht vollziehbar ist, kann rechtlich, wirtschafts- oder sozialpolitisch nicht geboten sein.

Aber die Begründung, die Grundrente entstehe durch die Arbeit der Gemeinschaft, zielt ja auch ganz anderswohin. Daß ein Grundstück eine bevorzugte Sonnenlage genießt, dürfte kaum auf die Arbeit der Gemeinschaft zurückzuführen sein; hieran ist also offenbar auch gar nicht gedacht. Daß dagegen ein Grundstück eine günstige Verkehrslage hat, wird in der Regel darauf beruhen, daß die Gemeinschaft (Gemeinde oder Staat) eine Straße, eine Brücke, eine Bahn gebaut hat, die dieses Grundstück zugänglich macht. Immerhin kann es auch anders sein; vielleicht liegt das Grundstück an einem natürlichen Wasserlauf und hat der Grundstückseigentümer selbst einen Hafen oder doch einen Anlegeplatz geschaffen und so seinem Grundstück erhebliche Verkehrsvorteile gesichert. Oder eine Grundstücksgesellschaft hat draußen am Stadtrand ein umfangreiches Gelände erworben, es durch Straßen aufgeschlossen und schließlich noch eine Schnellbahn dorthin gebaut; auch hier läßt sich nicht behaupten, der nunmehr zweifellos beträchtlich gesteigerte Bodenwert und die ihm entsprechende Grundrente beruhten auf der Arbeit der Gemeinschaft. Oder sollen wir hier von gesteigerter Grundrente nicht sprechen und die höheren Mieten, die um der günstigen Verkehrslage willen von den Mietern gezahlt werden, in diesem Falle nicht als Grundrente, sondern als Kapitalzins für das in der Schnellbahn angelegte Kapital ansehen, nur deswegen, weil diese Schnellbahn nicht von Staat oder Gemeinde, sondern vom Eigentümer selbst gebaut worden ist? Ändert dieser Umstand etwas an der wirtschaftlichen Natur der Mieten?

Was unsere Begründung meint und will, ist sehr vernünftig; nur muß man es richtig ausdrücken. Durch Arbeiten, Werke, Schöpfungen, Unternehmungen der Gemeinschaft gewinnen viele Grundstücke außerordentlich an Ausnutzungsmöglichkeiten, fallen daher den Eigentümern dieser Grundstücke große wirtschaftliche Vorteile ohne eigenes Verdienst, ohne eigene Leistung zu. Es ist ganz in der Ordnung, daß die Allgemeinheit (Gemeinde oder Staat), die die Kosten dieser Maßnahmen trägt, die Vorteile derselben nicht einzelnen als unverdientes Geschenk zuwirft, sondern diejenigen, die die Vorteile genießen, zur Kostentragung heranzieht. Und machen die bei den beteiligten Eigentümern anfallenden Vorteile mehr aus als der gesamte Kostenaufwand, so sind diese überschießenden Vorteile ein sehr geeigneter Besteuerungsgegenstand; wenn das Gemeinwesen zur Deckung seines Finanzbedarfs Steuern erheben muß, dann handelt es billiger und gerechter, wenn es solche durch seine eigenen Maßnahmen geschaffenen Vorteile zur Steuer heranzieht und selbst ganz wegsteuert, als wenn es das, was der Mensch durch seine eigene

Arbeit, seine Tüchtigkeit, seinen Wagemut, seine Unternehmungslust geschaffen hat, der Besteuerung unterwirft. – Also: die Begründung war recht; das, was begründet werden sollte, bedurfte einer gewissen Richtigstellung.

Allerdings meint und will unsere Begründung noch etwas anderes. Aller Ertrag des Grundes und Bodens – nicht nur die höheren Erträge bevorzugter Lagen und dergleichen – gehe auf die Arbeit der Gemeinschaft zurück, weil nur im Rahmen eines geordneten und gesicherten Gemeinschafts-(Staats-)Lebens, nur in einer blühenden Volkswirtschaft solche Erträge flössen; die Ordnung und Sicherheit des Gemeinschaftslebens, die Blüte der Volkswirtschaft aber sei das Werk der Gemeinschaftsarbeit, des Zusammenwirkens aller. Ferner wird daran gedacht, daß etwa der ländliche Boden nur deshalb eine Grundrente abwerfe, weil die staatlichen Zollmaßnahmen den Getreidepreis auf solcher Höhe halten, daß für den getreidebauenden Landwirt über den Ersatz seiner Erzeugungskosten hinaus ein Ertrag übrigbleibe, daß ebenso der städtische Wohnboden eine Grundrente nur deswegen trage, weil die Stadtbewohner durch ihre Arbeit so viel verdienen, daß sie eine Miete zu zahlen imstande sind, die über die Verzinsung und Abschreibung der Baukosten hinaus eine Vergütung der Lagevorteile des Grundstücks enthält. Das alles ist richtig, beweist aber zunächst nur, wie schwierig und fragwürdig der Begriff der Grundrente ist. Im übrigen ließe sich genau dasselbe auch vom Kapitalzins und selbst vom Arbeitslohn sagen: ohne Ordnung und Sicherheit des Gemeinschaftslebens, ohne eine gewisse Blüte der Volkswirtschaft kann auch der Arbeitgeber keine oder jedenfalls keine ausreichenden Löhne zahlen und ist auch für Kapitalzins kein Raum. (Wucherzinsen können allerdings gerade in wirtschaftlichen Notzeiten erpreßt werden; dieser Wucherzins aber ist kein Anteil am Ertrag der Wirtschaft, sondern Raub an der Substanz!)

Der Hinweis darauf, daß die Höhe der Grundrente nicht nur vom allgemeinen Wohlergehen der Gemeinschaft abhängt, sondern überdies durch bestimmte öffentliche – wirtschaftspolitische und andere – Maßnahmen weitgehend beeinflußt wird, ist von großer Bedeutung. Die Grundrente für die Allgemeinheit in Anspruch zu nehmen, weil dem so ist, geschähe allerdings mit genau so viel Recht oder Unrecht, wie wenn man aus dem gleichen Grunde den Kapitalzins oder gar den Arbeitslohn für die Allgemeinheit in Anspruch nehmen wollte, woran wohl kein vernünftiger Mensch denkt. Wohl aber legt sich die Frage nahe, ob es möglich sei, durch geeignete wirtschafts- oder finanzpolitische Maßnahmen oder wie immer die Bildung der Grundrente zu zügeln, sie in gesunde Bahnen zu lenken und auf ein zuträgliches Maß zu beschränken. So beschränken denn auch die Bestrebungen der Bodenreform sich nicht darauf, den „unverdienten Wertzuwachs" zur Deckung des öffentlichen Finanzbedarfs heranzuziehen, die Grundrente zu besteuern, sondern stecken sich das viel weitere Ziel einer Steuerung der Grundrentenbildung selbst.

Seit Jahrzehnten machen wir in Deutschland die Erfahrung, daß der Boden in der Umgebung der städtischen und industriellen Wohngebiete ganz unverhältnismäßig im Preise steigt, sobald irgendwie zu erwarten steht, daß er einmal Bauland werden wird. Der Baulandpreis einschließlich des Preises „bauhöffigen" Geländes liegt oder lag jedenfalls in Deutschland ganz erheblich höher als der Preis landwirtschaftlich genutzten Grund und Bodens. Grundstücke in besonders bevorzugter Lage mögen in ausländischen Groß- und Weltstädten noch viel höhere Preise erzielen als in Deutschland; das Eigentümliche bei uns ist oder war, daß auch der Boden der Stadtrandgebiete an der Preissteigerung teilnahm, und zwar in sehr viel stärkerem Maße, als unter vergleichbaren Umständen im Auslande. Diese Tatsache bedeutete eine empfindliche Verteuerung des Wohnens breitester Volkskreise, eine fast unüberwindliche Erschwerung der offenen Bebauung und damit der Schaffung gesunder Eigenheime mit zugehörigen Gärten. So mußte sich die Frage aufdrängen: Was läßt sich tun, um diesem eigenartigen Übelstande abzuhelfen? Wo liegen die Ursachen, die es gestatten, aus den Mietern so hohe Mieten herauszupressen, daß sie nicht nur den Verzinsungs- und Abschreibungsbedarf des Baukapitals, sondern überdies noch die Verzinsung eines hohen Bodenpreises – oder, was sachlich dasselbe ist – eine erheblich höhere Grundrente ergeben als die einstige landwirtschaftliche Grundrente des gleichen Grundstücks? Handelt es sich um Zwangsläufigkeiten, die im Rahmen unserer Wirtschaftsverfassung nicht zu beheben sind, oder sind es Auswirkungen vermeidbarer und behebbarer Fehler unserer Rechtsordnung, insbesondere unserer Bodenrechtsordnung?

Die Tatsache, daß die unerfreulichen Erscheinungen – zum mindesten in dieser Schärfe – unter ansonsten vergleichbaren Umständen in andern Ländern nicht auftreten, legt die Mutmaßung nahe, daß die Ursache in Verschiedenheiten der Rechtsordnung liege. Die Bodenreformer sind der Überzeugung, daß das in Deutschland in besonderem Grade entwickelte Bodenbeleihungswesen und die rechtliche Ordnung, unter der dieses Beleihungswesen steht, die Schuld an den Mißständen trägt und daß darum hier eine Reform einsetzen muß: Bodenreform ist Bodenkreditreform. Außer allem Zweifel steht, daß es jahrzehntelang sich höchst nachteilig ausgewirkt hat, daß das auf dem Grundstück erstellte Gebäude für die auf den noch unbebauten Boden gelegte Kaufpreishypothek haftet; diese Regelung gibt dem Eigentümer und Veräußerer des Bodens eine allzu starke Stellung, die ihm gestattet, auch erheblich übersetzte Veräußerungspreise mit Sicherheit hereinzubringen auf Kosten der Sicherheit der Baulieferanten und Bauarbeiter, für deren Ansprüche doch das durch sie geschaffene Bauwerk an erster Stelle haften sollte. Die Vorschläge für ein künftiges Bodenbeleihungsrecht gehen auseinander; so verschieden aber auch die Wege sind, die sie einschlagen, so geht es doch immer um die Behebung der gleichen Mißlichkeiten des bestehenden Rechts.

Im Augenblick steht die Frage so: es müssen sehr viel Wohnungen geschaffen werden; die zu schaffenden Wohnungen sollten möglichst nicht neue Mietskasernen sein, nicht in gedrängter Bauweise errichtet werden, sondern tunlichst in aufgelockerter, offener Siedlungsweise, tunlichst so, daß ein anfänglich notdürftiges Behelfsheim mit der Zeit zu einem wirklich wohnlichen Eigenheim der Familie ausgebaut werden kann, in einer möglichst großen Zahl von Fällen umgeben von einem Kleingarten, d. i. kleinem Nutzgarten, der eine Ernährungszulage gewährt und die Familie gegen wirtschaftliche Krisen festigt, das Überstehen einer Zeit der Erwerbslosigkeit sowohl sachlich als seelisch erleichtert.

Was ist zu tun, damit die Schaffung gesunder Wohnsiedlungsverhältnisse nicht an ungerechtfertigter Verteuerung des bisher nicht bebauten, meist also landwirtschaftlich genutzten Bodens scheitert? In der Hauptsache stehen drei einzuschlagende Wege in Erörterung: 1. Preisstopp, 2. Grundwertsteuer, gegebenenfalls in Verbindung mit Wertzuwachssteuer, 3. Abschöpfung der allenfalls künftig steigenden Grundrente der zu bebauenden Flächen. Die Maßnahme des Preisstopps ist eine Gewaltmaßnahme; vorübergehend in außergewöhnlichen Zeiten angewandt, hat sie ihr Gutes und ihre Berechtigung; auf die Dauer muß sie mehr schaden als nützen; sie blockiert den Markt bzw. ruft den Schwarzmarkt mit all seinen unerfreulichen Begleiterscheinungen ins Leben (auch für Grundstücke gibt es einen Schwarzen Markt!). Die Bodenreform kann sich mit bloßem Preisstopp für Grundstücke nicht zufrieden geben. Eine fühlbare Grundwertsteuer hat dann ihren guten Sinn und wirkt sich segensreich aus, wenn die Bodenpreis- und Bodenwert-Steigerung erst zu einer Zeit eintritt, da die Bebauung nahe bevorsteht und tatsächlich durchführbar ist; alsdann ist diese Art der Bodenbesteuerung geeignet, den Eigentümer geneigt zu machen, den zu Bauland gewordenen und als Bauland bewerteten Boden so bald als möglich der Bebauung zuzuführen; sie erschwert die spekulative Zurückhaltung des Bodens und wirkt so der Errichtung einer Bodensperre entgegen. Setzt aber die Bodenpreissteigerung bereits zu einer Zeit ein, wo an Bebauung noch lange nicht zu denken ist, sei es, weil noch kein Bedürfnis dafür besteht, sei es, weil – wie heute – trotz dringenden Bedürfnisses die Bauten mangels Baustoff sich nicht ausführen lassen, so wirkt die Grundwertsteuer sich als ungerechtfertigt drückende Belastung des Grundstücks während der Zeit seiner landwirtschaftlichen Nutzung aus. Die Wertzuwachssteuer ist an sich eine durchaus gerechte, eine ausgesprochene steuerliche Leistungsfähigkeit treffende Steuer, aber zu dem, worum es hier geht, vermag sie nichts beizutragen. So bleibt – solange die Erscheinung des Preisanstiegs bauhöffigen Geländes und alles, was damit zusammenhängt, nicht in den Ursachen angepackt und ausgeräumt werden kann – praktisch nur der an dritter Stelle genannte Weg, die Abschöpfung derjenigen Ertragssteigerung des bebauten Grundstücks, die, weil über Verzinsung und Abschreibung des Baukostenaufwandes hinausgehend, als Grundrentensteigerung bezeichnet wird. Diese Ertragssteigerung im Vergleich zu dem bei landwirtschaftlicher Nutzung erzielten Ertrag läßt sich ausreichend genau ermitteln. Weiß jeder Grundstückskäufer, daß er auf keinen Fall in den Genuß dieser Ertragssteigerung kommt, sie vielmehr unter allen Umständen als Steuer oder unter anderm Namen abgeschöpft werden wird, so kann und wird er keinen nennenswert höheren Preis als denjenigen des landwirtschaftlich genutzten Bodens anlegen, so muß und wird auch der Bodeneigentümer sich mit diesem Preis begnügen, da ja auch er weiß, daß er niemals in den Genuß des nach Bebauung etwa höheren Ertrages des Grundstücks gelangen wird.

Ob dieses Verfahren sich so einfach einspielen, ob es so vollkommene Ergebnisse zeitigen wird, wie seine Befürworter erwarten, kann füglich dahingestellt bleiben. Grundsätzlich ist die Sache wohldurchdacht; grundsätzliche Einwendungen oder Anstände sind nicht zu erheben; ein anderer, erst gar besserer Weg ist nicht bekannt und auch nicht abzusehen. Darum erscheint es geboten, diesen Weg, zwar ohne übertriebene oder gar verstiegene Erwartungen, aber mutig und entschlossen zu beschreiten.

Unter der Führung des verdienten Altmeisters Adolf Damaschke († 1936) hat die deutsche Bodenreformbewegung den groben Agrarsozialismus ihrer ausländischen Vorgängerinnen frühzeitig abgestreift; leider blieb sie – wenigstens bis zu einem gewissen Grade – in einer wissenschaftlich unhaltbaren Grundrentenlehre verstrickt. Das beeinträchtigte und beeinträchtigt zum Teil heute noch die Fruchtbarkeit der außerordentlich wichtigen und zutreffenden Erkenntnisse, deren Verbreitung die deutsche Bodenreformbewegung sich jederzeit vordringlich angelegen sein ließ. Das, worum es der deutschen Bodenreformbewegung im Letzten geht, sind wesentliche Forderungen christlicher Sozialreform, an erster Stelle zum Wohle der Familie. Daß maßgebliche Bodenreformer daran festhalten, diese so guten und richtigen Forderungen mit einer wissenschaftlich unhaltbaren Grundrentenlehre zu begründen, ist leider geeignet, gerade denjenigen, der gute und richtige Forderungen auch sauber und einwandfrei begründet sehen möchte, abzuschrecken und zunächst seine Gegnerschaft herauszufordern. Manchmal kann man sich des Eindrucks nicht erwehren, als wollten begeisterte Bodenreformer die Bodenreform zum Rang einer Weltanschauung erheben. Der guten Sache der Bodenreform könnte man keinen schlechteren Dienst tun. Bodenreform ist ein Inbegriff rechts-, wirtschafts- und sozialpolitischer Maßnahmen, die schlicht und nüchtern jede einzeln und alle in ihrem Zusammenwirken auf ihre Eignung und Tauglichkeit, zum erstrebten Ziel zu führen, zu prüfen sind. Ziel sind geordnete ländliche und städtische Siedlungsverhältnisse als Grundlage für ein gesundes Familien- und Volksleben. Diese Werte sind, wie sich für uns von selbst versteht, weltanschaulich verankert; auch ist es gewiß kein Zufall, daß führende Männer der Bodenreformbewegung nach dem Vorbild von Adolf Damaschke nicht nur als Christen sich bekennen und aus ihrer christlichen Gesinnung die Kraft zu ihrer Lebensarbeit schöpfen, sondern auch aus innerer Gesinnungsverbundenheit die vertrauensvolle Zusammenarbeit mit kirchlichen Kreisen suchen und pflegen.

34. P. Paul Sladek, Kirche, Flüchtlingsnot und soziale Frage, Aufsatz[f]

Die Not der Heimatvertriebenen macht eine umfassende soziale und ökonomische Wirksamkeit des einzelnen Christen wie der Amtskirche erforderlich, die über die karitative Nächstenliebe hinausgehen muß.

Frankfurter Hefte 2 (1947), S. 1005–1016.

Oktober 1947

Die Not der Vertriebenen und Ausgebombten, die heute zum größten Problem Restdeutschlands geworden ist, stellt die Kirche in Deutschland vor eine der schwersten Aufgaben, die sie je gehabt hat. Es genügt nicht, lediglich auf die religiöse Gleichgültigkeit der Flüchtlinge und Ausgewiesenen hinzuweisen oder ihnen die notdürftigste Seelsorge in der Diaspora zuzuwenden. Die zwölf bis vierzehn Millionen Vertriebenen bilden mit den ebensovielen Ausgebombten und Kriegsversehrten, zu denen jetzt schon die Arbeitslosen der abmontierten Industriewerke stoßen, das unübersehbare Heer des Elends, dem die andere Hälfte des Volkes, vor allem die bäuerliche Bevölkerung gegenübersteht, die den größten Teil ihrer Habe durch den Krieg hindurchretten konnte und die auch heute noch die frühere Arbeit und gesicherte Lebensweise fortsetzen kann. Die große Zahl der Enterbten sowie der scharfe Gegensatz zwischen Besitzenden und Nichtbesitzenden schreit nach einem Ausgleich der Besitz- und Lebensverhältnisse. Schon die Enzyklika Quadragesimo anno spricht mit Rücksicht auf die Lage der Industriearbeiterschaft von einer schwer mißbildeten Eigentumsordnung. Die Besitzverteilung im heutigen Deutschland ist aber unerträglich geworden, weil die einen zufällig und ohne besonderes Verdienst ihr Hab und Gut durch den Krieg hindurchretten konnten, während die anderen ebenso zufällig und ohne besondere Schuld alles verloren haben. Die Besitzlosen des heutigen Deutschland sind nicht Arme im gewöhnlichen Sinn, sondern erheben unter Berufung auf das Prinzip der

[f] Ohne Anmerkungen des Verfassers.

Kollektivhaftung den Rechtsanspruch auf eine angemessene Entschädigung für ihr verlorenes Vermögen.

Dieser Rechtsanspruch richtet sich zwar unmittelbar an das Gemeinwesen, an den Staat, die Gemeinde und die berufsständischen Körperschaften, mittelbar aber an die Besitzenden, weil der vollständig verarmte Staat ja nur geben kann, was er anderen nimmt. Der Ausgleich der Lasten des verlorenen Krieges wird im Zusammenhang mit der durch die Kriegsfolgen bedingten Änderung unserer gesamten Volkswirtschaft sowie den berechtigten Forderungen der Industriearbeiter nach entsprechender Beteiligung in seinen Folgen das gesamte soziale Leben unseres Volkes umgestalten und auch vor dem Bauerntum, der jetzigen Verteilung von Grund und Boden sowie der Art und Weise seiner Bewirtschaftung nicht halt machen. Alles hängt davon ab, daß dieser Lastenausgleich ehestens in Angriff genommen wird. Zu lange schon lassen die notwendigen Gesetze und Verordnungen auf sich warten. Das Flüchtlingsgesetz der amerikanischen Zone[58] ist ein erster wichtiger Anfang in dieser Richtung. Leider haben die Gemeinden und Berufskörperschaften noch nicht erkannt, daß sie von sich aus alle Kräfte der Hilfe wecken müßten, die nur möglich sind, und daß sie nicht abwarten dürfen, bis der Befehl oder Druck des Staates kommt. Schon sind zwei Jahre seit dem Zusammenbruch vergangen, und die letzten Reserven an materiellen Gütern und an seelischer Kraft sind bei den Besitzenden beinahe verbraucht. Wenn die besitzenden Kreise in Stadt und Land weiterhin die Augen verschließen und ihre derzeitige Macht nur dazu verwenden, um ihre eigene Position zu bewahren, dann wird eine soziale Neuordnung mit Gewalt erzwungen werden. Aber dann sind nicht die hungernden Millionen, die nur ihr primitivstes Menschenrecht fordern, sondern die Besitzenden als Verteidiger der bisherigen Ordnung oder Unordnung die Bannerträger der Revolution. Es ist töricht, die Augen vor dieser Alternative zu verschließen und vielleicht von einer Auswanderung oder einer Rückkehr der Ausgewiesenen in ihre alte Heimat die Überwindung der jetzigen Krise und die Wiederherstellung der früheren Verhältnisse zu erhoffen. Solche Hinweise wecken bei den Ausgewiesenen gefährliche Illusionen und liefern nur allzuleicht den besitzenden Kreisen einen Vorwand, sich größere Opfer oder entscheidende Reformen zu ersparen.

Das deutsche Volk ist innerlich auf eine so gewaltige soziale Umwälzung nicht vorbereitet. Der größte Teil der Bevölkerung, selbstverständlich auch der gläubigen Christen, Besitzende und plötzlich Verarmte, lebt geistig noch in der Vorstellungswelt des Besitzens. Das furchtbare Elend der Millionen hat wunderbare Blüten christlichen Opfermutes und hilfsbereiter Nächstenliebe

[58] Gesetz über die Aufnahme und Eingliederung deutscher Flüchtlinge vom 25. 3. 1947: LRGS S. 172.

geweckt, aber auch ebensoviel Opferscheu und Hartherzigkeit aufgedeckt. Die Heimatlosen, die in ihrer Heimat, als plötzlich das unvorstellbare Schicksal der Entrechtung, Beraubung und schließlich der Vertreibung vom jahrhundertealten Väterboden über sie kam, inbrünstig auf eine neue glücklichere Zukunft in Deutschland gehofft hatten, sind nicht nur durch die Not des Landes, sondern auch durch viele seiner Menschen in ihren wenn auch übertriebenen Erwartungen grausam enttäuscht worden. Es genügt nicht, darauf hinzuweisen, daß etwa die einheimische bäuerliche Bevölkerung im Krieg wie in der Nachkriegszeit selbst manches Schwere mitgemacht hat, daß sie abgestumpft ist durch die jahrelange Zuwanderung von Evakuierten, die während des Krieges als „Gäste des Führers" oft einen denkbar schlechten Eindruck gemacht haben, und daß schließlich ein heroisches Maß an Nächstenliebe von keinem Menschen verlangt werden könne, zumal von vielen auch tatsächlich viel Gutes geschehe. Das Erschreckende ist, daß es Christen gibt, und anscheinend nicht wenige, welche oft zur Kirche und zu den Sakramenten gehen und die doch nicht begreifen, daß sie um der Gerechtigkeit und Liebe willen danach trachten müssen, den Opfern des Krieges ein menschenwürdiges Leben und eine neue Zukunft zu ermöglichen.

Wir dürfen nun nicht über die christliche Gesinnung dieser Menschen einfach den Stab brechen. Es handelt sich oft nicht um bösen Willen, sondern um eine Blindheit des Herzens, die vielerlei Gründe hat.

Die meisten Menschen wissen gar nicht, was Gerechtigkeit und Liebe angesichts einer solchen Massennot von ihnen verlangen. Auch die Vertriebenen haben erst in der Not, als sie sich selber nicht mehr helfen konnten und sie ganz auf die Hilfe anderer angewiesen waren, erfahren, was Nächstenliebe eigentlich ist. Wir dürfen uns darüber auch gar nicht wundern. Seit langer Zeit sind die Menschen in einem stets steigenden Wohlstand aufgewachsen. Die soziale Schichtung in Ärmere und Wohlhabendere galt den besitzenden Kreisen als selbstverständlich. Auch die Ärmeren haben wenigstens eine Wohnung und ein bescheidenes Fortkommen gehabt. Vollständige Armut war im allgemeinen mit Unordentlichkeit verbunden und durch Untüchtigkeit verschuldet. Die Nächstenliebe war die Tugend der Krankenpflege, die katholische Ordensschwester ihr Ideal. Gegenüber dem Armen erwies sie sich als Tugend der Mildtätigkeit. Der Bettler, der an der Tür läutete, erhielt ein Almosen. Damit hatte man genug Nächstenliebe geübt. Das eigene Wohlergehen und der eigene Besitz erschienen durch die Erfüllung des Liebesgebotes nicht berührt. Schließlich sahen die meisten die Werke der Nächstenliebe, die nicht erzwungen und auch nicht genau vorgeschrieben werden können, als Handlungen an, die freiwillig getan und nach Belieben getan oder unterlassen werden können, ohne daß die Unterlassung Sünde wäre. Vielleicht haben die meisten Menschen nicht mehr das Empfinden, daß es wahre und eigentliche Liebespflichten gibt, die bei solchen Notständen wie heute selbst zu großen und größten Opfern im Gewissen verpflichten. Andererseits hatte die vergangene Zeit die Gerechtigkeit auf die strenge Tauschgerechtigkeit eingeengt. Daß sie den Besitz mit sozialen Pflichten gegenüber der Gemeinschaft belastete, war weithin dem Bewußtsein entschwunden. Diese Vorstellungen, in denen die Kinder aufwuchsen und erzogen wurden, ließen eine sittliche Haltung entstehen, die wie ein Filter auf das Verständnis der christlichen Sittenlehre wirkte und sie der eigenen Ichbetontheit anglich.

Die Verständnislosigkeit gegenüber den Forderungen der sozialen Tugenden ist zum großen Teil auf das Konto des neuzeitlichen Individualismus zu setzen. Der neuzeitliche Mensch sieht nur die Verantwortlichkeit gegenüber dem eigenen Ich und dem engsten Kreis der eigenen Familie. Die religiös-sittliche Erziehung stand ebenfalls unter dem Einfluß des Geistes ihrer Zeit. Wenn wir die Beichtspiegel der meisten Gebetbücher nachlesen und das Gewissen der meisten Christen prüfen, so sehen wir, wie sich im sittlichen Bewußtsein die Pflichten gegenüber dem Nächsten meist im Negativen erschöpfen. Unsere Pflicht ist es, dem Nächsten nichts Böses zuzufügen. Selten aber wird eine positive Verantwortung für das leibliche und seelische Heil des Nächsten eingeschärft, womit doch schließlich die sozialen Tugenden überhaupt erst anfangen. Was wäre das für eine Mutter, die ihrem Kinde nur nichts Böses zufügte? Wahre Liebe fragt nicht: Wie halte ich mir die Not vom Leibe?, sondern: Was kann ich tun, was kann ich noch hergeben, um dem Nächsten zu helfen? Eine weitere Ursache für das soziale Versagen ist die Verkümmerung der Persönlichkeit unter dem Einfluß der modernen Zivilisation. Gerade die Liebe ist die persönlichste Tugend, die es gibt. Du mußt merken, daß dich die Not des andern angeht. Du mußt bereit sein, die fremde zu deiner eigenen Sache zu machen. Der moderne Staat mit seinen Wohlfahrtsämtern und Fürsorgeanstalten hat dem Menschen die persönliche Sorge, die Pflicht der persönlichen Hilfeleistung in weitem Maße abgenommen und abgewöhnt. Leider führen auch die Sammelaktionen von Kirche und Staat und der unumgängliche Massenbetrieb der Caritasstellen zur Entpersönlichung der Hilfe. Der Egoismus und die materialistische Grundgesinnung vollenden das Charakterbild des modernen Menschen.

Auch die Christen stehen unter dem Einfluß ihrer Zeit. Ihre religiös-sittliche Vorstellungswelt und noch mehr ihr praktisches Verhalten ist, obwohl sie in Lehre und Bekenntnis an christlichen Grundsätzen festhalten, davon mehr abhängig, als wir gewöhnlich meinen. Wir dürfen uns daher nicht wundern, daß infolgedessen bei vielen das Mitleid mit der fremden Not dort aufhört, wo die Verteidigung der eigenen Lebensgewohnheiten und des eigenen Besitzes beginnt. Wir wollen nicht einsehen, daß Pflichten der Liebe und Gerechtigkeit in uns verlangen könnten, auf die Wahrung unseres Vorteils oder auf wohlerworbene Rechte und liebgewonnene Gewohnheiten zu verzichten und einen Teil unseres Eigentums herzugeben. So danken die Besitzenden heute Gott dafür, daß sie ihre Habe über den Krieg hinwegretten konnten. Sie bedauern zwar die Kriegsopfer, die ohne besondere Schuld alles verloren haben. Sie denken aber nicht daran, daß sie ihre Habe nicht nur für sich, sondern auch für die anderen gerettet haben, da das gesamte Volk solidarisch für die Schäden und Verluste des Krieges haftet, und daß sie um der Liebe willen nicht warten dürfen, bis der Staat endlich ihre Hilfeleistung zugunsten der Geschädigten erzwingt, sondern sofort auch unter größten Opfern die schreiendste Not lindern und den Verarmten eine neue Existenz ermöglichen müssen. So aber erschöpft sich die Hilfeleistung der meisten nur zu oft in der Abgabe von Dingen, die für den bisherigen Eigentümer keinen Wert mehr haben, aber auch für andere keine wesentliche Hilfe bedeuten. Ja es gibt sogar viele, gerade vermögende Kreise, die nur um den eigenen Besitz, das eigene Wohlleben besorgt sind und sich um die Not der anderen überhaupt nicht kümmern.

Nur nebenbei sei erwähnt, daß manche in den äußeren Geschehnissen einfach Gottes Lohn oder Strafe erblicken und glauben, daß, wer Besitz und Heimat verloren hat, dies nicht ohne besondere Schuld verloren haben kann. So wird etwa den Volksdeutschen eine besondere politische Schuld nachgesagt. Die Leichtfertigkeit, mit der solche Urteile gefällt werden, kommt aus einer geheimen Selbstgerechtigkeit, die nur den eigenen Besitz verteidigen oder das eigene Gewissen beruhigen will.

Die meisten Menschen begreifen heute nicht, daß die Vorschriften des Staates zur Bewirtschaftung der wichtigsten Lebensgüter, wie Wohnung, Kleidung und Nahrung, sittliche Verpflichtungen auferlegen. Man ist überzeugt, daß man mit allerlei Klugheit und List solche Vorschriften umgehen kann. So sind Wohnungsinhaber vielfach bestrebt, ihre Wohnungen vor der Beschlagnahme zu bewahren. Immer wieder erfährt man, daß dem Menschen jedes Mittel recht ist, wenn er nur seine eigene Bequemlichkeit retten kann. Ärztliche Zeugnisse werden beigebracht, Zwischenwände herausgerissen, die Wohnräume unbewohnbar gemacht oder als Lagerräume verwendet, Bedürfnisse der Geschäfts- oder Amtstätigkeit vorgeschützt, nur um sich die „Flüchtlinge vom Hals zu halten“, und niemand, der sich auf diese Weise seine schöne, ruhige Wohnung gesichert hat, denkt daran, daß er mitschuldig geworden ist, wenn Menschen in den Massenquartieren leiblich und seelisch zugrunde gehen.

Ähnliches gilt für Handwerker und Kaufleute, die ihr Können, ihre Vorräte und ihre Verbindungen nur zum eigenen Vorteil gebrauchen. Es ist ein Unrecht, wenn mit der Not der Mitmenschen Geschäfte gemacht werden. Es ist ein Unrecht, wenn lebenswichtige Waren und dringende Arbeiten nur für eine sachliche Gegenleistung zu haben sind, die gerade der nicht aufbringen kann, der am meisten in Not ist. Ähnliches gilt von den sogenannten Kompensationen in der Industrie, sobald sie nicht mehr dem Werk und der Produktion, sondern dem persönlichen Vorteil und Luxus der Besitzenden dienen. Aber die meisten Menschen meinen, daß das wirtschaftliche Leben jenseits von Gut und Böse liege und nichts mit den Geboten Gottes zu tun habe. Wer macht sich schon ein Gewissen daraus, Möbel, Federbetten, Kleider und Wäsche, Rohstoffe und wichtige Fertigwaren auf Vorrat oder auf Lager zu halten, gegen Genußmittel oder Luxusgegenstände einzutauschen oder sich Lebensmittel in einer Quantität und Qualität zu verschaffen, wie sie vielen, die sich mit normalen Zuteilungen begnügen müssen und kaum das Notwendige bekommen können, nicht zugänglich sind.

Viele Bauern wieder betrachten die Ablieferungspflicht als lästige Schikane und meinen, man könne den Staat nicht nur bei der Steuererklärung, sondern auch in den Fragen der Nahrungsmittelbewirtschaftung hintergehen. Nicht auf jeder Kanzel wurde schon gesagt, daß eine bewußte Vernachlässigung der Ablieferungspflicht, daß das Schwarzschlachten, der Schwarzhandel, der Tauschhandel, von dem nur die Reichen Vorteil haben, Fragen des Gewissens sind. Niemand wird dem Bauern das Recht auf reichlichere Kost bestreiten. Er darf aber nicht vergessen, daß er von Gott zum Nährvater des ganzen Volkes gemacht worden ist. Das legt ihm sittliche Pflichten auf, so daß er seine Erzeugnisse nicht nur zum persönlichen Vorteil verwenden oder weitergeben darf, um sich damit Vorräte an Kleidern und Wäsche einzutauschen, die in keinem Verhältnis zu seinen wirklichen Bedürfnissen und der allgemeinen Notlage stehen. Anderseits ist er freilich wie jeder Gewerbetreibende und Industrielle vom Gewissen her berechtigt, Werkzeuge, Maschinenbestandteile oder was er sonst dringend für die Wirtschaft oder für seine Familie braucht und auf normale Weise nicht erhalten kann, gegen Lebensmittel einzutauschen. Es wird für den Bauern, den Gewerbetreibenden und Industriellen nicht leicht sein, in der außergewöhnlich schwierigen Lage heute immer das richtige Maß zu finden. Entscheidend aber ist, daß jeder, der vor solche Überlegungen gestellt ist, weiß, daß es sich auch in diesen Dingen um eine Entscheidung für Gut oder Böse handelt.

Charakteristisch für die Verkümmerung des sozialen Gewissens unter den Christen ist es, daß klare sozial-ethische Lehren der mittelalterlichen Scholastik praktisch der Vergessenheit anheimgefallen sind. Es sei nur hingewiesen auf die Lehre des heiligen Thomas von der Abgabepflicht des Überflusses. Thomas lehrt: „Die Dinge, die jemand im Überfluß besitzt, gehören kraft natürlichen Rechts dem Unterhalt der Mittellosen", weil „der Mensch, was die Nutznießung anlangt, gehalten ist, die Sachgüter nicht als eigene, sondern als gemeinsame anzusehen, das heißt, er muß andere, die in Not sind, bereitwillig an ihnen teilnehmen lassen."

Man muß angesichts dieser Sätze, die, wenn sie nicht bei Thomas stünden, in weiten Kreisen katholischer Priester und Laien wohl einfach als kommunistisch abgelehnt würden, fragen, wie es kommen konnte, daß solche Lehren in der christlichen Unterweisung und in der Praxis der Gläubigen zu einer bloßen Almosenpflicht verdünnt werden konnten. Für heute bieten sie den Schlüssel zur Behebung des unmittelbaren Notstandes, bis der Staat auf dem Wege der Gesetzgebung einen gewissen Ausgleich zwischen Besitzenden und Nichtbesitzenden zwangsweise herbeiführt. Es entspricht durchaus der Würde der christlichen Person, wenn Thomas die Initiative des Helfens dem Einzelnen überträgt, indem er die Abgabe des Überflusses zu einer Pflicht des persönlichen Gewissens macht. Versagt aber die opferbereite Hilfsbereitschaft der vielen Einzelnen und führt der Grundsatz der Freiwilligkeit nicht zum Ziel, dann hat selbstverständlich der Staat im Interesse des Gemeinwohles das Recht und die Pflicht, die Abgabe des Überflusses zu regeln und zu erzwingen. Ebenso ist es selbstverständlich, daß das, was als Überfluß angesprochen werden muß, nach den Umständen verschieden ist und zwar abhängig von der herrschenden Not und dem Lebensstandard einer Zeit, so daß bei den heutigen Verhältnissen auch die Besitzenden nicht dieselben Ansprüche erheben dürfen wie noch vor einigen Jahren, und daß die Forderungen der Besitzlosen berechtigterweise heute höher sind als etwa im Mittelalter.

Sache des kirchlichen Lehramtes ist es, die Gewissen zu schärfen und der Unklarheit und Verwilderung in sittlichen Fragen entgegenzutreten. Die Aufgabe besteht heute nicht so sehr in der Verteilung des Privateigentums und der wohlerworbenen Rechte der Besitzenden, die selbst stark genug sind, um ihre Rechte zu verteidigen, sondern in der Verteidigung der Lebensrechte jener, die durch den Krieg ohne besondere Schuld um alles gekommen sind, gegenüber jenen, die ohne ihr besonderes Verdienst ihr Hab und Gut haben bewahren können. Wenn auf der einen Seite die Not, auf der andern Seite der Egoismus und die Gleichgültigkeit der Besitzenden sowie die Verständnislosigkeit gegenüber den Forderungen der sozialen Tugenden so groß geworden sind, daß selbst, wie die Erfahrung zeigt, manche Seelsorger nur von den Pflichten der Flüchtlinge reden, die sozialen Pflichten der Besitzenden aber übersehen oder über sie nicht Bescheid wissen, dann ist die Stunde gekommen, in der die Kirche ihre Stimme erheben und in einer amtlichen Kundgebung die christliche Soziallehre für unsere heutigen Verhältnisse neu verkünden sollte. Die Millionen Ausgewiesener und Ausgebombter warten voll Sehnsucht auf ein solches Wort, das ihr Recht auf ein menschenwürdiges Leben und die sich daraus ergebenden Forderungen auf Schadenersatz als Forderungen der Gerechtigkeit anerkennt. Eine solche Unterweisung müßte auch erklären, daß heute alle Fragen der Lebensmittelversorgung, der Warenbewirtschaftung und des Wohnungswesens Fragen des Gewissens sind, daß niemand über den notwendigen

Bedarf hinaus sich dauernd Lebensmittel oder Kleidung unter der Hand verschaffen darf und daß die Gläubigen durch gewohnheitsmäßigen Tausch- und Schwarzhandel mit lebenswichtigen Gütern ihr ewiges Heil gefährden. Es gehört zur Sendung der Kirche, gegenüber der allgemeinen Korruption und Haltlosigkeit mit heiligem Ernst die Strenge der sittlichen Verpflichtungen in unserem Volke wieder zur Geltung zu bringen und jedes Scheinchristentum, das sich in äußerer religiöser Betätigung erschöpft, offen zu verurteilen.

Die Kirche kann sich in unserer Zeit nicht zurückziehen auf das „unmittelbar Religiöse", auf das Wirken im innerkirchlichen Raum, in den sie der Nationalsozialismus verbannen wollte. Seltsamerweise finden sich heute katholische Akademiker manchmal ganz gut damit ab und überlassen das öffentliche Leben nur allzu gerne jenen Katholiken, die kirchlich und theologisch nicht so interessiert sind wie sie. Nicht der Glaube allein ist wichtig, sondern der Glaube, der durch die Liebe wirksam ist. Verzweifelte und entwurzelte Menschen, wie sie uns in den Heimatlosen entgegentreten, brauchen zuerst Heimat, Arbeit und Brot, ehe sie wieder Gott als den Vater im Himmel preisen werden. Die Entscheidung über die Zukunft des Christentums in Deutschland fällt auf der sozialen Ebene. Im Hinblick auf die Tendenzen des Zeitalters ist das grauenhafte nationalsozialistische Zwischenspiel nur deshalb bedeutend, weil es die Notwendigkeit einer Rückkehr zum natürlichen Sittengesetz auch für das politische und wirtschaftliche Leben erwiesen hat, und weil das Massenelend nach Hitler die Schaffung einer neuen sozialen Gesellschafts- und Wirtschaftsordnung, die schon seit langem fällig ist, beschleunigt und erzwingt. Die Kirche, welche die gottebenbildliche Würde des Menschen und die daraus fließenden Grundsätze der Gerechtigkeit und Liebe für das menschliche Zusammenleben allen Zeiten neu zu verkünden hat, darf sich heute nicht nur darauf beschränken, Bestehendes zu bewahren oder Übertreibungen zu verurteilen. In dem politischen, wirtschaftlichen und moralischen Chaos der Gegenwart muß sie mit den einfachen und klaren Grundsätzen der christlichen Soziallehre führend der Entwicklung die Wege weisen und ihre Anhänger, besonders den Klerus als den repräsentativen Stand der Kirche, auf ein beispielhaftes Vorleben der sozialen Tugenden verpflichten. Auch die Ordensleute werden einen Widerspruch darin erkennen, daß sie, die das Gelübde der Armut abgelegt haben, heute, was Wohnung, Kleidung und Nahrung anlangt, oft besser versorgt sind als jeder zweite oder dritte Mann auf der Straße, und sie werden sich darum bemühen, dieses Gelübde in einer neuen Form zu bewähren, wenn es nicht seinen Sinn verlieren soll.

Bei der Verringerung der Lebensmöglichkeiten wird die Kirche danach trachten müssen, möglichst vielen Laien in der innerkirchlichen Arbeit eine Existenz und die Möglichkeit der Familiengründung zu geben. Die Entwicklung des innerkirchlichen Lebens strebt sowieso nach einer stärkeren Wirkung der Laien. Die Seelsorgsnot der Ausgewiesenen in der Diaspora sowie der steigende Priestermangel wird allgemein die Arbeit von Laienkatecheten notwendig machen. Die Erweckung des Pfarrbewußtseins und die Pflege des liturgischen, religiös-kulturellen und caritativen Lebens wird zu einer Erneuerung von kirchlichen Ämtern führen, deren Träger früher die niederen Weihen gehabt haben, die von verheirateten Laien hauptamtlich versehen werden können, wie Lektoren und Kantoren oder eine neue Form von Diakonen.

Darüber hinaus ist aber wieder für die Kirche die Zeit gekommen, einen Schritt in die Welt zu tun, um zu neuen sozialen Aufgaben anzuregen, ja sogar solche soziale – nicht nur caritative – Aufgaben zu ermöglichen und – wenigstens zum Teil – selbst zu übernehmen. Immer wenn die Autorität der politischen Gemeinschaft zerstört war, hat in der Geschichte im Gegensatz zur Ostkirche die römisch-katholische Kirche im Interesse des Gemeinwohles subsidiär irdische Aufgaben übernommen. Seitdem Leo der Große Attila entgegengetreten ist, ist die Bedeutung der Kirche auch für das irdische Leben ständig gewachsen. Sie hat dadurch den Gang der kulturellen und sozialen Entwicklung des Abendlandes bis ins Spätmittelalter bestimmen und den Geist des öffentlichen Lebens formen können. Einseitige Spiritualisten mögen dies bedauern, den europäischen Völkern hat diese Entwicklung trotz aller Belastung des Christlichen größten Segen gebracht. Wir haben heute innerhalb Deutschlands auf längere Zeit hinaus keine selbständige staatliche Autorität, sondern nur einen Beamtenapparat, der denkbar ungeeignet ist, um eine soziale Neugestaltung in die Wege zu leiten. Diese wird in weitem Maße auf dem Wege des Siedlungs- und Genossenschaftswesens, das durchaus nicht nur eine Angelegenheit wirklichkeitsfremder Idealisten ist, erfolgen. Dazu ist eine gewaltige Umerziehung unseres ganzen Volkes notwendig. Der materialistische Egoismus muß durch Anspruchslosigkeit und den Geist christlichen Gemeinsinns überwunden werden. Nur die Kirche hat überhaupt noch die Möglichkeit und Fähigkeit zu dieser Aufgabe. Sie allein kann „den Armen die frohe Botschaft verkünden" und eine neue Armutsbewegung im Geiste des heiligen Franziskus wecken, welche die Menschen aus der Besessenheit durch die irdischen Güter befreit. Außerdem müßte die Kirche schon jetzt wenigstens im kleinen Kreis Menschen zu genossenschaftlicher Arbeit anregen, solche Unternehmungen mit ihren Mitteln und ihrer Autorität ermöglichen und fördern. Rein caritative Tätigkeit heilt zwar Wunden, schafft aber keine Wohnung, keine Arbeit und kein Brot. Auch im Mittelalter hat die Kirche neben einer reichen caritativen Wirksamkeit Großes für das wirtschaftliche und soziale Leben, etwa durch die Kolonisationstätigkeit der Klöster oder im Bruderschafts- und Zunftwesen, geleistet. Damals hat sie zur Überwindung einer neuentstandenen Not neue Orden gegründet. Auch heute könnten sich manche Klöster auf die neuen sozialen Aufgaben umstellen, könnten manche alte Bruderschaften in neuem Gewande einer Genossenschaft wiedererstehen. Die hier geforderte soziale und wirtschaftliche Wirksamkeit soll den Klerus in der Erfüllung seiner geistlichen Aufgaben nicht hindern und auch nicht die Kirche zur Trägerin von wirtschaftlichen Unternehmungen machen. Es sind genügend geeignete Laien da, welche nur darauf warten, daß ihnen die Kirche Auftrag und Möglichkeit für eine soziale Tätigkeit gibt. Vielleicht könnte, ähnlich wie der Caritasverband die caritativen Bestrebungen, so ein kirchliches Sozialwerk die von kirchlicher Seite angeregten oder besonders geförderten sozialen Arbeiten zusammenfassen. Durch Erziehung und Schulung des Volkes, durch Schaffung von Beratungsstellen, teilweise durch Bereitstellung des vorhandenen kirchlichen Grundbesitzes und des Kirchenvermögens, allenfalls einschließlich kirchlicher Kunstschätze – vielleicht hätte ein Ambrosius oder Augustinus schon längst die heiligen Gefäße wieder zugunsten der Armen hergegeben – kann die Kirche Tausenden von Menschen helfen und selbstlos die Bildung von Inseln eines neuen und gesunden Volks- und Wirtschaftslebens ermöglichen.

Die jetzige Notzeit verlangt vom Priester über die Maßen viel. Durch den Priester erreicht die Stimme der Kirche das breite Volk bis in die entlegensten Dörfer. Er ist der Erzieher der Volksmassen. Nirgends und von niemandem wird dem heutigen Menschen die Wahrheit über sein sittliches Verhalten gesagt, werden ihm seine Pflichten, aber auch seine Fehler und Schwächen vorgehalten außer im Gotteshaus durch den Priester. Sein Einfluß besonders auf dem Dorf ist daher nicht hoch genug einzuschätzen. Man kann aus dem Verhalten der Bauern gegenüber den Ausgewiesenen immer auch Rückschlüsse ziehen auf den Pfarrer des Dorfes. Erfahrene Flüchtlingsseelsorger bestätigen, daß das Flüchtlingsproblem dort seine schneidende Schärfe verloren hat, wo sich der Ortspfarrer der Heimatlosen tatkräftig annimmt. In ähnlicher Weise gilt das von Männer- und Frauenklöstern, von Missionaren, Exerzitienleitern und Beichtvätern, nicht zuletzt von den geistlichen Schwestern. Die erzieherischen, sozialen und wirtschaftlichen Möglichkeiten der Kirche sind trotz der bewundernswerten Leistungen der Caritas für die Linderung der Flüchtlingsnot bei weitem noch nicht ausgeschöpft. Es ist bekannt, zu welchen Opfern an Geld, Arbeitskraft und Materialien die Gemeinden aufgerufen werden können, wenn es sich um die Wiederherstellung zerstörter Kirchen handelt. Sollten Priester und Ordensleute in den einzelnen Orten nicht ihren gewaltigen Einfluß auch dahin geltend machen können, daß die Ausgewiesenen und Ausgebombten Wohnraum, Gartenland, Werkzeug und Existenz erlangen? Einige Pfarrer sind schon vorbildlich im Siedlungswesen tätig. Die Bemühungen des Ortspfarrers vermögen die Aktivität der Bürgermeister und Vorsteher der Berufsverbände sowie die soziale Hilfsbereitschaft vieler Einzelner zu wecken, die von sich aus gar nicht erkennen, daß sie durch Bereitstellung von leerstehenden Werkstätten, nichtgebrauchtem Handwerkszeug oder Gartenland an die „Zugereisten" nicht nur diesen wieder einen Boden unter den Füßen verschaffen, sondern auch eine ruhige soziale Entwicklung ermöglichen, so daß sie auf die Dauer sich selbst am meisten nützen. Der Pfarrer, der sich besonders der Ausgewiesenen annimmt, muß es allerdings in Kauf nehmen, wenn er bei manchen Besitzenden unbeliebt wird, was sich auch in praktischen Dingen bemerkbar machen kann. Auf die Dauer aber wird seine Arbeit, die immer zwischen Einheimischen und Ausgebombten vermitteln und sich nach beiden Seiten hin erzieherisch auswirken wird, allgemein Anerkennung finden. Als vor rund einem Jahrhundert der vierte Stand seine Forderungen anmeldete, ist der Kirche infolge ihrer engen Verbindung mit der herrschenden Schicht die Arbeiterbewegung entglitten. Seither sind die sozialen Botschaften der Päpste Leo XIII., Pius XI. und Pius XII. in die Welt hinausgegangen. Leider haben sie in den wirtschaftlich ruhigeren Zeiten bis vor dem Krieg auch bei Priestern und katholischen Laien nicht immer die rechte praktische Beachtung gefunden. Heute muß sich die Kirche in Deutschland in besonderer Weise zur Trägerin dieser sozialen Botschaften machen und im Interesse der Verarmten mit einem noch leidenschaftlicheren sittlichen Ernst als andere eine soziale Neuordnung fordern und sie mit allen Mitteln und selbst unter den größten eigenen Opfern zu verwirklichen trachten, wenn nicht die Massen endgültig an der Kirche verzweifeln und sich dem Kommunismus als der neuen Heilslehre in die Arme werfen sollen.

Ob die Kirche in Deutschland das entscheidende soziale Wort und die entscheidende soziale Tat finden wird, könnte vielleicht deshalb bezweifelt werden, weil der Klerus, und zwar der Welt- und Ordensklerus, immer noch in einer sozial gesicherten Position lebt, aus der es für viele keinen Weg des Verständnisses gibt zu der brennenden Not der heimat- und existenzlosen Millionen. Es ist, als ob wir Priester bei einem Eisgang auf einer sicheren Brücke stünden und den Menschen, die unten auf den Eisschollen des dahintosenden Stromes um ihr nacktes Leben kämpfen, zuriefen, sie sollten die zehn Gebote halten. Vielleicht erweist es sich bald als Segen, daß auch Priester und Ordensleute, ausgebombt und aus ihrer Heimat vertrieben, ihr ganzes Hab und Gut verloren haben und so als Schicksalsgefährten der Enterbten zu ihren Wortführern innerhalb der Kirche werden können, selbst wenn ihre Stimme im Augenblick Anstoß bei solchen erregen mag, die noch im Besitz geborgen leben und in gutem Glauben mit der Lebensweise und dem Eigentum der Besitzenden auch ihre eigene gesellschaftliche Position verteidigen.

Die soziale Stunde der Christenheit hat begonnen. Der Herr wartet auf die Werke, welche die Echtheit unseres Glaubens bestätigen.

35. Grundsätze der Wirtschaftspolitischen Gesellschaft von 1947

Außerbetriebliche Einflüsse sind aus allen Wirtschaftsunternehmen fernzuhalten. Vorrang genießen allein die Grundsätze der freien Marktwirtschaft mit besonderem Schutz des Privateigentums.

Bundesarchiv, ZSg 1–98/1 (Flugschrift).

Frankfurt/Main, 1. November 1947

Nationalsozialistische Kriegswirtschaft, Kriegsverwüstungen, Eingriffe der Siegermächte, Zersplitterung von Recht und Verwaltung, Hunger und Währungs-Chaos sind die Hauptursachen der Lähmung der deutschen Wirtschaft. Trotz umfangreicher Zuschüsse der Besatzungsmächte befindet sich die Wirtschaft in einem Zustand fortschreitender Auszehrung. Wesentliche Voraussetzungen für eine Gesundung sind deutscher Einflußnahme noch entzogen.

Die Lähmung der Wirtschaft führt zur Verelendung der Menschen, zur Zersetzung des Gemeinwesens und zum Verfall des staatsbürgerlichen Verantwortungsgefühls. Die Abhängigkeit der Menschen vom reibungslosen Ablauf der modernen Wirtschaft ist so groß, daß deren Störungen und Lähmungen das Einzelschicksal entscheidend beeinflussen können, das Schicksal der Masse der Menschen aber unausweichlich bestimmen.

Daß daher die Wirtschaft im weitesten Sinne das ganze Volk angeht, ist niemandem mehr zweifelhaft. In einem demokratischen Gemeinwesen trifft die Verantwortung für die Wirtschaft nicht nur die in ihr und für sie Tätigen, sondern das ganze Volk als gemeinsamen Träger der staatlichen Ordnung.

Zwei Jahre nach dem Zusammenbruch und der Auflösung des nationalsozialistischen Staates offenbart sich die ernsteste Spaltung, der ein Gemeinwesen ausgesetzt sein kann, immer deutlicher: die Spaltung zwischen Rechtsordnung und Rechtsbewußtsein. Das an sich so gesetzesfromme und disziplinierte deutsche Volk ist in einen Zustand geradezu souveräner Nichtachtung der Gesetze geraten. Ein aufreibender, oft illegaler Kampf um die primitivsten Lebensbedingungen hält es ab von geregelter Arbeit und rationeller Produktion.

Der wichtigste Träger wirtschaftlichen Geschehens, der Betrieb, ist in eine bedenkliche Unruhe geraten. Die betriebliche Ordnung leidet vielfach darunter, daß die Menschen sich nicht verstehen können oder nicht verstehen wollen. In weiten Kreisen der Arbeitnehmerschaft entsteht wieder das Gefühl, daß der Arbeiter beiseite stehen muß und daß er ohnmächtig einem anonymen Apparat ausgeliefert ist. Viele Unternehmer aber fürchten, das gute Einvernehmen mit ihren Arbeitern im Betriebe durch betriebsfremde Einflüsse zu verlieren. Diese Gefühle verhärten sich durch das Darniederliegen der gemeinsamen geregelten Arbeit und den Mangel eines angemessenen Arbeitsentgeltes. Unfruchtbares Grübeln und Politisierung des Betriebslebens sind die Folge.

Die Maßnahmen der angestrebten politischen Befreiung berühren in ihrer pedantischen Breite und Starrheit unmittelbar oder mittelbar breiteste Schichten arbeitsfähiger Menschen. Sie dienen vielfach nur als allzu bequeme Mittel politischer Diffamierung. Sie lähmen Arbeitsfreude und Verantwortungsbereitschaft.

Angesichts der Not vermißt das Volk in Haltung und Arbeit der Regierungen und politischen Parteien einen gesunden Realismus. Es sieht sich erneut in die Welt der politischen Schlagworte gezogen, die es als unwirklich und überholt empfindet und denen es in einer kritischen, oft nihilistischen Haltung gegenübersteht. Regierungen und Parteien haben es bisher nicht verstanden, die politischen Kräfte des Volkes zu wecken und dessen im Grunde noch gesunde und weitgespannte Interessen in eine positive Mitarbeit beim Wiederaufbau des Staates und der Wirtschaft umzumünzen.

Die Wirtschaft der Vorkriegszeit hat auf vielen Gebieten die Unternehmerfunktion an Organisationen abgegeben. Der nationalsozialistische Staat hat diese Positionen nach und nach in sein System der totalen Staatswirtschaft einbezogen. Die nationalsozialistische Wirtschaftsordnung ist gescheitert. Der jetzige Versuch, die zusammengebrochene totale Kriegsplanwirtschaft unter dem Motiv der sozialen Verpflichtung in der Not des deutschen Volkes für friedliche Zwecke fortzusetzen, bricht zusammen.

Die regionale Aufspaltung beschleunigt diesen Zusammenbruch. Leerlauf der Bürokratie und Korruption sind die Folgeerscheinungen.

Neue Zentralisierung allein würde diese Entwicklung nicht auffangen, äußerer Zwang oder bloßer Idealismus würden keinen Wandel schaffen. Aus falsch verstandener Demokratie und in dem abwegigen Bestreben, die offenbaren Fehlleistungen der neuen Staatswirtschaft zu decken, hat man die Bildung einer konstruktiven öffentlichen Meinung und eines miterlebenden staatsbürgerlichen Verantwortungsgefühls versäumt.

Das Auseinanderfallen der Wirtschaftspolitik in Industrie- und Handelspolitik, Agrarpolitik, Währungs-, Kredit- und Steuerpolitik, Arbeits- und Sozialpolitik, wie wir es jetzt in Deutschland erleben, wirkt jeder umfassenden Ordnung entgegen. Die Versuche einer Koordinierung sind in ersten Anfängen steckengeblieben.

Der wirtschaftliche und politische Verfall ist in Deutschland in besonders starkem Maße zutage getreten, er ist aber nicht auf Deutschland beschränkt. Es zerfallen nicht nur die innerstaatlichen Rechtsordnungen und die Fähigkeit der Menschen, sich selbst zu regieren, wir erleben auch einen Zerfall der internationalen Rechts- und Gesellschaftsordnung.

Die Nationen draußen bemühen sich mit großem Ernst um deren Neuaufbau, weil das Fehlen der internationalen Ordnung jede sinnvolle Zusammenarbeit unmöglich macht. Ohne diese kann es keinen wirtschaftlichen Wiederaufstieg geben, weder für Deutschland noch für die übrige Welt.

Ohne wirksame Hilfe des Auslandes kann das deutsche Volk nicht wieder gesunden. Fremde Hilfe aber können wir nur erwarten, wenn im Ausland Verständnis für die deutsche Wirtschaft herrscht und bei den engen Verflechtungen und Abhängigkeiten der Weltwirtschaft auch die deutsche Beteiligung richtig gewertet wird. Die jahrelange Isolierung Deutschlands hat nicht nur den Zugang Deutschlands zu den Weltmärkten, sondern auch die geistige Verständigung unterbrochen.

Das deutsche Volk wehrt sich nach bitteren Erfahrungen gegen die Vorstellung, wiederum einer einzigen Weltanschauung huldigen zu sollen. Es scheut Unfreiheit und geistigen Stillstand, die ein solches System notwendig mit sich bringt. Daher lehnt es auch den Gedanken ab, daß früher oder später die östliche Zentralverwaltungswirtschaft, die in diesem Geiste wurzelt, das Schicksal ganz Deutschlands werden müsse.

Der Klassenkampf und jede darauf gegründete Politik wird von nachdenkenden Menschen als überlebt empfunden. Der Deutsche neigt weder zur kollektiven Wirtschaftsordnung, noch zur kollektiven Lebensform. Er will eine Verbesserung seiner individuellen Lage und gleiche Aufstiegsmöglichkeiten für alle zur Entwicklung der freien Persönlichkeit.

Die Vorstellung, daß umgekehrt die Wirtschaft erst in einem hemmungslosen Spiel freier Kräfte und allein in der Isolierung vom Osten gedeihen könne, entspricht ebenfalls nicht dem deutschen Empfinden.

Wir glauben, daß das deutsche Volk eine Lösung will, die aus den deutschen Verhältnissen und Erfahrungen entwickelt wird. Wir haben in unserer Generation genügend Erfahrungen gesammelt, um eine solche Lösung zu erarbeiten. Nur müssen die Vertreter verschiedener politischer Ansichten parteitaktische und machtpolitische Gesichtspunkte beiseite lassen, sich ohne persönliche Feindschaften und sachliche Vorurteile an einen Tisch setzen und die Arbeit um der gemeinschaftlichen Sache willen beginnen. Nur so können wir die echten Meinungsverschiedenheiten auffinden und zu praktischen Lösungen gelangen, die es gestatten, ein gesundes politisches und wirtschaftliches Leben aufzubauen.

Die Mitglieder der „Wirtschaftspolitischen Gesellschaft von 1947" halten es für ihre staatsbürgerliche Aufgabe, mit aller Kraft an einer Lösung mitzuarbeiten, die diese Erkenntnisse berücksichtigt.

Sie wollen die nachfolgenden Grundsätze vertreten, die sie als im deutschen Volk weitverbreitete, nur bisher nicht gesammelte Meinungen ansehen.

Die „Wirtschaftspolitische Gesellschaft von 1947" stellt sich die Aufgabe, diese Grundsätze im einzelnen weiter zu entwickeln und sie im geistigen Austausch mit allen interessierten Menschen zu vertiefen und zu ergänzen.

Hierbei geht die Gesellschaft davon aus, daß in der allgemeinen politischen Diskussion auch das Gedankengut des fortschrittlichen, seiner sozialen Verpflichtung bewußten Unternehmers einen wesentlichen Beitrag leisten muß.

Die Grundsätze beruhen auf einem Standpunkt jenseits aller Parteipolitik.

1. Die scheinbar unüberwindlichen Schwierigkeiten, die unsere wirtschaftliche Lage bestimmen, verpflichten uns um so mehr zu aktiver politischer Tätigkeit, als die öffentlichen Einrichtungen versagen. Wir müssen durch Arbeit und Beispiel zur Änderung dieser Verhältnisse beizutragen suchen.

2. Die Verantwortung für die Wirtschaft kann von breiten Kreisen nur getragen werden, wenn diese die wirtschaftlichen Tatsachen und Zusammenhänge erkennen. Nicht nur die in der Politik und Verwaltung tätigen Menschen, sondern auch die allgemeine Öffentlichkeit muß über wirtschaftliche Fragen viel weiter als bisher aufgeklärt werden. Sie muß sich ein eigenes Urteil bilden und dies in die Waagschale werfen können.

Die in der Wirtschaft Tätigen sind aus der Enge des Sachverständigentums und der bloßen Interessenvertretung herauszuführen und für eine staatsbürgerliche Mitarbeit an der Politik zu interessieren.

Darüber hinaus ist allgemein die wirtschaftliche Bildung des deutschen Volkes zu heben und Wirtschaft überhaupt erst zu einem Gegenstand der Bildung zu machen.

Die sogenannte Allgemeinbildung in Deutschland ist bisher entweder einseitig ästhetisch-historisch oder naturwissenschaftlich-technisch orientiert. Eine Erziehung zum vorurteilsfreien Denken ist für die Beurteilung wirtschaftlicher Fragen von entscheidender Bedeutung. Sie muß nachdrücklich gepflegt werden.

3. Nur durch Einordnung der eigenen Interessen in die übergeordneten Ziele der Gesamtheit kann auch der Einzelne erst zu seinem Recht kommen. Einzelerfolge helfen auf die Dauer nur, wenn sie in der Linie einer allgemeinen Gesundung liegen.

Das gilt für die Wirtschaft des einzelnen Betriebes sowohl wie für einzelne Wirtschaftszweige und einzelne deutsche Länder.

4. Die Spaltung zwischen Rechtsordnung und wirtschaftlichem Leben muß beseitigt werden. Wer unter Berücksichtigung aller sich aus der allgemeinen Notlage ergebenden Verpflichtungen und Rücksichtnahmen volkswirtschaftlich nützlich handelt, darf nicht durch Gesetze, die die gegebenen wirtschaftlichen Tatsachen ignorieren, zum Rechtsbrecher gestempelt werden.

Die rechtsstaatliche Ordnung und in ihr die Rechtssicherheit auch gegenüber den öffentlichen Organen sind wieder herzustellen. Ein allgemein verbindliches Wirtschaftsrecht muß allen, die in Deutschland Wirtschaft treiben, grundsätzlich wieder gleiche Rechte und Pflichten geben.

Das allgemeine deutsche Wirtschaftsrecht ist der Zuständigkeit der Ländergesetzgebung vollständig zu entziehen. Entgegenstehende partikulare Bestimmungen sind aufzuheben und der Regelung durch eine höhere Instanz vorzubehalten.

5. Zwischen Staat und Verbraucher steht der Betrieb. Er allein schafft und verteilt die Güter, die die Menschen brauchen. Der Betrieb hat daher Anspruch auf ein gesundes Eigenleben.

Die betriebliche Ordnung muß auf dem Vertrauen der in dem Betrieb Tätigen aufgebaut sein. Unternehmensleitung und Betriebsvertretung sind verantwortlich für erfolgreiche Zusammenarbeit und sozialen Frieden.

Die rechtliche und betriebswirtschaftliche Verantwortung der Unternehmensführung muß unteilbar bleiben. Die Betriebsvertretung trifft keine handelsrechtliche Haftung. Die Arbeitnehmer sollen aber mitwirken am betrieblichen und wirtschaftlichen Geschehen.

Das Mitwirkungsrecht der Belegschaft darf kein Kampfmittel sein für Kräfte, die außerhalb des Betriebes stehen.

6. Die Maßnahmen der politischen Befreiung sind auf eine neue Grundlage zu stellen, die deutlich zwischen Verbrechen und politischem Irrtum unterscheidet. Nationalsozialistische Methoden der Gesinnungsschnüffelei und Diffamierung dürfen nicht für demokratische Ziele gebraucht werden. Wertvolle Kräfte, die willens und in der Lage sind, am friedlichen Aufbau mitzuarbeiten, sollen nicht nach schematischen Regeln brachgelegt und in eine gefährliche Negierung der Demokratie getrieben werden.

7. Weltanschauliche und dogmatische Auseinandersetzung müssen hinter den gemeinsamen praktischen Aufgaben der Notwirtschaft zurücktreten.

Es geht zunächst allein um die Hebung des Lebensstandards der breiten Masse. Dies ist nur durch eine Steigerung der Erzeugung zu erreichen. Alle Maßnahmen hierfür, insbesondere die Wiederherstellung des Geldes, müssen den Vorrang genießen vor allen anderen wirtschaftspolitischen Maßnahmen.

8. Eine einheitliche Wirtschaftspolitik ist auf allen Gebieten anzustreben. Der Staat muß sich auf die Lenkungsaufgaben beschränken, die von einzelnen oder Betrieben, allein oder gemeinsam, nicht gelöst werden können. Sie liegen grundsätzlich auf den Gebieten der indirekten Lenkung, z. B. der allgemeinen Rechtssetzung, der Geld- und Kreditpolitik, der Steuer- und Sozialpolitik und der ständigen Sicherung der Funktionsfähigkeit der Märkte.

Diese Maßnahmen sollen systematisch und grundsätzlich den freien Leistungswettbewerb wiederherstellen, den Anreiz zum Sparen und zur Wirtschaftlichkeit der Unternehmens- und Lebensführung auf der Grundlage des Geldes. Sie sollen wirtschaftliche Machtstellungen bekämpfen.

Abzulehnen ist auch die Errichtung einer wirtschaftlichen Hausmacht des Staates. Der Staat soll selbst über fiskale Sicherheitsbedürfnisse hinaus kein Kapital bilden und die private Kapitalbildung nicht an sich ziehen. Öffentliche Mittel sollen nicht für wirtschaftliche Wagnisse aufgewendet werden, es sei denn, daß volkswirtschaftlich notwendige Aufgaben anders nicht zu lösen sind.

Der Staatsapparat ist auf allen die Wirtschaft berührenden Gebieten zu vereinfachen und abzubauen. In dem Maße wie es gelingt, diesen Abbau zu verwirklichen, muß es auch gelingen, das Bestechungsunwesen in der Wirtschaft und bei den Behörden erfolgreich zu bekämpfen.

Staatliche Planung in Produktion und Verteilung durch unmittelbare Eingriffe in das Wirtschaftsleben als wirtschaftspolitisches Prinzip ist abzulehnen.

Staatliche Anordnungen an einzelne Betriebe sind auf das Mindestmaß dessen zu beschränken, was volkswirtschaftliche Aufgaben in ganz besonderen Fällen erfordern.

9. Den Grundsätzen der Marktwirtschaft: freie Konsumwahl, Freizügigkeit und freie Berufswahl als Voraussetzungen des wirtschaftlichen Wettbewerbs muß auch schon in der Mangelwirtschaft möglichst weitgehend Geltung verschafft werden.

Die Wirtschaft muß wieder auf den Boden der besten Leistung gestellt werden, also des wirtschaftlichen und beruflichen Wettbewerbs und damit auf die Persönlichkeit und das Wagnis. Nur wo der Wettbewerb versagt, darf der Staat eingreifen und auch da in erster Linie mit dem Ziel, die Voraussetzungen für einen Wettbewerb zu schaffen.

Die beste Leistung als Maßstab des Erfolges verpflichtet jedes Unternehmen in erster Linie: wirtschaftlich richtig zu handeln und für die Folgen wirtschaftlicher Fehlleistungen mit seinem ganzen Ruf und Vermögen einzustehen. Es ist nicht Aufgabe des Staates, notleidende Unternehmen zu sanieren.

Diese Grundsätze sind für jeden Beruf und für jedes Unternehmen in der Wirtschaft der privaten wie der öffentlichen Hand zur Geltung zu bringen.

10. Privateigentum und Erbrecht sind anzuerkennen als entscheidende kulturfördernde Grundlagen wirtschaftlichen Strebens. Zugleich ist eine Verpflichtung der Sach- und Geldwerteigentümer gegenüber der Gesamtheit anzuerkennen, an den Schäden mitzutragen, die durch Krieg und Maßnahmen der Siegermächte entstanden sind.

Überführung von Privateigentum in Gewerbe, Landwirtschaft oder Forstwirtschaft auf die öffentliche Hand oder die Aufteilung von land- oder forstwirtschaftlichem Besitz sollen nur erfolgen, wenn volkswirtschaftliche oder betriebswirtschaftliche Aufgaben anders nicht erfüllt werden können.

Weltanschauliche Gründe allein dürfen nicht zur Sozialisierung und Bodenreform führen.

11. Die geistige Entwicklung im Ausland, insbesondere auf wirtschaftspolitischem Gebiet, und die Bestrebungen zum Neuaufbau einer internationalen Rechts- und Wirtschaftsordnung sollen in Deutschland mit größter Aufmerksamkeit verfolgt werden. Intensive Pflege der wirtschaftlichen Auslandsbeziehungen ist eine dringliche Aufgabe. Die persönlichen und sachlichen Verbindungen mit den Trägern der ausländischen Wirtschaft sind wiederherzustellen, neu zu knüpfen und zu pflegen.

Die weltwirtschaftlichen Zusammenhänge sind der öffentlichen Meinung geläufig zu machen, Kenntnisse über das Ausland in Deutschland zu sammeln und zu verbreiten und das Ausland über die wirtschaftlichen Verhältnisse in Deutschland zu unterrichten. Eine Mitwirkung Deutscher bei der Bildung der internationalen öffentlichen Meinung muß erreicht werden.

12. Der in Deutschland viel verachtete und im totalitären Staat verfemte Kompromiß ist ein wertvolles und unentbehrliches Mittel der praktischen Demokratie. Er kann oft den einzigen Ausweg aus einer Notlage weisen. Sein ethischer Wert als sinnvolle und notwendige Grundlage der Politik muß erkannt und geachtet werden. Er verlangt von jedem Einordnung in die gegebenen Notwendigkeiten und wird durch diese gerechtfertigt.

Wir verabscheuen die Intoleranz und die durch sie ausgelöste Unfreiheit der menschlichen Lebensäußerungen. Intoleranz ist die Quelle der geistigen Tyrannei und, von hier fortschreitend, die Stütze des politischen Terrors.

13. Wir lehnen es aus einem überparteilichen Verantwortungsgefühl ab, einseitige Interessen der Wirtschaft oder einzelner Wirtschaftszweige gegenüber der Allgemeinheit zu vertreten.

Wir wollen keine Rückkehr zur Interessenpolitik der Wirtschaft, die zu Lasten der Allgemeinheit nach Staatshilfe ruft, wenn es schlecht geht, und die den Staat überspielt, wenn es gut geht. Wir haben auch erlebt, wohin es führt, wenn kurzsichtige, nur ihre eigenen vermeintlichen Augenblicksinteressen verfolgende Unternehmer sich vor den Wagen des Staates spannen lassen. Die Gefahr des Mißbrauchs der Wirtschaft durch den Staat ist noch größer, wenn der Staat selbst wirtschaftet oder durch Organisationen wirtschaften läßt, die ihm politisch hörig sind. Solche Bestrebungen, wie sie in Wirtschaft und Politik immer wieder eine verderbliche Rolle spielen, halten wir für eine wesentliche Ursache des Verfalls, der zum totalen Staat führt.

Wir wollen eine freie, sozialverpflichtete und in diesem Rahmen verantwortlich denkende und diszipliniert handelnde Wirtschaft aufbauen. Die Wirtschaft soll, von der freien Persönlichkeit getragen und weiterentwickelt, Arbeit, Brot und Lebensfreude geben.

[Unterschriften]

36. Karl Heinrich Knappstein, Die versäumte Revolution. Wird das Experiment der „Denazifizierung" gelingen?, Aufsatz

Die Entnazifizierung muß von den Deutschen selbst geleistet werden, jedoch nicht durch Massenanklage, sondern Verfolgung der ehemaligen nationalsozialistischen Führungsschicht.

Die Wandlung 2 (1947), S. 633–667.

November 1947

Die Befreiung vom Nationalsozialismus hat nur dann einen positiven Sinn, wenn sie von den Deutschen selber geleistet wird. Sie muß eine wirkliche Selbstreinigung sein, das Ergebnis einer inneren Abkehr von den Sünden der Vergangenheit. Eine „Denazifizierung" nach den Vorschriften und durch die Organe einer Besatzungsmacht könnte zweifellos eine mechanische Säuberung gewisser Positionen im öffentlichen und privaten Leben erreichen, und auf diesen Effekt kann nicht verzichtet werden; aber eine solche Aktion bliebe im Äußerlichen und Negativen stecken und würde für die politische Zukunft Deutschlands niemals fruchtbar werden, wenn sich nicht die Deutschen selber der Aufgabe bemächtigten und sie aus eigenem Willen zu einer Probe ihres demokratischen Bewußtseins machten. Die politische Befreiung bietet in der Tat den Deutschen eine beispiellose Bewährungsprobe. Die ganze Welt wartet auf den Ausgang dieser Probe. Sie hat nach allem, was vorgegangen ist, ein Recht darauf, zu wissen, ob die Deutschen jetzt aus sich heraus der nationalsozialistischen Infektion Herr und gegen eine neue Ansteckung immun geworden sind. Die Denazifizierung ist die Gretchenfrage der Welt an die Deutschen geworden, aber auch eine politische Lebensfrage für die Deutschen selber. Es sollte daher unter guten Demokraten keinen Augenblick einen Zweifel darüber geben, daß man um der Nation willen zu der Selbstreinigung von Nationalsozialismus und Militarismus ein volles und ungebrochenes Ja sagen muß. Ohne eine resolute politische Befreiung von der eigenen Vergangenheit gibt es für uns keine Zukunft, weder im Innern noch nach außen.

Das volle Ja zur politischen Befreiung schließt aber etwas außerordentlich Wichtiges ein: nämlich die Sorge, daß es auch richtig gemacht werde, daß nicht auf falschem Wege das Ziel verfehlt werde. Gerade weil wir eine wirksame und bis an die Wurzeln gehende Wandlung erreichen wollen, müssen wir sorgfältig darüber wachen, daß bei dem Säuberungsprozeß nicht Fehler begangen werden, die den Erfolg der ganzen Aktion in Frage stellen können. Die folgenden kritischen Erörterungen über gewisse Fehler unserer heutigen Methoden dienen zu nichts anderem, als einer wirksamen und heilsamen politischen Selbstreinigung die Wege zu ebnen.

Von der Kapitulation überholt

Zum mindesten seit der Niederlage von Stalingrad ist in Deutschland eine Revolution fällig gewesen, aber nie zustande gekommen. Wohl gab es eine wachsende Spannung zwischen Volk und Staat, zwischen Regierten und Regenten, doch wurde der Zerreißpunkt, der Ausbruch der Revolution, nicht erreicht. Der erste offene Riß – jener vom 20. Juli 1944 – wurde mit Gewalt verkleistert. Dadurch stieg zwar die innere Spannung weiter an, aber es gelang der nationalsozialistischen Führung bis zum Schluß, den endgültigen und vollständigen Riß, die gewaltsame Lösung der Spannung von innen her, durch einen extremen Terror zu verhindern, so gründlich zu verhindern, daß es tatsächlich nicht zu einer wirklichen Revolution gekommen ist. Warum nicht? Die innenpolitische Spannung war seit 1939 durch die „außenpolitische", den Krieg, überlagert und ist durch die damit verbundene nationale Parole fast bis zur Unkenntlichkeit verhüllt worden. So kam es, daß der Riß, mit dem das Regime schließlich im Frühjahr 1945 zusammenbrach, nicht auf dem innenpolitischen Spannungsfeld eintrat, sondern auf dem außenpolitischen, nicht durch eine Revolution, sondern durch die Kapitulation. Die Revolution wurde durch die Kapitulation überholt. Es soll hier nicht nach den Gründen gesucht werden, warum sie sich überholen ließ, das wäre ein Kapitel aus der Geschichte des „Dritten Reiches" und des deutschen Widerstands. Wir können nur verzeichnen: die echte Revolution blieb aus. Nach der Kapitulation ergab sich dann eine naheliegende Vereinigung der gleichgerichteten Kräfte auf dem inneren und dem äußeren Spannungsfeld: deutsche Demokraten und alliierte Sieger fanden bei ihrer Begegnung, daß eines ihrer Ziele das gleiche sei, nämlich die Beseitigung und dauernde Ausschaltung der bisherigen Führungsschicht, der schuldigen «classe dirigente» (mit einem Wort von Pareto) aus allen Positionen in Staat, Wirtschaft und Kultur. Es ist das immanente Ziel einer jeden Revolution, die eine echte Umwälzung ist, die «ci-devants» zu entmachten und eine neue Elite an die Hebelstellungen zu bringen. Nur fehlte in Deutschland dieses „natürliche Mittel". So kam man zu dem Versuch, mit rationalen Mitteln durch Gesetz und rechtliche Institutionen, post festum noch zu erreichen, was durch das Ausbleiben des spontanen sozialen „Naturereignisses" verpaßt zu sein schien. Man organisierte sozusagen eine künstliche Revolution: die Denazifizierung. Es dürfte der erste Versuch in der Geschichte sein, zwar nicht die Revolution selbst, wohl aber ihr wichtigstes Produkt, die Ablösung der Elite, durch Organisation und Gesetzgebung „legal" herbeizuführen. Man kann eine solche künstliche Lösung des Problems durchaus für möglich halten und bejahen, man muß sich nur darüber klar sein, daß es sich im Grunde doch um einen revolutionären Akt handelt, wenn er sich auch in zivileren und rationaleren Formen abspielt als eine

„wilde" Revolution. Man muß aber auch die Gefahr sehen, die darin besteht, daß der Ehrgeiz, „legal" und im Rahmen von „Ruhe und Ordnung" zu bleiben, allzuleicht den Effekt der ganzen Aktion, die wirkliche Umwälzung der Elite, beeinträchtigen oder gar zunichte machen kann.

Gegen die Revolution, die „ausgebrochen" ist, gibt es nämlich keine Argumente, die künstliche Revolution kann man dagegen auf ihrem eigenen rationalen Felde mit Argumenten und Akten ersticken. Nicht zuletzt deshalb bleibt sie ein problematisches Experiment, dessen Gelingen ständig gefährdet ist, das aber bei richtiger Anlage und bei Berücksichtigung der soziologischen Erfahrungen und der sozialen Fakten durchaus die Chance des Gelingens in sich trägt.

Die Massenanklage

Wenn man unter diesem Gesichtswinkel das in der amerikanischen Zone angewandte und auf dem Befreiungsgesetz vom 5. März 1946 aufgebaute System der Denazifizierung betrachtet, muß man feststellen, daß es neben weniger gefährlichen Mängeln von Anbeginn an einen grundlegenden Konstruktionsfehler enthielt, der das Gelingen des Experiments überhaupt in Frage stellen kann. Das ist die zu breite, zu umfassende Anlage dieses Gesetzes, durch die viel zu viel einzelne Personen „betroffen" werden. Eine Revolution zielt unmittelbar immer gegen die Elite, gegen die Führungsschicht, gegen die « classe dirigente », gegen die Exponenten und Prominenten eines Regimes, gegen die „oberen Zehntausend" und ihre Prätorianer, auch wenn sie ideologisch gegen einen Stand, wie den Adel, oder eine Klasse, wie die Bourgeoisie, gerichtet ist. Dabei können bei dem revolutionären Zusammenprall auch zahlreiche nichtprominente Angehörige der bekämpften Gruppe dem Ansturm der Revolutionäre zum Opfer fallen, aber das geht ja gerade auf das Konto der Urwüchsigkeit und der mehr emotionalen als rationalen Triebkraft des revolutionären Ausbruchs und pflegt von den Akteuren achselzuckend als bedauerliche Begleiterscheinung jeder Revolution entschuldigt zu werden. Die Väter der künstlichen Revolution der Denazifizierung haben dieses elementare Erfahrungsgesetz jeder Revolution nicht erkannt oder nicht beachtet. Anstatt sich bewußt auf die wirkliche Führungsschicht der Nationalsozialisten zu beschränken und im übrigen „unglückliche Opfer" der Revolution weise und klug zu vermeiden, haben das Befreiungsgesetz der amerikanischen Zone und in gewissem Maße auch die Kontrollratsdirektiven Nr. 24 und 38 eine Massenanklage erhoben[59], die noch weit über die Reichweite einer „wilden" Revolution hinausgeht.

[59] Direktive Nr. 24 über die Entfernung von Nationalsozialisten und Personen, die

Allein in der US-Zone sind nach den amtlichen Angaben der Ministerien vom 31. Mai 1947 nicht weniger als 3,3 Millionen Personen vom Befreiungsgesetz betroffen worden[60]. Das sind über achtundzwanzig Prozent aller abgegebenen Meldebogen. Mit anderen Worten: über achtundzwanzig Prozent aller über achtzehn Jahre alten Deutschen waren bei dieser Millionenanklage als „Betroffene" vor ein Gericht zu stellen und haben sich dort wegen ihrer mehr oder weniger aktiven „Teilnahme am Nationalsozialismus" zu verantworten.

Gleichzeitig sind alle diese Betroffenen, gleichgültig, wie stark das Maß ihrer formalen Belastung ist, durch das radikale Beschäftigungsverbot des Gesetzes von jeder anderen als gewöhnlicher Arbeit ausgeschlossen, solange ihr Verfahren vor der Spruchkammer nicht abgeschlossen ist. In summa: eine Massenanklage gegen Millionen Personen, die durch eine einstweilige Anordnung des Gesetzes von jeder qualifizierten Beschäftigung ausgeschlossen sind und warten müssen, bis sie in der langen Schlange der „Betroffenen" an die Reihe kommen. Stellt man dieser Millionenanklage das oben skizzierte Gesetz der Revolution gegenüber, so wird man den tiefsten Grund dafür freilegen, warum es niemanden gibt, der mit den praktischen Ergebnisse des bisherigen Denazifizierungsprozesses zufrieden ist. Wenn soziale Erfahrungsgesetze so grob mißachtet werden, ist es kein Wunder, wenn das soziale Leben sich dafür rächt.

Widerspruch zur Wirklichkeit

Die Ursache des allgemeinen Mißbehagens gegenüber der bisherigen Denazifizierung wird aber noch deutlicher, wenn man die Massenanklage einmal nüchtern und ohne Ressentiment der nationalsozialistischen Wirklichkeit jener zwölf Jahre gegenüberstellt. Die Denazifizierung ist dazu berufen, die Verantwortlichen des nationalsozialistischen Gewaltregimes zur Verantwortung zu ziehen und sie aus den wichtigen Positionen im demokratischen Gemeinwesen auszuschalten und fernzuhalten. Wer war nun die Führungsschicht des Nationalsozialismus? Sollten es in der US-Zone wirklich jene 3,3 Millionen Menschen gewesen sein? Haben wir vergessen, daß der Nationalsozialismus eine totale Diktatur war, gipfelnd in einem einzigen – freilich wahnsinnigen – Kopfe? Daß seine Führungsschicht zum Unterschied von der

den Bestrebungen der Alliierten feindlich gegenüberstehen, aus Ämtern und verantwortlichen Stellen vom 12. 1. 1946: ABl. Kontrollrat in Deutschland S. 98; Nr. 38 über die Verhaftung und Bestrafung von Kriegsverbrechern, Nationalsozialisten und Militaristen und Internierung, Kontrolle und Überwachung von möglicherweise gefährlichen Deutschen vom 12. 10. 1946: Ebd. S. 146.

[60] Vgl. AVBRD, Bd. 2, S. 293 ff.

Elite anderer Staatsgebilde aus einer besonders kleinen zentralistischen Clique bestand, die mit besonders raffinierter Anwendung bisher und anderswo unbekannter Beeinflussungsmittel das Problem der Beherrschung der Massen in ihrer Weise zu lösen versuchte? Das Arsenal dieser Mittel enthielt ebenso das gelinde Mittel einer liebenswürdig erscheinenden Massenschmeichelei wie den direkten wirtschaftlichen Druck und den blutigen Terror. Es wäre eine verdienstvolle Tat, einmal nüchtern die wahre innenpolitische Herrschaftsstruktur des „Dritten Reiches" in seiner ganzen teuflischen „Reichhaltigkeit" und skrupellosen Zweckmäßigkeit zu rekonstruieren. Die Atmosphäre jenes Regimes war der Zwang – das sollte nicht vergessen werden –, Zwang in hundert offenen und verhüllten Formen, angefangen vom Suggestions-Zwang einer mit allen Mitteln massenpsychologischer Reklametechnik arbeitenden Propaganda, den der derart Gezwungene kaum bewußt verspürte, über eine lange Skala des „freiwilligen Zwanges" – welch ein Wort hätte die Perversion jenes Systems treffender enthüllen können! – bis zum Zwang der vorgehaltenen Pistole oder mit der Drohung des Abtransportes nach Buchenwald. Und all dieser Zwang ward ausgeübt durch eine relativ kleine Räuberbande und ihre zahlreichen Söldner – die Anderen waren die Objekte. Gewiß war die Zahl der Komplizen, Helfershelfer, Henker und Handlanger jenes Regimes recht groß – aber eines ist sicher: sie betrug nicht 28 Prozent der gesamten erwachsenen Bevölkerung. Sie umfaßte gewiß mehr als ein Dutzend Menschen, auch mehr als hundert und mehr als tausend. Aber wenn man einige „zigtausend" zugibt, kommt man schon an die obere Grenze der Wirklichkeit. Auf jeden Fall waren nicht Hunderttausende verantwortlich für das Terrorsystem, erst recht nicht Millionen Menschen. Wenn man sie trotzdem vor Gericht stellt, steht man – schlicht und einfach gesagt – mit der Wirklichkeit im Widerspruch.

Der falsche „Nazi"-Begriff

Das gilt auch für den heute der ganzen Denazifizierung zugrunde liegenden falschen Begriff des „Nazi". Vor dem Zusammenbruch waren in Deutschland bei den Gegnern des Regimes „Nazis" jene widerwärtig uniformierten Schergen der nationalsozialistischen Zwingburgen in Stadt und Land, der Gauleitungen, Kreisleitungen, Ortsgruppenleitungen, die schwarzen oder zivil getarnten Teufel der Gestapo-Zentralen, die gestiefelten Prügler aus SS und SA, nicht zuletzt jene kleinen bösartigen Kläffer und Erpresser, die in den Blocks und Luftschutzkellern die Menschen schikanierten und ihre Volksgenossen zum Siege zu Paaren treiben wollten. Nicht zu vergessen die Geier, die besonders in jenem System skrupellos ihre nutznießerischen Geschäfte machten. Das waren damals die „Nazis".

Nach dem Zusammenbruch war plötzlich ein „Nazi" jemand und jeder, der der Partei oder einer ihrer zahllosen Organisationen angehört hatte, unabhängig davon, wie seine Gesinnung, seine Haltung und seine Taten waren. Der Einbruch dieses rein äußerlichen, schematischen „Nazi"-Begriffs in das politische Leben und die Praxis der politischen Befreiung ist ein weiterer Faktor für das folgenreiche Auseinanderfallen von Denazifizierung und Wirklichkeit. Wie war es denn wirklich? Eines der wirksamsten Herrschaftsmittel der Nationalsozialisten nach der „Machtergreifung" und ihr listigster Trick war die „totale Erfassung" der Menschen in unzähligen Organisationen, Gliederungen, „betreuten Verbänden" und „angeschlossenen Organisationen". Der unorganisierte Mensch war für das Regime unheimlich, gefährlich, unerwünscht, der Außenseiter, der sich „aus der Volksgemeinschaft ausschloß". Deshalb mußte jeder „erfaßt" werden, jeder Mensch mußte irgendwo an der Strippe irgendeiner Organisation hängen und „gelenkt" und „betreut" (und überwacht) werden. Man gab keine Ruhe, bis dieses Ziel möglichst „total" erreicht war. („Dieser Betrieb steht geschlossen in der DAF.") Muß man noch an das berühmte boshafte Witzwort jener Jahre erinnern, das diesen Tatbestand illustriert: „Ein Bäumchen auf der Wiese stund, gar wohl organisiert, es war im NS-Bäumchen-Bund, damit ihm nichts passiert?" Ja, damit ihm nichts passiert. Wer dem Organisationsdruck nicht folgte, dem konnte etwas passieren, er glaubte es wenigstens. Gewiß ist die Einseitigkeit und das partei-politische Geschäft abzulehnen, das hinter dem berühmt gewordenen Wort eines inzwischen abgesetzten Befreiungsministers[61] von den „Hineingepreßten" stand, aber man sollte freimütig genug sein, einzusehen, daß es der Wirklichkeit jener zwölf Jahre mehr entspricht als jener falsche äußerliche „Nazi"-Begriff, der heute in der Denazifizierung eine so große Rolle spielt. Der Eintritt in eine der Organisationen des Nationalsozialismus ist gewiß bei vielen Hunderttausenden ein ganz und gar freiwilliger Schritt gewesen, vor allem vor dem 30. Januar 1933. Bei anderen ist zu fragen: Handelt, wer einer raffinierten und dazu monopolistischen Propaganda erliegt, noch freiwillig? Bei vielen anderen Hunderttausenden ist der Schritt bestimmt nicht in dem Sinne freiwillig gewesen, wie es in einem demokratischen Lande der Eintritt eines Bürgers in eine der doch konkurrierenden Parteien ist.

Eine andere, ähnliche Diskrepanz zwischen der damaligen Wirklichkeit und dem heutigen Mittel zu ihrer Überwindung ist die Einschätzung der sogenannten Amtsträger. Es war nämlich auch ein Trick der Massenbeherrschung, daß die Nationalsozialisten in allen ihren Organisationen Legionen von kleinen Ämtern schufen. Die Zahl der bloßen Mitglieder stand, wie wir heute aus den Meldebogen wissen, in gar keinem vernünftigen Verhältnis zu der

[61] Alfred Loritz (25. 6. 1947).

Zahl der Amtsträger oder – besser gesagt: Ämtchenträger. Wo es ein halbes Dutzend Mitglieder gab, war sicher eines von ihnen schon Blockwart oder Blockwalter oder Blockhelfer oder Blockleiter. Es ist fast unglaublich, aber nachweisbar: allein dem Ortsgruppenleiter unterstanden in dem Organisationsschema der NSDAP und ihrer Organisationen nicht weniger als einundsechzig verschiedene Amtsträger mit Titeln und Rängen und oft auch Uniformen mit Sternen. Viele von ihnen, wie zum Beispiel die zahllosen Blockwalter der NSV, wurden im Volksmund mitleidig-spöttisch als „Treppenterriers" bezeichnet, weil sie nichts anderes zu tun hatten als regelmäßig treppauf treppab Pfennigsbeiträge zu kassieren. Mit der Schaffung dieser unglaublich breiten Schicht von Pöstchenbesitzern knüpfte man geschickt an zwei tief eingewurzelte deutsche Traditionen an, nämlich an die Vereinsmeierei und den Kommiß. Fast jeder war nun mit einem mal nicht mehr bloßes Mitglied, nicht mehr bloß „Gemeiner", sondern hatte jetzt „Verantwortung" – was soviel bedeutete, daß er gegenüber dem halben Dutzend bloßer Mitglieder etwas zu sagen zu haben glaubte. In Wirklichkeit war das Heer dieser Ämtchenträger mehr ein Mittel zu ihrer eigenen „Erfassung" als ein Mittel zur Kontrolle der letzten Mitglieder. Zwar waren viele von ihnen subalternste Kreaturen und oft letzte Handlanger des Terrors. Dennoch ist es manchem Ortsgruppenleiter trotz allen Verlockungen sehr schwer geworden, seine einundsechzig Pöstchen vorschriftsmäßig an den Mann zu bringen. „Sie sind Beamter, Sie müssen für den Führer etwas Besonderes tun, deshalb müssen Sie wenigstens als Blockleiter die Gelder kassieren!" Gab es dagegen einen Widerspruch? Hinter dem „Sie sind Beamter" stand doch, ausgesprochen oder nicht, die Drohung: „Noch sind Sie es . . ." Und so wurden viele, Hunderttausende – diese Zahl ist nach den vorliegenden Meldebogen keine Übertreibung – „Amtsträger der NSDAP oder einer ihrer Organisationen".

Die Eroberung der anfänglich noch widerstrebenden Teile des deutschen Volkes durch die „alten Kämpfer" geschah durch „Erfassung" der Einzelnen in eigens dazu geschaffenen Organisationen als Mitglieder und Amtsträger. Wer bei dieser Eroberung die wirksameren Waffen hatte, braucht man nicht mehr zu beweisen: 3,3 Millionen Menschen waren schließlich allein in den als belastend angesehenen Organisationen in der heutigen US-Zone erfaßt und erobert. Sicherlich haben viele zu leicht und wider besseres Wissen kapituliert – der Mensch ist kein Held, vor allem der Deutsche nicht, wenn er Familienvater ist. Nur fragt es sich, ob es gerecht und weise ist, ihn deswegen heute anzuklagen und vor ein Gericht zu stellen. Man sollte einsichtig genug sein zuzugeben, daß in der Tat die Anlage und die Anklage des Befreiungsgesetzes zu umfassend ist, weil sie sowohl mit dem allgemeinen Gesetz aller Revolutionen als auch mit der besonderen zwölfjährigen Wirklichkeit im Widerspruch steht, die jenes Gesetz zu liquidieren berufen ist.

Die erste Korrektur

Das ist keine neue Entdeckung, sondern eine Einsicht, der sich auch die am meisten beteiligte Besatzungsmacht, die amerikanische, nicht verschlossen hat. Man hat resolut und ohne Federlesens aus der einmal gewonnenen Erkenntnis die Konsequenz der Tat gezogen. Durch die beiden großen politischen Amnestien der US-Zone, die Jugendamnestie und die Weihnachtsamnestie[62], wurde zwar der grundlegende Konstruktionsfehler des Befreiungsgesetzes nicht beseitigt, aber seine politisch unerwünschten Folgen wurden zu einem Teil aus der Welt geschafft.

Von den 3 294 318 Menschen, die ursprünglich in den drei Ländern der US-Zone vom Gesetz betroffen worden sind, sind durch die beiden Amnestien 1 861 483 aus der Verantwortung entlassen worden, und zwar 888 065 durch die Jugendamnestie und 973 418 durch die Weihnachtsamnestie. Die Zahl der Betroffenen ist also von rund 3,3 Millionen auf rund 1,4 Millionen reduziert worden. Da seit Beginn des Prozesses in den drei Ländern rund 400 000 Fälle im Normalverfahren erledigt worden sind, bleibt Mitte 1947 noch ein Pensum von rund einer Million Fällen zur Entscheidung übrig.

Die beiden Amnestien waren Maßnahmen politischer Klugheit, weil sie einen offenkundigen und gefährlichen Fehler teilweise berichtigten. Zwei weitere Momente bleiben aber auch nach dem Abschluß der Amnestien noch bestehen: erstens, daß die fast zwei Millionen „Begnadigten" fast zwei Jahre lang „Betroffene" gewesen sind und während dieser Zeit alle Folgen des Betroffenseins, zum Beispiel das Beschäftigungsverbot, zu tragen hatten, und zweitens, daß nach dem Abschluß der Amnestien und der Erledigung von etwa 400 000 Normalverfahren immer noch eine ganze Million Fälle übriggeblieben sind. Davon müssen nach dem augenblicklichen Stande der gesetzlichen Verfahrensvorschriften etwa 786 000 Fälle der Klassen I und II in dem umständlichen Verfahren der umgekehrten Beweislast mit Klägern, Vorsitzenden, Beisitzern, Rechtsanwälten, Zeugen – kurz in einem strafprozeß-ähnlichen Verfahren – abgewickelt werden. Die beiden Amnestien haben zweifellos angesichts der Millionenanklage eine Entspannung herbeigeführt, aber sie kamen spät, und sie gingen noch nicht weit genug, um die gefährlichen politischen Folgen ganz zu beseitigen, die aus dem Konstruktionsfehler der zu breiten Anlage bereits entstanden sind.

[62] Oben Anm. 27; Verordnung zur Durchführung der Weihnachtsamnestie vom 15. 1. 1947: BA, Z 1/219; Text der Weihnachtsamnestie vom 5. 3. 1947: Schullze, S. 257–259.

Die „Partei der Mitläufer"

Die Folgen der zu breiten Anlage des Gesetzes sind in der Tat höchst bedenklich und gefährlich für die Zukunft demokratischen Lebens in einem neuen Staatswesen. In den drei süddeutschen Ländern waren 3,3 Millionen Menschen vom Befreiungsgesetz betroffen, galten also als Angeklagte und unterlagen damit – soweit sie in anderer als gewöhnlicher Arbeit tätig waren – automatisch dem rigorosen Beschäftigungsverbot des Artikels 58. Dieses Beschäftigungsverbot begann nicht etwa erst mit dem Erlaß des Befreiungsgesetzes am 5. März 1946, sondern schon im Sommer 1945 mit der Juli- und August-Direktive und dem Gesetz Nr. 8 vom September 1945 [63]. Die 3,3 Millionen Menschen unterliegen also seit reichlich zwei Jahren dem Beschäftigungsverbot – auch jene fast zwei Millionen, die in diesem Sommer ihren Amnestiebescheid bekamen. Was dieser lange Anklagezustand und dieses Beschäftigungsverbot psychologisch für die an ihrem Beruf hängenden Deutschen und was es wirtschaftlich für ihre Familien bedeutet, kann man unschwer ermessen, – auch wenn es inzwischen für zwei Millionen von ihnen beendet worden ist, – auch wenn es in vielen Einzelfällen durch Beschäftigungsgenehmigungen der Militärregierungen gelindert war und ist. Es soll nichts Grundsätzliches gegen ein gesetzliches Beschäftigungsverbot gesagt sein: ein solches ist vielmehr richtig und unentbehrlich, falsch war nur, daß man es auf 3,3 Millionen Menschen erstreckte, einschließlich der harmlosesten Mitläufer, anstatt es von vornherein auf wirklich aktive Träger des alten Regimes zu beschränken. Und die Folge dieser Massenanklage und des Massen-Beschäftigungsverbotes und des zermürbenden Wartens auf das Spruchkammer-Verfahren? Es ist eine staats- und besatzungsfeindliche, ressentimenterfüllte „Partei der Mitläufer" entstanden, eine große Gruppe von Menschen, von denen die meisten sich längst vom Nationalsozialismus abgewendet hatten, wenn sie ihm überhaupt je innerlich angehangen hatten, die aber infolge der Anklage und der harten Maßregelung – mindestens zwei Jahre Berufsverbot! – mitsamt ihrem Anhang in die Trotzecke getrieben worden sind. Die falsche Methode bei der äußeren Denazifizierung führte so zu einer bedauerlichen geistigen Renazifizierung. Man braucht nur häufiger an den klassischen Stätten des heutigen Widerstandes die Ohren aufzumachen, in den Eisenbahnen und an den Einkaufsschlangen, um die ganze Gefährlichkeit und Breite

[63] Zu den unveröffentlichten Direktiven der amerikanischen Militärregierung vom 7. 7. 1945 und 15. 8. 1945 vgl. Niethammer, Entnazifizierung, S. 150–154; Gesetz Nr. 8 über das Verbot der Beschäftigung von Mitgliedern der NSDAP in geschäftlichen Unternehmen und für andere Zwecke mit Ausnahme der Beschäftigung als gewöhnliche Arbeiter vom 26. 9. 1945: ABlMilReg. Deutschland (Am. Kontrollgebiet) S. 20.

dieser Entwicklung bestürzt zu konstatieren. Fast jede Familie hat heute „ihren Nazi“, der – obwohl „nur“ Pg von 1937 – aus seiner Stellung heraus ist und, mitsamt seiner ganzen Familie, auf sein Verfahren wartet. Alle Angehörigen und Freunde denken und fühlen mit ihm, da sie ja auch wirtschaftlich die Folgen dieses Zustandes mitzutragen haben. Von hier ging und geht eine Welle der Ablehnung und des stillen Widerstandes gegen alles aus, was Politik oder Demokratie oder Regierung oder Besatzung heißt. Von hier gehen auch jene zahlreichen bösen Gerüchte und Parolen aus („Die wollen uns ja vernichten!“), die heute die öffentliche Meinung – oder besser: Stimmung vergiften. Die Partei der Spruchkammer-Angeklagten mit ihrem Anhang ist eine starke und gefährliche Oppositionspartei und ein großes Hindernis für ein neues politisches Leben. Eine solche Lage hätte vermieden werden können, wenn man – nicht aus Sentimentalität oder Mitleid mit den „armen Nazis“, sondern aus politischer Klugheit (divide et impera) – auf die Massenanklage verzichtet und sich auf einige „zigtausend“ Rädelsführer der Nationalsozialisten und ihre Handlanger beschränkt hätte. Auch die beiden Amnestien konnten die Folgen einer zweijährigen Fehlentwicklung nur abschwächen und lindern, aber nicht aus der Welt schaffen.

Kämpfe im Dschungel

Auch der epidemisch auftretende Mißbrauch der politischen Befreiung für ganz andere, oft sehr fragwürdige Zwecke ist eine Folge der allzu „totalen“ Denazifizierung. Es ist dies ein besonders dunkles Kapitel, weil es ein Kapitel beispiellosen moralischen Niederganges ist. Wer mit der Spruchkammerpraxis zu tun hat, erlebt immer wieder Fälle, in denen die Denazifizierung nur eine neue Waffe in dem verschlungenen Kampfe der menschlichen Feindschaften ist. Wenn zum Beispiel eine geschiedene Ehefrau ihren einstigen Mann vor der Spruchkammer belastet, dazu noch mit Lügen, so geschieht das kaum, um Deutschland vom Nationalsozialismus zu befreien . . . Oder: Gegen einen Möbelhändler tritt ein anderer Möbelhändler aus der gleichen Straße als Hauptbelastungszeuge auf . . . Gegen einen früheren Landrat tritt als Belastungszeuge ein Mann auf, den dieser Landrat im ersten Weltkrieg bei einer Mehlschiebung erwischt hat . . . Ein Beamter gegen einen anderen früheren Beamten, dessen Stelle er heute einnimmt und nicht mehr verlieren möchte . . Ärzte gegen Ärzte, Lehrer gegen Lehrer, Universitätsprofessoren gegen Universitätsprofessoren . . . Eine politische Gruppe gegen einen Unternehmer mit der Anklage, er habe bei Betriebsappellen den „Führer“ hochleben lassen, und mit dem Antrag, die Spruchkammer möge den Betrieb enteignen und der Belegschaft übertragen. . . Und schließlich der längste Vers aus diesem Kapitel: Parteipolitik mit Hilfe des Spruchkammerschwertes oder besser der Spruchkammerflinte, denn diese weitverbreitete unsaubere Tätigkeit wird bekanntlich als „Abschießen" bezeichnet. Wenn bei allen diesen Kämpfen wenigstens Mann gegen Mann, Auge in Auge, mit Anklage und Verteidigung gekämpft würde! Aber meistens geht dieser ganze Kampf unterirdisch oder im Dunkeln vor sich, durch anonyme Anzeigen, durch Stroh- oder Mittelsmänner. Ein Kampf im Dschungel, bei dem der Angeschossene den Abschießer nicht sieht.

In unruhigen schlechten Zeiten ist der Kampf der Menschen gegeneinander immer besonders hart, vollends nach einer Zeit zwölfjähriger Verderbnis und in tiefster wirtschaftlicher Not. Wenn man in solchen Zeiten allen Menschen Waffen in die Hand gäbe und das Recht, auf Andere zu schießen, so führte das zu Mord und Totschlag. Etwas ähnliches ist aber geschehen: 3,3 Millionen Menschen wurden in den Anklagezustand versetzt wegen Mitgliedschaften in gewissen Organisationen. Dadurch erhielten sie alle – wie weiland Siegfried – eine verwundbare Stelle, und jeder darf gegen sie zu Felde ziehen. Mehr als jeder vierte Erwachsene in der US-Zone war bis zum Erlaß der Amnestien in der geschilderten Weise verwundbar, – wundert man sich, wenn dann eine verderbte Menschheit beginnt, die Schwäche ihres Nachbarn und Konkurrenten weidlich auszunutzen, wenn sie sich auf die Lauer legt, um ihn abzuschießen und sich geschäftlich, beruflich, politisch an seine Stelle zu setzen oder eine seit vielen Jahren aufgespeicherte Rache zu nehmen, wegen eines verlorenen Prozesses oder einer Frau . . .? So ist ein giftiger Sumpf von Intrigen und Kabalen entstanden, ein Kampf vieler gegen viele, ausgetragen mit dem Mittel der Denazifizierung. Wäre von vornherein der Kreis der Betroffenen enger gewesen, wäre er beschränkt worden auf die Rädelsführer mit ihrem Anhang, wäre es also zum Beispiel nicht möglich, einen Mann damit zu „erledigen", daß man nachweist, daß er [19]33 Pg oder Kassierer im Reichsbund der Kinderreichen war – hier liegen konkrete Fälle vor – ja, dann würde halt niemand auf ihn schießen, weil das sinnlos wäre. Es ist das Ergebnis einer langen Erfahrung, wenn ich feststelle, daß eine der wesentlichen Ursachen dieses unwürdigen Mißbrauches wiederum in der zu breiten Anlage des Gesetzes liegt, weil es mit seiner Millionenanklage geradezu zum Mißbrauch für andere Zwecke anreizt. Dabei leidet – abgesehen vom Menschlichen – nichts so sehr Schaden wie das eigentliche hohe politische Ziel: nämlich die wirkliche Befreiung vom Nationalsozialismus, von seinem Geist und seinen Exponenten.

Gleichgültigkeit und Zeugenstreik

Noch auf eine andere Weise gefährdet die allzu „totale" Denazifizierung die notwendige politische Befreiung. Wir können heute bereits einen weit verbreiteten passiven Widerstand gegen jede Mitarbeit und einen damit zusammenhängenden Zeugenstreik feststellen, wenigstens soweit es sich um Belastungszeugen handelt. (Bei den Entlastungszeugen ist dagegen eine Inflation eingetreten, was vor allem auf einen anderen Konstruktionsfehler des Gesetzes zurückgeht, nämlich auf die umgekehrte Beweislast; doch soll davon hier nicht die Rede sein.) Wie sind der passive Widerstand, die ablehnende Gleichgültigkeit gegenüber der Spruchkammer und der Streik der Belastungszeugen zu erklären? Es wäre zu billig und obendrein falsch, das als fortlebenden Nazismus abtun zu wollen. Einer der Hauptgründe liegt vielmehr darin, daß fast jede Familie „ihren Nazi“ hat, und alle Familienmitglieder und Freunde, auch wenn sie selbst nicht betroffen oder „Antinazis“ sind, es aus einer falschen Solidarität ablehnen, gegen den „Nazi“ einer anderen Familie auszusagen. Wer auf irgendeine Weise zu der großen „Partei der Mitläufer“ gehört – und dazu gehören keineswegs nur wirkliche Mitläufer, sondern auch deren Anhang –, der sagt gegen seine „Parteifreunde“ nicht aus, selbst wenn er etwas Belastendes weiß. Ständen nur die Rädelsführer vor dem Tribunal, dann würde er aussagen.

Er würde vor allem aussagen, wenn nicht „alles schon so lange her“ wäre, – das ist ein zweites Moment. Wir haben seit dem Zusammenbruch schon zwei kostbare Jahre damit vertrödelt, das leere Stroh der allzuvielen Mitläufer zu dreschen, so daß die Erinnerungen und Eindrücke aus der Schreckenszeit verblaßt sind. Man will vielfach nichts mehr davon wissen. Erst kürzlich erlebten wir es, daß die „arische“ Gattin eines jüdischen Mitbürgers, dem frühzeitig die Emigration gelang, sich weigerte, vor der Spruchkammer gegen einen Universitätsprofessor auszusagen, daß er ihr als „jüdisch versippter Person“ im Herbst 1943 unmittelbar vor einem Luftangriff den Eintritt in den Bunker verweigert hatte. Das sei schon so lange her, sagte sie, und er sei durch den Verlust seines Sohnes schon genug gestraft. Sie wollte nichts mehr damit zu tun haben und werde nichts aussagen. Diese Stimmung ist weit verbreitet und typisch. Viele, und es sind nicht die Schlechtesten, fühlen sich schließlich durch die geschilderten Mißbräuche und manche daraus entstandenen Fehlurteile abgestoßen und sperren sich gegen jedes Mitmachen, sei es als Zeugen oder gar als Kläger und Vorsitzende. Das ist ein dritter Faktor der Passivität und des Zeugenstreikes.

„Nazis“ als Profitierer

Der schlimmste Schaden erwächst schließlich der wirklichen politischen Bereinigung dadurch aus der totalen Anlage des Gesetzes, daß die echten „Nazis“, eben jene, die man auch schon vor dem Zusammenbruch als solche ansah, die Aktivisten und Scharfmacher, am meisten dabei profitieren. Nach dem bekannten Wort von G. K. Chesterton verbirgt der kluge Mann ein grünes Blatt wo? – im Walde. Je mehr Masse vor der Spruchkammer, desto besser für den schuldigen Nationalsozialisten. Er verbirgt sich in der Masse der Mitläufer. Er hat Zeit, und er versucht, Zeit zu gewinnen. Die Zeit läßt vergessen, und je länger er sein Urteil hinausgezögert, umso milder wird es ausfallen. Er drängt nicht nach der Entscheidung, die Masse der Kleinen aber drängt sehr, weil das jetzt schon über zwei Jahre dauernde Beschäftigungsverbot sie quält und sie es nur durch ein Urteil loswerden können. Zwar haben überall die Kammern die Anweisung, zuerst die Belasteten heranzuziehen, aber der Andrang der vielen, die nicht mehr warten können und wieder an ihre Arbeit wollen, und das Drängen derer, die solche Leute einstellen oder weiterbeschäftigen wollen, ist doch stärker als alle ministeriellen Anweisungen. Die wirklich Belasteten werden zurückgestellt und gewinnen die Zeit, die sie gewinnen wollen.

Es ist überspitzt, aber nicht ganz falsch, wenn neulich gesagt wurde, daß jeder Monat Zeitgewinn beim Spruchkammerverfahren den Aktivisten ein Jahr Arbeitslager erspare.

Auch dieser geradezu widersinnige und groteske Zustand ist das Ergebnis jener zu breiten Anlage des Gesetzes und des damit verkoppelten Beschäftigungsverbotes. Es ist also ein echtes Anliegen einer wirklichen und eingreifenden politischen Befreiung, wenn immer wieder eine Entlastung aller Mitläufer aus der „Betroffenheit" und eine Beschränkung der Spruchkammertätigkeit und des Beschäftigungsverbotes auf die relativ wenigen wirklich Schuldigen gefordert wird. Geschieht das nicht, so entschlüpfen gerade von denjenigen viele der Verantwortung, derentwegen die politische Befreiung recht eigentlich unternommen wurde, und die ganze Aktion würde ihren Sinn verlieren und ihr Ziel verfehlen.

Gibt es noch einen Ausweg?

Gibt es aus dieser Fehlentwicklung noch einen Ausweg, bei dem der Sinn der künstlichen Revolution gerettet, und das Ziel noch erreicht werden kann? Ich möchte diese Frage nachdrücklich bejahen, aber ich muß sie mit einigen schwer wiegenden Wenns belasten. Man hat in der Denazifizierung in der US-Zone nicht erst seit dem Erlaß des Befreiungsgesetzes, sondern schon seit über zwei Jahren einen Weg beschritten, für dessen Wahl es subjektiv gute Gründe gibt, der sich aber deswegen als falsch erwiesen hat, weil man auf ihm das unbestreitbar richtige Ziel nicht erreichen kann. Mit den beiden Amnestien wurde bereits eine erste resolute Schwenkung in Richtung auf das wirkliche Ziel gemacht. Aber diese Schwenkung reicht noch nicht aus. Im übrigen ist es spät, wenn auch wohl noch nicht zu spät. Das Ziel hat nämlich die merkwürdige Eigenschaft, mit der Zeit zu entschwinden, wenn es nicht spätestens im nächsten Jahr erreicht wird. Es wäre ein völlig unsinniges und groteskes Unterfangen, sich noch auf weitere drei oder fünf Jahre Entnazifizierung einzustellen, darüber sollten sich alle Verständigen einig sein. Allzuviele Umwege und Holzwege können wir uns daher nicht leisten. Wenn wir also entschlossen nochmals die Richtung ändern und die inzwischen unterwegs gemachten Erfahrungen verwerten, so halte ich das Ziel, eine einigermaßen wirksame politische Befreiung, noch für erreichbar.

Das „Wenn" bedeutet, konkret gesprochen, folgendes: Wenn das Befreiungsgesetz so geändert wird, daß auch die jetzt noch verbliebene große Masse der Betroffenen bis auf einen vernünftigen Rest wirklich Belasteter in einem einfachen Verfahren bis etwa zum Ende dieses Jahres „durchgesiebt" werden kann, und wenn diese Masse – mit den gleichen Ausnahmen – sofort von dem heute noch auf ihr liegenden Beschäftigungsverbot (mit Ausnahme von Schlüsselstellungen!) befreit werden kann, so wäre dem ersten Schritt zum Besseren ein entscheidender zweiter hinzugefügt, der allen Beteiligten das Ziel wieder sichtbar vor die Augen brächte. Bei dieser Gelegenheit sollte man dann die reichen Erfahrungen einer siebzehn Monate währenden Wanderung durch das Neuland dieses Gesetzes auch für eine Korrektur aller jener übrigen Vorschriften verwerten, die sich als unbrauchbar oder ungenügend erwiesen haben. Eine solche Generalbereinigung des Befreiungsgesetzes wäre für niemanden ein Prestigeverlust, sondern das schlichte Eingeständnis, daß man nach Tische manches anders sieht als vorher und daß es ein Vorrecht menschlichen Wesens ist, aus Erfahrung klüger zu werden.

Nur muß man sich freilich vor der bedenklichen Illusion hüten, als ob nach der Beendigung der gesetzlichen Denazifizierung das deutsche Volk von Nationalsozialismus und Militarismus frei sein werde. Wir werden bestenfalls frühere Nationalsozialisten und Militaristen – hoffentlich auch diese! – von wichtigen Stellen ausgeschaltet und zur Wiedergutmachung herangezogen haben. Damit wird der Prozeß der Sichtung des ganzen Volkes äußerlich abgeschlossen sein. Das Andere aber und viel Wichtigere, die geistige Wandlung, kann man mit Spruchkammerurteilen bestenfalls vorbereiten, aber nicht herbeiführen. Die geistige Wandlung kann nur durch ein neues Denken und gutes Handeln der Besten, vor allem der im öffentlichen Leben Stehenden, langsam sich ausbreiten lassen, auf die Hoffnung hin, daß sie eines Tages Alle ergriffen haben möge.

37. Wirtschaftsprogramm der Freien Demokratischen Partei[64]

Die deutsche Wirtschaft kann nur nach den Gesetzen des Marktes und des Wettbewerbs gesunden. Eine Sozialisierung wird deshalb abgelehnt.

Bundesarchiv, NL Blücher 230 (maschinenschriftliche Vervielfältigung). – Druck: Juling, Programmatische Entwicklung der FDP, S. 81–86.

Wangerooge, 3.–9. Januar 1948

Aufgabe der Wirtschaft ist es, den Menschen mit Gütern aller Art zu versorgen und seine Lebensverhältnisse ständig zu verbessern. Es ist das Recht eines jeden, im Rahmen seines Einkommens über seinen Verbrauch selbst zu entscheiden. Die Planwirtschaft ist mit diesem demokratischen Grundrecht des Staatsbürgers unvereinbar. Der Forderung auf freie Entscheidung des Verbrauchers kann die Wirtschaft vielmehr nur dann entsprechen, wenn sie sich den Gesetzen des Marktes und des Wettbewerbes unterwirft.

Nur eine Wirtschaft hoher Leistung bei sparsamer Aufwendung kann unserem verarmten Volk wieder zum Aufstieg verhelfen. Dies wird allein durch die Selbstverantwortlichkeit aller in der Wirtschaft Tätigen erreicht; die wirtschaftliche Freiheit des Einzelnen findet ihre Grenzen in der zur Verwirklichung dieser Forderungen notwendigen Ordnung.

Dazu gehören für den Arbeitnehmer: Freiheit des Schaffens in gesicherter Existenz, Einsicht in den Sinn seiner Arbeit und Aufstiegsmöglichkeiten für alle Tüchtigen; für den Unternehmer: Eigentums- und Verfügungsrecht über die risikobestimmenden Faktoren bei Ablehnung des Machtgedankens.

Grundlage allen Wirtschaftens sind gesicherte Rechtsverhältnisse.

Nur diese liberale Wirtschaft wird dem deutschen Volke den angemessenen Lebensstandard wiedergeben.

1. Besatzungsmacht

Die Beziehungen zu der Besatzungsmacht müssen auch auf wirtschaftlichem Gebiet so bald wie möglich auf eine sichere Rechtsgrundlage gestellt werden. Als Vorgänger einer endgültigen Friedensregelung ist deshalb sofort ein Besatzungsstatut mit klarer Festlegung der beiderseitigen Rechte und Pflichten zu schaffen. Dieses ist eine der wichtigsten Voraussetzungen dafür, daß die deutsche Wirtschaft sich selbst trägt. Damit erspart sie dem deutschen Volke, Almosen zu empfangen, und den Besatzungsmächten, sie zu geben.

[64] Beschluß des Vorstandes der F.D.P. der britischen Zone.

2. Deutsche Regierung

Von der deutschen Regierung fordern wir, daß sie sich in ihrer Einwirkung auf den Wirtschaftsablauf auf das Notwendige beschränkt.

Dieses ist: die Durchführung des von der Volksvertretung gegebenen Wirtschaftsrechtes zu sichern, insbesondere Mißbräuche abzustellen und egoistische Machtbestrebungen zu verhindern und Richtlinien für die deutsche Wirtschaftspolitik im Einvernehmen mit den Selbstverwaltungsorganen der Wirtschaft aufzustellen.

Die Länderparlamente und Länderregierungen sollen bei diesen Aufgaben nur so weit mitwirken, als dadurch nicht die Rechts- und Wirtschaftseinheit Deutschlands beeinträchtigt wird.

3. Selbstverwaltung der Wirtschaft

Die Befreiung der Wirtschaft vom staatlichen Zwange und die Wiederherstellung ihrer Selbstverwaltung werden wesentliche Hemmungen bei der Erneuerung der Wirtschaft beseitigen und entscheidend zu ihrem Wiederaufstieg beitragen. Die Selbstverwaltung der Wirtschaft beruht auf der Koalitionsfreiheit aller in der Wirtschaft Tätigen. Sie muß durch die Verfassung garantiert sein.

Wir bejahen deswegen die Vertretung der Arbeitnehmer in den Betrieben durch die Betriebsräte und, überbetrieblich, ihre Vereinigung zu Arbeitnehmerorganisationen (Gewerkschaften). Die Arbeitgeber organisieren sich in Arbeitgeberverbänden.

Die Organisationen der Arbeitgeber und Arbeitnehmer wirken gleichberechtigt zusammen bei der Festlegung der allgemeinen Arbeitsbedingungen und Löhne.

Die fachlichen und wirtschaftlichen Belange der Unternehmungen und freien Berufe werden durch die Industrie- und Handelskammern, Handwerkskammern, Landwirtschaftskammern und die Kammern der freien Berufe vertreten. Als öffentlich-rechtliche Vertretung der Arbeitnehmer sind Arbeitnehmerkammern einzurichten.

Als oberste Organe der wirtschaftlichen Selbstverwaltung zur Vorbereitung gesetzgeberischer Maßnahmen auf dem Gebiete der Wirtschaftspolitik und zur Durchführung wirtschaftspolitischer Ordnungsmaßnahmen werden Wirtschaftskammern gebildet, und zwar für das deutsche Staatsgebiet eine Reichswirtschaftskammer, am Sitze jeder Landesregierung eine Landeswirtschaftskammer.

Die Wirtschaftskammern setzen sich zusammen aus gewählten Vertretern der Arbeitnehmer, der Unternehmer und der freien Berufe. Wahlkörperschaften sind die obengenannten Kammern.

Die Wirtschaftskammern sind Anstalten des öffentlichen Rechts. Ihre vornehmste Aufgabe ist der Ausgleich wirtschaftlicher und sozialer Gegensätze. Sie müssen bei der Behandlung wirtschaftlicher Gesetzesvorlagen und Verordnungen vor ihrer Verabschiedung, bei Gesetzen spätestens vor der zweiten Lesung, gehört werden.

Sie haben das Recht der Gesetzesinitiative.

Die Wirtschaftskammern übernehmen alle Aufgaben der Bewirtschaftung. Bei Arbeits- und Lohnstreitigkeiten sind sie gutachtlich zu hören. Zu ihren besonderen Aufgaben gehört es, die Lohnverhältnisse der verschiedenen Wirtschaftszweige aufeinander abzustimmen, damit inflationistische Entwicklungen verhindert werden.

4. Arbeitnehmer und Unternehmer im Betriebe

Die Arbeitnehmer sollen durch die Betriebsräte bei der Schaffung und Kontrolle der betrieblichen Arbeitsbedingungen mitwirken und über Sinn und Zweck ihrer Arbeit und die Geschäftslage unterrichtet werden.

Den Unternehmern muß das Eigentum am Betriebe und die verantwortliche Geschäftsführung unter alleiniger Verfügung über die das Risiko bestimmenden Faktoren zugebilligt werden.

Die Marktwirtschaft erzwingt eine Auslese der wirtschaftlichen Führungskräfte, die den Fähigen an die Spitze bringen. Denn in ihr gibt die erwiesene Bewährung durch Leistung und nicht der Klüngel zufälliger Beziehungen den Ausschlag. Die Marktwirtschaft bringt damit die wagnisbereiten Persönlichkeiten wieder in den Vordergrund und bewirkt damit gleichzeitig eine Reinigung der Unternehmungen von den ewig zurückhaltenden Sachwaltern, welche sich in den Zeiten der staatlichen und konzernwirtschaftlichen Lenkungszentralen ein unverdientes Übergewicht verschaffen konnten.

5. Verhütung des Mißbrauchs wirtschaftlicher Macht

Liberale Wirtschaftsauffassung und Zulassung übermäßiger wirtschaftlicher Machtstellungen schließen sich gegenseitig aus. Wir fordern ausreichende gesetzgeberische Maßnahmen gegen die Bildung von Monopolen privater oder öffentlicher Hand, sei es durch Eigenbesitz oder durch vertragliche Vereinbarungen. Soweit aus volkswirtschaftlich gerechtfertigten Gründen Marktregelungen notwendig sind, müssen diese der Aufsicht der Selbstverwaltung der Wirtschaft unterstellt werden. Ein generelles Verbot solcher Abreden ist volkswirtschaftlich nicht vertretbar.

Bestehende Einrichtungen, die den vorstehenden Grundsätzen widersprechen, müssen aufgelöst werden. Die Auflösung darf nur in einem gesetzlich festgelegten Verfahren unter sorgfältiger Berücksichtigung der technischen und wirtschaftlichen Zusammenhänge vorgenommen werden.

6. *Sozialisierung*

Die freie Entfaltung aller schaffenden Kräfte ist Aufgabe und Voraussetzung jeder gesunden Wirtschaft. Die Sozialisierung – gleich welcher Form – einschließlich ihres Schrittmachers – der sogenannten Gemeinschaft – verhindert diese Entfaltung. Sie schließt den freien Wettbewerb aus, hebt die persönliche Initiative und jede selbständige Verantwortung auf und endet damit unverzüglich in Wirtschaftsbürokratie und Zwangsarbeit. Wir lehnen deshalb aus wirtschaftlichen und sozialen Gründen die Sozialisierung kompromißlos ab.

Der Kohlenbergbau muß wegen seines monopolartigen Charakters unter öffentlicher Aufsicht betrieben werden. Die einzelnen Zechenunternehmen dagegen können und sollen unabhängig voneinander in privatwirtschaftlicher Form bestehen bleiben. Die von den Besatzungsmächten ausgeübte Kontrolle des deutschen Bergbaues darf nicht zu Eingriffen in deutsches Eigentum führen. Die unmittelbare Überwachung der einzelnen Zechen zur Erfüllung der uns von den Besatzungsmächten auferlegten Lieferverpflichtungen ist sobald wie möglich durch Staatsverträge abzulösen. Für ihre Einhaltung ist neben der Regierung das deutsche Aufsichtsorgan verantwortlich.

7. *Gewerbefreiheit*

Wir treten für die Wiederherstellung der Gewerbefreiheit ein. Beschränkungen sind nur durch gesetzliche Regelungen zulässig. Sie müssen sich in dem durch zwingende öffentliche Interessen (z. B. Gesundheitspflege) vorgezeichneten Rahmen halten. Soweit auf fachliche Qualifikation nicht verzichtet werden kann, wie z. B. im Handwerk, ist auf alle Fälle Niederlassungsfreiheit zu garantieren. Die Berufswahl ist grundsätzlich frei.

8. Bewirtschaftung

Die Erfahrung hat gezeigt, daß Korruption und Mißwirtschaft die unzertrennlichen Begleiter jeder öffentlichen Bewirtschaftung sind. Die letzten Reste der volkswirtschaftlichen Substanz und der wirtschaftlichen Moral werden dadurch auf das Höchste gefährdet. Die mit der Bewirtschaftung entstandene Gesetzgebung hat dazu geführt, daß unserer Rechtsprechung heute eine innere Unwahrhaftigkeit anhaftet, die für Volk und Richter gleich unerträglich ist. Sie erschüttert die Grundlagen des Rechtsstaates, weil sie aus Not und Zwang Rechtsbrecher schafft. Wir fordern deshalb nachdrücklich sofortigen Beginn des stufenweisen Abbaus der Bewirtschaftung mit dem Ziel ihrer gänzlichen Beseitigung.

9. Gewerblicher Mittelstand

Die Erhaltung und Förderung eines breiten Mittelstandes ist eine Vorbedingung für eine gesunde Wirtschaft. Darum gilt unsere besondere Aufmerksamkeit der Pflege eines leistungsfähigen Handwerks und Kleingewerbes sowie eines unabhängigen Handels.

Statt Bevormundung durch Behörden fordern wir die Befreiung von allen Hemmungen, ausreichende Rohstoffe und erleichterten Personalkredit. Dem Nachwuchs sind ausreichende Ausbildungsmöglichkeiten zu sichern. Bei Vergebung öffentlicher Aufträge ist der gewerbliche Mittelstand angemessen zu berücksichtigen. Das Vergebungsverfahren muß sauber, die Bedingungen müssen tragbar sein.

Der freie Zusammenschluß mittelständischer Betriebe zu Genossenschaften ist zu fördern. Jeder Zwang, auch der indirekte, durch Gewährung steuerlicher und sonstiger fiskalischer Vorteile wird abgelehnt. Für Genossenschaften müssen dieselben Wettbewerbsbedingungen gelten wie für andere Unternehmensformen mit Ausnahme der Genossenschaften, die der Selbsthilfe gegen Notstände oder caritativen Zwecken dienen.

Die Grundsätze für die Verhütung des Mißbrauchs wirtschaftlicher Macht sind sinngemäß auch hier anzuwenden.

10. Selbstverantwortliche Preisbildung

Die amtliche Festlegung der Preise nimmt ihnen ihre marktregelnde Funktion und gehört mit zu den Ursachen für die Bürokratisierung der Wirtschaft. Wir fordern deshalb den stufenweisen Abbau der staatlichen Preisbehörden. Der Unternehmer soll seine Preise in eigener Verantwortung festsetzen.

Die Preise sind in Anwendung betriebswirtschaftlicher Erkenntnisse verantwortungsbewußt zu ermitteln. Der Gewinn soll bei billiger Berücksichtigung des Wagnisses volkswirtschaftlich angemessen sein.

11. Löhne und Gehälter

Die Marktwirtschaft steigert im freien Wettbewerb Erzeugung und Verteilung der Bedarfsgüter zu höchster Leistung. Sie schafft damit die beste Grundlage für eine stetige Hebung des Lebensstandards der Arbeiter und Angestellten. Sie bewirkt mit zunehmender Produktivität eine Senkung der Preise durch vermehrtes Warenangebot. Sie erhöht damit die Kaufkraft der Löhne und Gehälter, wenn gleichzeitig verhindert wird, daß ein Übermaß der öffentlichen Lasten den Ertrag der Wirtschaft den schaffenden Menschen wieder entzieht.

Löhne, Preise und öffentliche Lasten müssen in ein Verhältnis zueinander gelangen, das unter individueller Bewertung der persönlichen Leistungen jedem Schaffenden die Gewähr gibt, im Laufe seines Berufslebens eine Daseinsgrundlage zu erwerben, die ihn von öffentlicher Fürsorge unabhängig macht.

12. Steuer

Wir treten ein für eine gerechte Besteuerung aller Staatsbürger. Die ungeheure wirtschaftliche Belastung, welche die Kriegsfolgen dem deutschen Volk noch für lange Zeit auferlegen werden, zwingt dazu, die Ausgaben des Staates auf ein Mindestmaß zu beschränken. Hierzu ist ein rigoroser Abbau der staatlichen und kommunalen Aufgaben notwendig. Die Verwaltung muß so sparsam arbeiten, daß ausreichende Mittel für die Erfüllung der sozialen und kulturellen Aufgaben verfügbar sind. Nur so kann die steuerliche Belastung in tragbaren Grenzen gehalten werden.

Die Steuern müssen sozial gerecht sein und genügend Anreiz für wirtschaftliche Leistung lassen. Sie dürfen den Wiederaufbau der Wirtschaft und ihre Entwicklung nicht behindern. Jede Erhöhung der Steuern bewirkt Preissteigerungen und vermindert den Anteil der arbeitenden Menschen am Sozialprodukt.

Alle Wirtschaftsunternehmen einschließlich der Betriebe der öffentlichen Hand müssen nach den gleichen Grundsätzen besteuert werden.

13. Währung

Das Geld kann seine Funktion in der Wirtschaft nur dann erfüllen, wenn die Währung geordnet ist.

Ausreichende gesetzmäßige Garantien für die Aufrechterhaltung einer stabilen Währung sind ein dringendes Erfordernis.

Im Bankwesen muß durch eine unabhängige, nach wirtschaftlichen Gesichtspunkten geleitete Zentralnotenbank die Voraussetzung für eine zielbewußte Kreditpolitik geschaffen werden.

Durch Anschluß der deutschen Währung an die Weltbank muß dem Außenhandel die nötige Bewegungsfreiheit gegeben werden.

14. Industrieplan

Es gehört zu den unabdingbaren Menschenrechten, sich auf allen Gebieten der Wirtschaft frei betätigen zu können. Wir fordern, daß dieses Grundrecht auch für das deutsche Volk wiederhergestellt wird. Eine Beschränkung erkennen wir nur für solche Produktionen an, die bei dem heutigen Stand der Technik den Frieden unter den Völkern gefährden können. Deshalb ist es angesichts der neuesten technischen Entwicklung nicht mehr zu rechtfertigen, Deutschland zu verbieten, daß es Handelsschiffe baut, den Walfang betreibt, Stickstoffdüngemittel und Treibstoffe erzeugt und Leichtmetalle herstellt. Mit diesen und ähnlichen Beschränkungen wird der Aufbau einer friedlichen Wirtschaft behindert.

Die deutsche Wirtschaft muß sich in dem durch die Arbeitskraft unseres Volkes gezogenen Rahmen zur Befriedigung seiner Lebensbedürfnisse harmonisch und frei entwickeln können. Künstliche Beschränkungen der gesamten Wirtschaft oder einzelner Zweige, wie sie im Industrieplan festgelegt sind[65], lehnen wir ab. Sie widersprechen der wirtschaftlichen Vernunft und sind mit den Grundrechten des Menschen nicht vereinbar.

15. Außenhandel

Eine Gesundung der deutschen Wirtschaft und damit der europäischen Verhältnisse ist nur möglich, wenn Deutschland eine wirtschaftliche Einheit ist

[65] Revidierter Plan für das Industrieniveau der britischen und amerikanischen Zone Deutschlands vom 29. 8. 1947, abgedruckt bei Stolper, Deutsche Wirklichkeit, S. 362–368.

und als gleichberechtigter Partner an dem Güteraustausch der Welt teilnehmen kann.

Wir fordern insbesondere: Fortfall der einseitigen Beschränkungen Deutschlands in Bezug auf internationale Abmachung, Wiederzulassung eigener Hochseeschiffahrt, Wiederzulassung Deutschlands im internationalen Versicherungsverkehr, freien Güteraustausch und meistbegünstigte Annahme deutscher Waren im Ausland, stufenweisen Abbau der Zollschranken und anderer Handelshemmnisse.

Der notwendige Ausgleich zwischen Ein- und Ausfuhr wird nur durch unbürokratische freie Verbindungen und Abmachungen mit dem Auslande erreicht.

Übervölkerte, auf sich beschränkte Nationalwirtschaften bilden leicht Unruheherde und gefährden dadurch den Frieden.

16. Gewerblicher Rechtsschutz

Die lange Unterbrechung des gewerblichen Rechtsschutzes in Deutschland hat bereits zu schweren Schäden geführt. Wir fordern deshalb unverzügliche Wiedereinrichtung des Reichspatentamtes und Wiederaufnahme Deutschlands in die internationale Patentkonvention als gleichberechtigtes Mitglied.

Den Erfindern als Wegbereitern des technischen Fortschritts ist ein angemessener gesetzlicher Schutz gegen den wirtschaftlich Stärkeren zu geben.

17. Verkehr

Die überragende Bedeutung des Verkehrswesens für eine moderne Wirtschaft bedingt die Wiederherstellung der deutschen Hoheit in Verwaltung und Tarifgestaltung. Sie kann äußeren Bedingungen nur durch internationale Verträge unterworfen werden.

Die Reichsbahn ist unter Berücksichtigung ihrer öffentlichen Aufgaben und der Bedürfnisse der Wirtschaft als ein selbständiges wirtschaftliches Unternehmen (Sondervermögen des Staates) zu betreiben. Das gleiche gilt für das Post- und Nachrichtenwesen.

In Kraftverkehr und Binnenschiffahrt ist die Unternehmensinitiative von den bestehenden Beschränkungen zu befreien.

18. Nachwuchs

Die Ausbildung und Förderung des Nachwuchses sind dringliche Gebote, denen auch unsere Armut nicht entgegenstehen darf. Dem kaufmännischen und technischen Nachwuchs ist Gelegenheit zur Sammlung von Auslandserfahrungen zu geben. In Wechselwirkung mit der Praxis müssen Forschung und Lehre lebensnah bleiben.

Eine Wirtschaft, die nur der Gegenwart dient, hat ihren Sinn verfehlt. Das Wirtschaften von heute ist auch Vorbereitung für den Erfolg von morgen. So befindet sich alles wirtschaftliche Geschehen in beständiger Wandlung und Entwicklung. Die Wirtschaft eines Volkes hält mit der Welt nur Schritt, wenn sie jung bleibt. Sie bedarf deshalb der tätigen Mitarbeit der Jugend. Sie muß auch ihren Besten Anreiz zum Schaffen geben. Die Jugend baut in ihr an der eigenen Zukunft.

38. Hans Nawiasky, Probleme einer deutschen Gesamtstaatsverfassung, Aufsatz

Anzustreben ist ein föderativer Staat mit einer aus den Ministerpräsidenten der Länder gebildeten Bundesregierung und einem aus der Mitte der Landtage gewählten Bundesparlament.

Frankfurter Hefte 3 (1948), S. 216–227.

März 1948

Wir befinden uns in der Zeit der Verfassungspläne für einen deutschen Gesamtstaat. Eigentümlicherweise wird diese Tätigkeit nicht beeinträchtigt durch die Frage, welchen Umfang dieser Gesamtstaat haben wird, insbesondere ob mit einer zeitweiligen Trennung des Westens und des Ostens zu rechnen ist oder nicht. Alle Pläne sind vielmehr so, daß sie für beide Fälle passen. Das hängt mit der Auflösung des preußischen Großstaates zusammen. Jetzt gibt es nurmehr Mittelstaaten, deren Größenunterschiede nicht so bedeutend sind, daß die Zugehörigkeit oder das Fehlen des einen oder andern das Gesamtkonzept beeinflussen würde.

Im folgenden sollen nicht die einzelnen Verfassungsentwürfe als solche geprüft werden. Vielmehr soll die allgemeine Vorfrage untersucht werden, vor welche Aufgabe jeder Verfassungsplan gestellt ist und welche Lösungsmöglichkeiten für diese Aufgaben überhaupt in Betracht kommen. Damit lassen sich die Maßstäbe gewinnen, die an die einzelnen Entwürfe angelegt werden können. Der verfügbare Raum zwingt allerdings zu der Einschränkung auf eine Anzahl ausgewählter Fragen.

I

Die Schaffung einer neuen Verfassung vollzieht sich nicht im luftleeren Raum, sondern sie muß, wie jede wichtige politische Entscheidung, auf die Situation ihrer Entstehungszeit Rücksicht nehmen. Die künftige deutsche Konstitution hat insbesondere drei Hauptanliegen zu genügen: erstens die Einheit des deutschen Volkes zu sichern, zweitens die Demokratie zu verwirklichen, drittens die Wiederaufnahme des deutschen Volkes in den Kreis der Kulturnationen dadurch zu erleichtern, daß sie die Besorgnis vor einer neuerlichen deutschen Angriffspolitik nach ihren Möglichkeiten ausschaltet. Zu allen diesen drei Anliegen sind eingehendere Ausführungen erforderlich.

1. Die Einheit des deutschen Volkes bedeutet nicht Einförmigkeit, sondern sie schließt auch die Erhaltung seiner Vielgestaltigkeit in sich. Ja gerade dadurch bewährt sich recht eigentlich ihre zusammenfassende Funktion. Das muß besonders hervorgehoben werden, weil heute mancherorts sonderbarerweise die Betonung der Vielgestaltigkeit geradezu als Verrat am deutschen Volke ausgelegt wird.

Die Mannigfaltigkeit wurde bis zum Ersten Weltkrieg allgemein als ein besonderer Vorzug des deutschen Volkstums angesehen und gepriesen. Erst seither haben sich Stimmen erhoben, die das Gewicht der Masse zum Angelpunkt ihrer politischen Bestrebungen gemacht haben, sei es, weil sie den Klassengegensatz vor allen anderen Unterschieden in den Vordergrund stellten, sei es, weil sie ihre Herrschaft auf der psychologischen Bearbeitung der Massen aufzubauen unternommen haben.

Diese Grundauffassung ist noch heute, ihren Trägern bewußt oder unbewußt, vielfach lebendig. Sie findet ihren Ausdruck in der Formel von der Erhaltung der Geschlossenheit des deutschen Volkes, die gegenüber den Gefahren seiner Zerstückelung in der Gegenwart notwendiger sei denn je. Sie führt staatspolitisch zu einem ausgesprochenen, nur dem Grade nach abgestuften Zentralismus, der von dem Ideal einer sogenannten Volksdemokratie bis zu jenem eines dezentralisierten Einheitsstaates reicht.

Auf der anderen Seite stehen jene, die überzeugt sind, daß trotz aller Binnenwanderung im 19. Jahrhundert und den gewaltigen Einschüben der Ostflüchtlinge nach dem katastrophalen Zusammenbruch des Zweiten Weltkrieges die besondere Eigenart und Veranlagung der Kernbevölkerung der Landschaften und Stammesgebiete im wesentlichen unversehrt geblieben sei und daher beim Aufbau des Gesamtstaates berücksichtigt werden müsse. Ja sie erwarten sich gerade davon eine Hebung der kulturellen Leitungsfähigkeit des Ganzen und die bessere Möglichkeit der von ihnen als wünschenswert erachteten Überbrückung der sozialen Gegensätze, dies deswegen, weil sich auf kleinem Raum die Menschen näherstehen, ihre gemeinsamen Sorgen unmittelbar vor Augen haben und auf ihre gegenseitige Unterstützung angewiesen sind. In diesem Lager der Föderalisten ist man der Meinung, daß die bereitwillige Anerkennung der tatsächlich gegebenen Besonderheiten des Volkes das Zusammenstehen der Teile erleichtere, weil keiner sich davor fürchten und dagegen wehren müsse, durch die Mehrheit der anderen erdrückt zu werden.

2. Gehen sonach in bezug auf das, was die Erhaltung der Einheit des deutschen Volkes erfordert, die Auffassungen auseinander, so besteht in bezug auf die Verwirklichung und Sicherung des demokratischen Staatsprinzips restlose Übereinstimmung aller, die ernstlich mitzureden haben. Denn ein zweimaliger katastrophaler Zusammenbruch im Verlauf einer einzigen Generation hat es jedem politisch Denkenden klargemacht, daß kein Volk es riskieren kann, sein Schicksal in die Hände weniger in der Hauptsache (1914) oder ganz (1939) unverantwortlicher Personen zu legen; daß Politik, weil Bestimmung des Schicksals aller, nicht eine Angelegenheit Weniger sein kann, die dazu berufen werden oder sich dazu berufen fühlen, sondern daß alle dazu Stellung nehmen und ihren Teil der Verantwortung tragen müssen.

Wie aber soll die Demokratie verwirklicht werden? Um hierauf Antwort zu geben, muß man sich zuerst ihr Wesen klarmachen.

Es besteht darin, daß jeder Einzelne an den obersten Entscheidungen der Gesamtheit durch sein Votum direkt (Volksentscheid) oder indirekt (Wahl) teilnehmen und sich dafür verantwortlich fühlen soll. Woher nimmt er die Befähigung dazu? Aus der Summe dieser Einzelvoten ergibt sich die Gesamtentscheidung. Besteht da nicht die ungeheure Gefahr, daß sich aus lauter Einzelirrtümern ein Riesenirrtum zusammenballt? Wie wird dieses Ergebnis in den alten Demokratien, die sich bewährt haben, vermieden? Die Antwort lautet: durch die erzieherische Wirkung der Erfahrung vieler Generationen. Diese kann man in Deutschland natürlich nicht abwarten, man muß vielmehr das demokratische System sofort in Kraft treten lassen. Das kostet selbstverständlich Lehrgeld. Damit es nicht zu hoch wird, ist Vorsicht am Platz. Wie ist es beispielsweise in der Schweiz, die uns von allen Demokratien am nächsten steht, gemacht worden? Man hat im kleinen Kreis begonnen, in der Gemeinde oder Talschaft, hat das System dann auf den größeren Bereich der Kantone erweitert und erst zuletzt den Bund einbezogen. Auch heute noch ist die Gemeinde die politische Schulstube. Denn hier handelt es sich um überblickbare Verhältnisse, man kann sich aus eigener Anschauung ein Bild über die Wirkungen getroffener Entscheidungen machen, in der kleinen Zahl der Stimmbeteiligten hat die einzelne Stimme Wirkung, und darum überlegt man sich ihre Abgabe genau. Das gilt ebenso bei unmittelbaren Abstimmungen wie bei Wahlen; bei diesen kennt man überdies die Kandidaten zumeist persönlich. So fühlt sich jeder verantwortlich, und das ist das Wesentliche. Innerhalb des Kantons weiten sich die Verhältnisse, aber noch bestehen unmittelbare Beziehungen. Anders dagegen in der Eidgenossenschaft; hier spielen die Informationen und Parolen der Parteien, der großen Wirtschafts- und Berufsverbände eine viel gewichtigere Rolle, wenn auch das überwiegend gehandhabte sehr kluge System des grundsätzlichen Aufbaus dieser Organisationen auf kantonaler Grundlage die Verbindung mit den kleineren Einheiten wahrt.

Sofort zeigt sich der Zusammenhang mit dem vorhin erörterten System der Aufgliederung und der Masse. Man beachte, daß selbst in der Eidgenossenschaft die Zahl der Stimmberechtigten nur 1,3 Millionen beträgt; es gibt ja kein Frauenwahlrecht. Demgegenüber kommen in Deutschland je nach dem territorialen Umfang des Gesamtstaates rund 27 bis 40 Millionen Aktivbürger in Betracht. Es ist klar, daß bei einem zentralistischen Aufbau die Bestimmung der Richtlinien ganz in die Hand der Parteileitung übergeht und die Wählermassen sich in der Hauptsache nur darüber entscheiden können, welcher Partei sie akklamieren wollen. Natürlich wird dadurch auch die Macht der führenden Personen außerordentlich gesteigert, was diese, wenn sie sich die höhere Einsicht zutrauen – und wie sollten sie nicht? –, als Vorzug buchen werden.

Die Föderalisten dagegen werden geltendmachen, daß die Demokratie in ihrem Lager stehe, weil sie sich in dem kleineren Rahmen besser, ja vielleicht überhaupt nur dort entfalten könne.

3. In bezug auf das außenpolitische Problem kann man sich kürzer fassen. Die Bürgschaft gegen eine aggressive Politik kann entweder in der Festlegung gewisser Staatsgrundsätze, etwa im Sinn des Kellogg-Paktes, liegen. Wichtiger ist, welche Organe die Außenpolitik zu leiten haben, wie sie zusammengesetzt sind, welche Kompetenzen und Befugnisse ihnen zustehen, welchen Kontrollen sie unterliegen. Hierfür spielt zweifellos die zentralistische oder föderalistische Struktur und das Maß der Verwirklichung der Demokratie eine Rolle. Die Zentralisten werden das Gewicht darauf legen, daß sie den Staatsapparat in den Händen haben und dafür einstehen können. Insbesondere werde die Einschaltung der Volksmassen sich im friedlichen Sinn auswirken. Die Föderalisten dagegen werden geltendmachen, daß ihr System von vornherein die Tendenz in sich trage, einseitige Entscheidungen zu erschweren, und daß nach den gemachten Erfahrungen gerade die Massen sich leicht durch Appell an das Gefühl für verstandesgemäß nicht kontrollierte Entscheidungen gewinnen lassen, zumal sie ihrer Natur nach zur Akklamation veranlagt seien.

II

Auf dem Boden, der im Vorausgegangenen gewonnen worden ist, können wir uns nunmehr den einzelnen Verfassungsproblemen zuwenden.

1. Zuvorderst erhebt sich die Frage: Einheits- oder Föderativstaat (bundesmäßiger Staat)? Es wird absichtlich nicht von Bundesstaat gesprochen, weil dabei immer zugleich der Gegensatz zum Staatenbund mitgedacht ist, ein Gegensatz, der gar nicht so grundlegend ist, wie man gewöhnlich annimmt. Das vor allem Entscheidende zwischen Einheitsstaat und Föderativstaat liegt in dem Verhältnis zwischen der Zentralgewalt (Bund) und den Gliedergewalten (Ländern). Besitzen die Gliedergewalten ein gewisses Maß von politischer Selbständigkeit, in die einzugreifen der Zentralgewalt verwehrt ist, dann ist ein föderatives Gemeinwesen gegeben. Hat die Zentralgewalt dagegen das Recht, sich in den ganzen Lebensbereich der Gliedergemeinwesen einzumengen, dann haben diese nur eine untergeordnete Stellung, entbehren des staatlichen Charakters und sinken auf die Stufe von Selbstverwaltungskörpern herab.

Welche dieser beiden Möglichkeiten verdient in einer gesamtdeutschen Ordnung den Vorzug? Die Antwort muß davon abhängen, wie man die Einflußmöglichkeit der Zentralgewalt und ihre Wirkungen bei beiden Lösungen bewertet. Gewiß gibt es von vornherein Gebiete, bei denen man leicht bereit sein wird, eine einheitliche Bestimmung von einer Stelle aus zu begrüßen: Währungs- und Münzwesen, Maß und Gewicht, Zölle und Freizügigkeit des Warenverkehrs, Post- und Fernmeldewesen, andere bedeutsame Gebiete des Verkehrswesens, um nur einiges besonders Wichtige zu nennen. Bei derartigen Aufgaben wird man daher jedenfalls die Gesetzgebung, zum Teil auch ihren Vollzug ohneweiters zentralen Stellen übertragen wollen. Wie aber steht es auf der andern Seite mit dem Gebiet der Erziehung und Bildung, der Kultur und der Religion? Hier scheiden sich notwendigerweise die Geister. Wer in diesen Fragen eine möglichst weitreichende Gleichförmigkeit bevorzugt, wird auch hier der einheitlichen Regelung das Wort reden. Wer aber die Vielgestaltigkeit, die lebendige Initiative, den freien Wettbewerb, die Selbstbestimmung, die Entfaltung verschiedener Kulturmittelpunkte als fruchtbarer ansieht, der wird sich mit aller Kraft gegen die Nivellierung wenden. Die beste Garantie aber ist es, wenn in diesen Bereichen den Gliedergewalten unabhängig von der Zentralgewalt alle Entschlußmöglichkeiten vorbehalten bleiben.

Dazu kommt aber noch ein sehr wichtiger Punkt. Wie wir gesehen haben, bedeutet Demokratie Selbstverantwortung. Diese muß sich notwendigerweise auf einen sachlichen Gegenstand beziehen. Es muß also Bezirke des öffentlichen Lebens geben, die der Einzelbürger einerseits übersehen und selbst bestimmen will, weswegen er jede Einflußnahme von außen als Einengung und Belastung empfindet. Wenn er hier vor der Tatsache einer Überstimmung durch die Angehörigen anderer Gebiete steht, dann erlahmt sein Interesse und daher seine politische Bereitschaft, zu handeln, bald, sein Verantwortungsgefühl wird ertötet, eine passive Haltung nimmt überhand, und damit wird die Erziehung zur Demokratie vereitelt.

Demokratie ist auf deutschem Boden noch eine sehr zarte Pflanze, die sorgfältiger Pflege bedarf. Es hat sich gezeigt, wie eng sie mit einer föderativen Aufgliederung verbunden sein kann. Wer diesen Zusammenhang beachtet, wird geneigt sein, der bundesmäßigen Alternative des gesamtstaatlichen Aufbaues besondere Aufmerksamkeit zu schenken. Wer sich aus irgendwelchen Gründen darüber hinwegsetzt, sollte sich wenigstens klarwerden, welche Möglichkeit er opfert.

2. Je nachdem, ob man dem Einheits- oder dem Föderativstaat den Vorzug gibt, gelangt man zu einem verschiedenen System der Aufgabenteilung. Grob gesagt handelt es sich beim Einheitsstaat, bildlich gesprochen, um eine horizontale, beim bundesmäßigen Staat um eine vertikale Teilung. Genauer betrachtet kommt im zweiten Fall eine Kombination zwischen vertikaler und horizontaler Kompetenzabgrenzung in Frage. Denn soweit gewisse Zuständigkeitsgebiete der Zentralgewalt vorbehalten werden sollen, kann noch eine Wahl zwischen zwei Systemen, jenem der reinlichen Scheidung und jenem der gegenseitigen Durchdringung erfolgen. Die reinliche Scheidung bedeutet, daß alle Arten der staatlichen Funktion, Gesetzgebung, Verwaltung und Rechtsprechung, jeweils derselben Seite zugewiesen werden, während bei der gegenseitigen Durchdringung die Gesetzgebung der Zentralgewalt zukommt, der Vollzug der Gesetze durch Administration und Justiz aber den Ländern übertragen wird. Eine solche Beteiligung der Glieder ist sehr wichtig. Denn die Gesetze gewinnen erst bei ihrer Anwendung praktische Gestalt, und dafür ist der Geist, in dem die Anwendung erfolgt, von sehr großer Bedeutung. Auch in einem Einheitsstaat ist die Heranziehung der Gliederungen zur Durchführung der Gesetze nicht gleichgültig; aber die unbedingte Unterordnung unter die Weisungen der Zentralgewalt engt die Bewegungsfreiheit der Glieder sehr ein. Es ist also ein wesentlicher Unterschied, ob die Überführung der Zentralgesetze in die Wirklichkeit des Lebens gliedlichen Staatsgewalten oder Selbstverwaltungskörpern anvertraut ist. Föderativstaat und dezentralisierter Einheitsstaat sind nicht nur Grad-, sondern Wesensunterschiede.

Freilich kennt auch der bundesmäßige Staat eine Aufsicht der Zentralgewalt über die Gliedstaatsbehörden bei Durchführung der zentralen Gesetzgebung. Aber sie beschränkt sich in der Regel auf eine Beobachtung von außen ohne das Recht unmittelbaren Eingriffs. Mängel, die festgestellt werden, sind bei den Gliedstaatsregierungen zu rügen, denen ihre Beseitigung überantwortet ist. Ergeben sich Meinungsverschiedenheiten, so ist allenfalls eine verfassungsgerichtliche Entscheidung vorgesehen.

Hier ist anzumerken, daß man eine selbständige und eine unselbständige oder abhängige Bundesaufsicht unterscheidet, je nachdem, ob die Kontrolle den Erlaß von zentralen Gesetzen voraussetzt oder auch ohne solche platzgreift. Eine wahre föderalistische Auffassung wird die zweite Möglichkeit ablehnen, weil bei ihr mangels eines festgelegten Maßstabes der Ermessensbereich der zentralen Behörden der festen Umgrenzung entbehrt und daher leicht in eine reine Überordnung ausartet.

3. Es ist natürlich eine Frage von größter Wichtigkeit, welche sachlichen Aufgaben dem einen oder dem andern Teil zugewiesen werden. Auf Einzelheiten wird hier absichtlich nicht eingegangen. Aber auch über das zugrundezulegende Prinzip können die Ansichten weit auseinandergehen. Auf der einen Seite steht die Formel: Alles, was nicht unbedingt einheitlich geordnet werden muß, sollte den Gliedstaaten überlassen bleiben. Begründung: sie stehen den Menschen und Sachen näher und können daher besser beurteilen, wie eine Frage richtig zu ordnen ist. Auf der andern Seite wird verlangt: Was besser partikular zu regeln ist, bleibe den Einzelstaaten überlassen, was besser einheitlich gemacht wird, soll der Zentrale anvertraut werden. Begründung: auf diese Weise werde eine sachlich optimale Lösung gesichert. Aber beide Regeln sind viel zu abstrakt, um eindeutige Antworten zu ermöglichen und dadurch Streitigkeiten auszuschließen. Deswegen bleibt nichts anderes übrig, als die Aufgabenverteilung durch einen Katalog zu bestimmen. Für immer noch mögliche Zweifelsfälle kommt eine subsidiäre Norm in Betracht, welche die Vermutung zu Gunsten der einen Seite – bei föderalistischer Auffassung zu Gunsten der Glieder – sprechen läßt. Ferner muß für die Entscheidung von Meinungsverschiedenheiten bei unparteiischer Auffassung die Zuständigkeit eines unabhängigen, möglichst paritätisch zusammengesetzten obersten Verfassungsgerichts vorgesehen werden.

Schließlich ist noch zu entscheiden, wie im Bedürfnisfall der Kompetenzkatalog soll geändert werden können. Überträgt man diese sogenannte Kompetenzkompetenz einem Organ der Zentralgewalt, so opfert man damit das Gleichgewicht zwischen Bund und Gliedern. Vom Standpunkt des Föderalismus aus ist die Mitbeteiligung der Glieder etwa durch ein Vertretungsorgan zu fordern.

4. Von föderalistischer Seite wird öfters die Ansicht vertreten, das Wichtigste sei eine klare Zuständigkeitsabgrenzung und die Sorge für ihre strikte Einhaltung. Diese Meinung ist aber eher optimistisch und wirklichkeitsfremd. Denn entscheidend sind niemals die juristischen Formeln, sondern der lebendige Wille. Wesentlich ist daher nicht die Kompetenzabgrenzung an sich, sondern der in den kompetenzbegabten Organen herrschende Geist, ob er nämlich eine Bürgschaft für die Einhaltung der Kompetenzgrenzen gewährt. Das hängt aber wieder von ihrer Berufung und Zusammensetzung durch zentralistisch oder föderalistisch gerichtete Kräfte ab.

Am wichtigsten ist die Gestaltung der mit der Regierung und der Gesetzgebung betrauten Organe. Die verwaltenden und die rechtsprechenden Instanzen kommen erst in zweiter Linie in Betracht. Theoretisch liegt das Schwergewicht bei den gesetzgebenden Organen, weil durch das Gesetz die obersten Richtlinien für das staatliche Leben vorgezeichnet werden. Praktisch aber kommt es in weit höherem Maße auf die regierenden Faktoren an. Denn in ihrer Hand liegt die Initiative und die eigentliche Führung der Geschäfte. Die Rolle der gesetzgebenden Organe ist hauptsächlich durch den Einfluß bestimmt, den sie auf die Berufung der Regierenden und ihre Tätigkeit ausüben können.

Wenn man das Übergewicht des Zentralismus möglichst sichern will, muß man jeden Zusammenhang zwischen den regierenden Organen und den Gliedstaaten ausschalten. Man kann dann etwa nach dem Muster der Weimarer Verfassung eine aus einem Zentralparlament hervorgehende oder von ihm abhängige Bundesregierung bilden. Gerade entgegengesetzt muß eine föderalistische Einstellung das größte Gewicht auf eine aus den Gliedstaaten hervorgehende oberste Bundesexekutive legen, indem sie diese aus Vertretern der Länder oder ihrer Regierungen zusammensetzt. Das war ja das ursprüngliche Konzept der Bismarckschen Verfassung, welche dem Bundesrat als Repräsentanten der Einzelstaaten die regierende Gewalt zuwies. Der Bundeskanzler war zunächst nur als ein untergeordnetes Ausführungsorgan des Bundesrates gedacht. Erst aufgrund der Forderung der Nationalliberalen wurde der Kanzler in den Rang eines verantwortlichen Ministers erhoben, immerhin aber noch als Vorsitzender des Bundesrates in dieses Organ der Einzelstaaten eingegliedert. In Betracht käme ein Rat der Ministerpräsidenten der Länder oder ein von diesen auf eine Funktionsdauer delegiertes Direktorium etwa aus fünf Mitgliedern, das die Bezeichnung Bundespräsidium erhalten könnte. Die Zustimmung zu einer von den Ländern unabhängigen, selbständig neben ihnen stehenden Bundesregierung kann niemals als ein eigentlich föderalistisches Konzept angesehen werden.

5. Eine besondere Frage ist die, ob neben einer kollegialen Bundesregierung noch ein eigener Bundespräsident aufgestellt werden soll. Eine unbedingte Notwendigkeit für ein solches Organ besteht nicht. Sollen ihm nur repräsentative Funktionen übertragen werden, so kann diese Aufgabe auch dem Vorsitzenden der obersten Exekutivbehörde zugedacht sein. Man vergleiche das Beispiel der schweizerischen Eidgenossenschaft, wo der Bundespräsident nur der Vorsitzende der kollegialen Landesregierung, des Bundesrates, und als solcher Erster unter Gleichen ist, oder die Stellung der Ministerpräsidenten der deutschen Länder. In einer zentralistisch eingerichteten Bundesregierung fiele diese Stellung dem Bundeskanzler als deren Vorsitzenden zu, in einem föderalistisch organisierten Direktorium dem jeweiligen Präsidenten dieser Behörde. Auch in dem ursprünglichen Bismarckschen Konzept war das Bundespräsidium einem Mitglied der verbündeten Regierungen, und zwar Preußen, zugedacht; erst später wurde ein besonderes Amt des deutschen Kaisers in dauernder Verbindung mit der preußischen Krone geschaffen.

Ein gänzlich außerhalb der Regierung stehender Reichspräsident ist erstmals in der Weimarer Verfassung vorgesehen. Seine Stellung war dadurch charakterisiert, daß er nicht nur repräsentative Aufgaben hatte, sondern über ein gewichtiges Ausmaß sachlicher Vorrechte verfügte (Ernennung und Entlassung der Regierung, Oberbefehl über das Heer, Herr über den Ausnahmezustand, Recht der Auflösung des Reichstags, und anderes). Als ein pouvoir neutre gedacht, um in Krisenzeiten für das Weiterfunktionieren des Staates zu sorgen, hat er sich bekanntlich allmählich zu einem beherrschenden Faktor der Reichspolitik entwickelt. Durch Vereinigung der Ämter des Reichspräsidenten und des Reichskanzlers hat sich schließlich Hitler offiziell zum Diktator gemacht und in dieser Stellung das deutsche Volk und die übrige Welt in die Katastrophe des Zweiten Weltkriegs gestürzt.

Diese Erfahrungen sollten eigentlich davor warnen, das Amt eines besonderen Bundespräsidenten zu erneuern. Niemand wird daran denken, ihm materielle politische Rechte einzuräumen, und für eine rein repräsentative Aufgabe ist er, wie gezeigt, gar nicht nötig. Ergänzend sei noch bemerkt, daß für den Fall der Demission des Regierungschefs der Präsident der Legislative die Vertretung des Bundes nach außen übernehmen könnte. Dazu kommt aber noch, daß hier eine große Gefahr lauert, nämlich die, daß alle aktivistischen und reaktionären Elemente ihre Hoffnung auf eine Restauration in der einen oder andern Weise an dieses Amt knüpfen werden. Naturgemäß wird das Ausland ihm stets mit Mißtrauen begegnen.

Über solche Bedenken kann eigentlich nur eine rein zentralistische Auffassung hinwegsehen, die Wert darauf legt, die Einheit des Volkes und Staates durch eine Person verkörpert zu sehen. Es ist nicht recht verständlich, wie ein selbständiger Bundespräsident vom föderalistischen Standpunkt aus zugestanden oder gar gefordert werden kann. Etwas ganz anderes wäre es, wenn man dem Vorsitzenden des oben erwähnten Direktoriums für repräsentative Zwecke den Titel eines Bundespräsidenten verleihen wollte.

An dieser Stelle ist noch zu erwähnen, daß ein aus den Ministerpräsidenten der Länder zusammengesetztes Bundespräsidium zwar die Regierung des Gesamtstaates führen könnte, aber kaum in der Lage wäre, daneben noch die Leitung der Verwaltungszweige zu übernehmen, die einheitlich geführt werden müßten, wie Verkehr, Post, Ernährung, Finanzen, später auch die auswärtigen Angelegenheiten. Hierfür wären zentrale Ämter vorzusehen, denen Fachleute vorstünden, die nach den Weisungen des Präsidiums und unter dessen politischer Verantwortung zu handeln hätten. Damit wäre dann noch der Vorteil einer Entpolitisierung des Verwaltungsapparates des Bundes verknüpft. Bei einer kollegialen Bundesregierung dagegen würden die obersten Leiter der Verwaltungszweige dieser als Minister angehören.

6. Was nunmehr das legislative Organ betrifft, so bedarf es für den Zentra-

listen keiner Überlegung. Das Vorbild des Reichstags ist gegeben; daher Einkammersystem und direkte Volkswahlen im ganzen Bundesgebiet.

Sofort erhebt sich aber die Frage des Wahlsystems. 27 bis 40 Millionen Stimmberechtigte, zum großen Teil ohne besondere politische Erfahrung, bedeuten eine Wählermasse, die der Gefahr unterliegt, sich einfach nach den Direktiven von oben zu orientieren und diesen ohne individuelles Urteil zu akklamieren. Was ist der Unterschied gegenüber der nationalsozialistischen Zeit? Statt eines Führerkreises mehrere! Gewiß ist das nicht genau dasselbe, aber worauf es ankommt: die persönliche Verantwortung fehlt und damit das wesentliche Element der Demokratie.

Welche Heilmittel stehen zur Verfügung? Den grundsätzlichen Mangel zu beseitigen, ist nicht möglich, wenn man an der direkten Wahl festhalten will. Es kann sich nur darum handeln, die Bedenken durch geeignete Vorkehren tunlichst abzuschwächen. Dazu gehört in erster Linie die Absage an das bisherige Reichstagswahlverfahren mit seinen großen Wahlkreisen und langen Kandidatenlisten sowie der Verrechnung der Reststimmen über den Wahlkreis hinaus auf Wahlkreisverbände und schließlich eine Gesamtliste. Der Einzelbürger weiß nur, welcher Partei seine Stimme zugutekommt; welcher Persönlichkeit sie zu einem Mandat verhilft, entzieht sich jeder Berechnung.

Deswegen der Ruf nach der Mehrheitswahl (Majorz) mit womöglich Einmannwahlkreisen. Der Nachteil dieses Systems ist weniger die Ungerechtigkeit der Beraubung der Wahlkreisminderheiten um jeden Erfolgswert ihrer Stimmen, die, auf größere Gebiete berechnet, die Stimmzahlen der siegreichen Gruppe erheblich übersteigen können, als vielmehr die Verschärfung und Vergiftung des Wahlkampfes und der Zwang zu zum Teil widernatürlichen Kompromissen, vor allem bei den Stichwahlen. Will man sich mit diesen Wirkungen nicht abfinden, so muß man an der Verhältniswahl (Proporz) festhalten, kann sie aber in verschiedener Weise verbessern. In Betracht kommen kleine Wahlkreise mit wenigen Sitzen oder Aufteilung derselben nach dem bewährten bayerischen Vorbild in Stimmkreise, für welche jede Partei nur einen Kandidaten nominieren kann, deren Stimmen dann nach der Parteizugehörigkeit im Wahlkreis zusammengerechnet und der Ermittlung des verhältnismäßigen Anspruchs auf Mandate zugrundegelegt werden; ferner Ausschluß der Reststimmenverwertung über den Wahlkreis hinaus oder, wenn im Bereich eines Landes mehrere Wahlkreise vorgesehen sind, über einen Verband dieser Wahlkreise; Nichtüberschneidung der Landesgrenzen durch die Wahlkreisgrenzen – in der Schweiz bildet für die Nationalratswahl jeder Kanton einen eigenen Wahlkreis ohne Reststimmenverwertung außerhalb des Wahlkreises –; Aufstellung der Kandidaten durch Wahlausschüsse der Wahlkreise oder, besonders günstig, durch solche der Stimmkreise; Erfordernis der Erreichung eines bestimmten Mindestprozentsatzes der Gesamtstimmenzahl zwecks Ausschaltung der Splitterparteien, die keine ernstliche politische Bedeutung beanspruchen können. Die meisten dieser Vorsorgen dienen dazu, dem Wahlakt einen übersehbaren und möglichst persönlichen Charakter zu sichern. Sie tragen zugleich auch föderalistischen Gesichtspunkten in gewissem Umfang Rechnung.

7. Diese würden allerdings in vollem Maße nur berücksichtigt, wenn man einen radikalen Schritt vollzieht und sich zu einem indirekten Wahlsystem entschließt dadurch, daß die Mitglieder des Bundesparlaments durch die Landtage, sei es aus ihrer eigenen Mitte delegiert, sei es aus den Wahlberechtigten berufen würden. Sehr überraschend ist dabei, daß diese mittelbare Wahl dem Ziel der Demokratisierung viel besser entspricht als die unmittelbare, weil das die Verantwortung ertötende Moment der Masse ausscheidet und an deren Stelle die – cum grano salis – naturwüchsige Gliederung zur Geltung kommt. Ebenso beachtenswert ist aber noch, daß der ganze Staatsaufbau viel einfacher und besonders für den Bürger dadurch viel übersichtlicher wird, daß das für ihn Verwirrende der Parallelwahl zum Landtag und zum Bundesparlament wegfällt. Auf diese Weise ist es ihm wesentlich erleichtert, an den politischen Entscheidungen aktiv teilzunehmen, und sein Interesse daran wird entsprechend gesteigert.

Der Gesichtspunkt der Klarheit und Durchsichtigkeit der Struktur des Gesamtstaates erfährt einen Höchstgrad der Berücksichtigung, wenn eine Kombination der Bildung eines Bundespräsidiums aus den Ministerpräsidenten der Länder und eines Bundesparlaments aus Vertretern der Landtage vorgenommen wird. Denn der Sachverhalt wäre dann der, daß die heute vorhandenen und eingelebten Landesregierungen und Landesparlamente nebeneinander Delegierte bestimmen, welche zu zwei parallelen Körperschaften zusammentreten, deren eine die exekutiven, deren andere die legislativen Aufgaben des Gesamtstaats übernimmt. Nochmals sei betont, daß durch diese nicht zu übertreffende Einfachheit dem Einleben der Demokratie ein wesentlicher Dienst geleistet würde.

Wenn es dem an das Weimarer Klischee gewohnten Denken allzuschwer fallen sollte, den eben dargelegten Vorschlag anzunehmen, so wäre es vom föderalistischen Blickpunkt aus wichtiger, das Bundespräsidium zu retten und ein direkt gewähltes Bundesparlament hinzunehmen, da in der deutschen Entwicklung ebenso wie in allen anderen Bundesstaaten weniger die Volksvertretung als die Regierung und vor allem die Bürokratie das treibende Element der fortschreitenden Zentralisierung gewesen ist. Sollte schließlich auch das Bundespräsidium keine Gnade finden, so müßte dann wieder als Mindestforderung ein zweites föderalistisch orientiertes legislatives Organ verlangt werden, für dessen Zusammensetzung Regierungsmitgliedern oder -delegierten, also einem Bundesrat, der Vorzug vor Vertretern der Landesparlamente oder gar von direkt in den Ländern gewählten Senatoren, also einer Länderkammer, zu geben ist und das dann wenigstens an den Erlaß der Durchführungsbestimmungen zu den Gesetzen zu beteiligen wäre.

Neben dem legislativen Vertretungsorgan kommt noch das Stimmvolk als gesetzgebender Faktor in Frage. Daß sich bei der Riesenzahl der Aktivbürgerschaft das Problem der Masse in besonders eindringlicher Weise stellt, liegt auf der Hand. Es ist einmal das Prinzip der mit Zunahme der Größe abnehmenden Eignung der unmittelbaren Demokratie aufgestellt worden. Für die Verfassung ist die Annahme durch das Volk nun einmal zu einem feststehenden Grundsatz geworden. Nach schweizer Vorbild sollte immerhin das Erfordernis aufgestellt werden, daß auch die Ländermehrheit gegeben sein muß, wobei als zustimmendes Votum eines Landes die Mehrheit der auf seinem Gebiet abgegebenen Einzelstimmen gilt. Bei der einfachen Gesetzgebung ist vorläufig größte Zurückhaltung geboten. Dagegen verdient die Volksabstimmung in der Gemeinde als wichtiges Erziehungsmittel zur Demokratie alle mögliche Förderung.

III

Die vorausgehenden Ausführungen sind mit Rücksicht auf den verfügbaren Raum in jeder Beziehung nur Stückwerk. Insbesondere gilt das von der Nichtbehandlung der Finanzfragen, der Stellung der Einzelperson im Staat, der Wirtschafts- und Sozialordnung und der Kulturpflege. Selbstverständlich ist nicht beabsichtigt, dadurch die große Bedeutung dieser Probleme herabzusetzen.

Zum Schluß noch eine Bemerkung: Eine Verfassung ist nicht ein Eintagswerk, sondern bei aller Berücksichtigung der gegebenen Gesamtsituation für längere Dauer bestimmt. Ihre Autoren müssen daher den Blick auf die Zukunft richten und es darum wagen, für wohldurchdachte Lösungen einzutreten, auch wenn sie im Augenblick weniger populär sind. Nur dann haben sie ihre Pflicht getan.

39. Leitsätze des Deutschen Arbeitskreises für ein Besatzungsstatut[66]

Die Besatzungsmächte geben die deutsche Staatsgewalt an die deutschen Verfassungsorgane zurück mit Ausnahme bestimmter Befugnisse auf den Gebieten der Entmilitarisierung, Entnazifizierung und Demokratisierung.

Bundesarchiv, NL Blücher 401 (Flugschrift)

Rendsburg, [Mai 1948]

1. Rückgabe der deutschen Staatsgewalt
Die durch die Viermächteerklärung vom 5. Juni 1945 von den vier Besatzungsmächten übernommene deutsche Staatsgewalt[67] wird den verfassungsmäßig zu bildenden deutschen Staatsorganen zurückgegeben. Damit werden die deutschen Hoheitsrechte auf dem Gebiet der Gesetzgebung, Justiz und Verwaltung wiederhergestellt. Dazu gehören Außenpolitik, Außenhandel und die territoriale Gliederung Deutschlands in Länder. Die Zonengrenzen sind nur noch militärische Demarkationslinien.
2. Militärische Sicherungsbesetzung
Im Rahmen der militärischen Sicherungsbesetzung haben die Besatzungsmächte nach Maßgabe näherer Ausführungsvorschriften Befugnisse:
a) zur Sicherung der Besatzungstruppen,
b) zur Befriedigung des notwendigen Bedarfs der Besatzungstruppe,
c) zur Aufrechterhaltung der öffentlichen Ordnung, soweit Störungen von den deutschen Polizeiorganen nicht behoben werden.
Die Vorschriften der Haager Landkriegsordnung (HLKO) finden entsprechende Anwendung, soweit sie nicht die Fortdauer der militärischen Kampfhandlungen voraussetzen. Natural- und Dienstleistungen nach Art. 52 der HLKO sind über deutsche Requisitionsämter anzufordern. Die Höhe der von Deutschland zu tragenden Besatzungskosten ist nach Maßgabe der durch den Besatzungszweck gebotenen Truppenstärke in einem festen Betrag jährlich zu vereinbaren.
3. Politische Interventionsbesetzung
Über den militärischen Sicherungszweck hinaus haben die Besatzungs-

[66] Verabschiedet auf einer Tagung, an der u. a. Gerd Bucerius, Hans-Werner Richter, Theodor Steltzer und Herbert Zachäus teilnahmen.

[67] Erklärung in Anbetracht der Niederlage Deutschlands und der Übernahme der obersten Regierungsgewalt hinsichtlich Deutschlands durch die Regierungen des Vereinigten Königreiches, der Vereinigten Staaten von Amerika und der Union der Sozialistischen Sowjet-Republiken und durch die Provisorische Regierung der Französischen Republik vom 5. 6. 1945, abgedruckt in: Ursachen und Folgen XXIII, S. 308–314.

mächte Befugnisse zur Entmilitarisierung, Entnazifizierung und Demokratisierung Deutschlands übernommen.
Zur Entmilitarisierung können militärische Anlagen zerstört, militärische oder militärähnliche Verbände aufgelöst, ausschließlich Kriegszwecken dienende Industrien beseitigt und die verbleibenden Industrien ausschließlich auf ihre Beschäftigung mit friedlicher Produktion kontrolliert werden.
Die Entnazifizierung ist Sache deutscher Stellen, für deren Tätigkeit die Besatzungsmächte allgemeine Direktiven erlassen können. Die Aufhebung deutscher Entscheidungen ist auf Fälle der Rechtsbeugung zu beschränken. Die Entnazifizierung ist baldigst abzuschließen.
Die Demokratisierung ist Sache der Deutschen. Die Besatzungsmächte kontrollieren den Erlaß und die Aufrechterhaltung demokratischer Verfassungsgrundsätze. Diese Grundsätze betreffen Freiheit der politischen Wahlen, Freiheit der Opposition und Gewährleistung der allgemeinen Menschenrechte.

4. Reparationen
   Die Leistung der Reparationen durch Demontage ist beendet. Reparationen aus laufender Produktion werden so lange nicht erhoben, als der deutsche Lebensstandard unter dem mittleren europäischen Standard liegt; sie können erst verlangt werden, wenn die territoriale Einheit Deutschlands wiederhergestellt ist.
5. Restitutionen
   Alles derzeit in Deutschland befindliche, identifizierbare Eigentum, das durch Gewalt oder Zwang aus dem Gebiet eines von Deutschland besetzten Staates entfernt wurde, ist zurückzuerstatten. Über Rückerstattungsansprüche, die binnen einer Ausschlußfrist anzumelden sind, entscheiden paritätisch zusammengesetzte Ausschüsse.
6. Besatzungskräftige Grundrechte
   Die Besatzungsmächte gewährleisten den Deutschen die allgemeinen Grundrechte auf Leben, Freiheit und Rechtssicherheit gegenüber den Besatzungsmächten. Der Schutz des Eigentums, insbesondere auch des geistigen Eigentums, wird wiederhergestellt.
7. Schiedsverfahren
   Streitigkeiten über Auslegung und Anwendung des Besatzungsrechtes werden von gemischten Schiedsgerichten entschieden.

40. Vorschläge der FDP für eine Bundesverfassung, Rundschreiben

Angesichts der Haltung der süddeutschen Länder liegt die staatlich-politische Zukunft Deutschlands in einem Bundesstaat mit ausgeprägter Dezentralisation.

Bundesarchiv, NL Heuß 407 (maschinenschriftliche Vervielfältigung).

Stuttgart, 20. Juni 1948

Das künftige Deutschland wird ein Bundesstaat sein, weniger aus unserem eigenen Willen heraus als durch den Zwang der Verhältnisse. Wir können einen deutschen Gesamtstaat nicht aufbauen gegen den Widerspruch eines der größten deutschen Länder, das dazu – das muß man ihm zugute halten – im Kreis dieser Länder heute das einzige in seinem historischen Bestand belassene ist. Das ist der innerpolitische Tatbestand und bedeutet die Notwendigkeit, eine staatliche Form zu finden, in die auch Bayern sich freiwillig und ohne Zwang einfügt. Und wir können – das wurde den Teilnehmern am Züricher Kongreß im Gespräch mit allen Ausländern besonders klar[68] – einen Einheitsstaat in unitaristischer oder zentralistischer Form nicht bilden, weil ihn uns die Gesamtheit der Sieger nicht bilden läßt und weil allein der Ruf nach ihm das Mißtrauen auch gutwilliger Neutraler erneuern würde. Dazu kommt, daß die ganzen süddeutschen Länder den Zentralismus ablehnen. Sie befinden sich, das wird oft übersehen, psychologisch in einer ganz anderen Situation als das, was in der britischen Zone jetzt Länder genannt wird. Im Süden ist neben dem Vaterlandsbegriff auch die Heimat noch so etwas wie ein politischer Begriff. Den Millionen in der britischen Zone ist die politisch verstandene Heimat mit der Zerschlagung oder schon früher beim Werden Preußens geraubt worden. Die bunt zusammengewürfelten Ergebnisse einer Schreibtischgeographie, jetzt Länder genannt, ist ihnen noch nicht (und wird es vielleicht auch nicht werden) zu einer politischen Heimat geworden. Der Süden sucht im künftigen Deutschland das gemeinsame Vaterland, der Norden auch die politisch begriffene Heimat.

Das vorausgeschickt und die daraus resultierende Abtönung in der Ausdeutung der einzelnen Begriffe bei den Freunden in Nord und Süd in Rechnung gestellt, kristallisierte sich bei den Besprechungen der gemeinsame Wunsch nach einem deutschen Bundesstaat heraus, der in seinem Wesensinhalt weder zum Zentralismus des Dritten Reiches noch zum Deutschen Bund zurückkehrt. Selbstverständlich ist für alle Beteiligten die ausschließliche Souverä-

[68] Kongreß der Liberalen Weltunion vom 21.–25. 5. 1948 in Zürich: Keesing's Archiv der Gegenwart XVIII (1948), S. 1509.

nität des Bundes in Fragen der Außenpolitik, der Landesverteidigung, der Wirtschafts- und Sozialpolitik, der Rechtsetzung und des Verkehrs. Rahmengesetze erläßt der Bund, künftig Deutschland genannt, in der Finanzpolitik, der Kulturpolitik einschließlich Schulwesen, der Rechtspflege, Besoldung usf.

Im übrigen soll der Neuverteilung der Kompetenzen der Kompetenzkatalog der Weimarer Republik zu Grunde gelegt werden, wobei die erste Kompetenz-Kompetenz bei der Verfassunggebenden Versammlung liegen soll. Die gesamtstaatlichen und einzelstaatlichen Kompetenzen müssen in der Verfassung umgrenzt werden. Eine Abänderung des Katalogs kann nur im Einvernehmen der beiden Häuser des Gesamtstaates erfolgen. Es muß durch die künftige Verfassung sowohl vermieden werden, daß zentralistische Tendenzen in der gesamtstaatlichen Gesetzgebung wieder die Oberhand gewinnen als auch das andere, daß der Gesamtstaat in seiner Bewegung und Entwicklung dadurch gehemmt wird, daß am Widerspruch eines einzelnen Landes etwa die Lösung neu auftretender Bundesaufgaben scheitert.

Als Organe des neuen Gesamtstaates sollen fungieren: Die Bundesversammlung (Volkshaus), bestehend aus den in direkter Wahl gewählten Vertretern des Gesamtvolkes; der Bundesrat (Länderhaus), bestehend aus den Delegierten der Länder, die an die Weisungen ihrer Regierungen gebunden sind; der Präsident der deutschen Republik.

Die Bundesversammlung besteht aus den in direkter Wahl gewählten Abgeordneten, wobei je 100000 Einwohner einen Abgeordneten zu wählen haben. Er ist das oberste gesetzgebende Organ. Er beschließt die Gesetze. Die Entwürfe werden durch die Regierung oder aus der Mitte des Hauses, wenn 10% der Abgeordneten es beantragen, eingebracht. Bundesrat und Bundespräsident können Vorlagen nur über die Reichsregierung an die Bundesversammlung bringen. Auf dem Wege des Volksbegehrens gleichfalls Gesetze vorlegen zu lassen, empfiehlt sich nicht, da die gesetzgeberische Aktion nicht durch das Agitationsbedürfnis einzelner Volksgruppen belastet und diskreditiert werden darf. Die Erfahrungen der Weimarer Republik waren eindeutig. Der Volksentscheid indes soll auf Veranlassung des Präsidenten, der Regierung, einer qualifizierten Minderheit der Bundesversammlung und des Bundesrats durchgeführt werden können. Die Bundesversammlung hat Anklagerecht gegen Präsident, Ministerpräsident und Minister vor dem Bundesgerichtshof wegen Verfassungsverletzung.

Der Bundesrat ist eine permanente Einrichtung, in die die Länder ihre Vertreter (je 2 für ein Land, je 1 für die Hansestädte) entsenden. Der Bundesrat ist die Vertretung der Länder beim Bund. Er hat keine eigene Gesetzgebungsbefugnis, aber Verordnungsbefugnis zur Erlassung von Durchführungsbestimmungen zu Bundesgesetzen unter Vorlage an die Bundesversammlung und hat die Gesetze der Bundesversammlung zu bestätigen. Er wählt sich jährlich einen Vorsitzenden. Wiederwahl ist zulässig. Er entscheidet mit einfacher Mehrheit, im Falle von Notstandsgesetzen mit Zweidrittelmehrheit. Verweigert er die Bestätigung, geht das Gesetz u. U. mit seinen Änderungsvorschlägen an die Bundesversammlung zur erneuten Beratung und Beschlußfassung zurück. Entscheidet die Bundesversammlung mit Zweidrittelmehrheit gegen den Bundesrat, kann der Bundespräsident das Gesetz trotzdem verkünden oder es zum Gegenstand einer Volksbefragung machen. Gegen eine Verkündung steht dem Bundesrat oder einem oder mehreren der Länder die Anrufung des Bundesgerichtshofes zwecks Feststellung der Verfassungsmäßigkeit zu. Der Appell an das Bundesgericht hat aufschiebende Wirkung. Das Bundesgericht hat innerhalb 3 Monaten zu entscheiden.

Der Bundespräsident soll nach den Erfahrungen der Weimarer Republik nicht mehr durch das Volk, sondern durch eine Nationalversammlung gewählt werden. Die Nationalversammlung setzt sich zusammen aus der Bundesversammlung, dem Bundesrat und Delegationen der Länderparlamente, deren Stärke sich nach der Bevölkerungszahl richtet. Er führt die Bezeichnung „Präsident der Deutschen Republik". Er vertritt Deutschland nach außen und innen, ernennt und bestätigt Gesandte, schließt Verträge, die Bundesversammlung und Bundesrat genehmigen müssen, ernennt und entläßt Bundesbeamte und kann Bundesexekutive mit Zustimmung einer Zweidrittelmehrheit der Bundesversammlung gegen ein Land in Gang setzen, das sich weigert, rechtsgültig beschlossene Bundesgesetze durchzuführen oder das gegen die Bundesverfassung vorsätzlich verstößt. Er ernennt den Ministerpräsidenten, beruft und entläßt die Minister. Der Bundespräsident kann durch einen Zweidrittelmehrheitsbeschluß der Bundesversammlung zum Rücktritt gezwungen werden. Er wird vom Präsidenten der Bundesversammlung vertreten.

Der Bundespräsident wird auf 6 Jahre, das Parlament auf 4 Jahre gewählt. Die Bundesfarben sind Schwarz-Rot-Gold.

Der Ministerpräsident (Bundeskanzler) wird vom Bundespräsidenten ernannt. Er und seine Regierung bedürfen des Vertrauens der Bundesversammlung. Die Regierung kann nur gestürzt werden, wenn ihr 51 % der gewählten Abgeordneten das Mißtrauen aussprechen. Das Mißtrauensvotum bleibt unwirksam, wenn das Parlament nicht innerhalb zweier Wochen mit 51 % eine neue Regierung bestätigt hat.

In Fällen außerordentlichen Notstandes kann die Regierung Gesetze, auch solche, die einzelne Grundrechte aufheben, ohne die Bundesversammlung mit Gegenzeichnung des Bundespräsidenten und Bundesrates befristet erlassen. Das Parlament ist aber innerhalb von 48 Stunden einzuberufen und in Kenntnis zu setzen. Die Bundesversammlung kann den Notstand und die erlassenen Gesetze bestätigen oder verneinen. Im letzteren Falle kann die Regierung ihre Gesetze zurückziehen oder sie muß zurücktreten. Gelingt die Neubildung und Bestätigung einer neuen Regierung innerhalb der verfassungsmäßigen Frist nicht, kann der Bundespräsident die Bundesversammlung auflösen. Die alte Regierung bleibt geschäftsführend im Amt. Ihre Notstandsgesetze bleiben in Kraft, wenn sie vom Bundesrat mit Zweidrittelmehrheit nach Auflösung der Bundesversammlung bestätigt werden. Sie kann bis zum Zusammentritt der neuen Bundesversammlung, längstens 6 Wochen nach Auflösung der alten, erforderliche, aber nicht verfassungsändernde Gesetze mit Bundespräsident und Bundesrat gemeinsam erlassen, die der neuen Bundesversammlung zur Genehmigung vorzulegen sind. Nach Zusammentritt der neuen Bundesversammlung ist die alte Regierung zu bestätigen oder eine neue zu bilden. Während des Wahlkampfes bleiben die Grundrechte, soweit sie zur Führung eines unbehinderten Wahlkampfes und zur freien Wahl erforderlich sind, unbeschadet der erlassenen Notstandsverordnungen in Kraft.

Im einzelnen gingen die Meinungen dahin: die Ablehnung des Zentralismus auf der Bundesebene bedingt auch den Abbau des schädlichen Zentralismus bis herunter zu den Gemeinden. Es wurde von den Freunden geradezu als Aufgabe unserer Partei angesehen, im Zeichen dieser Neugliederung Deutschlands den Einzelmenschen, die Gemeinden, die Kreis- und Bezirksverwaltungen aus der bürokratischen Reglementierung zu befreien. Die Selbstverwaltung muß in Deutschland wieder zu einer Tatsache werden, nicht wie jetzt Vorhang sein, hinter dem eine allmächtige Bürokratie regiert. Infolgedessen sollen Bund und Länder nach unten hin größtmögliche Freiheit lassen. Die Ausführung der Gesetze muß weithin den untergeordneten Organen überlassen bleiben. Das gilt nicht nur für die Wirtschafts-, Justiz- und Sozialverwaltung, sondern auch für die Steuerverwaltung. Der Bund muß in seinem Finanzbedarf sichergestellt werden. Er darf aber nicht wieder, um seiner selbst und seines Ansehens in der Bevölkerung willen, die alleinige Steuerhoheit erhalten. Es muß vermieden werden, daß wie im Weimarer Staat sich der Gesamtstaat dem einzelnen Bürger gegenüber nur durch das Finanzamt präsentiert. Es darf auch nicht wieder so kommen, daß der Bund Steuern erhebt, um sie dann den Ländern und Gemeinden zur oft recht leichtfertigen Verwendung zu überlassen. Die Ausgabemoral der Länder und Gemeinden und die Steuermoral der Bürger haben unter diesem System außerordentlich gelitten. Das Bewußtsein der mittleren und unteren Verwaltungsorgane, für jeden ausgegebenen Pfennig ihren Steuerzahlern gegenüber verantwortlich zu sein, war weithin geschwunden. Bei dem Rücküberweisungssystem des Weimarer Staates erschien das Reich als Verschwender, die seine Steuereinkünfte vielfach verantwortungslos ausgebenden Länder und Gemeinden vor dem Bewußtsein der Bevölkerung aber als die sorgsamen Haushalter. Verfassungsmäßig muß den Ländern und Gemeinden Recht und Zwang zu eigener Steuererhebung und eigener Verantwortung wieder zurückgegeben werden. Es wird der Bund über eigene Einnahmen in wesentlicher Höhe verfügen müssen, nicht nur um eine eigene sparsame Verwaltung zu unterhalten, sondern auch um den Lastenausgleich zwischen den einzelnen Ländern herbeizuführen. Es muß aber versucht werden, diesen Lastenausgleich als eine einmalige gesetzgeberische Aktion durchzuführen. Länder und Gemeinden müssen sich ihren laufenden Bedarf von ihren Landtagen, ihren Gemeindeparlamenten selbst bewilligen lassen. Wir werden, wenn das erst einmal wieder der Fall ist, auch wieder ein wesentlich stärkeres Interesse der Bevölkerung am politischen Leben erhalten. Letztlich sind es die kleinen Dinge, die den Menschen zur politischen Stellungnahme bewegen. Mit dem Versuch, sie mit den großen Dingen zu gewinnen, haben wir nicht nur Schiffbruch erlitten, sondern wir haben dabei auch mit den Idealen der Nation Schindluder getrieben, indem wir sie in den Tageskampf zerrten. Wir haben für Einheit und Freiheit und alles mögliche Wahlkämpfe geführt, wenn es um 25 Pfennig Krankenscheingebühr oder um eine kleine Steuervorlage gegangen ist. Um der Demokratie willen und um einer neuen Reichsverdrossenheit vorzubeugen, müssen wir vom alten System abkommen.

Es bestand Einigkeit darüber, daß unbeschadet einer einheitlichen Wirtschafts- und Sozialpolitik im Großen die oft törichten zentralistischen Einzelanordnungen in Zukunft zu unterbleiben haben. Für die Unmöglichkeit dieses Zentralismus zeugen die Folgen der Planwirtschaft der letzten Jahre, die sich vor allen Dingen auf dem landwirtschaftlichen Sektor verheerend und allen sichtbar ausgewirkt hat, wo sich angesichts der Verschiedenheit der Böden und der Bewirtschaftungsmethoden eine zentralistische Reglementierung von allein verbot. Ähnlich verschieden sind aber die sozialen und kulturellen Gegebenheiten. Bei aller Einsicht in die Notwendigkeit einer gesamtstaatlichen Sozialfürsorge und überbezirklichen Arbeitsplatzvermittlung ergeben sich eine Reihe Möglichkeiten, Länder und Gemeinden in stärkerem Maße auch auf diesen Gebieten wieder verantwortlich einzuschalten.

Es wurde als möglich anerkannt, daß bei aller Einheitlichkeit der Rechtsetzung in der Rechtspflege den Ländern weithin Selbständigkeit gelassen und auf die bewährten kommunalen Einrichtungen der niederen Rechtspflege wieder mehr zurückgekommen werden kann.

Ebenso bestand die Meinung, daß in der Schulfrage die Gefühle der einzelnen Bevölkerungskreise und der einzelnen Länder nicht mehr als es zur Erreichung eines für den Bund einheitlich festzusetzenden Lehrziels notwendig ist, zu tangieren seien. Der Bund darf nicht wieder in ähnliche Schwierigkeiten kommen, wie sie der Weimarer Republik durch die verunglückte Reichsschulgesetzgebung entstanden sind[69]. Er wird sich vielmehr damit begnügen müs-

[69] WRV 142–149 und 174; zum Scheitern der Entwürfe der Reichsregierungen für ein Reichsschulgesetz vgl. Führ, Zur Schulpolitik, passim.

sen, in Rahmengesetzen die notwendigen Grundsätze festzuhalten und im übrigen den Ländern möglichste Freiheit zu lassen.

Als selbstverständlich wurde bei den Verhandlungen angenommen, daß die künftige Neuordnung die Verschiedenheit in den Größenverhältnissen und der Bevölkerungszahl der einzelnen Länder ausgleicht. In keinem Fall soll dabei über die berechtigten Wünsche der Bevölkerung hinweggegangen werden. Es besteht hier auch nicht die Meinung, daß man das Land Bayern aufteilen soll. Die Zuschlagung unterfränkischer Kreise etwa zu Hessen, wohin sie verkehrsmäßig gehören, dürfte nur nach einer Volksabstimmung vollzogen werden. Die Pfalz hingegen hatte mit Bayern nie eine andere Verbindung als über die Besoldungs- und Pensionskassen in München. Die Parteien von Württemberg-Baden, Württemberg-Hohenzollern, Südbaden und der Pfalz sind darum der Meinung, daß aus den beiden Ländern Baden und Württemberg unter Hinzunahme der Pfalz ein einheitliches Land gebildet werden sollte. Diese feste und organische Verbindung links-rheinischen Gebiets dürfte in diesem Fall ebenso berechtigt wie nationalpolitisch von entscheidender Bedeutung sein wie etwa eine gleiche Regelung im Fall der links-rheinischen, hessischen und rheinischen Gebiete. Eine solche Neuregelung würde wahrscheinlich zunächst dem Widerspruch der Franzosen begegnen und würde für die Zeit der fremden Besatzung auch nur sehr bedingt möglich sein. Immerhin scheint es denkbar, daß, wenn in einem Besatzungsstatut, das für dieses Jahr in Aussicht gestellt ist, die Rechte der Besatzungsmächte klar festgelegt und auf das beschränkt bleiben, was zur Wahrung ihrer Sicherheit notwendig ist, das gleiche Land auch unter verschiedenen Besatzungsmächten leben könnte. Eine dem Willen der Bevölkerung angepaßte Neuregelung müßte wahrscheinlich in dem reichlich willkürlich zusammengelesenen heutigen Land Rheinland-Westfalen, eventl. auch in Niedersachsen erfolgen. Der Gefahr einer Majorisierung eines Teils der Länder oder der Hegemonie eines Einzelnen vorzubeugen, muß das Ziel einer möglichsten Angleichung der Länder untereinander in Größe und Bevölkerungszahl sein.

41. Ernst Brödner, Europa und die deutsche Zukunft, Aufsatz

Deutschland muß ein Teil der sich im Westen konsolidierenden europäischen Föderation werden. Insofern kann ein Wiederaufbau Europas nur mit Beteiligung der deutschen Industrie erfolgen, deren Einbindung in die gesamteuropäische Wirtschaft gleichzeitig dem Sicherheitsbedürfnis der ehemaligen Kriegsgegner nachkommt.

Deutsche Rundschau 71 (1948), H. 7, S. 9–17.

Juli 1948

„Die Ursache des europäischen Niederganges ist politisch, nicht ideologisch. Europa stirbt nicht an Altersschwäche, sondern daran, daß seine Bewohner einander mit den Mitteln moderner Technik totschlagen und zugrunde richten. Die Zukunft Europas hängt davon ab, ob die ersten tausend Anhänger den Glauben und die Werbekraft besitzen, um Millionen zu überzeugen und die Utopie von Gestern in eine Wirklichkeit von Morgen zu verwandeln. Wenn nicht vorher die Vernunft es schafft, wird die Not Paneuropa schaffen. Heute könnte Europa noch Arbeitsgemeinschaft sein, morgen müßte sie zur Leidensgemeinschaft werden." Diese prophetischen Worte, die Coudenhove-Kalergi vor 15 Jahren schrieb, mögen das Leitmotiv gewesen sein, unter dem der Haager Kongreß vom Mai 1948 stand [70]. Es ist nun an uns, aus diesem Geschehnis Folgerungen zu ziehen. Als Deutsche müssen wir fragen: soll Europa eine Einheit werden und wird es eine werden können?

Es ist die Rede davon, einen westdeutschen Staat aufzubauen, als Konsequenz einer praktisch längst vollzogenen Teilung Deutschlands. Es ist nicht vorzustellen, wie ein solcher Staat, selbst wenn er die Ostzonen mit umfaßte und mit souveränen Rechten ausgestattet wäre, lebensfähig sein könnte. Die Verluste und Amputationen, denen wir als Folge des Hitlerschen Wahnsinns unterworfen wurden, sind tödlich gewesen.

Der Verlust des deutschen Ostens macht uns selbst bei einem Hungerstandard für immer zum Kostgänger der übrigen Welt. Um dann noch den Verlust unserer Schiffahrt und Luftfracht (mit einem Devisenreinertrag von 600 Millionen Goldmark pro Jahr), das Verbot oder die Verkrüppelung zahlreicher lebenswichtiger Industrien (Kugellager, Werkzeugmaschinen, NE-Metalle, Benzin- und Gummisynthese, Röhren-, Blech- und Edelstahlerzeugung usw. usw.) auszugleichen, so müßte sich, um auch nur den Standard von 1932 bei rund 18 Millionen Unterverbrauchern, der zum Sieg des Radikalismus entscheidend beitrug, zu erreichen, unsere jetzige Ausfuhr rund verzwanzig-

[70] Erster Internationaler Paneuropa-Kongreß 7.–10. 5. 1948 in Den Haag: NZ Nr. 37 vom 9. 5. 1948 und Nr. 38 vom 13. 5. 1948.

fachen, eine Ziffer, die aus zahlreichen Gründen völlig utopisch ist. Aber selbst damit wäre es nicht möglich, die Substanzverluste an Kleidung, Wohnung usw. von etwa 15 Millionen Vertriebenen und ebensoviel Zerbombten in irgendeiner übersehbaren Zukunft auszugleichen.

Außerdem fehlt jede Aussicht, den Export auf unsere Spezialitäten (Feinmechanik, Optik, Elektrotechnik, Werkzeugmaschinen, Textilien, Fahrzeuge) auszudehnen und unsere frühere Stellung zu erkämpfen. Man wird diesen Kampf nicht zulassen.

Der Verlust der deutschen Patente, wichtiger und tragischer aber noch die Enthüllung wesentlicher bisher nicht veröffentlichter Herstellungsverfahren und Forschungsergebnisse, die Unmöglichkeit kapitalstarker deutscher Forschung und Neuentwicklung als Folge der Zerfetzung der Wirtschaft und der sogenannten Konzernentflechtung, das immer stärkere und raschere Auseinanderklaffen zwischen technisch-wirtschaftlichem Fortschritt in der Umwelt und dem Rückgang bei uns wirken im technischen Zeitalter tödlich.

Hinzu kommt der ungünstige Altersaufbau des deutschen Volkes. Schon jetzt müssen 100 Erwerbstätige 75 Nichterwerbstätige miterhalten.

Die immer stärkere Verbürokratisierung und Ermüdung der deutschen Wirtschaftskräfte, die durch die uns auf lange Sicht verbleibenden Hungerrationen mit ihrer zunehmenden körperlichen Erschöpfung der Menschen, der Rohstoffmangel, das Wohnungselend mit seiner zwangsläufigen Verbreitung ansteckender Krankheiten, die sicher einsetzende Abwanderung der Tüchtigsten und Initiativreichsten und zum Schluß ein unechter Föderalismus und Dezentralisation werden das ihrige tun, um uns nicht nur jede Hoffnung auf eine selbst bescheidene Lebenshaltung aus eigener Kraft zu ertöten, und ihre Verwirklichung tatsächlich unmöglich machen.

Unter solchen Umständen leben in der deutschen Reservation seit 1945 30 Millionen Deutsche zuviel.

Wenn wir als Volk überleben wollen, wäre das Gewand eines Nationalstaates solcher Art ein Nessushemd, in dem wir verbrennen werden.

Das nationalstaatliche Denken ist eines der Haupthindernisse unseres Volkes auf dem Wege in eine bessere Zukunft. Einem deutschen Patrioten muß jedoch nichts mehr am Herzen liegen als das Erhalten der biologischen Existenz seines Volkes, die allein darüber entscheidet, ob und welchen Beitrag wir in einigen Generationen als Menschen dieser Erde noch zu leisten vermögen.

Die Frage eines irgendwie gearteten deutschen Staates wird in unheilvoller Weise die Spaltung Deutschlands offenkundig machen, und es wird sich nicht vermeiden lassen, daß wir durch unsere Mitwirkung vor der Geschichte auch eine Mitverantwortung übernehmen. Obstruktion und passive Resistenz unsern Machthabern gegenüber aber ist in unserer Lage sinnlos. Sie würde nur zu einer weiteren Schädigung unserer biologischen Substanz führen.

Hinzu kommt, daß nichts für eine Stabilität der Verhältnisse so gefährlich ist wie ein politisches Vakuum, wie es ein Land ohne Macht an einem geopolitischen Brennpunkt der Erde darstellt. Ein souveräner Nationalstaat ohne Macht ist ein Fiktivgebilde, das alle Nachteile dieser scheinbaren Selbständigkeit in sich birgt ohne ihre Vorzüge.

Wir sollten uns daher entscheiden, an Stelle einer Politik von Gestern die von Morgen zu treiben. Es liegt auf der Hand, daß die Zeit der Nationalstaaten abgelaufen ist. Vor 1700 hat es sie in der heutigen Form kaum gegeben. Vielleicht gibt es sie nach 1970 bereits nicht mehr, wenigstens in Europa nicht mehr. Es gibt eine Macht, die, wenn sich die Europäer nicht selbst besinnen, in naher Zukunft die Rolle Philipps von Mazedonien spielen wird.

Was ist also zu tun? Statt an einer Teilung Deutschlands mitzuwirken, sollten wir mit übergroßer Mehrheit fordern, ein Glied des sich im Westen konsolidierenden europäischen Kontinents zu werden. Daß es einen deutschen Staat nicht mehr gibt, sollten wir als moralisches Guthaben in diese Föderation einbringen, bedeutet es doch die Beseitigung eines großen Hindernisses auf dem Wege der europäischen Einigung.

Wenn wir einmal betrachten, was ein solcher Schritt für unsere Nachbarn bedeutet, so werden wir am besten auch die Maßstäbe gewinnen für die Frage, was ein solcher Schritt für unsere Zukunft bringen würde.

Zwei Probleme haben sich in der deutschen Frage zu einem scheinbar unlösbaren Widerspruch verwirrt: die Frage der Sicherheit und die des europäischen Wiederaufbaus mit Hilfe der deutschen Industrie. Rascher und wirksamer Wiederaufbau ist nur möglich, wenn das, was von der deutschen Industrie übrigblieb – es ist vermutlich viel weniger, als wir uns heute vorstellen – auf vollen Touren läuft. Das bedeutet Schaffung eines beachtlichen Industrie-Potentials im Herzen Europas, inmitten eines Staates ohne Macht. Das bedeutet, daß dies Potential dem Zugriff mächtiger Nachbarn offen liegt. Also fühlt Frankreich seine Sicherheit bedroht.

Im Rahmen nationalstaatlichen Denkens ist dies Dilemma nur durch die Politik des Gummizügels zu lösen, die niemandem nützt und alle verärgert. Zwar Verminderung der Almosenzahlung an Deutschland durch vermehrte eigene Produktion, aber um Gottes willen nicht zu viel und nicht zu schnell! Auf diese Weise wird der Aufbau Europas ebenfalls verlangsamt und vermindert, und die Sicherheit Frankreichs ist doch nie vor unliebsamen Überraschungen gesichert. Sicherheit gibt es nur, wenn Deutschlands Industrie ein Teil der europäischen ist. Nur die engste wirtschaftliche Verflechtung durch Arbeitsteilung ist eine wirksame Kontrolle gegen heimliche Wiederaufrüstung und eine Sicherheit, daß europäische Bruderkriege in Zukunft ausgeschlossen sind. In einer solchen Föderation würde die westdeutsche Industrie nicht mehr eine lästige Konkurrenz, die man weitestgehend zu schwächen trachten muß, sondern eine wesentliche Stärkung des technischen Potentials und der geistigen Potenz bedeuten. Nur so – d. h. durch das Aufgehen der deutschen Industrie in der europäischen – läßt sich die Reparationsfrage wirtschaftlich sinnvoll lösen.

Schließlich müssen die erheblichen Unterschiede des Standards der europäischen Völker ausgeglichen werden, wenn nicht ein übergroßes Gefälle der Lebenshaltung der Vereinheitlichung Europas hinderlich sein soll.

Der beste Weg für das Hineinwachsen Deutschlands in eine europäische Einheit scheint eine schrittweise Vereinigung mit den Beneluxländern und darüber hinaus mit Westeuropa zu sein. Die enge Verflechtung und das vitale Interesse der Rheinmündungsstaaten sind über alle Bitterkeiten der Vergangenheit hinweg gerade von dieser Seite betont worden. Ein wirtschaftlicher Anschluß an diese Zollunion, der natürlich auf die Dauer nur Frucht tragen kann, wenn er den politischen und währungstechnischen Zusammenschluß nach sich zieht, würde die schrittweise Integration Europas erleichtern.

Um jedes politische Mißtrauen zu überwinden, müßte die politische Führung in dieser Union diesen Staaten überlassen bleiben. Wer an die Fähigkeiten der Deutschen glaubt, kann davor keine Angst haben. Wenn wir uns in einer Föderation aneinander gewöhnt haben und erst im gleichen Boote rudern, wird sich kraft Naturgesetz für uns der nötige Arbeits- und Lebensspielraum durch den vermehrten Reichtum aller ergeben.

Mit um so größerer Bitterkeit und Trauer liest man in den Londoner Beschlüssen von Grenzberichtigungswünschen[71], und das seitens eines Landes, in dem soeben der Haager Kongreß tagte.

Die Unmöglichkeit, „gerechte Grenzen" in Europa zu ziehen, läßt nur eine vernünftige Lösung der Grenzfrage zu, nämlich diese Grenzen für alle dadurch erträglich zu machen, daß man sie immer mehr unmerkbar macht.

Die Welt ist für eine Kleinstaaterei, wie sie jetzt in Europa wieder im Entstehen ist, zu klein und zu dicht bevölkert. Die moderne Technik kann ihre Leistungen nur vollbringen in einer arbeitsteiligen Verkehrswirtschaft großer Räume. Welche großen Reserven liegen für eine Vollbeschäftigung in einer freien Wirtschaft, in der Kauf- und Produktionskraft von Deutschland und darüber hinaus in einem wirtschaftlich freizügigen Europa! Und schließlich kann der Westen nur leben, wenn er von seiner Politik der Abwehr und des Treibenlassens abgeht und der großen konstruktiven Idee des Ostens seine eigenen konstruktiven Ideen gegenüberstellt und in diesem balkanisierten Europa in die Tat umsetzt. Ideen kann man nur mit Ideen begegnen, und für die Konsolidierung unserer Welt ist es unerläßlich, daß den Millionen Deut-

[71] Schlußkommuniqué der Londoner Sechs-Mächte-Konferenz über Deutschland vom 7. 6. 1948, abgedr. in Parl.Rat 1, S. 1–17.

schen, die jetzt noch übrigblieben, eine neue Hoffnung auf die Zukunft gegeben wird. „Wenn wir nicht ein größeres und besseres System erstehen lassen, wird der Tod in unserer Tür stehen. Das Problem ist im Grunde ein theologisches“, erklärte General MacArthur an Bord der „Missouri“ anläßlich der Kapitulation Japans.

So darf auch offen ausgesprochen werden, daß es kein sichereres und wirksameres Mittel gegen die drohende Katastrophe des dritten Krieges, von der gesprochen wird, gibt als ein rasches Zusammenwachsen Europas.

Wenn wir Europa wollen, so müssen wir uns auch über zwei wesentliche Hemmnisse zu dieser Entwicklung klar werden. Das eine ist der europäische Defaitismus, das andere das Ressentiment Frankreichs gegenüber Deutschland. In zahllosen Gesprächen habe ich immer wieder festgestellt, daß man unter nachdenklichen Menschen praktisch aller europäischen Nationen sehr rasch über das Wünschenswerte der europäischen Einigung einer Meinung ist. Diese Feststellung wird meistens von dem Satz begleitet: „Aber das kommt ja doch nicht . . .“, und dann folgte die Aufzählung der geschichtlich bedingten Hemmnisse und der Schwierigkeiten der praktischen Verhandlungen, wie sie gerade diese Wochen erneut zeigen. Es stimmt schon: die heute amtierenden Regierungen sind die ungetreuen Verwalter der Heimat Europa; aber wir können nichts anderes tun – bei Strafe des Unterganges – als den Defaitismus zu bekämpfen. Ein sicheres Mittel dazu ist, die Phantasie der Europäer anzufeuern, sich vorzustellen, was aus unser aller Leben werden könnte, wenn Europa zusammenwächst. Aber unsere kühnste Phantasie ist nicht ausreichend, uns ein richtiges Bild von den Möglichkeiten und dem Wohlstand zu machen, wenn ein einiges Europa seine Bodenschaft und seine Arbeitskraft gemeinsam entwickelt und Afrika als gemeinsame Aufgabe kultiviert. Im Grunde ist es gerade diese defaitistische Gesinnung, die ideologische Zwirnsfäden zu dicken Tauen macht.

Wenn dieselben Polen, Deutschen, Engländer, Spanier, Franzosen, Bulgaren und Schweden in der neuen Welt zu Amerikanern werden konnten, dann zeigt das, was uns in Europa fehlt: die gleiche große Aufgabe für alle. Die Ungleichheit der Lebensgewohnheiten, Anschauungen, Moden ist im freien Europa nicht größer als die zwischen Texas und Boston in Massachusetts.

Das zweite Haupthindernis ist das, was man den französischen Sicherheitskomplex nennen könnte. Deshalb muß man als deutscher Patriot nichts mehr wünschen als eine innere Verjüngung und solide Kräftigung Frankreichs, die die Voraussetzung für die Überwindung der äußeren Schwierigkeiten unseres westlichen Nachbarn sind. Beide Teile, auch die Franzosen, sollten aus den psychologischen Fehlern der Vergangenheit lernen.

Mir ist von französischen Bekannten immer wieder entgegengehalten worden, wenn ich mich für Europas Zukunft begeisterte, in einem geeinigten Europa würden 70 Millionen Deutsche 45 Millionen Franzosen gegenüberstehen und allein nach den Spielregeln der Demokratie die Oberhand gewinnen. Eine solche Denkungsart ist sinnlos, denn neben den 70 Millionen Deutschen gibt es mindestens 180 Millionen Nichtdeutsche in dieser Föderation, vielleicht sogar noch 100 Millionen mehr. Außerdem würde das Leben des europäischen Bürgers mit seiner Freizügigkeit und seiner freien Arbeitsmöglichkeit innerhalb Europas Grenzen uns alle vor so große sachliche Aufgaben stellen, daß wir in einer viel kürzeren Frist, als wir sie uns heute vorzustellen wagen, das Trennende der Vergangenheit nicht mehr empfinden werden. Schließlich war Europa auch im Mittelalter viele Generationen hindurch politisch eine Einheit, sprachen auch damals seine Menschen verschiedene Sprachen und entzündete sich seine Gegensätzlichkeit nicht an nationalen, sondern an übernationalen Fragen. Selbstverständlich wird es auch in Europa immer Kämpfe und Schwierigkeiten geben – die es auch in Amerika gibt –, aber das Nationalitätsproblem wird nicht mehr das Gesicht Europas bestimmen und seine Energie lähmen wie in unseren Tagen.

Mögen die Staatsmänner und Machthaber – nicht zuletzt die deutschen Parteiführer – dieser finsteren Gegenwart das Wort des Grafen Keyserling bedenken: „Es kommt alles darauf an, daß die maßgebenden Persönlichkeiten rechtzeitig verstehen. Das Bewußtsein muß Schritt halten mit der sich wandelnden Realität, sonst steht es dem Fortschritt im Wege."

Die französische Zeitschrift ›Plans‹ schrieb am 10. Dezember 1931 anläßlich der Schwierigkeiten, die in Deutschland beim Bankkrach vom 22. Juli 1931 entstanden waren:

„Achtung! Im Jahre 1919 waren 90 Prozent aller Deutschen Republikaner, Pazifisten und europäisch gesinnt. Die aufeinanderfolgenden Fehler der aufeinander folgenden Regierungen haben dies europäisch gesinnte Deutschland entmutigt und mit Geduld und Methode jenes nationalistische Deutschland angeregt, das es jetzt zu 60 Prozent ist. So bleiben kaum mehr viele Fehler, die zu begehen sind. Natürlich kann man eine so wirksame Tradition fortsetzen, die mit einer so schönen Folgerichtigkeit in die Sackgasse führt. Man kann das Auseinanderfallen Europas vollenden und damit den Selbstmord Frankreichs. Die Gelegenheit ist prächtig! Man kann aber auch durch eine Geste, durch ein Wort die Mißverständnisse zerstreuen, den deutschen Nationalismus entwaffnen, die Fehler reparieren und so unserm europäischen Vaterland Einheit, Wohlstand und einen brüderlichen Frieden schenken."

In weiteren Ausführungen beklagt sich dieselbe Zeitschrift bitter, daß man nichts täte, um den Deutschen zu helfen und ihr Prestige zu stärken, die trotz dieser Schwierigkeiten für den Frieden und die Zusammenarbeit mit den Siegern predigen.

Wenn wir nun fragen, ob Europa sein wird, so müssen wir begreifen, daß das im wesentlichen von uns selbst abhängt. Es ist unser Defaitismus, unser mangelndes Selbstvertrauen, unsere Müdigkeit und unser schlechtes Gewissen, das dem notwendigen Ziel am meisten im Wege steht.

Wir wollen einem der tiefsten zeitgenössischen Denker, dem Spanier Ortega y Gasset, das Wort erteilen und seine Analyse und seine Folgerungen mit aller Kraft verbreiten helfen. 1928/29 – im Zeichen der Prosperität und eines platten Fortschrittsglaubens – hat er sie mit visionärer Klarheit in seinem Buch ›Der Aufstand der Massen‹ niedergelegt.

„Es ist ein klägliches Schauspiel, das die minderjährigen Nationen Europas heute bieten. Angesichts von Europas sogenanntem Untergang und seiner Abdankung in der Weltherrschaft müssen Nationen und Natiönchen umherspringen, Faxen machen, sich auf den Kopf stellen oder sich recken und brüsten und als erwachsene Leute aufspielen, ihr Schicksal selbst in der Hand halten . . .

Zum ersten Male spürt der Europäer, daß er mit seinen politischen, wirtschaftlichen, geistigen Unternehmungen an die Grenzen seiner Nation stößt, daß seine Lebensmöglichkeiten, sein vitaler Stil in keinem Verhältnis zu der Größe des Kollektivkörpers stehen, in den er eingeschlossen ist, und damit hat er entdeckt, daß man Provinzler ist, wenn man Engländer, Deutscher oder Franzose ist . . .

Nach meiner Meinung entspringt das Gefühl des Versagens und der Ohnmacht, das unleugbar auf unserm Leben lastet, dem Mißverhältnis zwischen den Möglichkeiten des heutigen Europas und dem Format seiner politischen Verfassung, in deren Rahmen sie sich auswirken soll . . .

Die unseligen Schranken der gegenwärtigen deutschen, französischen, englischen Wirtschaft sind die politischen Grenzen der betreffenden Staaten. Die eigentliche Schwierigkeit liegt nicht in dem wirtschaftlichen Problem, sondern darin, daß die Form des öffentlichen Lebens, in der sich die ökonomischen Kräfte zu bewegen haben, den Größenverhältnissen dieser Kräfte nicht ensprechen . . . Der alte Kontinent ist trüb und verzagt wie ein großflügeliger Vogel, der mit seinen mächtigen Schwingenschlägen gegen die Gitterstäbe seines Käfigs stößt. Beweis dafür ist, daß sich dieselbe Konstellation auf anderen Gebieten wiederholt, die dem wirtschaftlichen sehr fern liegen, z. B. im geistigen Leben. Jeder gute Intellektuelle in Deutschland, England oder Frankreich empfindet die Grenzen seiner Nation heute als Beengung. Dasselbe geschieht in der inneren Politik . . .

Was fehlt, sind Programme, deren Umfang den Größenverhältnissen des heutigen europäischen Daseins angemessen wäre . . .“

Um das Gesagte durch ein greifbares Beispiel zu verdeutlichen, nehme man irgendeine konkrete Tätigkeit, etwa den Automobilbau. Das Automobil ist eine rein europäische Erfindung, aber in der Fabrikation führt heute Nordamerika. Konsequenz: das europäische Auto gerät ins Hintertreffen. Und dennoch weiß man in der europäischen Industrie und Technik ganz genau, daß die Überlegenheit der amerikanischen Erzeugnisse auf keiner speziellen Begabung des Menschen jenseits des Ozeans, sondern einfach darauf beruht, daß die amerikanische Fabrik ihren Wagen ohne irgendwelche Beschränkungen hundertzwanzig Millionen Leuten anbieten kann. Man stelle sich vor, einer europäischen Fabrik ständen als Markt alle europäischen Staaten mit ihren Kolonien und Schutzgebieten offen; unzweifelhaft könnte ihr Erzeugnis, das für fünf- bis sechshundert Millionen Menschen gebaut wäre, bei weitem besser und billiger sein als der Ford. Die besonderen Vorzüge der amerikanischen Technik sind fast ausnahmslos Wirkungen, nicht Ursachen der Größe und Gleichförmigkeit ihres Absatzgebietes. Die Rationalisierung einer Industrie ist die zwangsläufige Folge ihres Umfanges.

Die tatsächliche Lage Europas wäre sonach folgendermaßen zu beschreiben: seine lange und großartige Vergangenheit hat es auf eine neue Lebensstufe geführt, wo alles sich vergrößert hat; aber seine Strukturverhältnisse, die aus der Vergangenheit herüberdauern, sind zwerghaft und hemmen die Expansionskräfte der Gegenwart. Europa ist als Gefüge kleiner Nationen entstanden. Nationalgedanke und Nationalgefühl waren in gewissem Sinn seine bezeichnendsten Erfindungen. Nun sieht es sich gezwungen, sich selbst zu überwinden. Dies ist das Schema des gewaltigen Dramas, das sich in den kommenden Jahren abspielen wird. Wird sich Europa von den Überresten der Vergangenheit befreien können oder für immer ihr Gefangener bleiben? Denn es ist schon einmal in der Geschichte geschehen, daß eine große Zivilisation starb, weil sie ihre überlieferte Staatsidee nicht aufgeben konnte ...

Spanier, Deutsche, Engländer, Franzosen sind und bleiben so verschieden, wie man nur will; aber sie haben dieselbe psychische Struktur und sind vor allem auf die gleichen Inhalte bezogen. Religion, Wissenschaft, Recht, Kunst, gesellschaftliche und erotische Werte sind gemeinsame Angelegenheiten. Das sind aber die spirituellen Substanzen, von denen wir leben. Die Gleichartigkeit ist also noch größer, als wenn die Seelen selbst über einen Leisten geschlagen wären.

Machten wir heute eine Bilanz unseres geistigen Besitzes – Theorien und Normen, Wünsche und Vermutungen – so würde sich herausstellen, daß das meiste davon nicht unserem jeweiligen Vaterland, sondern dem gemeinsamen europäischen Fundus entstammt. In uns allen überwiegt der Europäer bei weitem dem Deutschen, Spanier, Franzosen ... Wenn wir uns versuchsweise vorstellen, wir sollten lediglich mit dem leben, was wir als ‚Nationale' sind, wenn wir etwa den durchschnittlichen Deutschen aller Sitten, Gedanken, Gefühle zu entkleiden probieren, die er von anderen Ländern des Erdteils übernommen hat, werden wir bestürzt sein, wie unmöglich eine solche Existenz schon ist; vier Fünftel unserer inneren Habe sind europäisches Gemeingut.

Was haben wir, die wir in diesem Teil des Planeten leben, Besseres zu tun, als das Versprechen zu erfüllen, das wir der Geschichte seit vier Jahrhunderten mit dem Wort Europa geben? Nur das Vorurteil der alten ‚Nationen' steht dem entgegen, die Idee der Nation als Vergangenheit. Jetzt wird sich zeigen, ob die Europäer von dem Weibe Lots abstammen und darauf beharren, mit rückwärts gewandtem Kopf Geschichte zu machen . . .

Unser heutiges Dasein ist die Frucht eines Zwischenreiches, einer Lücke zwischen zwei Gestaltungen der historischen Herrschaft, derjenigen, die war, und derjenigen, die sein wird. Darum ist es seinem Wesen nach unverbindlich. Die Männer wissen nicht, welchen Idealen sie dienen, die Frauen, welchen Typus Mann sie bevorzugen sollen.

Die Europäer können nur leben, wenn sie in eine große gemeinsame Aufgabe hineingestellt sind. Fehlt diese, so werden sie gewöhnlich und schlapp; die Seele geht ihnen aus den Fugen. Einen Anfang davon haben wir jetzt vor Augen. Die Kreise, die man solange Nationen genannt hat, erreichten vor einem Jahrhundert etwa ihren größten Umfang. Man kann schon nichts mehr mit ihnen tun als sie zu überschreiten. Sie sind nur noch Vergangenheit, die sich um und unter dem Europäer anhäuft, ihn einengend und belastend. Mit größerer vitaler Freiheit begabt als je, spüren wir alle, daß die Luft in jedem Volk unatembar ist, Gefängnisluft. Die Nationen, die vorher weiter, offener, durchwehter Raum waren, sind nun Provinz geworden, Binnenland. In der europäischen Supernation, die uns vorschwebt, kann und darf die heutige Vielfältigkeit nicht verschwinden. Während der antike Staat das Unterschiedliche der Völker vernichtete oder bestenfalls in mumifiziertem Zustand bewahrte, fordert die nationale Idee mit ihrer reineren Dynamik das wirkende Fortbestehen jener Vielfalt, die immer charakteristisch für das Leben des Abendlandes gewesen ist.

Alle Welt fühlt die Dringlichkeit neuer Lebensgrundsätze. Aber einige suchen – wie es in ähnlichen Krisen immer geschieht – durch übermäßige und künstliche Steigerung gerade des überlebten Prinzips die Lage zu retten. Dadurch erklären sich die ‚nationalistischen' Ausbrüche dieser letzten Jahre. Und es ist – ich wiederhole es – immer so gewesen. Die letzte Flamme die höchste; der letzte Seufzer der tiefste. Am Vorabend ihrer Aufhebung werden die Grenzen überempfindlich – die militärischen wie die ökonomischen.

Aber alle diese Nationalismen sind Sackgassen. Man versuche, sie in die Zukunft zu projizieren, und man spürt den Widerstand. Sie führen nirgendwohin. Der Nationalismus ist immer ein Impuls, der den Nationen bildenden Kräften entgegengerichtet ist. In Zeiten der Befestigung hat er einen Wert. Aber in Europa ist alles überbefestigt und der Nationalismus nur eine Manie, der Vorwand, der sich bietet, um der Verpflichtung zur Erfindung großer neuer Unternehmungen zu entgehen. Die einfältigen Mittel, mit denen er arbeitet, und die Art Leute, die er begeistert, verraten nur allzu deutlich, daß er das Gegenteil einer schöpferischen historischen Bewegung ist.

Einzig der Entschluß, aus den Völkergruppen des Erdteils eine große Nation zu errichten, könnte den Puls Europas wieder befeuern. Unser Kontinent würde den Glauben an sich selbst zurückgewinnen und in natürlicher Folge wieder Großes von sich fordern, sich in Zucht nehmen.

42. Heppenheimer Proklamation der Freien Demokratischen Partei [72]

Voraussetzungen für den Wiederaufbau Deutschlands sind Gleichberechtigung mit den anderen Staaten, Steuerreform, Lastenausgleich und wirtschaftliche Selbstverwaltung.

Bundesarchiv, ZSg 1–47/12 (maschinenschriftliche Vervielfältigung). – Druck: Juling, Programmatische Entwicklung der FDP, S. 86–87.

Heppenheim, 12. Dezember 1948

Während in Bonn die Bundesrepublik Deutschland entsteht, haben sich die freiheitlich-demokratischen Landesparteien in den drei Westzonen und in Berlin im Bewußtsein der Verbundenheit mit ihren Gesinnungsfreunden in der sowjetischen Besatzungszone zur Freien Demokratischen Partei vereinigt.

Damit ist die organisatorische Grundlage geschaffen für die Sammlung der politischen Kräfte, die den Gedanken der Freiheit und des Persönlichkeitsrechtes zum Richtmaß aller Entscheidung erheben. Selbstverantwortung und Achtung vor der Menschenwürde aller sollen die Lebensordnung für Volk und Welt bestimmen. Dies ist der Weg der FDP zu Freiheit, Frieden und Sicherheit für Deutschland in einem geeinten Europa.

Ausgehend von dieser Grundhaltung hat der Vorstand im Auftrage der Gründungsversammlung folgende Erklärungen zu dringlichen Tagesfragen der deutschen Politik gegeben:

I. Die FDP erkennt an, daß Deutschland ohne die Lieferungen der angelsächsischen Besatzungsmächte seine Wirtschaft nicht wieder aufbauen kann. Was mit der einen Hand gegeben wird, darf aber mit der anderen nicht genommen werden. Die Besatzungskosten haben im Jahre 1947 35–40 % und teilweise noch mehr des Steueraufkommens der deutschen Länder verschlungen. Durch das Besatzungsstatut muß den Besatzungs-

[72] Beschluß des Bundesvorstandes.

kosten eine den Grundsätzen des geltenden Völkerrechtes entsprechende Grenze gesetzt werden und die Demontage von Betrieben, die der Friedensproduktion dienen können, eingestellt werden.

II. Deutschland kann nur leben, wenn es arbeitsintensive Waren exportiert. Ein ausreichender Export setzt voraus, daß Rohstoffe rechtzeitig und in genügender Menge eingeführt werden, daß der Außenhandel von allen bürokratischen Fesseln befreit wird, daß Deutschland in einen intereuropäischen Verrechnungsverkehr gleichberechtigt eingeschaltet wird, daß Deutschland den Marshallplan unter den gleichen Bedingungen wie die anderen Länder durchführen kann und daß schließlich unser Land das Recht erhält, wieder konsularische Vertretungen im Ausland zu errichten.

III. Eine Verbesserung der deutschen Lebenshaltung ist nur möglich, wenn das deutsche Sozialprodukt vermehrt wird. Dies setzt große Aufwendungen für die Erhaltung und Erneuerung der Werkstätten und Wohnungen in Stadt und Land voraus. Sie sind ohne inflatorische Erhöhung des Preisspiegels und Gefährdung der Währung nur möglich, wenn den Aufwendungen Ersparnisse entsprechen. Die kommende Steuerreform muß daher darauf ausgerichtet sein, das Sparen mit allen Mitteln zu fördern. Menschen in fortgeschrittenem Lebensalter muß durch Steuervergünstigungen die Möglichkeit gegeben werden, sich in angemessener Frist eine neue Rücklage für das Alter zu ersparen.

IV. Das Schicksal der Demokratie hängt von einer gerechten Verteilung der Lasten des Krieges ab. Wir fordern daher, einen echten Lasten-Ausgleich zu Gunsten der durch den Krieg und seine Folgen Geschädigten. Wir lehnen den Mißbrauch des Lasten-Ausgleichs für parteipolitische Ziele ab. Wir fordern eine individuelle und nach sozialen Gesichtspunkten abgestufte Entschädigung auf das in redlicher Arbeit erworbene Eigentum. Wir lehnen dagegen ab, die Mittel aus dem Lasten-Ausgleich durch Übertragung auf kollektive Vermögensträger zu einer kalten Sozialisierung eines großen Teiles unseres Volksvermögens zu mißbrauchen. Wir empfehlen als ein Mittel des Lasten-Ausgleichs eine maßvolle Wiederherstellung der Sparguthaben auch der Ostvertriebenen etwa bis zu der in den Währungsgesetzen [73] vorgesehenen Höhe von 20 %.

V. Wir bekennen uns zu dem traditionellen Ziel der deutschen Sozialpolitik, dem wirtschaftlich Schwachen im Daseinskampf zu helfen. Wir bekämpfen jede Bestrebung, die zur Bürokratisierung und zur Errichtung politischer Machtpositionen führt. Sozialpolitik und Sozialversicherung sind endlich von den Fesseln eines bedrückenden, aus totalitärer Staatsauffas-

[73] Gesetz Nr. 63 (3. Gesetz zur Neuordnung des Geldwesens vom 27. 6. 1948): ABl MilReg. Deutschland (Brit. Kontrollgebiet) S. 862.

sung geborenen Zentralismus zu befreien und wieder auf die verantwortliche Selbstverwaltung durch alle Beteiligten zu gründen.

VI. Wir fordern:
  (1) die beschleunigte Einrichtung eines zentralen Flüchtlingsamtes, das insbesondere für eine angemessene Verteilung der Heimatvertriebenen auf alle Länder der drei Zonen zu sorgen hat,
  (2) einen gerechten Ausgleich der den Ländern aus der Sorge für die Vertriebenen entstehenden Lasten,
  (3) Freizügigkeit und freie Wahl des Berufs- und Arbeitsplatzes für alle Heimatvertriebenen,
  (4) Gleichstellung der heimatvertriebenen Ruhegehaltsempfänger und ihrer Hinterbliebenen mit den Einheimischen.

VII. Wir fordern die verfassungsmäßige Anerkennung des Berufsbeamtentums.

43. Alexander Mitscherlich, Der Sozialismus und die Freiheit, Aufsatz

Der Sozialismus als Ordnungsprinzip menschlicher Freiheit ist eine Ausdrucksform des Zeitgeistes und seinem Wandel unterworfen.

Bundesarchiv, ZSg 1–90/51 (Flugschrift). – Druck: Mitscherlich, Politisch-publizistische Aufsätze 1, S. 95–104.

1948

Sozialismus – dieses Wort kann sehr viel und sehr wenig meinen. Es kann mit ihm ein Programm angedeutet sein oder auch ein starres Dogma; es kann aber auch nur das ausdrücken wollen, was man früher Nächstenliebe nannte.

Es sind also sehr verschiedene Grade von Klarheit, von Verbindlichkeit, die mit demselben Wort Sozialismus ausgedrückt werden. Seitdem Karl Marx durch seine Lebensarbeit den wissenschaftlichen Sozialismus begründet hat, besitzt aber andererseits dieses Wort „Sozialismus“ eine sehr genaue Inhaltsbestimmung. Von ihr muß man den Ausgang nehmen, wenn man auf den revolutionären Gehalt des Wortes stoßen will.

Man kann die Frage stellen: Was muß sich denn in einer Gesellschaft ereignet haben, wenn der Sozialismus, d. h. die Forderung nach sozialer Gerechtigkeit, zum Programm – notwendig zu einem revolutionären Programm – wird?

Man wird schließen dürfen, daß eine zunehmende Zahl von Menschen mit der Sozialordnung, die sie um sich herum verwirklicht sehen und in die sie verstrickt sind, nicht zufrieden und nicht einverstanden sind.

Das Anliegen, das im wissenschaftlichen Sozialismus seinen Ausdruck findet, wie er im 19. Jahrhundert von Marx und Engels programmatisch zusammengefaßt und von seinen Anhängern durch die Jahrzehnte weitergetragen wurde, besitzt durchaus Vorläufer im Altertum, im Mittelalter und in der neueren Zeit. Immer wieder in den verschiedensten Augenblicken der Weltgeschichte hat das soziale Gewissen rebelliert. Dabei muß man nur an den Spartakus-Aufstand im alten Rom, an die soziale und religiöse Bewegung, die im 13. Jahrhundert zur Begründung der Bettelorden führte, an die Bauernaufstände des 16. Jahrhunderts, an die kritische Auseinandersetzung zwischen Nord- und Südstaaten in Amerika, die zum wesentlichen Inhalt die verschiedene Einstellung zur Sklaverei hatte, erinnern, oder noch an den durch seine dramatische Verwendung berühmt gebliebenen Aufstand der schlesischen Leineweber, um deutlich zu machen, daß es kaum ein Zeitalter gibt, in dem nicht irgendwann das Heer der Unterdrückten und Ausgebeuteten mit dumpfen Schlägen an die Türen der Machthaber gepocht hat. Immer waren diese Menschen beseelt von einer Hoffnung, von der Erwartung auf eine bessere Zukunft. Immer mußte auch ihre augenblickliche Not so angewachsen sein, daß sie jedes Risiko, auch das ihres persönlichen Unterganges, zu tragen bereit waren, um sich der Fesseln ihres allzu mühseligen Lebens zu entledigen. Hoffnung und Utopie hängen zusammen. Es waren oft utopische Gedanken, die diese Volksaufstände befeuerten. Es fehlte zumeist der Kopf, der die Verwirklichung, die Realisierbarkeit einer Hoffnung garantierte, der Wunsch und Wirklichkeit zu trennen verstand und damit den Ansatz jeder Aktion planvoll bestimmte. Der Kopf, der den aufgestauten Gefühlen klare und sichere Vorschriften des Handelns machte, der, mit einem Wort, das Programm beisteuerte.

Gerade dies war die Leistung von Marx und Engels. Seit der Veröffentlichung des Kommunistischen Manifestes gibt es ein Aktionsprogramm des Sozialismus; eine Richtschnur für jene Menschen also, die ihre Kraft einsetzen zur Errichtung von Verhältnissen, bei denen sich das soziale Gewissen zu beruhigen vermag.

Ein Programm wird um so größere Schlagkraft besitzen, wird um so zwingender sein, je umfassender die Vorarbeit ist, die seiner Aufstellung voranging. Diese Vorarbeit war, was das Marxsche Lehrgebäude betrifft, außerordentlich. Die Genialität des Einfalles – nämlich konsequent bei allen historischen Ereignissen die Art ihrer ökonomischen Bedingungen und die Interessen der herrschenden Klasse aufzuspüren und zu analysieren, wenn man etwas Verbindliches aussagen wollte – dieser geniale Einfall bildet die Grundlage, und eine unermüdliche Arbeitsleistung hat sie methodisch erweitert und in der historischen Anwendung erprobt.

Dies also ist die wissenschaftliche Leistung von Marx, daß er dem Sozialismus eine methodische Grundlage gegeben hat. Von nun an ist Sozialismus nicht mehr gleichbedeutend mit der Utopie von der Gleichheit und Brüderlichkeit der Menschen, die noch die Französische Revolution in ihrem Traum von der Vernunft beschworen hatte. Nunmehr bedeutet Sozialismus zuerst die sehr realistische Forderung nach gerechter Verteilung der Produktionsmittel. Es war erkannt, daß nicht der Besitz und seine ungleichmäßige Verteilung die soziale Ungerechtigkeit ausmachte, sondern daß die Monopolisierung der Produktionsmittel zugunsten weniger Menschen, einer Klasse, Kaste, jene ungleiche Kräfteverteilung in der Gesellschaft schuf, die zu einem Mißbrauch führen muß.

Hier ist jedoch auf eine historische Tatsache aufmerksam zu machen, die zu wenig bemerkt, doch der größten Aufmerksamkeit würdig ist: die tiefgehende Wandlung, die das Verhältnis der Menschen zum Besitz im Lauf der Geschichte durchgemacht hat. Die Zahl der für den einzelnen besitzfähigen Produktionsmittel verringert sich fortwährend. Wie lange war der Mensch selbst als eines der wichtigsten Produktionsmittel ein Besitzgegenstand, konnte Besitzrecht über ihn geltend gemacht werden – (und noch wenn in diesem Krieg ein General oder Hitler von „meinen Grenadieren" sprach, so zitterte etwas von diesem Besitzanspruch nach). Staaten waren Herrscherbesitz. Ämter, Pfründen – konnten gekauft werden. Aber auch die modernsten Schöpfungen der Technik, z. B. die Post, die Verkehrsmittel, werden in immer mehr Ländern nicht mehr als Privatbesitz geduldet. Ein Industriezweig nach dem anderen verfällt der Überführung von der privaten in die öffentliche Hand. Banken, Schwerindustrie, Bergbau, Grundbesitz sind im Augenblick die umstrittensten Bezirke, in denen zwischen dem einzelnen und dem Staat, einer „Klasse" und der ganzen Gesellschaft, gerungen wird. Die industrielle Ausbeute der allerneuesten technischen Errungenschaft, der Atomenergie, soll endlich nicht mehr einem einzelnen Staat vorbehalten sein, sondern zum Menschheitsbesitz erklärt werden.

Es lohnt sich gewiß, über diese Wandlung des Gewissens nachzudenken. Wer des naiven Glaubens wäre, daß nur Neid die Wurzel dieser Veränderungen, dieser in langsamer Entwicklung und in revolutionären Stößen sich vollziehenden Sozialisierung wäre, befände sich in sehr irrtümlichem Glauben. Es liegen hier tiefe Änderungen in der Art und Weise vor, wie der Mensch seine letzten Lebensziele versteht, was er verwirklicht sehen will, wie er sich selbst idealisiert. Damit ist nicht gesagt, daß diese Ziele höhere wären als die vergangener Jahrhunderte, sondern nur, daß anderes erstrebenswert wurde, vor allem aber, daß überhaupt mehr Menschen soziale Mindestforderungen zu stellen begannen und dazu in der Lage sind.

Wenn Marx auch zur Verwirklichung der sozialistischen Ziele den Weg der ökonomischen Forderungen eingeschlagen hat, so ist deshalb der Sozialismus nicht nur ein ökonomisches Programm, die Sozialisierung nicht allein ein Umbau in der Wirtschaftsstruktur – sondern er ist ein Stilelement unserer Gegenwart, nicht anders wie ein Bau- oder sonst ein Kunststil, ein Ausdrucksstil.

Diese sozialistische Idee steht in einem tiefen Bezug zu einem anderen Stilelement unserer Lebenswirklichkeit, in die wir hineingeboren sind und die keiner von uns zu überwinden vermag. Dieses Stilelement ist die Maschinentechnik und darüber hinaus die Rationalisierung unserer ganzen menschlichen Welt.

Als eine Konsequenz der sich ständig vergrößernden Welt ist die Massierung in unseren Gesellschafts- und Produktionsformen in einer nicht umkehrbaren Zunahme begriffen. Wir alle wissen, daß nur ein Leben in überschaubaren Dimensionen, in einem Rahmen, den man sich vergegenwärtigen kann, verantwortlich zu führen ist. Deshalb wollen wir unser politisches Leben in den Kommunen, in den Ländern wiederaufbauen. Aber können wir uns dabei der Tatsache entziehen, daß wir in diesen Ländern eigentlich Getreide aus unseren verlorenen Ostprovinzen essen müßten, das jetzt mühevoll aus Übersee zu uns kommt? Lesen wir deshalb vielleicht keine Bücher, die in Rußland, in Frankreich oder Amerika geschrieben worden sind, sind wir nicht bedürftig des australischen Leders, des schwedischen Erzes, der indischen Baumwolle, werden unsere Patente nicht in aller Welt verwertet?

Die Welt ist in ihren Verflechtungen großräumig geworden: Und das, was die Großräumigkeit hergestellt und zu einer Lebensvoraussetzung für die Existenz aller Menschen gemacht hat – dies ist die rationalpraktische Weise, in welcher der moderne Mensch sich der Welt bemächtigt. In der Maschinentechnik wird dieses Talent am deutlichsten sichtbar. Weil sie als Befreierin von der Arbeitsfron gilt, wird die Technik im Anfangsstadium ihrer Entwicklung besungen – heute wird sie als apokalyptische Erscheinung von ungezählten Menschen verflucht, denn ihr wird die Schuld an der Ausweglosigkeit unserer Lage zugeschoben. Aber eine moralische Stellungnahme ist hier fruchtlos, denn die Dimension, in die sie hineingewachsen ist, hat so riesenhafte und unabsehbare Ausmaße, daß sie als eine objektive Voraussetzung unseres Lebens zu gelten hat. Es wird nur nach der Art und Weise, in der wir die Technik anwenden, gefragt – ob sie herrscht oder dient und wem sie dient! Und da ist es so, daß sie allen dienen soll, daß ihr Erträgnis eine soziale Voraussetzung sein soll. Marx war Materialist, er hatte auch sehr bestimmte Vorstellung von den „letzten Dingen“ und vom Weg zu ihnen – aber er war kein flacher Fortschrittsgläubiger.

So hat er als einer der ersten durchschaut, daß die Technik beileibe nicht nur befreit – sondern daß sie ebenso knechtet. Die Knechtschaft ist bei ihm – entsprechend seiner Geschichtsauffassung – als soziale Rivalität (Klassenrivalität) gesehen. Der aus der feudalen Lebensform mit ihren relativen Sicherungen verjagte Arbeiter ist der Macht bald ganz entblößt, weil er keinen selbständigen Anteil mehr an den Produktionsmitteln besitzt. Er erfährt deshalb nur eine tägliche und stündliche Knechtung durch die Maschine, wie es im Kommunistischen Manifest heißt. Marx hat gesehen, daß mit dem Heraufkommen der Technik völlig neue Kräfte ins Spiel der Geschichte zu treten begannen. „Wenn das Proletariat die Auflösung der bisherigen Weltordnung verkündet, so spricht es nur das Geheimnis seines eigenen Daseins aus, denn es ist die faktische Auflösung dieser Weltordnung." Der Auflösungsprozeß ist seither unaufhaltsam fortgeschritten, und er hat ungeahnte Folgen gehabt – ökonomische und andere: politische, ethische, psychologische. Eine formauflösende Flut ist auf der Leiter der sozialen Stufung immer höher gestiegen und hat in der Form totalitärer Bürokratie die Freiheit der alten Klasse überschwemmt, „egalisiert" und dafür eigentlich keinen Aufbau, keine Ordnung sozialer Werte hinterlassen, sondern einen Apparat – den Apparat der Bürokratie, die im Grunde gleich einer Maschine konstruiert ist, ob es sich um Finanz- oder Parteibürokratie handelt! In aller Welt besitzt die Bürokratie auf immer mehr Lebensgebieten entscheidende Macht. Unaufhaltsam zentralisiert sich diese Entscheidungsgewalt auf allen Kontinenten. Der fast allgewaltigen und doch unlebendigen, unbeständigen Bürokratie fallen immer neue, oft verhängnisvolle Vollmachten zu. Viel mehr als Organisationskunststücke haben wir auch von den politischen Talenten unserer Zeit kaum zu sehen bekommen; und es ist gewiß kein billiger Kniefall, wenn man dabei einen Mann wie Roosevelt ausnimmt, von dem man spüren konnte, daß er tief aufgewühlt von der Problematik unserer Zeit war und daß sich in ihm tatsächlich Ideengut verkörperte und in dieser Verkörperung zur Verwirklichung drängte. In unseren bescheideneren deutschen Verhältnissen wäre Brockdorff-Rantzau zu nennen, der erste deutsche Botschafter in Moskau nach dem letzten Krieg, der ein Gefühl für Entstehung und Wandlung von politischen Mächten besaß und damit konstruktiv und nicht verderblich konservativ zu denken vermochte.

Der Zwang, bürokratisch zu denken, verführt fast alle Menschen zu der Annahme, Sozialisierung bedeute Verstaatlichung. Dabei hat die Bürokratie in der europäisch-amerikanischen Welt eine grundsätzlich andere Bedeutung, als ihr im Rahmen der totalen Planung in der Sowjetunion zufällt – dort ist endgültig die Initiative auf die Bürokratie übergegangen; diese aber plant und durchkreuzt nicht, wie so häufig in unseren Breiten, die Pläne von Gruppen und Einzelnen.

Das ist also die zentrale Frage: Gelingt es uns, ein Verhältnis von Spontaneität, von Tatendrang des Einzelnen oder einer Gruppe – etwa einer Genossenschaft – zum Ganzen eines Staates herzustellen, der die einzelnen Interessen anpaßt, ausgleicht, oder geht die Initiative auf eine zentrale Planungsstelle staatlicher Art über? Das ist die europäische Lebensfrage – und hier wollen wir noch ein offenes Wort nicht unterdrücken: Hier ist es, um mit Marx zu reden, nicht das „Gespenst des Kommunismus“, das umgeht und uns bedroht, sondern der Feind, den wir in unseren Mauern haben und der unsere Freiheit vernichten will, ist der Machthunger einer sich absolut gebärdenden Bürokratie – die modernste Form des Machthungers. Ihm die Grenze zu setzen auf dem Weg der freien Meinungsbildung und -äußerung, erfordert deshalb unsere höchste Bereitschaft.

Denn schon Proudhon hat um die Mitte des vorigen Jahrhunderts die Gefahr der Verdummung in einem doktrinären Staatssozialismus sehr klar geschaut. Bakunin schrieb 1868 in einem Brief von ihm: „Unser aller großer Lehrer Proudhon sagte, die unglückseligste Kombination, die kommen könnte, sei die, daß der Sozialismus sich mit dem Absolutismus verbände.“ Genau dies ist die Gefahr, die, bedrohlich und noch keineswegs überwunden, unsere Jahrzehnte überschattet!

Die Diktatur – dies gilt auch von der Marxschen Forderung einer Diktatur des Proletariats als dem Vorstadium vor der Selbstaufhebung der Klassen – die Diktatur ist das Ende der echten dialektischen Geschichtsbewegung, denn ihr Gegenspieler – besser noch: ihre Unterströmung – ist die Anarchie. Vielleicht ist dies der eigentliche Punkt, auf dem wir die unerbittliche historische Analyse, die Marx begonnen hat, fortsetzen müssen, daß wir die Diktatur – auch die des Proletariats – nicht außerhalb der historischen Entwicklung sehen dürfen, nämlich wie bei Marx am Ende der bisherigen Form von Geschichte überhaupt, schon angeleuchtet von der Ewigkeit der sozialen Beruhigung in der klassenlosen Gesellschaft –, sondern daß wir sie ohne diesen Hintergrund eines sich erfüllenden Weltalters als eine nicht zu überschätzende, reale, diesseitige, aktuellste Gefahr für unsere soziale Freiheit erkennen. Die Diktatur ist die tödliche Gefahr für das Fortleben eines menschlichen Grundrechts der freien Meinungsäußerung und der Freiheit, im Rahmen der Gesellschaft für eine Überzeugung zu kämpfen und zu handeln.

Die Diktatur kennt – um es zu wiederholen – als Gegenspieler nur die Anarchie; darin hatten die sozialistischen Utopisten vom Schlage Proudhons und Bakunins, die später eine so vernichtende und in vielen Punkten berechtigte Kritik durch Marx und die Marxisten erfuhren, gewiß einmal realistischer gesehen als Marx selbst. Die Anarchie ist der schale historische Rest, der übrigbleibt, wenn man die Zwangslähmung durch die Diktatur wegnimmt, weil diese die individuelle Freiheit des Meinens und Wollens, also die Seele jedes lebendigen sozialen Gebildes, vernichtet hatte.

Die Gefahr der Diktatur in unserer Zeit ist nicht von ungefähr, denn die goldenen Zeiten des Liberalismus mit seinen aufschließenden Reichtümern waren ja in ihrer Weise ein anarchischer Zustand, nur begleitete ihn eine relative Fülle. Jedenfalls war die liberale Epoche eine Zeit, von der man nicht sagen kann, daß sie der Erfüllung einer als verbindlich anerkannten Ordnung nachstrebte. Ordnung, die immer einen Ruhepunkt besitzt, gab es nicht, vielmehr war alles aufgelöst in die Bewegung des Fortschritts. Er trat an die Stelle des Guten schlechthin! Damit war eine Hauptvoraussetzung dessen, was man unter Anarchie versteht, erfüllt. Als dann die großen Krisen die Welt zu erschüttern begannen, zeigte sich, daß das „losgelassene Individuum" in seiner Unmenschlichkeit genügend individuelle Freiheit vernichtet hatte, um der Diktatur das Tor aufzustoßen. Diese Entfesselung der Besitzinstinkte in der neuen Möglichkeit, mobile Reichtümer, technische Produkte zu erwerben, ist es wohl auch gewesen, die andererseits das Gewissen für die Rechtmäßigkeit des Besitzes so geschärft hat. Unser Zeitalter erträgt kein absolutes privates Besitzkönigtum. Die „Industriekönige", die „Schlotbarone" sterben als machtbesitzender, zeitbestimmender Typus aus wie die Feudalaristokratie vor ihnen.

Aber das sagt nicht, daß nicht neue Gefahren am Horizont der sozialen Wirklichkeit aufgetaucht wären! Denn am Ende des kapitalistischen Zeitalters geht es um die Schöpfung einer neuen Grundform des gesellschaftlichen Lebens, in der sich die individuelle Spontaneität, der Wunsch zur Entfaltung, regen kann, in der sie aber auch zur Bindung an Verantwortung gezwungen wird. Sollte dies nicht gelingen, dann würde, mit Tocqueville zu reden, auch der Sozialismus „eine gewaltige Revolution sein, unternommen für die Einrichtung der Freiheit und endend im Despotismus".

Die Bewältigung unserer Zeitprobleme verlangt einen Ansatz, welcher der Marxschen Sozialkritik gegenüber deshalb etwas verschoben ist, weil sich die Bedrohung des Individuums nicht mehr ausschließlich in der Aktualität des Klassenkampfes ausdrücken läßt als vielmehr durch umfassendere Bedrohungen, durch totalitäre Doktrin, durch totalitäre Bürokratie, durch anonyme Apparate, durch fühllose Maschinen, die alle sozialen Gebilde, das Staatswesen, die Parteien, die Berufsvertretungen, jeden Menschen erreichen.

Die Düsterkeit der Situation für den Fortbestand individueller Entwicklung in Freiheit wird vollends noch dadurch gekennzeichnet, daß auch der technische Produktionsprozeß in sich durch seine fortwährend steigende Arbeitsteilung die Riesenheere von Arbeitern und Angestellten von einer selbstschöpferischen Tätigkeit, in sich gerundeten, befriedigenden Leistung abgeschnitten und zu bloßen Kontrollorganen des automatisierten Produktionsprozesses degradiert hat. Damit verliert der Mensch auch die Freiheit im Tun wie andererseits im Meinen.

Der Mensch ist ein mehrseitiges Wesen: Gegen sich selbst ist er Einzelner, gegen seinesgleichen ein Gruppenwesen. Betrachtet man so die gegenwärtige Lage – bruchstückhaft genug –, dann zeigt sich, daß das große Ringen um die Verknüpfung der beiden Seiten der menschlichen Existenz – nämlich des Lebens als Einzelwesen und des Lebens als Gruppenwesen – in den Forderungen, die im Sozialismus gestellt werden, seinen Ausdruck findet. Dabei kann dann nicht mehr von einer Alternative, ob man von Sozialismus mit oder ohne Marx reden könne, gesprochen werden. Vielmehr hat Marx kardinale Grundvoraussetzungen eines freiheitlichen menschlichen Lebens in unserer Zeit klargestellt dadurch, daß er die Frage des Verhältnisses von individueller Freiheit und Leben in der Gruppe, im Staat, in der Frage nach den ökonomischen Grundlagen, neu gestellt hat. Wir würden nur sagen, daß seine ausschließlich ökonomische Interpretation des Geschichtsprozesses der Ergänzung durch andere Fragestellungen bedarf, die im Leben der Menschen Macht besitzen. Damit wird sie aber keinesfalls überflüssig! Psychologische Motive mit ihrem Übergang zu ethischen und religiösen Umweltfaktoren außerhalb der ökonomischen Bezüge (etwa gerade die Bedeutung des inneren Aufbaus der Arbeit in der maschinentechnischen Produktion für das Lebensgefühl und Handeln), dies alles muß mitgesehen werden, wenn die Gegenwart vollkommener im Denken ergriffen werden soll. Marx bleibt eine säkulare Erscheinung im 19. Jahrhundert und erreicht durchaus mit seiner Analyse die Verwirrtheit des 20. Aber auch die großartigste menschliche Leistung bleibt geschichtlich begrenzt, und dies bedeutet, daß wir uns nicht nur das Marxsche Gedankengut aneignen müssen, es aber bei der Aneignung und Auslegung belassen, als handle es sich nicht um ein Vermächtnis, einen Auftrag, einen Hinweis, sondern um eine endgültige Verkündigung von dogmatischem Zwang. Niemand nimmt uns die Anstrengung ab, die vor den ungelösten Problemen, den drückenden Fesseln unserer Zeit von uns gefordert ist, wenn wir wirklich frei werden wollen. Der Sozialismus bestimmt den Lebensstil unserer Zeit. Er bleibt der Ausdruck für ein Streben nach sozialer Gerechtigkeit, bei der sich unser erschüttertes Gewissen beruhigen darf. Sozialismus, das bedeutet aber auch – um es zu wiederholen – ein Programm, mit dem die Möglichkeit einzelmenschlicher Entfaltung garantiert ist. Die bleibt die unabänderliche zentrale Aufgabe durch alle Zeiten. Sozialismus – das bedeutet dann die Aufrichtung einer Ordnung, in der die Gesellschaft die Stimme ihrer Mitglieder zu hören bekommt, wenn sie der Allgemeinheit etwas zu sagen haben, und in der der Einzelne verbindliche Formen des Zusammenlebens als eine ernste Aufgabe annimmt. Dies ist also die Dialektik, in der wir den Sozialismus sehen und mit der wir jenes andere Begriffspaar von Anarchie und Diktatur überwinden wollen – weil dort die Freiheit in jedem Falle untergeht.

Sie in neuer Form zu erringen, ist gerade für uns Deutsche die Aufgabe, deren Bewältigung über das Fortleben von uns allen entscheiden wird. Marx hat in seinem berühmten Essay vom ›Elend der Philosophie‹ gesagt: „Wir, unsere Hirten an der Spitze, befanden uns immer nur einmal in der Gesellschaft der Freiheit, am Tage ihrer Beerdigung."

Nun, die Freiheit ist eine unsterbliche Begleiterin des Menschen. Jeder ihrer

Tode kostet ihn Ungeheures. Wir stehen am Ende aller Reichtümer, vor der allerbittersten Armut. Deshalb handelt es sich darum, zusammenzustehen und darauf zu achten, daß sie unter uns nicht wieder gemeuchelt wird, sondern zur Entfaltung kommt. Denn nur in ihrer Gegenwart erfährt das Wort Sozialismus seine denkbar genaueste Bestimmung: eine Ordnung menschlicher Freiheiten zu sein.

44. Eugen Kogon, Man braucht Deutschland – auch deutsche Soldaten?, Aufsatz[g]

Die militärische Aufrüstung in der SBZ macht einen entsprechenden Schutz Westdeutschlands erforderlich, der jedoch nicht in der Aufstellung einer kasernierten Bundespolizei oder im Wiederaufbau einer deutschen Wehrmacht bestehen darf.

Frankfurter Hefte 4 (1949), S. 18–33. – Druck: Kogon, Erneuerung, S. 80–101.

Januar 1949

Daß man Deutschland braucht, darüber besteht kein Zweifel mehr. Die von 1942 bis 1946 herrschende Ansicht, es werde im Frieden auch ohne Deutschland möglich sein, Europa aufzubauen, ja es müsse geradezu ohne Deutschland versucht und es könne nur ohne Deutschland erreicht werden, hat der Wirklichkeit nicht standgehalten. Vom Morgenthau-Plan ist bloß eine schlechte Erinnerung, in einiger politischer Praxis ein recht unangenehmer Rest, sowie ein Häuflein da und dort vereinzelt kämpfender Nachzügler ohne Aussichten übriggeblieben. Die Erkenntnis ist allgemein geworden, daß die Gefahr eines verelendeten Deutschland für Europa kaum geringer ist als die Gefahr eines starken Deutschen Reiches. Ein Ausfall der Mitte ist in jedem Sinne des Wortes für die Nachbarländer im europäischen Umkreis lebensgefährlich; außerdem findet sich, die Gefahr vergrößernd, für das Elend wie für die Macht immer ein Bundesgenosse zur Vorbereitung abenteuerlicher Ereignisse gegen andere.

Man hat daher 1947 begonnen, die Deutschland-Politik zu ändern. Rußland tat es und der Westen tat es, jeder der früheren gegen Deutschland verbündeten Partner in seiner Weise. 1948 brachte, hier wie dort im deutschen Vorfeld, die große Wende. Man schuf, mit dem jeweiligen Vorzeichen, in Wirtschaft, Politik und Verwaltung gleichzeitig, nur in der Schnelligkeit, in der Entschlußkraft und im Nachdruck unterschiedlich, die Voraussetzungen zu einer Eingliederung in das östliche oder das westliche Potential. „Nun wird gestartet",

[g] Ohne Anmerkungen des Verfassers.

schrieben wir im Januar 1948, „die kommenden zwölf Monate werden die eigentlichen Entscheidungen bringen“ [74] – in Westdeutschland „die Währungsreform, die Übernahme der Finanzierung in der britischen Zone durch die Amerikaner, den Umbau der bizonalen Verwaltung, den Anschluß des französischen Besatzungsbereiches, die Ausarbeitung eines Besatzungsstatuts und die Vorbereitung der staatsrechtlichen Form Deutschlands, die föderalistisch sein wird“, in der russisch besetzten Zone die Zentrale Wirtschaftskommission, die Einschmelzung der nichtkommunistischen Parteien, die Schaffung der „Volkskongresse“, in allem dem als Kerngefüge: den neuen Polizeiapparat. Auf beiden Seiten waren die Bemühungen nicht bloß auf den Ausbau der eigenen Stellungen gerichtet, sondern auf das Ganze. Im Kampf um Berlin, dem einzigen Feld noch verbliebener gemeinsamer alliierter Kontrolle in Deutschland, gerieten die einander widerstreitenden Kräfte der neuen Entwicklung gerade wegen jenes Teils ihrer Ziele, der ihnen gemeinsam ist: wegen des ganzen Deutschland – nicht heute, aber morgen –, erstmals hart und beinahe den Krieg heraufbeschwörend aneinander.

Politik des Zwischenzustandes

Das ganze Deutschland als ein Stück Weltpolitik. Man hat sich mit den gegenwärtigen Grenzen der Einflußbereiche in Europa ja nicht abgefunden. Nichts in dieser Hinsicht ist entschieden. Es könnte kaum theoretisch bei dem bleiben, was da von Yalta bis Potsdam, selbst dort nur als ein Provisorium gedacht, zustandekam. Die Ideologien, die Interessen und die Notwendigkeiten rennen beständig gegen die Fortdauer des Provisoriums an. Weitere Abschnitte der in keineswegs ferner Zukunft fälligen Entscheidung werden daher vorbereitet.

Sie kann eines Tages durch Krieg versucht werden, – nicht allein wegen Deutschland. Er müßte schon noch aus anderen, viel umfassenderen Ursachen die berüchtigte „ultima ratio“ werden; und es stünde in ihm ja weitaus mehr auf dem Spiele. Aber er bleibt vorerst eine nicht aus der Gegenwart geschaffte, an Deutschland entwickelbare Möglichkeit. Auch in der Voraussicht einer solchen Möglichkeit, sei es für die Abwehr, sei es für den Angriff, spielt Deutschland eine Rolle. Wie sich seine Bevölkerung zu Beginn oder während eines Krieges verhielte, wäre durchaus nicht gleichgültig. Krieg in unserer Zeit nimmt mehr und mehr die Züge von Bürgerkriegen an. Nicht mehr allein die nationalen Zugehörigkeiten, mindestens ebenso die sozialen und bei vielen

[74] Eugen Kogon, Das Jahr der Entscheidungen, in: Frankfurter Hefte 3 (1948), S. 16–28, hier S. 16.

schon (oder wieder) „weltanschauliche“ Standorte bestimmen das Verhalten von Einzelnen und von Gruppen. Vor dem Krieg die „Fünften Kolonnen“, gebildet heutzutage mehr aus Fanatikern als aus bezahlten Agenten, sind nicht weniger zu einem gewichtigen Faktor in den Berechnungen der Militärs geworden als nach Beginn des Krieges Widerstand hinter den Fronten. Es liegt recht nahe, unter so kritischen Umständen, wie sie jetzt gegeben sind, diesem Entwicklungsfeld einige vorbereitende Aufmerksamkeit zu schenken. Auch bei uns in Deutschland gibt es bereits vielerlei Listen, kommunistische und antikommunistische.

Die andere Möglichkeit ist ein Friedensvertrag mit Deutschland. Sehen wir von seinen inhaltlichen Schwierigkeiten ab. Die Forderung nach bedingungsloser Kapitulation und die Übernahme der Staatsgewalt in Deutschland durch die Alliierten hat schon die Schaffung der rechtlichen Voraussetzungen eines Vertrages überaus erschwert. Man muß, wenn nicht ein Diktat gewünscht wird – die mittlerweile völlig veränderte Politik schließt es aus –, auf deutscher Seite erst die vertragschließende Autorität ins Leben rufen. Wäre die Politik des Ostens und die des Westens jede auf ihren Bereich beschränkt, dann könnte der eine wie der andere Teil mit „seinem“ Partner abschließen, den er inzwischen im eigenen Besatzungsgebiet hat entstehen lassen, – falls diese Partner zu einem solchen Vertragswerk bereit wären. Aber das will man gerade nicht. Weder die Deutschen wollen es, noch die Westalliierten, noch die Russen. Man muß also eine gesamtdeutsche Regierung zustandebringen. Sowohl in der Ostzone als auch in den Westzonen sind die Schritte, die bisher in Richtung auf eigenstaatliche Hoheit hin getan wurden, auf Gesamtdeutschland hin getan worden. Manches mag im Augenblick anders aussehen; vielleicht wird die Entwicklung auch in eine Richtung führen, die den jetzigen Absichten widerspricht. Aber noch ist das ganze Deutschland das Ziel aller Beteiligten, aus welchen Beweggründen immer.

Eine gesamtdeutsche Regierung wird niemals zustandekommen – lassen wir eine so abwegige Möglichkeit wie den unbekannten Ausgang eines Dritten Weltkrieges vom gesteigerten Charakter des vergangenen beiseite –, niemals, wenn die Westmächte und Sowjetrußland sich nicht einigen. Da vieles dafür spricht, daß sie eine kriegerische Auseinandersetzung im Jahre 1949 scheuen (was nachher sein mag, werden wir vielleicht gegen Ende des Jahres abschätzen können), ist es durchaus nicht ausgeschlossen, daß sie entgegen allem Anschein eine formale Grundlage finden werden, von der aus eine erste zureichende Lösung sichtbar werden wird. Die einen, im Westen, wollen Zeit gewinnen, daher, unter Wahrung ihres Ansehens und ihrer Interessen, neuralgische Knoten beseitigen. Die anderen, im Osten, arbeiten auf eine breite Verbindung zur Arbeiterschaft in Westdeutschland und zu Frankreich hin. Gerade die Berliner Krise ist nicht mehr ein Zeichen gegen solche Möglichkeiten, sondern eher für sie: die Krise dauert nämlich beiden schon lange genug, bald sind die Vorteile und die Nachteile nicht mehr von einander zu unterscheiden. Der Gewaltstreich der SED gegen den alten Magistrat und gegen die Abhaltung freier Wahlen, also die Schaffung vollendeter Tatsachen, kann durchaus als Vorbereitung für nachher, das heißt für die Zeit nach der Einigung über Berlin, oder als ein weiteres Faustpfand für künftige Verhandlungen gedacht gewesen sein. Überwindet man die Krise, weil sie ihren Dienst getan hat und weil die hartnäckigen Schwierigkeiten, die sich aus ihr ergeben, als Dauerzustand für die Ausführung größerer Konzepte allmählich hinderlich werden, dann folgen Verhandlungen über ein umfassenderes Kompromiß unter Umständen leichter dem ersten. Präsident Truman wird ihnen bestimmt nicht abgeneigt sein. Die westlichen Militärs ebenfalls nicht. Und die Russen?

Die Vorbereitungen in der Ostzone

Die machtpolitische Herrschaft der Kommunisten, die neue wirtschaftliche Besitzverteilung und die soziale Umwälzung in der Ostzone werden bald an jene Grenze gelangt sein, die einer weiterreichenden Aktion Aussichten verleiht. Sie liegt nicht nur im Ausdehnungswillen und im Interesse der SED, sondern auch im Rahmen der Europa-Politik Sowjetrußlands. Sie werden beide als „volksdemokratische" Politik betrieben. Ihre Lösung ist sozialistisch-national, ihre halbrevolutionäre Methode der „kalte Krieg". Daß sich diese Politik auf die Ostzone allein beschränken wollte und jede ihrer gesamtdeutschen Forderungen bloß Finte wäre, die der Beunruhigung dienen soll, widerspricht allen Einsichten in Wesen und Art des Kommunismus, in die Ziele der sowjetrussischen Außenpolitik, in die besonderen Merkmale unserer Lage und die bisher überall gemachten Erfahrungen. Man will und bis zu einem gewissen Grade braucht man wirklich ganz Deutschland; das gilt vom Osten wie vom Westen. Gewiß nicht ein im alten Sinne selbständiges Deutschland; es müßte „freiwillig-abhängig" sein – „Bundesgenosse" oder Satellit des einen, des anderen der großen Widersacher.

Selbstverständlich wissen die kommunistischen Führer, daß sie bei freien und wirklich geheimen Wahlen in ganz Deutschland und besonders in „ihrer" Ostzone eine vernichtende Niederlage erleiden würden. Woher nehmen sie gleichwohl die Kühnheit, die Empfehlung zu vertreten, die Sowjetrußland und seine Gefolgschaftsstaaten bei der seinerzeitigen Warschauer Außenministerkonferenz ausgesprochen haben, eine Empfehlung, die auch in die Linie des Kominform aufgenommen wurde: die Alliierten sollen ihre Besatzungstruppen aus Deutschland zurückziehen, aus freien Wahlen soll eine gesamtdeutsche Regierung hervorgehen, mit ihr soll für eine Deutsche Demokratische

Republik ein Friedensvertrag abgeschlossen werden? Der Verfassungsentwurf, den der sogenannte Deutsche Volksrat auf seiner fünften Tagung in Berlin vom 22. bis zum 24. Oktober 1948 vorgelegt hat, sieht in seinem Artikel 92 vor: „Die stärkste Fraktion der Volkskammer benennt den Ministerpräsidenten, der die Regierung unter Hinzuziehung aller Fraktionen im Verhältnis der Fraktionsstärke bildet." Das heißt: Koalitionskabinette werden abgelehnt (was nicht von Übel zu sein brauchte), und die SED-Führung ist überzeugt, daß sie die stärkste Partei werden kann, – durch eine in Artikel 54 des Entwurfs „gewährleistete" freie und geheime Wahl bestimmt nicht. Allerdings gäbe es noch andere Wege; der Artikel 92 zum Beispiel enthält auch einen Abschnitt folgenden Wortlauts: „Schließt sich eine Partei aus, so findet die Regierungsbildung ohne sie statt." Das wäre eine Selbstverständlichkeit, die der Festlegung in der Verfassung wirklich nicht bedürfte, wenn da nicht das Tor zu der bekannten Praxis geöffnet werden sollte, die Führungen bestimmter Parteien nach bewährtem nationalsozialistischem und kommunistischem Muster auf „entsprechende Weise" zu veranlassen, sich selber „freiwillig" auszuschließen. Aber offensichtlich handelt es sich bei dieser Bestimmung des Verfassungsvorschlages bloß um eine vorsorgliche Auffangstellung. Man rechnet von vornherein mit einem Mehrheitssieg der SED. Wie das?

Nicht zu spät dürfte es zum großen Zusammenschluß kommen. Es ist eine der Sorgen des Ostens, daß sich der Westen einschließlich Westdeutschlands wirtschaftlich und politisch nachhaltig festigen könnte. Auf beiden Ebenen war die Anlauffrist naturgemäß lang. Nun, 1949, geht es sowohl mit dem Marshallplan wie mit der politischen Einigung verhältnismäßig rasch. Der Aufbau der militärischen Sicherung kommt hinzu, die ja auch eine ungewöhnliche politische Bedeutung hat, – die besondere innenpolitische nicht zu vergessen! Die kommunistischen Aussichten verringern sich. Aus zwei ganz verschiedenen Berechnungsreihen kann es so zu einer und derselben Deutschland-Politik kommen: der Westen will in Hinsicht auf die Möglichkeit einer kriegerischen Auseinandersetzung Zeit gewinnen und daher Konfliktsfelder aus der Welt schaffen; die im Osten wollen keine Zeit verlieren, ohne Krieg noch das zu erreichen, was sich ihrer Meinung nach erreichen läßt.

Bliebe die sowjetrussische Besatzungsmacht entgegen den gemachten Vorschlägen bis zum Abschluß eines Friedensvertrages in Deutschland, dann deuteten alle Vorbereitungen auf die Absicht hin, eines Tages unter dem Schutz von Truppen und NKWD nackte Gewalt anzuwenden. Es ist ausgeschlossen, sich heute noch der Meinung hinzugeben, der Westen würde dabei ruhig zusehen. Der SED-Arm der Sowjetrussen in Deutschland kann daher sein Ziel in ganz Deutschland nur zwischen einer Räumung und vertraglich vereinbarten wirklich demokratischen Wahlen zu erreichen versuchen. Das heißt praktisch: die „volksdemokratischen" Machtkader der Ostzone würden, sobald sie nur

Bewegungsfreiheit über die bisherige Demarkation hinaus erlangten, im „Verwaltungswege", durch eine zielsichere Personalpolitik und unter Nachhilfe ebenso schlagartiger, wie unauffälliger, fadenscheiniger, aber wirksamer Verhaftungen „bei Nacht und Nebel" ihrer „Demokratie" die ersten Voraussetzungen schaffen. Die Absicht ließe sich umso leichter verwirklichen, je weniger selbständig jede einzelne der deutschen Länderverwaltungen, je zentralisitischer die Gesamtverwaltung des Westens wäre. Die verbleibenden alliierten Kontrollen würden auf hunderterlei Weise behindert. Bis es zu einem wirksamen Alarm im Ausland käme, wären die führenden Gegner des demokratisch verkleideten Terrors längst so weit aus dem Wege geschafft, daß sie weder von Protesten noch von konkreten Gegenaktionen überhaupt noch etwas erführen.

Man darf sicher sein, daß die Herren Müller, Steidle, Fischer, Bechler und wie sie vom ehemaligen deutschen Generalstab alle heißen mögen, die sich heute samt und sonders auf dem Karlshorster Parkett weitaus gewandter und lieber gesehen bewegen als selbst die Genossen Pieck, Grotewohl und Ulbricht, ihre Pläne rechtzeit fertiggestellt haben werden. Schließlich arbeiten sie schon seit mehr als einem halben Jahr an den Voraussetzungen des großen Tages „X". Seit dem 1. April 1948 haben sie im engsten Einvernehmen mit der sowjetischen Militär-Administration und der Leitung der SED alle maßgebenden Verwaltungs- und insbesondere Polizeistellen der Ostzone mit ihrem geschulten Ausführungspersonal besetzt. Von der Deutschen Verwaltung des Innern (DVdI) über die Pankower Höhere Polizeischule, wo in Moskau ausgebildete Fachleute unterrichten, bis zu den Kreispolizei-Inspektionen sind alle Nervenstränge in ihrer Hand. Die Mannschaften werden infanteristisch ausgebildet, und bei der DVdI besteht das Referat K 5 – wieder einmal hübsch eingebettet in die Kriminalabteilungen – als Politische Polizei zur „Sicherung des demokratischen Neuaufbaus". Es wird überwacht vom NKWD und von der SED, die dem Referat K 5 auf allen Stufen Befehle erteilen können. Die Leiter seiner Dienststellen haben die Befugnis, selbständig Haftbefehle auszustellen, vor allem wenn es sich um die Verfolgung „profaschistischer Elemente" handelt.

Westliche Sicherungen

Das alles und mehr ist bei uns nicht unbekannt. Folglich taucht die Frage des Schutzes gegen die „volksdemokratischen Möglichkeiten" auf. Wir sind wirtschaftlich, politisch und polizeilich noch erheblich weit von ihm entfernt.

Aus Gründen, die ganz woanders liegen mögen als im unmittelbaren Zusammenhang der eigentlichen Deutschland-Politik, sei es in einer Veränderung der Machtkonstellation, sei es in Entschließungen jenseits des Ozeans, die nicht von unseren Wünschen oder Notwendigkeiten her zu beeinflussen oder gar zu bestimmen sind, kann es im Laufe des Jahres 1949 zu einer Regelung der Deutschen Frage kommen, ehe wir im Westen stark genug geworden sind, um jener Taktik der kommunistisch gewordenen oder kommunistisch beherrschten Generalstäbler der Ostzone gewachsen zu sein. In diesem Falle würde die gesamte Deutschland-Politik zu einem wilden Abenteuer und zur akuten Kriegsgefahr werden. Die hinterherige Tatkraft der USA und etwa des europäischen Westens würde zwar vielleicht eine ähnliche Bewunderung hervorrufen wie die gegenwärtigen Luftbrücken-Leistungen für Berlin, aber der Ausgang wäre alles andere als gewiß.

Viel wahrscheinlicher ist, daß man Westdeutschland vorher in sich festigt. Da so etwas, trotz jetzt beschleunigtem Tempo, nicht von heute auf morgen geht, wird einem Kompromiß, das den Berliner Konflikt beenden sollte, wohl eher ein Abschnitt langwieriger Verhandlungen folgen – ausgiebig genug, um uns in der Zwischenzeit nicht nur zu sichern, sondern unserer Wirtschaft und unserer Politik auch Werbekraft nach Osten hin zu verleihen. Zu einer vollständigen und wirklich echten Einigung wird es ohnehin nicht kommen; es kann sich lediglich um die Gewinnung einer gewissen gemeinsamen Plattform handeln, auf der das Ringen weitergehen wird, ohne immer gleich zum totalen Konflikt treiben zu müssen.

Zwischen dem Problem des sichernden Schutzes für Westdeutschland und den Bemühungen um seine wirtschaftliche und politische Festigung stecken indes einige weittragende Schwierigkeiten. Man kann die Frage nicht unabhängig von der Gesamtlage und von der Entwicklung insgesamt behandeln.

Sichernder Schutz –, das bedeutet innenpolitisch Polizeimacht. Wirtschaftliche und politische Festigung –, das bedeutet im Innern, so wie die Dinge liegen, die Beziehungen laufen und die meisten Geister gesonnen sind, keineswegs zuerst sozialen Fortschritt. Nach außen bedeutet es scharfen Wettbewerb, solange es eine zureichende europäische Planung und Rahmenregelung noch nicht gibt, Versteifung verständlicher Bedenken und tiefsitzender Vorurteile, vielleicht verstärktes Mißtrauen Frankreichs und der Benelux-Länder, einseitige und teilweise falsche Zusammenarbeit vorwiegend mit amerikanischen Kräften.

Und es kommt die Frage einer deutschen Beteiligung am westeuropäischen Selbstschutz hinzu! Noch besteht ja die Gefahr eines Krieges, und zwar auf längere Zeit. Braucht man also deutsche Soldaten?

Der west-östliche Gegensatz und die seit 1947 in Gang gebrachte Umkehrung der Politik haben, auch was Deutschland anlangt, ihre Logik in sich. Man kann sich ihr nicht entziehen, indem man den Kopf in den Sand steckt, indem man die Entwicklung einfach leugnet oder indem man hartnäckig bloß an andersartigen Wünschen festhält. Sie setzt sich über eine beständige Reihe von Kompromissen durch, solange ihre Voraussetzungen gegeben sind. Sie wird uns allen im Westen 1949 schwer zu schaffen machen.

Polizei: Das spricht sich so leicht aus

Da ist also zuallererst das Problem einer westdeutschen Polizeimacht. Wir besitzen anscheinend schon wieder recht viel an Polizei in diesem neuen Deutschland. Niemand weiß recht, wie viel, wie es um ihre Kraft bestellt ist und wie um die politische Gesinnung ihrer Mitglieder. Sie ist sehr vielfältig. Für unseren normalen inneren Gebrauch genügt sie gewiß. Was man aber will, ist eine einheitliche Bundespolizei und ist ferner kasernierte Polizei, sei es des Bundes, sei es der Länder. Wenn von der Ostzone her nicht unter Umständen die geschilderte Gefahr drohte, wäre nicht einzusehen, wozu die kasernierten Polizeibereitschaften dienen sollen. Als Beigabe staatlicher Hoheit, weil das so dazugehört? Eine gefährliche Vollständigkeit aus bloß staatsrechtlichem Denken – in Anbetracht dessen, was sie für eine Bedeutung annehmen können. Als Organ einer Bundesexekution? Auf sie müßte sich ohnehin die Mehrzahl der Länder im Bundesrat vorher geeinigt haben, es können dann auch, wenn der Fall westlich der Elbe und südlich des Mains wirklich einmal aktuell werden sollte, Länderkontingente aus nichtkasernierten Einheiten zusammengestellt werden.

Aber alle diese Erwägungen sind ein wenig theoretisch, weil die Ostzonenpolizei eben besteht, überdies unter Generalstabsführung, morgen sogar als ausgebildetes Kader einer Polizei-Armee, kontrolliert und gelenkt von der SED und dem NKWD, ferngesteuert von der russischen Politik. Also handelt es sich darum, die Polizeimacht Westdeutschlands, die 1949 geschaffen werden wird, so zusammenzusetzen, aufzubauen und zu leiten, daß sie ein Instrument in der Hand demokratischer Politiker wird; und es bleibt. Die Aufgabe ist umso schwerer zu lösen, als diese Polizei, wahrscheinlich sehr rasch gebildet, nicht eines nahen Tages das einzige Machtzünglein an der Waage, nicht ein Werkzeug des Klassenkampfes in sozial-ökonomischen Auseinandersetzungen und nicht ein gewichtiges Zusatzstück in anderen „Selbstschutz"-Entwicklungen sein darf.

Die sozial-ökonomischen Kämpfe, zum Teil parteipolitisch, zum Teil betrieblich, zum Teil vielleicht auch anders ausgetragen, werden kaum ausbleiben. Der bei uns bevorstehende Altweibersommer des europäischen – und deutschen! – Liberalkapitalismus, das Ringen um den Anteil an den Ergebnissen der in der zweiten Hälfte 1949 wohl beginnenden Marshallplan-Konjunktur, die parteipolitischen Gegensätze werden einigen Anlaß dazu geben. Wenn der Bonner Verfassung die Zweite Republik auch nur in etwa auf die Startbahn der Weimarer Republik bringt, werden allein die Koalitionsschwierigkeiten mancherlei Aussichten für die neuen Polizeichefs oder für den neuen Polizeigeneral schaffen.

Und wenn es beim Schutz oder Selbstschutz dieses Westdeutschland, das man braucht, bloß um die Polizei ginge!

Wiederaufrüstung?

Die Politik der Weltmächte und die der europäischen Staaten gerät im Zeichen eines immer möglichen, wenn auch nicht herbeigewünschten Krieges mehr und mehr unter den Einfluß der strategisch-militärischen Planung. „Unser Gegensatz zur Sowjetunion macht die Übereinstimmung der auswärtigen Politik mit der Politik der militärischen Verteidigung zur dringenden Notwendigkeit", schrieb am 24. November 1948 der frühere stellvertretende Außenminister der USA, Sumner Welles, in der ›New York Herald Tribune‹. „Aber so lange, als die Grundsätze, die Ziele und die Ausführung unserer auswärtigen Politik für uns von offiziellen Männern entschieden werden, die für die nationale Verteidigung verantwortlich sind und die für die bewaffneten Streitkräfte sprechen, wird die amerikanische Außenpolitik eher negativ sein und auf die Anschauung gegründet, daß Gewalt das einzig wirksame Instrument der Politik sei." Natürlich ist es nicht zufällig dahin gekommen; die Illusion der entgegengesetzten Anschauung, Politik mit Sowjetrußland sei ohne jede bewaffnete Macht möglich, die geduldige Erprobung solcher Politik, als sie schon hinfällig zu werden anfing, hat mit unangenehmen Folgen lange genug gedauert. Nun will man sicher sein und kann es bei der Härte der ideologischen Gegensätze und dem daraus beständig gespeisten Mißtrauen nicht durch Abrüstung erreichen. Also nur durch ihr Gegenteil.

In diese Pläne wächst Deutschland eher schnell als langsam hinein. Natürlich geht das nicht so vor sich, daß etwa die angelsächsischen Besatzungsmächte sehr plötzlich, sehr still und sehr leise, als eine Art top secret matter wie im Aktenschrank eine deutsche Armee aufbauen, die morgen modernst ausgerüstet hinter den Bäumen unserer Wälder hervorträte. Davon kann wirklich keine Rede sein. Schließlich ist ja nicht einmal die sowjetische Besatzungsmacht mit ihrem gesamten NKWD-Apparat imstande, die tatsächliche Entwicklung in ihrer Zone geheimzuhalten. 1949 könnte aber das Jahr werden, wo einige gewichtige Überlegungen, die von keineswegs gleichgültigen Männern im Ausland bereits angestellt werden, manche deutschen Vorschläge, die vorerst bloß anzeigende Bedeutung haben, Wünsche und Bereitschaften von Gruppen, die bestehen, mit einer Reihe von mehr oder minder notwendigen Tatsachen, die es gibt, unter einer bestimmten deutschen und einer bestimmten europäischen Konstellation in eine einzige Richtung geraten. Es scheint mir nicht so verfehlt zu sein, vorher darüber nachzudenken, und die Öffentlichkeit auf alles, was möglich ist, aufmerksam zu machen, damit die Sache gründlich erörtert wird, – alles was recht ist: es geht auch um unseren Kopf und unseren Kragen. Man kann auch nicht, wenn man die konkreten Möglichkeiten, wie sie zur gegebenen Lage zu passen scheinen, ernstlich ins Auge faßt, das sei Gespensterseherei, man müsse auf die volle Wirklichkeit warten, ehe man sich mit ihr auseinandersetzen könne. Wir in Deutschland haben schon einmal erlebt, die Welt hat es dann bitter mitzuerleben bekommen, daß Gespenster aufstanden und tätig wurden, deren man später nicht mehr Herr wurde. Es ist wieder so eine Stunde. Wir wollen die im Augenblick erst fließenden Schemen ruhig aufs Korn nehmen. Vielleicht brauchen wir sie nicht einmal stärker anzurufen, daß sie verschwinden, wie es Gespenster zu tun pflegen, wenn man sie anruft.

„Pläne“

Es gibt also ernste Überlegungen. Der militärische Selbstschutz Westeuropas steht in mehr als einer Hinsicht auf schwachen Füßen. Nicht bloß heute, sondern auch noch morgen. Man braucht auf nicht mehr als zwei Umstände hinzuweisen: die Misere in Frankreich und auf die Tatsache, daß die stärkste Armee Europas die der neutralen Schweiz ist. Es fehlt an Soldaten. Nicht an irgendwelchen in Uniformen gesteckten Menschen, sondern an kampferfahrenen und notfalls kampfbereiten Soldaten. Dabei denkt man auch an die 46 Millionen zählende Bevölkerung Westdeutschlands.

„Gerüchte sprechen bereits von einer 500000 Mann-Armee“, zitiert Sumner Welles warnend in der ›New York Herald Tribune‹ vom 21. November 1948.

Die in Washington erscheinende Wochenzeitung ›U. S. News and World Report‹ berichtete am 30. Juli 1948 in ihrer ständigen Rubrik ›Wovon nur geflüstert wird‹: „In Kreisen offizieller amerikanischer Militärpersönlichkeiten in Deutschland diskutiert man einen Wiederaufbau der deutschen Armee als Gegengewicht zur Stärke Rußlands in Europa. Die Reaktion auf solche Gespräche ist in Frankreich und in anderen westeuropäischen Ländern ziemlich scharf.“ – Am 6. August 1948 schrieb das Blatt in der gleichen Spalte: „Amerikanische Militärs, die die Politik der USA in Deutschland geformt haben (who have been shaping US policy in Germany), sprechen sich für den Wiederaufbau einer deutschen Militärmacht als Ausgleich gegen die Russen aus. Die Militärs meinen, daß die Deutschen eher bereit wären, militärische Verpflichtungen zu übernehmen als die Franzosen, die nur zögernd ernsthafte Bemühungen zu einer Wiederaufrüstung machen.“ – Am 15. Oktober 1948 hieß es in einem Artikel des Blattes, daß für den Fall einer Präsidentschaft Deweys der Einfluß der Militärs auf politische Entscheidungen an Bedeutung zurückgehen würde. „Generale im diplomatischen Dienst und in Stellungen, die ihnen Autorität über Zivilisten geben, werden zum reinen Armeedienst zurückkehren; Zivilisten werden an ihre Stelle treten. Ein Wechsel in der Art der Verhandlungsführung wird das Ergebnis sein. Militärische Führer der USA befürworten ein starkes Deutschland. Sie würden die Deutschen, wenn das ohne Verschärfung der Gefahr eines plötzlichen Kriegsausbruchs möglich sein sollte, gerne wieder bewaffnen. Sie sehen in Deutschland ein militärisches Potential, das viel größer ist als im übrigen Europa. Das deutsche Volk ist ihrer Ansicht nach kraftvoller und weniger in sich gespalten als andere Völker auf dem Kontinent."

Mr. Carl J. Friedrich, bis vor kurzem Berater der US-Militärregierung in Deutschland, jetzt Professor an der Harvard-Universität, schreibt in ›The Annals‹, Mai 1948, über die Frage einer Friedensregelung mit Deutschland. Die Abhandlung befaßt sich mit der „politischen und militärischen", sowie mit der „wirtschaftlichen und sozialen" Seite des Themas. Unter dem Zwischentitel ›Ein neues deutsches Militär‹ vertritt Mr. Friedrich die Ansicht, daß es nicht leicht sei, den richtigen Zeitpunkt zu finden, in dem „eine vernünftige und gesunde Politik die Wiederschaffung einer deutschen Armee ins Auge fassen" solle. Man dürfe sich nicht durch die Berichte über „eine beachtliche, in der Sowjetunion geschulte Armee" dazu verleiten lassen. Ein Friedensvertrag mit Deutschland könne wohl „die schrittweise Einführung einer Volksarmee nach dem Muster der ausgezeichneten Überlieferung der Schweiz" vorsehen[75].

In der Zusammenfassung des gesamten Artikels kommt Mr. Friedrich auf die Frage noch einmal zu sprechen. Er befürwortet eine mindestens zwanzigjährige, wenn nicht zeitlich sogar unbeschränkte Besetzung Deutschlands auch nach einem Friedensvertrag. „Eine Zurückziehung der Besatzungsstreitkräfte würde den Wiederaufbau der deutschen Armee bedeuten, was gegenwärtig die Gefahr einer Wiedereinsetzung des alten Offizierscorps, einschließlich des Generalstabs, in sich trüge." Mr. Friedrich meint, daß es beinahe unmöglich erscheine, die Westalliierten auf ein derartiges Programm zu einigen. Äußerstens könne doch wohl nur „der schrittweise Aufbau einer Volksarmee" in Betracht kommen, deren „erste 25000 Mann am Ende der ersten fünf Jahre" (nach dem Friedensvertrag) „einberufen würden, während zur gleichen Zeit ein Viertel der Besatzungstruppen zurückgezogen werden könnte. Eine solche Armee sollte nicht aus Berufsmilitärs bestehen, sondern im wesent-

[75] Carl J. Friedrich, The Peace Settlement with Germany, in: The Annals 257 (1948), S. 119–141.

lichen eine Miliz ohne schwere Bewaffnung sein ..." – Wie man sieht, ist Mr. Friedrich einer solchen Entwicklung und dem Zeitpunkt gegenüber, zu dem sie in Gang gesetzt werden sollte, mehr als zurückhaltend. Wozu hat aber dieser seinerzeitige Berater der US-Militärregierung in Deutschland bereits im Mai 1948 das Thema öffentlich erörtert? Doch wohl, um zu warnen.

Ende Juli 1948 schrieb der bekannte englische Militärschriftsteller Liddel Hart in der ›Picture Post‹, die Westunion könnte militärisch nur dann Bestand haben, wenn man sich entschlösse, etwas aufzuheben, zu dessen Verwirklichung man zwei Kriege geführt habe: nämlich die Entwaffnung Deutschlands. Wenn die Westunion beim ersten Anstoß nicht auseinanderfallen sollte, müßte die deutsche militärische Stärke den Kitt bilden. (Wiedergegeben nach einem Zitat in der ›Neuen Woche‹ vom 11. Dezember 1948, S. 2.)

Am 27. November 1948 schrieb Maurice Duverger, vormals Leitartikler des ›Temps‹, heute in gleicher Eigenschaft bei ›Le Monde‹, der französischen Tageszeitung, die dem Außenministerium nahesteht, unter dem Titel ›Das Problem des Zwanzigsten Jahrhunderts: Eine realistische Auffassung von Europa setzt die Beseitigung der deutsch-französischen Rivalität voraus‹: „Wenn man von der militärischen Verteidigung Kontinentaleuropas gegen einen möglichen Angriff von außen spricht, dann müßte man sich doch über die Folge im klaren sein, die das in sich schließt: die gleichzeitige Wiederherstellung der deutschen Armee mit der französischen Armee. Denn es gibt nur zwei militärische Völker auf dem Kontinent: Deutschland und Frankreich. Eine europäische Armee wäre wesentlich eine französisch-deutsche Armee. Ich kann mir das Ärgernis vorstellen, das diese sakrilegischen Worte hervorrufen können, denn man führt zwar das Wort Europa gerne im Mund, das versteht sich, aber man pflegt die Augen vor den präzisen Realitäten zu verschließen, die es in sich schließt."

Es ist vielleicht nicht unwichtig, kurz noch auf ähnliche Erwägungen hinzuweisen, die angesichts der Entwicklung im Fernen Osten für Japan angestellt werden. Meldungen hierüber waren in der Weltpresse schon seit langem zu finden. Unlängst hieß es (›Die Neue Zeitung‹, das offizielle Organ der US-Militärregierung in Deutschland, vom 16. Dezember 1948): „Amerikanische militärische Kreise ließen verlauten, die Aufstellung einer japanischen Polizeistreitmacht in Stärke von 100000 bis 150000 Mann durch die USA werde erwogen. Vom militärischen Standpunkt aus sei indes nicht etwa eine drastische Änderung der amerikanischen Fernostpolitik zu erwarten, sondern lediglich eine allmähliche Entwicklung, die der veränderten strategischen Lage Japans angesichts der kommunistischen Erfolge in China gerecht werde. Es sei nicht angängig, bei einem etwaigen Abzug der Besatzungstruppen auf den japanischen Inseln ein Kräftevakuum entstehen zu lassen. – Die erste Verlautbarung von offizieller amerikanischer Seite über eine mögliche Wiederbewaffnung

Japans erfolgte im September dieses Jahres, als US-Generalleutnant Robert Eichelberger aus Japan zurückkehrte und sich dafür aussprach, eine Polizeiarmee aus einheimischen Mannschaften in Stärke von 125000 Mann aufzustellen. Eingeweihte amerikanische Kreise in Washington und Tokio betonen, daß es sich bei der japanischen Polizeitruppe lediglich um eine Sicherheitsstreitkraft handeln könne; an sich seien alle an Japan interessierten Mächte verpflichtet, das Land zu entwaffnen und im Zustande der Entwaffnung zu belassen. Der Sachverhalt sei überdies dadurch charakterisiert, daß die japanische Verfassung selbst jegliche Aufrüstung verbietet. Verfassungsgemäß sei jedoch der Unterhalt von Polizeistreitkräften gestattet."

Das ist, in allgemeiner Form, ein wenig von dem, was überlegt wird.

„Deutsche Anregungen"

Dann gibt es deutsche Vorschläge, Anregungen, Schriftstücke. Sie haben, wie gesagt, bis jetzt nur einen anzeigenden Wert. Sie sind auch noch von keiner offiziellen Stelle angenommen worden, am allerwenigsten von den Militärregierungen. Am 7. Oktober 1948 zum Beispiel berichtete die ›Overseas News Agency‹ aus Frankfurt, die Schaffung eines militärischen Oberkommandos für die Westeuropäische Union habe „eine Anzahl führender deutscher Politiker veranlaßt, hoffnungsfreudig anzuregen, daß ... Westdeutschland erlaubt wird, eine Armee zu bilden, 'um an der Verteidigung Westeuropas teilzunehmen'". Einer dieser Politiker – "a key figure in Bizonia" –, so wird weiter berichtet, habe einem Mitglied der amerikanischen Militärregierung gegenüber privat geäußert, „daß die Deutschen sagten, die Mächte der westeuropäischen Union hätten jetzt zwar ein Oberkommando geschaffen, besäßen aber keine Soldaten; ‚die Westdeutschen könnten ihnen die Truppen liefern' ...". „Deutschland hat Menschen-Reserven; die einzige Frage ist, wer sie benutzen wird: Rußland oder die Westlichen Nationen. Es ist an Ihnen" (den Amerikanern), „die Entscheidung zu fällen." Ein andrer dieser Politiker – "one ... leading politician" – soll sogar gesagt haben, der neue westdeutsche Staat möge die Autorisierung erhalten, „eine Armee von einer Million Mann zu schaffen". General Clay hat daraufhin am 11. Oktober 1948 dem Vertreter der genannten Nachrichtenagentur, der ihn darüber befragte, erklärt, daß er „jede Anregung politischer Führer Westdeutschlands, sie wollten eine Genehmigung erhalten, eine stehende Armee zu errichten, strikt ablehne, gleichgültig für welchen Zweck sie gedacht sei". „‚Die Politik der Vereinigten Staaten ist es, Deutschland entwaffnet zu halten', fügte General Clay scharf hinzu." – Ähnliche deutsche Vorschläge, jedoch von gemäßigterer Art (bewaffnete Selbstschutz-Verbände, eine Miliz, deutsche Kontingente für eine europäische

Armee) haben Dr. Kramer, der Herausgeber des ›Rheinischen Merkur‹, in der Ausgabe vom 6. November 1948 und Dr. Vogel, Stuttgart, in der ›Schwäbischen Post‹ vom 11. November 1948 der Öffentlichkeit unterbreitet. Von den verschiedenartigen deutschen Anregungen und Schriftstücken, die es in dieser Sache gibt, kann ich hier nicht einmal die erörtern, die ich persönlich kenne. Einige scheinen mir lächerlich zu sein, andere wird man wohl wegen des Ansehens der dahinterstehenden Personen ernstnehmen müssen. Sollte die Sache selbst vielleicht Fortschritte machen, dann werden diese Personen, wie ich vermute, kaum umhinkönnen, ihre Anregungen eines Tages einer hoffentlich kritisch gewordenen Öffentlichkeit zu unterbreiten.

„Wünsche und Gruppen“

Ferner gibt es Wünsche und Bereitschaften von Gruppen, die bestehen. Das ist noch keine sehr greifbare Sache. Immerhin sind sie da, wenn auch recht lose, die Gruppen – mehr Zusammengehörigkeiten mit wartenden Organisationen –, aber recht stark, was die Wünsche und die Bereitschaften anlangt. Viele Gespräche und Erfahrungen beweisen es. In manchen Fällen handelt es sich um Desperados, in vielen Fällen um Leute, die nicht ein- und auswissen, um die sich niemand bekümmert hat, die für die Demokratie und für europäisches Denken zu gewinnen gewesen wären und es vielleicht noch sind. Sie rechnen damit, daß man sie eines Tages, wenn man Soldaten braucht, nicht so sehr – oder überhaupt nicht – nach ihrer politischen Vergangenheit und nach der Zuverlässigkeit ihrer Gesinnung fragen wird, sondern nach ihrer Kriegserfahrung, eine Spekulation, die mir nach manchen Anzeichen und nach der in der Ostzone schon lange geübten Praxis durchaus nicht abwegig vorkommt. Die innenpolitische Entwicklung Westdeutschlands braucht bloß noch fühlbar „nationaldemokratisch“ zu verlaufen, was aus mehreren Ursachen eintreten könnte.

Einige Tatsachen

In einem solchen Fall nähme auch eine Reihe von Tatsachen plötzlich eine Bedeutung an, die ihnen, jeder für sich, heute noch keineswegs zukommt. Bestimmte Spezialisten sind herangeholt worden (registriert wurden sie ja schon von Kriegsende an). Technische Dienste bestehen, sowie einige Hilfsverbände, von einem Charakter, der über die Industrie-Polizei hinausgeht; gewisse Vormerkungen werden vorgenommen, die notwendig zu sein scheinen. Nichts von einer Geheimarmee. Aber alle diese Leute sind keineswegs Marionetten. Es hängt vom Gang der Ereignisse und von der Wachsamkeit, dem Einblick, der Stärke der demokratischen Kräfte ab, was daraus werden wird.

Zu den Tatsachen gehört schließlich in diesem Zusammenhang auch, daß das westdeutsche Industriepotential, das Europa braucht, wächst und in der nächsten Zeit wohl unverhältnismäßig rascher wachsen wird, als es bisher der Fall sein konnte. „Für eine gründliche und dauernde Erhaltung Europas ist es unerläßlich", sagte am 18. November 1948 Mr. Dewey Short, Leiter einer Gruppe von sieben amerikanischen Kongreßmitgliedern des House Armed Services Committee, in Berlin, „daß wir Westdeutschland wirtschaftlich rasch wieder auf seine Beine bringen ... Deutschland ist die Fabrik und das industrielle Herz Europas. Wir müssen den Deutschen daher helfen, ob nun einige Leute Deutschland und die Deutschen lieben oder nicht. Wir können nicht ewig so weitermachen, daß wir die Besetzthaltung finanzieren. Es ist daher für uns selbst notwendig, ihnen zu helfen. Ich stimme nicht mit den Leuten überein, die meinen, daß wir dadurch wieder eine Bedrohung schaffen. Natürlich müssen wir ein wachsames Auge auf Rüstungsmöglichkeiten halten, aber die Deutschen können auf den rechten Weg gebracht werden. Wir wünschen von den Lasten freizuwerden und aus Deutschland herauszukommen. Freilich können wir das nicht, bis die Russen es tun."

Mr. Short und das House Armed Services Committee sind nicht der Kongreß, nicht das Weiße Haus und nicht das State Department. Immerhin.

Kritische Aussichten für echte Demokraten

Man kann das alles wohl eine Wendung nennen – gegenüber 1945/46! Wenn wir damals, beinahe predigend, sagten und schrieben, das deutsche Volk möge unbeirrt vom Zorn, vom Haß, vom Racheverlangen und von der Kollektivschuldanklage so vieler im Ausland und so vieler Ausländer im Inland aus eigenen Stücken und im Gewissen jedes Einzelnen selbstverantwortlich über das Vergangene und über seinen Weg in die Zukunft nachdenken, dann tun wir es jetzt in dieser innerhalb weniger Jahre gründlich veränderten Lage gegenüber den neuen Sympathien, Hilfen, Angeboten und Möglichkeiten aller Art abermals. Dieses Jahr nicht fälliger Entscheidungen kann für die ganze Zukunft ausschlaggebend werden. Alles hängt von unserer Gesinnung und unserer politischen Kraft ab. Sie werden an den Methoden, mit denen wir die wirtschaftliche Erholung betreiben werden, an der Frage der Polizei und an der Erörterung eines möglicherweise weitreichenden „Selbstschutzes" ja unter Umständen einer beginnenden Beihilfe zur westeuropäischen Verteidigung sichtbar werden.

Das „Gespenst", von dem hier die Rede ist, hat zwar, wie gesagt, noch fließende Umrisse. Man kann sie jedoch bereits klar beschreiben: ein bestimmter Typ von Industriellen, von Militärs, von Polizei, von potentiellen Mannschaften, von Politikern, dazu der bestimmte Typ einer Gefahrenlage, innen- und außenpolitisch, wirtschaftlich und sozial, – die Demokraten in Deutschland werden es, wie mir scheint, nicht so leicht haben im Jahre 1949. Ich weiß nicht, wieviele unserer wirklichen Politiker die aufsteigende Welle ohne falschen Optimismus sehen, und wieviele unserer vermeintlichen Politiker, bloß betriebsam, aber leichten Sinnes, nach neuen Kommandoständen Ausschau halten, von denen aus sie vermeintlich ziemlich mühelos der kommenden Dinge Herr werden wollen. Es kann sehr wohl umgekehrt kommen: daß die Kommandostände wegrutschen, oder daß andere sie besteigen, oder daß die eigentlichen Weisungen von Büros und Klubs ausgehen werden.

Auch im Ausland geben sich manche erheblichen Illusionen hin. (Wir möchten damit umgekehrt keineswegs den ewig Gestrigen, den Nichts-als-Mißtrauischen, den falschen Sicherheitspredigern das Wort sprechen.) Es gibt sogenannte Wirtschaftsführer bei uns – genau wie woanders, nur haben sie dort im allgemeinen nicht die gleiche Bedeutung gewonnen –, die politisch überhaupt oder fast gar nichts gelernt zu haben scheinen. Und es gibt deutsche Militärs – vielleicht ist es nicht übertrieben, zu sagen: mit nur ganz wenigen Ausnahmen –, deren politische Standfestigkeit in einer Demokratie alles andere als erprobt ist (das darf man wohl eine bescheidene Ausdrucksweise nennen). Einige von ihnen können durchaus mit den deutschen Bolschewiken-Generalen gemeinsames Spiel machen. Man soll doch nicht meinen, die Neigungen aller dieser Herren-Genossen gingen insgeheim heftig nach Westen, sie seien, einer wie der andre, nichts als wouldbe-Europäer, die den Tag nicht erwarten können, wo sich ihnen eine Möglichkeit bietet, dem Machtbereich des Kreml zu entfliehen. Dazu sind alte Vorstellungen von Rußlands Möglichkeiten in den wenigen politisch Denkenden und in den meisten „rein fachmännisch“ Gesinnten von ihnen noch viel zu lebendig.

Was weiterhin bis jetzt wenig beachtet zu werden scheint, wäre die Wirkung einer deutschen Wiederaufrüstung, erfolgte sie selbst nur in Anfängen, auf Völker wie die Polen, die Tschechen und andere im Osten, von denen der Westen doch überzeugt ist, daß sie das ihnen von der „volksdemokratischen“ Minderheit und der sowjetrussischen Macht auferlegte Joch nur mit höchstem Widerwillen tragen, bereit, es so bald wie nur möglich abzuschütteln. Eine wiedererstehende deutsche Wehrmacht könnten sie nach den Erlebnissen, die sie hinter sich haben, wohl kaum als Anzeichen künftiger Befreiung ansehen. Eine derartige Möglichkeit haben Hitler und seine Generale ein für alle Mal aus der Welt geschafft, – abgesehen davon, daß auch in den Satellitenstaaten der UdSSR die Völker eine kriegerische „Lösung“ kaum herbeisehnen dürften. Sie in einen noch tieferen Zwiespalt der Gefühle und in eine Lage zu bringen, in der sie die kommunistisch-slawische Vormacht als ihre Beschützerin betrachten müßten, kann nicht die Absicht sein. In Kauf dürfte man es nicht leichthin nehmen.

Und noch eine „Kleinigkeit“ wird von den Rechnern häufig übersehen. Das ist die Rolle der antikommunistischen Arbeiterschaft – in Europa sowohl wie in Deutschland. Ohne sie gehen die Rechnungen nicht auf, weder die wirtschaftlichen und sozialen, noch die politischen und die militärischen. Etwa in die Enge getrieben zwischen Reaktion oder dem, was die Arbeiter- und Angestelltenschaft als Reaktion ansieht, und kommunistisch gesteuerten Aktionen, wird sie in der Mehrheit notgedrungen nicht in das Lager der Reaktion gehen; sie würde von der Linksradikalität mitgerissen werden. Eine solche Entwicklung von Fall zu Fall entstehend, wie es sich ja in Frankreich oder Italien immer wieder zeigt, würde aber nicht bloß das Gelingen der wirtschaftlichen Erholung Europas in Frage stellen.

Was immer unternommen wird, es muß zusammen mit der Arbeiterschaft unternommen werden. Alles andere – Versuche halbfaschistischen Charakters – sind bloß mehr Brackwasser der Geschichte; in ihm scheitert man nach wenigen Jahren, weil die gesellschaftlichen Unterlagen der europäischen Politik ganz andere geworden sind, und weil die Erfahrungen der letzten Jahrzehnte immerhin solchen Eindruck auf das allgemeine Bewußtsein gemacht haben, daß bestimmte unsoziale Herrschaftsformen ohne extremen und dauernden Terror notwendigerweise zu raschem Untergang verurteilt sind.

Wie denkt das deutsche Volk darüber?

Was wird die Arbeiterschaft Westdeutschlands, was werden seine Mittelschichten, seine Bauern, und was wird insbesondere die jüngere deutsche Generation zur Frage der „starken Polizeimacht“, wie der Präsident des Parlamentarischen Rates, Herr Dr. Adenauer, sich ausgedrückt hat, sowie zur Frage weiterreichender Möglichkeiten sagen, die dann freilich eine Art Remilitarisierung und Wiederaufrüstung zur Folge hätten? Niemand weiß es. Man sollte es aber wissen.

Deshalb muß diese Sache auf Leben und Tod einer nochmals versuchten deutschen Demokratie erörtert werden. Nichts darf sich da hinter dem Rücken des Volkes und ohne sein Wissen abspielen. Wir sind weder Polizeiobjekte, noch wollen wir Reisläufer oder Fremdenlegionäre werden. Man braucht Deutschland? Deutschland braucht Europa! Sonst entwickeln sich die Dinge erneut in falscher Richtung. Leider ist dieses Europa noch nicht da. Es muß also so rasch wie möglich zustandekommen. In einem echten europäischen Bund – nicht bloß in Bündnissen – verlören die Probleme sofort viel von ihrer gefährlichen Mehrdeutigkeit, die ihnen jetzt überall anhaftet.

Die Herausgeber und die Redakteure dieser Zeitschrift gestehen ehrlich, daß auch sie in den beiden hier angeschnittenen Hauptfragen der Sicherheit keineswegs eine völlig eindeutige Lösung anzubieten haben. Die Lage ist viel zu schwierig und verwickelt. Wir sagen nur, sie ist nicht reif für weittragende Entscheidungen, obgleich sie zumindest für die Frage der Bundespolizeimacht rasch reif gemacht werden muß. Dazu gehört die Kenntnis aller in Betracht kommenden Möglichkeiten, und dazu gehören sehr aktive, überlegene demokratische Kräfte. Modern kasernierte Polizeitruppen können heutzutage im Handumdrehen zu mehr entwickelt werden, besonders wenn sich Voraussetzungen darbieten, wie sie bei uns zum Teil gegeben, zum Teil in Entstehung begriffen sind. Dies ist wirklich eine Sache des ganzen Volkes, das bisher den Grundgesetzen seines politischen Lebens, von dem das private abhängig ist, sehr wenig Interesse entgegengebracht hat. (Sie wurden allerdings auch schlecht genug dargeboten.)

Was das Übrige anlangt, – nein! Mögen sich jene, die den jetzigen Zustand herbeigeführt haben, den Kopf darüber zerbrechen, mit welchem Minimum an Menschen und welchem Maximum an vereinigten technischen Mitteln sie das begonnene Aufbauwerk Europas militärisch sichern können. Wir sind nicht bereit, das „Gesetz zur Befreiung von Nationalsozialismus und Militarismus" so ad acta zu legen. Deutschland sollte in jeder anderen Hinsicht darauf bedacht sein, seinen höchsten Beitrag für das gemeinsame Wohl Europas und der Welt zu leisten. Eine wahrhaft lautere und eine bedingungslos europäische Gesinnung wäre unter seinen möglichen Beiträgen nicht der geringste.

45. Ludwig Erhard, Rede[76], Auszug

Seit der Währungsreform hat sich die wirtschaftliche Lage entscheidend verbessert als Ergebnis einer sozialen Marktwirtschaft, die auf freiem Wettbewerb und einer günstigen Relation zwischen Einkommen und Preis beruht.

Pütz, Konrad Adenauer und die CDU, S. 838–854.

Königswinter, 25. Februar 1949

Sie wissen, daß es uns in der Zwischenzeit gegen alle düsteren Prophezeiungen, gegen alle Verleumdungen und Anprangerungen doch gelungen ist, mit

[76] Gehalten auf der Sitzung des Zonenausschusses der CDU der britischen Zone am 24./25. 2. 1949.

organischen Mitteln mindestens jetzt einmal eine Stabilisierung und Beruhigung unserer wirtschaftlichen Verhältnisse zu erreichen. Sie wissen, daß ich das immer vorhergesagt habe und deshalb verhöhnt und verspottet worden bin. Ich habe gesagt, es handelt sich nicht um Störungen aus der Wirtschaft heraus, sondern um Störungen, die von außen hereingetragen werden in die Währungsreform.

Wenn es gelingt – ich war und bin der Auffassung, daß es gelingt –, dieses Übermaß an Kaufkraft, das das Gleichgewicht zwischen Angebot und Nachfrage gesprengt hat, zu neutralisieren, dann finden wir zu den gesunden Grundlagen unserer Wirtschaft zurück. Wir haben damit gleichzeitig erreicht, daß die angesichts des vorliegenden Kapitalmangels drohende Arbeitslosigkeit im Kapitalgütersektor vermieden werden konnte, ein Erfolg, der nicht gesehen wird oder nicht genügend gewürdigt worden ist, den wir heute vielleicht besser sehen, weil sich nach dieser Richtung mindestens Gefahren abzeichnen, und es uns weiter gelungen ist, auf Grund dieser Breitenstreuung durch die Umwandlung der Kaufkraft von der ursprünglichen Form des Konsumentengeldes zum Produzentengeld diese Kaufkraft an die Unternehmer zu binden. Um das durchzuführen, mußte der Betriebsmittelbedarf kräftig ansteigen. Deshalb mußte alle Energie geweckt werden, um unsere Wirtschaft zu hoher Leistung zu entfachen.

Sie wissen, in welch unvorstellbarem Maß es gelungen ist, daß wir gerade in wichtigen Bedarfsbereichen innerhalb eines halben Jahres Produktionssteigerungen von 50 %, 100 % und noch weit darüber hinaus, ja sogar bis zu mehreren hundert Prozent erreicht haben, daß wir die Schuhproduktion von 800 000 Paar im ersten Halbjahr auf 3½ Millionen Paar erhöht haben, daß wir in manchen anderen Bereichen, wie z. B. der Bereifungen und Glühlampen, die Friedensproduktion überschritten haben, daß wir insbesondere auf dem landwirtschaftlichen Maschinensektor eine Verdreifachung der Produktion erreicht haben und anderes mehr. Das würde Bände füllen, Ihnen diese Zahlen darzulegen und zu illustrieren. Das alles ist erreicht worden unter den unglücklichsten Rohstoffverhältnissen; denn wir verfügten im zweiten Halbjahr 1948 nur über geringe Einfuhren. Wir mußten auf die Rohstoffe zurückgreifen aus der Zeit vor der Währungsreform, aus der Zeit, als die Planwirtschaft im Lande war, aber die Planwirtschaft nicht die Kräfte entfalten konnte, die ausreichen, um sie in produktive Leistung umzuwandeln.

Durch den Wegfall der Subventionen ist dieses ganze Gestrüpp von Ausgleichskassen usw. beseitigt. Dadurch sind Preissteigerungen eingetreten, aber das sind nur indirekte Preissteigerungen; denn die Etats waren selbstverständlich nicht in der Lage gewesen, Milliardenbeträge von Subventionen aufzubringen. Wir haben außerdem durch die restriktive Kreditpolitik die spekulativen Elemente zurückgedrängt. Wir haben die Unternehmer dadurch gezwungen, mit ihren Mitteln hauszuhalten und sich nicht einer einmaligen uferlosen Konjunktur auszuliefern. Was darüber hinaus noch gefehlt hat, um zu einem Gleichgewicht, der Grundlage jeder gesunden Wirtschaft, zu gelangen, das mußte und konnte nur durch eine entsprechende Preiserhöhung wettgemacht werden.

Es ist hier nicht der Ort und würde zu weit führen, weil es in eine philosophische Betrachtung einmünden würde, zu untersuchen, ob die subjektiven und individuellen Maßnahmen nicht gegen die guten Sitten verstoßen.

Wenn wir den Versuch unternommen hätten, in dieser Zeit andere Mittel zur Anwendung zu bringen als marktwirtschaftliche, wenn wir etwa versucht hätten, mit den Mitteln der staatlichen Preisbildung der Dinge Herr zu werden, dann wäre es uns zweifellos nicht gelungen, innerhalb einer geschichtlichen immerhin kurzen Frist eines halben Jahres die Spannungen zu überwinden. Diese Frage ist so grundsätzlicher Art, daß sie meiner Ansicht nach in den Mittelpunkt eines Programmes gehört.

Eine gesunde Wirtschaft, die wirklich die Freizügigkeit des Menschen wahrt und die nicht schon in den Anfängen wieder den Keim neuer Störungen und neuen Unglücks legen soll, kann auf das Medium der freien Preisbildung unmöglich verzichten.

Sicher, wenn die Preise ansteigen durch irgendeine Bewegung nach oben oder nach unten, muß man sagen, daß in unserer Wirtschaft irgendwelche Dinge einen unerwünschten Verlauf nehmen. Dann ist selbstverständlich die Stunde des Eingreifens gekommen. Aber damit fällt jetzt die große Entscheidung. Meiner Ansicht nach ist sie gekommen, um die ökonomischen Daten zu verändern, um in der Beeinflussung der Produktion oder auch in der Beeinflussung des Verbrauchers, meinetwegen auch in der subjektiven und psychologischen Beeinflussung des Verbrauchers, Wandlungen herbeizuführen. Aber es ist völlig abwegig und vom volkswirtschaftlichen Standpunkt aus primitiv, anzunehmen, daß man durch einen Verwaltungsakt der Behörde und durch eine Preisfestsetzung die Dinge gesunden lassen kann. Es ist das genau so, als wenn man vom Dampfkessel das Manometer abmacht und sich nun der Illusion hingibt, jetzt kann der Kessel nicht mehr explodieren, oder wenn der Arzt dem Fieberkranken durch ein Gewaltmittel das Fieber herunterdrückt und dann glaubt, er hätte damit auch den Krankheitsprozeß beseitigt. Das ist die Kur an den Symptomen, und die wäre der Anfang des Übels.

Die Folge des Zwanges ist der Preiskommissar, vom Preiskommissar geht es zur Diktatur und Tyrannei und zur Aufhebung jeder Freizügigkeit in der Wirtschaft überhaupt. Das möchte ich ganz klar herausstellen.

Es gibt zwei Arten von Preispolitik. Die erste ist die planwirtschaftliche Preispolitik, die äußerlich und formal mit einem Federstrich im Verwaltungsakt die Dinge ordnet. Der zweite Weg, den wir beschritten haben, ist die organische Preispolitik, die die ökonomischen Verhältnisse ändert und auf dem Umweg wirtschaftlicher Mittel – und dies im weitesten Sinne verstanden, und zwar in der Geld-, Kredit-, Finanz-, Steuer- und Sozialpolitik – die Dinge zu ordnen versucht durch die Veränderung der Größenordnungen. Das ist scheinbar das gleiche und doch ein entscheidender Unterschied.

Durch die mechanische Ordnung wird die Ware vom Markt verdrängt; erhält sie unerschwingliche Preise auf dem Schwarzen Markt und scheidet damit für einen sozialen Konsum aus. Beim zweiten Weg, den wir gegangen sind, drängt die Ware zum Markt, löst den Wettbewerb aus, verbessert die Leistungen in qualitativer, quantitativer und preislicher Hinsicht und dient somit im wahrsten Sinne des Wortes der sozialen Wohlfahrt.

Deshalb ist es wohl berechtigt, und hat seinen guten Sinn, wenn wir die Form der Marktwirtschaft, die uns vorschwebt und die nichts mehr zu tun hat mit einem Liberalismus vorsintflutlicher Prägung, mit Recht als die soziale Marktwirtschaft bezeichnen und als solche mit aller Deutlichkeit herausstellen.

Nachdem uns also diese Konsolidierung gelungen ist und nachdem sich ein gewisser Umbruch vollzogen hat schon im Dezember, der sich jetzt wachsend durchsetzt, jetzt fängt die gegenteilige Kritik an und malt den Teufel an die Wand, macht in Depression und spricht von einem deflationistischen Prozeß, der zur Arbeitslosigkeit treibe, wenn man nicht sofort wieder der Planwirtschaft zum Siege verhelfe. Die Phantasielosigkeit, die seitens der Kritiker an den Tag gelegt worden ist von seiten der Sozialisten, beleuchtet nichts drastischer als folgendes Beispiel.

Bei der letzten Länderrats-Tagung, wo die Wirtschaftsminister bei mir gewesen sind[77], die in der Hauptsache Sozialisten sind, konnten sie nicht ein Wort der Kritik gegen mich vorbringen. Und als ich weitere Lockerungen der Bewirtschaftung in Vorschlag brachte, fand ich die Zustimmung aller Wirtschaftsminister (Bewegung und mehrere Zurufe: hört, allerhand). Sie sehen, wir scheinen doch auf dem rechten Wege zu sein, oder zumindest scheinen die dogmatischen Kritiker nicht den Mut zu haben, dagegen aufzutreten. Es wäre töricht, wenn wir jetzt unser Licht unter den Scheffel stellen würden. Ich spreche jetzt nicht pro domo, sondern sachlich. Ich spreche in der Woche etwa dreimal, und mir kommt etwas von der „Reaktion" entgegen aus der großen Masse der Bevölkerung. Ich habe noch keine Versammlung erlebt, wo nicht eine gleich große Anzahl von Besuchern umkehren mußte, weil sie nicht mehr in den Saal hineinkamen.

Was mir entgegenschlägt, ist Vertrauen und Zustimmung auf der ganzen Linie.

[77] Tagung des Länderrats am 20. 1. 1949: Bundesarchiv, Z 1/165.

Wenn ich daraus Hoffnungen schließen soll für den kommenden Wahlkampf, dann komme ich vielleicht zu einem zu großen Optimismus, aber im ganzen gesehen ist es doch zweifellos günstig.

Ich möchte Ihnen sagen, sowohl das Geschehen des zweiten Halbjahres 1948 wie die Entwicklung, die sich heute anzeigt, darf unter keinen Umständen unter konjunkturpolitischen Gesichtspunkten betrachtet werden. Das wäre völlig abwegig. Die Steigerung der Produktion im zweiten Halbjahr 1948 bedeutet nicht etwa einen Konjunkturumschwung und -Aufschwung in dem Sinne, wie es die liberale Lehre darstellt, sondern es bedeutet eine Befreiung der Menschen aus einer unwürdigen Fron. Und die Preissteigerungen waren auch eben nicht im konjunkturpolitischen Sinne Preissteigerungen, sie waren Ausdruck einer Störung, die wir überwinden mußten.

Die Sorgen, die wir heute haben, sind nicht die Sorgen einer Depression. Die Wirtschaft ist nicht mehr im Niedergang, nachdem die Preise umgebrochen sind. Davon ist gar keine Rede, sondern umgekehrt liegen die Dinge.

Im Jahre 1949, wenn das Frühjahr herankommt und die Rohstoffe einlaufen, und zwar in zunehmendem Umfange, dann wird die Verbrauchsgüterindustrie eine weitere kräftige Belebung erfahren. Wir haben keinen Rückgang in der Produktionswirtschaft erlebt, aber, was jeder Konjunkturauffassung zuwiderläuft, wir kommen zu tendenziell sinkenden Preisen, nicht im Sinne eines Preissturzes und eines Preisverfalls, sondern zu einer Stabilisierung unseres Preisniveaus mit einem Abwärts, mit absinkender Tendenz. Das müssen wir haben und mit allen Mitteln darauf hinarbeiten.

Wie ist die Situation jetzt? Wenn seit dem Juni 1948 die einzelne individuelle menschliche Arbeitsleistung um durchschnittlich 30 % gestiegen ist, wenn die industrielle Kapazität um 50 bis 100 % besser ausgenützt worden ist, so ergaben sich daraus selbstverständlich in jedem Betrieb, umgerechnet auf die Produktionseinheit, sehr starke Kosteneinsparungen. Hätten wir eine richtige Währungsreform gehabt, wie sie in den deutschen Plänen vorgesehen war, hätten wir sofort nach der Währungsreform die Preisänderungen bekommen. So wurden diese kostensenkenden Tendenzen überkompensiert durch Störungen aus der Währungsreform. Es mußten erst die gegen das Üble der Währungsreform organisch aus der Wirtschaft selbst heraus erwachsenen Faktoren zum Durchbruch gelangen. Das ist jetzt gelungen. Wir haben die Kaufkraft gebändigt. Sie ist nicht mehr Konsumentenkaufkraft, sondern Produzentengeld geworden.

Deshalb bin ich fest entschlossen, diesen Weg entschieden weiterzugehen. Jetzt müssen in den Unternehmen entsprechend der höheren Rentabilität, der Kalkulation und der gestiegenen Produktivität usw. so große Reserven stecken, daß sie im Preise Ausdruck finden. Deshalb muß dieser Weg weiter beschritten werden. Es gibt kein anderes Mittel dazu, als die Entfaltung des Wettbewerbs.

Während es im zweiten Halbjahr 1948 so schien, als ob viele Elemente in der Unternehmerschaft völlig verlorengegangen wären, sehe ich jetzt geradezu mit Entzücken, wie diese Kräfte wieder lebendig werden und sich rühren. Es ist verständlich, solange es schien, daß jede Ware zu jedem Preis absetzbar war, kann ich von dem einzelnen, wenn ich ihm nicht befehle, nicht erwarten, daß der Wettbewerb sich belebt.

Heute aber, wo wieder das Gleichgewicht hergestellt worden ist, wo Nachfrage und Angebot nicht mehr beziehungslose Elemente sind, sondern miteinander verkoppelt und verbunden wie die Siamesischen Zwillinge, kehren sich die Verhältnisse um. Jetzt muß die Ware ihren Käufer suchen, jetzt drängt sie zum Markt. Deshalb das Bestreben des Unternehmers, die Ware billiger werden zu lassen, um für sich die sichere Position am Markte zu bekommen, die ihm die wirtschaftliche Existenz gewährleistet.

Alles, was sich im Augenblick abspielt, ist lebendiges Zeugnis dieser Wahrheit, die nicht außer Kraft gesetzt werden kann. Wir müssen diese sinkenden Tendenzen auch weiter aufrechterhalten, weil sich Kosteneinsparungen und Preissenkungen mit jeder weiteren Ausweitung unserer Beschäftigung ganz organisch ergeben und wahrscheinlich auch ohne jedes Zutun, ohne wirtschaftspolitische, ohne steuerpolitische und kreditpolitische Eingriffe sich vollziehen werden.

Im Grunde genommen haben wir heute, wenn Sie Geld- und Kredit-Volumen zusammennehmen, die gleiche Masse verfügungsfreier Kaufkraft im Markt wie im Jahre 1948, aber mit einem entscheidenden Unterschied. Im Jahre 1948 war jeder so liquid und flüssig, daß scheinbar für alle Spekulationen Raum war, und die Nachfrage war scheinbar unersättlich. Heute haben wir bei dem gleichen Volumen ein völlig anderes Bild. Die ganze Unternehmerschaft klagt über mangelnde Liquidität, schreit nach Krediten, und vom Verbraucher wird Zurückhaltung geübt; aus welchen Gründen auch immer, materielle und psychologische Gründe kommen hier zusammen.

Wir dürfen diese Kaufkraft, die immer noch draußen ist, unter keinen Umständen wieder virulent werden lassen. Sie wird solange keinen wirtschaftlichen Unfug stiften, als bei leicht absinkenden Preisen keine Notwendigkeit oder kein Anreiz dazu vorhanden ist.

Insofern liegt die weiter flach absinkende Preistendenz im Zuge nicht nur unseres wirtschaftspolitischen Zieles, sondern überhaupt der Gesundung unserer Wirtschaft, nicht zuletzt auch unter dem sozialen Aspekt, der immer darin liegt und zu dem ich mich immer bekenne. Das ist das Ziel unserer Wirtschaftspolitik und unserer ganzen wirtschaftlichen Tätigkeit, die Relation zwischen Einkommen und Preis, insbesondere zwischen Löhnen und Preisen, so günstig wie immer nur möglich zu gestalten, mit anderen Worten, das

Nominaleinkommen gerade der breiten Masse unseres Volkes nach Maßgabe unserer Produktivität mit der höchsten Kaufkraft auszustatten.

Es ist eine völlige Illusion, etwa zu glauben, daß die Planwirtschaft sich von sozialen Aspekten leiten ließe und daß dieses Prädikat „sozial" der Marktwirtschaft nicht zukomme. Gerade das Gegenteil ist der Fall, und die Wahrheit beruht im Gegenteil. Die Planwirtschaft ist das Unsozialste, was es überhaupt gibt, und nur die Marktwirtschaft ist sozial. Abgesehen davon, daß die Dinge sich rechnerisch feststellen lassen, daß der Nachweis erbracht werden kann, daß der Anteil von Lohn und Gehalt am Fertigprodukt in der Marktwirtschaft immer höher ist als in der Planwirtschaft und daß die Planwirtschaft der Diktatur und Sklaverei immer mehr abnimmt an Volkseinkommen, ist diese Wahrheit auch noch anders zu begründen. Jede Planwirtschaft beruht auf der Vorstellung, daß irgendeine Behörde so weise sein kann und daß sie einen so großen Apparat hat mit Statistiken usw., daß es möglich ist, besser als das Volk selbst zu entscheiden, was dem Volke frommt. Auf Grund solcher Überlegungen muß dann notwendigerweise ein vorgefaßter Produktionsplan entstehen. Der Produktionsplan kann nur so entstehen, daß die Behörde sich einbildet, annehmen zu können, der durchschnittliche Mensch will soundsoviel sparen und soundsoviel verbrauchen, und für den Normalverbraucher wird gewissermaßen eine optimale Verbrauchsregelung konstruiert. Und diese wird mit 45 Millionen multipliziert, und dann bildet sich die Planwirtschaft ein, daß das der Verbrauch eines Volkes wäre und daß diese Methode die Harmonie der Gesellschaft verbürgen würde.

Was da herauskommt, das ist nicht der soziale Verbrauch eines Volkes, sondern das ist vollendeter Unfug im wirtschaftlichen Sinne. Und was auf der soziologischen Ebene herauskommt, ist nicht die Harmonie, sondern das ist das Chaos und die Tyrannei. Wohl oder übel muß die Planwirtschaft sehr bald zur Aufhebung jeder menschlichen Freizügigkeit kommen. Darum muß die freie Berufswahl und die freie Konsumwahl kommen. In der Planwirtschaft muß zunächst der Mensch gezwungen werden durch den Kategorischen Imperativ, dann durch Bezugsscheine und zum Schluß durch brutale Gewalt, das zu fressen, was der Staat ihm zu fressen vorgibt, einmal brutal ausgedrückt.

So schafft man keinen organischen und gesunden Staat, so schafft man zwischen Staat und Volk einen Riß, so reißt man eine Kluft auf, die unüberbrückbar ist. Damit ist der Staat nicht mehr der inkarnierte Wille des Volkes, sondern er wird zur Zuchtrute des Volkes. Ich kann das nicht oft genug ausdrücken und wiederholen. Wem das Wohl des Volkes am Herzen liegt, darf nicht Planwirtschaft, sondern muß die soziale Marktwirtschaft mit allen Fasern seines Herzens herbeisehnen.

Wenn man die aktuellen Fragen aufzeigen will, so liegt es nahe, auf die Lohnpolitik zu sprechen zu kommen. Ich weiche gerade dem schwierigen

Problem nicht aus, weil ich auch hier der Meinung bin, daß die soziale Marktwirtschaft die sozialen Lösungen dazu bereit hält. Ich bin der Meinung, daß noch Reserven in unserer Volkswirtschaft stecken.

Man kann in konsequenter Fortführung unserer jetzigen Wirtschaftspolitik die Preise weiter herunterdrücken, bis eben die günstige Relation zwischen Lohn und Preis hergestellt ist. Das würde sich deshalb empfehlen, weil sinkende Preise unsere Wettbewerbsfähigkeit auf den fremden Märkten erhöhen. Wenn es uns gelungen ist, von 1947 auf 1948 unseren Export von 190 Millionen Dollar auf 650 Millionen Dollar zu erhöhen, dann stellt das sicher einen wesentlichen Fortschritt dar, was dadurch noch charakterisiert ist, daß der Fertigwarenanteil, der im Jahre 1947 17 % betragen hat, im Dezember 1948 auf 50 % heraufgekommen ist mit der Tendenz, noch weiter diesen Anteil zu erhöhen. Aber 650 Millionen Dollar sind nichts angesichts einer längeren Zielsetzung. Im Rahmen der vorgesehenen Programme stehen wir vor der Aufgabe, bis zum Jahre 1952/53 mindestens einen Export von 2½ Milliarden Dollar zu erreichen.

Ich habe die ehrliche Absicht, im Jahre 1949 auf 1,2 Milliarden Dollar zu kommen, also noch in diesem Jahr eine Verdoppelung zu erreichen. Dabei muß man berücksichtigen, daß bei dem heutigen Preisniveau eine Reihe von Industriezweigen ausfällt. Ich bin hier der Meinung, wer nicht leistungsfähig ist auf dem Weltmarkt unter dem Aspekt einer internationalen Arbeitsteilung, der soll draußen bleiben, sonst vergiftet er die Atmosphäre, und die Behörden haben kein sittliches Recht der Welt gegenüber, durch künstliche Manipulationen und Berechnungen zum Mißbrauch der Währungspolitik nun alles, was nicht auf der Stufe eines internationalen Wettbewerbs steht, dahingehend zu frisieren. Es gibt eine ganze Reihe von Industriezweigen, die bei der heutigen Marktlage nur unter alleräußersten Anstrengungen – oder sie kommen nicht ganz heran – in der Lage sind, zu exportieren. Es würde natürlich eine Erleichterung bedeuten, wenn angesichts der zunehmenden Produktivität und Ausweitung unserer Erzeugung es gelingen könnte, das Preisniveau noch herabzudrücken. Und hier kommt eben die Lohnpolitik als entscheidender Faktor mit hinein. Vom Standpunkt des Lohnempfängers bedeutet natürlich ein allmähliches Absinken der Preise psychologisch nicht genau das gleiche wie eine einmalige Lohnerhöhung, auch wenn es im Endeffekt hinsichtlich der realen Kaufkraft völlig das gleiche ist. Darum habe ich Verständnis, wenn die Gewerkschaften auf dem Standpunkt stehen: wir können auf Lohnerhöhungen nicht verzichten, aber dieser Gesichtspunkt muß dabei berücksichtigt werden.

Wir könnten den anderen Weg wählen und das Preisniveau gewissermaßen auf der jetzigen Höhe stabilisieren und die Löhne so heraufsetzen, bis wieder die günstige Relation mit der realen Kaufkraft erreicht ist. Das empfiehlt sich nicht, denn der Lohn ist nicht in dem Sinne frei wie der Preis in der Bindung an den Tariflohn. Während der Preis jeder Nuancierung im Markte sofort nachgibt und immer unter dem Druck des Wettbewerbs die Tendenz nach unten haben wird, können Sie, wenn Sie das Preisniveau stabilisieren, hinsichtlich der Löhne nicht mit der gleichen Beweglichkeit operieren, ohne nicht dauernde Reibungen zu erzeugen.

Und schließlich kann man den Weg gehen – der sich auch in der Praxis bilden wird –, daß man grundsätzlich die preissenkende Tendenz aufrechterhält, aber von der Lohnseite gleichzeitig operiert.

Was mir wichtig zu sein scheint, ist das: Ehe man an diese grundsätzlichen Probleme herangeht, soll man erst einmal ein gesundes Lohngefüge in sich selbst schaffen. Durch 12 Jahre Lohnstopp sind die Löhne genau so in Unordnung geraten wie die Preise, und wir müssen hier erst zu einer gesunden Relation kommen.

Dann droht hier noch eine Gefahr, die meiner Ansicht nach nicht verkannt werden darf. Ich habe dafür keine schriftlichen Beweise, aber es sprechen sehr viele Zeichen dafür, daß manche – ich weiß nicht, ob ich Länder oder Kreise sagen soll – ein Interesse daran haben, die deutsche Wettbewerbsfähigkeit nicht weiter sich verstärken zu lassen, und daß man, soweit der Einfluß in Deutschland reicht, ihn ausnützen will, um nach dieser Richtung initiativ zu werden. Wenn z. B. die Lohnforderungen das Maß überschreiten, würde es dadurch unmöglich gemacht, auf dem 30 Cents-Kurs zu verharren. Dann taucht die Gefahr auf, daß wir wieder auf den 27 Cents- oder 25 Cents-Kurs gehen müssen, um einen Export zu erreichen, so daß damit eine wesentliche Verteuerung unserer Lebensmittel- und Rohstoffeinfuhren erwachsen würde und die deutsche Lebensmittelerzeugung sich diesem neuen Preis anpassen müßte.

Was der Arbeiter durch eine Lohnerhöhung scheinbar erworben hätte an Kaufkraft, müßte er wieder verlieren durch die Verteuerung der Lebenshaltung, durch Wiederansteigen der gewerblichen Preise. Und wir kämen dahin, daß er feststellen müßte, der neue Kurs ist nicht der richtige.

An einer solchen Lohn- und Preisbewegung kann niemand in Deutschland ein Interesse haben, wohl aber diejenigen, die den deutschen Wettbewerb von den Märkten fernhalten wollen. Das muß den Gewerkschaften gesagt werden.

Ich möchte den Unternehmern sagen: die Löhne können nicht als Kosten gewertet werden. Löhne und Gehälter stellen die große Masse des Kaufkraftreservoirs der Volkswirtschaft dar, aus dem die Nachfrage fließt. Und wenn die Nachfrage nicht fließt, dann ist alle Produktion sinnlos. Darum muß hier immer ein organischer und harmonischer Ausgleich erzielt werden. Wenn die Dinge alle starr sind, wenn die Preise und die Löhne starr sind, wenn der ganze Ablauf der Wirtschaft nach planwirtschaftlichen Regeln vor sich geht, dann ist dieses Problem überhaupt nicht zu meistern, oder es ist mit derartig ungeheuren sozialen Spannungen verbunden, daß wir überhaupt nicht mehr aus dem Zwist herauskommen.

Wenn ich sage, der Wettbewerb entfaltet sich, dann haben wir dafür deutliche Zeichen. Es wächst die Einsicht, daß unsere Wirtschaft heute falsch strukturiert ist; denn eine Wirtschaft, die immer nur Unfug getrieben hat mit Aufrüstung, Kriegs- und Planwirtschaft, kann nicht richtig strukturiert sein. Hier müssen sich Umformungen ergeben. Nach meiner Überzeugung ist die Kapitalgüterindustrie zu kräftig entwickelt, überdimensioniert, während in der Verbrauchsgüterindustrie noch Platz für neue Kapazitäten ist, abgesehen von dem auf alle Fälle übersetzten Verteilungsapparat. Denn unser Sozialprodukt wird bei allem Optimismus in der weiteren Entwicklung nicht das Volumen annehmen und nicht so differenziert und mannigfaltig sein, daß die ganze aus der Vergangenheit übernommene Handelsapparatur, die zusätzlichen Einrichtungen, die die Planwirtschaft in den letzten drei Jahren mit Behördenstempel usw. geschaffen hat, nötig sein wird und lebensfähig sein kann. Stellen sie sich vor, daß irgendeine Behörde vor die Aufgabe gestellt wäre, von sich aus zu entscheiden, um welchen Prozentsatz ist in den verschiedenen Stufen der Wirtschaft eine Überdimensionierung vorhanden. Und wenn sie glaubte, das feststellen zu können – was sie bestimmt nicht kann –, hätte sie die Entscheidung darüber zu fällen, wer jetzt Gnade vor ihren Augen findet und wer nicht. Die Willkür und das Unrecht würden geradezu Triumphe feiern und würden aufs neue Gift in unseren Volkskörper hineintragen. Da kann auch wieder nur der Wettbewerb diese Funktionen übernehmen. Und hier gibt es keine Appellation und keine Berufung, sondern dieses Votum ist endgültig und es ist gerecht!

Alle diese Probleme, die uns in den nächsten Monaten beschäftigen werden und müssen, zwingen zur Marktwirtschaft, wenn wir nicht zur Aufspaltung und zur Atomisierung unserer Wirtschaft kommen wollen.

Im ganzen gesehen bin ich hinsichtlich der weiteren Entwicklung optimistisch. Ich habe allerdings eine Sorge. So günstig, wie sich im Verbrauchsgütersektor die weitere Produktion und auch die Versorgung der Bevölkerung abspielen wird, dürfen wir die Chance für die Kapitalgüterindustrie nicht erwarten. Es wird eine gewisse Gabelung Platz greifen; denn die Übung des Jahres 1948, daß die Kapitalgüterindustrie und der ganze Investitionssektor finanziert wird mit dem überflüssigen Geld aus dem Konsumgüterbereich, die ist nicht mehr gegeben, sie ist verschwunden. Wir kommen hier auf die gesunde Basis, wenn sie auch Spannung auslösen mag und die Wirtschaft Kapital bereitstellen muß, um diesem Industriesektor Beschäftigung zu geben und um gleichzeitig die notwendige Investition durchzuführen, die zum Aufbau einer so weitzerstörten und technisch veralteten Apparatur gehört.

Wie sind diese Chancen? Wir haben eine Art unsichtbarer Kapitalbildung durch die Kredite, die hereinkommen. Die Marshallplangelder und die D-Mark-Gegenwerte, die mit einigen Hypotheken belastet sind, stellen für den deutschen Kapitalmarkt einen Fonds von mindestens 2 Milliarden zur Verfügung. Es ist charakteristisch, daß die Spartätigkeit seit dem Preisumbruch im Zunehmen begriffen ist und daß die Spareinlagen steigen. Auch die neue Steuergesetzgebung, auch wenn sie keine Steuerreform bedeutet, sondern nur ein erster Schritt dazu, läßt gewisse Chancen zu, daß die Spartätigkeit im Zunehmen begriffen sein wird, so daß auch die unternehmerische Kapitalbildung gewisse Erleichterungen mindestens erfährt. Ich bin nicht so optimistisch, anzunehmen, daß innerhalb eines Jahres schon sehr viel Kapital aus dem deutschen Markt gezogen werden kann, aber wenn die Erwartungen erfüllt werden, stehen uns etwa 3½ Milliarden zur Verfügung. Es kommen hinzu die Mittel aus dem beweglichen Vermögen, und es kommt unter Umständen hinzu der Überschuß der Länder, der im Augenblick mindestens in manchen Ländern gegeben ist. Das wäre für den Kapitalmarkt bereitzustellen.

Hier sind gewisse Rangordnungen zu treffen. In dieser Rangordnung möchte ich an die erste Stelle den Wohnungs- und Siedlungsbau in allen seinen Formen stellen. Wir müssen die Kapitalbildung mit allen Mitteln fördern. Es muß auch hier ein marktwirtschaftlicher Anreiz geschaffen werden. Es wäre aber verhängnisvoll, wenn wir zu der Überzeugung kämen, hier müßte auch der Zwang einsetzen. Wenn Sie die Kapitalbildung völlig totmachen wollen, brauchen Sie nur das Zwangssparen einzuführen. Ich bin auch ein entschiedener Gegner, daß man die Preis- und Steuerpolitik für Kapitalbildungszwecke verwendet oder mißbraucht. Der Verbraucher, der einen höheren Preis zahlt, um in diesem höheren Preis gleichzeitig Kapital zu bilden, der spart, ohne den Gegenwert seiner Spartätigkeit zu erhalten. Bei der Steuerpolitik ist es genau so. Wenn der Staat das, was auf dem Kapitalmarkt investiert werden muß, durch die Steuerpolitik hereinnehmen soll, enteignet er den Sparer ohne Gegenleistung.

Deshalb gibt es nur ein vernünftiges und gerechtes Mittel, das den Sparer auch wirklich in den Genuß seines Konsumverzichtes kommen läßt, und das ist die freie Spartätigkeit, die freie Kapitalbildung. Hier zeichnen sich die marktwirtschaftlichen Grundsätze als die sozial gerechtesten ab.

Man könnte noch eine Fülle von Problemen hier andeuten, aber ich glaube, das würde wirklich zu weit führen. Ich will Ihnen nur an einigen Beispielen, die uns in der nächsten Zukunft beschäftigen werden, klar vor Augen führen, daß wir unbedingt diesen marktwirtschaftlichen Kurs gehen müssen.

Im Außenhandel werden wir zu gesunden Prinzipien nur zurückfinden und in Deutschland wird die Gesundung der Wirtschaft nur dann in einem sozial erträglichen Maß vor sich gehen, wenn man sich auf eine bessere Tradition zurückbesinnt, wenn eine völlige Renaissance des Denkens Platz greift, wenn man auch hier von der planwirtschaftlichen Verkrampfung abkommt. Die Planwirtschaft hat es tatsächlich dahin gebracht, daß aus einer blühenden Weltwirtschaft allmählich ein Tohuwabohu von Einzelaktionen und einzelnen Institutionen sich herausgebildet hat, die jeden vernünftigen güterwirtschaftlichen Ausgleich und jede wirtschaftliche Arbeitsteilung völlig verwischt und in das Gegenteil verkehrt haben, die den gefährlichen Nationalismus haben aufkommen lassen, der nicht auftreten kann, solange Privatleute unter sich Handel treiben. Ich weiß nicht, wie groß die Chance zu beurteilen ist, ich weiß aber, daß kein Land zu schwach oder zu klein sein kann, als daß es nicht einen Beitrag hier zu leisten befähigt oder sogar verpflichtet wäre.

Wenn wir nun an dem 30 Cents-Kurs festhalten, der uns das Leben schwer macht und den Export nicht erleichtert, dann deshalb, weil wir – entgegen dem Vorwurf, der uns von englischer Seite gemacht worden ist, daß wir in unserer Wirtschaft gar nichts mehr tun, um durch künstliche Mittel den Export zu steigern – die Atmosphäre entgiften wollen. Nicht mehr durch den Mißbrauch eines Umrechnungskurses wollen wir uns irgendwelche Vorteile erlisten und erschleichen, sondern wir wollen als ehrliche Kaufleute unter gleichen Startbedingungen mit den übrigen Völkern in Wettbewerb treten. Heute geht die Auffassung dahin, als ob die Aufnahmefähigkeit irgendeines Marktes eine feste Größe hätte. Das ist eine typische planwirtschaftliche Vorstellung und so falsch wie nur irgend möglich. Die Aufnahmefähigkeit eines Marktes ist praktisch unendlich, weil alle Märkte bereit sind, ihre Güter gegeneinander auszutauschen. Aber soweit sind wir noch nicht. Das ist ein Beispiel, daß wir mit den planwirtschaftlichen Regelungen nicht durchkommen.

Die Marshallplan-Manipulationen in Paris sind nicht der Anfang einer europäischen Zusammenarbeit, sondern das Ende; denn von irgendeiner Gemeinsamkeit und einer Zusammenarbeit ist da keine Rede. Es ist eine Zusammenfassung von Statistiken und im übrigen ein Mißbrauch der Gewalt. Also, wir müssen überall von den festgefahrenen Wegen der Planwirtschaft hin zur Marktwirtschaft, hin zur Freiheit und Freizügigkeit, hin zur Würde des Menschen.

Wenn wir uns für diesen Weg entschieden haben – und hier komme ich wieder auf die Wahl zu sprechen –, dann bin ich überzeugt, daß diese Thesen, die wir noch herausarbeiten und in einem Programm zusammenfassen wollen, eine starke und werbende Kraft besitzen und daß das Geschehen des Alltags ein lebendiges Zeugnis ablegt für die Richtigkeit des Weges, für die gesunden Prinzipien einer nicht mehr verborgenen Denkweise und für die Befreiung, die wir damit der Menschheit bringen. Wir müssen das nur wollen, und wir dürfen nicht in den Wahlkampf gehen mit der Miene, als ob wir uns zu entschuldigen hätten für irgend etwas. Wir haben uns nicht zu entschuldigen. Wir haben anzuklagen, und zwar kräftig.

Die gleichen Leute, die nicht einen Hosenknopf produzieren und verteilen konnten, sind gar nicht berechtigt, uns Empfehlungen über eine gesunde Wirtschaft zu machen.

Zur Lockerung der Kreditrestriktionen: Manche Leute sagen, für den und den Zweck könnte man doch vielleicht etwas Besonderes einführen. Nein, so geht es nicht. Die Freiheit ist etwas Ganzes und Unteilbares. Sie kann nicht in einer wirtschaftspolitischen Konstellation richtig und in einer anderen falsch sein, sondern sie wird und muß in allen Fällen richtig sein.

Also, der Weg ist klar. Wenn ich Ihnen von den guten Nerven, die wir alle brauchen, und von der Zuversicht, die Sie ausstrahlen – und das ist nicht zuletzt das Wesentliche unserer jetzigen Zeit –, etwas vermitteln kann, will ich dankbar sein. Was an mir liegt, so können Sie mich meinetwegen im Wahlkampf jeden Tag zwei- oder dreimal einsetzen. Ich strahle etwas davon aus. Dann werden wir den Wahlkampf gewinnen, und damit werden wir nach meiner Ansicht nicht nur deutsche Geschichte machen, sondern wir werden das Gesicht Europas formen. Die Verantwortung, die uns obliegt, wie schon Herr Adenauer andeutete, vor der Geschichte und vor unseren Kindern, ist so ungeheuerlich, daß jedes Versäumnis, dessen wir uns zeihen müßten, hier zum Verbrechen und zur Schuld werden könnte. Deshalb müssen wir arbeiten und wirken und Kraft und Zuversicht von uns geben, was wir nur in uns tragen.

Ich habe angefangen, etwas Programmatisches niederzulegen. Aber in dem Augenblick, wo ich den Bleistift zur Hand genommen habe, bin ich ein Professor geworden. Beim Reden kann ich es einigermaßen vermeiden. Wir haben vor, uns in einem kleinen Kreis von Fachleuten zusammenzusetzen und eine textliche Formulierung vorzunehmen, die klar, sinnvoll und logisch ist, aber auch populär – alles zusammen ist es nicht gerade leicht. Wenn wir das zu Papier gebracht haben, möchte ich bitten, daß der von diesem Gremium gewählte Ausschuß, in dem alle Strömungen vertreten sind, zusammentritt, daß wir dann gemeinsam die Formulierungen treffen und dann hier in der Diskussion den einzelnen Punkten die letzten Fassungen geben; denn das dürfen wir auf keinen Fall erleben, daß ich mich hinstelle und irgend etwas verkünde, um dann am anderen Tage in der Zeitung zu lesen, daß ein Mann der gleichen Partei das Gegenteil von dem gesagt hat. Das strahlt nicht Überzeugung und nicht Sicherheit aus.

Ich sehe keinen Grund, warum wir uns nicht einigen könnten. Ich glaube, unter dieser grundsätzlichen geistigen Haltung, die uns zuletzt zusammenführt, muß es hinsichtlich einer relativ primitiven Sache, wie es die Wirtschaft immer ist – denn die Wirtschaft ist nur Mittel zum Zweck zur Erreichung eines höheren Zieles, das im Ethischen liegt –, möglich sein, daß wir uns leicht einigen. Und wenn wir uns geeinigt haben, wollen wir auch alle dazu stehen. Das ist mein Wunsch und meine Empfehlung (starker Beifall).

46. Ulrich Noack, Neutralisierung Deutschlands. 7 Leitsätze und ihre Begründung

Die Einbeziehung Deutschlands in eine Westeuropa-Union ist mit den Lebensinteressen des deutschen Volkes nicht vereinbar, das nur durch eine Zusammenarbeit mit West und Ost überleben kann und deshalb durch einen Volksentscheid über eine Neutralisierung bestimmen soll.

Bundesarchiv, NL Dietrich 546 (maschinenschriftliche Vervielfältigung).

Würzburg, 2. April 1949

Vorbemerkung

Wir lehnen historische Vergleiche unserer heutigen Situation und unserer Bestrebungen mit Ereignissen wie Prag (1947), München (1938), Rapallo (1922), als schief und irreführend ab.

Denn die geschichtliche Lage der Gegenwart ist mit keiner früheren vergleichbar und erfordert darum völlig neue Wege.

1. Leitsatz: Wir anerkennen die Notwendigkeit des Atlantikpaktes für die westlichen Völker. Ja wir erhoffen eine dauernde und immer einheitliche Atlantik-Union, westlich, nördlich und südlich von Deutschland.

Begründung: Denn in der Existenz des Atlantikpaktes liegt die große Garantie für die Existenz eines neutralisierten Deutschlands zwischen Ost und West, so daß man das russische Angebot der Räumung Deutschlands ohne Besorgnis annehmen kann.

2. Leitsatz: Wir unterscheiden grundsätzlich zwischen dem militärischen Machtapparat der Sowjetunion – die durch einen Atlantik-Pakt im Gleichgewicht gehalten werden kann – und der staatssozialistischen und weltrevolutionären Ideologie und Agitation, die ohne militärische Aggression weiter ihre werbende Kraft versuchen wird.

Begründung: Denn die werbende Kraft einer Idee läßt sich nicht verbieten. Wenn der Geist der atlantischen Völker der tiefere, reinere und sozialere ist und sich in seiner Welthälfte durch wachsende Gemeinschaft und ungehinderte friedliche Zusammenarbeit bewährt, wird er auch der stärkere sein.

3. Leitsatz: Wir sind gewiß, daß die Einbeziehung Westdeutschlands in die Westeuropaunion nicht im wahren Interesse der Besieger des militärisch-expansiven Hitlerdeutschlands und nicht im Interesse des europäischen Friedens liegt.

Begründung: Denn wir Deutsche können ja gar nicht für die eine oder andere Besatzungsmacht Partei ergreifen, ohne nicht dadurch die Kriegsgefahr zu steigern. Wir tragen durch eine solche Parteinahme das Wesentlichste dazu bei, daß innerhalb des eigenen Volkes verfeindete Gruppen und bürgerkriegsartige Psychosen entstehen. Eine kriegerische Entladung wird aber dadurch immer wahrscheinlicher. Eine Verständigung der früheren Verbündeten in der deutschen Frage kann aus der heutigen Lage heraus überhaupt nur durch die Neutralisierung Deutschlands zustandekommen. Und das kann dann auch zu einer weiteren Zusammenarbeit der Weltmächte in der UN und zur friedlichen Lösung anderer Fragen führen.

4. Leitsatz: Wir sind ebenso gewiß, daß die Einbeziehung Westdeutschlands in die Westeuropaunion auf keinen Fall mit den Lebensinteressen des deutschen Volkes vereinbar ist; wir warnen eindringlich davor, unser Erstgeburtsrecht der Einheit Deutschlands für das Linsengericht einer politischen Zweidrittel-Zugehörigkeit zur westeuropäischen Wohlstandszone und für den leeren Schein einer angeblichen „Gleichberechtigung" zu verkaufen.

Begründung: Denn wirtschaftlich müssen wir ohnehin mit West und Ost zusammenarbeiten, um leben zu können; und tatsächlich arbeitet ja heute schon Deutschland wirtschaftlich mit Ost und West zusammen, nur daß dies jeweils nur von einem Drittel bzw. zwei Dritteln von Deutschland gilt, sich aber bei einer Wiedervereinigung etwa im gleichen Verhältnis jeweils auf das ganze Deutschland beziehen würde. – Politisch-militärisch aber dürfen wir uns aus Gewissensgründen unserer Einheit, unseres Friedens und unserer Brückenstellung, die durch unsere geographische Lage bedingt ist, in kein Paktsystem hineinziehen lassen. Das unveräußerliche Menschen- und Naturrecht der Deutschen ist: Ihre Einheit und ihr Frieden und ihre Zusammenarbeit mit ihrer ganzen Umwelt.

5. Leitsatz: Wir sind der Überzeugung, daß die deutsche Bevölkerung ihre Auseinandersetzung mit der Kommunistischen Partei Deutschlands nur in einem neutralisierten, von fremden Truppen geräumten Lande, in welchen mehr als 90% Nichtkommunisten sind, in einer demokratisch friedlichen Weise, unter Berücksichtigung vor allem der sozialen Gesichtspunkte, durchführen kann.

Begründung: Denn diese notwendige innerdeutsche Auseinandersetzung wird dann ruhiger und sachlicher sein, da niemand der Beteiligten, auch die KPD und SED nicht, eine Wiederbesetzung Deutschlands und eine auswärtige militärische Einmischung wünschen wird. Für die Schaffung eines solchen modus vivendi, eines demokratisch-sozialen Zusammenlebens in friedlich vereinbarten Rechtsformen, ist ein wiedervereinigtes Deutschland gerade bestimmt und im Interesse des Friedens in Europa und der Welt sogar verpflichtet. Nicht aber ist das deutsche Volk bestimmt und bestimmbar, für eine dauernde Teilung seiner selbst und für den modus eines permanenten „kalten" oder schlagartigen „atomar globalen" blutigen Krieges.

6. Leitsatz: Wir beurteilen die Weigerung unserer westdeutschen Politiker, sich mit den ostdeutschen Delegierten in Braunschweig auszusprechen,[78] als einen Akt, der nicht im Interesse des europäischen Friedens ist. Wir lehnen diese Weigerung als unpolitisch, undemokratisch und undeutsch ab.

Begründung: Sie ist unpolitisch, weil sie die Deutschen im Osten in die Isolierung treibt. Sie ist undemokratisch, weil sie den menschlichen Grundsatz der direkten Aussprache und verständnisvollen Zusammenarbeit auch über Parteigegensätze hinweg verleugnet. Und sie ist undeutsch, weil sie praktisch die Repräsentanten von 20 Millionen Deutschen als feindliche Ausländer im Kriegszustand behandelt.

7. Leitsatz: Wir dürfen als Volk der geteilten Weltmitte die unabdingbare Grundforderung stellen, daß über diese Lösung der Neutralisierung Deutschlands verhandelt wird. Wenn unsere Politiker diese Entscheidung nicht aus unbestechlicher Einsicht freiwillig treffen, die Entscheidung für diesen Weg der Neutralisierung, dann ist es an der Zeit, das Volk zur Teilnahme an seinem Schicksal aufzurufen. Ein Volksentscheid gegen jeden Separatstaat und für die deutsche Einheit; gegen jeden Kriegsdienst, für wen auch immer, und für wirtschaftliche Zusammenarbeit mit jedem; gegen Beteiligung Deutschlands an jedem einseitigen Pakt und für seine Neutralisierung. Eine solche eindeutige Willenskundgebung des deutschen Volkes ist das Gebot der Stunde.

Begründung: Denn die Beantwortung dieser Frage durch die Deutschen würde auch die beste Antwort auf die Frage sein nach Gewißheit über die Haltung der Deutschen. Man stelle uns nur ehrlich die richtigen Fragen, und wir werden die richtigen Antworten geben. Diese Frage würde die überwältigende Zustimmung der Deutschen finden. Dies würde zugleich beweisen, daß die Deutschen darauf vorbereitet sind, das künftige deutsche Problem zu lösen, nämlich: Dem militärischen Vakuum inmitten widerstreitender Interessen und Ideen den zuverlässigen Charakter eines wohlausgeglichenen und sich selbst regierenden politischen Systems zu geben, im Geiste einer mutigen und unabhängigen Hingabe an das überzeitliche und übernationale dreifache

[78] Vorschlag Piecks im Namen der SED auf der Tagung des Deutschen Volksrates am 18./19. 3. 1949 in Berlin, mit Vertretern des Parlamentarischen Rates am 8. 4. 1949 in Braunschweig zusammenzutreffen: Keesing's Archiv der Gegenwart XIX (1949), S. 1862E.

Gebot der Gewaltlosigkeit, der gegenseitigen Hilfe und der vorurteilslosen Weltverbundenheit.

Schlußbemerkung

Eine solche Gesamtantwort auf eine richtig gestellte Frage könnte die Welt des Westens, die heute noch an uns zweifelt, nicht überhören. Diese Antwort müßte vielmehr als Abschluß der erstrebten Umerziehung des deutschen Volkes, weg vom Militarismus und hin zur Demokratie, begrüßt werden.

Diese Frage erfüllte zugleich das Grundgebot wirklicher Demokratie: Regierung des Volkes durch das Volk und für das Volk.

Die Antwort der Deutschen auf diese Frage, ja schon die Bitte der Deutschen, daß ihnen diese und nur diese Frage gestellt wird, sollte als willkommener Anlaß zu einer friedlichen und dauernden Regelung der west-östlichen Gegensätze in Europa aufgegriffen und als der Weg des guten Willens und zugleich der gesunden Vernunft erkannt, anerkannt und ohne Zeitverlust durchgeführt werden.

REGISTER